Fundamentals of Data Structures in C

Second Edition

Ellis Horowitz
University of Southern California

Sartaj Sahni
University of Florida

Susan Anderson-Freed
Illinois Wesleyan University

www.silicon-press.com

©2008 by Silicon Press

Printed in the United States of America

All rights reserved. No part of this book may be reproduced, transmitted or stored in a retrieval system in any form or by any means, electronic, mechanical, photocopying, recording or otherwise, without the prior written permission of the publisher.

The author and the publisher have used their best efforts to prepare this book including the programs contained in it. These programs have been tested. The author and publisher make no warranty, implicit or explicit, about the documentation. The author and publisher will not be liable under any circumstances for and direct or indirect damages arising from any use, direct or indirect, of the documentation or programs in this book.

Silicon Press
25 Beverly Road
Summit, NJ 07901
USA

Second Edition
Printing 9 8 7 6 5 4 3 2 1   Year 11 10 09 08

ISBN 0-929306-40-6
ISBN 9780–929306-40-7

Library of Congress Cataloging-in-Publication Data

Horowitz, Ellis
    Fundamentals of Data Structures in C / Ellis Horowitz, Sartaj Sahni, Susan Anderson-Freed.–2nd ed.
        p. cm.
    ISBN (alk. paper)
    1. C (computer program language)
    2. Data structures (Computer science)
    I. Sahni, Sartaj. II. Anderson-Freed, Susan. III. Title.
QA76.73.C153H667 2008

2nd EDITION

C로 쓴 자료구조론

Fundamentals of Data Structures in C

Horowitz · Sahni · Anderson-Freed 著

이석호 譯

SP 교보문고

C로 쓴 자료구조론(2/e)
Fundamentals of Data Structures in C

발 행 일 : 2008. 2. 10 초판 1쇄
　　　　　 2023. 7. 31 초판 19쇄
지 은 이 : Horowitz • Sahni • Anderson-Freed
옮 긴 이 : 이석호
발 행 인 : 안병현, 김상훈
발 행 처 : (주)교보문고
총　　괄 : 김형면
등　　록 : 제 406-2008-000090 호
주　　소 : 경기도 파주시 문발로 249
전　　화 : 대표전화 1544-1900
　　　　　 도서주문 02-3156-3681
　　　　　 팩스주문 0502-987-5725
홈페이지 : www.kyobobook.co.kr
편　　집 : 이공사(異工社)
인　　쇄 : 성신프린팅
ISBN　978-89-7085-894-4　93560

- 이 책은 (주)교보문고가 Silicon Press사와의 한국어판에 대한 출판, 판매, 독점계약에 의거해 발행한 것이므로 내용, 사진, 그림 등의 전부나 일부의 무단 복제 및 무단 전제를 일절 금합니다.
- 잘못 만들어진 책은 구입하신 곳에서 교환해 드립니다.

저자 서문

이 책의 제목을 'Fundamentals of Data Structures in C' 라고 정한 데는 몇 가지 이유가 있다. 첫 번째로 가장 중요한 이유는 UNIX 기반 워크스테이션뿐만 아니라 PC나 매킨토시 같은 개인용 컴퓨터에서도 C 언어가 주요 개발 언어로 사용되었다는 점이다. 둘째로, 초보자에게도 C 환경을 사용해 강의할 수 있을 정도로 C 컴파일러와 C 프로그램 개발 환경이 상당히 개선되었기 때문이다. 마지막으로, 전산학의 프로그래밍 시스템 분야에서 배워야 할 필요가 있는 많은 개념들, 예를 들어 가상 메모리, 화일 시스템, 자동 구문 분석기 생성기, 어휘 분석기, 통신망 등이 C로 구현되어 있기 때문이다. 그래서 교수들은 학습 생활에 있는 학생들에게 일찍 C를 가르쳐서 이런 개념들에 대해 나중에 충분히 연구할 수 있도록 하고 있다.

이 책에서는 ANSI C를 사용하여 프로그램을 작성하였다. 1983년에 채택된 ANSI C는 C 프로그래밍 언어를 확장하여, 그 이전에는 허용되지 않았던 많은 특징을 포함하고 있다. 함수 헤더에 타입 정보를 사용하는 것과 같은 특징은 프로그램의 신뢰성 뿐만 아니라 판독성도 향상시킨다.

다른 버전의 〈자료 구조론(*Fundamental of Data structures*)〉을 교재로 사용했던 사람의 경우, 이 책에서는 알고리즘과 연산 시간 분석에 대해 보다 심층적인 논의를 포함하고 있음을 알 수 있을 것이다. 또한 필요한 경우에는 이전 책에서의 장(chapter) 구성과 표현 형태를 유지하려고 노력하였다. 그러나 이것이 개선의 장애가 되지는 않았다. 예를 들어 포인터와 동적 메모리 할당은 1장에서 소개되었다. 왜냐하면 이런 개념들은 C 언어에서 아주 일반적이기 때문이다. 오류 메시지는 *stderr*에 기록되고, *malloc*과 같은 시스템 함수 호출을 사용하는 프로그램은 시스템 호출들이 성공적으로 반환되는지 검사한다.

그러나 프로그램 판독성을 증진시키기 위해서 *malloc*을 호출하고 검사를 하는 *MALLOC*과 같은 매크로를 정의하였다. 또한 정상적인 프로그램 종료와 비정상적인 프로그램 종료에 대해 *exit(EXIT_FAILURE)*와 *exit(EXIT_SUCCESS)*를 사용하였다. 스트링에 대한 설명은 배열에 대한 2장에 포함되었다.

    C 언어와 관련된 변경 이외에 각 절이 끝날 때마다 연관된 연습문제를 두었다. 연습문제 번호 뒤에 절 표시자(§)가 있는 연습문제는 어렵다는 것을 나타내고, 프로그래밍 프로젝트에 적합한 연습문제는 적절히 표기되어 있다. 그리고 각 장 내에서 절의 순서를 조정해서 기본이 되는 내용이 장의 앞부분에 나오고, 어렵거나 선택적인 내용이 장의 후반부에 나오도록 했다.

    이전 버전과 비교해볼 때, 이 책에 있는 새로운 주요 특징 중의 하나는 추상 데이타 타입(abstract data type)의 도입이다. 이것은 데이타 타입 명세와 그 구현을 분리하려는 착상이다. C++과 Java와 같은 언어는 이러한 분리를 직접적으로 지원하고 있지만, C 언어에는 이에 상응하는 구조가 없다. 그러기 때문에 추상 데이타 타입을 표현할 수 있는 표기법을 고안하였다. 기본적으로 타입의 객체를 기술한 바로 뒤에 그 타입의 함수 이름과 인자들을 기술하는 방식이다. 교수는 학생들에게 데이타 타입의 구현 문제와 알고리즘 효율에 대한 문제를 논의하기 전에, 데이타 타입 명세에 대해 먼저 논의할 수 있게 되었다.

    지난 10여 년 동안 자료 구조 분야는 정체됨 없이 계속 발전해 왔다. 새롭고 유용한 자료 구조들이 고안되었고, 복잡도를 평가하는 새로운 방법이 소개되었다. 이번 개정판에서는 이러한 발전을 가능한 한 많이 반영하려고 노력하였다. 예를 들어 동적 배열과 배열 2배 확장을 이용하는 다항식, 행렬, 스택, 큐의 구현을 2장과 3장에서 논의하였고 Bellman-Ford 최단 경로 알고리즘은 6장에 첨가하였다. 우선순위 큐에 대해서만 설명한 9장에서는 최소-최대 힙과 디프에 대한 절은 제거하고 페어링 힙, 대칭 최소-최대 힙, 구간 힙에 대한 절들이 추가되었다.

    초판의 10장에서는 탐색 트리에 대해 설명하였지만, 이 책에는 3개의 장으로 대체하였다. 이 새로운 10장은 이원 탐색 구조만 설명하고 레드-블랙 트리는 2-3 트리와 2-3-4 트리와는 별개로 소개되었다. 또한 상향식 트리보다 성능이 좋은 하향식 스플레이 트리에 대한 논의도 추가하였다. 다원 탐색 트리에 대해 중점을 두고 있는 11장에서는 B$^+$-트리에 대한 절을 추가하였다. 12장은 10장에 있었던 트라이에 관한 내용을 포함하고 있다. 트라이에 대한 응용이 점점 확대되기 때문에 트라이에 대한 논의가 상당히 강화되었다. 12장은 접미 트리와 인터넷 패킷 전송에 대한 트라이에 대한 절들도 포함하고 있다.

    또한 이번 판에서 특별히 역점을 두고 있는 것은 상환 복잡도이다. 대부분의 알고리즘은 최적, 최악, 그리고 때로는 평균 계산 시간을 가지고 있다. 상환 복잡도는 일련의 연산들이 얼마나 효율적으로 수행될 수 있는지를 고려하는 것이다. 이러한 복잡도의 측정 방법은 R. Tarjan에 의해서 보편화되었고, 여러 경우에 자료 구조의 성능을 평가하는 기존의 방법들보다 정확한 방법이다.

이 책의 내용에 대한 자료는 URL http://www.cise.ufl.edu/~sahni/fdsc2ed에 있다.

강의 교재로 사용하는 방법

이 책을 사용하여 한 학기 동안 강의를 하려고 하는 교수는 보통의 진도와 빠른 진도의 두 가지로 강의할 수 있다. 보통 진도로 강의한다면 전산학을 전공하는 학생 중 초심자를 위한 교과 과정상 두 번째나 세 번째 과목으로 적합할 것이다. 저자를 포함한 많은 사람들은 보통의 진도로 강의를 진행하여 왔다. 다음에 소개한 개요는 ACM이 추천한 교과 과정에 따라 작성한 것이다.

학기 스케줄—보통 진도

주	주제	읽기 과제
1	알고리즘과 자료 구성 방법에 대한 소개	1장
2	배열	2장
3	배열(스트링)	첫 번째 프로그램 제출
4	스택과 큐	3장
5	연결 리스트(단순 및 이중 연결)	4장
6	연결 리스트	두 번째 프로그램 제출
7	트리(기본 사항, 이진 트리)	5장
8	트리(탐색, 히프)	
9	중간고사	
10	그래프(기본 사항, 표현)	6장
11	그래프(최단 경로, 신장 트리, 위상 정렬)	세 번째 프로그램 제출
12	내부 정렬(삽입, 퀵, 합병)	7장
13	내부 정렬(히프, 기수)	네 번째 프로그램 제출
14	해싱	8장
15	고급 토픽 선택	9~12장
16	고급 토픽 선택	9~12장

강의가 진행되는 학기 전체에 걸쳐 적당한 간격을 두고 몇 개의 프로그래밍 과제를

부여하는 것을 추천한다. 첫 번째 프로그램의 목적은 학생들을 컴퓨팅 환경과 친숙하게 만드는 데 있다. 두 번째 프로그램에서는 4장에서 논의된 리스트 구조를 익히는 데 중점을 두는데, 4장의 연습문제 마지막 부분에 몇 개의 프로그래밍 과제가 제안되어 있다. 다루지 않는 주제는 외부 정렬인데, 가장 중요한 기법 중의 하나인 해싱을 위한 시간을 할애하기 위한 것이다. 이 주제는 교과 과정상 나중에 여러 과목에서 사용되는 것이기 때문에 이 학기에 다루는 것이 중요하다. 해싱 다음에는 9장과 12장 사이의 토픽을 선택하여 강의하는 것을 추천한다.

이 책이 대학원 1학년생 또는 학부 고학년을 위해 사용될 경우에는 보다 빠른 진도의 강의가 적당할 것이다. 우리가 제시하는 강의 일정은 다음과 같다.

학기 스케줄—빠른 진도

주	주제	읽기 과제
1	알고리즘과 자료 구성 방법에 대한 소개	1장
2	배열	2장
3	스택과 큐	3장
		첫 번째 프로그램 제출
4	연결 리스트	4장
5	트리	5장
6	트리(계속)	두 번째 프로그램 제출
7	중간고사	
8	그래프	6장
9	그래프(계속)	세 번째 프로그램 제출
10	내부 정렬	7장
11	외부 정렬	7장
12	해싱	8장
13	우선순위 큐(토픽 선택)	9장
		네 번째 프로그램 제출
14	효율적인 이원 탐색 트리(토픽 선택)	10장
15	다원 탐색 트리(토픽 선택)	11장
16	디지털 탐색 트리(토픽 선택)	12장

프로그래밍 과제와 중간고사는 보통 진도의 경우와 같으나, 강의는 더 빠른 진도로 진행한다. 빠른 진도 강의의 경우 9장에서 12장을 완료하는 데 4주를 할애하였는데, 이

것은 각 장에서 몇 가지 주제만을 선택하여 강의할 수 있도록 한 것이다.

　　마지막으로, 고급 자료 구조 과정을 위한 교과 과정을 제시한다. 이 과정에는 이미 기본적인 교과 내용, 특히 리스트, 트리, 그래프에 대한 내용을 알고 있는 학생을 대상으로 하는 것을 가정하였다.

학기 스케줄—구조 과정

주	주제	읽기 과제
1	트리 복습	5장
2	그래프 복습	6장
3	외부 정렬	7장
4	외부 정렬(계속)	
5	해싱(기본 해싱 복습, 블룸 필터, 동적 해싱)	8장 첫 번째 프로그램 제출
6	우선순위 큐(좌향 트리, 대칭 최소-최대 히프, 구간 히프)	9장
7	우선순위 큐(상환된 복잡도, 이항 히프)	9장
8	우선순위 큐(피보나치 히프, 페어링 히프)	두 번째 프로그램 제출
9	효율적인 이원 탐색 트리(최적 BST, AVL 트리)	10장
10	중간고사	
11	효율적인 이원 탐색 트리 (레드-블랙 트리, 스플레이 트리)	
12	다원 탐색 트리(B-트리, B$^+$-트리)	11장
13	디지털 탐색 구조(디지털 탐색 트리, 이진 트라이, 패트리샤)	12장 세 번째 프로그램 제출
14	다원 트라이	
15	접미 트리	네 번째 프로그램 제출
16	트라이와 인터넷 패킷 전송	

　　4학기제의 학교에서는 다음과 같이 두 학기에 걸친 교과 과정이 가능하다. 이 과정에서는 고급 프로그래밍 과정을 통해 기본 자료 구조와 알고리즘 분석 방법에 대해 일정

수준에 도달해 있다고 가정한다.

1 학기

주	주제	읽기 과제
1	알고리즘과 배열의 복습	1~2장
2	스택과 큐	3장
3	연결 리스트(스택, 큐, 다항식)	4장
4	연결 리스트	
5	트리(순회, 집합 표현)	5장 첫 번째 프로그램 제출
6	트리(히프, 탐색)	중간고사
7	그래프(순회, 구성요소)	6장
8	그래프(최소 신장 트리)	
9	그래프(최단 경로)	두 번째 프로그램 제출
10	그래프(작업 네트워크)	

2 학기

주	주제	읽기 과제
1	내부 정렬[삽입, 퀵, 하단 바운드, O(1) 공간 합병, 합병 정렬]	7장
2	정렬(히프, 기수, 리스트, 테이블)	
3	외부 정렬	7장
4	해싱	8장
5	중간고사	첫 번째 프로그램 제출
6	우선순위 큐(좌향 트리, 대칭 최소-최대 히프, 구간 히프)	9장
7	우선순위 큐(상환된 복잡도, 이항 및 피보나치 히프)	
8	효율적인 이원 탐색 트리(AVL 또는 레드-블랙 트리, 스플레이 트리)	10장
9	다원 탐색 트리 (B-트리, B$^+$-트리)	11장 두 번째 프로그램 제출
10	디지털 탐색 트리(트라이, 접미 트리)	12장

다시 한 번 이 책의 초판을 준비하는 데 도움을 준 사람들에게 감사를 표하는 바이다. 편집의 교정을 맡아준 Illinois Wesleyan 대학의 Lisa Brown 교수와 그가 지도하는 프로그래밍 III 클래스의 학생들, 그리고 Colorado School of Mines의 Dinesh Mehta 박사와 기술적인 도움을 준 Illinois Wesleyan 대학 컴퓨터 서비스 임원인 Trey Short와 Curtis Kelch에게 감사한다. AT&T Bell 연구소의 Narain Gehani, Arcadia 대학의 Tomasz Müldner, 그리고 초고를 교정해준 Trinity 대학의 Ronald Prather에게도 감사한다. 또한 초기 몇 년에 걸쳐 이 책을 키워준 우리의 처음 출판자 Barbara와 Art Friedman에게 특별히 감사를 표한다.

Ellis Horowitz
Sartaj Sahni
Susan Anderson-Freed
2007년 6월

역자 서문

컴퓨터 프로그램이 개발되면서 자료 구조에 대한 연구는 끊임없이 계속되고 있다. 새롭고 효율적인 자료 구조들이 고안되고 이들을 평가하는 방법도 새롭게 고안되어 왔다. 이번에 다시 번역한 이 《C로 쓴 자료 구조론》(2판)은 기본적으로 C 언어를 사용하여 자료 구조를 구체적으로 기술하였다는 데 그 특징이 있다. 저자가 말한 대로 C 언어는 현재, 워크스테이션이나 개인용 컴퓨터에서 응용 프로그램을 작성할 때 널리 사용되고 있을 뿐만 아니라 시스템 소프트웨어를 개발할 때도 많이 사용되는 언어이기도 하다. 그런 의미에서 실제로 가장 많이 이용되는 언어로 자료 구조를 표현하는 훈련을 한다는 것은 아주 중요한 의미를 가지고 있다.

또한 이 책은 자료 구조의 기술 언어로 C가 사용되었을 뿐만 아니라 최근 새로 나온 여러 가지 자료 구조를 교재 속에 포함시켰다는 데 그 최신성이 인정되고 있다. 특히 히프(Heap)에 대한 기술을 위해 한 장을 할애하였으며 양끝 우선순위 큐로서 최소-최대 히프(min-max heap)와 디프(Deap)를 다룬 것도 중요하다. 또한 피보나치 히프와 이것을 특수 경우로 취급하는 이항 트리를 포함한 것도 특이하다. 트리에 대해서도 레드-블랙 트리를 포함시켜, 전통적인 B-트리의 다양한 유용성이 더욱 강조되었다. 해싱에 대해서도 동적 해싱 기법을 포함시켜 최신 해싱 기법을 다룬 자료 구조 교과서로서의 면모를 갖추고 있다. 더구나 추상 데이타 타입 개념을 도입하여 설명한 것은 소프트웨어 공학적인 측면에서 크게 발전된 것이라 볼 수 있다.

처음 저자가 쓴 《자료 구조론(Fundamentals of Data Structures)》이 베스트셀러가 된 이후에 파스칼로 쓴 자료 구조론이 출판되었고, 다시 이 C 버전이 나오게 되었다. 역자의 생각으로는 자료 구조와 알고리즘을 개념적이고 논리적으로 쉽게 이해하는 데는 처음 저자가 의도했던 알고리즘 기술 언어(SPARKS)로 표현하는 것이 교수나 학생에게 효율적일 것 같다. 왜냐하면 알고리즘이나 자료 구조의 근본 원리를 이해하지 못하고서는 실제 프로그래밍 언어로 표현한다는 것이 무의미하기 때문이다. 또한 너무 실제적인 프로그래밍 언어로 구체적으로 기술하다 보면 자료 구조나 알고리즘의 초점이 흐려질 우려도 있다. 따라서 역자의 생각으로는 자료 구조와 알고리즘을 설명할 때는 특정 시스템이나 언어에 독립적인 알고리즘 기술 언어를 사용하는 것이 좋고, 이들을 실제 프로그램으로 작성하는 실험에서는 C언어로 작성케 하는 혼합형이 좋다고 본다. 그러기 때문에 처음의 〈자료 구조론〉과 이 〈C로 쓴 자료 구조론〉은 상당 부분 상호 보완적인 관계에 있다고 본다. 여하간 자료 구조 분야에서 큰 역할을 해온 이 일련의 자료 구조론 교과서를 다시 번역하게 되어 무척 기쁘게 생각한다.

처음 초판의 이 책을 번역하는 과정에서 너무나 많은 사람이 도와주고 교정하여 주고 조언을 주었다. 특히 임해철 박사, 홍봉희 박사, 이규철 박사, 황수찬 박사, 김성기 박사, 나연묵 박사, 오염덕 박사, 박영배 박사, 이상돈 박사의 도움에 감사한다. 물론 서울대학교 데이타베이스 연구실의 나의 자랑스러운 제자 대학원생들의 헌신적 도움이 없었더라면, 이 역서가 빛을 보지 못했을 것이라는 것을 밝히고 싶다.

2008년 1월
관악 캠퍼스 연구실에서
역자 이석호

차례

저자 서문 i
역자 서문 ix

1장 기본 개념   1

1.1 개요 : 시스템 생명 주기 1
1.2 포인터와 동적 메모리 할당 4
   1.2.1 포인터 4
   1.2.2 동적 메모리 할당 6
   1.2.3 포인터의 위험성 8
1.3 알고리즘 명세 8
   1.3.1 개요 8
   1.3.2 순환 알고리즘 14
1.4 데이타 추상화 19
1.5 성능 분석 23
   1.5.1 공간 복잡도 24
   1.5.2 시간 복잡도 27
   1.5.3 점근 표기법(O, V, Q) 36
   1.5.4 실용적 복잡도 45
1.6 성능 측정 47

1.6.1 시간 측정 47

1.6.2 테스트 데이타의 생성 49

1.7 참고문헌 54

2장 배열과 구조 55

2.1 배열 55

2.1.1 추상 데이타 타입 55

2.1.2 C 언어에서의 배열 56

2.2 동적으로 할당된 배열 59

2.2.1 1차원 배열 59

2.2.2 2차원 배열 60

2.3 구조와 유니언 63

2.3.1 구조 63

2.3.2 유니언 66

2.3.3 구조의 내부 구현 67

2.3.4 자기 참조 구조 67

2.4 다항식 69

2.4.1 추상 데이타 타입 69

2.4.2 다항식 표현 71

2.4.3 다항식 덧셈 74

2.5 희소 행렬 77

2.5.1 추상 데이타 타입 77

2.5.2 희소 행렬 표현 79

2.5.3 행렬의 전치 80

2.5.4 행렬 곱셈 84

2.6 다차원 배열의 표현 90

2.7 스트링 92

2.7.1 추상 데이타 타입 92

2.7.2 C에서의 스트링 93

2.7.3 패턴 매칭 97

2.8 참고문헌 104

2.9 추가 연습문제 105

3장 스택과 큐   3

    3.1   스택 113
    3.2   동적 배열을 사용하는 스택 118
    3.3   큐 120
    3.4   동적 할당 배열을 이용하는 원형 큐 127
    3.5   미로 문제 129
    3.6   수식의 계산 135
         3.6.1 수식 135
         3.6.2 후위 표기식의 연산 136
         3.6.3 중위 표기에서 후위 표기로의 변환 141
    3.7   다중 스택과 큐 146
    3.8   추가 연습문제 150

4장 리스트   155

    4.1   단순 연결 리스트 155
    4.2   C에서의 체인 표현 159
    4.3   연결 스택과 큐 166
    4.4   다항식 171
         4.4.1 다항식의 표현 171
         4.4.2 다항식의 덧셈 172
         4.4.3 다항식의 삭제 176
         4.4.4 다항식의 원형 리스트 표현 177
         4.4.5 요약 180
    4.5   추가 리스트 연산 181
         4.5.1 체인 연산 181
         4.5.2 원형 연결 리스트 연산 183
    4.6   동치 부류 185
    4.7   희소 행렬 190
         4.7.1 희소 행렬 표현 190
         4.7.2 희소 행렬 입력 193
         4.7.3 희소 행렬 출력 196

4.7.4 희소 행렬 삭제 197
4.8 이중 연결 리스트 199

5장 트리 205

5.1 개요 205
    5.1.1 기본 용어 205
    5.1.2 트리의 표현 208
5.2 이진 트리 212
    5.2.1 추상 데이터 타입 212
    5.2.2 이진 트리의 성질 214
    5.2.3 이진 트리의 표현 217
5.3 이진 트리 순회 220
    5.3.1 중위 순회 221
    5.3.2 전위 순회 222
    5.3.3 후위 순회 223
    5.3.4 반복적 중위 순회 223
    5.3.5 레벨 순서 순회 224
    5.3.6 스택 없는 순회 225
5.4 이진 트리의 추가 연산 226
    5.4.1 이진 트리의 복사 226
    5.4.2 동일성 검사 227
    5.4.3 만족성 문제 227
5.5 스레드 이진 트리 232
    5.5.1 스레드 232
    5.5.2 스레드 이진 트리의 중위 순회 233
    5.5.3 스레드 이진 트리에서의 노드 삽입 235
5.6 힙 237
    5.6.1 우선순위 큐 237
    5.6.2 최대 힙의 정의 239
    5.6.3 최대 힙에서의 삽입 240
    5.6.4 최대 힙에서의 삭제 242

5.7 이원 탐색 트리 245

    5.7.1 정의 245

    5.7.2 이원 탐색 트리의 탐색 246

    5.7.3 이원 탐색 트리에서의 삽입 248

    5.7.4 이원 탐색 트리에서의 삭제 249

    5.7.5 이원 탐색 트리의 조인과 분할 250

    5.7.6 이원 탐색 트리의 높이 253

5.8 선택 트리 255

    5.8.1 개요 255

    5.8.2 승자 트리 255

    5.8.3 패자 트리 256

5.9 포리스트 259

    5.9.1 포리스트를 이진 트리로 변환 259

    5.9.2 포리스트 순회 260

5.10 분리 집합의 표현 262

    5.10.1 개요 262

    5.10.2 Union과 Find 연산 262

    5.10.3 동치 부류의 응용 271

5.11 이진 트리의 개수 계산 274

    5.11.1 상이한 이진 트리 274

    5.11.2 스택 순열 274

    5.11.3 행렬 곱셈 277

    5.11.4 상이한 이진 트리의 수 278

5.12 참고문헌 280

6장 그래프 281

6.1 그래프 추상 데이타 타입 281

    6.1.1 개요 281

    6.1.2 정의 283

    6.1.3 그래프 표현법 287

6.2 그래프의 기본 연산 295

6.2.1 깊이 우선 탐색 295
6.2.2 너비 우선 탐색 297
6.2.3 연결 요소 299
6.2.4 신장 트리 299
6.2.5 이중결합 요소 301
6.3 최소 비용 신장 트리 308
6.3.1 Kruskal 알고리즘 308
6.3.2 Prim 알고리즘 312
6.3.3 Sollin 알고리즘 313
6.4 최단 경로와 이행적 폐쇄 315
6.4.1 하나의 출발점/모든 목표점: 음이 아닌 간선 비용 316
6.4.2 하나의 출발점/모든 목표점: 일반적 가중치 319
6.4.3 모든 쌍의 최단 경로 324
6.4.4 이행적 폐쇄 325
6.5 작업 네트워크 331
6.5.1 AOV 네크워크 331
6.5.2 AOE 네트워크 338
6.6 참고문헌 346
6.7 추가 연습문제 347

7장 정렬 351

7.1 동기 351
7.2 삽입 정렬 355
7.3 퀵 정렬 358
7.4 얼마나 빠르게 정렬할 수 있는가 362
7.5 합병 정렬 364
7.5.1 합병 364
7.5.2 반복 합병 정렬 365
7.5.3 순환 합병 정렬 367
7.6 힙 정렬 371
7.7 여러 키에 의한 정렬 373

7.8 리스트와 테이블 정렬 380
7.9 내부 정렬 요약 389
7.10 외부 정렬 395
    7.10.1 개요 395
    7.10.2 k-원 합병 399
    7.10.3 병렬 연산을 위한 버퍼 관리 400
    7.10.4 런의 생성 407
    7.10.5 런의 최적 합병 409
7.11 참고문헌 414

8장 해싱   415

8.1 개요 415
8.2 정적 해싱 415
    8.2.1 해시 테이블 415
    8.2.2 해시 함수 417
    8.2.3 오버플로 처리 420
    8.2.4 오버플로 기법의 이론적 평가 427
8.3 동적 해싱 431
    8.3.1 동적 해싱의 동기 431
    8.3.2 디렉터리를 사용하는 동적 해싱 431
    8.3.3 디렉터리가 없는 동적 해싱 434
8.4 블룸 필터 437
    8.4.1 응용-차등 화일 437
    8.4.2 블룸 필터 설계 439
8.5 참고문헌 442

9장 우선순위 큐   443

9.1 한쪽 끝과 양쪽 끝 우선순위 큐 443
9.2 좌향 트리 445
    9.2.1 높이 편향 좌향 트리 445

9.2.2 가중치 편향 좌향 트리 451

9.3 이항 히프 455
9.3.1 비용 상환 455
9.3.2 이항 히프의 정의 456
9.3.3 이항 히프에서의 삽입 457
9.3.4 두 이항 히프의 합병 458
9.3.5 최소 원소의 삭제 458
9.3.6 분석 460

9.4 피보나치 히프 463
9.4.1 정의 463
9.4.2 F-heap에서의 삭제 464
9.4.3 키-감소 465
9.4.4 연쇄 분리 465
9.4.5 분석 466
9.4.6 최단 경로 문제에 응용 469

9.5 페어링 히프 471
9.5.1 정의 471
9.5.2 합병과 삽입 472
9.5.3 키-감소 473
9.5.4 최소 삭제 475
9.5.5 임의 삭제 477
9.5.6 구현 고려 사항 478
9.5.7 복잡도 479

9.6 대칭 최소-최대 히프 480
9.6.1 정의와 성질 480
9.6.2 SMMH 표현 481
9.6.3 SMMH에서의 삽입 481
9.6.4. SMMH에서의 삭제 485

9.7 구간 히프 491
9.7.1 정의와 성질 491
9.7.2 구간 히프에서의 삽입 492
9.7.3 최소 원소 삭제 494

9.7.4 구간 히프의 초기화 496

9.7.5 구간 히프 연산의 복잡도 496

9.7.6 보완적 범위 탐색 문제 496

9.8 참고문헌 500

10장 효율적인 이원 탐색 트리 503

10.1 최적 이원 탐색 트리 503

10.2 AVL 트리 514

10.3 레드-블랙 트리 528

10.3.1 정의 528

10.3.2 레드-블랙 트리의 표현 531

10.3.3 레드-블랙 트리에서의 탐색 531

10.3.4 레드-블랙 트리에서의 삽입 531

10.3.5 레드-블랙 트리에서의 삭제 537

10.3.6 레드-블랙 트리의 조인 537

10.3.7 레드-블랙 트리의 분할 538

10.4 스플레이 트리 542

10.4.1 상향식 스플레이 트리 542

10.4.2 하향식 스플레이 트리 548

10.5 참고문헌 555

11장 다원 탐색 트리 557

11.1 m-원 탐색 트리 557

11.1.1 정의와 성질 557

11.1.2 m-원 탐색 트리에서의 탐색 559

11.2 B-트리 560

11.2.1 정의와 성질 560

11.2.2 B-트리의 원소 수 562

11.2.3 B-트리에서의 삽입 562

11.2.4 B-트리에서의 삭제 567

11.3 B$^+$-트리 577

11.3.1 정의 577

11.3.2 B$^+$-트리에서의 탐색 578

11.3.4 B$^+$-트리에서의 삭제 581

11.4 참고문헌 586

12장 디지털 탐색 구조 587

12.1 디지털 탐색 트리 587

12.1.1 정의 587

12.1.2 탐색, 삽입, 삭제 587

12.2 이진 트라이와 패트리샤 588

12.2.1 이진 트라이 589

12.2.2 압축 이진 트라이 589

12.2.3 패트리샤 590

12.3 다원 트라이 596

12.3.1 정의 596

12.3.2 트라이에서의 탐색 599

12.3.3 샘플링 전략 600

12.3.4 트라이에서의 삽입 602

12.3.5 트라이에서의 삭제 602

12.3.6 상이한 길이의 키 603

12.3.7 트라이의 높이 604

12.3.8 필요 공간과 또 다른 노드 구조 604

12.3.9 접두 탐색과 응용 608

12.3.10 압축 트라이 609

12.3.11 생략 필드를 가진 압축 트라이 613

12.3.12 레이블 간선을 가진 압축 트라이 613

12.3.13 압축 트라이의 필요 공간 617

12.4 접미 트리 618

12.4.1 이 스트링을 본 적이 있는가 618

12.4.2 접미 트리 자료 구조 619

12.4.3 서브스트링 탐색(접미 트리 탐색) 622
12.4.4 접미 트리의 응용 624

12.5 트라이와 인터넷 패킷 전송 626
12.5.1 IP 라우팅 626
12.5.2 1-비트 트라이 626
12.5.3 고정 스트라이드 트라이 628
12.5.4 가변 스트라이드 트라이 631

12.6 참고문헌 633

찾아보기 635

1
기본 개념

1.1 개요 : 시스템 생명 주기

일반적으로 이 책을 공부하는 사람은 기본적인 프로그래밍 코스를 통해 구조화 프로그래밍에 대한 상당한 지식을 가지고 있다고 믿는다. 그러한 기초 과정에서는 프로그래밍 언어의 구문(문법)을 습득하고 언어를 통해 비교적 작은 문제를 해결할 수 있도록 언어의 응용을 강조하는 것이 보통이다. 이러한 문제들은 특정 언어의 구조, 예를 들면 배열이나 **while** 루프를 요구하기도 한다.

　이 책은 독자들에게 여러 가지 유형의 도구들과 필수적인 기법들을 제공함으로써 초보적인 단계에서 거대한 컴퓨터 시스템을 설계하고 구현할 수 있는 경지로 유도하고자 한다. 우리는 자료 추상화, 알고리즘 명세, 그리고 성능 분석과 측정 등에서의 확고한 기초가 필수적 방법론을 제공한다고 믿는다. 이 장에서는 이러한 분야들에 대하여 상세하게 다루겠다. 또한 순환 프로그래밍에 대해서도 간략히 알아보려고 하는데, 그 이유는 대부분의 사람들이 이 중요한 기법에 대해 자세히 모르고 있기 때문이다. 시작에 앞서 프로그래밍 언어를 접하고 프로그램 코드를 기술하는 것보다 도구들에 대하여 먼저 소개하고자 한다. 훌륭한 프로그래머는 대형 컴퓨터 프로그램들을 매우 복잡하게 상호 작용하는 부품들로 구성된 시스템으로 생각한다. 시스템과 마찬가지로 이러한 프로그램들은 시스템 생명 주기(system life cycle)라고 하는 개발 단계를 거친다. 이러한 주기는 요구사항, 분석, 설계, 코딩, 그리고 검증 과정으로 구성되어 있다. 비록 이러한 과정이 독립적이라고 간주할지라도 이 과정들은 상호 밀접한 관계를 가진다. 시스템 생명 주기와 추가 정보를 제공할 다양한 단계에 관한 자료들은 1.7절에 열거하였다.

(1) 요구사항(requirement): 대부분의 대형 프로그래밍 프로젝트들은 그 프로젝트들의 목적을 정의한 명세들의 집합으로부터 시작한다. 이러한 요구사항들은 프로그래머에게 주어진 자료 입력과 프로그래머가 생성해내야 하는 결과(출력)에 관한 정보를 기술한다. 종종 이 초기 명세가 모호하게 정의되는데, 모든 경우에 대한 입력과 출력의 기술은 정밀하게 작성되어야 한다.

(2) 분석(analysis): 시스템의 요구사항을 기술하고 나면 분석 단계가 본격적으로 시작된다. 이 단계에서는 문제들을 실제 다룰 수 있을 정도의 작은 단위들로 나눈다. 이 분석 단계는 두 가지, 상향식(bottom-up)과 하향식(top-down) 접근 방법으로 나눌 수 있다. 먼저 상향식 접근 방법은 오래 전에 제안된 방법으로, 코딩에 주안점을 둔 비구조적 방법이다. 이때 프로그래머는 프로젝트에 대한 기본 계획을 갖고 있지 못하기 때문에, 결과 프로그램이 연관성이 떨어지거나 오류를 가지는 경우가 많았다. 상향식 분석은 일반적인 청사진을 토대로 마치 건물을 축조하는 것과 같은 방법인데, 모든 빌딩이 동일하게 벽과 지붕, 배관, 난방시설 등을 갖추고 있다는 식이다. 하지만 빌딩이 축조되는 실제 목적은 이러한 관점과 무관하다. 우리들 대부분이 이러한 기술로 건축된 집에서 살려 하지 않음에도 불구하고 많은 프로그래머들, 특히 초보자들은 그러한 방법론이 사전 계획 없이도 완벽하고 오류 없는 프로그램을 만들어낼 수 있다고 믿는다.

반면, 하향식 접근 방법은 최종 결과 프로그램을 우리가 다룰 수 있을 정도의 프로그램 단위로 분리한다는 의도로부터 시작되었다. 이러한 기술은 시스템을 설계하는 데 사용되는 다이어그램을 생성하고, 프로그래밍 문제에 대한 여러 가지 대안으로서의 해결책들이 만들어져 이 단계에서 비교되곤 한다.

(3) 설계(design): 설계 단계는 분석 단계에서 완료된 작업들을 계속한다. 설계자는 프로그램이 필요로 하는 자료 객체들과 이들 위에서 수행될 연산들의 관점에서 시스템에 접근한다. 그 첫 번째 관점은 추상 데이타 타입으로 되지만, 두 번째 관점은 알고리즘의 명세와 그 알고리즘 설계 기법의 고려를 요구한다. 예를 들어, 대학의 일정(scheduling) 시스템을 설계한다고 가정하자. 통상적인 자료 객체로는 학생, 과목, 교우가 포함되고 일반적인 연산들로는 각각의 객체나 객체들 간의 삽입, 삭제, 그리고 검색 연산들이 포함된다. 즉, 대학 강의 과목 리스트에 새로운 과목을 추가하거나 어떤 교수가 담당하는 과목이 무엇인지를 검색하기를 원할 것이다.

추상 데이타 타입과 알고리즘 명세는 사용 언어와 별개이기 때문에 구현을 위한 결정 사항들은 차후로 연기해둔다. 즉, 개개 자료 객체가 요구하는 정보를 명세해야 하는 것은 당연하지만 코딩의 세부 사항들을 무시하기로 한다. 예를 들어 학생 자료 객체에는 이름, 주민등록번호, 전공, 전화번호 등이 포함된다는 것을 결정할 수 있으나, 명세된 학생들 리스트의 구체적 구현은 결정하지 않는다. 나중에 알게 되겠지만 구현에는 배열이나 연결 리스트 또는 트리 등 여러 가지 방법이 있을 수 있다. 구현에 관한 사항을 가능한 한 뒤로 미룸으로써 여러 가지 언어로 시스템을 구현할 수 있게 생성할 수 있을 뿐만 아니라, 선택한 언어의 범주 내에서 가장 효과적인 구현을 택할 수 있기 때문이다.

(4) 정제(refinement)와 코딩(coding): 이 단계에서는 자료 객체에 대한 표현을 선택하고 그들 위에 수행되는 연산에 대한 알고리즘을 작성한다. 이것을 수행하는 작업의 순서는 매우 중요한데, 그 이유는 자료 객체의 표현 방법이 그와 연관된 알고리즘의 효율성을 결정하기 때문이다. 일반적으로 이것은 자료 객체와는 독립적인 알고리즘을 먼저 기술해야 함을 의미한다.

    이 시점에서 종종 보다 나은 시스템을 생성할 수 있었음을 실감하게 된다. 가령 유사한 프로젝트를 수행했던 친구와 이야기를 나누거나, 다른 여러 설계들 중 어느 하나가 더 우수한 것을 알았을 경우 등이다. 만약 우리의 처음 설계가 훌륭하다면 그 설계는 이러한 변화들을 쉽게 수용할 수 있다. 이것이 사실상 상세한 코딩 단계의 조기 확정을 회피하는 이유 중 하나이다. 만일 전체 작업에 대한 내용을 정리해두었다면 좀 더 빠르고 좀 더 오류 없이 새로운 시스템을 기술하기란 어렵지 않을 것이다.

(5) 검증(verification): 이 단계는 프로그램의 정확성 증명, 다양한 입력 데이타를 이용한 프로그램의 테스트 그리고 오류 제거로 구성된다. 각각의 분야들은 이미 상당히 많이 연구되어 왔으며 전반적인 설명은 이 책의 범위를 넘어선다. 그래서 각 분야별 주요 사항들만 간략히 정리하겠다.

정확성 증명(correctness proof): 보통 수학에서 사용하는 기법들을 이용해서 프로그램들의 정확성을 증명할 수 있다. 그러나 불행하게도 이러한 증명은 굉장히 많은 시간을 필요로 하고 대형 프로젝트에 적용하기란 매우 어렵다. 대부분의 경우 계획상 시간적 제약으로 인해 대형 시스템을 완벽히 증명하지 못한다. 그러나 정확성이 증명된 알고리즘을 선택함으로써 오류의 발생 확률을 줄일 수는 있다. 이 책에서는 독자들에게 많은 알고리즘들을 제공하려고 하는데, 그들 중 일부는 공식적 기법을 이용해 정확성이 증명된 것이어서 많은 프로그래밍 문제들에 적용할 수 있을 것이다.

테스트(testing): 우리의 알고리즘은 특정 프로그래밍 언어로 기술될 필요가 없기 때문에 우리는 코딩 단계에서나 그 이전 단계에서 정확한 증명을 해낼 수 있다. 하지만 테스트는 테스트 데이타와 실제로 수행 가능한 코드를 필요로 한다. 이러한 데이타는 모든 가능한 경우들이 포함되어야 하므로 신중히 만들어져야 한다. 종종 초보 프로그래머들은 구문 오류 없이 수행되는 프로그램을 정확하다고 간주하여, 입력 데이타에 대해 크게 개의치 않은 채 테스트에 한 가지 데이타만을 사용하곤 한다. 하지만 훌륭한 테스트 데이타는 모든 프로그램 단위들이 정확히 수행되는가를 검증할 수 있어야 한다. 예를 들어 프로그램에 **switch** 라는 명령문을 가지고 있다면 테스트 데이타 역시 **case-switch** 명령문을 점검할 수 있는 것을 선택해야 한다.

초기 시스템 테스트는 프로그램이 정확히 수행되는지를 검증하는 데 초점을 맞춘다. 이러한 테스트가 매우 결정적이긴 하지만 프로그램의 실행 시간 역시 매우 중요하다. 오류가 없는 프로그램이라 하더라도 매우 느리게 실행된다면 별반 가치가 없다. 많은 알고리즘에 대해 실행 시간의 이론적 추산 방법들이 존재하기 때문에 새로운 알고리즘을 소개할 때 이러한 추산을 유도할 것이다. 또한 부분적 코드의 성능을 추산하여 결과를 집계한다. 이러한 실행 시간에 대한 성능 평가는 이 장의 뒷부분에서 다룰 것이다.

오류 제거(error removal): 이전 단계가 적절히 수행되고 나면 정확성 증명과 시스템 테스트는 오류가 발생한 코드를 알려준다. 이러한 오류 제거의 용이성은 그 시스템의 설계와 코딩 결정 사항에 많은 영향을 받는다. 설명문이 전혀 들어 있지 않은 '스파게티 코드(spaghetti code)'로 씌어진 대형 프로그램은 대부분의 프로그래머들에게 악몽과도 같다. 이러한 프로그램의 오류를 수정할 때면 가끔 정정된 오류가 또 다른 새로운 오류들을 만들 수도 있다. 한편 설명이 잘 기술되어 있고 매개변수를 통해 독립적인 단위로 구성된 프로그램들은 그 수정 작업이 훨씬 쉽게 된다. 특히 이러한 프로그램 단위들을 별도로 테스트하고 난 뒤 전체 시스템으로 통합한다면 매우 효과적이다.

1.2 포인터와 동적 메모리 할당

1.2.1 포인터

포인터(pointers)는 C 언어에 기본적이기 때문에 C는 이들에 대해 많은 지원을 제공하고 있다. 실제로 C 언어에서는 어떤 타입 T에 대해서 T의 포인터 타입이 존재한다. 포인터 타입의 실제 값은 메모리의 주소가 된다. 포인터 타입에 사용되는 두 가지 중요한 연산자는 아래와 같다.

- & : 주소 연산자
- * : 역참조(간접 지시) 연산자

만일 다음과 같은 선언이 있다면 *i* 는 정수 변수이고, *pi* 는 정수에 대한 포인터이다.

```
int i, *pi;
```

다음과 같이 하면 &*i* 는 *i* 의 주소를 돌려주어 그 값을 *pi* 의 값으로 지정한다.

```
pi = &i;
```

i 에 값을 저장하기 위해서는 다음과 같이 할 수 있다.

```
i = 10;
```

또는

```
*pi = 10;
```

이 두 경우 모두 변수 *i* 의 값으로 정수 10이 저장된다. 두 번째 경우 *pi* 앞에 있는 * 는 이 포인터에 10을 저장하는 것이 아니라, 포인터 *pi* 가 가리키는 장소에 10을 저장하는 역참조(dereference)를 나타낸다.

  포인터에 수행할 수 있는 또 다른 연산들도 있다. 즉 한 포인터가 다른 포인터 변수를 가리키도록 설정할 수 있다. 포인터는 단순히 음이 아닌 정수 값을 가지므로 C에서는 포인터에 대한 사칙연산, 즉 덧셈, 뺄셈, 곱셈, 나눗셈이 가능하다. 또한 포인터들의 크기를 비교할 수 있으며 포인터 값을 정수 값으로 바꿀 수도 있다.

  컴퓨터마다 포인터는 다르다. 어떤 경우에는 한 컴퓨터 내에서도 포인터 크기가 다르다. 예를 들면 **char** 에 대한 포인터 변수의 크기는 **float** 에 대한 포인터 변수의 크기보다 크다. C에는 널 포인터(null pointer)를 다루기 위한 특수한 값이 있다. 널 포인터는 어떤 객체나 함수도 가리키지 않는다. 통상적으로 널 포인터는 정수 0의 값으로 표현된다. C에서 *NULL* 매크로는 이 상수를 위해 정의된 것이다. 널 포인터는 관계 연산에 사용할 수 있으며, 이때는 거짓(false)으로 해석된다. 그러므로 C에서 널 포인터에 대한 검사는 다음과 같이 한다.

```
if (pi == NULL)
```

혹은 더 간단히 다음과 같이 사용할 수도 있다.

```
if (!pi)
```

1.2.2 동적 메모리 할당

프로그램에서 새로운 정보를 저장할 공간을 확보하기를 원할 때가 있다. 프로그램을 작성할 당시에는 얼마나 많은 공간이 필요한지 알 수도 없고(예를 들어 배열의 크기는 프로그램에 대한 입력에 의존할 수 있다), 또 사용되지 않을지도 모르는 아주 큰 공간을 미리 할당해놓기를 원하지 않을 것이다. 이러한 문제를 해결하기 위해 C에서는 실행 중에 메모리 할당을 할 수 있도록 히프(heap)라는 기법을 제공한다. 새로운 메모리 공간이 필요할 때마다 함수 *malloc*을 호출해서 필요한 양의 공간을 요구할 수 있다. 만일 공간을 사용할 수 있으면 요구한 크기의 메모리 영역에 대한 시작 주소에 대한 포인터를 반환한다. 요구한 메모리를 사용할 수 없으면 *NULL* 포인터가 반환된다. 나중에 메모리 영역이 더 이상 필요 없게 되면 *free*라는 또 다른 함수 호출을 통하여 그 영역을 시스템에 반환할 수 있다. 일단 메모리 영역이 반환되면 이것을 그 프로그램에서 다시 사용할 수 없다. 프로그램 1.1은 포인터 변수에 어떻게 저장 공간을 할당하고 반환하는가를 보여주고 있다.

malloc 호출은 **int**나 **float**를 저장하는 데 필요한 저장 공간의 크기를 결정하는 매개변수를 포함한다. 결과는 적절한 크기의 메모리 영역에 대한 첫 번째 주소를 가리키는 포인터이다. 이 결과의 타입은 다양하다. 어떤 시스템에서는 *malloc*의 결과가 **char**에 대한 포인터 **char ***이다. 그러나 ANSI C에서는 **void ***이다. 프로그램 1.1에 있는 (*int **)이나 (*float **) 등은 타입 변환식을 나타낸다. 이 식은 결과 포인터를 적당한 타입의 포인터로 변환시키고, 이 포인터는 적절한 포인터 변수에 지정된다. 함수 *free*는 이전에 *malloc*으로 할당된 메모리 영역을 반환한다. 어떤 버전의 C에서는 *free*의 인자로 **char ***를 요구하는데, ANSI C에서는 **void ***를 요구한다. 그러나 *free*에 대한 호출에서는 일반적으로

```
int i, *pi;
float f, *pf;
pi = (int *) malloc(sizeof(int));
pf = (float *) malloc(sizeof(float));
*pi = 1024;
*pf = 3.14;
printf("an integer = %d, a float = %f\n", *pi, *pf);
free(pi);
free(pf);
```

프로그램 1.1: 메모리의 할당과 반환

인자의 타입 변환이 생략된다.

    *malloc*에 대한 호출이 메모리의 부족으로 실패할 가능성이 있기 때문에 *malloc*을 호출하는 코드 라인들을 다음 코드로 대체함으로써 보다 개선된 버전의 프로그램 1.1을 작성할 수 있다.

```
if ((pi = (int *) malloc(sizeof(int))) == NULL ||
    (pf = (float *) malloc(sizeof(float))) == NULL)
{fprintf(stderr, "Insufficient memory");
 exit(EXIT_FAILURE);
}
```

또는 이와 동등한 코드:

```
if (!(pi = malloc(sizeof(int))) ||
    !(pf = malloc(sizeof(float))))
{fprintf(stderr, "Insufficient memory");
 exit(EXIT_FAILURE);
}
```

    *malloc*은 프로그램의 여러 곳에서부터 호출되기 때문에 *malloc*을 기동시키고, *malloc*이 실패할 때 빠져나가는 매크로를 정의하는 것이 편리할 때가 있다. 이러한 매크로를 다음과 같이 정의할 수 있다.

```
#define MALLOC(p,s) \
   if (!((p) = malloc(s))) {\
      fprintf(stderr, "Insufficient memory"); \
      exit(EXIT_FAILURE);\
   }
```

이제 *malloc*을 호출하는 프로그램 1.1의 두 행은 다음 코드로 대체된다.

```
MALLOC(pi, sizeof(int));
MALLOC(pf, sizeof(float));
```

    프로그램 1.1에서 다음 명령문을 *printf*문 바로 다음에 추가한다면

```
        pf = (float *) malloc(sizeof(float));
```

3.14 값을 저장하고 있는 저장 공간에 대한 포인터가 없어진다. 이렇게 되면 이 저장 공간에 접근할 수 있는 방법이 없어지는 것이다. 이것이 허상 참조(dangling reference)의

예이다. 동적으로 할당된 저장 공간에 대한 모든 포인터가 없어지면 프로그램의 입장에서 볼 때 그 저장 공간도 없어지게 되는 것이다. 포인터와 동적저장 공간을 활용하는 프로그램을 살펴보면, 저장 공간이 더 이상 필요 없게 될 때 그 저장 공간을 항상 반환함을 알 수 있다.

1.2.3 포인터의 위험성

C 프로그래밍을 할 때 포인터가 실제로 어떤 대상을 가리키고 있지 않을 때는 값을 전부 NULL로 설정하는 것이 바람직하다. 이것으로 프로그램 범위 밖이나 합당하지 않은 메모리 영역을 참조할 가능성이 적어진다. 어떤 컴퓨터에서는 널 포인터가 역참조할 수 있어서 그 결과로 NULL을 돌려주어 계속 실행할 수 있도록 해 준다. 또 어떤 컴퓨터에서는 메모리 0 위치에 있는 비트들을 그대로 돌려주어 심각한 오류를 발생시킨다.

또 다른 유용한 프로그래밍 기법은 포인터 타입 간의 변환을 할 때 명시적인 **타입 변환**(type cast)을 하는 것이다. 예를 들면 다음과 같다.

```
pi = malloc(sizeof(int));
    /* pi에 정수에 대한 포인터를 저장 */
pf = (float *) pi;
    /* 정수에 대한 포인터를 부동소수에 대한 포인터로 변환 */
```

많은 시스템에서 포인터의 크기는 **int** 타입의 크기와 같다. 또 **int**는 디폴트 타입 명세자이므로, 어떤 프로그래머들은 함수를 정의할 때 반환 값의 타입을 생략하기도 한다. 이렇게 되면 반환 값의 타입은 자동으로 **int** 타입이 되며, 이것은 나중에 포인터로 해석될 수 있다. 이것은 컴퓨터에 따라 매우 위험하다는 것이 증명되었기 때문에 프로그램을 작성할 때는 함수에 대한 반환 값의 타입을 명확히 정의하도록 해야 한다.

1.3 알고리즘 명세

1.3.1 개요

알고리즘이라는 개념은 전산학에 기본이 된다. 알고리즘은 여러 문제에 대해 존재하고, 효율적인 알고리즘을 디자인하는 일은 대규모 컴퓨터 시스템을 개발하는 데 매우 결정적인 역할을 하고 있다. 그러므로 앞으로 더 나아가기 전에 이 개념에 대해 더욱 완전히 논의할 필요가 있다. 알고리즘은 다음과 같이 정의할 수 있다.

정의: 알고리즘(algorithm)이란 특정한 일을 수행하는 명령어들의 유한 집합이다. 또한 모든 알고리즘은 다음과 같은 조건들을 만족해야 한다.

(1) **입력**: 외부에서 제공되는 데이타가 0개 이상 있다.
(2) **출력**: 적어도 하나의 결과를 생성한다.
(3) **명확성**: 각 명령들은 명확하고 모호하지 않아야 한다.
(4) **유한성**: 알고리즘의 명령대로 수행하면 어떤 경우에도 한정된 수의 단계 뒤에는 반드시 종료한다.
(5) **유효성**: 원칙적으로 모든 명령들은 종이와 연필만으로 수행될 수 있게 기본적이어야 한다. 이것은 각 연산이 조건(3)에 명시한 대로 명확하기만 해서는 안 되고 반드시 실행 가능해야 한다. □

계산 이론에서는 알고리즘과 프로그램을 구별한다. 프로그램은 반드시 앞에서 기술한 유한성의 조건을 만족하는 것이 아니다. 이러한 무한한 프로그램의 한 예로서 운영 체제를 들 수 있다. 운영 체제는 시스템이 붕괴하기 전에는 종료하지 않고 다른 작업이 입력될 때까지 계속 대기 루프를 돌고 있다. 그러나 이 책에서는 항상 종료되는 프로그램만을 다룰 것이기 때문에 프로그램과 알고리즘을 같은 뜻으로 사용할 것이다.

알고리즘은 여러 가지 방법으로 기술할 수 있다. 국어나 영어와 같은 자연어를 사용할 수 있으나, 이 경우에는 명령어의 명확성(조건 3)에 유의해야 한다. 자연어를 그대로 사용하는 것보다 좀 더 개선된 방법인 흐름도(flowchart)라 하는 그래프 표현법도 또 다른 가능성이지만, 이는 알고리즘이 작고 단순한 경우에만 잘 작동된다. 이 책에서는 대부분의 알고리즘을 C 언어로 표현하였고 가끔 명세를 위해 C 언어와 자연어를 혼용하여 표현하였다. 다음 두 예제는 문제를 알고리즘으로 변환하는 과정을 보여주는 데 도움이 될 것이다.

예제 1.1 [선택 정렬(selection sort)]: $n \geq 1$개의 서로 다른 정수를 정렬하는 프로그램을 작성한다고 하자. 간단한 방법 하나는 다음과 같다.

정렬되지 않은 정수들 중에서 가장 작은 값을 찾아서 정렬된 리스트 다음 자리에 놓는다.

이 명령문은 정렬 문제를 적절히 기술하고 있긴 하지만 알고리즘이 아니다. 왜냐하면 해답이 없는 몇 개의 질문을 남겨놓고 있기 때문이다. 예를 들어 이것은 정수가 처음에 어디에 어떻게 저장되어 있고 또 결과를 어디에 저장할 것인가에 대해서는 설명이 없다. 우리는 정수들이 배열 *list*에 저장된다고 가정하자. 즉 i 번째 정수는 i 번째 배열 위치 *list*[i], $0 \leq i < n$에 저장되는 것이다. 프로그램 1.2는 이 문제를 해결하기 위한 첫 번째 시도이다. 이때 일부는 C로 씌어지고 일부는 자연어로 씌어진 점에 유의하라.

```
for (i = 0; i < n; i++) {
   list[ i] 에서부터 list[ n-1] 까지의 정수 값을 검사한 결과
   list[ min] 이 가장 작은 정수 값이라 하자;

   list[ i] 와 list[ min] 을 서로 교환;
}
```
프로그램 1.2: 선택 정렬 알고리즘

프로그램 1.2를 완전한 C 프로그램으로 변환하기 위해서는 두 가지 작업이 필요하다. 즉, 최소 정수를 찾는 작업과 이 최소 정수 값을 *list*[i] 값과 교환하는 작업이다. 두 번째 작업을 처리하기 위해서는 함수(프로그램 1.3)나 매크로를 이용하여 해결할 수 있다.

```
void swap(int *x, int *y)
{ /* 두 매개변수는 모두 정수 타입을 갖는 포인터 변수이다 */
    int temp = *x;    /* temp 변수를 int로 선언하고 x가 가리키는
                         주소의 내용을 지정한다. */
    *x = *y;          /* y가 가리키는 주소의 내용을 x가 가리키는 주소에
                         저장한다.*/
    *y = temp;        /* temp의 내용을 y가 가리키는 주소에 저장한다. */
}
```
프로그램 1.3: *swap* 함수

함수를 사용하기로 하고 a, b는 **int**로 선언되었다고 가정하자. 이들 값을 교환하기 위해서는 매개변수 a, b의 주소를 함수 *swap*에 전달한다.

```
swap(&a, &b);
```

*swap*의 기능을 매크로로 작성하면 다음과 같다.

```
#define SWAP(x,y,t) ((t) = (x), (x) = (y), (y) = (t))
```

함수 코드는 매크로보다 읽기 쉽지만 매크로는 어떤 데이타 타입에도 사용할 수 있다.

첫 번째 작업에서는 최소 값을 *list[i]*라 가정하고, *list[i]*를 *list[i + 1]*, *list[i + 2]*, ⋯ *list[n−1]*과 비교하여 작은 값이 나타날 때마다 그 값을 새로운 최소 값으로 간주하다가 마침내 *list[n−1]*에 도달하면 완료한다. 이러한 과정을 모두 종합하면 *sort*(프로그램 1.4)와 같다. 프로그램 1.4는 컴퓨터에서 동작되는 완전한 프로그램이다. 이 프로그램은 *math.h*에 정의된 *rand* 함수를 사용하여 임의 수치 값을 생성하고 *sort*로 전달하게 한다. 이 시점에서 이 함수가 정확하게 동작하는지를 질문해보아야 한다.

정리 1.1: 함수 *sort(list, n)*는 $n \geq 1$개의 정수를 정확하게 정렬한다. 그 결과는 *list[0]*, ⋯ *list[n−1]*로 되고 여기서 $list[0] \leq list[1] \leq \cdots \leq list[n−1]$이다.

증명: 먼저 $i = q$에 대해 외부 **for** 루프가 완료되면 $list[q] \leq list[r], q < r < n$이 된다. 또한 다음 반복에서는 *i*가 *q*보다 크게 되고 *list[0]*에서 *list[q]*까지는 변하지 않는다. 따라서 바깥 **for** 루프를 마지막으로 수행하면(즉 $i = n−2$), $list[0] \leq list[1] \leq \cdots \leq list[n−1]$이 된다. □

예제 1.2 [이원 탐색(binary search)]: $n \geq 1$개의 서로 다른 정수가 이미 정렬되어 배열 *list*에 저장되어 있다고 가정하자. 즉, $list[0] \leq list[1] \leq \cdots \leq list[n−1]$과 같이 순서대로 저장되어 있고, 정수 *searchnum*이 배열 *list*에 있는가를 검사하려고 한다. 만일 존재한다면 *list[i] = searchnum*인 인덱스 *i*를 반환하고, 그렇지 않다면 −1을 반환한다. 배열 리스트가 정렬되어 있기 때문에 다음과 같은 방법을 이용할 수 있다.

*left, right*는 탐색하고자 하는 배열의 왼쪽, 오른쪽 끝 지점을 가리킨다. 초기 값으로 *left* = 0, *right* = *n*−1로 하고 *list*의 중간 위치 *middle* = (*left* + *right*)/2로 설정하여 *list[middle]*과 *searchnum*을 비교할 경우 다음과 같은 세 가지 경우 중하나를 고려할 수 있다.

(1) **searchnum < list[middle]:** 이 경우는 *searchnum*이 *list[0]*과 *list[middle−1]* 사이에 있으므로 *right*가 *middle*−1로 설정된다.
(2) **searchnum = list[middle]:** 이 경우는 *middle*을 반환한다.
(3) **searchnum > list[middle]:** 이 경우는 *searchnum*이 *list[middle + 1]*과 *list[n−1]* 사이에 있으므로 *left*가 *middle* + 1로 설정된다.

만약 *searchnum*을 찾지 못한 상태에서 계속 검색할 정수가 있다면 *middle* 값을 다시 계산하여 탐색을 계속한다. 프로그램 1.5는 이러한 탐색 전략을 구현한 것이다. 이 알고리

```
#include <stdio.h>
#include <math.h>
#define MAX_SIZE 101
#define SWAP(x,y,t) ((t) = (x), (x)= (y), (y) = (t))
void sort(int [],int); /*selection sort */
void main(void)
{
  int i,n;
  int list[MAX_SIZE];
  printf("Enter the number of numbers to generate: ");
  scanf("%d",&n);
  if( n < 1 || n > MAX_SIZE) {
    fprintf(stderr, "Improper value of n\n");
    exit(EXIT_FAILURE);
  }
  for (i = 0; i < n; i++) {/*randomly generate numbers*/
    list[i] = rand() % 1000;
    printf("%d  ",list[i]);
  }
  sort(list,n);
  printf("\n Sorted array:\n ");
  for (i = 0; i < n; i++) /* print out sorted numbers */
    printf("%d  ",list[i]);
  printf("\n");
}
void sort(int list[],int n)
{
  int i, j, min, temp;
  for (i = 0; i < n-1; i++)  {
    min = i;
    for (j = i+1; j < n; j++)
      if (list[j] < list[min])
        min = j;
    SWAP(list[i],list[min],temp);
  }
}
```

프로그램 1.4: 선택 정렬

즘은 두 가지 작업으로 이뤄진다. 즉 (1) 아직 검사할 정수가 남아 있는지를 결정하고, (2) *searchnum*과 *list*[*middle*]을 비교하는 것이다.

```
while (there are more integers to check ) {
  middle = (left + right) / 2;
  if (searchnum < list[middle])
     right = middle - 1;
  else if (searchnum == list[middle])
        return middle;
       else left = middle + 1;
}
```

프로그램 1.5: 정렬된 리스트 탐색

비교 연산은 함수와 매크로를 이용하여 수행할 수 있다. 어떤 경우이든 비교 결과가 작은 것, 같은 것, 큰 것을 나타내기 위한 값을 명세하여야 한다. 여기서는 C 언어의 라이브러리 함수가 취하고 있는 방법을 따르겠다.

- 첫 번째 수치 값이 두 번째 수치 값보다 작은 경우에는 음수(-1)를 반환한다.
- 두 수치 값이 같은 경우에는 0을 반환한다.
- 첫 번째 수치 값이 두 번째 수치 값보다 큰 경우에는 양수(1)를 반환한다.

물론 함수(프로그램 1.6)와 매크로를 둘 다 소개하지만, 매크로는 어떤 데이타 타입과도 동작하기 때문에 이 책에서는 매크로를 사용하겠다.

수치 비교를 위한 매크로 표현은 다음과 같다.

```
#define COMPARE(x,y) (((x) < (y)) ? -1: ((x) == (y))? 0: 1)
```

이제 첫 번째 검사할 원소가 남아 있는지를 검토해보자. 수치 값을 비교하면 왼쪽이나 오른쪽의 인덱스가 이동된다. 이 인덱스를 계속 이동시키면 결국에는 원하는 원소를 찾아내든지 인덱스들이 서로 어긋나서 왼쪽 인덱스가 오른쪽 인덱스보다 커지게 된다.

```
int compare(int x, int y)
{/* compare x and y, return -1 for less than, 0 for equal,
    1 for greater */
  if (x < y) return -1;
  else if (x == y) return 0;
       else return 1;
}
```

프로그램 1.6: 두 정수의 비교

```
int binsearch(int list[], int searchnum, int left,
                                          int right)
{/* search list[0] <= list[1] <= ... <= list[n-1] for
  searchnum. Return its position if found. Otherwise
  return -1 */
   int  middle;
   while (left <= right)  {
      middle = (left + right)/2;
      switch (COMPARE(list[middle], searchnum)) {
         case -1: left = middle + 1;
                 break;
         case 0 : return middle;
         case 1 : right = middle - 1;
      }
   }
   return -1;
}
```

프로그램 1.7: 순서 리스트 탐색

이 인덱스는 탐색 경계선을 표시하는 것이기 때문에 이들이 어긋나면 검사할 원소가 없게 된다. 이러한 정보를 모두 하나로 통합하면 *binsearch*(프로그램 1.7) 함수가 된다.

이러한 탐색 전략을 이원 탐색이라 한다. □

앞의 예제들은 알고리즘이 C 언어의 함수로 구현될 수 있다는 것을 보여주고 있다. 함수를 이용하면 대형 프로그램을 관리하기 편한 작은 단위의 모듈로 분할할 수 있다. 이것은 프로그램을 더 이해하기 쉽고, 테스트를 별도로 할 수 있어서 정확하게 실행할 수 있는 확률을 더 높인다. 프로그램 작성 시에는 보통 함수 명을 먼저 선언하고, 함수의 정의는 나중에 기술한다. 이는 컴파일러가 선언된 함수 명을 통해 타당한 함수인지를 검사할 수가 있다. C 언어에서는 함수들을 독립적으로 컴파일할 수 있어서 관련된 알고리즘에서는 마치 라이브러리 함수처럼 사용할 수 있다.

1.3.2 순환 알고리즘

일반적으로 초급 프로그래머는 함수에 대해, 함수가 호출되고 수행된 후 제어를 다시 호출 함수로 되돌려준다고 생각한다. 하지만 이외에도 함수의 또 다른 관점이 있는데. 함수가 그 수행이 완료되기 전에 자기 자신을 다시 호출(직접 순환, direct recursion)하거나 호출 함수를 다시 호출하게 되어 있는 다른 함수를 호출(간접 순환, indirect recursion)할 수 있다는 것이다. 이러한 순환 기법(recursive mechanism)은 매우 강력할 뿐만 아니라이 방법이 아니고서는 매우 복잡해질 과정을 아주 단순하게 표현할 수 있도록 해준다. 이 때문에 순환 기법들을 여기서 소개하는 것이다.

대부분의 전산학도들은 순환 기법을 Ackermann 함수나 계승(factorial) 연산 같은 특수한 부류의 문제에만 유용하다고 생각하는데, 이는 옳지 않다. 왜냐하면 지정문, **if-else** 문, **while** 문으로 작성할 수 있는 어떤 프로그램도 순환으로 작성할 수 있기 때문이다. 때때로 이 순환 함수(recursive function)가 반복 함수(iterative function)보다 이해하기 쉬운 경우도 있다.

그렇다면 알고리즘을 기술하는 데 순환이 필요한지를 어떻게 결정하는가? 한 가지 경우는 문제 자체가 순환적으로 정의되어 있을 경우이다.
계승과 피보나치(Fibonacci) 수가 이 부류에 속한다.

$$\begin{bmatrix} n \\ m \end{bmatrix} = \frac{n!}{m!(n-m)!}$$

이항 계수(binomial coefficient) 또한 아래와 같은 식에 따라 순환적으로 계산될 수 있다.

$$\begin{bmatrix} n \\ m \end{bmatrix} = \begin{bmatrix} n-1 \\ m \end{bmatrix} + \begin{bmatrix} n-1 \\ m-1 \end{bmatrix}$$

어떻게 순환 알고리즘을 개발하는지 보여주기 위해 두 가지 예를 이용하겠다. 첫 번째 예로 예제 1.2의 이원 탐색 함수를 순환 함수로 변환시키는 것을 보이고, 두 번째 예로 문자 리스트에서 나올 수 있는 모든 가능한 순열을 순환 알고리즘을 통해 보이겠다.

예제 1.3 [이원 탐색]: 프로그램 1.7의 이원 탐색 프로그램을 순환 방식으로 변환하기 위해서는 (1) 순환 호출이 종결될 수 있도록 경계 조건들을 먼저 설정하여야 하며, (2) 매 호출마다 해답을 향해 한 단계씩 가까워지게끔 순환 호출을 구현하여야 한다. 프로그램 1.7을 자세히 살펴보면, 탐색이 종결되기 위해서는 $list[middle] = searchnum$이 되어 탐색에 성공할 때와 배열의 좌우 인덱스가 엇갈려 탐색에 실패한 경우로 두 가지 방법이 있다. 함수에서 탐색이 성공하는 경우의 코드는 수정할 필요가 없지만 탐색이 실패하는 경우에 사용된 **while** 문은 **then** 절이 함수를 순환적으로 호출하는 동등한 **if** 문으로 대체해야 된다.

해답에 가까워지게 하는 순환 호출은 새로운 $left$나 $right$ 인덱스를 다음 순환 호출의 매개변수로 전달만 하면 되므로 간단하다. 프로그램 1.8은 순환 이원 탐색을 구현한 프로그램이다. 유의할 점은 코드가 변경되었음에도 불구하고 순환 함수 호출은 반복 함수 호출과 동일하다는 것이다. ☐

```
int binsearch(int list[], int searchnum, int left,
                                         int right)
{/* search list[0] <= list[1] <= ... <= list[n-1] for
   searchnum. Return its position if found. Otherwise
   return -1 */
   int middle;
   if (left <= right) {
      middle = (left + right)/2;
      switch (COMPARE(list[middle], searchnum)) {
         case -1: return
            binsearch(list, searchnum, middle + 1, right);
         case 0 : return middle;
         case 1 : return
            binsearch(list, searchnum, left, middle - 1);
      }
   }
   return -1;
}
```

프로그램 1.8: 이원 탐색에 대한 순환 구현

예제 1.4 [순열]: $n \geq 1$개의 원소를 가진 집합이 주어졌을 때 이 집합의 모든 가능한 순열을 출력해보자. 예를 들어 주어진 집합이 $\{a, b, c\}$라면 순열의 집합은 $\{(a, b, c), (a, c, b), (b, a, c), (b, c, a), (c, a, b), (c, b, a)\}$이다. n개의 주어진 원소에 대해 $n!$개의 상이한 순열이 있음도 쉽게 알 수 있다. 4개의 원소 $\{a, b, c, d\}$로 된 집합을 살펴보면 간단한 알고리즘을 얻을 수 있다. 이에 대한 순열의 집합은 다음과 같이 출력시키면 결과를 얻을 수 있다.

(1) a로 시작하는 $\{b, c, d\}$의 모든 순열
(2) b로 시작하는 $\{a, c, d\}$의 모든 순열
(3) c로 시작하는 $\{a, b, d\}$의 모든 순열
(4) d로 시작하는 $\{a, b, c\}$의 모든 순열

'~로 시작하는 ~의 모든 순열' 이라는 표현이 바로 순환의 실마리이다. 이것은 $n-1$개의 원소에 동작하는 알고리즘이 있다면, n개의 원소를 가진 집합에 대한 문제도 해결할 수 있음을 의미한다. 이러한 사고로부터 프로그램 1.9를 만들어낼 수 있다. *list*를 문자 타입 배열이라 가정하고, $i = n$이 될 때까지 순열을 순환적으로 생성한다. 초기의 함수 호출은 *perm*(*list*, 0, $n-1$);이 된다.

```
void perm(char *list, int i, int n)
{/* generate all the permutations of list[i] to list[n] */
   int j, temp;
   if (i == n) {
      for (j = 0; j <= n; j++)
         printf("%c", list[j]);
      printf("   ");
   }
   else {
   /* list[i] to list[n] has more than one permutation,
      generate these recursively */
      for (j = i; j <= n; j++) {
         SWAP(list[i],list[j],temp);
         perm(list,i+1,n);
         SWAP(list[i],list[j],temp);
      }
   }
}
```

프로그램 1.9: 순환 순열 생성기

3개의 원소를 가진 집합 {a, b, c}를 가지고 프로그램 1.9를 실행해보자. perm 순환 호출이 될 때마다 새로운 지역 매개변수 $list, i, n$ 값이 생성된다. i 값은 호출될 때마다 다르지만 n 값은 동일하다. 매개변수 $list$는 배열 포인터이고, 그 값은 호출마다 변하지 않는다. □

다음 장에서부터 기술된 알고리즘들의 상당 부분이 순환 형태를 취하고 있기 때문에 앞으로 여러 개의 순환을 더 보게 될 것이다. 특히 리스트(4장)와 이진 트리(5장)에서는 주로 순환 알고리즘 방식을 이용하여 기술하였다.

연습문제

앞에서 여러 예제들을 통해 주어진 문제를 하나의 프로그램으로 변환하는 방법을 제시하였다. 여기서 데이타 추상화와 알고리즘 설계 전략의 문제는 제쳐두고, 자연어 표현에서 함수로 만들어가는 것이나 반복 알고리즘을 순환 알고리즘으로 변환하는 것에 초점을 맞추었다. 연습문제에서도 똑같은 방법을 취하기 바란다. 각 프로그래밍의 문제에서 알고리즘을 만들고 그것을 함수로 변형하여 그 함수가 올바르게 작동하는지 증명하라. 이 정확성 '증명'은 알고리즘의 분석이나 적절한 시험 실행으로 해도 된다.

1. 다음과 같은 두 문장을 생각해보자.
   (a) 양의 정수 x, y 및 z에 대해 $x^n + y^n = z^n$이 되는 n의 최대 값은 2인가?
   (b) 5를 0으로 나눠 x에 저장하고 10번 명령문으로 분기하라.

   두 문장은 알고리즘의 다섯 가지 조건 중 하나를 만족하지 않는다. 어느 조건에 어긋나는가?

2. Horner의 법칙은 주어진 점 x_0에서 최소의 곱으로 다항식

   $$A(x) = a_n x^n + a_{n-1} x^{n-1} + \cdots + a_1 x + a_0$$

   를 계산하는 것으로, 이 법칙은

   $$A(x_0) = (\cdots((a_n x_0 + a_{n-1}) x_0 + \cdots + a_1) x_0 + a_0)$$

   이다. Horner의 법칙을 이용하여 다항식을 계산하는 C 프로그램을 작성하라.

3. n개의 Boolean 변수 $x_1, \cdots, x_n$이 주어졌을 때, 이 변수들이 가질 수 있는 가능한 모든 진리 값의 조합을 구하고자 한다. 예를 들어 $n = 2$이면 <*true, true*>, <*true, false*>, <*false, true*>, <*false, false*>와 같은 네 가지 경우가 존재한다. 이를 구하는 C 프로그램을 작성하라.

4. 정수 x, y, z를 오름차순으로 출력하는 C 프로그램을 작성하라.

5. 비둘기 집 원칙(pigeon hole principle)이란 함수 f가 n개의 상이한 입력에 대해 n개보다 작은 상이한 출력이 나온다면 $a \neq b$이고 $f(a) = f(b)$인 2개의 입력 a, b가 존재한다는 것이다. 이와 같이 입력 값이 상이하면서 함수 값이 같은 a, b를 찾는 C 프로그램을 작성하라.

6. 어떤 양의 정수 n에 대해 n이 자신의 모든 제수들의 합인지를 알아내는 C 프로그램을 작성하라. 즉, n이 $1 \leq t < n$이고 t가 n의 제수가 되는 모든 t의 합인지를 검사하는 것이다.

7. 계승 함수 $n!$은 $n \leq 1$일 때 1의 값을, $n > 1$일 때 $n*(n-1)!$의 값을 갖는다. $n!$을 계산하는 순환 함수와 반복 함수를 모두 C 함수로 작성하라.

8. 피보나치 수열은 다음과 같이 정의된다.

   $$f_0 = 0, f_1 = 1, \text{그리고 } f_i = f_{i-1} + f_{i-2} \ (i > 1 \text{일 때})$$

   f_i를 계산하는 순환 함수와 반복 함수를 모두 C 함수로 작성하라.

9. 이항 계수를 계산하는 반복 함수를 작성하고 이를 순환 함수로 변환하라.

10. Ackermann 함수 $A(m, n)$은 다음과 같이 정의된다.

$$A(m,n) = \begin{cases} n+1 & , m=0 \text{일 경우} \\ A(m-1, 1) & , n=0 \text{일 경우} \\ A(m-1, A(m, n-1)) & , \text{그 외 경우} \end{cases}$$

이 함수는 m, n의 값이 아주 작은 값에서도 급속히 증가하는 성질이 있다. 이 함수를 계산하는 순환 함수와 반복 함수를 작성하라.

11. [하노이의 탑(Toweers of Hanoi)] 세 탑이 있는데, 첫 번째 탑에는 반경이 서로 다른 64개의 원 판들이 쌓여 있다. 이때 각 원판은 반경이 큰 순서로 아래부터 쌓여 있다. 이제, 다음 규칙에 따라 수도승들이 첫 번째 탑에서 세 번째 탑으로 원판을 옮기려 한다.

    (a) 한 번에 1개의 원판만을 다른 탑으로 옮길 수 있다.
    (b) 쌓아놓은 원판은 항상 위의 것이 아래 것보다 작아야 한다.

    이 작업을 수행하는 데 필요한 이동 순서를 출력하는 순환 함수를 만들어라.

12. S가 n개의 원소로 된 집합일 때 S의 멱집합(powerset)은 모든 가능한 S의 부분 집합이다. 즉, $S = \{a, b, c\}$이면 $powerset(S) = \{\{\}, \{a\}, \{b\}, \{c\}, \{a, b\}, \{a, c\}, \{b, c\}, \{a, b, c\}\}$이다. $powerset(S)$를 계산하는 순환 함수를 작성하라.

1.4 데이타 추상화

독자들은 C 언어의 기본 데이타 타입에 익숙할 것이다. C 언어에는 기본 데이타 타입들로 **char, int, float**와 **double** 등이 있다. 이러한 데이타 타입 중 어떤 것은 키워드인 **short, long**과 **unsigned**에 의해 변경되어질 수 있다. 궁극적으로는 우리가 다루려는 실세계 추상화는 이러한 데이타 타입들을 통해 표현되어야 한다. 이러한 기본형에 대해 C 언어는 자료를 함께 그룹화하는 두 가지 기법으로 배열(array)과 구조(structure)를 제공한다. 배열은 동일한 기본 데이타 타입에 속하는 원소의 집합이다. 이것은 묵시적으로 선언되는데, 예를 들어 *int list*[5]는 5개의 원소를 갖는 정수 타입 배열을 정의하며 철자는 0 … 4 범위 내에서만 정당하다. 구조는 원소의 데이타 타입이 반드시 같을 필요가 없는 원소들의 집합으로 명시적으로 정의된다. 예를 들면,

```
struct {
    char lastName;
    int studentId;
    char grade;
} student;
```

는 1개의 정수 타입과 2개의 문자 타입인 3개의 필드를 갖는 구조를 정의한다. 이 구조의 이름은 *student* 이다. C 구조의 자세한 설명은 2장에 기술되어 있다.

모든 프로그래밍 언어는 최소한의 사전 정의 데이타 타입들과 새로운 데이타 타입을 만들 수 있도록 사용자 정의(user-defined) 데이타 타입을 제공한다. 그렇다면 이제 "데이타 타입이란 무엇인가?"라는 질문을 할 수 있다.

정의: 데이타 타입(data type)은 객체(object)와 그 객체 위에 작동하는 연산(operation)의 집합이다. □

프로그램을 작성할 때 사용자 정의 데이타 타입을 사용하든 사전 정의, 즉 시스템 정의 데이타 타입을 사용하든 간에 우리는 객체와 연산 두 측면을 생각해보아야 한다. 예를 들어, 데이타 타입 **int** 는 {0, +1, −1, +2, −2 … INT_MAX, INT_MIN}의 객체로 구성된다. 여기서 INT_MAX와 INT_MIN은 사용하는 컴퓨터가 표현할 수 있는 가장 큰 정수와 가장 작은 정수를 말한다(이것은 *limits.h* 에 정의되어 있다.). 정수 연산의 유형은 상당히 많이 있는데 최소한 산술연산자 +, −, *, /와 % 등을 포함한다. 또한 동등(equality)/비동등(inequality)에 대한 테스트 연산자와 정수를 변수에 배정하는 연산도 있다. 이 모든 경우에 있어서 연산들은 이름을 가지고 있는데 *atoi* 와 같은 전위(prefix) 연산자이거나 +와 같은 중위(infix) 연산자가 될 수 있다. 연산은 언어로 정의되든 라이브러리로 정의되든 간에 그 이름, 매개변수, 그리고 결과가 명세되어야 한다.

데이타 타입에 대한 연산에 대해 모두 알아야 할 뿐 아니라 데이타 타입의 객체가 어떻게 표현되는지도 알아야 한다. 예를 들어 일반 컴퓨터에서 **char** 타입은 1바이트를 차지하는 비트 스트링으로 표현되어진다. 반면, **int** 타입은 2바이트 또는 4바이트를 차지한다. 만약 2바이트(8비트)가 사용된다면, *INT_MAX* 는 $2^{15} - 1 = 32{,}767$이 된다.

데이타 타입에 대한 객체의 표현 방법을 이해하는 것은 유용하면서도 위험하다. 이러한 표현 방법을 알면 알고리즘을 기술할 때 이용할 수도 있지만, 객체의 표현을 변경시키고자 한다면 이것을 이용하는 루틴도 변경시켜야 하기 때문이다. 대부분의 소프트웨어 설계자는 데이타 타입의 객체 표현에 대한 구체적인 내용을 사용자가 알지 않아도 되게 하는 것이 좋은 방법이라 말하고 있다. 이러한 경우 사용자는 제공되는 함수를 통해서만 객체를 처리할 수 있다. 설계자는 연산의 새로운 구현이 사용자 인터페이스를 변경시키지 않는 한, 객체에 대한 표현을 바꿔나갈 것이다. 이것은 사용자가 그의 알고리즘을 다시 코딩할 필요가 없다는 것을 의미한다.

정의: 추상 데이타 타입(ADT, abstract data type)은 객체의 명세와 그 연산의 명세가 그

객체의 표현과 연산의 구현으로부터 분리된 데이터 타입이다. □

어떤 프로그래밍 언어에서는 명세와 구현 사이를 구별하는 기법을 명시적으로 제공한다. 예를 들면, Ada에는 *package*라는 개념이 있고, C++에는 *class*라는 개념이 있다. 이들 모두 프로그래머가 추상 데이터 타입을 구현하는 것을 돕는다. C 언어에서는 추상 데이터 타입을 명시적으로 구현하는 기법을 갖고 있지 않지만, 같은 개념을 사용해서 데이터 타입을 설계하는 것은 가능하고 바람직하다.

ADT 연산의 명세는 그 연산의 구현과 어떻게 다른가? 명세는 모든 함수의 이름, 그 함수의 매개변수 타입, 그리고 함수의 결과 타입으로 구성된다. 그리고 함수가 수행하는 기능에 대한 기술이 있어야 된다. 그러나 내부적인 표현이나 구현의 독립에 대한 자세한 설명은 필요 없다. 이러한 요건들은 매우 중요하며, 이것은 추상 데이터 타입이 구현에 독립적임을 의미한다. 데이터 타입의 함수는 다음과 같이 몇 개의 범주로 분류할 수 있다.

1. **생성자(creater)/구성자(constructor)**: 이 함수는 지정된 타입에 맞는 새로운 인스턴스를 생성한다.
2. **변환자(transformer)**: 이 함수는 일반적으로 1개 이상의 다른 인스턴스를 이용하여 지정된 타입의 한 인스턴스를 만든다. 구성자와 변환자 사이의 차이점은 몇 개의 예를 통해 명확해질 것이다.
3. **관찰자(observers)/보고자(reporter)**: 이 함수는 데이터 타입의 인스턴스에 대한 정보를 제공한다. 그러나 인스턴스를 변경시키지는 않는다.

전형적으로 ADT 정의는 이러한 세 가지 범주 각각에 대해 적어도 하나씩의 함수를 포함한다.

이 책에서는 명세와 구현의 차이점에 중점을 두고 설명하고 있다. 이를 위해 우리가 공부하려는 객체에 대한 ADT 정의에서부터 시작하겠다. 이는 실제적인 연산의 구현이나 객체의 표현 방법에 대한 자세한 설명 없이도 객체의 필수 요소들을 이해할 수 있게 해준다. 이렇듯 ADT 정의가 완전히 설명된 후 구현과 표현 방법에 대해 논의하는 것은 자료 구조를 공부하는 데 매우 중요하다. 이 목적을 달성하기 위해 먼저 ADT 표기법을 소개하겠다.

예제 1.5 [추상 데이터 타입 *NaturalNumber*]: 이것은 ADT의 첫 번째 예이기 때문에 표기법에 대해 자세히 설명하겠다. ADT 1.1은 *NaturalNumber*의 ADT 정의를 표현한 것이다.

ADT 정의는 그 ADT의 이름으로 시작한다. 이 정의에는 두 부문, 즉 객체(objects)

와 함수(functions)가 있다. 객체는 정수로 정의되었지만 그 표현에 대해서는 명확한 참조를 하지 않는다. 함수의 정의는 좀 더 복잡하다. 정의는 *NaturalNumber* 데이타 타입의 두 원소를 나타내기 위해 기호 *x*와 *y*를 사용한다. 반면 *TRUE*와 *FALSE*는 *Boolean* 데이타 타입의 원소이다. 또한 이 정의는 정수 집합에서 정의된 함수, 즉 덧셈(+), 뺄셈(−), 같음, 작음 등의 함수를 사용한다. 이것은 하나의 데이타 타입을 정의하기 위해서는 또 다른 데이타 타입의 연산자를 사용할 필요가 있음을 나타낸다. 각 함수에 대해 함수 이름 왼편에 결과 타입을 기술하고, 오른편에는 함수의 정의를 기술한다. 기호 "::="는 '∼로 정의된다'라고 읽는다.

첫 번째 함수 *Zero*는 매개변수를 갖지 않으며, 자연수 0을 반환한다. 이것은 생성자 함수이다. 함수 *Successor(x)*는 순서에 있는 다음 자연수를 반환한다. 이것은 변환자 함수의 한 예이다. 한 가지 유의할 점은 만약 순서에 다음 자연수가 없다면, 즉 *x*의 값이 이미 INT_MAX라면 *Successor*는 INT_MAX를 반환하게 정의되어 있다는 것이다. 프로그래머에 따라서는 이러한 경우 *Successor* 함수가 오류를 반환하는 것을 선호할 것이다. 그렇게 해도 아무런 문제는 없다. 다른 변환자 함수로는 *Add*와 *Subtract*가 있다. 이 함수 역시 여기서는 *NaturalNumber*의 한 원소를 반환하도록 했지만 오류를 반환하게 해도 된다. □

ADT *NaturalNumber*

    objects: 0에서 시작해서 컴퓨터상의 최대 정수 값(INT_MAX)까지 순서화된 정수의 부분 범위이다.

    functions:

        *Nat_Number*의 모든 원소 *x,y* 그리고 *Boolean*의 원소 *TRUE, FALSE*에 대해, 여기서 +, −, <, 그리고 ==는 일반적인 정수 연산자이다.

NaturalNumber Zero( )	::=	0
Boolean IsZero(*x*)	::=	**if** (*x*) **return** *FALSE* **else return** *TRUE*
Boolean Equal(*x*, *y*)	::=	**if** (*x* == *y*) **return** *TRUE* **else return** *FALSE*
NaturalNumber Successor(*x*)	::=	**if** (*x* == INT_MAX) **return** *x* **else return** *x* + 1
NaturalNumber Add(*x*, *y*)	::=	**if** ((*x* + *y*) <= INT_MAX) **return** *x* + *y* **else return** INT_MAX
NaturalNumber Subtract(*x*, *y*)	::=	**if** (*x* < *y*) **return** 0 **else return** *x* − *y*

end *NaturalNumber*

ADT 1.1: NaturalNumber 추상 데이타 타입

ADT 1.1은 모든 ADT 정의가 취하게 될 일반적인 형식을 보여주고 있다. 그러나 앞으로 나오는 대부분의 예에서는 함수 정의가 C와 그렇게 가깝지 않을 것이다. 사실상 ADT의 본질은 자세한 구현은 피하는 것이라 할 수 있다. 그래서 우리는 함수의 의미를 설명하는 데 명령문 구조의 구조화 영어를 사용할 것이다. 종종 함수의 ADT 정의에서 사용된 매개변수의 수와 이것의 C 구현 사이에 불일치가 있을 수 있다. 이러한 함수의 ADT 정의와 이것의 C 구현 사이의 혼동을 예방하기 위해, ADT 이름은 대문자로 시작하고 C 이름은 소문자로 시작하도록 구별하였다.

연습문제

다음 연습문제들에 대해 ADT 1.1에서 보여준 형식을 이용하여 추상 데이타 타입을 정의하라.

1. *NaturalNumber* ADT에서 다음 연산자들을 추가하라: *Predecessor, IsGreater, Multiply, Divide*.
2. *Set* ADT를 정의하라. 표준 수학 정의를 사용하고 다음 연산자들을 포함시켜라: *Create, Insert, Remove, IsIn, Union, Intersection, Difference*.
3. *Bag* ADT를 정의하라. 수학에서 *Bag*은 중복 원소가 허용된다는 사실을 제외하면 집합과 유사하다. 최소한의 연산자들로 *Create, Insert, Remove, IsIn*을 포함해야 한다.
4. *Boolean* ADT를 정의하라. 최소한의 연산자들은 *And, Or, Not, Xor*(Exclusive or), *Equivalent, Implies*이다.

1.5 성능 분석

이 책의 목적 중의 하나는 프로그램에 대한 평가 능력을 향상시키는 데 있다. 우리가 프로그램을 판단하는 데에는 다음과 같은 몇 가지 기준을 바탕으로 한다.

(1) 프로그램이 원래의 명세와 부합하는가?
(2) 정확하게 작동하는가?
(3) 프로그램을 어떻게 사용하고 어떻게 수행하는지에 관한 문서화가 프로그램 내에 되어져 있는가?
(4) 논리적 단위를 생성하기 위해 프로그램이 함수를 효과적으로 사용하는가?

(5) 프로그램 코드는 읽기 쉬운가?

이 기준들은 필요 불가결한 중요 요소이지만, 대형 시스템을 개발할 때 이 기준들을 어떻게 달성시킬지 설명하기란 매우 어렵다. 이러한 기준들은 프로그래밍 스타일과 밀접한 관련이 있고 이에 대한 경험과 실제 훈련이 필요하다. 이 책에서 사용된 예제들이 프로그래밍 스타일을 개선시키는 데 도움이 되었으면 한다. 또한, 좀 더 구체적인 기준으로 프로그램을 분석할 수 있도록 상기의 항목에 다음 두 가지 기준을 추가했다.

(6) 프로그램이 메인 메모리와 보조기억장치를 효율적으로 사용하는가?
(7) 작업에 대한 프로그램의 실행 시간은 허용할 만한가?

이 기준들은 성능 평가에 초점을 맞추고 있는데, 크게 두 분야로 나누어볼 수 있다. 첫 번째는 컴퓨터와 상관없이 시공간의 추산에 초점을 두는 분야로, 이를 성능 분석(performance analysis)이라 부른다. 이 주제의 내용은 복잡도 이론(complexity theory)으로 알려진 전산학의 한 주요 분야의 핵심을 이룬다. 두 번째 분야인 성능 측정(performance measurement)은 컴퓨터에 의존적인 실행 시간을 얻어내는 것이다. 이 실행 시간은 비효율적인 코드 세그먼트를 분별하는 데 활용된다. 이 절에서는 성능 분석에 대해서만 설명하고, 성능 측정은 다음 절로 미루어두겠다. 이제 프로그램의 공간과 시간 복잡도를 정의하고, 그에 관련된 내용들을 살펴보자.

정의: 프로그램의 공간 복잡도(space complexity)는 프로그램을 실행시켜 완료하는 데 필요로 하는 공간의 양이다. 프로그램의 시간 복잡도(time complexity)는 프로그램을 실행시켜 완료하는 데 필요한 컴퓨터 시간의 양을 의미한다. ☐

1.5.1 공간 복잡도

프로그램이 필요로 하는 공간은 다음과 같은 요소의 합이 된다.

(1) 고정 공간 요구: 프로그램 입출력의 횟수나 크기와 관계없는 공간 요구를 의미한다. 고정 공간 요구는 명령어 공간(코드 저장을 위한 공간), 단순 변수, 고정 크기의 구조화 변수(**struct** 와 같은), 그리고 상수들을 위한 공간을 포함한다.

(2) 가변 공간 요구: 이는 풀려는 문제의 특정 인스턴스 I에 의존하는 크기를 가진 구조화 변수들을 위해 필요로 하는 공간들로 구성된다. 이것은 함수가 순환 호출을 할 경우 요구되는 추가 공간을 포함한다. 인스턴스 I에 작업하는 프로그램 P의 가변 공간 요구는 $S_P(I)$로 표기한다. $S_P(I)$는 인스턴스 I의 몇몇 특성(characteristic) 함수로서 정해진다. 일

반적으로 사용되는 특성은 I와 관련된 입출력의 횟수, 크기, 값 들이 있다. 예를 들면, 입력이 n개의 요소를 갖는 배열이라면 n은 인스턴스 특성이 된다. 만약 $S_P(I)$를 계산할 때 n이 사용하기 원하는 유일한 인스턴스 특성이라면, $S_P(I)$를 표현하기 위해 $S_P(n)$을 사용할 것이다.

임의의 프로그램의 총 공간 요구 $S(P)$는 다음과 같이 표현할 수 있는데, 여기서 c는 고정 공간 요구를 표현하는 상수이다.

$$S(P) = c + S_P(I)$$

프로그램의 공간 복잡도를 분석할 때는 보통 가변 공간 요구에 대해서만 관심을 둔다. 이것은 특히 여러 프로그램의 공간 복잡도를 비교하려 할 때 유효하다. 이와 관련된 몇 개의 예제를 살펴보자.

예제 1.6: 3개의 단순 변수를 입력으로 받아 하나의 단순 값을 출력으로 반환하는 함수 abc(프로그램 1.10)가 있다. 앞에서 논의한 분류에 따르면 이 함수는 오직 고정 공간 요구만을 가지고 있다. 그러므로 $S_{abc}(I) = 0$이다. □

```
float abc(float a, float b, float c)
{
    return a+b+b*c+(a+b-c)/(a+b)+4.00;
}
```

프로그램 1.10: 단순 산술 함수

예제 1.7: 리스트에 있는 수를 합산하려 한다(프로그램 1.11). 비록 출력은 단순 값이지만 입력은 배열을 포함한다. 그러므로 가변 공간 요구는 배열이 함수로 어떻게 전달되는지에 달려 있다. Pascal 같은 유형의 프로그래밍 언어들은 값 호출(call by value) 방식으로 배열을 전달할 수 있다. 이는 함수가 수행되기 전에 배열 전체가 임시 저장소에 복사된다는 것을 의미한다. 이러한 유형의 언어에서 프로그램을 위한 가변 공간 요구는 n이 배열의 크기일 때 $S_{sum}(I) = S_{sum}(n) = n$이 된다. C 언어는 값 호출 방식으로 모든 매개변수를 전달한다. C 언어에서는 함수에 배열을 매개변수로 전달할 때 배열의 첫 번째 요소의 주소를 전달한다. 또 C 언어에서는 배열을 복사하지 않으므로, $S_{sum}(n) = 0$이다. □

```
float sum(float list[], int n)
{
  float tempsum = 0;
  int i;
  for (i = 0; i < n; i++)
     tempsum += list[i];
  return tempsum;
}
```

프로그램 1.11: 리스트에 있는 수를 합산하기 위한 반복 함수

예제 1.8: 프로그램 1.12도 리스트에 있는 수를 합산하기 위한 프로그램인데, 순환적으로 작성되었다. 이는 컴파일러가 매개변수, 지역 변수, 그리고 순환 호출을 할 때마다 복귀 주소를 저장해야 한다는 것을 의미한다.

```
float rsum(float list[], int n)
{
  if (n) return rsum(list,n-1) + list[n-1];
  return 0;
}
```

프로그램 1.12: 리스트에 있는 수를 합산하기 위한 순환 함수

이 예제에서는 하나의 순환 호출을 위해 요구되는 공간은 2개의 매개변수와 복귀 주소를 위한 바이트 수이다. 각 타입에 대한 바이트 수를 구할 때는 *sizeof* 함수를 사용할 수 있다. 정수와 포인터는 각각 4바이트가 필요하다는 가정 하에, 그림 1.1은 한 번의 순환 호출에 필요한 바이트 수를 보여주고 있다.

만일 배열이 $n = MAX\_SIZE$ 수를 갖는다면 순환 버전에 대해 요구되는 총 가변 공간은 $S_{rsum}(MAX\_SIZE) = 12 * MAX\_SIZE$이다. 만일, $MAX\_SIZE = 1000$이라면 순환 함수가 요구하는 총 가변 공간은 $12 * 1000 = 12,000$바이트가 된다. 반복 버전은 어떤 가변 공간도 필요하지 않다. 이와 같이 순환 함수는 반복 함수보다 훨씬 큰 오버헤드를 가지고 있다. □

타입	이름	바이트 수
매개변수: 배열 포인터	$list[\,]$	4
매개변수: 정수	n	4
복귀 주소: (내부적으로 사용)		4
순환 호출당 총 합계		12

그림 1.1 프로그램 1.12의 순환 호출 하나에 필요한 공간

연습문제

1. 1.3절의 연습문제 7에서 생성된 반복 계승 함수와 순환 계승 함수의 공간 복잡도를 계산하라.
2. 1.3절의 연습문제 8에서 생성된 반복 계승 함수와 순환 계승 함수의 공간 복잡도를 계산하라.
3. 1.3절의 연습문제 9에서 생성된 반복 이항 계수 함수와 순환 이항 계수 함수의 공간 복잡도를 계산하라.
4. 1.3절의 연습문제 5(비둘기 집 원칙)에서 생성된 함수의 공간 복잡도를 계산하라.
5. 1.3절의 연습문제 12(멱집합)에서 생성된 함수의 공간 복잡도를 계산하라.

1.5.2 시간 복잡도

프로그램 P에 의해 소요되는 시간 $T(P)$는 컴파일 시간(compile time)과 실행(run 또는 execution) 시간을 합한 것이다. 컴파일 시간은 인스턴스 특성에 의존하지 않기 때문에 고정 공간 요구와 유사하다. 또한 프로그램이 일단 정확히 수행된다는 것이 검증되면, 그 프로그램을 다시 컴파일하지 않고도 여러 번 수행할 수 있다. 그렇기 때문에 프로그램의 실행 시간 T_P만 염두에 두면 된다.

T_P를 결정하는 것은 컴파일러의 속성에 대한 상당한 지식이 요구되기 때문에 쉬운 작업이 아니다. 즉, 컴파일러가 어떻게 원시 프로그램을 목적 코드로 변환시키는지 알아야 한다. 예를 들어 수치 값을 더하고 빼는 간단한 프로그램을 가정해보자. n이 인스턴스 특성을 나타낸다고 가정하면, $T_P(n)$은 다음과 같이 표현할 수 있다.

$$T_P(n) = c_a ADD(n) + c_s SUB(n) + c_l LDA(n) + c_{st} STA(n)$$

여기서 c_a, c_s, c_l, c_{st}는 각각의 연산을 수행하기 위해 필요한 시간을 나타내는 상수이고,

ADD, SUB, LDA, STA 는 인스턴스 특성 *n* 으로 프로그램을 수행하기 위해 덧셈, 뺄셈, 적재, 저장 연산이 실행되는 횟수이다.

실행 시간에 대한 이러한 자세한 견적을 얻기 위해 노력할 필요는 없다. 만약 실행 시간을 꼭 알아내야 한다면, 가장 좋은 방법은 시스템 클럭(system clock)을 이용해서 시간을 재는 것이다. 이는 이 장 뒤에서 해보겠다. 다른 방법은 프로그램이 수행하는 연산의 횟수를 계산하는 것이다. 이것은 컴퓨터에 독립적인 견적이 된다. 그러나 프로그램을 어떻게 상이한 단계로 분할할지를 알아야 한다.

정의: 프로그램 단계(program step)는 실행 시간이 인스턴스 특성에 구문적으로 또는 의미적으로 독립성을 갖는 프로그램의 단위이다. □

여기서 유의할 점은 프로그램 세그먼트에 의해 표현되는 계산 양은 다른 세그먼트에 의해 표현되는 계산 양과 다르다는 것이다. 예를 들어, *a* = 2 와 같이 간단한 지정문을 한 단계로 간주할 수 있고, *a* = 2*b + 3*c/*d* − *e* + *f* /*g*/*a*/*b*/*c* 와 같이 좀 더 복잡한 연산문을 역시 한 단계로 간주할 수도 있다. 이때 요구되는 점은 한 단계로 간주되는 각 명령문을 실행하는 데 필요한 시간이 인스턴스 특성에 독립적이어야 한다는 것이다.

프로그램이나 함수가 특정 문제를 푸는 데 필요한 단계를 결정하기 위해서는 초기값이 0인 전역 변수 *count* 를 정의하여 매 실행 명령문이 필요로 하는 프로그램 단계 수만큼 *count* 를 증가시키는 명령문을 삽입하면 된다.

예제 1.9 [리스트에 있는 수의 반복적 합산]: 앞에서 논의한 프로그램 1.11 의 합계 함수에 대한 단계 수를 구하고자 한다. 프로그램 1.13 은 *count* 를 어디에 삽입해야 되는지를 보여준다. 여기서 우리가 걱정해야 되는 것은 실행 명령문이지 함수의 헤더나 변수 선언이 아니다.

```
float sum(float list[], int n)
{
    float tempsum = 0; count++;      /* 지정문을 위한 선언 */
    int i;
    for (i = 0; i < n; i++) {
        count++;                      /* for 루프를 위한 연산 */
        tempsum += list[i]; count++;  /* 지정문을 위한 연산 */
    }
```

```
   count++;        /* for 문의 마지막 실행 */
   count++;        /* 반환을 위한 명령문 */   return tempsum;
}
```
프로그램 1.13: count 문을 가진 프로그램 1.11

우리의 주요 관심사는 프로그램의 최종 횟수를 결정하는 것이기 때문에 프로그램 1.13에서 대부분의 프로그램 명령문을 제거해서 간단하게 프로그램 1.14와 같이 만들 수 있는데, count에 대한 값은 모두 동일하다. 이러한 단순화 과정은 총계(count)를 계산하기 쉽게 한다. 프로그램 1.14를 보면, count의 초기 값이 0인 경우 최종 값이 $2n + 3$이 됨을 알 수 있다. 그래서 sum을 호출할 때마다 총 $2n + 3$ 단계가 수행된다. □

```
float sum(float list[], int n)
{
   float tempsum = 0;
   int i;
   for (i = 0; i < n; i++)
      count += 2;
   count +=3;
   return 0;
}
```
프로그램 1.14: 프로그램 1.13의 단순 버전

예제 1.10 [리스트에 있는 수의 순환적 합산]: 합산 함수의 순환 버전에 대한 단계 수를 알아보고자 한다. 프로그램 1.15는 원래의 함수(프로그램 1.12)에 단계 수를 계산하는 것이 추가된 것이다.

```
float rsum(float list[], int n)
{
   count++;            /* if 문을 위한 명령문 */
   if (n) {
      count++;         /* 반환과 rsum의 호출을 위한 명령문 */
      return rsum(list, n-1) + list[n-1];
   }
   count++;
```

```
      return list[ 0 ];
}
```

프로그램 1.15: count 문이 첨가된 프로그램 1.12

이 함수에 대한 단계 수를 결정하기 위해서는 먼저 $n = 0$인 경계 조건에 대한 단계 수를 알아내야 한다. 프로그램 1.15를 보면 $n = 0$일 때 **if** 문과 **return** 문만이 수행됨을 알 수 있다. 그래서 $n = 0$일 때 총 단계 수는 2이다. $n > 0$일 때는 **if** 문과 첫 번째 **return** 문이 수행된다. 그래서 $n > 0$일 때 매 순환 호출마다 단계 수는 2만큼 늘어난다. 이러한 함수 호출이 n번 있고, $n = 0$일 때가 한 번 있기 때문에 함수에 대한 단계 수는 $2n + 2$이다.

놀랍게도 순환 함수는 반복 함수보다 실제로 단계 수가 더 작다. 그러나 이 단계 수는 우리에게 얼마나 많은 단계가 수행되는지를 말해줄 뿐, 각 단계가 얼마나 많은 시간을 소요하는지 말해주는 게 아님을 기억해야 한다. 통상적으로 순환 함수가 작은 단계 수를 가지더라도 반복 함수보다 실행 속도는 더 느리다. 왜냐하면 순환 함수의 단계가 반복 함수의 단계보다 평균적으로 더 많은 시간이 걸리기 때문이다. □

예제 1.11 [**행렬의 덧셈(matris addition)**]: 2개의 2차원 배열을 합산하는 함수(프로그램 1.16)에서 단계 수를 결정해보자. 배열 a와 b를 더한 결과를 배열 c에 저장하여 반환한다. 모든 배열은 *rows* × *cols*의 크기를 가진다. 프로그램 1.17은 단계 수를 구하는 명령문이 첨가된 *add* 함수를 보여주고 있다. 앞의 예제에서처럼 총 단계 수를 입력의 크기, 이 경우에는 *rows*와 *cols*로 표현한다고 하자. 단계 수를 쉽게 구하기 위해서는 하나의 루프 안에 나타나는 계수들을 종합시킬 수 있어야 한다. 프로그램 1.18은 이렇게 단순화시킨 프로그램이다.

```
void add(int a[][MAX_SIZE], int b[][MAX_SIZE],
         int c[][MAX_SIZE], int rows, int cols)
{
   int i, j;
   for (i = 0; i < rows; i++)
      for (j = 0; j < cols; j++)
         c[i][j] = a[i][j] + b[i][j];
}
```

프로그램 1.16: 행렬의 덧셈

```
void add(int a[][MAX_SIZE], int b[][MAX_SIZE],
         int c[][MAX_SIZE], int rows, int cols)
{
  int i, j;
  for (i = 0; i < rows; i++)
    count++;    /* i for 루프를 위한 명령문 */
    for (j = 0; j < cols; j++) {
      count++;  /* j for 루프를 위한 명령문 */
      c[i][j] = a[i][j] + b[i][j];
      count++;  /* 지정문을 위한 명령문 */
    }
    count++;    /* for 루프에 대한 마지막 j */
  }
  count++;      /* for 루프에 대한 마지막 i */
}
```

프로그램 1.17: count 문이 첨가된 행렬의 덧셈

```
void add(int a[][MAX_SIZE], int b[][MAX_SIZE],
         int c[][MAX_SIZE], int rows, int cols)
{
  int i, j;
  for (i = 0; i < rows; i++) {
    for (j = 0; j < cols; j++)
      count += 2;
    count += 2;
  }
  count++;
}
```

프로그램 1.18: 프로그램 1.17의 단순화

프로그램 1.18에서 만약 count의 초기치가 0이라면 프로그램 종료 때 count는 $2rows \cdot cols + 2rows + 1$이 됨을 알 수 있다. 이 분석은 만약 행의 수가 열의 수보다 현저하게 크다면 행렬을 교환해야 함을 암시하고 있다. □

지금까지는 함수들 내에 *count* 문을 물리적으로 위치시켜 함수들을 실행하고, 이를 통해 다양한 인스턴스 특성에 대한 정확한 단계 수를 얻을 수 있었다. 단계 수를 구할 수 있는 또 다른 방법은 테이블 방식(tabular method)을 이용하는 것이다. 단계 수 테이블을 만들기 위해서는 먼저 명령문에 대한 단계 수를 결정해야 한다. 이를 '*steps/execution*', 줄여서 '*s/e*'라 부른다. 그리고 명령문이 수행되는 횟수, 즉 빈도수(frequency)를 계산해야 한다. 비실행 명령문의 빈도수는 0이다. 이에 s/e를 곱하면 각 명령문에 대한 총 단계 수(total steps)를 구할 수 있다. 이 총계를 전부 합하면 전체 함수의 단계 수가 된다. 이러한 과정은 복잡하게 보이지만 사실상 매우 쉽다. 이제 테이블 접근법을 이용하여 앞에서 본 세 예제를 다시 살펴보자.

예제 1.12 [리스트에 있는 수를 합산하는 반복 함수]: 그림 1.2는 프로그램 1.11의 단계 수 테이블을 나타내고 있다. 이러한 테이블을 만들기 위해 먼저 명령문에 대해 steps/execution을 작성하고, 그 다음으로 빈도 열을 계산해야 한다. 5번째 줄의 for 루프는 약간 복잡하나, 이 for 루프는 0에서 시작해서 i와 n이 같아질 때 끝나므로 빈도수는 $n+1$다. 이 루프의 몸체(6번째 줄)는 $i = n$일 때 수행되지 않으므로 n번만 수행된다. 이를 바탕으로 명령문의 단계 수를 구한 다음, 총 단계 수를 구하면 된다. ☐

문장	s/e	빈도수	총 단계 수
float sum(float list[], int n)	0	0	0
{	0	0	0
float tempsum = 0;	1	1	1
int i;	0	0	0
for (i = 0; i < n; i++)	1	$n+1$	$n+1$
tempsum += list[i];	1	n	n
return tempsum;	1	1	1
}	0	0	0
합계			$2n+3$

그림 1.2 프로그램 1.11에 대한 단계 수 테이블

예제 1.13 [리스트에 있는 수를 합산하는 순환 함수]: 그림 1.3은 프로그램 1.13에 대한 단계 수 테이블을 보여주고 있다. ☐

문장	s/e	빈도수	총 단계 수
float rsum(float list[], int n)	0	0	0
{	0	0	0
if (n)	1	$n+1$	$n+1$
return rsum(list,n−1) + list[n−1];	1	n	n
return list[0];	1	1	1
}	0	0	0
합계			$2n+2$

그림 1.3 순환 합산을 위한 단계 수 테이블

예제 1.14 [행렬의 덧셈]: 그림 1.4는 행렬의 덧셈 함수에 대한 단계 수 테이블을 보여주고 있다. □

문장	s/e	빈도수	총 단계 수
void add(int a[][MAX_SIZE] ···)	0	0	0
{	0	0	0
int i, j;	0	0	0
for (i=0; i<rows; i++)	1	$rows+1$	$rows+1$
for (j = 0; j < cols; j++)	1	$rows \cdot (cols+1)$	$rows \cdot cols + rows$
c[i][j] = a[i][j] + b[i][j];	1	$rows \cdot cols$	$rows \cdot cols$
}	0	0	0
합계			$2rows \cdot cols + 2rows + 1$

그림 1.4 행렬 덧셈에 대한 단계 수 테이블

요약

프로그램의 시간 복잡도는 그 프로그램의 기능을 수행하기 위해 프로그램이 취한 단계 수로 표현된다. 단계 수는 그 자체가 인스턴스 특성을 갖는 함수이다. 어느 특정 인스턴스는 여러 가지 특성(즉 입력의 수, 출력의 수, 입출력의 크기 등)을 가질 수 있는 반면, 단계 수는 이들 가운데 어떤 부분 집합의 함수로 계산된다. 일반적으로는 중요한 특성만 선택한다. 예를 들면, 입력의 수가 증가할 때 연산(혹은 실행) 시간 (즉, 시간 복잡도)이 얼마나 증가하는지 알려고 할 수도 있다. 이러한 경우 단계 수는 입력 수의 함수로만 계산될 것이다. 또 프로그램의 입력 자료들 중 특정한 입력의 크기가 증가함에 따라 연산 시간이 얼마나 증가하는지를 결정해야 할 경우가 있다. 이때 단계 수는 이 입력 크기의 함수로만 계산될 것이다. 그래서 한 프로그램의 단계 수를 결정하기 전에 그 문제에 대한 어떤 특성이 사용될지를 정확하게 알 필요가 있다. 이를 위해 프로그램 내에 단계 수를 계산하기 위한 변수를 정의한다. *sum*의 예에서는 합산된 원소의 수 n의 함수로 시간 복잡도를 측정하는 것을, 함수 *add*에서는 합산될 행렬의 행과 열의 수가 각각의 특성으로 선택되었다.

관련 특성($n, m, p, q, r, ...$)이 선택되면 한 단계가 무엇인지 정의할 수 있다. 단계는 이 특성들($n, m, p, q, r, ...$)에 대해 독립적인 어떤 연산 단위이다. 10개의 덧셈이 한 단계로 될 수도 있고, 100개의 곱셈이 역시 한 단계로 될 수도 있다. 그러나 n개의 덧셈은 한 단계로 될 수 없다. $m/2$ 덧셈, $p+q$개의 뺄셈 등도 한 단계로 취급될 수 없다.

지금까지의 예제들은 아주 간단해서 시간 복잡도가 원소의 수 또는 행이나 열의 수와 같은 간단한 특성을 갖는 단순 함수들이었다. 그러나 대다수 프로그램의 시간 복잡도는 입력의 수나 출력의 수, 아니면 쉽게 명세되는 다른 특성에만 의존하지 않는다. 함수 *binsearch*(프로그램 1.7)를 고려해보자. 이 함수는 순서 리스트를 탐색한다. 단계 수를 결정할 때 기본으로 하는 자연적인 매개변수는 리스트의 원소 수 n이다. 즉, 원소의 수 n을 변화시킬 때 연산 시간이 얼마나 변하는지를 알려고 하는 것이다. 이러한 경우, 매개변수 n은 부적절하다. 왜냐하면 같은 n에 대해서도 단계 수는 탐색되는 요소 *searchnum*의 위치에 따라 다르기 때문이다. 단계 수를 유일하게 결정할 때 발생할 수 있는 매개변수 선택의 부적절함을 세 가지 경우[최상(best case), 최악(worst case), 평균(average)의 경우] 단계 수를 모두 정의함으로써 해결할 수 있다.

최상 단계 수는 주어진 매개변수에 대해 실행될 수 있는 단계 수가 최소인 경우이고, 최악 단계 수는 주어진 매개변수에 대해 실행될 수 있는 단계 수가 최대일 경우이다. 또한, 평균 단계 수는 주어진 매개변수를 갖는 인스턴스에 대해 실행되는 평균 단계 수를 의미한다.

연습문제

1. 1.3절의 연습문제 2(다항식 연산을 위한 Horner의 법칙)에서 함수에 단계 수를 계산하는 것이 첨가되도록 재작성하라. 방정식으로 총 단계 수를 표현하라.
2. 1.3절의 연습문제 3(진리 테이블)에서 함수에 단계 수를 계산하는 것이 첨가되도록 재작성하라. 방정식으로 총 단계 수를 표현하라.
3. 1.3절의 연습문제 4에서 함수에 단계 수를 계산하는 것이 첨가되도록 재작성하라.

방정식으로 총 단계 수를 표현하라.

4. (a) 단계 수를 계산하는 것이 함수에 첨가되도록 프로그램 1.19를 재작성하라.
    (b) 결과 함수에서 명령문을 제거하여 단순화하라.
    (c) 함수 수행이 종료되었을 때 count의 값은 얼마인가?
    (d) 이 함수의 수행에 대한 단계 수 테이블을 작성하라.

```
void printMatrix(int matrix[][MAX_SIZE], int rows,
                                        int cols)
{
  int i, j;
  for (i = 0; i < rows; i++) {
    for (j = 0; j < cols; j++)
      printf("%d",matrix[i][j]);
    printf("\n");
  }
}
```

프로그램 1.19: 행렬의 출력

5. 프로그램 1.20으로 연습문제 4를 반복하라.

```
void mult(int a[][MAX_SIZE], int b[][MAX_SIZE],
                             int c[][MAX_SIZE])
{
  int i, j, k;
  for (i = 0; i < MAX_SIZE; i++)
    for (j = 0; j < MAX_SIZE; j++) {
      c[i][j] = 0;
      for (k = 0; k < MAX_SIZE; k++)
        c[i][j] += a[i][k] * b[k][j];
    }
}
```

프로그램 1.20: 행렬의 곱셈 함수

6. 프로그램 1.21로 연습문제 4를 반복하라.
7. 프로그램 1.22로 연습문제 4를 반복하라.

```
void prod(int a[][MAX_SIZE], int b[][MAX_SIZE],
    int c[][MAX_SIZE], int rowsa, int colsb, int colsa)
{
  int i, j, k;
  for (i = 0; i < rowsa; i++)
    for (j = 0; j < colsb; j++) {
      c[i][j] = 0;
      for (k = 0; k < colsa; k++)
        c[i][j] += a[i][k] * b[k][j];
    }
}
```

프로그램 1.21: 행렬의 곱셈 함수

```
void transpose(int a[][MAX_SIZE])
{
  int i, j, temp;
  for (i = 0; i < MAX_SIZE-1; i++)
    for (j = i+1; j < MAX_SIZE; j++)
      SWAP(a[i][j], a[j][i], temp);
}
```

프로그램 1.22: 행렬의 전치 함수

1.5.3 점근 표기법(O, Ω, Θ)

단계 수를 결정하려는 동기는 같은 기능을 수행하는 두 프로그램의 시간 복잡도를 비교하거나, 인스턴스 특성의 변화에 따라 실행 시간의 증가를 예측할 수 있게 하기 위한 것이다.

프로그램의 정확한 단계 수를 결정하는 작업(최악이건 평균이건)은 매우 어렵다. 단계 수를 정확하게 결정하는 데 드는 노력은 단계의 개념 자체가 부정확하기 때문에 낭비를 초래할 수 있다(명령문 $x = y$와 $x = y + z + (x/y) + (x*y*z-x/z)$는 둘 다 모두 한 단계로 계산한다.). 단계가 무엇을 의미하는지가 부정확하기 때문에 정확한 단계 계산은 두 프로그램을 비교하려는 목적에는 유용하지 않다. 단, 두 프로그램의 단계 수의 차이가 $3n + 3$과 $100n + 10$처럼 매우 클 때에는 유용하다. 단계 수 $3n + 3$의 프로그램이 단계 수 $100n + 10$의 프로그램보다 수행 시간이 짧을 것이라는 예측이 가능하다. 그러나 이러한 경우에 서조차 정확한 단계 수가 $100n + 10$이라는 것을 알 필요는 없다. '대략 $80n$, $85n$ 혹은

$75n$'이라고 해도 같은 결과에 도달한다.

대부분의 경우 c_1과 c_2가 음이 아닌 상수일 때 $c_1n^2 \leq T_P(n) \leq c_2n^2$ 또는 $T_Q(n, m) = c_1n + c_2m$ 같은 명령문을 쓸 수가 있다. 만약 두 프로그램의 시간 복잡도가 각각 $c_1n^2 + c_2n$과 c_3n일 때 n이 충분히 큰 값이면 c_3n의 시간 복잡도를 가진 프로그램이 $c_1n^2 + c_2n$의 시간 복잡도를 가진 프로그램보다 훨씬 빠르다는 것을 알 수 있다. 그러나 n이 작은 값일 때에는 c_1, c_2, 그리고 c_3에 따라 두 프로그램 중 어느 하나가 빠를 것이다. 만일 $c_1 = 1$, $c_2 = 2$이고 $c_3 = 100$이면 $n > 98$에 대해 $c_1n^2 + c_2n > c_3n$이 되고, $n > 98$에 대해 $c_1n^2 + c_2n > c_3n$이 된다. 만일 $c_1 = 1$, $c_2 = 2$이고 $c_3 = 1000$이면 $n \leq 998$에 대해 $c_1n^2 + c_2n \leq c_3n$이 된다.

c_1, c_2 그리고 c_3가 어떤 값이든, 복잡도가 c_3n인 프로그램이 $c_1n^2 + c_2n$의 복잡도를 가진 프로그램보다 빠를 수 있는 조건이 되는 n이 존재할 것이다. 이러한 n의 값을 균형 분기점(break even point)이라 한다. 만약 이 균형 분기점이 0이라면 c_3n의 복잡도를 가진 프로그램이 항상(또는 적어도) 빠를 것이다. 이 정확한 균형 분기점을 분석적으로 결정할 수는 없다. 균형 분기점을 결정하기 위해서는 프로그램을 컴퓨터상에서 실행해보아야 한다. 균형 분기점이 존재하는지 아는 것은 어떤 상수 c_1, c_2, 그리고 c_3에 대해 어느 한 프로그램의 복잡도가 $c_1n^2 + c_2n$이고 다른 프로그램의 복잡도는 c_3n임을 아는 것과 같다. 하지만 c_1, c_2, c_3의 정확한 값을 결정하는 것은 거의 이점이 없다.

동기는 앞에서 논의한 것과 같고, 이제 한 프로그램의 시간과 공간 복잡도에 대한 의미 있는(그러나 정확하지는 않은) 명령문을 만들 수 있게 해주는 용어를 소개하겠다. 이 장에서 지금부터 제시되는 함수 f와 g는 음수 값을 가지지 않는 함수들이다.

정의: [빅오(Big-oh)]: 모든 n, $n \geq n_0$에 대해 $f(n) \leq cg(n)$인 조건을 만족하는 두 양의 상수 c와 n_0가 존재하기만 하면 $f(n) = O(g(n))$ ('f of n'은 'big-oh of g of n'이라 읽음)이다. □

예제 1.15: $n \geq 2$일 때 $3n + 2 \leq 4n$이므로 $3n + 2 = O(n)$. $n \geq 3$일 때 $3n + 3 \leq 4n$이므로 $3n + 3 = O(n)$. $n \geq 10$일 때 $100n + 6 \leq 101n$이므로 $100n + 6 = O(n)$. $n \geq 5$일 때 $10n^2 + 4n + 2 \leq 11n^2$이므로 $10n^2 + 4n + 2 = O(n^2)$. $n \geq 100$일 때 $1000n^2 + 100n - 6 \leq 1001n^2$이므로 $1000n^2 + 100n - 6 = O(n^2)$. $n \geq 4$일 때 $6*2^n + n^2 \leq 7*2^n$이므로 $6*2^n + n^2 = O(2^n)$. $n \geq 2$일 때 $3n + 3 \leq 3n^2$이므로 $3n + 3 = O(n^2)$. $n \geq 2$일 때 $10n^2 + 4n + 2 \leq 10n^4$이므로 $10n^2 + 4n + 2 = O(n^4)$. $n \geq n_0$인 모든 n과 임의의 상수 c에 대해 $3n + 2$가 c보다 같거나 작지 않으면 $3n + 2 \neq O(1)$이다. $10n^2 + 4n + 2 \neq O(n)$. □

연산 시간이 상수인 것을 의미할 때 O(1)이라 쓴다. O(n)은 선형이라 하고, O(n^2)은 평방형, O(n^3)은 입방형, 그리고 O(2^n)은 지수형이라 한다. 만일 한 알고리즘이 O(log n) 시간 걸리면 아주 큰 n에 대해 O(n)이 걸리는 알고리즘보다 더 빠르다. 마찬가지로 O(n log n)은 O(n^2)보다는 좋지만 O(n)만큼은 좋지 않다. O(1), O(logn), O(n), O(n log n), O(n^2), O(n^3), O(2^n) 등 7개의 연산 시간들을 앞으로 가장 많이 보게 될 것이다.

앞의 예제에서 기술한 것처럼, 식 f(n) = O(g(n))은 $n \geq n_0$인 모든 n에 대해 g(n) 값은 f(n)의 상한 값이라는 것만 의미한다. 따라서 이 상한이 어느 정도로 좋은 것이냐에 대해서는 알 수 없다. f(n) = O(n^2), f(n) = O($n^{2.5}$), f(n) = O(n^3), f(n) = O(2^n) 등에 대하여 주의를 기울여 살펴보자. f(n) = O(g(n))이 의미상으로 유익하기 위해서는 g(n)은 f(n) = O(g(n))이 되도록 가능한 한 작아야 한다. 그래서 3n + 3 = O(n)이라고 하겠지만, 3n + 3 = O(n^2)이라고 하지는 않는다. 물론 후자도 맞기는 하지만 말이다.

빅오의 정의로부터 f(n) = O(g(n))과 O(g(n)) = f(n)이 동일하지 않다는 것은 명백해졌다. 사실 O(g(n)) = f(n)이라고 말하는 것은 무의미하다. 기호 "="를 사용할 때 이것이 '동등' 관계를 나타낸다고 이해하는 것은 옳지 않다. 이 기호의 사용에서 오는 몇 가지 혼란은 기호 "="를 '동등하다'가 아니라 '~이다'라고 해석하면 피할 수 있다.

정리 1.2는 f(n)이 n의 다항식일 때 f(n)의 급수[즉, f(n) = O(g(n))에서의 g(n)]에 관해 매우 유용한 결과를 제공해준다.

정리 1.2: 만약 $f(n) = a_m n^m + \ldots + a_1 n + a_0$이면 $f(n) = O(n^m)$이다.

증명: $f(n) \leq \sum_{i=0}^{m} |a_i| n^i$

$\leq n^m \sum_{0}^{m} |a_i| n^{i-m}$

$\leq n^m \sum_{0}^{m} |a_i|$ ($n \geq 1$에 대해)

그러므로 $f(n) = O(n^m)$이다. □

정의: [오메가(Omega)]: 모든 $n, n \geq n_0$에 대해 $f(n) \geq cg(n)$을 만족하는 두 양의 상수 c와 n_0가 존재하기만 하면 $f(n) = \Omega(g(n))$ ('f of n'은 'omega of g of n'이라 읽음)이다. □

예제 1.16: $n \geq 1$일 때 $3n + 2 \geq 3n$이므로 $3n + 2 = \Omega(n)$. 실제로 이 부등식은 $n \geq 0$에 대해서도 성립하지만 Ω의 정의는 $n_0 > 0$를 요구하고 있다. $n \geq 1$일 때 $3n + 3 \geq 3n$

이므로 $3n + 3 = \Omega(n)$. $n \geq 1$일 때 $100n + 6 \geq 100n$이므로 $100n + 6 = \Omega(n)$. $n \geq 1$일 때 $10n^2 + 4n + 2 \geq n^2$이므로 $100n^2 + 4n + 2 = \Omega(n^2)$. $n \geq 1$일 때 $6*2^n + n^2 \geq 2n$이므로 $6*2^n + n^2 = \Omega(2^n)$. 또한, $3n + 3 = \Omega(1)$, $10n^2 + 4n + 2 = \Omega(n)$, $10n^2 + 4n + 2 = \Omega(1)$, $6*2^n + n^2 = \Omega(n^{100})$, $6*2^n + n^2 = \Omega(n^{50.2})$, $6*2^n + n^2 = \Omega(n^2)$, $6*2^n + n^2 = \Omega(n)$, $6*2^n + n^2 = \Omega(1)$ 등도 관찰해보자. □

빅오 표기법에서처럼, $f(n) = \Omega(g(n))$에 대해 여러 함수 $g(n)$이 존재하지만 $g(n)$은 오직 $f(n)$의 하한 값일 뿐이다. 명령문 $f(n) = \Omega(g(n))$이 의미상으로 유익하기 위해서는, $g(n)$은 $f(n) = \Omega(g(n))$이 참이 될 수 있는 한 커야 한다. 그래서 $3n + 3 = \Omega(n)$ 그리고, $6*2^n + n^2 = \Omega(2^n)$이라고 하겠지만, $3n + 3 = \Omega(1)$ 또는 $6*2^n + n^2 = \Omega(1)$이라고 말하지는 않을 것이다. 물론 후자의 두 명령문이 틀린 것은 아니다.

정리 1.3은 오메가 표기법을 위한 정리 1.2와 유사하다.

정리 1.3: 만일 $f(n) = a_m n^m + ... + a_1 n + a_0$이고 $a_m > 0$이면 $f(n) = \Omega(n^m)$이다.

증명: 연습문제로 남겨둔다. □

정의: [세타(Theta)]: 모든 n, $n \geq n_0$에 대해 $c_1 g(n) \leq f(n) \leq c_2 g(n)$을 만족하는 세 양의 상수 c_1, c_2와 n_0가 존재하기만 하면 $f(n) = \Theta(g(n))$ ('f of n'은 'theta of g of n'이라 읽음)이다. □

예제 1.17: $n \geq 2$일 때 $3n + 2 \geq 3n$이고 $n \geq 2$일 때 $3n + 2 \leq 4n$이므로 $3n + 2 = \Theta(n)$이 된다. 여기서 $c_1 = 3$, $c_2 = 4$, 그리고 $n_0 = 2$이다. 또한 다음 명령문을 관찰해보자. $3n + 3 = \Theta(n)$, $10n^2 + 4n + 2 = \Theta(n^2)$, $6*2^n + n^2 = \Theta(2^n)$, $10*\log n + 4 = \Theta(\log n)$, $3n + 2 \neq \Theta(1)$, $3n + 3 \neq \Theta(n2)$, $10n^2 + 4n + 2 \neq \Theta(n)$, $10n^2 + 4n + 2 \neq \Theta(1)$, $6*2^n + n^2 \neq \Theta(n^2)$, $6*2^n + n^2 \neq \Theta(n^{100})$, $6*2^n + n^2 \neq \Theta(1)$. □

세타 표기법은 빅오나 오메가 표기법보다 더 정확하다. $g(n)$이 $f(n)$에 대해 상한 값과 하한 값을 모두 가지기만 하면 $f(n) = \Theta(g(n))$이다.

앞 세 예제에서 $g(n)$의 계수가 모두 1이었다는 것에 주의하라. 이는 연습을 위한 것이다. 다음 명령문 $3n + 3 = O(3n)$, $10 = O(100)$, $10n^2 + 4n + 2 = \Omega(4n^2)$, $6*2^n + n^2 = \Omega(6*2^n)$, $6*2^n + n^2 = \Theta(4*2^n)$ 등은 비록 참이지만, 이렇게 사용하지는 않는다.

정리 1.4: 만일 $f(n) = a_m n^m + \cdots + a_1 n + a_0$ 이고 $a_m > 0$ 이면 $f(n) = \Theta(n^m)$이다.

증명: 연습문제로 남겨둔다. □

앞 절에서의 시간 복잡도 분석들을 다시 한 번 생각해보자. 함수 sum(프로그램 1.12)에 대해서는 $T_{Sum}(n) = 2n + 3$이라고 결정했었다. 그래서 $T_{sum}(n) = \Theta(n)$이다. $T_{rsum}(n) = 2n + 2 = \Theta(n)$ 이고 $T_{add}(rows, cols) = 2rows \cdot rows + 2rows + 1 = \Theta(rows \cdot cols)$이다.

앞에서 빅오, 오메가, 세타 표기법을 정확하게 사용하는 것은 보았지만, 여전히 한 가지 의문점이 남는다. "만약 단계 수를 먼저 정확히 결정해야 한다면 이들 표기법이 무슨 소용이 있을까?" 이에 대해서는 점근적 복잡도(asymptotic complexity, 즉 빅오·오메가·세타 표기법의 복잡도)가 단계 수를 정확하게 결정하지 않고도 아주 쉽게 결정될 수 있다는 것으로 답할 수 있다. 보통 각 명령문(명령문 그룹)의 점근적 복잡도를 먼저 결정한 후 이들을 합산하여 결정된다.

예제 1.18 [행렬 덧셈의 복잡도]: 테이블 접근법을 사용하면 그림 1.5와 같은 테이블을 생성할 수 있다. 이것은 그림 1.4와 매우 유사하다. 다만 정확한 단계 수를 집어넣는 대신 점근적 단계 수를 사용한다. 비실행 명령문은 단계 수를 0으로 입력한다. 실제로는 그림 1.5와 같은 테이블을 만드는 것이 그림 1.4와 같은 테이블을 만드는 것보다 훨씬 쉽다. 예를 들면, 다섯 번째 줄이 점근적 복잡도, 즉 $\Theta(rows \cdot cols)$를 가졌다는 것보다 다섯 번째 줄에 대한 정확한 단계 수 $rows \cdot (cols + 1)$을 계산해내는 것이 더욱 어렵다. 함수의 점근적 복잡도를 얻기 위해서는 프로그램 개별 라인의 점근적 복잡도를 합산할 수 있어야 한다. 또 다른 방법으로는 라인의 수가 상수이기 때문에(즉, 인스턴스 특성에 독립적이기

명령문	점근적 복잡도
void add(int a[][MAX_SIZE] ···)	0
{	0
int i, j;	0
for (i=0; i<rows; i++)	$\Theta(rows)$
for (j = 0; j < cols; j++)	$\Theta(rows \cdot cols)$
c[i][j] = a[i][j] + b[i][j];	$\Theta(rows \cdot cols)$
}	0
합계	$\Theta(rows \cdot cols)$

그림 1.5 행렬 덧셈의 시간 복잡도

때문에), 단순히 라인 복잡도의 최대 값을 취할 수 있다. 둘 중 어느 것을 사용하든 우리는 점근적 복잡도로서 $\Theta(rows.cols)$를 얻을 수 있다. □

예제 1.19 [이원 탐색]: 이원 탐색 함수 *binsearch*(프로그램 1.7)에서 시간 복잡도를 구해보자. 여기서 사용하려는 인스턴스 특성은 리스트 원소의 수 n이다. **while** 루프에서 매 반복은 $\Theta(1)$의 시간이 걸린다. **while** 루프는 기껏해야 $\lceil \log_2(n+1) \rceil$번 반복 실행된다는 것을 증명할 수 있다. 점근적 분석을 하려는 것이므로, 최악의 경우 정확한 반복 실행 횟수를 알 필요는 없다. 마지막을 제외하고는 매 반복 실행은 탐색되어야 할 *list* 세그먼트의 크기를 절반으로 감소시킨다. 즉, *right* − *left* + 1의 값은 한 번 반복 실행할 때마다 대략 절반으로 감소한다. 그래서 이 루프는 최악의 경우 $\Theta(\log n)$번 반복된다. 한 번 반복 실행하는 데 $\Theta(1)$의 시간이 걸리기 때문에 *binsearch*의 최악의 경우 복잡도는 $\Theta(\log n)$이다. 유의할 점은 **while** 루프의 첫 번째 반복 실행에서 *searchnum*을 찾는 경우는 최상으로서 복잡도는 $\Theta(1)$이 된다. □

예제 1.20 [순열(Permutation)]: 함수 *perm*(프로그램 1.9)을 생각해보자. $i = n$일 때 걸리는 시간은 $\Theta(n)$이다. $i < n$일 때에는 **else** 절이 수행된다. 이 절의 **for** 루프는 $n − i + 1$번 수행된다. 이 루프를 한 번 실행할 때마다 $\Theta(n + T_{perm}(i+1, n))$의 시간이 걸린다. 그래서 $i < n$일 때에는 $T_{perm}(i, n) = \Theta((n−i+1)(n + T_{perm}(i+1, n)))$이 된다. $T_{perm}(i+1, n)$은 $i+1 \leq n$일 때 적어도 n이기 때문에 $i < n$에 대해 $T_{perm}(i, n) = \Theta((n−i+1)T_{perm}(i+1, n))$을 얻을 수 있다. 이 순환을 풀면 $n \geq 1$에 대해 $T_{perm}(i, n) = \Theta(n(n!))$이라는 결론을 얻는다. □

예제 1.21 [매직 스퀘어(Magic square)]: 복잡도 분석의 마지막 예제로서 오락 수학 문제인 매직 스퀘어(magic square)의 생성을 살펴보자. 이 매직 스퀘어는 1에서 n^2까지의 정수로 된 $n \times n$ 행렬로서, 각 행과 열과 2개의 주대각선(major digonal)의 합이 모두 같다. 그림 1.6은 $n = 5$인 매직 스퀘어를 나타낸 것이다. 이 예에서 각각의 행과 열과 2개의 주대각선의 합은 65이다.

Coexter는 n이 홀수일 때 매직 스퀘어를 만드는 다음과 같은 간단한 규칙을 제시했다.

첫 번째 행의 중앙에 **1**을 넣는다. 왼쪽 대각선 방향으로 올라가면서 빈 자리에 **1**씩 큰 수를 넣는다. 이때 만약 정방형 밖으로 벗어나면 정방형의 반대편 자리에서 계속하라. 즉, 상단을 벗어나면 같은 열의 최하단으로, 왼쪽에서 벗어나면 같은 행의 제일 오른쪽으로 이동한다.

15	8	1	24	17
16	14	7	5	23
22	20	13	6	4
3	21	19	12	10
9	2	25	18	11

그림 1.6 $n = 5$인 매직 스퀘어

이렇게 계속하다가 만약 이동하려는 자리에 숫자가 이미 채워져 있으면 바로 밑으로 가서 계속하라.

우리는 Coexter의 규칙을 사용해서 그림 1.6을 만들었다. 프로그램 1.23은 코딩한 알고리즘을 표현하고 있다. n은 정방형의 크기(즉, 프로그램 1.23에서 변수 *size*의 값)를 나타내도록 하자. n의 값에서 오류 여부를 판단하기 위한 **if** 명령문은 $\Theta(1)$의 시간이 걸린다. 2개의 중첩된 **for** 루프의 복잡도는 $\Theta(n^2)$이다. 그 다음 **for** 루프를 한 번 실행하는 데는 $\Theta(1)$의 시간이 걸린다. 이 루프는 $\Theta(n^2)$번 반복되어 복잡도는 $\Theta(n^2)$이 된다. 정방형을 출력하는 이중 **for** 루프도 $\Theta(n^2)$의 시간이 걸려서 프로그램 1.23의 점근적 복잡도는 $\Theta(n^2)$이 된다. □

```c
#include <stdio.h>
#define MAX_SIZE    15    /* 정방형의 최대 크기 */
void main(void)
{ /* 정방형을 반복적으로 생성 */
   int static int square[ MAX_SIZE ][ MAX_SIZE ];
   int i, j, row, column;   /* 지수 */
   int count;                /* 계수 */
   int size;                 /* 정방형의 크기 */

   printf("Enter the size of the square: ");
   scanf("%d", &size);
```

```c
/* 입력에 오류가 있는지 체크 */
if (size < 1 || size > MAX_SIZE +1) {
   fprintf(stderr, "Error! Size is out of range\n");
   exit(1);
}
if (!(size % 2)) {
   fprintf(stderr, "Error! Size is even\n");
   exit(1);
}
for (i = 0; i < size; i++)
   for (j = 0; j < size; j++)
      square[i][j] = 0;
square[0][(size-1)/2] = 1;  /* 첫 번째 행의 중앙에 1을 넣는다.*/
/* i와 j는 현재 위치 */
i = 0;
j = (size - 1) /2;
for (count = 2; count <= size * size; count++) {
   row = (i-1 < 0) ? (size - 1): (i - 1);   /* 위로 */
   column = (j-1 < 0) ? (size - 1): (j - 1);   /* 왼쪽으로 */
   if (square[row][column])   /* 아래로 */
      i = (++i) % size;
   else {                           /* 정방형이 비어 있을 경우 */
      i = row;
      j = (j-1 < 0) ? (size - 1): --j;
   }
   square[i][j] = count;
}
/* 정방형을 출력 */
printf("Magic Square of size %d: \n\n", size);
for (i = 0; i < size; i++)
   for (j = 0; j < size; j++)
      printf("%5d", square[i][j]);
   printf("\n");
```

```
        }
    printf("\n\n");
}
```

프로그램 1.23: 매직 스퀘어 프로그램

다음 장에서부터 프로그램을 분석할 때는 보통 프로그램의 복잡도에서 상한으로 제한할 것이다. 즉, 일반적으로 빅오 표기법만을 사용할 것인데, 이는 현실적인 현재 경향이기 때문이다. 프로그램 분석에 있어서 많은 경우 복잡도로 구한 것이 그 프로그램에 대한 상한과 하한 둘 다 될 때 빅오 대신 세타 표기법을 사용할 수도 있다.

연습문제

1. 다음 문장들이 맞는지 증명하라.
   (a) $5n^2 - 6n = \Theta(n^2)$
   (b) $n! = O(n^n)$
   (c) $2n^2 + n \log n = \Theta(n^2)$
   (d) $\sum_{i=0}^{n} i^2 = \Theta(n^3)$
   (e) $\sum_{i=0}^{n} i^3 = \Theta(n^4)$
   (f) $n2^n + 6 \cdot 2^n = \Theta(2^n)$
   (g) $n^3 + 10^6 n^2 = \Theta(n^3)$
   (h) $6n^3/(\log n + 1) = O(n^3)$
   (i) $n^{1.001} + n \log n = \Theta(n^{1.001})$
   (j) 모든 $k \geq 1$에 대하여, $n^k + n + n^k \log n = \Theta(n^k \log n)$
   (k) $10n^3 + 15n^4 + 100n^2 2^n = O(n^2 2^n)$

2. 다음 문장들이 틀리다는 것을 증명하라.
   (a) $10n^2 + 9 = O(n)$
   (b) $n^2 \log n = \Theta(n^2)$
   (c) $n^2/\log n = \Theta(n^2)$
   (d) $n^3 2^n + 6n^2 3^n = O(n^2 2^n)$
   (e) $3^n = O(2^n)$

3. 정리 1.3을 증명하라.

4. 정리 1.4를 증명하라.
5. 프로그램 1.19의 최악의 경우에 대한 복잡도를 구하라.
6. 프로그램 1.22의 최악의 경우에 대한 복잡도를 구하라.
7. 두 함수 n^2과 $20n + 4$를 여러 가지 n 값으로 비교하라. 언제 두 번째 함수가 첫 번째 함수보다 더 작은 값을 갖는지를 결정하라.
8. 매직 스퀘어 프로그램(프로그램 1.23)을 순환 프로그램으로 작성하라.

1.5.4 실용적 복잡도

우리는 프로그램의 시간 복잡도가 일반적으로 인스턴스 특성의 어떤 함수라는 것을 보았다. 이 함수는 그 인스턴스 특성의 변화에 따라 시간 요구가 얼마나 변하는지를 결정하는데 매우 유용하다. 즉, 복잡도 함수는 같은 작업을 수행하는 두 프로그램 P와 Q를 비교하는데도 유용하게 사용되어질 수 있다. 프로그램 P의 복잡도가 $\Theta(n)$이고, 프로그램 Q의 복잡도가 $\Theta(n^2)$이라고 가정해보자. 그러면 '충분히 큰 n'에 대해 프로그램 P가 프로그램 Q보다 더 빠르다고 단언할 수 있다. 이 단언의 타당성을 보기 위해서 P의 실제 연산 시간이 상수 c와 $n \geq n_1$인 모든 n에 대해 cn으로 상한이 되고 반면, Q의 실제 연산 시간이 어떤 상수 d와 $n \geq n_2$인 모든 n에 대해 dn^2으로 하한이 된다는 것을 고찰하라. 그러면 $n \geq c/d$에 대해 $cn \leq dn^2$이므로 $n \geq \max\{n_1, n_2, c/d\}$이기만 하면 언제나 프로그램 P가 프로그램 Q보다 빠르다.

앞의 주장에서 '충분히 큰'이라는 용어가 있음에 주의해야 한다. 사용하고자 하는 두 프로그램에서 성능을 결정하고자 할 때에는 사실 우리가 다루는 n이 충분히 큰지를 알아야 한다. 만약 프로그램 P가 $10^6 n$ 밀리 초에 수행되는 반면 프로그램 Q가 n^2 밀리 초에 수행되고 항상 $n \leq 10^6$이고 다른 요인들은 같다면, 프로그램 Q를 사용할 것이다.

여러 함수들이 어떻게 n과 함께 증가하는지를 이해하기 위해서는 그림 1.7과 그림 1.8을 아주 면밀히 고찰하는 것이 좋다. 그림에서 볼 수 있는 것처럼, 함수 2^n은 n이 증가

$\log n$	n	$n \log n$	n^2	n^3	2^n
0	1	0	1	1	2
1	2	2	4	8	4
2	4	8	16	64	16
3	8	24	64	512	256
4	16	64	256	4096	65,536
5	32	160	1024	32,768	4,294,967,296

그림 1.7 함수 값

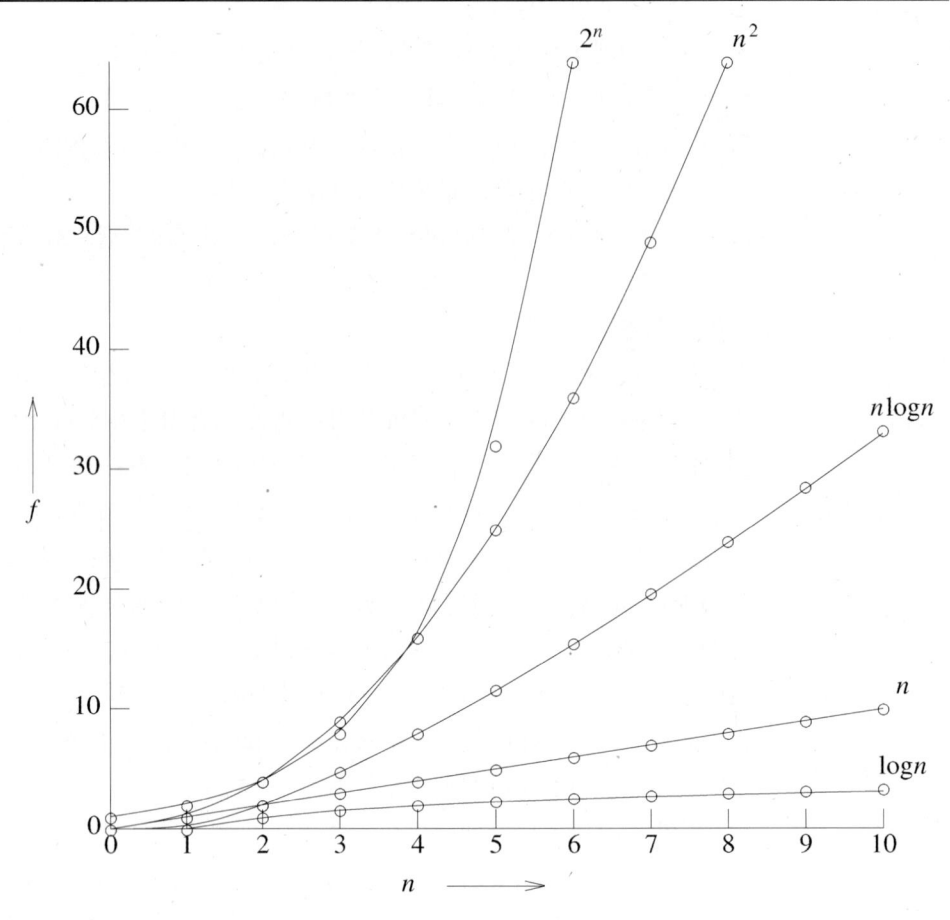

그림 1.8 함수 값의 그래프

함에 따라 더욱 빠르게 증가한다. 사실, 한 프로그램의 실행을 위해 2^n 단계가 필요하다면 $n = 40$일 때 요구되는 단계 수는 대략 $1.1*10^{12}$이다. 즉, 1초에 10억 개의 단계를 수행하는 컴퓨터라면 약 18.3분이 요구되고 $n = 50$이라면 이 컴퓨터에서 같은 프로그램은 약 13일 가량 수행될 것이다. 또 $n = 60$이라면 이 프로그램을 실행시키기 위해서는 310.56년이 걸리고, $n = 100$이라면 $4*10^{13}$년이 필요하다. 그래서 지수형 복잡도를 가진 프로그램의 유용도는 n이 아주 작을 때(보통 $n \leq 40$)로 제한된다는 결론을 내릴 수 있다.

차수가 높은 다항식의 복잡도를 가진 프로그램의 용도 역시 제한된 한계 내에서만 유용하다. 예를 들어 만약 어떤 프로그램이 실행되는 데 n^{10} 단계가 필요하다면, 초당 10억 개의 단계를 수행하는 컴퓨터는 $n = 10$일 때 10초가 필요하고, $n = 100$일 때는 3,171

			$f(n)$				
n	n	$n\log_2 n$	n^2	n^3	n^4	n^{10}	2^n
10	.01 μs	.03 μs	.1 μs	1 μs	10 μs	10 s	1 μs
20	.02 μs	.09 μs	.4 μs	8 μs	160 μs	2.84 h	1 ms
30	.03 μ	.15 μ	.9 μ	27 μ	810 μ	6.83 d	1 s
40	.04 μs	.21 μs	1.6 μs	64 μs	2.56 ms	121 d	18 m
50	.05 μs	.28 μs	2.5 μs	125 μs	6.25 ms	3.1 y	13 d
100	.10 μs	.66 μs	10 μs	1 ms	100 ms	3171 y	$4*10^{13}$ y
10^3	1 μs	9.96 μs	1 ms	1 s	16.67 m	$3.17*10^{13}$ y	$32*10^{283}$ y
10^4	10 μs	130 μs	100 ms	16.67 m	115.7 d	$3.17*10^{23}$ y	
10^5	100 μs	1.66 ms	10 s	11.57 d	3171 y	$3.17*10^{33}$ y	
10^6	1 ms	19.92 ms	16.67 m	31.71 y	$3.17*10^7$ y	$3.17*10^{43}$ y	

μs = microsecond = 10^{-6} seconds; ms = milliseconds = 10^{-3} seconds
s = seconds; m = minutes; h = hours; d = days; y = years

그림 1.9 초당 10억 단계를 처리하는 컴퓨터에서의 시간

년이 필요하고, $n = 1000$일 때는 $3.17*10^{13}$년이 필요하다. 만약 프로그램의 복잡도가 n^3 단계를 가진다면 $n = 1,000$일 때 1초, $n = 10,000$일 때 110.67분, $n = 100,000$일 때는 11.57일이 필요하다.

그림 1.9는 초당 10억 개의 명령문을 수행하는 컴퓨터에서 복잡도가 $f(n)$인 프로그램을 실행하기 위한 시간을 보여준 것이다. 현재 가장 빠른 컴퓨터가 대개 초당 10억 개의 명령문을 수행한다는 점을 기억해야 한다. 현실적인 면에서, 적절히 큰 n(보통 $n > 100$)에 대해 작은 복잡도(보통 n, $n \log n$, n^2, n^3)를 가진 프로그램만이 유용하다는 것은 분명하다. 그리고 초당 10^{12}개의 명령문을 수행하는 컴퓨터가 만들어지더라도 이와 같은 사실은 명백하다. 이 경우 그림 1.9의 연산 시간은 1,000배씩 감소할 것이다. 이 컴퓨터에서 $n = 100$일 때 n^{10}개의 명령문을 수행하기 위해서는 3.17년이 걸리고 2^n개의 명령문을 수행하기 위해서는 $4*10^{10}$년이 소요될 것이다.

1.6 성능 측정

1.6.1 시간 측정

비록 성능 분석이 한 알고리즘의 기억 공간과 시간 복잡도를 평가하기 위한 강력한 도구가 될 수 있지만, 어떤 면에서는 그 알고리즘이 컴퓨터에서 어떻게 수행되는지 고려해야

	방법 1	방법 2
시작 시간	start = clock();	start = time(NULL);
종료 시간	stop = clock();	stop = time(NULL);
반환 타입	clock_t	time_t
초 단위의 결과	duration = ((double) (stop−start)) / CLOCKS_PER_SEC;	duration = (double) difftime(stop, start);

그림 1.10 C 언어에서 시간을 재는 사건

한다. 이러한 고찰은 분석의 영역으로부터 측정의 영역으로 이동하게 해준다. 이제 우리는 시간 측정에 초점을 맞출 것이다.

사건의 시간을 재는 데 필요한 함수는 C 언어의 표준 라이브러리에서 제공하는데, 이것은 명령문 #include <time.h>로 수행시킬 수 있다. C 언어에서 사건의 시간을 재는 방법에는 두 가지가 있다. 그림 1.10은 이 두 방법의 주요 차이점을 보여주고 있다.

방법 1은 사건의 시간을 재기 위해 *clock*을 사용한다. 이 함수는 프로그램이 수행을 시작하고 난 후부터 소요된 프로세서 시간의 양을 보여준다. 사건의 시간을 측정하기 위해 *clock*을 사건의 처음과 끝에 두 번 사용한다. 이 시간은 내장 타입인 *clock_t*로 반환된다. 사건이 필요로 한 총 시간은 그것이 끝난 시간에서 시작한 시간을 뺀 것이다. 이 결과는 임의의 어떤 숫자 타입이 될 수 있기 때문에, 이것의 데이타 **타입을 double로 변환시켜야** 한다. 또한 그 결과는 내부적인 프로세서 시간으로 측정되기 때문에 초 단위로 결과를 얻기 위해서는 그것을 초당 똑딱거리는 수로 나누어야 한다. ANSI C에서는 초당 똑딱거리는 수가 내장 상수, *CLOCKS_PER_SEC*에 저장된다. 이 방법은 우리가 사용하는 컴퓨터에서 훨씬 더 정확하다는 것을 잘 알 것이다. 그러나 두 번째 방법은 초당 똑딱거리는 수를 알 필요가 없기 때문에, 여기서는 이것을 설명하려 한다.

방법 2는 *time*을 사용한다. 이 함수는 내장 타입 *time_t*를 통해 초 단위로 측정된 시간을 반환한다. *clock*과는 달리 *time*은 시간을 측정하기 위한 위치를 명세하기 위한 하나의 매개변수를 가지고 있다. 시간을 유지하기를 원하지 않는 경우 이 매개변수에 *NULL* 값을 전달한다. 방법 1에서 한 것처럼 시간을 재고자 하는 사건의 시작과 종료 시간에 이 *time*을 사용한다. 다음 이 두 가지 시간을 *difftime*으로 보내면 이것은 그 차이는 초 단위로 하여 반환된다. 이 결과의 타입이 *time_t*이기 때문에, 이것을 출력하기 전에 그 **타입을 double로 변환해야** 한다.

예제 1.22 [선택 함수의 최악의 성능]: 선택 정렬에서 최악의 경우는 요소들이 역순으로 되어 있을 때 발생한다. 즉, 내림차순으로 정렬되어 있는 배열을 오름차순으로 정렬하고자 할 때이다. 시간 계산 테스트를 위해 배열의 크기를 0, 10, 20, ⋯, 90, 100, 200, ⋯, 1000으로 변화시켰다. 프로그램 1.24는 시간 측정 테스트를 위해 사용될 코드를 포함하고 있다.(정렬 함수의 코드는 프로그램 1.4에 있고 프로그램 1.24의 목적 때문에 이것은 *selectionSort.h* 화일에 있다고 가정하였다.)

시간 측정 테스트를 수행하기 위해 우리는 배열의 크기를 제어하기 위한 **for** 루프를 사용하였다. 매 반복 실행마다 n개의 원소로 된 새로운 역순의 배열이 생성된다. 우리는 *sort*를 호출하기 직전과 복귀한 직후에 *clock*을 호출했다. 놀랍게도 각 n에 대한 시간 출력은 0이었다! 무엇이 잘못되었는가? 우리의 시간 측정 프로그램(프로그램 1.24)이 논리적으로 정확하다 하더라도 실행 시간을 정밀하게 측정하지 못했다. 왜냐하면 우리가 측정하려고 하는 사건의 시간이 너무 짧기 때문이었다. 똑딱거리는 측정에 ±1의 오류가 있기 때문에 프로그램 1.24는 정렬 시간이 한 번 똑딱거리는 시간보다 훨씬 길 때만 정확한 결과를 반환한다. 프로그램 1.25는 선택 정렬에 대한 보다 정확한 시간 측정 프로그램이다. 이 프로그램에서는 각 n에 대해 전체 시간이 1초(1000 똑딱)가 될 때까지 여러 번 정렬한다. 이 프로그램은 그 자체의 부정확성을 가지고 있다. 예를 들어, 결과 시간에는 정렬될 배열의 초기화 시간도 포함하고 있다. 그러나 이 초기화 시간은 실제 정렬 시간에 비하면 [$O(n)$에 대해 $O(n^2)$] 작다. 그렇더라도 초기화 시간이 문제되는 경우 별도의 실험을 이용해서 초기화 시간을 측정해서 프로그램 1.24가 보고한 시간에서 감하면 된다.

프로그램 1.24로부터 얻은 결과가 그림 1.11과 그림 1.12에 보여지고 있다. 그림 1.12의 곡선은 그림 1.8의 n^2 곡선과 비슷하다. 이것은 우리의 선택 정렬 분석과 일치한다. □

1.6.2 테스트 데이타의 생성

최악의 프로그램 성능을 초래하는 데이타 세트를 생성하는 것은 항상 쉽지만은 않다. 어떤 경우에는, 최악의 경우의 데이타를 생성하기 위해 컴퓨터 프로그램을 사용해야만 될 때도 있다. 어떤 경우는 이것조차도 매우 어렵다. 이러한 경우 최악의 성능을 측정하기 위해서는 또 다른 접근법을 사용해야 된다. 관심이 있는 인스턴스 특성 값들에 대해 적당한 대규모의 무작위 테스트 데이타를 생성한다. 이 테스트 데이타 각각에 대해 실행 시간을 구한다. 이들 시간의 최대 값을 그 인스턴스 특성 값에 대한 최악의 경우의 시간으로 사용한다.

평균 경우의 시간을 측정하기 위해서 주어진 특성의 모든 가능한 인스턴스에 대한 평균을 내는 것은 쉽지 않다. 설사 순차와 이원 탐색에 대해서는 가능할지라도 정렬 프로

```c
#include <stdio.h>
#include <time.h>
#include "selectionSort.h"
#define MAX_SIZE 1001
void main(void)
{
   int i, n, step = 10;
   int a[MAX_SIZE];
   double duration;
   clock_t start;

   /* times for n = 0, 10, ..., 100, 200, ..., 1000 */
   printf("    n      time\n");
   for (n = 0; n <= 1000; n += step)
   {/* get time for size n */

      /* initialize with worst-case data */
      for (i = 0; i < n; i++)
         a[i] = n - i;

      start = clock( );
      sort(a, n);
      duration = ((double) (clock() - start))
                       / CLOCKS_PER_SEC;
      printf("%6d    %f\n", n, duration);
      if (n == 100) step = 100;
   }
}
```

프로그램 1.24: 선택 정렬 함수의 첫 번째 시간 측정 프로그램

그램에 대해서는 가능하지 않다. 만약 모든 키 값들이 서로 다르다고 가정하면, 어떤 주어진 n에 대해 $n!$의 서로 다른 순열이 평균 시간을 얻는 데 사용되어야 한다.

평균 경우의 데이터를 얻는 것은 보통 최악의 경우의 데이터를 얻는 것보다 더 어렵다. 그래서 가끔 앞에서 언급된 기법을 사용해서 간단하게 평균 시간의 어림값을 얻는다.

최악의 경우를 평가하든 무작위의 데이터를 이용해서 평균 시간을 평가하든 간에 테스트하는 인스턴스의 수는 일반적으로 그러한 인스턴스의 총 수보다 훨씬 작다. 그래서 실험을 위해 생성되어야 할 데이터들을 결정하기 위해 사용되는 알고리즘을 분석하는 것이 바람직하다. 이것은 아주 전문적인 알고리즘적인 작업이므로 여기서는 다루지 않겠다.

```c
#include <stdio.h>
#include <time.h>
#include "selectionSort.h"
#define MAX_SIZE 1001
void main(void)
{
   int i, n, step = 10;
   int a[MAX_SIZE];
   double duration;

   /* times for n = 0, 10, ..., 100, 200, ..., 1000 */
   printf("    n    repetitions     time\n");
   for (n = 0; n <= 1000; n += step)
   {
      /* get time for size n */
      long repetitions = 0;
      clock_t start = clock( );
      do
      {
         repetitions++;

         /* initialize with worst-case data */
         for (i = 0; i < n; i++)
            a[i] = n - i;

         sort(a, n);
      } while (clock( ) - start < 1000);
          /* repeat until enough time has elapsed */

      duration = ((double) (clock() - start))
                           / CLOCKS_PER_SEC;
      duration /= repetitions;
      printf("%6d   %9d    %f\n", n, repetitions, duration);
      if (n == 100) step = 100;
   }
}
```

프로그램 1.25: 보다 정확한 선택 정렬 함수의 시간 측정 프로그램

n	repetitions	time
0	8690714	0.000000
10	2370915	0.000000
20	604948	0.000002
30	329505	0.000003
40	205605	0.000005
50	145353	0.000007
60	110206	0.000009
70	85037	0.000012
80	65751	0.000015
90	54012	0.000019
100	44058	0.000023
200	12582	0.000079
300	5780	0.000173
400	3344	0.000299
500	2096	0.000477
600	1516	0.000660
700	1106	0.000904
800	852	0.001174
900	681	0.001468
1000	550	0.001818

그림 1.11 선택 정렬의 최악의 경우에서의 성능(초 단위)

연습문제

다음 연습문제 각각에 대해서는 시간 측정 프로그램을 작성해야 한다. 각 필요하다면 프로그램에 대해 적당한 크기의 배열과 시간 측정 도구를 선정하라. 결과를 테이블과 그래프 양식으로 제시하고 여기에서 발견한 사실을 요약하라.

1. 예제 1.22의 실험을 반복하라. 이번에는 측정한 모든 시간들이 적어도 10%의 정확도를 가진다는 것을 확인하라. 시간은 예제에서처럼 n의 같은 값에 대해서 얻어진다. 측정된 시간을 n에 대한 함수로 그래프에 나타내라.
2. 반복 리스트 합산 함수(프로그램 1.11)와 순환 리스트 합산 함수(프로그램 1.12)에 대해 최악의 경우의 성능을 비교하라.

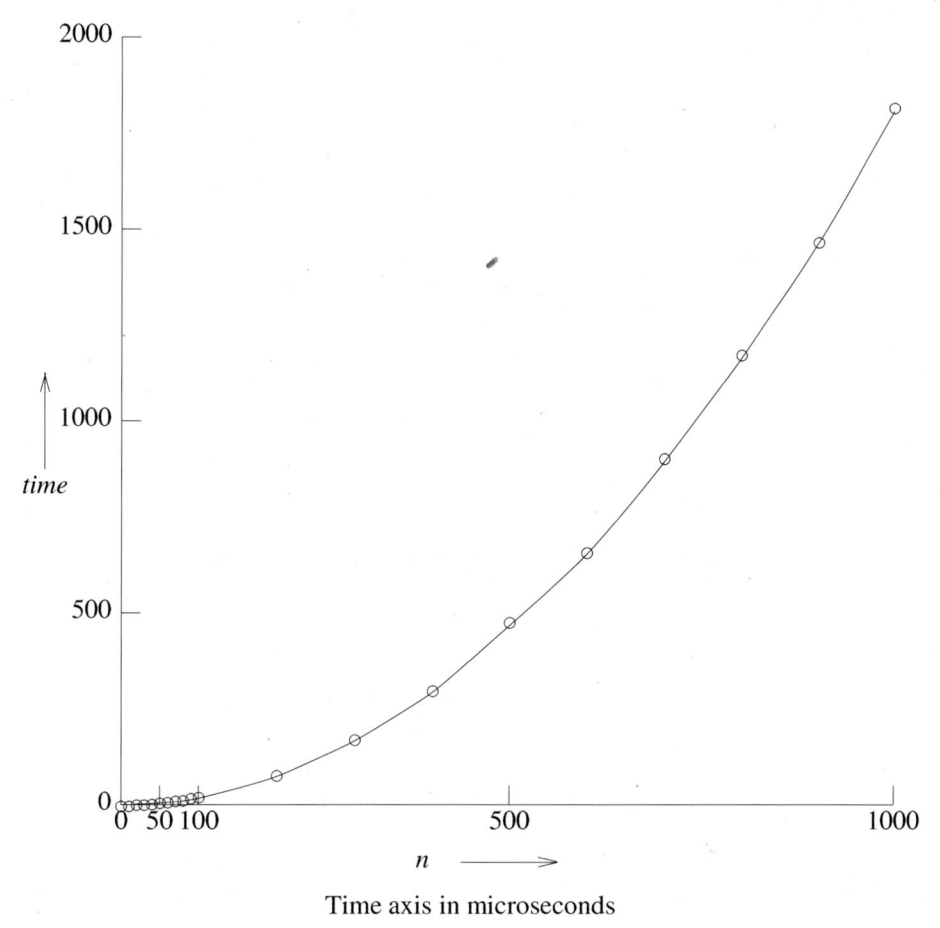

그림 1.12 선택 정렬의 최악의 성능 그래프

3. 반복 이원 탐색 함수(프로그램 1.7)와 순환 이원 탐색 함수(프로그램 1.8)에 대해 최악의 경우의 성능을 비교하라.
4. (a) 반복 순차 탐색 함수(프로그램 1.26)를 순환 함수로 변환하라.
   (b) 작성한 함수의 최악의 경우의 복잡도를 분석하라.
   (c) 순환적 순차 탐색 함수의 최악의 경우의 성능을 측정하고 반복 함수를 위해 제공된 결과와 비교하라.
5. 함수 add(프로그램 1.16)의 최악의 경우의 성능을 측정하라.
6. 함수 mult(프로그램 1.20)의 최악의 경우의 성능을 측정하라.

1.7 참고문헌

C 프로그래밍에 대한 좋은 소개서는, *C: An Advanced introduction* by Narain Gehani, Silicon Press, NJ, 1995. *Testing computer software*, 2nd Edition, by C. Kaner, J. Falk, and H. Nguyen, John Wiley, New York, NY, 1999 는 소프트웨어 테스팅과 디버깅 기법에 대해 깊이 있게 다루고 있다.

다음 책들은 여러 프로그램에 대한 점근적 분석을 설명하고 있다. Handbook of data structures and applications edited by D. Mehta and S. Sahni, Chapman & Hall/CRC, Boca Raton, 2005, *Fundamentals of Computer Algorithms* by E. Horowitz, S. Sahni and S. Rajasekaran, W. H. Freeman and Co., New York, NY, 1998; *Introduction to Algorithms*, Second Edition, by T. Cormen, C. Leiserson, and R. Rivest, McGraw-Hill, New York, NY 2002; *Compare to What: An Introduction to the Analysis of Algorithms* by G. Rawlins, W. H. Freeman and Co., NY, 1992.

2
배열과 구조

2.1 배열

2.1.1 추상 데이타 타입

배열을 추상 데이타 타입 ADT의 관점에서 고려해 보자. 이러한 관점은 대부분의 프로그래머들이 배열을 단지 '일련의 연속적인 메모리 위치'로 보기 때문에 일반적이지 않다. 이는 배열을 단지 구현의 측면에서만 강조함으로써 생긴 결과로, 올바르지 못하다. 물론 배열이 일련의 연속적인 메모리 위치로 구현되는 것이 보통이지만 반드시 그런 것도 아니다. 직설적으로 표현하면 배열은 인덱스와 값 <*index, value*>의 쌍으로 구성된 집합으로서, 정의된 각 인덱스는 그 인덱스와 관련된 값을 갖는다. 수학 용어로 이것을 대응(correspondence) 또는 사상(mapping)이라 부른다. 그러나 ADT를 고려할 때는 배열에서 수행 가능한 연산들에 더 관심을 두게 된다. 새로운 배열의 생성을 제외하고 대부분의 프로그래밍 언어에서는 배열에 대해 두 가지의 표준 연산, 즉 값을 추출하는 연산과 저장 연산만을 제공한다. ADT 2.1은 배열 ADT의 정의를 보여주고 있다.

함수 *Create(j, list)*는 적당한 크기의 새로운 공백 배열을 생성한다. 초기에는 모든 항목이 정의되어 있지 않다. *Retrieve* 함수는 *array*와 *index*를 입력받아, 만일 그 인덱스가 유효하다면 그 인덱스와 관련된 값을 반환하고 인덱스가 유효하지 않다면 오류를 반환한다. *Store* 함수는 *array, index, item*을 입력받아, 새로운 <*index, value*> 쌍이 추가된 원래의 배열을 반환한다. 이 ADT 정의의 장점은 배열이 '일련의 연속적인 메모리 위치'라는 것보다도 더 일반적인 구조라는 사실을 명확하게 나타낸다는 데 있다.

ADT *Array*

　Objects: *index*의 각 값에 대하여 집합 *item*에 속한 한 값이 존재하는 <*index, value*> 쌍의 집합. *index*는 1차원 또는 다차원의 유한 순서 집합이다. 예를 들면, 1차원의 경우 {0, ⋯, n−1}과 2차원 배열 {(0, 0), (0, 1), (0, 2), (1, 0), (1, 1), (1, 2), (2, 0), (2, 1), (2, 2)} 등이다.

　Functions:

　　모든 A ∈ *Array*, i ∈ *index*, x ∈ *item*, j, *size* ∈ integer

　　Array Create(*j, list*)　　::=　**return** *j* 차원의 배열.
　　　　　　　　　　　　　　　　여기서 *list*는 *i* 번째 원소가 *i* 번째 차원의
　　　　　　　　　　　　　　　　크기인 *j*-tuple 이며 *item* 들은 정의되지 않았음.

　　Item Retrive(A, i)　　　::=　**if** (i ∈ *index*)
　　　　　　　　　　　　　　　　return 배열 A의 인덱스 i 값과 관련된 항목.
　　　　　　　　　　　　　　　　else return 에러.

　　Array Store(A, i, x)　　::=　**if** (i ∈ *index*)
　　　　　　　　　　　　　　　　return 새로운 쌍 <i, x>가 삽입된 배열 A.
　　　　　　　　　　　　　　　　else return 에러.

end *Array*

ADT 2.1: *Array* 추상 데이타 타입

2.1.2 C 언어에서의 배열

먼저 1차원 배열만을 생각해보자. C에서 1차원 배열은 변수의 이름 끝에 중괄호를 추가하여 묵시적으로 선언 한다. 예로서 다음 선언

```
int list[5], *plist[5];
```

은 각각 5개의 원소를 포함하는 두 배열을 선언한 것이다. 첫 번째 배열은 5개의 정수를 정의한 반면, 두 번째는 정수에 대한 5개의 포인터를 정의한다. C 언어에서 모든 배열은 인덱스 0에서 시작하기 때문에 *list*[0], *list*[1], *list*[2], *list*[3], *list*[4](줄여서 *list*[0:4])는 5개의 배열 원소의 이름으로서, 이들 각자는 하나의 정수 값을 포함한다. 마찬가지로 plist[0:4]는 5개의 배열 원소의 이름으로서 이들 각자는 정수에 대한 포인터를 포함한다.

　　이제 1차원 배열의 구현에 대해 생각해보자. 컴파일러는 상기 배열 선언의 경우 5개의 연속적인 메모리 장소를 할당한다. 각 메모리 장소는 1개의 정수를 수용할 수 있다.

첫 번째 원소인 *list*[0]의 주소는 기본 주소(base address)라 한다. 사용하는 컴퓨터의 정수 크기를 *sizeof(int)*로 표현하면 *list*[*i*]의 메모리 주소는 α + *i* * *sizeof(int)*가 되는데 여기서 α는 기본 주소이다. 실제로 C 프로그램에서 *list*[*i*]라고 쓰면, C 언어는 이것을 주소가 *list*[*i*]인 정수에 대한 포인터로 해석하고 그 정수의 주소는 α + *i* * *sizeof(int)*가 된다. 다음의 두 선언은 차이가 있다.

```
int *list1;
int list2[5];
```

변수 *list*1과 *list*2는 둘 다 정수를 가리키는 포인터이다. 그러나 두 번째 경우에는 5개의 정수를 위한 메모리 위치가 예약되어 있다. *list*2는 *list*2[0]을 가리키는 포인터이고 *list*2 + *i*는 *list*2[*i*]를 가리키는 포인터이다. 유의할 점은 C 언어에서는 배열에서 특정 원소에 접근하기 위해 그 타입의 크기와 오프셋 *i*를 곱하지는 않는다는 것이다. 그러므로 배열 *list*2의 타입과는 관계없이 (*list*2 + *i*)와 &*list*2[*i*]는 항상 같다. 그러므로 *(*list*2 + *i*)와 *list*2[*i*]도 같다.

배열이 함수의 매개변수로 사용될 때 C에서 이를 처리하는 방식에 대해 고려해 보면 유용하다. C 함수의 모든 매개변수는 함수 내에서 선언되어야 한다. 그러나 배열에 대해서는 새로운 저장 공간이 함수 내에 할당되지 않기 때문에 1차원 배열의 범위는 메인 프로그램에서만 정의된다. 만일 1차원 배열의 크기가 필요하다면, 이것은 매개변수로 함수에 전달하거나 전역 변수로 접근해야 한다.

프로그램 2.1을 생각해보자. *sum*이 호출되면 *input* = &*input*[0])은 임시 장소에 복사되고 형식 매개변수 *list*와 연관된다. *list*[*i*]가 기호 "="오른편에 나오면 역참조가 일어나서 (*list* + *i*)가 가리키는 값이 반환된다. 만일 *list*[*i*]가 기호 "="의 왼편에 나타난다면, 오른편에서 생성된 값은 위치 (*list* + *i*)에 저장된다. 그래서 C 언어에서는 매개변수 전달 방식이 값에 의한 호출(call-by-value)임에도 불구하고 배열 매개변수가 그 값들을 변경하게 만든다.

예제 2.1 [1차원 배열의 주소 계산]: 다음과 같이 배열을 선언할 경우를 가정해보자.

```
int one[] = {0, 1, 2, 3, 4};
```

이 배열의 *i* 번째 주소와 그 주소 내 값을 출력하는 함수를 작성해보자. 이를 위해 *print*1(프로그램 2.2)은 포인터 연산을 사용한다. 이 함수는 *print*1(&*one*[0], 5)로 호출된다. **printf** 명령문에서 알 수 있듯이 *i* 번째 원소의 주소는 단순히 *ptr* + *i*이다. *i* 번째 원

```
#define MAX_SIZE 100
float sum(float [], int);
float input[MAX_SIZE], answer;
void main(void)
{
   int i;
   for (i = 0; i < MAX_SIZE; i++)
      input[i] = i;
   answer = sum(input, MAX_SIZE);
   printf("The sum is: %f\n", answer);
}
float sum(float list[], int n)
{
   int i;
   float tempsum = 0;
   for (i = 0; i < n; i++)
      tempsum += list[i];
   return tempsum;
}
```

프로그램 2.1: 배열 프로그램의 예

소의 값을 얻기 위해서는 역참조 연산자 *를 사용한다. 그래서 *(ptr + i)는 주소가 아니라 위치 ptr + i의 내용을 의미한다.

```
void print1(int *ptr, int rows)
{ /* 포인터를 사용해서 1차원 배열을 출력 */
    int i;
    printf("Address Contents\n");
    for (i=0; i<rows; i++)
        printf("%8u%5d\n", ptr+i, *(ptr+i));
    printf("\n");
}
```

프로그램 2.2: 주소로 접근되는 1차원 배열

그림 2.1은 print1을 실행해서 얻은 결과를 보여주고 있다. 각 **int**는 사용 컴퓨터에서 4바이트이기 때문에 주소는 4씩 증가한다. □

Address	Contents
12244868	0
12344872	1
12344876	2
12344880	3
12344884	4

그림 2.1 1차원 배열의 주소 계산

2.2 동적으로 할당된 배열

2.2.1 1차원 배열

프로그램 1.4에서는 상수 *MAX_SIZE*를 101로 정의하였다. 그 결과, 이 프로그램은 101개까지의 수를 정렬하는 데 사용될 수 있다. 만일 101개보다 많은 수를 정렬하려 한다면, *MAX_SIZE*의 정의를 어떤 큰 값으로 변경하고 프로그램을 다시 컴파일해야 된다. 이 새로운 값은 얼마나 커야 될까? 만일 *MAX_SIZE*를 아주 큰 수(예를 들어 수백만)로 설정한다면 n의 입력 값이 *MAX_SIZE*의 이 큰 값을 거의 초과하지는 않을 것이기 때문에 프로그램이 실행 시간에 실패할 수 있는 여지를 감소시키게 된다. 그러나 배열 *list*를 위한 메모리가 부족해서 프로그램을 컴파일하지 못하는 가능성을 증가시키게 된다. 프로그램을 작성할 때 종종 사용할 배열의 크기를 결정하기에 아주 곤란한 경우에 처하는 때가 있다. 이에 대한 좋은 해답은, 이 결정을 실행 시간까지 미루었다가 필요한 배열 크기의 적당한 추정치가 나올 때 배열을 할당하는 것이다. 예를 들어, 프로그램 1.4의 함수 *main*의 처음 몇 라인을 다음과 같이 변경할 수 있다.

```
int i,n,*list;
printf("Enter the number of numbers to generate: ");
scanf("%d",&n);
if( n < 1 ) {
  fprintf(stderr, "Improper value of n\n");
  exit(EXIT_FAILURE);
}
MALLOC(list, n * sizeof(int));
```

이제 프로그램은 $n < 1$ 이거나 정렬할 수의 리스트를 저장할 메모리가 충분하지 않을 때 실패하게 된다.

2.2.2 2차원 배열

C 언어는 다차원 배열을 표현하기 위하여 소위 배열의 배열을 사용하고 있다. 이 표현에서 2차원 배열은 각 원소 자체가 1차원 배열이 되는 1차원 배열로 표현된다. 2차원 배열을 표현하기 위하여

$$\text{int x[3][5];}$$

라고 하면 실제로 길이가 3인 1차원 배열 x가 생성되는데, 이 x의 각 원소는 길이가 5인 1차원 배열이다. 그림 2.2는 이에 대한 메모리 구조를 보여주고 있다. 4개의 분리된 메모리 블록이 사용되었다. 블록의 하나(흐린 블록)는 세 포인터를 위한 크기이고 나머지 블록의 각각은 5 **int**를 저장할 수 있는 크기이다.

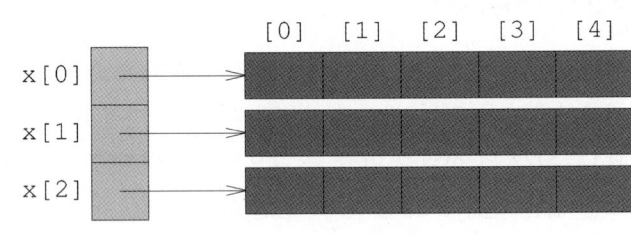

그림 2.2 배열의 배열 표현

C는 원소 $x[i][j]$를 찾을 때 제일 먼저 $x[i]$에 있는 포인터에 접근한다. 이 포인터는 배열의 행 i의 0번째 원소의 메모리 주소를 제공한다. 그러면 이 포인터에 $j*sizeof(int)$를 더하면 행 i의 $[j]$번째 원소(즉, 원소 $x[i][j]$)의 주소가 결정된다. 프로그램 2.3은 실행 시간에 2차원 배열을 생성하는 함수이다.

이 프로그램은 예를 들어 다음과 같은 방법으로 사용될 수 있다. 두 번째 라인은 5 × 10 2차원 정수 배열에 대한 메모리를 할당하고, 세 번째 라인은 이 배열의 [2][4] 원소에 정수 6을 지정한다.

```
int * *myArray;
myArray = make2dArray(5,10);
myArray[2][4] = 6;
```

C는 추가로 2개의 메모리 할당 함수—*calloc*과 *realloc*—를 제공하는데, 이것들은

```
int** make2dArray(int rows, int cols)
{/* create a two dimensional rows × cols array */
   int **x, i;

   /* get memory for row pointers */
   MALLOC(x, rows * sizeof (*x));;

   /* get memory for each row */
   for (i = 0; i < rows; i++)
     MALLOC(x[i], cols * sizeof(**x));
   return x;
}
```

프로그램 2.3: 2차원 배열을 동적으로 생성

동적 할당 배열을 다루는 데 아주 유용하다. 함수 calloc은 사용자가 지정한 양의 메모리를 할당하고 할당된 메모리를 0으로 초기화한다(즉, 할당된 비트가 모두 0으로 설정된다.). 그리고 할당된 메모리의 시작에 대한 포인터를 반환한다. 할당을 위한 메모리가 충분하지 않는 경우에 반환되는 값은 NULL이다. 그래서 예를 들어 다음 명령문은 1차원 정수 배열을 정의하는 데 사용할 수 있다.

```
int *x;
x = calloc(n, sizeof(int));
```

이 배열의 크기는 n이고 $x[0:n-1]$은 초기에 0이 된다. malloc의 경우와 같이 매크로 CALLOC을 다음과 같이 정의해서 좋은 프로그램을 작성하는 데 사용하면 유용하다.

```
#define CALLOC(p,n,s)\
       if (!((p) = calloc(n,s))) {\
              fprintf(stderr, "Insufficient memory"); \
              exit(EXIT_FAILURE);\
       }
```

함수 realloc은 malloc이나 calloc으로 이미 할당된 메모리 크기를 재조정한다. 예를 들어 다음 명령문은,

```
                    realloc(p, s)
```

포인터 p가 가리키는 메모리 블록의 크기를 s로 변경한다. 이 크기 조정의 결과로, 블록의 처음 min{s, $oldSize$}바이트는 변하지 않는다. $s > oldSize$인 경우 추가되는 $s - oldSize$

는 명세가 안 된 값을 갖게 되고, $s < oldSize$ 인 경우 블록의 제일 오른쪽 $oldSize - s$ 바이트는 해방시킨다. realloc 이 크기 조정을 할 수 있을 때는 새로운 블록의 시작에 대한 포인터를 반환하고, 크기 조정을 할 수 없을 때는 원래 블록은 변경되지 않고 함수는 NULL 값을 반환한다.

malloc 과 calloc 에서와 같이, 매크로 REALLOC 을 다음과 같이 정의하면 유용하다.

```
#define REALLOC(p,s)\
        if (!((p) = realloc(p,s))) {\
                fprintf(stderr, "Insufficient memory");\
                exit(EXIT_FAILURE);\
        }
```

3차원 배열은 각 원소가 2차원 배열인 1차원 배열로 표현된다. 이 2차원 배열들은 각각 그림 2.2와 같이 표현된다.

연습문제

1. 모든 원소가 0으로 설정된 2차원 배열을 생성하는 함수를 만들기 위하여 프로그램 2.3을 최소한의 변경을 해보라. 새로운 함수를 검사해보라.
2. 2차원 배열의 행 i의 원하는 길이(크기 또는 원소 수)를 $length[i]$ 라고 하자. 행 i가 $length[i]$, $0 \leq i < row$, 원소를 갖는 2차원 배열을 생성하는 함수를 프로그램 2.3과 비슷하게 작성하라. 코드를 검사해보라.
3. 동적 할당 배열을 이용하여 프로그램 1.16의 행렬 덧셈 함수를 다시 작성하라. 함수의 헤더는 다음과 같아야 한다.

    ```
    void add(int **a, int **b, int **c, int rows, int cols)
    ```

    이 함수를 검사해보라.
4. 동적 할당 배열을 이용하여 프로그램 1.20의 행렬 곱셈 함수를 다시 작성하라. 함수의 헤더는 다음과 같아야 한다.

    ```
    void mult(int **a, int **b, int **c, int rows)
    ```

    여기서 각 행렬은 $rows \times rows$ 행렬이다. 이 함수를 검사해보라.
5. 동적 할당 배열을 이용하여 프로그램 1.22의 행렬 전치 함수를 다시 작성하라. 함수의 헤더는 다음과 같아야 한다.

```
void transpose(int **a, int rows)
```

이 함수를 검사해보라.

6. 정방형이 아닐 수도 있는 행렬에 대한 행렬 전치 함수를 작성하라. 동적 할당 배열을 이용하라. 함수의 헤더는 다음과 같아야 한다.

```
void transpose(int **a, int **b, int rows, int cols)
```

여기서 a는 전치시킬 $rows \times cols$ 행렬이고 b는 함수에 의해 전치된 행렬이다. 전치된 행렬은 $cols \times rows$ 라는 것을 명심하라. 이 함수를 검사해보라.

2.3 구조와 유니언

2.3.1 구조

배열은 같은 타입의 데이타의 모임이다. C 언어에서는 타입이 다른 데이타를 그룹화하는 다른 방법이 있으며, 이를 **구조**(structure)라 하고 **struct**라 표기한다. 구조(다른 프로그래밍 언어에서는 '레코드'라 부른다)는 데이타 항목의 집단으로서, 각 항목은 타입과 이름으로 식별된다.

예를 들어, 다음과 같은 선언은

```
struct {
    char name[10];
    int age;
    float salary;
} person;
```

이름이 person이고 다음 3개의 필드를 갖는 변수를 생성한다.

- 문자 배열로 된 이름(name)
- person의 나이(age)를 나타내는 정수 값
- 각 개인의 월급(salary)을 나타내는 **float** 값

이러한 필드에 아래와 같이 값을 할당할 수 있다. 구조의 멤버 연산자로써 ''을 사용하고 있음에 유의하라. 이 연산자는 구조 내에서 특정 멤버를 선택하는 데 사용한다.

```
strcpy(person.name,"james");
person.age = 10;
person.salary = 35000;
```

다음과 같이 **typedef** 명령문을 사용하여 구조 데이타 타입을 생성할 수 있다.

```
typedef struct humanBeing {        또는      typedef struct {
    char name[10];                                 char name[10];
    int age;                                       int age;
    float salary;                                  float salary;
};                                             } humanBeing;
```

*humanBeing*은 구조의 정의를 통해 정의된 타입 이름이며, 이후 다음과 같이 변수를 선언할 수 있다.

```
humanBeing person1, person2;
```

다음과 같은 부분 프로그램을 살펴보자.

```
if (strcmp(person1.name, person2.name))
    printf("The two people do not have the same name\n");
else
    printf("The two people have the same name\n");
```

만일 if (prson1 == person2)라고 표기하여 전체 구조의 동등성을 검사할 수 있거나, person1 = person2라고 써서 *person2* 구조의 모든 필드 값을 *person1*의 대응된 필드 값으로 치환할 수 있다면 편리할 것이다. ANSI C는 이런 구조 치환을 허용하지만 초기 C 버전은 그렇지 않았다. C의 옛 버전의 경우 좀 더 자세한 형태로 기술해야 한다. 즉

```
strcpy(person1.name, person2.name);
person1.age = person2.age;
person1.salary = person2.salary;
```

구조들의 동등 여부를 직접 검사할 수는 없지만 함수(프로그램 2.4)를 사용하여 이를 처리할 수 있다. *TRUE*와 *FALSE*는 다음과 같이 정의되어 있다.

```
#define FALSE 0
#define TRUE 1
```

전형적인 함수 호출은 다음과 같다.

```
if (humansEqual(person1,person2))
    printf("The two human beings are the same\n");
else
    printf("The two human beings are not the same\n");
```

```
int humansEqual(humwnBeing person1,
                        humanBeing person2)
{ /* 만일 person1과 person2가 동일인이면 TRUE를 반환하고,
     그렇지 않으면 FALSE를 반환한다. */
   if (strcmp(person1.name, person2.name))
      return FALSE;
   if (person1.age != person2.age)
      return FALSE;
   if (person1.salary != person2.salary)
      return FALSE;
   return TRUE;
}
```

프로그램 2.4: 구조의 동등성을 검사하는 함수

구조 속에 또 다른 구조를 정의할 수도 있다. 예를 들어 *humanBeing* 구조 속에 생년월일을 포함시키고자 하는 경우 다음과 같이 작성한다.

```
typedef struct {
        int month;
        int day;
        int year;
        } date;

typedef struct {
        char name[10];
        int age;
        float salary;
        date dob;
        } humanBeing;
```

생년월일이 1944년 2월 11일인 사람은 *date* **struct**에 대해 다음과 같은 값을 갖게 된다.

```
person1.dob.month = 2;
person1.dob.day = 11;
person1.dob.year = 1944;
```

2.3.2 유니언

*humanBeing*의 예에서 성별을 구별한다고 가정하자. 그래서 남성의 경우 턱수염을 기르는지 여부를, 여성의 경우 출산 아동의 수를 각각 파악한다고 하자. 이런 경우를 위해 C 언어에서는 **유니언**(union)이라는 것을 제공한다. **union**의 선언은 구조와 유사하지만 **union**의 필드들은 그들의 메모리 공간을 공용해야 한다. 이는 **union**의 한 필드 만 어느 한 시점에서 활성화되어 사용 가능하다는 것을 의미한다. 예를 들어, 성별에 관련된 필드를 추가하기 위해서는 *humanBeing*의 정의를 다음과 같이 변경하면 된다.

```
typedef struct {
  enum tagField {female, male} sex;
  union {
    int children;
    int beard ;
  } u;
} sexType;
typedef struct {
  char name[10];
  int age;
  float salary;
  date dob;
  sexType sexInfo;
  };
humanBeing person1, person2;
```

다음과 같이 *person1*과 *person2*에 값을 할당할 수 있다.

```
person1.sexInfo.sex = male;
person1.sexInfo.u.beard = FALSE;
```

그리고

```
person2.sexInfo.sex = female;
person2.sexInfo.u.children = 4;
```

먼저 태그(tag) 필드에 값을 설정한 점에 유의하라. 이 값은 **union**에 있는 필드의 활성화를 결정한다. 이후 **union**의 적절한 필드에 값을 지정한다. 예를 들어, 만일 *sexInfo.sex*의 값이 *male*이면, *sexInfo.u.beard* 필드에 *TRUE* 또는 *FALSE*의 값을 넣는다. 마찬가지로 *female*인 경우 *sexInfo.u.children* 필드에 정수 값을 지정한다. C 언어는 **union**에서 필드를 올바르게 사용했는지의 여부를 검사하지 않는다. 이를테면 *sexInfo.sex* 필드의 값으로 *female* 값을 지정한 다음 *sexInfo.u.beard* 필드에 *TRUE* 값을 지정했다고 하자. 이것은 올바른 사용이 아니지만, C 언어는 **union**의 올바른 필드 사용을 요구하지 않는다.

2.3.3 구조의 내부 구현

대부분의 경우 C 컴파일러가 메모리에 구조의 필드를 어떻게 저장하는지 정확히 알 필요는 없다. 일반적으로 다음과 같은 구조 정의가 있다고 가정하자.

```
struct {int i,j; float a, b;};
```

또는

```
struct {int i; int j; float a; float b; };
```

이 값들은 구조 정의에서 명세된 순서로 오름차 주소의 위치를 이용하여 저장될 것이다. 그렇지만 실제로는 두 연속적인 구성 요소가 메모리에 적절히 맞추기 위해 구조 내 빈 공간을 두거나 채워넣기(padding)를 할 수도 있다.

struct나 **union** 타입의 객체 크기는 필수적인 채워넣기를 포함해서 가장 큰 구성 요소의 표현을 위해 필요한 저장 공간의 크기가 된다. 구조는 같은 유형의 메모리 경계에서 시작하고 끝나야 한다. 예를 들어 짝수 바이트이거나 4, 8, 16 등의 배수가 되는 메모리 경계이어야 한다.

2.3.4 자기 참조 구조

자기 참조 구조(self-referential structure)는 구성 요소 중에 자기 자신을 가리키는 포인터가 1개 이상 존재하는 구조를 말한다. 자기 참조 구조는 명시적으로 메모리를 할당받고 반납하기 위해, 통상적으로 동적 저장 공간 관리 루틴(*malloc*과 *free*)을 필요로 한다. 다음 예를 생각해보자.

```
typedef struct {
        char data;
        struct list *link ;
        } list;
```

구조 *list*의 각 인스턴스는 *data*와 *link*의 두 구성 요소를 가지고 있다. *data*는 하나의 문자이고 *link*는 *list* 구조에 대한 포인터이다. *link*의 값은 *list*의 한 인스턴스의 메모리 주소이거나 널 포인터이다. 3개의 구조를 생성하고, 이들의 각 필드에 값을 지정하는 아래와 같은 명령문에 대해 생각해보자.

```
list item1, item2, item3;
item1.data = 'a';
item2.data = 'b';
item3.data = 'c';
item1.link = item2.link = item3.link = NULL;
```

구조 *item*1, *item*2와 *item*3은 각각 데이타 항목 *a*, *b*, *c*와 널 포인터를 포함하고 있다. 여기서 *item*2의 널 *link* 필드를 *item*3에 대한 포인터로 대체하고, *item*1 안에 있는 널 *link* 필드를 *item*2를 가리키는 포인터로 대체하면 이 구조들을 서로 연결할 수 있다.

```
item1.link = &item2;
item2.link = &item3;
```

이러한 연결에 대해서는 4장에서 좀 더 자세히 살펴보겠다.

연습문제

1. 태양계에 있는 행성을 표현할 수 있는 구조를 작성하라. 각 행성은 행성의 이름, 태양으로부터의 거리(마일로 표현), 소유 위성 수를 나타내는 필드를 가진다. 지구와 금성에 대한 각 필드에 값을 부여하라.

2. 구조 *humanBeing*을 변경하여 배우자 관계에 따라 상이한 정보를 가질 수 있도록 하라. 이 배우자 관계는 미혼(single), 기혼(married), 사별(widowed), 이혼(divorced)의 필드를 가진 나열(enumerated) 타입이다. 배우자 관계에 따라 다음과 같은 상이한 정보를 가지도록 **union**을 사용하라.

   • 미혼: 아무런 정보가 필요 없음
   • 기혼: 결혼 기념일 필드를 추가
   • 사별: 결혼 기념일과 배우자와 사별 날짜 필드를 추가
   • 이혼: 이혼 날짜와 이혼 횟수 필드 추가

   humanBeing 타입의 한 *person*에 대해 필드 값을 지정하라.

3. 기하학적 객체, 즉 사각형, 삼각형, 원에 대한 표현을 위한 구조를 작성하라.

2.4 다항식

2.4.1 추상 데이타 타입

배열은 그 자체가 자료 구조인 동시에 다른 추상 데이타 타입의 구현에도 사용할 수 있다. 예를 들어, 간단하고 보편적인 순서 리스트[ordered list, 또는 선형 리스트(linear list)]를 살펴보자. 다음과 같은 것들이 순서 리스트의 예이다.

- 일주일의 요일들: (일요일, 월요일, 화요일, 수요일, 목요일, 금요일, 토요일)
- 카드 한 벌의 값: (Ace, 2, 3, 4, 5, 6, 7, 8, 9, 10, Jack, Queen, King)
- 건물의 층: (지하실, 로비, 일층, 이층)
- 미국의 제2차 세계대전 참전 연도: (1941, 1942, 1943, 1944, 1945)
- 스위스의 제2차 세계대전 참전 연도: ( )

스위스의 제2차 세계대전 참전 연도는 어떤 항목도 포함하고 있지 않기 때문에 다른 구조와는 다르다. 이것은 ( )로 표시하는 공백 리스트의 예이다. 다른 리스트들은 모두 ($item_0$, $item_1$, $\cdots$, $item_{n-1}$)의 형태로 표기된 항목들을 포함하고 있다.

리스트와 관련한 연산은 다음 제시된 것들을 포함하여 여러 가지가 있다.

- 리스트의 길이 n의 계산
- 리스트의 항목을 왼쪽에서 오른쪽(혹은 오른쪽에서 왼쪽)으로 읽기
- 리스트로부터 i 번째 항목을 검색, $0 \leq i < n$
- 리스트의 i 번째 항목을 대체, $0 \leq i < n$
- 리스트의 i 번째 위치에 새로운 항목을 삽입, $0 \leq i < n$. 이것은 원래 $i, i+1, \cdots, n-1$ 항목 번호를 $i+1, i+2, \cdots, n$으로 만듦.
- 리스트의 i 번째 항목을 제거, $0 \leq i < n$. 이것은 $i+1, \cdots, n-1$ 항목 번호를 $i, i+1, \cdots, n-2$로 만듦.

ADT list에 대한 정형적 명세를 기술하기보다 구현에 대해 간단히 살펴보자. 순서 리스트의 가장 보편적인 구현 방법은 배열 인덱스 i와 리스트 원소 $item_i$를 대응시키는 배열로 표현하는 것이다. 이를 '순차적 사상'이라 하는데, 이것은 배열의 표준적인 구현에서 $item_i$, $item_{i+1}$을 배열의 연속적인 슬롯 i와 $i+1$에 저장하기 때문이다. 순차적 사상은 앞에서 나열한 대부분의 연산에 대해서 잘 동작하며 상수 시간 내 리스트의 길이를 구하거나 항목을 검색 또는 변경할 수 있다. 또한 단순히 첨자를 변경시킴으로써 리스트에 있는 항목을 양쪽 방향으로 읽을 수 있다. 다만 삽입과 삭제 시에만 문제가 발생하는데, 그 이유는 순차적 사상을 유지하기 위해서 항목의 이동이 필요하기 때문이다. 이런

오버헤드 때문에 4장에서는 순서 리스트의 비순차적 사상에 대해 살펴보고자 한다.

이제 순서 리스트를 필요로 하는 문제를 1차원 배열로 해결하는 상황을 살펴보자. 이 문제는 이후 장에서 언급할 리스트 처리 기법의 필요성을 암시하는 고전적 예제이다. 먼저 문제를 설명하고 배열이 이에 대한 부분적인 해결 방법밖에 될 수 없는 이유를 살펴보도록 하겠다. 이를 위해서는 기호로 표현된 다항식의 조작을 위한 일련의 함수를 구축해야 한다. 수학적 관점에서 보면 다항식은 각 항이 ax^e의 형태로 이루어진 항들의 합이다. 여기서 x는 변수이고, a는 계수, e는 지수이다. 다음 두 다항식의 예를 보자.

$$A(x) = 3x^{20} + 2x^5 + 4 \text{ and } B(x) = x^4 + 10x^3 + 3x^2 + 1$$

다항식에서 가장 큰 지수를 차수(degree)라 한다. 계수가 0인 항은 생략하고 나타내지 않는다. 지수가 0인 항은 $x^0 = 1$이므로 변수를 생략한다. 다항식의 합과 곱에 대해서는 수학적 표준 정의가 있다. 예를 들어 $A(x) = \sum a_i x^i$와 $b(x) = \sum b_i x^i$로 된 두 다항식이 있다고 가정하면, 그 합과 곱은 각각 다음과 같다.

$$A(x) + B(x) = \sum (a_i + b_i) x^i$$
$$A(x) \cdot B(x) = \sum (a_i x^i \cdot \sum (b_j x^j))$$

다항식의 뺄셈과 나눗셈뿐만 아니라 다른 유형의 연산들도 정의할 수 있다.

그러면 다항식 ADT 정의에서부터 시작해보자. 정의된 일부 연산들은 다항식의 조작을 위해 앞으로 나오는 프로그램에서 필요하게 될 것이다. ADT 2.2는 이 정의를 보여주고 있다.

ADT *Polynomial*

    objects: $P(x) = a_1 x^{e_1} + \cdots + a_n x^{e_n}$; $<e_i, a_i>$의 순서쌍으로 된 집합이다. 여기서 a_i는 *Coefficient*이고, e_i는 *Exponent*이다. e_i는 0 또는 0보다 큰 정수이다.

    function:

        모든 *poly, poly*1, *poly*2 $\in$ *Polynomial*, *coef* $\in$ *Coefficients*,
        expon $\in$ *Exponents*에 대해

Polynomial Zero()	::=	**return** 다항식, $p(x) = 0$
Boolean IsZero(*poly*)	::=	**if**(*poly*) **return** *FALSE* **else return** *TRUE*
Coefficient Coef(*poly, expon*)	::=	**if**(*expon* $\in$ *poly*) **return** 계수

		else return 0
Exponent LeadExp(*poly*)	::=	**return** *poly*에서 제일 큰 지수
Polynomial Attach(*poly, coef, expon*)	::=	**if**(*expon* ∈ *poly*) **return** 에러
		else return <*coef*, exp> 항이 삽입된 다항식 *poly*
Polynomial Remove(*poly, expon*)	::=	**if**(*expon* ∈ *poly*)
		return 지수가 *expon*인 항이 삭제된 다항식 *poly*
		else return 에러
Polynomial SingleMult(*poly, coef, expon*)	::=	**return** 다항식 $poly \cdot coef \cdot x^{expon}$
Polynomial Add(*poly*1, *poly*2)	::=	**return** 다항식 *poly*1 + *poly*2
Polynomial Mult(*poly*1, *poly*2)	::=	**return** 다항식 $poly1 \cdot poly2$

end *polynomial*

ADT 2.2: *Polynomial* 추상 데이타 타입

2.4.2 다항식 표현

이제 표현상 몇 가지 규칙을 정해보자. 첫 번째 규칙은 각기 다른 지수들은 내림차순으로 정돈되어야 한다는 것이다. 이렇게 하면 상당히 많은 연산들을 간단하게 처리할 수 있다. 이러한 다항식의 명세 및 표현 방법을 사용해서 C 함수(프로그램 2.5)와 유사하지만 표현에 독립적인 함수 *Add*를 작성할 수 있다.

    이 알고리즘은 어느 한 쪽이나 두 다항식이 모두 공백이 될 때까지 두 다항식의 항목을 비교해가며 작업한다. **switch** 문은 비교를 수행해서 적당한 항을 새로운 다항식 *d*에 추가한다. 만일 어느 한 다항식이 공백이 되면 공백이 아닌 다항식의 나머지 항을 *d*로 복사한다. 이제 이런 관점을 바탕으로 다항식의 표현 방법에 대해 고찰해보자.

    C 언어에서 다항식을 표현하는 한 가지 방법은 *polynomial* 타입을 생성할 때 다음과 같이 **typedef** 명령문을 사용하는 것이다. 즉,

```
#define MAX_DEGREE 101  /* 다항식의 최대 차수 + 1 */
typedef struct {
        int degree;
        float coef[ MAX_DEGREE] ;
        } polynomial;
```

만일 a가 polynomial 타입이고 $n <$ MAX_DEGREE이면, 다항식 $A(x) = \sum_{i=0}^{n} a_i x^i$는 다음과 같이 표현된다.

$$a.\text{degree} = n$$
$$a.\text{coef}[i] = a_{n-i}, \ 0 \leq i \leq n$$

```
/* d = a + b, 여기서 a, b, d는 다항식이다. */
d = Zero()
while (! IsZero(a) && ! IsZero(b)) do {
   switch COMPARE(LeadExp(a), LeadExp(b)) {
      case -1:
         d = Attach (d, Coef(b, LeadExp(b)), LeadExp(b));
         b = Remove(b, LeadExp(b));
         break;
      case 0: sum = Coef(a, LeadExp(a))
                  + Coef(b, LeadExp(b));
         if (sum) {
            Attach(d, sum, LeadExp(a));
            a = Remove(a, LeadExp(a));
            b = Remove(b, LeadExp(b));
         }
         break;
      case 1: d =
         Attach(d, Coef(a, LeadExp(a)), LeadExp(a));
         a = Remove(a, LeadExp(a));
   }
}
insert any remaining terms of a or b into d
```

프로그램 2.5: 함수 *padd*의 초기 버전

이 표현 방법에서는 각 계수를 지수의 내림차순으로 저장하는데, 지수가 $n-i$인 항이 있으면 x^{n-i}의 계수는 $a.coef[i]$가 되거나 $a.coef[i] = 0$이다. 이 표현 방법은 대부분의

연산을 위한 알고리즘을 간단하게 구성할 수 있게 하지만 많은 저장 공간의 낭비를 초래한다. 예를 들어, 만일 *a.degree* << MAX_DEGREE(기호 "<<"는 '매우 작음'을 의미)이면, *a.coef*[MAX_DEGREE]의 대부분이 필요 없게 된다. 희소 다항식, 즉 0이 아닌 계수를 가진 항의 수가 다항식의 차수보다도 아주 작은 경우도 마찬가지이다. 공간을 절약하기 위한 또 다른 방법으로 모든 다항식을 저장하는 하나의 전역 배열 *terms*를 사용하는 표현을 생각해보자. 필요한 C 선언은 다음과 같다.

```
MAX_TERMS 100 /* 배열 terms의 크기 */
typedef struct {
        float coef;
        int expon;
        } polynomial;
polynomial terms[ MAX_TERMS];
int avail = 0;
```

두 다항식 $A(x)=2x^{1000} + 1$과 $B(x) = x^4 + 10x^3 + 3x^2 + 1$을 생각해보자. 그림 2.3은 두 다항식을 배열 *terms*에 저장하는 방식을 보여주고 있다. A와 B의 첫 번째 항의 인덱스는 각각 *startA*와 *startB*이고 마지막 항의 인덱스는 *finishA*와 *finishB*이다. *avail*은 배열 내의 다음 가용 공간을 나타낸다. 예에서는 *startA* = 0, *finishA* = 1, *startB* = 2, *finishB* = 5, *avail* = 6이다.

이러한 표현 방법은 *terms* 내 저장할 수 있는 다항식의 수에 제한을 없앤다. 단지 0이 아닌 항의 총 수가 *MAX_TERM*을 초과하지만 않으면 된다. 여기서 표현 방법과 명세 간의 차이에 대해 생각해보는 것은 중요하다. 명세에서는 다항식을 *poly*로 사용하였고 표현 방법에서는 *poly*를 <*start*, *finish*> 쌍으로 변환하였다. 그러므로 $A(x)$를 사용하기

	startA ↓	*finishA* ↓	*startB* ↓			*finishB* ↓	*avail* ↓
coef	2	1	1	10	3	1	
exp	1000	0	4	3	2	0	
	0	1	2	3	4	5	6

그림 2.3 두 다항식의 배열 표현

위해서는 *startA*와 *funishA*가 주어져야 한다. n개의 0이 아닌 항을 갖는 다항식 A는 *finishA* = *startA* + $n-1$이라는 관계를 갖는 *startA*와 *finishA*를 갖는다.

이 시점에서 현재 표현 방법을 평가해보자. 각 다항식에 대해 계수의 배열을 사용하는 것보다 더 좋은 방법은 없을까? $A(x) = 2x^{1000} + 1$인 경우 단지 6개(즉, *startA*, *finishA*에 각각 1개씩, 계수와 지수에 각각 2개씩)의 기억 공간을 필요로 하기 때문에 0인 항이 많은 경우의 문제를 해결할 수 있다. 물론 모든 항이 0이 아닌 경우에는 지금 방법이 첫 번째 방법보다 거의 2배의 기억 공간을 필요로 한다. 따라서 모든 항이 0이 아니라는 것을 미리 알기 전에는 아마도 지금 방법이 더 나을 것이다.

2.4.3 다항식 덧셈

두 다항식 A와 B를 더하는 C 함수를 작성해보자. 이것은 $D = A + B$로 표현 된다. $D(x)$를 구하기 위해 함수 *padd*(프로그램 2.6)는 $A(x)$와 $B(x)$를 항별로 더한다. 위치 *avail*에서 시작하여 함수 *attach*(프로그램 2.7)는 D의 항을 배열 *terms*에 넣는다. 만일 *terms* 내 D를 수용할 충분한 공간이 없다면 에러 메시지를 표준 에러 장치에 출력하고 에러 상태로 프로그램을 종료한다.

```
void padd(int startA, int finishA, int startB, int finishB,
                                   int *startD, int *finishD);
{ /* A(x)와 B(x)를 더하여 D(x)를 생성한다. */
    float coefficient;
    *startD = avail;
    while (startA <= finishA && startB <= finishB)
        switch (COMPARE(terms[ startA].expon,
                        terms[ startB].expon)) {
            case -1: /* a의 expon이 b의 expon보다 작은 경우 */
                attach(terms[ startB].coef, terms[ startB].expon);
                startB++;
                break;
            case 0: /* 지수가 같은 경우 */
                coefficient = terms[ startA].coef +
                              terms[ startB].coef;
                if (coefficient)
                    attach(coefficient, terms[ startA].expon);
```

```
                    startA++;
                    startB++;
                    break;
            case 1: /* a의 expon이 b의 expon보다 큰 경우 */
                    attach(terms[ startA] .coef, terms[ startA] .expon);
                    startA++;
        }
    /* A(x)의 나머지 항들을 첨가한다. */
    for(; startA <= finishA; startA++)
        attach(terms[ startA] .coef, terms[ startA] .expon);
    /* B(x)의 나머지 항들을 첨가한다. */
    for(; startB <= finishB; startB++)
        attach(terms[ startB] .coef, terms[ startB] .expon);
    *finishD = avail-1;
}
```

프로그램 2.6: 두 다항식을 더하는 함수

```
void attach(float coefficient, int exponent)
{ /* 새로운 항을 다항식에 첨가한다. */
    if (avail >= MAX_TERMS) {
        fprintf(stderr, "다항식에 항이 너무 많다.");
        exit(1);
    }
    terms[ avail] .coef = coefficient;
    terms[ avail++] .expon = exponent;
}
```

프로그램 2.7: 새로운 항을 첨가하는 함수

***padd*의 분석**: A와 B에서 0이 아닌 항의 수는 시간 복잡도에서 가장 중요한 요소이므로 이를 기반으로 분석한다. m과 n을 각각 A와 B에서의 0이 아닌 항의 수라 가정하자. 만일 $m > 0$이고 $n > 0$이면, **while** 루프를 실행하고 각 루프의 반복은 $O(1)$ 시간이 소요된다. 각 반복 시마다 *startA* 나 *startB*, 또는 둘 다 그 값이 증가된다. *startA* 또는 *startB* 가

각기 *finishA* 또는 *finishB* 보다 크게 되면 반복이 종료되므로, 반복 횟수는 $m + n - 1$ 의 한계를 갖는다. 최악의 경우는 다음과 같다.

$$A(x) = \sum_{i=0}^{n} x^{2i} \text{ 와 } B(x) = \sum_{i=0}^{n} x^{2i+1}$$

나머지 두 루프에 대한 시간은 $O(n + m)$ 이다. 왜냐하면, 첫 번째는 m 번 이상, 두 번째는 n 번 이상 반복되지 않기 때문이다. 그러므로 이 알고리즘의 점근적 연산 시간은 $O(n + m)$ 이 된다. □

이 표현 방법의 문제점을 간략히 살펴보자. 다항식을 생성할 때 *avail* 은 MAX_TERMS 가 될 때까지 증가할 수 있다. 이렇게 되면 수행을 종료해야만 되는가? 현재의 표현 방법에서는 어떤 불필요해진 다항식이 존재하게 되지 않는 한, 연산을 종료해야 한다. 불필요한 다항식이 있을 경우 이를 제거하고 배열의 끝에 대량의 연속적인 가용 공간을 생성하는 압축 함수를 구성할 수도 있다. 그러나 이 경우 데이터를 이동하는 데 많은 시간이 걸린다. 또한 이동된 각 다항식의 *start* 와 *finish* 의 값을 변경해야 한다. 3장에서는 몇 가지 간단한 루틴을 다뤄보겠다.

연습문제

1. 다음 타입 정의를 생각해보자.

   ```
   typedef struct {
           int degree;
           int capacity;
           float* coef;
           } dpolynomial;
   ```

   여기서 *coef* 는 동적 할당 1차원 배열 *coef*[0:*capacity*−1]이다. 다항식에 대한 이 표현과 *polynomial* 타입을 이용하는 표현을 비교해보라.
2. 다항식을 생성하고 출력하는 함수 *readPoly* 와 *printPoly* 를 작성하라.
3. 두 다항식을 곱하는 함수 *pmult* 를 작성하라. 작성된 함수의 연산 시간을 계산하라.
4. 어떤 주어진 값 x_0 로 다항식을 계산하는 함수 *peval* 을 작성하라. 연산의 횟수를 최소화해보라.
5. 다항식 $A(x) = x^{2n} + x^{2n-2} + \cdots + x^2 + x^0$ 와 $B(x) = x^{2n+1} + x^{2n-1} + \cdots + x^3 + x$ 가 있다고 하자. 이 다항식에 대해 함수 *padd* 의 각 명령문이 실행되는 정확한 횟수를 보이라.

6. 아래에 기술한 선언을 사용하여 다항식 ADT를 다르게 표현할 수 있다. *terms*[*i*][0]. *expon*은 *i* 번째 다항식에서 0이 아닌 항의 개수를 의미한다. 항은 지수의 내림차순으로 *terms*[*i*][1], *terms*[*i*][2], …에 저장된다. 이 표현 방법에 대해 함수 *readPoly*, *printPoly*, *padd*, *pmult*를 작성하라. 또 본문에서 사용된 표현 방법과 비교하라.(필요하다면 선언을 추가하라.)

```
#define MAX_TERMS 101 /* 항의 최대 수 + 1 */
#define MAX_POLYS 15  /* 다항식의 최대 수 */
typedef struct {
        float coef;
        int expon;
        } polynomial;
polynomial terms[ MAX_POLYS][ MAX_TERMS] ;
```

2.5 희소 행렬

2.5.1 추상 데이타 타입

자연 과학에서 많은 문제를 수학적으로 해결하는 데 사용되는 행렬에 대해 살펴보자. 행렬을 다루기 위해서는 적절한 ADT 명세뿐 아니라 명세에 기술된 연산들을 효율적으로 수행할 수 있는 표현 방법을 찾아야 한다.

수학적으로 보면, 행렬은 그림 2.4와 같이 m개의 행과 n개의 열의 원소를 갖는다. 이 그림에서 원소들은 수치로 구성되어 있다. 첫 번째 행렬은 5개의 행과 3개의 열로 구성되어 있고, 두 번째 행렬은 6개의 행과 6개의 열을 갖고 있다. 일반적으로 m개의 행과 n개의 열로 된 행렬을 $m \times n$('m by n'이라고 읽음)으로 나타낸다. 이러한 행렬은 $m \times n$개의 원소를 갖는다. m과 n이 같은 행렬을 '정방 행렬'이라 한다.

a[*MAX_ROWS*][*MAX_COLS*]로 정의된 행렬을 2차원 배열로 표현할 때 *a*[*i*][*j*]로 표기함으로써 어떤 원소든지 신속하게 찾을 수 있다. 여기서 '*i*'를 '행의 인덱스', '*j*'를 '열의 인덱스'라 한다. 그러나 이 표현 방법에는 약간의 문제가 있다. 예를 들어 그림 2.4(b)를 보면 많은 항들이 0으로 되어 있다. 이러한 행렬을 희소 행렬(sparse matrix)이라고 한다. 어떤 행렬이 희소 행렬이냐 아니냐를 정확하게 결정하기는 어렵지만, 직감적으로 희소 행렬을 식별할 수는 있다. 그림 2.4(b)는 36개의 원소 중 8개만 0이 아니므로 희소 행렬이다. 희소 행렬을 2차원 배열로 표현할 때 저장 공간의 낭비가 있게 된다. 예를 들어 2000개의 0이 아닌 원소를 가진 1000×1000 행렬을 저장하는 데 필요한 공간

(a)

	col 0	col 1	col 2
row 0	−27	3	4
row 1	6	82	−2
row 2	109	−64	11
row 3	12	8	9
row 4	48	27	47

(b)

	col 0	col 1	col 2	col 3	col 4	col 5
row 0	15	0	0	22	0	−15
row 1	0	11	3	0	0	0
row 2	0	0	0	−6	0	0
row 3	0	0	0	0	0	0
row 4	91	0	0	0	0	0
row 5	0	0	28	0	0	0

그림 2.4 두 행렬

을 생각해보자. 이에 대응하는 2차원 배열은 1,000,000개의 원소에 대한 공간이 필요하다! 0이 아닌 원소만을 저장시키는 표현법을 사용하면 이보다 훨씬 좋게 할 수 있다.

어느 특정 표현법을 개발하기 전에 이러한 행렬을 다루는 데 필요한 연산들을 생각해보아야 한다. 여기에는 최소한 행렬의 생성, 덧셈, 뺄셈, 전치 연산들이 포함되어야 한다. ADT 2.3은 희소 행렬 ADT의 명세를 보여주고 있다.

ADT *SparseMatrix*

objects: 3원소 쌍 <행, 열, 값>의 집합이다. 여기서, 행과 열은 정수이고 이 조합은 유일하며, 값은 *item* 집합의 원소이다.

functions:

모든 $a, b \in SparseMatrix$, $x \in item$, $i, j, maxCol, maxRow \in index$에 대해,

SparseMatrix Create(*maxRow*, *maxCol*) ::=
    return *maxItems*까지 저장할 수 있는 *SparseMatrix*
    여기서 최대 행의 수는 *maxRow*이고
    최대 열의 수는 *maxCol*이라 할 때,
    $maxItems = maxRow \times maxCol$이다.

SparseMatrix Transpose(a) ::=

SparseMatrix Add(a, b) ::=

     return 모든 3 원소 쌍의 행과 열의 값을
     교환하여 얻은 행렬

     if *a* 와 *b* 의 차원이 같으면 return 대응 항들,
     즉 똑같은 행과 열의 값을 가진 항들을
     더해서 만들어진 행렬.
     else return 에러

SparseMatrix Multiply(a, b) ::=

     if *a* 의 열의 수와 *b* 의 행의 수가 같으면
     return 다음 공식에 따라 *a* 와 *b* 를 곱해서
     생성된 행렬 d: $d(i,j) = \sum (a[i][k] \cdot b[k][j])$
     여기서 $d(i,j)$는 (i,j) 번째 원소이다.
     else return 에러.

ADT 2.3: *SpareMatrix* 추상 데이타 타입

2.5.2 희소 행렬 표현

이러한 연산들을 구현하기 전에 행렬의 표현법을 설정해야 한다. 그림 2.4를 살펴보면 행렬의 어떤 원소도 <행(row), 열(col), 값(value)> 3 원소 쌍을 사용하여 유일하게 표현할 수 있음을 알 수 있다. 이는 희소 행렬을 표현하기 위하여 3 원소 쌍의 배열을 사용할 수 있음을 의미한다. 전치 연산을 효율적으로 수행할 수 있게 하기 위해서는 행의 인덱스가 오름차순으로 되도록 조직해야 된다. 한 단계 더 나아가, 어떤 행에 대한 3 원소 쌍들은 열 인덱스가 오름차순으로 정렬되도록 조직해야 된다. 또한 연산의 종료를 보장하기 위해서는 행과 열의 수와 행렬 내 0이 아닌 항의 수를 알아야 한다. 이러한 정보를 종합하면 다음과 같은 *Create* 연산을 구현할 수 있다.

  SparseMatrix Create(*maxRow*, *maxCol*) ::=

```
#define MAX_TERMS 101   /* 항의 최대 수 +1 */
typedef struct {
        int col;
        int row;
        int value;
        } term;
term a[ MAX_TERMS] ;
```

	행	열	값		행	열	값
a[0]	6	6	8	b[0]	6	6	8
[1]	0	0	15	[1]	0	0	15
[2]	0	3	22	[2]	0	4	91
[3]	0	5	−15	[3]	1	1	11
[4]	1	1	11	[4]	2	1	3
[5]	1	2	3	[5]	2	5	28
[6]	2	3	−6	[6]	3	0	22
[7]	4	0	91	[7]	3	2	−6
[8]	5	2	28	[8]	5	0	−15
	(a)				(b)		

그림 2.5 희소 행렬과 3원소 쌍으로 저장된 전치 행렬

MAX_TERMS가 8보다 크기 때문에 상기 명령문은 그림 2.4의 두 번째 희소 행렬을 표현하는 데 사용될 수 있다. 그림 2.5(a)는 이 행렬이 배열 a에서 어떻게 표현되는지를 보여주고 있다. 그러므로 $a[0].row$는 행의 수를 나타내고, $a[0].col$은 열의 수를 나타내며, $a[0].value$는 0이 아닌 항의 총 수를 나타낸다. 위치 1에서부터 8까지에는 0이 아닌 항을 나타내는 3원소 쌍을 저장한다. 행의 인덱스는 row 필드에 있고 열의 인덱스는 col 필드에 있으며, 그 값은 $value$ 필드에 있다. 3원소 쌍은 행 우선으로 정렬되며, 행 내에서는 열 우선으로 정렬된다.

2.5.3 행렬의 전치

그림 2.5(b)는 예제 행렬의 전치를 보여주고 있다. 행렬을 전치하기 위해서는 행과 열을 바꾸어야 하는데, 이는 원래 행렬의 각 원소 $a[i][j]$가 전치 행렬에서는 원소 $b[j][i]$가 됨을 의미한다. 원래 행렬이 행 우선으로 구성되어 있을 때 다음은 행렬을 전치시키는 좋은 알고리즘이다.

각 행 i에 대해서
 원소 <i, j, 값>을 가져와서
 전치 행렬의 원소 <j, i, 값>으로 저장

이때 원래 행렬을 행 인덱스별로 처리한다면 전치 행렬의 원소 <j, i, 값>을 저장할 때 이 원소 앞에 있는 원소가 전부 처리될 때까지는 저장할 위치를 정확히 알 수 없다는

것이 문제가 된다. 예를 들어 그림 2.5에서,

(0, 0, 15)는 (0, 0, 15)가 된다.
(0, 3, 22)는 (3, 0, 22)가 된다.
(0, 5, -15)는 (5, 0, -15)가 된다.

만일 위의 3원소 쌍을 전치 행렬에서 연속적으로 저장했다면 새로운 3원소 쌍의 삽입 시 올바른 순서 유지를 위해 기존 원소를 이동해야 하는 경우가 발생한다. 따라서 전치 행렬에서 원소의 위치를 결정할 때 열 인덱스를 사용하면 이러한 데이타 이동을 피할 수 있다. 이를 위해 다음 알고리즘을 사용한다.

열 j에 있는 모든 원소에 대해
　원소<i, j, 값>을
　원소<j, i, 값>에 저장

즉 열 0에 있는 모든 원소를 먼저 찾아 이를 전치 행렬의 행 0에 저장하고, 다음 열 1에 있는 모든 원소를 찾아 이를 행 1에 저장하는 방식이다. 원래 행렬은 행 우선으로 정렬되어 있으므로 전치 행렬의 각 행에 있는 열 역시 오름차순으로 정렬된다. 이 알고리즘을 함수 *transpose*(프로그램 2.8)로 구현하였다. 첫 번째 배열 *a*는 원래의 배열이며, 두 번째 배열 *b*는 전치 행렬이 된다.

이 함수가 올바르게 동작하는지는 쉽게 알 수 있다. 변수 *currentb*는 다음 전치될 항이 저장될 *b*의 위치를 나타낸다. *b*의 항은 행 우선으로 생성되는데, *b*의 행은 *a*의 열과 대응되므로 *a*의 열 *i*로부터 0이 아닌 항을 수집하는 것은 *b*의 행 *i*에 대한 0이 아닌 항을 수집하는 것이 된다.

***transpose*의 분석:** 이 알고리즘의 연산 시간은 쉽게 얻을 수 있는데, 중첩된 **for** 루프가 주요 결정 요소이기 때문이다. 나머지 명령문(2개의 **if** 문과 여러 개의 지정문)은 상수 시간에 수행된다. 외부 **for** 루프는 *a*[0].*col*번 반복하며, 이때 *a*[0].*col*은 원래 행렬에서 열의 수를 나타내고 *a*[0].*value*는 원래 행렬에서 원소 수를 나타낸다. 그러므로 중첩된 **for** 루프의 총 연산 시간은 *columns*·*elements*가 되므로 시간 복잡도는 O(*columns*·*elements*)가 된다. □

연산 시간이 O(*columns*·*elements*)인 행렬의 전치 알고리즘을 구성하였다. 이 연산 시간은 약간의 혼란을 주는데, 만일 행렬을 *rows* × *columns* 크기의 2차원 배열로 표현하는 경우 O(*rows* · *columns*) 시간 내 행렬의 전치를 얻을 수 있기 때문이다. 이러한 알고리즘은 다음과 같은 형태이다.

```
for (j = 0; j < columns; j++)
    for (i = 0; i < rows; i++)
        b[j][i] = a[i][j];
```

```
void transpose(term a[ ], term b[ ])
{ /* a를 전치시켜 b를 생성 */
    int n, i, j, currentb;
    n = a[0].value;       /* 총 원소 수 */
    b[0].row = a[0].col;  /* b의 행 수 = a의 열 수 */
    b[0].col = a[0].row;  /* b의 열 수 = a의 행 수 */
    b[0].value = n;
    if (n > 0) {  /* 0이 아닌 행렬 */
        currentb = 1;
        for (i =0; i < a[0].col; i++)
        /* a에서의 열별 전치 */
            for (j = 1; j <= n; j++)
            /* 현재의 열로부터 원소를 찾는다. */
                if (a[j].col ==i) {
                /* 현재의 열에 있는 원소를 b에 첨가한다. */
                    b[currentb].row = a[j].col;
                    b[currentb].col = a[j].row;
                    b[currentb].value = a[j].value;
                    currentb++;
                }
    }
}
```

프로그램 2.8: 희소 행렬의 전치

앞에서 기술한 전치 함수의 O(*columns·elements*)의 연산 시간은 원소 수가 *columns·rows*의 차수일 때 O(*columns^2·rows*)가 된다. 이것은 공간 절약을 위해 시간을 희생한 결과이다. 실제로 메모리를 조금 더 사용하면 개선된 알고리즘을 만들 수 있다. 즉 O(*columns + elements*) 시간 내 일련의 3원소 쌍으로 표현된 행렬을 전치시킬 수 있다. 이러한 알고리즘 *fastTranspose*(프로그램 2.9)에서는 원래 행렬의 각 열에 대한 원소 수를 먼저 구해서 전치 행렬에서 각 행에 대한 원소 수를 결정한다. 이 정보로부터 전치 행렬에서 각 행의 시작 위치를 구하고, 원래 행렬에 있는 원소를 하나씩 전치 행렬의 올바른 위치로 옮기는 것이다. 여기서 원래 행렬에 있는 열의 수는 *MAX_COL*을 초과하지 않는다고 가정하였다.

```
void fastTranspose(term a[ ], term b[ ])
{ /* a를 전치시켜 b에 저장 */
   int rowTerms[ MAX_COL], startingPos[ MAX_COL];
   int i, j, numCols = a[0].col, numTerms = a[0].value;
   b[0].row = numCols; b[0].col = a[0].row;
   b[0].value = numTerms;
   if (numTerms > 0) {  /* 0이 아닌 행렬 */
      for(i = 0; i < numCols; i++)
         rowTerms[i] = 0;
      for(i = 1; i <= numTerms; i++)
         rowTerms[a[i].col]++;
      startingPos[0] = 1;
      for(i = 1; i < numCols; i++)
         startingPos[i] =
                  startingPos[i-1] + rowTerms[i-1];
      for(i = 1; i <= numTerms; i++) {
         j = startingPos[a[i].col]++;
         b[j].row = a[i].col;  b[j].col = a[i].row;
         b[j].value = a[i].value;
      }
   }
}
```
프로그램 2.9: 희소 행렬의 빠른 전치

***fastTranspose*의 분석**: 앞에서 논의한 것과 전치 행렬의 행 $i(i > 1)$의 시작 위치가 *rowTerms*[$i-1$] + *startingPos*[$i-1$]이라는 사실로부터 *fastTranspose*가 올바르게 동작하는지를 증명할 수 있다. 여기서 *rowTerms*[$i-1$]은 행 $i-1$에 있는 원소의 수이고 *startingPos*

[$i-1$]은 행 $i-1$의 시작 위치이다. 처음 두 **for** 루프는 *rowTerms*에 대한 값을 계산하며 세 번째 **for** 루프는 *startingPos*를 계산하고 마지막 **for** 루프는 3 원소 쌍을 전치 행렬에 저장한다. 이 4개의 루프가 함수 *fastTranspose*의 연산 시간을 결정한다. 루프는 각각 *numCols*, *numTerms*, *numCols*−1과 *numTerms*번 실행된다. 루프 안에 있는 명령문은 상수 시간에 수행되므로 이 알고리즘의 연산 시간은 O(*columns* + *elements*)이다. 원소 수가 *columns*·*rows*의 차수일 때는 O(*columns*·*row*)의 시간이 걸린다. 비록 *fastTranspose*의 상수 인자가 더 크지만 2차원 배열로 표현하는 경우와 연산 시간은 동일하다. 그렇지만, 원소의 수가 *columns*·*rows*의 최대치와 비교해서 매우 적은 경우에는 *fastTranspose*가 훨씬 빠르다.

이러한 표현 방법을 사용하면 시간과 공간을 절약할 수 있으나, 함수 *transpose*에서는 원소의 수가 {*columns*, *rows*}의 최대치보다 보통 크고 *columns* · *elements*가 항상 적어도 *columns* · *rows*가 되므로 성립하지 않는다. 더욱이 *transpose*의 상수 인자는 2차원 표현 방법을 사용했을 때보다 더 크다. 그렇지만 *transpose*는 *fastTranspose*보다 더 적은 공간을 필요로 하는데, *fastTranspose*에서는 *rowTerms*와 *startingPos* 배열에 대한 공간을 할당해야 하기 때문이다. 만일 시작 위치를 계산할 때 행의 항들이 사용하는 공간에 시작 위치를 기록하면 기억 공간을 하나의 배열로 줄일 수 있다. □

그림 2.5(a)의 희소 행렬에 이 알고리즘을 적용해서 세 번째 **for** 루프를 실행한 뒤의 *rowTerms*의 값과 *startingPos*의 값은 다음과 같다.

	[0]	[1]	[2]	[3]	[4]	[5]
rowTerms =	2	1	2	2	0	1
startingPos =	1	3	4	6	8	8

전치 행렬의 행 i에 있는 3 원소 쌍의 수는 *rowTerms*[i]에 기록되고 있다. *startingPos*[i]는 전치 행렬의 행 i에 대한 시작 위치를 나타낸다.

2.5.4 행렬 곱셈

자주 사용되는 두 번째 연산은 행렬 곱셈으로, 아래와 같이 정의된다.

정의: $m \times n$ 행렬 A와 $n \times p$ 행렬 B가 주어질 때 곱셈 결과 행렬인 D는 $m \times p$ 차원을 가지며, $0 \leq i < m$, $0 \leq j < p$에 대해 원소 <i, j>는 다음과 같다. □

$$d_{ij} = \sum_{k=0}^{n-1} a_{ik}\, b_{kj}$$

$$\begin{bmatrix} 1 & 0 & 0 \\ 1 & 0 & 0 \\ 1 & 0 & 0 \end{bmatrix} \begin{bmatrix} 1 & 1 & 1 \\ 0 & 0 & 0 \\ 0 & 0 & 0 \end{bmatrix} = \begin{bmatrix} 1 & 1 & 1 \\ 1 & 1 & 1 \\ 1 & 1 & 1 \end{bmatrix}$$

그림 2.6 두 희소 행렬의 곱셈

두 희소 행렬의 곱셈 결과는 그림 2.6에서 보듯이 희소 행렬이 아니다.
순서 리스트(그림 2.5)로 표현된 두 희소 행렬을 곱해보자. 이전에 계산된 원소를 이동하지 않고 적절한 위치에 저장하기 위하여 D의 원소를 열별로 계산한다. 이를 위해 행렬 A에서 한 행을 선택하고 $j = 0, 1, \cdots, colsB-1$에 대해 B의 j열에 있는 모든 원소를 찾는다. B의 j열에 있는 모든 원소를 찾기 위해서는 B를 모두 검사하여야 하는데, 이를 피하기 위해서는 B의 전치 행렬을 먼저 계산하면 된다. 이 결과 모든 열의 원소는 연속적 순서가 된다. 일단 A의 i행과 B의 j열의 원소들이 정해지면 2.2절의 다항식 덧셈에서 사용했던 것과 유사한 합병 연산을 수행한다(다른 방법에 대해서는 연습문제에서 살펴보겠다.).

곱셈 결과 행렬로 D를 얻기 위해, *mmult*(프로그램 2.10)는 앞에서 개략적으로 기술한 전략을 사용하여 행렬 A와 B를 곱한다. 행렬 A, B, D를 각각 배열 a, b, d에 저장한다. d에 하나의 3원소 쌍을 저장하고 *sum*을 0으로 재설정하기 위해서 *mmult*는 *storeSum*(프로그램 2.11)을 사용한다. 그리고 *mmult*는 이후에 간단히 언급한 몇 개의 지역 변수를 사용한다. 변수 *row*는 B의 열과 곱해질 A의 행을 말하며 *rowBegin*은 a에서 현재 행의 첫 번째 원소 위치를 말한다. 그리고 *column*은 A의 *row* 행과 곱해질 B의 열을 나타내며 변수 *totalD*는 곱셈 결과 행렬인 D 내에 있는 현재의 원소 수를 말한다. 변수 i와 j는 A의 행과 B의 열로부터 원소를 계속적으로 검사하기 위해 사용한다. 마지막으로 변수 *newB*는 희소 행렬로서 b의 전치 행렬을 말한다. 여기서 a와 *newB*에 부가적인 항 $a[totalA + 1].row = rowsA;$와 $newB[totalB + 1].row = colsB;$를 도입하였는데, 이는 알고리즘을 세련되게 만들기 위함이다.

```
void mmult (term a[], term b[], term d[])
{ /* 두 희소 행렬을 곱한다. */
    int i, j, column, totalB = b[0].value, totalD = 0;
    int rowsA = a[0].row, colsA = a[0].col;
    totalA = a[0].value; int colsB = b[0].col,
```

```c
    int rowBegin = 1, row = a[1].row, sum = 0;
    int newB[MAX_TERMS][3];
    if (colsA != b[0].row) {
        fprintf(stderr, "Incompatible matrices\n");
        exit(EXIT_FAILURE);
    }
    fastTranspose(b,newB);
    /* 경계 조건 설정 */
    a[totalA+1].row = rowsA;
    newB[totalB+1].row = colsB;
    newB[totalB+1].col = 0;
    for (i = 1; i <= totalA; ) {
      column = newB[1].row;
       for (j = 1; j <= totalB+1;) {
       /* a의 행과 b의 열을 곱한다. */
         if (a[i].row != row) {
            storeSum(d, &totalD,row,column,&sum);
            i = rowBegin;
            for (; newB[j].row == column; j++)
                ;
            column = newB[j].row;
         }
         else if (newB[j].row != column) {
            storeSum(d, &totalD, row, column, &sum);
            i = rowBegin;
            column = newB[j].row;
         }
         else switch (COMPARE(a[i].col, newB[j].col)) {
            case -1: /* a의 다음 항으로 이동 */
                   i++;  break++;
            case 0: /* 항을 더하고, a와 b를 다음 항으로 이동 */
                   sum += ( a[i++].value * newB[j++].value);
                   break;
```

```
                    case 1 :  /* b의 다음 항으로 이동 */
                        j++;
                }
            }  /* for j <= totalB+1 문의 끝 */
            for (; a[ i] .row == row; i++)
                ;
            rowBegin = i; row = a[ i] .row;
        }  /* for i <= totalA 문의 끝 */
        d[ 0] .row = rowsA;
        d[ 0] .col = colsB; d[ 0] .value = totalD;
}
```

프로그램 2.10: 희소 행렬의 곱셈

mmult 의 분석: *mmult* 의 정확성에 대한 증명은 연습문제에서 다루기로 하고, 복잡도만을 생각해보자. *a*, *b*, *d* 와 몇몇 간단한 변수들을 저장할 공간뿐 아니라, 전치 행렬 *newB* 를 저장할 공간 또한 필요하다. 그리고 *fastTranspose* 를 위한 공간 역시 필요하다. 연습문제에서는 명시적으로 *newB* 를 계산하지 않는 *mmult* 를 위한 방법을 살펴보겠다.

처음 **for** 루프 전의 명령문은 오직 $O(colsB + totalB)$ 만의 시간이 필요하며 이는 *b* 를 전치시키는 데 필요한 시간이다. 외부 **for** 루프는 *totalA* 번만큼 실행된다. 매번 반복할 때마다 *i* 나 *j* 또는 둘 모두 1씩 증가되거나, *i* 와 *column* 이 재설정된다. 전체 루프에 대해 *j* 의 최대 총 증가량은 *totalB*+1 이다. 만일 *termsRow* 가 *A* 의 현재 행에 있는 항의 총 수라면 *i* 가 *A* 의 다음 행으로 이동하기 전에 많아야 *termsRow* 번만큼 증가할 수 있다. 이 경우 *i* 를 *rowBegin* 으로 재설정하는 동시에 *column* 은 다음 열로 전진시킨다.

```
void storeSum( term d[ ], int *totalD, int row, int column,
                                             int *sum)
{ /* 만일 *sum != 0이면, 그 행 및 열 위치와 함께
        행렬 d의 *totalD+1 원소로 저장된다. */
    if (*sum)
        if (*totalD < MAX_TERMS) {
            d[ ++*totalD] .row = row;
            d[ *totalD] .col = column;
            d[ *totalD] .value = *sum;
```

```
            *sum = 0;
      }
      else {
            fprintf(stderr, "Numbers of terms in product
                                    exceeds %d\n", MAX_TERMS);
            exit(EXIT_FAILURE);
      }
}
```

프로그램 2.11: *storeSum* 함수

그러므로 재설정은 많아야 *colsB*번이고, *i*의 최대 총 증가량은 *colsB* · *termsRow*가 된다. 그러므로 외부 **for** 루프의 최대 반복 수는 *colsB* + *colsB* · *termsRow* + *totalB*이다. 현재 행이 곱해지는 동안 내부 루프에 소요되는 시간은 O(*colsB* · *termsRow* + *totalB*) 이고, 다음 행으로 진행하는 데 걸리는 시간은 O(*termsRow*)가 된다. 그러므로 외부 **for** 루프가 한 번 반복하는 데 걸리는 시간은 O(*colsB* · *termsRow* + *totalB*)이다. 이 루프의 전체 소요 시간은 다음과 같다.

$$O\left(\sum_{row}(colsB \cdot termsRow + totalB)\right) = O(colsB \cdot totalA + rowsA \cdot totalB) \quad \Box$$

다시 한 번 표준 배열 표현법을 사용한 행렬 곱셈에 걸리는 연산 시간과 이 알고리즘의 시간을 비교해보자. 통상적인 곱셈 알고리즘은 다음과 같다.

```
for (i = 0; i < rowsA; i++)
   for (j = 0; j < colsB; j++) {
      sum = 0;
      for (k = 0; k < colsA; k++)
         sum += (a[i][k] * b[k][j]);
      d[i][j] = sum;
   }
```

이 알고리즘은 O(*rowsA*·*colsA*·*colsB*)의 시간이 걸린다. 왜냐하면, *totalA* ≤ *colsA*·*rowsA* 이고 *totalB* ≤ *colsA*·*colsB*이기 때문에, *mmult*에 소요되는 시간은 O(*rowsA*·*colsA*·*colsB*) 가 된다. 그러나 함수 *mmult*의 상수 인자는 전통적 알고리즘의 상수보다 크다. 최악의 경우인 *totalA* = *colsA*·*rowsA* 나 *totalB* = *colsA*·*colsB*일 때, *mmult*는 그 상수 배만큼 더 느려진다. 그러나 *totalA*와 *totalB*가 최대 값보다 충분히 작을 때, 즉 A, B가 희소 행렬이면 *mmult*는 전통적 알고리즘보다는 월등히 좋다. *mmult*의 분석은 간단하지 않으며, 알고리즘 분석 시 몇몇 새로운 개념이 소개되므로 분석을 확실히 이해하여야 한다.

이러한 희소 행렬의 표현 방법은 덧셈, 전치, 곱셈과 같은 연산을 효과적으로 수행하도록 해준다. 그렇지만 어떤 응용에서는 이러한 표현 방법이 만족스럽지 못한 여러 가지 요인이 있다. 희소 행렬에서 항의 수가 가변적이므로 2.4절의 다항식에서 사용했던 것처럼 희소 행렬을 전부 하나의 배열로 표현하기를 원할 것이다. 이렇게 함으로써 공간을 효율적으로 이용할 수 있다. 그러나 이와 같은 방법을 사용하면 임의의 어떤 행렬을 위해 배열로부터 공간을 할당하기가 어려워진다. 이런 문제점은 다항식의 표현 시에도 발생하며 3.7절에서 다중 스택과 큐에 관한 유사한 표현 방법을 고찰할 때 더욱 명백해질 것이다.

연습문제

1. 3원소 쌍을 새로운 희소 행렬로 읽어들이는 *readMatrix*, 희소 행렬의 항목을 출력하는 *printMatrix*, 희소 행렬에서 값을 탐색하는 *search* 함수를 C 언어로 작성하라. 그리고 각 함수의 연산 시간을 분석하라.
2. *rowTerms*와 *startingPos*를 유지하기 위해 두 배열을 사용하지 않고 단 하나의 배열만을 사용하도록 *fastTranspose*를 재작성하라.
3. *mmult* 함수에 대한 정확성을 증명하라.
4. *fastTranspose*의 연산 시간과 저장 공간을 분석하라. 더욱 빠른 알고리즘의 존재에 대해 어떻게 말할 수 있겠는가?
5. B를 전치시키지 않고 희소 행렬 A와 B를 곱하도록 *mmult* 함수를 다시 작성하라. 이를 위해 fastTranspose에서 사용하였던 시작 위치 배열의 개념을 사용하라. 작성된 함수의 연산 시간은 얼마인가?
6. 희소 행렬의 또 다른 표현 방법은 본문에서 기술한 순서대로 1차원 배열 *value*에 0이 아닌 항만을 유지하는 것이다. 추가로 2차원 행렬 *bits*[*rows*][*columns*]를 만들어 $a[i][j] = 0$인 경우 $bits[i][j] = 0$이고 $a[i][j] \neq 0$이면 $bits[i][j] = 1$로 유지한다. 그림 2.7은 그림 2.5(b)의 희소 행렬을 이 방법으로 표현한 것이다.

$$\begin{bmatrix} 1 & 0 & 0 & 1 & 0 & 1 \\ 0 & 1 & 1 & 0 & 0 & 0 \\ 0 & 0 & 0 & 1 & 0 & 0 \\ 0 & 0 & 0 & 0 & 0 & 0 \\ 1 & 0 & 0 & 0 & 0 & 0 \\ 0 & 0 & 1 & 0 & 0 & 0 \end{bmatrix} \begin{bmatrix} 15 \\ 22 \\ -15 \\ 11 \\ 3 \\ -6 \\ 91 \\ 28 \end{bmatrix}$$

그림 2.7 희소 행렬의 다른 표현

(a) 한 워드가 w개의 비트로 된 컴퓨터에서 t개의 0이 아닌 항을 가진 희소 행렬 A를 표현하기 위해 필요한 저장 공간은 얼마인가?

(b) 그림 2.6과 같은 방법으로 행렬을 표현할 때 두 희소 행렬 A와 B를 더해 $D = A + B$를 얻는 C 함수를 작성하라. 작성한 알고리즘의 수행 시간은 얼마인가?

(c) 본문에서 언급한 표현법과 상기 표현법을 비교하여 각각의 장점을 논하라. 임의 접근, 덧셈, 곱셈, 전치와 같은 연산들을 수행했을 때 걸리는 시간과 저장 공간을 생각해보자. 또 다른 배열 ra를 만들어 $ra[i]$가 0행에서 $i-1$행까지의 0이 아닌 항의 수를 나타내게 하여 임의 접근 시간을 개선할 수 있음에 유의하라.

2.6 다차원 배열의 표현

C에서는 다차원 배열이 배열의 배열 표현(2.2.2절)을 이용하여 표현한다. 이 배열의 배열 표현에 대한 또 다른 표현은 다차원 배열의 모든 원소를 순서 또는 선형 리스트에 사상시키는 것이다. 이 다차원 배열을 메모리로 사상시키기 위해서는 1차원 배열을 메모리로 사상할 때 요구되는 주소 계산식보다 훨씬 복잡한 주소 계산식이 필요하다. 만일 배열 선언이 $a[upper_0][upper_1]\cdots[upper_{n-1}]$이라면 이 배열의 원소 수는 다음과 같다. 여기서 Π는 $upper_i$들의 곱이다.

$$\prod_{i=0}^{n-1} upper_i$$

예를 들어 배열 a가 $a[10][10][10]$으로 선언되면 이 배열을 저장하기 위해서는 $10 \cdot 10 \cdot 10 = 1000$의 저장 공간이 필요하다. 다차원 배열을 표현하는 방법에는 행 우선 순서(row major order), 열 우선 순서(column major order)의 두 가지가 있다. 여기서는 행 우선 순서만을 고려하고, 열 우선 순서는 연습문제에서 다루겠다.

이름으로 알 수 있듯이 행 우선 순서에서는 다차원 배열을 행의 순서로 저장한다. 예를 들면 2차원 배열 $A[upper_0][upper_1]$은 $upper_0$개의 행, $row_0, row_1, \cdots, row_{upper_0-1}$을 가지고 있고 각 행은 $upper_1$개의 원소로 구성되어 있다고 해석한다.

α를 $A[0][0]$의 주소라고 가정하면 $A[i][0]$의 주소는 $\alpha + i \cdot upper_1$이 된다. 이것은 i번째 행의 첫 번째 원소 앞에는 각 행의 크기가 $upper_1$인 i개의 행이 있기 때문이다. 여기서 원소의 크기는 주소에 반영시키지 않았음에 유의하라. 이는 C 언어에서 원소의 크기가 자동적으로 계산되어지기 때문이다. 임의의 원소 $a[i][j]$의 주소는 $\alpha + i \cdot upper_1 + j$이다.

3차원 배열 $A[upper_0][upper_1][upper_2]$의 경우 차원이 $upper_1 \cdot upper_2$인 2차원 배열 $upper_0$개가 모인 것으로 해석하면 된다. $a[i][j][k]$의 위치를 찾아내기 위해 우선 $a[i][0][0]$의 주소를 구하면 $\alpha + i \cdot upper_1 \cdot upper_2$가 된다. 이것은 이 원소 앞에 크기가 $upper_1 \cdot upper_2$인 2차원 배열이 i개 있기 때문이다. 2차원 배열의 주소를 구하는 방법과 이 방법을 종합하여 $a[i][j][k]$의 주소를 구하면 다음과 같다.

$$\alpha + i \cdot upper_1 \cdot upper_2 + j \cdot upper_2 + k$$

이것을 일반화하면, $A[upper_0][upper_1]\cdots[upper_{n-1}]$로 선언된 n차원 배열에서 임의의 원소 $A[i_0][i_1]\cdots[i_{n-1}]$의 주소 계산식을 쉽게 구할 수 있다. α가 $A[0][0]\cdots[0]$의 주소라고 하면 $a[i_0][0]\cdots[0]$의 주소는 다음과 같다.

$$A[upper_0][upper_1]\ldots[upper_{n-1}]$$

또한 $a[i_0][i_1][0]\cdots[0]$의 주소는 다음과 같다.

$$\alpha + i_0\, upper_1\, upper_2 \ldots upper_{n-1}$$

이런 식으로 계속 반복하면 $A[i_0][i_1]\ldots[i_{n-1}]$의 주소는 다음과 같이 계산된다.

$$\begin{aligned}
&\alpha + i_0 upper_1 upper_2 \ldots upper_{n-1} \\
&+ i_1 upper_2 upper_3 \ldots upper_{n-1} \\
&+ i_2 upper_3 upper_4 \ldots upper_{n-1} \\
&\quad \vdots \\
&+ i_{n-2} upper_{n-1} \\
&+ i_{n-1} \\
&= \alpha + \sum_{j=0}^{n-1} i_j a_j \text{ where: } \begin{cases} a_j = \prod_{k=j+1}^{n-1} upper_k & 0 \leq j < n-1 \\ a_{n-1} = 1 \end{cases}
\end{aligned}$$

여기서 주의할 점은 $a_j = upper_{j+1} \cdot a_{j+1}$이기 때문에 a_j는 $a_{j+1}(0 \leq j < n-1)$로부터 한 번의 곱셈으로 계산된다는 것이다. 따라서 컴파일러는 초기에 선언된 한계 값 $upper_0, \cdots$, $upper_{n-1}$을 이용하여 $n-2$번의 곱셈으로 상수 $a_0 \cdots a_{n-2}$를 계산한다. $a[i_0]\cdots a[i_{n-1}]$의 주소는 앞의 수식을 이용하여 $n-1$번 이상의 곱셈, 그리고 n번의 덧셈과 n번의 뺄셈으로 구할 수 있다.

연습문제

1. 1차원 배열 $a[MAX\_SIZE]$가 있다고 가정하자. 일반적으로 이 배열의 첨자는 0에서 MAX_SIZE-1까지이다. 그러나 포인터를 계산하는 방법을 사용하면 임의의 경계를 가진 배열을 생성할 수 있다. 경계가 -10과 10 사이인 배열을 만드는 방법과 배열의 첨자를 얻는 방법을 명시하라. 즉, 첨자가 $-10, -9, -8, \cdots, 8, 9, 10$이 되도록 하라.
2. 연습문제 1의 결과를 확장하여 행과 열의 첨자 범위가 -10과 10 사이인 2차원 행렬을 생성하라.
3. $a[upper_0]\cdots a[upper_{n-1}]$로 선언된 배열에서 원소 $a[i_0][i_1]\cdots[i_{n-1}]$의 주소를 얻는 수식을 구하라. 이 배열은 원소 당 한 워드를 가진 열 우선 배열이고 $a[0][0]\cdots[0]$의 주소는 α라 가정한다. 열 우선이란, 먼저 열에 따라 차례로 값을 저장하는 방법이다. 예를 들어 $a[3][3]$인 배열은 $a[0][0], a[1][0], a[2][0], a[0][1], a[1][1], a[2][1], a[0][2], a[1][2], a[2][2]$의 순으로 저장된다.

2.7 스트링

2.7.1 추상 데이타 타입

이제까지는 구성 원소가 숫자인 ADT만을 고려했다. 예를 들어, 희소 행렬 ADT를 생성하고, 이것을 <행, 열, 값>의 배열로 표현했다. 이 절에서는 그 구성 요소가 문자인 데이타 타입, 즉 스트링(string)에 관해 알아보겠다. ADT로서 스트링이 $S = s_0, \cdots, s_{n-1}$의 형태를 갖도록 정의한다. 여기서 s_i는 프로그래밍 언어의 문자 집합의 문자가 된다. 만일 $n = 0$이면 S는 공백 또는 널(null) 스트링이다.

스트링을 명세하는 데에는 몇 가지 유용한 연산들이 있는데, 그 중에는 새로운 공백 스트링의 생성, 스트링의 읽기 또는 출력, 두 스트링의 연결(concatenation), 스트링의 복사와 같이 다른 추상 데이타 타입에서 사용되는 연산과 흡사한 것들이 있다. 그러나 스트링의 비교, 스트링에 일부 스트링의 삽입, 스트링으로부터 일부 스트링의 삭제, 스트링에서 특정 패턴의 식별 등과 같이 스트링 ADT에 독특한 연산들도 있다. 스트링 ADT의 명세를 포함하고 있는 ADT 2.4에 기본적인 연산들이 열거되어 있다. 그림 2.8에 있는 C 언어의 스트링 라이브러리에서 알 수 있듯이, 실제로 스트링에는 더 많은 유형의 연산들이 있다.

ADT *String*

   objects: 0개 이상의 문자들의 유한 집합

   functions:

      모든 $s, t \in$ *String*, $i, j, m \in$ 음이 아닌 정수

String Null(m)	::=	**return** 최대 길이가 m 인 스트링을 반환. 초기는 *NULL* 로 설정되며, *NULL* 은 "" 로 표현한다.
Integer Compare(s, t)	::=	**if** (s 와 t 가 같으면) **return** 0 **else if** (s 가 t 에 선행하면) **return** -1 **else return** $+1$
Boolean IsNull(s)	::=	**if** (Compare(s, *NULL*)) **return** *FALSE* **else return** *TRUE*
Integer Length(s)	::=	**if** (Compare(s, *NULL*)) s 의 문자 수를 반환 **else return** 0
String Concat(s, t)	::=	**if** (Compare(s,NULL)) s 뒤에 t 를 붙인 스트링을 반환 **else return** s
String Substr(s, i, j)	::=	**if** $((j > 0)$ && $(i + j - 1) <$ Length$(s))$ s 에서 $i, i+1, \cdots, i+j-1$ 의 위치에 있는 스트링을 반환 **else return** *NULL*

ADT 2.4: *String* 추상 데이타 타입

2.7.2 C에서의 스트링

C 언어에서 스트링은 널 문자 \0 으로 끝나는 문자 배열을 의미한다. 예를 들어 다음과 같은 스트링을 가정해보자.

```
#define    MAX_SIZE    100    /* 스트링의 최대 크기 */
char    s[ MAX_SIZE] ={ "dog"} ;
char    t[ MAX_SIZE] ={ "house"} ;
```

그림 2.9는 이 스트링들이 메모리에서 내부적으로 어떻게 표현되는가를 보여준다. 여기서 주의할 것은 이 두 스트링을 위한 배열에 경계가 포함되어 있다는 점이다. 기술적으로, 상기 배열은 다음과 같이 선언할 수도 있다.

함수	설명
char *strcat(char *dest, char *src)	dest 스트링과 src 스트링 연결; dest 스트링으로 결과 반환
char *strncat(char *dest, char *src, int n)	src 스트링 중 n개의 문자와 dest 스트링을 연결; dest 스트링으로 결과 반환
char *strcmp(char *str1, char *str2)	두 스트링의 비교; str1 < str2면 < 0 반환; str1 = str2면 0 반환; str1 > str2면 > 0 반환
char *strncmp(char *str1, char *str2, int n)	str1과 str2의 앞에서부터 n개의 문자 비교; str1 < str2면 < 0 반환; str1 = str2면 0 반환; str1 > str2면 > 0 반환
char *strcpy(char *dest, char *src)	src 스트링을 dest로 복사; dest 스트링으로 결과 반환
char *strncpy(char *dest, char *src, int n)	src 스트링 중 n개의 문자를 dest 스트링으로 복사; dest 스트링으로 결과 반환
size_t strlen(char *s)	s의 길이 반환
char *strchr(char *s, int c)	s 중에서 c의 내용이 처음 나오는 곳의 포인터 반환; 없으면 NULL을 반환
char *strrchr(char *s, int c)	s 중에서 c의 내용이 마지막으로 나오는 곳의 포인터 반환; c의 내용이 없으면 NULL을 반환
char *strtok(char *s, char *delimiters)	s로부터 토큰을 반환; 토큰은 delimiters 사이의 것
char *strstr(char *s, char *pat)	s 중에서 pat의 시작을 가리키는 포인터의 반환
size_t strspn(char *s, char *spanset)	s를 검색해서 그들 중 spanset에 포함되는 것들의 길이 반환
size_t strcspn(char *s, char *spanset)	s를 검색해서 그것들 중 spanset에 포함되지 않는 것들의 길이 반환
char *strpbrk(char *s, char *spanset)	s를 검색해서 spanset에 포함되어 있는 문자 중 처음 나온 문자의 포인터를 반환

그림 2.8 C 언어의 스트링 함수

s[0]	s[1]	s[2]	s[3]
d	o	g	\0

t[0]	t[1]	t[2]	t[3]	t[4]	t[5]
h	o	u	s	e	\0

그림 2.9 C 언어에서의 스트링 표현

```
char s[] = {"dog"};
char t[] = {"house"}
```

이와 같은 선언문을 사용하면 C 컴파일러는 각 단어가 널(\0) 문자만을 더 포함할 수 있도록 공간을 할당한다. 이 두 스트링을 연결하여 "doghouse"라는 새로운 스트링을 생성해보자. 이를 위해 C 함수 strcat(그림 2.8 참조)를 사용할 수 있다. 두 스트링은 strcat(s, t)에 의해 연결되고 결과는 s에 저장된다. s의 길이가 5만큼 증가되었지만 추가된 다섯 문자를 s에 저장할 기억 공간이 없다. C 컴파일러에서는 이 문제를 비효율적인 방법, 즉 추가된 다섯 문자를 저장 공간에 덮어쓰는 방식을 취하고 있다. 이것은 선언에서 s 바로 다음에 즉시 t가 선언되었기 때문에 "house"라는 단어의 일부분이 지워진다는 것을 의미한다.

연결을 위한 C 내장 함수 이외에도, C 언어는 #include <string.h> 문을 통해 접근할 수 있는 몇 가지 다른 문자 함수를 제공한다. 그림 2.8에는 이 함수들(atoi와 같은 스트링 변환 함수는 제외)에 대한 간단한 요약이 있다. 또한 각 함수에 대해 일반적인 함수 선언문과 함께 간단한 기능 설명도 포함하고 있다. 각 함수에 대해서는 별도로 논의하는 대신, 그 중 일부를 사용한 예제를 살펴보겠다.

예제 2.2 [스트링 삽입]: 두 스트링 string1, string2가 있을 때, string1의 i 번째 위치에 string2를 삽입한다고 하자. 우선 다음과 같은 선언에서 시작한다.

```
#include <string.h>
#define MAX_SIZE    100     /* 가장 긴 스트링의 길이 */
char string1[ MAX_SIZE], *s = string1;
char string2[ MAX_SIZE], *t = string2;
```

두 스트링을 생성하고 이와 함께 각 스트링에 대한 포인터도 생성하였다.

그림 2.9와 같이 첫 번째 스트링은 "amobile", 두 번째 스트링은 "uto"를 포함하고

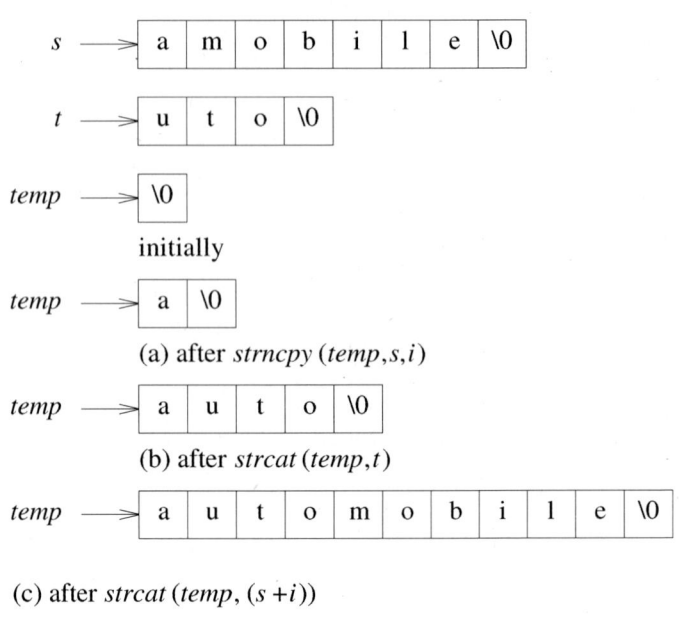

그림 2.10 스트링 삽입의 예

있다고 가정하고 첫 번째 스트링의 위치 1에 "uto"를 삽입하여 "automobile"이라는 문자를 생성한다고 가정해보자. 그림 2.10에서 보인 것처럼 단지 세 번의 함수 호출로 이를 수행할 수 있다. 그림 2.10(a)에서 temp는 공백 스트링을 가리키며, strncpy를 사용하여 s로부터 처음 i개의 문자를 temp로 복사해온다. 이때, i = 1이므로 "a"라는 문자가 생성되고, 그림 2.10(b)에서는 temp와 t를 연결시켜 "auto"라는 스트링이 생성된다. 마지막으로, s의 나머지 부분을 temp에 첨가한다. strncat는 처음 i개의 문자를 복사했으므로 스트링의 나머지는 (s + i) 주소에 있고, 최종 결과는 그림 2.10(c)와 같다.

프로그램 2.12는 한 스트링에 또 다른 스트링을 삽입한다. 이 특수한 함수는 일반적으로 <string.h>에 포함되지 않는다. 둘 중 한 스트링이 공백일 수 있기 때문에 이 상태를 검사하는 명령문이 필요하다. 여기서 strnins(s, t, 0)의 호출은 strcat(t, s)와 똑같은 결과가 된다는 것에 유의할 필요가 있다. 프로그램 2.12는 스트링 처리의 한 예를 보여주고 있으나, 이것은 시간과 공간이 낭비되므로 실용성이 없다. 그러므로 스트링 temp가 필요하지 않도록 개선해보자. □

```
void strnins(char *s, char *t, int i)
```

```
{ /* 스트링 s의 i 번째 위치에 스트링 t를 삽입 */
  char string[ MAX_SIZE], *temp = string;
  if (i < 0 && i > strlen(s)) {
    fprintf(strerr, "Position is out of bounds \n");
    exit(EXIT_FAILURE);
  }
  if (!strlen(s))
    strcpy(s, t);
  else if (strlen(t)) {
    strncpy(temp, s, i);
    strcat(temp, t);
    strcat(temp, (s+i));
    strcpy(s, temp);
  }
}
```

프로그램 2.12: 스트링 삽입 함수

2.7.3 패턴 매칭

이제 좀 더 복잡한 스트링 응용을 위한 알고리즘을 개발해보자. 두 스트링, *string*과 *pat*가 있을 때, *pat*는 *string*을 탐색하기 위한 패턴이라고 가정하자. *pat*가 *string* 내에 있는지를 결정하는 가장 쉬운 방법은 내장 함수 *strstr*을 사용하는 것이다. 다음과 같은 선언문이 있다고 하자.

```
char pat[MAX_SIZE], string[MAX_SIZE], *t;
```

다음은 *pat*가 *string* 내에 있는지 식별하는 명령문이다.

```
if (t = strstr(string,pat))
  printf("The string from strstr is: %s\n",t);
else
  printf("The pattern was not found with strstr\n");
```

호출[*t = strstr(string, pat)*]은 *pat*가 *string* 내 없을 경우 널 포인터를 반환하고, *pat*가 *string* 내 있다면 *t*는 *string* 내에서 *pat*의 시작 포인터를 가지게 되어 결과적으로 *t*의 위치에서 시작되는 스트링 전체가 출력된다.

비록 *strstr*이 패턴 매칭(pattern matching)에 아주 적합한 것처럼 보이지만 패턴 매칭 함수를 구현하는 방법이 여러 개 있기 때문에 자기 자신의 패턴 매칭 함수를 개발하기를 원할 수 있다. 이 중 가장 쉽지만 가장 비효율적인 방법은 패턴을 발견하거나 그 스트링의 끝에 도달할 때까지 각 문자를 순차적으로 검사하는 것이다(이 방식에 대해서는 연습문제에서 다루기로 한다.). 만일 *pat*가 *string* 내 없다면 이 방법은 $O(n \cdot m)$의 연산 시간이 걸리는데, 여기서 n은 *pat*의 길이이고 m은 *string*의 길이이다. 만일 우리가 별도의 패턴 매칭 함수를 만든다면 이보다 훨씬 효율적인 성능을 가질 수 있다.

패턴의 길이 *strlen(pat)*가 스트링에서 나머지 문자 수보다 큰 경우 함수 실행을 종료시키면 이 전체 순차적 패턴 매칭 기법을 개선할 수 있다. 또한 나머지 문자들을 검사하기 전에 *pat*와 *string*의 첫 번째 문자와 마지막 문자를 검사함으로써 성능 향상을 기할 수 있다. 함수 *nfind*(프로그램 2.13)에는 이와 같은 수정 사항들이 반영되었다.

```
int nfind(char *string, char *pat)
{ /* 먼저 패턴의 마지막 문자를 매치시킨 뒤,
     처음부터 매치시킨다. */
  int i, j, start = 0;
  int lasts = strlen(string)-1;
  int lastp = strlen(pat)-1;
  int endmatch = lastp;

  for (i = 0; endmatch <= lasts; endmatch++, start++) {
    if (string[ endmatch] == pat[ lastp] )
      for (j = 0, i = start; j < lastp &&
                 start[ i] == pat[ j] ; i++, j++)
        ;
    if (j == lastp)
       return start;      /* 성공 */
  }
  return -1;
}
```

프로그램 2.13: 패턴의 마지막 문자를 먼저 검사하는 패턴 매칭

예제 2.3 [*nfind*의 시뮬레이션(simulation)]: *pat* = "*aab*" 이고 *string*= "*ababbaabaa*" 라고 가정하자. 그림 2.11은 *nfind*가 *pat*의 문자들과 *string*의 문자들을 비교하는 방법을 보여주고 있다. *string*과 *pat* 배열의 끝을 각각 *lasts*와 *lastp*가 가리키게 하고, 먼저 *string*[*endmatch*]와 *pat*[*lastp*]를 비교한다. 그들이 매치되면 *nfind*는 매치되지 않는 경

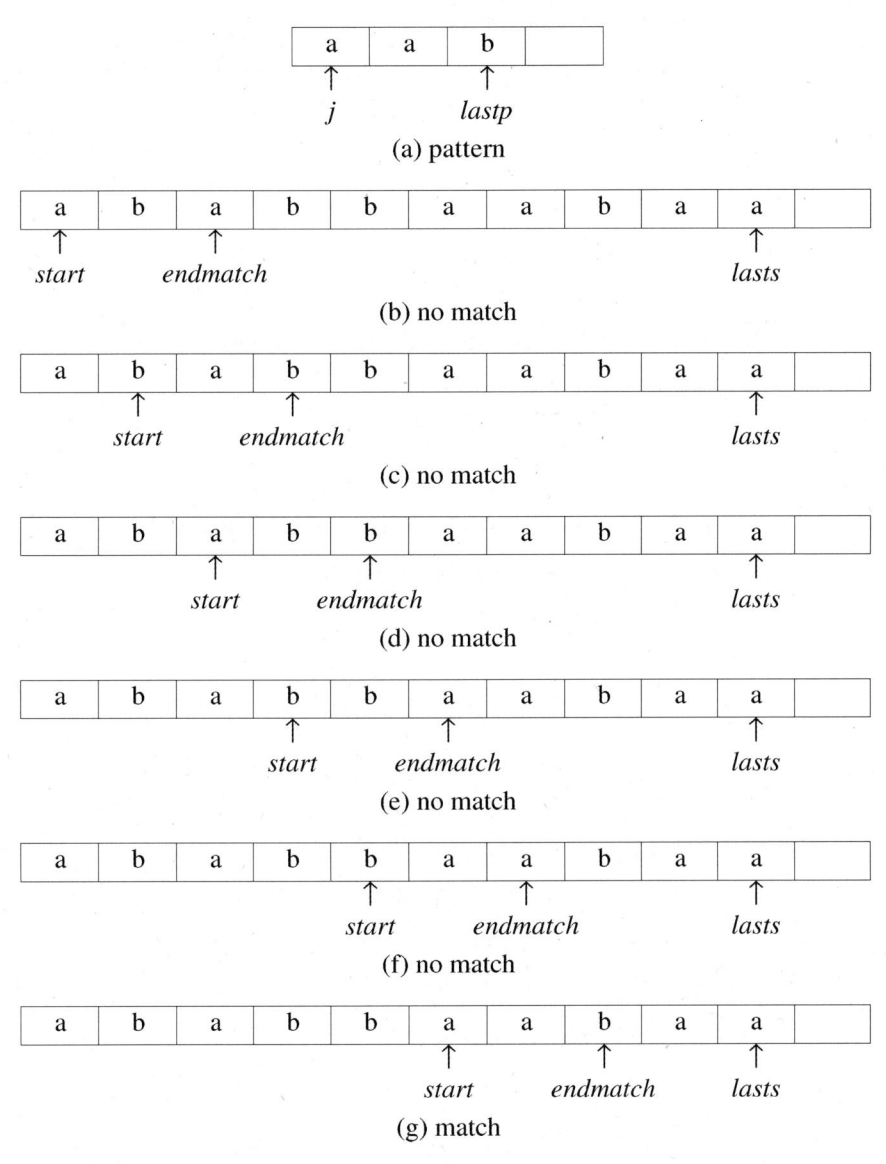

그림 2.11 *nfind*의 시뮬레이션

우가 발생하거나 *pat*가 모두 매치될 때까지 두 스트링 이동을 위해 i와 j를 사용한다. 변수 *start*는 매치되지 않을 경우 i를 재설정하기 위해 사용된다. □

nfind의 분석: *nfind*를 *string* = "aa⋯a"와 *pat* = "a⋯ab"인 경우에 적용하면 두 스트링에 대한 연산 시간은 그 스트링의 길이 O(m)에 비례한다. 이는 확실히 순차적인 방법보다 더 효율적이다. 순차 방법에 대한 개선은 평균 연산 시간을 빠르게 하지만, 최악의 경우 연산 시간은 여전히 O($n \cdot m$)이다. □

이상적으로는 알고리즘이 O(*strlen*(*string*) + *strlen*(*pat*)) 시간에 동작하는 것을 원한다. 이것은 이 문제를 푸는 최적의 시간 복잡도이다. 왜냐하면 최악의 경우에는 패턴과 스트링의 모든 문자들을 적어도 한 번씩 검색해야 하기 때문이다. 패턴에 대한 스트링의 탐색은 스트링에서 뒤로 진행되는 일이 없어야 한다. 즉, 매치되지 않은 경우 패턴 내 문자와 매치되지 않은 패턴 내 위치 정보를 이용하여 어디에서 탐색을 계속할지 결정해야 한다. Knuth, Morris, Pratt는 이러한 방식으로 동작하고 선형 시간 복잡도를 갖는 패턴 매칭 알고리즘을 개발하였다. 그들의 예에 따라 다음과 같은 스트링을 가정하자.

$$pat = \text{'a b c a b c a c a b'}$$

스트링 $s = s_0 s_1 \cdots s_{m-1}$이라 하고, s_i에서부터 매치되는지 여부를 결정해야 한다고 가정하자. 만일 $s_i \neq a$이면 당연히 $s_i + 1$과 a를 비교해야 한다. 마찬가지로 $s_i = a$이고 $s_{i+1} \neq b$이면 s_{i+1}이 a인지를 비교해야 한다. 만일 $s_i s_{i+1} = ab$이고, $s_{i+2} \neq c$이면 다음과 같은 상황이 발생한다.

$$\begin{array}{rl} s = & \text{'- a b ? ? ? . . . ?'} \\ pat = & \text{'a b c a b c a c a b'} \end{array}$$

여기서 "?"는 s 내 그 문자가 무엇인지 모른다는 것을 의미한다. S의 첫 번째 ?는 s_{i+2}에 해당하고 $s_{i+2} \neq c$이라고 하자. 이 시점에서 매치를 위한 탐색은 *pat*의 첫 문자와 s_{i+2}를 비교하는 것으로 계속해야 할 것이다. 이것은 이미 s_{i+1}이 *pat*의 두 번째 문자인 b와 같아서 $s_{i+1} \neq a$라는 것을 알기 때문에, *pat*의 첫 문자와 s_{i+1}을 비교할 필요가 없는 것이다. 이제 *pat*의 처음 네 문자가 매치되고 그 다음이 매치되지 않은 경우, 즉 $s_{i+4} \neq b$인 경우를 가정해보면 다음과 같은 상황이 발생한다.

$$\begin{array}{rl} s = & \text{'- a b c a ? ? . . . ?'} \\ pat = & \text{'a b c a b c a c a b'} \end{array}$$

매치를 위한 탐색은 s_{i+4}와 *pat*에 있는 두 번째 문자 b를 비교함으로써 계속될 수 있다.

이곳은 패턴 *pat*를 오른쪽으로 이동시켜서 부분적인 매치가 일어나는 첫 번째 위치이다. 이와 같이 패턴 내 문자들을 알고 *s* 내 문자와 매치되지 않는 패턴 내 위치를 알아냄으로써, *s* 안에서 후진하지 않고 패턴 내 어느 위치로부터 탐색을 계속할지 결정할 수 있다. 이를 정형화하기 위해 한 패턴에 대한 실패 함수를 다음과 같이 정의한다.

정의: 임의의 패턴 $p = p_0 p_1 \cdots p_{n-1}$이 있을 때 이 패턴의 실패 함수(failure function) f는 다음과 같이 정의된다.

$$f(j) = \begin{cases} \text{제일 큰 } i < j, \text{ 여기서 } p_0 p_1 \cdots p_i = p_{j-i} p_{j-i+2} \cdots p_j \text{인}, i \geq 0 \text{가 존재 시} \\ -1, \text{ 그 외의 경우} \end{cases}$$

□

예를 들면, 패턴 *pat* = *abcabcacab*에 대해 *f*는 다음과 같다.

j	0	1	2	3	4	5	6	7	8	9
pat	a	b	c	a	b	c	a	c	a	b
f	-1	-1	-1	0	1	2	3	-1	0	1

이 실패 함수의 정의로부터 패턴 매칭을 위한 다음과 같은 규칙을 구할 수 있다. 만일 $s_{i-j} \cdots s_{i-1} = p_0 p_1 \cdots p_{j-1}$이고 $s_i \neq p_j$인 부분 매치가 일어난다면, $j \neq 0$일 때 s_i와 $p_f(j-1)+1$을 비교하는 것으로 매칭을 재개할 수 있다. 또 $j = 0$인 경우에는 $s_i + 1$과 p_0을 비교하는 것으로 매칭을 계속할 수 있다. 이와 같은 패턴 매칭의 규칙을 함수화한 것이 함수 *pmatch*(프로그램 2.14)이다. 이때 다음과 같이 선언되었다고 가정한다.

```
#include <stdio.h>
#include <string.h>
#define max_string_size 100
#define max_pattern_size 100
int pmatch();
void fail();
int failure[max_pattern_size];
char string[max_string_size];
char pat[max_pattern_size];
```

여기서 주의할 점은 스트링에서 패턴의 시작 위치에 대한 포인터를 유지하지 않는다는 것이다. 대신 다음과 같은 명령문을 사용한다.

```
return ( (j == lenp) ? (i - lenp) : -1);
```

이 명령문은 패턴을 발견하였는지 아닌지를 검사하는데, 만일 패턴을 발견하지 못했다면 패턴 인덱스 j는 패턴의 길이와 같지 않으므로 결과 값으로 −1을 반환한다. 패턴을 발견했다면 패턴의 시작 위치는 (i − 패턴의 길이)가 된다.

```
int pmatch(char *string, char *pat)
{ /* Knuth, Morris, Pratt의 스트링 매칭 알고리즘 */
   int i = 0, j = 0;
   int lens = strlen(string);
   int lenp = strlen(pat);
   while ( i < lens && j < lenp ) {
      if (string[ i] == pat[ j] ) {
         i++; j++; }
      else if (j == 0) i++;
      else    j = failure[ j−1] +1;
   }
   return ( (j == lenp) ? (i-lenp): −1);
}
```

프로그램 2.14: Knuth, Morris, Pratt의 패턴 매칭 알고리즘

***pmatch*의 분석: while** 루프는 스트링이나 패턴의 끝에 도달할 때까지 반복된다. i는 절대 감소되지 않기 때문에 i를 증가시키는 명령문은 $m = strlen(string)$번 이상 실행되지 않는다. j의 값을 $failure[j-1] + 1$로 재설정하면 j의 값은 감소된다. 그래서 이것은 j++ 명령문에 의해 증가되는 것보다 더 많이 실행될 수 없다. 그렇지 않다면 j는 그 패턴에서 벗어나게 된다. 명령문 j++이 실행될 때마다 i도 증가하기 때문에, j는 m번 이상 증가할 수 없다. 결과적으로 프로그램 2.14에 있는 각 명령문은 m번 이상 실행되지 않으므로 함수 *pmatch*의 복잡도는 $O(m) = O(strlen(string))$이 된다. □

*pmatch*의 분석에서, 실패 함수를 $O(strlen(pat))$ 시간 내에 계산할 수 있다면 전체 패턴 매칭 과정은 스트링과 패턴 길이의 합에 비례하는 시간 내에 이뤄질 수 있다는 것을 알 수 있다. 다행히도 실패 함수의 계산은 빨리 수행될 수 있다. 이것은 아래와 같이 재작성된 실패 함수에 근거한다.

$$f(j) = \begin{cases} -1 & j = 0 \text{일 경우} \\ f^m(j-1) + 1 & \text{이때 } m \text{은 } p_{f^k(j-1)+1} = p_j \text{를 만족시키는 } k \text{ 중 가장 작은 정수} \\ -1 & \text{위 식을 만족하는 } k \text{가 없을 경우} \end{cases}$$

[$f^1(j) = f(j)$이고 $f^m(j) = f(f^{m-1}(j))$임에 주의하라.]

이 정의는 패턴의 실패 함수를 계산하는 프로그램 2.15에 있는 함수를 생성한다.

```
void fail(char *pat)
{ /* 패턴의 실패 함수 계산 */
   int n = strlen(pat);
   failure[0] = -1;
   for (j = 1; j < n; j++) {
      i = failure[j-1];
      while ((pat[j] != pat[i+1]) && (i >= 0))
         i = failure[i];
      if (pat[j] = pat[i+1])
         failure[j] = i+1;
      else failure[j] = -1;
   }
}
```

프로그램 2.15: 실패 함수의 계산

fail의 분석: **while** 루프를 반복할 때마다 i의 값은 f의 정의에 의해 감소되며, 변수 i는 **for** 루프를 반복하는 위치에서 재설정된다. 그러나 이것은 -1로 재설정되거나(초기 또는 **for** 루프의 이전 반복이 마지막 **else** 문을 통과할 때), 이전 반복의 마지막 값보다 1이 더 큰 값으로, 즉 (failure[j] = i + 1 문이 실행되어질 때) 재설정된다. **for** 루프는 $n-1$번 만(n은 패턴 길이) 반복되기 때문에, i 값은 많아야 $n-1$번 증가된다. 따라서 $n-1$ 이상 감소되지는 않는다. 결론적으로 **while** 루프는 전체 알고리즘을 통해 최대 $n-1$번 반복되고 fail의 연산 시간은 $O(n) = O(strlen(pat))$가 된다. □

한 가지 유의할 점은 실패 함수를 미리 알 수 없는 경우 실패 함수를 먼저 계산하고 패턴 매칭을 수행하는 데 걸리는 시간은 $O(strlen(pat) + strlen(string))$이라는 것이다.

연습문제

1. 입력으로 스트링을 받아들여서 스트링 내에 각기 다른 문자가 나타나는 횟수를 구

하는 C 함수를 작성하라. 적절한 데이터를 이용하여 함수를 테스트하라.

2. 스트링과 두 개의 정수 *start*, *length* 를 입력으로 받는 함수 *strdel* 을 작성하라. 이 함수는 *start* 에서 시작하여 *length* 만큼의 문자를 원래 스트링에서 제거한 새로운 스트링을 반환하여야 한다.

3. *string* 과 *character* 를 입력으로 받는 함수 *strdel* 을 작성하라. 이 함수는 처음으로 나타나는 *character* 가 제거된 나머지 *string* 을 반환한다.

4. *string* 과 *character* 를 입력으로 하는 함수 *strpos*1 을 작성하라. 이 함수는 *string* 내에서 *character* 가 처음으로 나타나는 위치, 즉 정수 값을 반환한다. 만일 *character* 가 *string* 내에 없다면 -1 을 반환한다. 일반적인 <*string.h*> 라이브러리 (ANSI C 에는 없음)에 포함된 *strpos* 를 사용하지 말고 작성하라.

5. 함수 *strpos*1 에서 문자의 위치 값 대신 *character* 에 대한 포인터를 반환하는 함수 *strchr*1 을 작성하라. 만일 *character* 가 그 리스트에 없으면 *NULL* 을 반환하라. 내장 함수 *strchr* 를 사용하지 말고 작성하라.

6. 임시 스트링 *temp* 를 사용하지 않고 수행되도록 프로그램 2.12 를 수정하라. 새로 작성한 프로그램의 복잡도를 원래 프로그램과 비교하라.

7. 패턴 매칭을 위해 순차적인 방법을 사용하는 함수 *strsearch* 를 작성하라. 즉 스트링과 패턴이 있을 때, *strsearch* 는 패턴이 발견되거나 *string* 의 끝에 도달할 때까지 *string* 내에 있는 모든 문자를 검사한다.

8. 함수 *nfind* 의 연산 시간이 $O(m \cdot n)$ 임을 보이라. 단, m 과 n 은 각각 스트링과 패턴의 길이이다. 그리고 이 연산 시간이 참이 되는 스트링과 패턴을 찾아라.

9. 다음의 각 패턴에 대해 실패 함수를 계산하라.
    (a) *a a a a b*
    (b) *a b a b a a*
    (c) *a b a a b a a b*

10. 실패 함수에 대한 두 정의가 동등함을 증명하라.

2.8 참고문헌

Knuth, Morris, Pratt 패턴 매칭 알고리즘은 "Fast pattern matching in strings", *SIAM Journal on Computing*, 6:2, 1977, pp.323-350 을 참고하라. 다른 스트링 매칭 알고리즘과 함께 Knuth, Morris, Pratt 패턴 매칭 알고리즘에 대한 논의는 *Introduction to Algorithms*, Second Edition, by T. Cormen, C. Leiserson, R. Rivest and C. Stein, McGraw-Hill, New York, 2002 를 참고하라.

2.9 추가 연습문제

1. 주어진 배열 $a[n]$을 가지고 $z[0] = a[n-1]$, $z[1] = a[n-2]$, $\cdots$, $z[n-2] = a[1]$, $z[n-1] = a[0]$의 성질을 만족하는 배열 $z[n]$을 작성하라. 최소의 저장 공간을 사용하여 만들어라.
2. $m \times n$ 행렬에서 어떤 원소 $a[i][j]$가 i행에서 가장 작은 값이고 j열에서 가장 큰 값일 때, 이 행렬은 안장점(saddle point)을 갖는다고 말한다. 안장점이 존재한다고 할 때, 이 안장점의 위치를 결정하는 C 함수를 작성하라. 작성한 함수의 연산 시간은 얼마인가?

연습문제 3에서 8까지는 자연 과학의 문제를 해결하는 데 자주 사용되는 다양한 형태의 행렬에 관한 표현법에 대해 다룬 것이다.

3. 정방 행렬(square matrix)의 대각선 위나 아래의 모든 원소들이 0일 때 그 행렬을 삼각 행렬(triangular matrix)이라 한다. 그림 2.12는 하 삼각 행렬(lower triangular matrix)과 상 삼각 행렬(upper triangular matrix)을 나타낸다. n개의 행을 가진 하 삼각 행렬 a에서 0이 아닌 i행의 원소는 최대 $i + 1$개이다. 따라서 0이 아닌 항의 총계는 아래와 같다.

$$d = \sum_{i=0}^{n-1}(i+1) = n(n+1)/2.$$

2차원 배열로 삼각 행렬을 저장하는 것은 저장 공간을 낭비하기 때문에 삼각 행렬

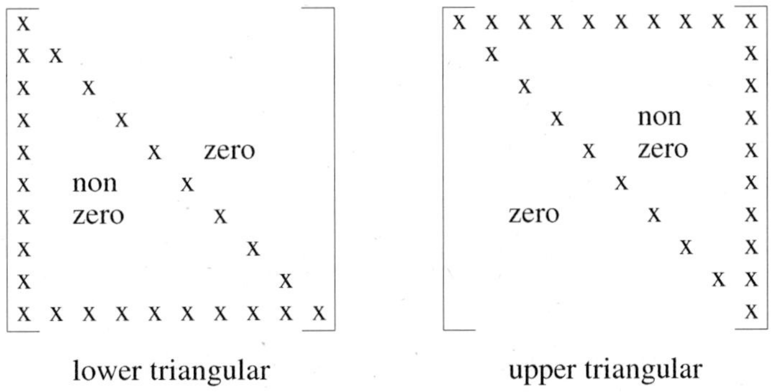

lower triangular   upper triangular

그림 2.12 상 삼각과 하 삼각 행렬

에서 0이 아닌 원소들만을 저장하는 방법이 필요하다. 행렬의 원소를 배열 $b[n(n+1)/2-1]$에 저장시키고 $a[0][0]$은 $b[0]$에, 다른 원소는 행 우선 순서로 저장시킨다고 할 때 원소 a_{ij}의 주소를 계산하는 식을 구하라.

4. a와 b가 각각 n개의 행을 가진 두 하 삼각 행렬이라 하자. 이 두 하 삼각 행렬에 있는 모든 원소의 수는 $n(n+1)$이다. 배열 $d[n-1][n]$으로 두 삼각 행렬을 나타내는 방법을 기술하라(힌트: d의 하 삼각 행렬로서 a의 삼각 행렬을, d의 상 삼각 행렬로서 b의 전치 행렬을 나타내라.). $a[i][j]$, $b[i][j](0 \leq i, j < n)$의 값을 구하는 알고리즘을 작성하라.

5. 3원 대각 행렬(tridiagonal matrix)은 정방 행렬에서 주대각선과 그 위아래의 대각선에 있는 원소를 제외한 다른 모든 원소가 0인 행렬(그림 2.13)이다. 이 세 대각선 위에 있는 원소들이 배열 b에, $a[0][0]$은 $b[0]$에 저장된다. 배열 b에서 $a[i][j](0 \leq i, j < n)$의 원소 값을 구하는 알고리즘을 작성하라.

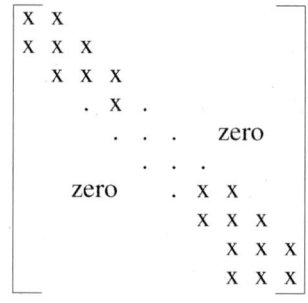

그림 2.13 3원 대각 행렬

6. 정방 밴드 행렬(square band matrix) $D_{n,a}$란 0이 아닌 모든 항들이 주대각선을 중심으로 한 밴드에 있는 $n \times n$ 행렬이다. 밴드는 그림 2.14와 같이 주대각선과 주대각선 위아래의 $a-1$개의 대각선을 포함한다.
   (a) $D_{n,a}$의 밴드 안에 있는 원소 수는 얼마인가?
   (b) $D_{n,a}$의 밴드 안에 있는 원소 d_{ij}에서 i와 j는 어떤 관계인가?
   (c) 최하위 대각선으로부터 시작해서 $D_{n,a}$의 밴드가 배열 b에 순차적으로 저장된다고 가정하자. 예를 들어 그림 2.14의 밴드 행렬 $D_{4,3}$은 아래와 같이 표현된다.

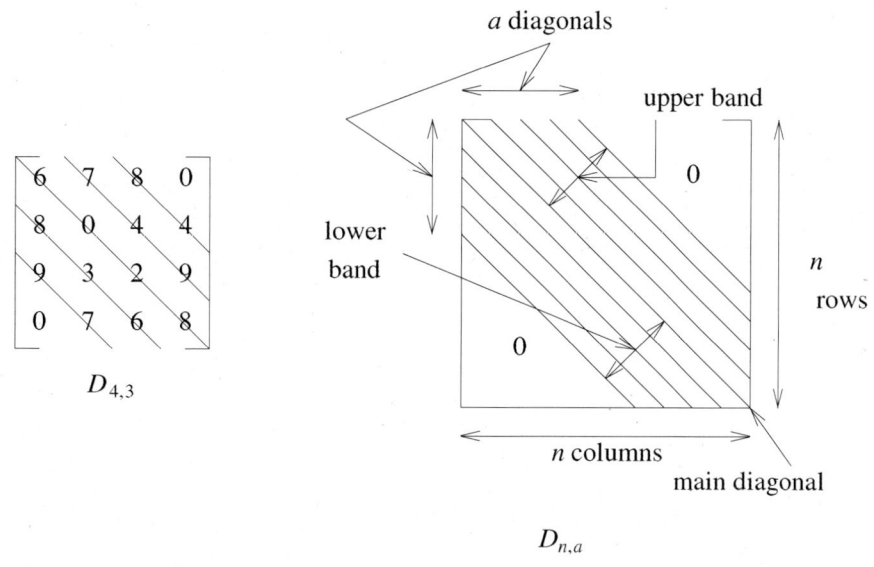

그림 2.14 정방 밴드 행렬

b[0]	b[1]	b[2]	b[3]	b[4]	b[5]	b[6]	b[7]	b[8]	b[9]	b[10]	b[11]	b[12]	b[13]
9	7	8	3	6	6	0	2	8	7	4	9	8	4
d_{20}	d_{31}	d_{10}	d_{21}	d_{32}	d_{00}	d_{11}	d_{22}	d_{33}	d_{01}	d_{12}	d_{23}	d_{02}	d_{13}

$D_{n,a}$의 하위 밴드에 있는 원소 d_{ij}의 위치에 대한 주소를 구하는 공식을 작성하라. (예: location(d_{10}) = 2)

7. 일반화된 밴드 행렬(generalized band matrix) $D_{n,a,b}$는 0이 아닌 모든 항이 주대각선 아래의 $a-1$개의 대각선, 주대각선, 주대각선 위의 $b-1$개의 대각선으로 구성되는 밴드 안에 있는 $n \times n$ 행렬(그림 2.15)이다.

   (a) $D_{n,a,b}$의 밴드 안에 있는 원소 수는 얼마인가?
   (b) $D_{n,a,b}$의 밴드 안에 원소 d_{ij}에서 i와 j는 어떤 관계인가?
   (c) 1차원 배열 e에 $D_{n,a,b}$의 밴드를 순차적으로 표현하라. 이 표현에서 행렬 $D_{n,a,b}$에 있는 원소 d_{ij}의 값을 결정하는 C 함수 value(n, a, b, i, j, e)를 작성하라. $D_{n,a,b}$의 밴드는 배열 e에 표현되어 있다.

8. 복소수 행렬(complex-valued matrix) X는 실수 값을 포함하는 두 행렬 a, b의 쌍 $<a, b>$로 표현한다. 두 복소수 행렬 $<a, b>$와 $<d, e>$의 곱, 즉 $<a, b>*<d, e> = (a + ib)*(d + ie) = (ad - be) + i(ae + bd)$를 구하는 함수를 작성하라. 두 행렬이 모두 n

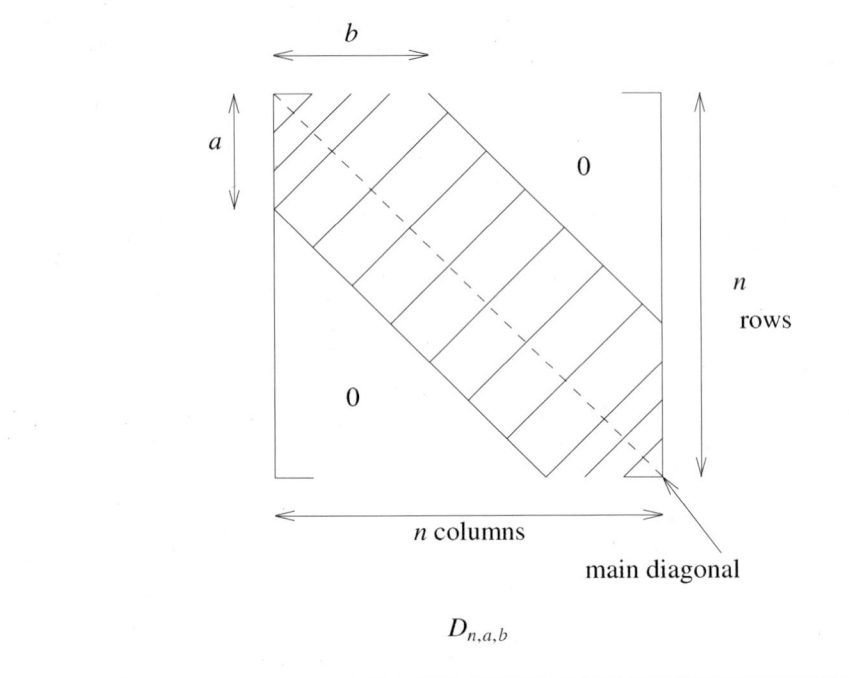

그림 2.15 일반화된 밴드 행렬

× n일 때 덧셈과 곱셈의 횟수를 구하여라.

9. § [프로그래밍 과제] 수학 분야에서 'random walk' 문제로 알려지고 오랫동안 관심의 대상이 되었던 많은 문제들이 있다. 이러한 문제 중 지극히 간단한 것조차도 해결하기 매우 어려우며, 대부분의 문제들은 해결되지 못한 채 남아 있다. 예로서 다음의 문제를 생각해보자.

한 (술이 취한) 바퀴벌레가 $n \times m$ 크기의 직사각형 방 중간의 한 타일 위에 있다. 바퀴벌레는 임의로 타일에서 타일로 걸어간다. 바퀴벌레가 현재 타일에서 그 주위 8개의 타일(벽 옆에 있지 않은 경우) 위로 같은 확률을 가지고 움직인다고 가정하자. 이때 적어도 한 번씩 방의 모든 타일을 지나는 데 걸리는 시간은 얼마인가?

순수한 확률 이론 기법에 의해 이런 문제를 해결하는 것은 어렵지만, 컴퓨터를 이용하면 매우 쉽게 해결된다. 이러한 기법을 시뮬레이션(simulation)이라고 한다. 이 기법은 교통 흐름, 재고 관리 등을 예고하는 데 광범위하게 사용되고 있다. 앞의 문제는 다음과 같은 방법을 이용하여 표현할 수 있다.

$n \times m$ 배열 *count*는 방에서 바퀴벌레가 각 타일을 방문하는 횟수를 나타내는 데 사용한다. 이 배열의 모든 원소의 초기 값은 0이다. 방에서 바퀴벌레의 위치는 좌표 (*ibug*, *jbug*)로 나타낸다. 바퀴벌레의 여덟 가지 가능한 이동은 타일들의 위치, 즉 (*ibug* + *imove*[k], *jbug* + *jmove*[k])로 나타내며, 여기서 k는 $0 \leq k \leq 7$이고 *imove*와 *jmove*는 다음과 같다.

$$
\begin{aligned}
imove[0] &= -1 & jmove[0] &= 1 \\
imove[1] &= 0 & jmove[1] &= 1 \\
imove[2] &= 1 & jmove[2] &= 1 \\
imove[3] &= 1 & jmove[3] &= 0 \\
imove[4] &= 1 & jmove[4] &= -1 \\
imove[5] &= 0 & jmove[5] &= -1 \\
imove[6] &= -1 & jmove[6] &= -1 \\
imove[7] &= -1 & jmove[7] &= 0
\end{aligned}
$$

주어진 정방의 8개 타일 중 어느 하나의 임의의 움직임은 0과 7 사이의 어느 한 값 k를 생성함으로써 시뮬레이션할 수 있다. 물론 바퀴벌레는 방 밖으로 벗어나 움직일 수 없으며, 벽 위로 움직이는 좌표는 무시되어야 하고 새로운 임의 조합에 의해 움직임이 형성된다. 한 타일에 들어갈 때마다 해당하는 배열 값이 증가되며, 이것은 지금까지 바퀴벌레가 그 타일을 방문한 횟수를 나타낸다. 모든 타일에 적어도 한 번은 들어왔을 때 그 실험은 종료된다.

명세된 시뮬레이션 실험을 수행하는 프로그램을 작성하라. 이 프로그램은 반드시 다음 사항을 만족해야 된다.

(a) $2 < n \leq 40$, $2 \leq m < 20$에 대해, m과 n의 모든 값을 처리한다.
(b) 다음 두 경우, (1) $n = 15$, $m = 15$, 시작점 (10, 10)과 (2) $n = 39$, $m = 19$, 시작점 (1, 1)에 대하여 실험하라.
(c) 반복 실행의 한계를 결정하라. 즉, 실험 중 바퀴벌레가 들어갈 수 있는 타일의 수의 최대 값을 정하라. 이 가정은 프로그램이 종료될 수 있도록 하기 위한 목적이다. 이 문제에서는 최대 50,000으로 결정하는 것이 적당하다.

각 실험에 대해 (1) 적법한 바퀴벌레의 총 이동 수, (2) 마지막 *count* 배열을 출력하라. 이것은 움직임에 대한 밀도(density), 즉 방에서 움직임을 통해 닿게 되는 타일의 횟수이다. 이 연습문제는 Olson이 제공하였다.

10. § [프로그래밍 과제] 체스는 게임 자체에 독립적으로 매우 흥미 있는 오락적인 면

을 제공한다. 이 중 많은 것들은 기사(knight)의 'L-형태'의 움직임에 기본을 두었다. 대표적인 예가 18세기 초반부터 많은 수학자와 게임 분석가들의 흥미를 집중시켰던 '기사의 여행(knight's tour)'에 관한 문제이다. 간단히 말해서, 주어진 체스판의 임의의 위치에서 출발하여 각 위치를 오직 한 번만 방문하면서 모두 64개의 위치를 방문하는 문제이다. 방문하는 위치의 순서를 나타내기 위해 체스판의 각 위치에 0, 1, …, 63의 번호를 부여한다. 기사 여행의 해결책 중 가장 천재적인 것은 J. C. Warnsdorff가 제시한 것이다. 이 규칙에 의하면 기사는 항상 방문한 적이 가장 없는 위치의 출구로 이동해야 한다.

이 프로그래밍 과제의 목적은 Warnsdorff의 방법을 구현하는 것이다. 미리 손으로 문제를 풀어본다면 다음 설명을 이해하기 쉬울 것이다.

이 문제를 풀기 위해 결정해야 할 가장 중요한 사항은 관련된 자료를 어떠한 방법으로 표현할 것인가 하는 점이다. 그림 2.16은 2차원 배열로 표현된 체스판을 보여주고 있다.

	0	1	2	3	4	5	6	7
0								
1								
2			7		0			
3	6					1		
4				K				
5	5					2		
6			4		3			
7								

그림 2.16 적법한 기사의 이동

또한 이 그림은 기사가 위치 (4, 2)에서 이동 가능한 여덟 가지 방향을 표시하였다. 일반적으로, (i, j) 위치에서 기사가 움직일 수 있는 위치는 $(i-2, j+1)$, $(i-1, j+2)$, $(i+1, j+2)$, $(i+2, j+1)$, $(i+2, j-1)$, $(i+1, j-2)$, $(i-1, j-2)$, $(i-2, j-1)$ 등이다. 그러나 기사의 위치 (i, j)가 체스판의 경계에 근접해 있을 경우 이 가능 위치 중 체스판을 벗어나는 것은 허용되지 않는다. 앞서의 여덟 가지 방향은 다음 2개의 배열 *ktmove*1과 *ktmove*2를 이용하여 효과적으로 나타낼 수 있다.

ktmove 1	*ktmove* 2
−2	1
−1	2
1	2
2	1
2	−1
1	−2
−1	−2
−2	−1

이와 같은 표현법을 이용하여 (i, j) 위치에 있는 기사가 움직일 수 있는 위치는 $(i + ktmove1[k], j + ktmove2[k])$가 되는데 k는 0과 7 사이의 값이다. 단, 이동된 위치가 체스판 위에 있어야 하는 조건을 만족해야 한다. 다음은 Warnsdorff의 규칙을 이용하여 기사 여행 문제의 해를 구하는 알고리즘을 기술한 것이다. 이때 자료 표현 방법은 앞 절의 내용을 따르기로 한다.

(a) **[체스판의 초기화]** $0 \leq i, j \leq 7$에 대하여, $board[i][j] = 0$으로 설정

(b) **[시작점 설정]** (i, j)를 읽고 프린트한 다음 $board[i][j] = 0$으로 설정

(c) **[반복]** $1 \leq m \leq 63$에 대하여, 단계 (d)에서 (g)까지를 수행한다.

(d) **[다음으로 이동이 가능한 위치 선정]** (i, j) 위에서 기사가 움직일 수 있는 방향 중에서 어느 위치로 이동할 수 있는지 조사하여, 이동 가능한 위치에 대한 리스트($nexti[l]$, $nextj[l]$)을 작성한다. 변수 $npos$는 가능한 상태 수이다. (즉, 이 단계를 수행하고 나면, 0과 7 사이의 어떤 값을 갖는 임의의 k에 대하여 $nexti[l] = i + ktmove1[k]$이고 $nextj[l] = j + ktmove2[k]$가 된다. 다음 이동 위치($i + ktmove1[k], j + ktmove2[k]$) 중에는 체스판의 경계를 벗어나거나, 이미 기사가 방문했던 위치, 즉 0이 아닌 값을 갖기 때문에 이동 가능한 위치에서 제외되는 경우가 있다. 또한 모든 경우에 $0 \leq npos \leq 8$이 만족된다).

(e) **[특별한 경우의 검사]** 만일 $npos = 0$이면 기사의 여행은 즉시 종료된다. 실패를 보고한 다음, 단계 (h)로 간다. 만일 $npos = 1$이면 다음으로 움직일 수 있는 경우는 한 가지밖에 없다. 즉, $min = 1$로 설정하고 단계 (g)로 간다.

(f) **[최소의 출구를 가진 다음 위치 선정]** $1 \leq l \leq npos$ 에 대하여, $exits[l]$ 의 값으로 위치 ($nexti[l]$, $nextj[l]$)로부터의 출구 수로 설정한다. 즉, 각 l의 값에 대하여 다음 위치 ($nexti[l] + tmove1[k]$, $nextj[l] + ktmove2[k]$)가 ($nexti[l]$, $nextj[l]$)에서의 출구에 해당하는가를 확인하여 출구의 수를 계산한다(출구란 체스판 위에 있으면서 아직 기사가 방문하지 않은 위치이다.). 마지막으로, 배열 $exits$에서 최소 값을 갖는 원소의 인덱스를 변수 min에 지정한다(배열 $exits$에서 최소 값을 갖는 원소가 하나 이상 존재할 경우에는 첫 번째 값을 min에 지정한다. 이렇게 함으로써 해답을 구한다는 보장은 없으나, 해답을 구할 확률은 상당히 높아진다.).

(g) **[기사의 이동]** $j = nextj[min]$, $i = nexti[min]$, $board[i][j] = m$ 으로 설정한다. 즉 (i, j)는 기사의 새로운 위치를 나타내며 $board[i][j]$는 적절한 순서의 이동을 기록한다.

(h) **[출력]** 기사 여행 결과를 보여주는 $board$을 출력하고, 알고리즘을 종료한다.

이 알고리즘에 대응하는 C 프로그램을 작성하라. 이 문제는 Legenhausen과 Rebman이 제공한 것이다.

3
스택과 큐

3.1 스택

이 장에서는 컴퓨터에서 많이 사용되는 두 가지 데이타 타입에 대하여 살펴보겠다. 이 데이타 타입들, 즉 스택(stack)과 큐(queue)는 2장에서 살펴본 일반 데이타 타입인 순서 리스트(ordered list)의 특별한 경우이다. 앞에서도 설명했지만, $A = a_0, a_1, \cdots, a_{n-1}$는 $n \geq 0$인 순서 리스트이다. 여기서 a_i는 어떤 집합으로부터 얻은 원자(atom) 또는 원소(element)를 나타낸다. 널 또는 공백 리스트는 $n = 0$인 리스트이다. 이 절에서는 추상 데이타 타입 스택(stack)을 정의하고 그 구현을 다루겠다. 그 다음 큐에 대해 살펴보겠다.

스택은 '톱(top)'이라고 하는 한쪽 끝에서 모든 삽입('push'나 'add'라고도 함)과 삭제('pop'이나 'remove'라고도 함)가 일어나는 순서 리스트이다. 주어진 스택 $S = (a_0, \cdots, a_{n-1})$에서 a_0는 가장 아래쪽(bottom)에 있는 원소이고 a_{n-1}은 가장 위쪽(top)에 있는 원소이다. 그리고 원소 a_i는 원소 $a_{i-1}(0 < i < n)$의 위에 있다고 말한다. 만일 원소 A, B, C, D, E를 순서대로 스택에 삽입했다면 제일 먼저 삭제되는 원소는 E가 된다. 그림 3.1은 이러한 스택의 일련의 동작을 보여준다. 스택에서는 제일 마지막으로 삽입된 원소가 제일 먼저 삭제되기 때문에 '후입선출(LIFO, Last-In-First-Out)' 리스트라고도 한다.

예제 3.1 [시스템 스택]: 스택 ADT를 살펴보기에 앞서, 먼저 프로그램 실행 시 함수 호출을 처리하기 위한 '시스템 스택(system stack)'이라는 특별한 스택을 살펴보겠다. 함수가 호출될 때마다 프로그램은 활성 레코드(activation record) 또는 스택 프레임(stack

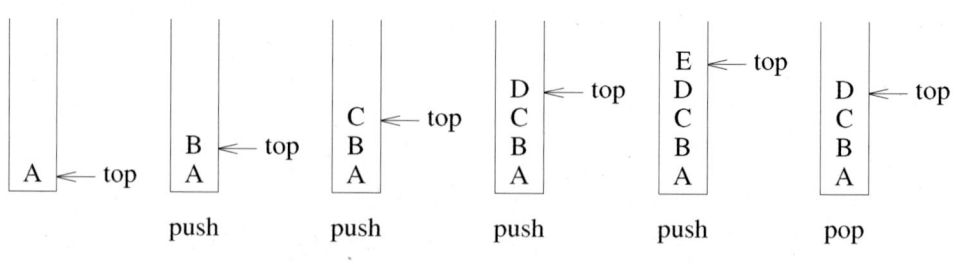

그림 3.1 스택에서의 원소 삽입과 삭제

frame)이라는 구조를 생성하고 이것을 시스템 스택의 톱에 둔다. 초기에는 호출된 함수의 활성 레코드는 이전의 스택 프레임에 대한 포인터와 복귀 주소만 가지고 있다. 이전의 스택 프레임 포인터는 호출한 함수의 스택 프레임을 가리키고, 복귀 주소는 함수가 종료된 후 실행되어야 할 명령문 위치를 가리킨다. 어느 한 순간에는 하나의 함수만 수행될 수 있으므로, 스택 프레임이 시스템 스택의 톱에 있는 함수가 실행된다. 만약 이 함수가 다시 다른 함수를 호출하면 static으로 선언된 변수를 제외한 지역 변수와 호출한 함수의 매개변수가 그의 스택 프레임에 추가된다. 그리고 호출된 함수의 새로운 스택 프레임이 생성되어 시스템 스택의 톱에 위치시킨다. 이 함수가 종료되면 시스템 스택에서 그것의 스택 프레임이 삭제되고 톱에 있는 호출한 함수의 수행이 계속된다. 다음의 간단한 예제가 이 과정을 잘 설명해주고 있다.

함수 $a1$을 호출하는 주함수가 있다고 가정하자. 그림 3.2(a)는 함수 $a1$이 호출되기 전의 시스템 스택을 보여주고, 그림 3.2(b)는 함수 $a1$이 호출된 후의 시스템 스택을 보여준다. 프레임 포인터 fp는 현재의 스택 프레임에 대한 포인터이다. 여기서는 보여주고 있지 않지만, 시스템은 스택 포인터 sp를 별도로 유지한다.

모든 함수는 시스템 스택에 같은 방법으로 저장되므로, 함수가 자기 자신을 호출해도 다를 바가 없다. 즉, 순환 호출이라고 하여 특별한 처리 전략을 요구하지 않는다. 실행 시간 프로그램은 순환 호출을 할 때마다 단지 새로운 스택 프레임을 생성한다. 그러나 순환 호출은 시스템 스택에 할당된 메모리의 상당 부분을 사용하기 때문에 최악의 경우 가용 메모리를 전부 사용할 수도 있다. □

이 시스템 스택에 대한 논의는 ADT 명세(ADT 3.1)가 포함해야 할 몇 가지 연산들을 제시하고 있다.

이 ADT를 구현하는 가장 쉬운 방법은 1차원 배열 stack[MAX_STACK_SIZE]를 사

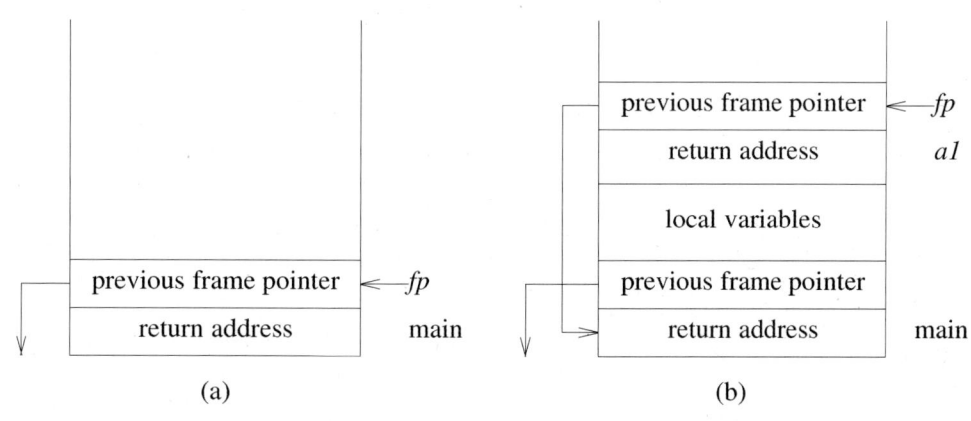

그림 3.2 함수 호출 후의 시스템 스택

용하는 것인데, 여기서 MAX_STACK_SIZE는 허용할 수 있는 엔트리의 최대치이다. 스택의 첫 번째 원소, 즉 최하위 원소는 stack[0]에 저장되고, 두 번째 원소는 stack[1], 그리고 i 번째 원소는 stack[$i-1$]에 저장된다. 변수 top은 스택의 최상위 원소를 가리킨다. 초기에 top은 -1 값을 갖고 공백 스택을 나타낸다. 이 표현을 가지고 ADT 3.1의 연산을 다음과 같이 구현할 수 있다. 여기서 element는 하나의 key 필드만을 갖는 구조라고 명세한 점에 유의하라. 일반적으로 하나의 필드만을 갖는 구조는 생성하지 않는다. 그러나 이 장과 다음 장에서는 필요에 따라 필드를 추가하거나 변경하기 위한 모형으로서 element를 사용하였다.

ADT *Stack*
    objects: 0개 이상의 원소를 가진 유한 순서 리스트
    functions:
        모든 *stack* ∈ *Stack*, *item* ∈ *element*, *maxStackSize* ∈ positive integer
        Stack CreateS(*maxStackSize*) ::=
                최대 크기가 *maxStackSize*인 공백 스택을 생성
        Booleann IsFull(*stack*, *maxStackSize*) ::=
                if (*stack*의 원소 수 == *maxStackSize*)
                return *TRUE*
                else return *FALSE*

Stack Push(*stack*, *item*)::=
    if (IsFull(*stack*)) *stackFull*
    else *stack*의 톱에 *item*을 삽입하고 **return**
Boolean IsEmpty(*stack*)::=
    if (*stack* == CreateS(*maxStackSize*))
    return *TRUE*
    else return *FALSE*
Element Pop(*stack*) ::=
    if (IsEmpty(*stack*)) **return**
    else *stack* 톱의 *item*을 제거해서 반환

ADT 3.1: *Stack* 추상 데이터 타입

Stack CreateS(*maxStackSize*) ::=
```
#define MAX_STACK_SIZE 100 /* 스택의 최대 크기 */
typedef struct {
    int key;
    /* 다른 필드 */
} element;
element stack[ MAX_STACK_SIZE] ;
int top = -1;
```

Boolean IsEmpty(Stack) ::= `top < 0;`

Boolean IsFull(Stack) ::= `top >= MAX_STACK_SIZE-1;`

  *IsEmpty*와 *IsFull* 연산은 간단하므로 함수 *push*(프로그램 3.1)와 *pop*(프로그램 3.2)로 직접 구현할 수 있다. 이 함수 각각은 변수 *stack*과 *top*이 전역 변수라고 가정한다. 이 함수들은 간단하므로 더 이상의 설명이 필요 없을 것이다. 함수 *push*는 스택이 만원인지를 검사한다. 만약 만원이면 함수 *stackFull*(프로그램 3.3)을 호출해서 에러 메시지를 출력하고 실행을 종료한다. 만약 스택이 만원이 아니면 *top*을 증가시키고 *stack[top]*에 *item*을 삽입한다. 함수 *pop* 연산의 구현도 함수 *push* 연산과 유사하다. 프로그램 3.2의 코드는 *stackEmpty* 함수가 에러 메시지를 출력하고 에러 코드를 포함하고 있는 *key* 필드를 가진 *element* 타입의 원소를 반환한다고 가정한다. 일반적인 함수 호출은 *push(item)*;

과 *item* = *pop*();이다.

```
void push(element item)
{ /* 전역 stack에 item을 삽입 */
   if (top >= MAX_STACK_SIZE-1)
     stackFull();
   stack[ ++top] = item;
}
```
프로그램 3.1: 스택에 원소 삽입

```
element pop()
{ /* stack의 최상위 원소를 삭제하고 반환 */
   if (top == -1)
     return stackEmpty(); /* returns an error key */
   return stack[ top--] ;
}
```
프로그램 3.2: 스택으로부터 삭제

```
void stackFull ()
{
   fprintf(stderr, "Stack is full, cannot add element");
   exit (EXIT_FAILURE) ;
}
```
프로그램 3.3: 함수 stackFull

연습문제

1. 함수 *stackEmpty* 함수를 구현하라.
2. 그림 3.1, 3.2를 예로써 사용하여 이항 계수(1.2절 연습문제 9)를 구하기 위해 반복 함수와 순환 함수를 각각 호출한 후의 시스템 스택 상태를 보이라. 이때 각각의 함수 호출에 대하여 스택 프레임을 보일 필요는 없다. 단 함수 호출 시에는 함수 이

름을 스택에 추가하고 함수 종료 시에는 함수 이름을 스택에서 제거하라.

3. 피보나치 수열 0, 1, 1, 2, 3, 5, 8, 13, 21, 34, …이 다음과 같이 정의되어 있다.

$$F_0 = 1, F_1 = 1, F_i = F_{i-1} + F_{i-2} \ (i \geq 2)$$

n번째 피보나치 수를 넘겨주는 순환 함수 *fibon(n)* 을 작성하라. 그리고 *fibon*(4)를 호출한 후의 시스템 스택 상태를 보이고(연습문제 2 참조), 이 함수의 효율성에 대하여 논하라.

4. 그림 3.3과 같은 철도 교환 망을 생각해보자. 0, 1, …, $n-1$ 의 번호가 매겨진 열차는 오른쪽에 있다. 각 차량은 언제든지 스택에 들어갔다 나왔다 한다. 예를 들어 $n = 3$일 때 0을 움직여넣고 1을 넣고 2를 넣은 후 차량들을 꺼내면 새로운 순서 2, 1, 0이 된다. $n = 3$과 $n = 4$일 때 가능한 차량들의 순열은 무엇인가? 임의의 순열은 불가능한가?

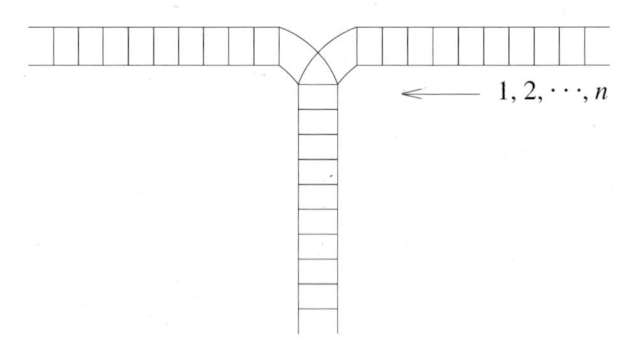

그림 3.3 철도 교환 망

3.2 동적 배열을 사용하는 스택

앞 절에서 설명한 스택 구현의 단점은 스택이 얼마나 크게 될지 그 범위(*MAX_STACK_SIZE*)를 컴파일 시간에 알아야 된다는 것이다. 이 단점은 원소를 위해 동적으로 할당된 배열을 이용하고 필요할 때 이 배열의 크기를 증대시킴으로써 극복할 수 있다. 다음 *CreateS*, *IsEmpty*, *IsFull*의 구현은 초기의 크기(즉 배열에 저장될 수 있는 스택 원소의 최대 수)가 1인 동적 할당 배열 *stack*을 사용하고 있다. 특정 응용이 초기 크기에 대한 다른 선택을 결정한다.

3.2 동적 배열을 사용하는 스택

```
Stack CreateS() ::= typedef struct {
                        int key;
                        /*  다른 필드들 */
                        } element;
                    element *stack;
                    MALLOC(stack, sizeof(*stack));
                    int capacity = 1;
                    int top = -1;
```

Boolean IsEmpty(Stack) ::= `top < 0;`

Boolean IsFull(Stack) ::= `top >= capacity-1;`

스택 만원(*MAX_STACK_SIZE*를 *capacity*로 대체)에 대한 새로운 검사를 이용하기 위해서는 함수 *push*(프로그램 3.1)의 코드를 변경해야 되는 반면, *pop* 함수(프로그램 3.2)의 코드는 변경되지 않는다. 또한, *stackFull*의 코드도 변경된다. *stackFull*에 대한 새로운 코드는 배열 *stack*의 크기를 확장시켜서 스택에 원소를 추가로 삽입할 수 있도록 한다. 이때 배열의 크기를 확장시키기 전에 새로운 크기를 결정해야 된다. 배열 배가(array doubling)에서는 배열의 크기를 늘릴 필요가 있을 때는 항상 배열 크기를 2배로 만든다. 프로그램 3.4는 배열 배가 방법을 사용하는 *stackFull*에 대한 코드를 보여주고 있다.

```
void stackFull()
{
    REALLOC(stack, 2 * capacity * sizeof(*stack))
    capacity *= 2;
}
```

프로그램 3.4: 배열 배가를 사용하는 stack Full

*stack*의 크기를 2배로 만드는 데 많은 시간이 걸리는 것 같아 보이지만, 실제로는 그렇지 않다. 최악의 경우, *realloc* 함수는 2*capacity*sizeof*(*stack)바이트의 메모리를 할당해야 하고 *capacity**sizeof*(*stack)바이트의 메모리를 원래의 배열로부터 새로운 배열로 복사해야 된다. 메모리가 O(1)시간에 할당된다고 가정하면 배열 배가에 필요한 시간은 O(*capacity*)가 된다. 처음에 *capacity*는 1이다. 가령 수행을 원하는 모든 스택 삽입을 다 마쳤을 때 *capacity*가 2^k ($k > 0$)라고 하자. 그러면 배열 배가에 소비한 시간은 $O(\sum_{i=1}^{k}(2^i)) = O(2^{k+1}) = O(2^k)$이다. 전체 삽입의 수가 2^{k-1}보다 크기 때문에(그렇지 않으면

배열 크기가 2^{k-1}에서 2^k로 배가되지 않았을 것이다), n을 전체 삽입 수라고 할 때, 배열 배가에 소비한 전체 시간은 $O(n)$이 된다. 그래서 배열 배가에 소비한 시간을 합쳐서 모든 n 삽입에 걸린 전체 push의 실행 시간은 $O(n)$이다. 이때, stackFull이 스택 배열을 인수 $c > 1$(프로그램 3.4에서는 $c = 2$)로 확장할 때 항상 유효하다는 점에 유의해야 한다.

연습문제

1. S를 크기가 1인 스택이라 하자. 만원이 된 이 스택에 원소를 삽입하려 할 때마다 배열의 크기를 확장하기 위해 배열 배가 방법이 사용된다고 하자. $n = 2^{k+1}$(k는 양의 정수)을 어떤 프로그램을 실행하는 동안 S에 있는 원소의 최대 수라 하자. 이 프로그램을 성공적으로 실행하는 데 얼마나 많은 메모리(스택과 배열 배가에 필요한 메모리만 고려한다고 하자)가 필요하게 되는가? 3.1 절(프로그램을 실행하지 않고도 k를 결정할 수 있다고 가정하자)의 표현 방법을 사용한다면, 또 얼마나 많은 메모리가 필요하게 되는가?

2. stackFull이 스택 배열을 인수 $c > 1$로 확장할 때마다 기동되는 모든 push(프로그램 3.1)에 대한 전체 시간이 $O(n)$이 된다는 것을 증명하라. 여기서 n은 스택에 대한 삽입 수이다. 초기에 스택은 공백이고 크기는 1이다.

3. 프로그램 3.4를 수정해서 stack의 크기가 $c*sizeof(stack)$만큼 증대된다고 가정하자. 초기에 stack은 공백이고 capacity = 1일 때, n 삽입에 대한 시간이 $O(n^2)$이 된다는 것을 증명하라.

3.3 큐

큐(queue)는 한쪽 끝에서 삽입('insertion', 'addition', 'put', 'push'라고도 함)이 일어나고 그 반대쪽 끝에서 삭제('deletion', 'removal', 'pop' 이라고도 함)가 일어나는 순서 리스트이다. 새로운 원소가 삽입되는 끝을 rear라 하고 원소가 삭제되는 끝을 front라 한다. 큐에 대한 제약이 의미하는 바는, 만약 원소 A, B, C, D, E를 이 순서대로 큐에 삽입한다면 제일 먼저 삭제되는 원소는 A 라는 것이다. 그림 3.4 는 큐에서의 이러한 일련의 연산을 보여주고 있다. 이와 같이 큐에 제일 먼저 삽입된 원소가 제일 먼저 삭제되기 때문에, 이 큐를 선입선출(FIFO, First-In-First-Out) 리스트라고도 한다. 이 큐 ADT 명세가 ADT 3.2 에 기술되어 있다.

A	A B	A B C	A B C D	A B C D E	B C D E
↑	↑ ↑	↑ ↑	↑ ↑	↑ ↑	↑ ↑
f,r	f r	f r	f r	f r	f r
	add	add	add	add	delete

f = queue front   r = queue rear

그림 3.4 큐에서의 원소 삽입과 삭제

ADT *Queue*

    objects: 0개 이상의 원소를 가진 유한 순서 리스트

    functions:

        모든 *queue* ∈ *Queue*, *item* ∈ *element*, *maxQueueSize* ∈ *positive integer*

        Queue CreateQ(*maxQueueSize*) ::=

            최대 크기가 *maxQueueSize*인 공백 큐를 생성

        Boolean IsFullQ(*queue*, *maxQueueSize*) ::=

            if (*queue*의 원소 수 == *maxQueueSize*)

            return *TRUE*

            else return *FALSE*

        Queue AddQ(*queue*, *item*) ::=

            if (IsFullQ(*queue*)) *queueFull*

            else *queue*의 뒤에 *item*을 삽입하고 이 *queue*를 반환

        Boolean IsEmptyQ(*queue*) ::=

            if (*queue* == CreateQ(*maxQueueSize*))

            return *TRUE*

            else return *FALSE*

        Element DeleteQ(*queue*) ::=

            if (IsEmpty(*queue*)) **return**

            else *queue* 앞에 있는 *item*을 제거해서 반환

ADT 3.2: *Queue* 추상 데이타 타입

큐를 순차 기억장소로 표현하는 것은 스택보다 더 어렵다. 이 방법에서는 1차원 배열

과 두 변수 *front* 와 *rear* 가 필요하다. 이러한 표현에서 ADT 3.2의 큐 연산들을 정의해보자.

Queue CreateQ(*maxQueueSize*)::=
```
      #define MAX_QUEUE_SIZE 100  /* 큐의 최대 크기 */
      typedef struct {
            int key;
            /* 다른 필드 */
            } element;
      element queue[ MAX_QUEUE_SIZE ];
      int rear = -1;
      int front = -1;
```
Boolean IsEmptyQ(*queue*) ::= `front == rear`
Boolean IsFullQ(*queue*) ::= `rear == MAX_QUEUE_SIZE-1`

연산 *IsEmptyQ* 와 *IsFullQ* 는 아주 간단하므로 함수 *addq*(프로그램 3.5)와 *deleteq*(프로그램 3.6) 안에서 직접 구현할 수 있다. *queueFull* 의 구현은 *stackFull*(프로그램 3.3)의 구현과 비슷하다. 함수 *addq* 와 *deleteq* 는 구조적으로 스택의 *push*, *pop* 과 비슷하다. 스택은 *push* 와 *pop* 에서 모두 *top* 변수를 사용하지만, 큐는 *addq* 에서 *rear* 를 증가시키고 *deleteq* 에서는 *front* 를 증가시킨다. 전형적인 함수 호출은 *addq(item);* 과 *item = deleteq();* 이다.

```
void addq(element item)
{ /* queue에 item을 삽입 */
   if (rear == MAX_QUEUE_SIZE-1)
      queueFull();
   queue [ ++rear ] = item;
}
```
프로그램 3.5: 큐에서의 삽입

```
element deleteq()
{ /* queue의 앞에 있는 원소를 삭제 */
   if (front == rear)
```

```
        return queueEmpty(); / * return an error key */
    return queue[ ++front] ;
}
```

프로그램 3.6: 큐에서의 삭제

큐의 순차적 표현이 가지고 있는 문제점은 다음 예제가 잘 보여주고 있다.

예제 3.2 [작업 스케줄링]: 큐는 컴퓨터 프로그래밍에서 많이 사용한다. 큐의 가장 보편적인 이용은 운영 체제에 의한 작업 큐(job queue)의 생성이다. 만약 운영 체제가 우선순위를 사용하지 않는다면 작업들은 시스템에 들어간 순서대로 처리될 것이다. 그림 3.5는 큐를 순차 표현으로 구현할 때 운영 체제가 작업들을 처리하는 과정을 보여준다.

작업이 큐에 들어가고 나옴에 따라, 큐는 점차 오른쪽으로 이동하는 것이 분명하다. 이것은 결국 rear 값이 MAX_QUEUE_SIZE−1과 같아져서 큐가 만원이 된다는 것을 의미한다. 이렇게 되면 $queueFull$은 전체 큐를 왼쪽으로 이동시켜서 첫 번째 원소가 q[0]에 위치하고 $front = -1$이 되도록 하여야 한다. 그리고 rear 값도 다시 적정하게 조정해야 한다. 이와 같은 배열 이동은 많은 시간이 든다. 특히 배열에 원소가 많이 있는 경우 상당한 처리 시간을 필요로 한다. 사실 $queueFull$의 최악의 경우에 복잡도는 $O(MAX\_QUEUE\_SIZE)$이다. □

만일 큐가 배열의 끝을 둘러싸도록 하면 큐를 보다 효율적으로 표현할 수 있다. 이렇게 되면 배열 위치가 일직선(그림 3.4)이 아니라 원형(그림 3.6)으로 구성되어 있다고 생각하는 것이 편리하다. 그림 3.6에서는 변수 $front$가 나타내는 것을 변경하였다. 이 변수는 이제 큐의 첫 번째 원소로부터 시계 반대 방향으로 하나 앞 위치를 가리킨다. 이때 $rear$에 대해서는 바꾸지 않았다. 이 변경은 코드를 약간 단순화시킨다.

배열을 하나의 원으로 보면 배열의 모든 위치는 다음과 앞 위치를 갖게 된다. 위치

$front$	$rear$	Q[0]	Q[1]	Q[2]	Q[3]	Comments
−1	−1					queue is empty
−1	0	J1				Job 1 is added
−1	1	J1	J2			Job 2 is added
−1	2	J1	J2	J3		Job 3 is added
0	2		J2	J3		Job 1 is deleted
1	2			J3		Job 2 is deleted

그림 3.5 순차 큐에서의 삽입과 삭제

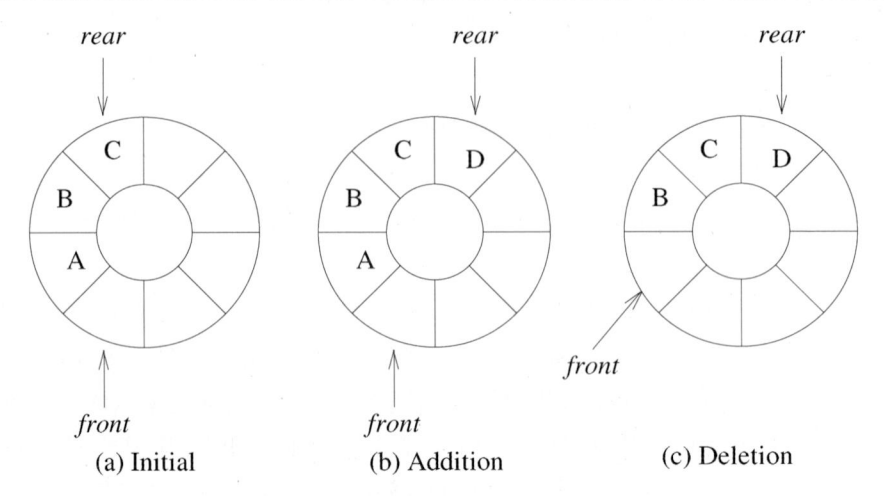

그림 3.6 원형 큐

MAX_QUEUE_SIZE−1의 다음 위치는 0이고, 0의 앞 위치는 MAX_QUEUE_SIZE−1이다. 큐의 rear가 MAX_QUEUE_SIZE−1에 있게 되면 다음 원소는 위치 0에 삽입된다. 원형 큐에서 작업하기 위해서는 변수 front와 rear를 현 위치에서 다음 위치(시계 방향)로 이동시킬 수 있어야 한다. 이것은 다음과 같은 코드로 수행할 수 있다.

```
if (rear == MAX_QUEUE_SIZE - 1) rear = 0;
else rear++;
```

연산의 나머지를 계산하는 **모듈로(modulo)** 연산자를 이용하면, 이 코드는 (rear + 1)% MAX_QUEUE_SIZE와 동등하다. front와 rear에 대한 새로운 표현으로 큐의 앞 원소는 front로부터 시계 방향으로 한 위치 앞에 있고 뒤 원소는 rear의 위치에 있음을 알 수 있다.

공백 큐에 대한 검사를 올바르게 하기 위해서는 그림 3.6의 큐로 실험해보면 된다. 원소를 삭제하기 위해서는 front를 시계 방향으로 한 위치 전진시키면 되고, 원소를 삽입하기 위해서는 rear를 시계 방향으로 한 위치 전진시켜 새로운 위치에 삽입하면 된다. 이 방법으로 그림 3.6(c)의 큐에서 삭제를 세 번 수행하면 큐는 공백이 되어 front = rear가 됨을 알 수 있다. 또 그림 3.6(b)의 큐에서 삽입을 다섯 번 수행하면 큐는 만원이 되어 front = rear가 됨도 알 수 있다. 그래서 공백 큐와 만원 큐를 구별할 수 없게 된다. 이러한 결과를 예방하기 위하여, 큐가 만원이 되기 직전에 큐의 크기를 확장해야 한다. 결과적으로, front = rear가 되기만 하면 큐는 공백이 된다. front와 rear의 초기 값은 모두 0 이다. 프로그램 3.7과 프로그램 3.8은 각각 삽입과 삭제에 대한 코드이다. queueFull에 대한 코드는 프로그램 3.3의 stackFull 코드와 비슷하다.

```
void addq(element item)
{ /* queue에 item을 삽입 */
   rear = (rear+1) % MAX_QUEUE_SIZE;
   if (front == rear)
      queueFull(); / * print error and exit * /
   queue[ rear] = item;
}
```
프로그램 3.7: 원형 큐에서의 삽입

```
element deleteq()
{ /* queue의 앞 원소를 삭제 */
   element item;
     if (front == rear)
        return queueEmpty(); /* return an error key */
     front = (front+1) % MAX_QUEUE_SIZE;
     return queue[ front] ;
}
```
프로그램 3.8: 원형 큐에서의 삭제

여기서 눈여겨볼 것은 함수 addq에서의 만원에 대한 검사와 함수 deleteq에서의 공백 상태에 대한 검사가 같다는 것이다. 그러나 addq에서 front = *rear를 검사해서 사실이 될 때, 큐의 첫 번째 원소는 queue[front]에 있지 않고 시계 방향으로 한 위치 앞에 있기 때문에 실제로는 하나의 여유 공간(queue[rear])이 있는 상태이다. 앞에서도 언급했지만, 만일 여기에 하나의 원소를 더 삽입하면 front와 rear가 똑같아져서 만원과 공백 상태를 구별할 수 없게 된다. 이 문제를 예방하기 위해 항상 큐에는 원소가 최대 MAX_QUEUE_SIZE가 아니라 MAX_QUEUE_SIZE−1개의 원소만 허용하게 하고 함수 queueFull을 사용하면 된다. 이 함수 queueFull의 구현은 연습문제로 남겨두었다.

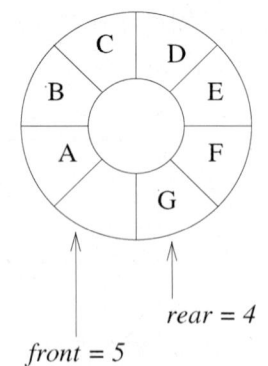

queue [0] [1] [2] [3] [4] [5] [6] [7]
       C   D   E   F   G   A   B

front = 5, *rear* = 4
(b) Flattened view of circular full queue

rear = 4
front = 5
(a) A full circular queue

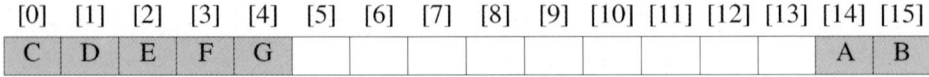

front = 5, *rear* = 4
(c) After array doubling

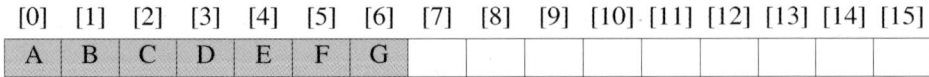

front = 13, *rear* = 4
(d) After shifting right segment

[0] [1] [2] [3] [4] [5] [6] [7] [8] [9] [10] [11] [12] [13] [14] [15]
 A   B   C   D   E   F   G

front = 15, *rear* = 6
(e) Alternative configuration

그림 3.7 큐 크기를 2배로 확장

연습문제

1. 비원형 큐에서 사용하는 함수 *queueFull*과 *queueEmpty*를 구현하라.
2. 원형 큐에서 사용할 수 있는 함수 *queueFull*과 *queueEmpty*를 구현하라.
3. 비원형 큐 구현을 이용하여, 한 번의 삽입 시 $O(MAX\_QUEUE\_SIZE)$의 연산 시간

이 필요로 하는 일련의 삽입과 삭제의 예를 들어라.(힌트: 만원 큐에서 시작하라.)
4. 데크(deque, double-ended queue)는 삽입과 삭제를 양쪽 끝 어디에서나 할 수 있는 선형 리스트이다. 이 데크를 1차원 배열로 사상시키는 자료 구조를 기술하라. 데크의 양쪽 끝 어디에서도 원소를 삽입하고 삭제할 수 있는 함수를 작성하라.
5. 선형 리스트는 배열 *circle*[*MAX_SIZE*]를 이용하여 원형으로 유지할 수 있다. 원형 큐에서 사용하는 것과 유사한 *front*와 *rear*를 사용한다고 하자.
   (a) 리스트에 있는 원소의 수를 *front*, *rear* 및 *MAX_SIZE*를 이용한 수식으로 나타내라.
   (b) 리스트에서 k 번째 원소를 삭제하는 함수를 작성하라.
   (c) k 번째 원소 바로 뒤에 원소 *item*을 삽입하는 함수를 작성하라.
   (d) 앞의 (b)와 (c)에서 작성한 함수의 시간 복잡도는 어떻게 되는가?

3.4 동적 할당 배열을 이용하는 원형 큐

큐 원소를 저장하기 위해 동적 할당 배열을 사용한다고 가정하자. 이때 *capacity*는 배열 *queue*의 위치 번호라고 하자. 만원 큐에 원소를 삽입하기 위해서는 먼저 *realloc*과 같은 함수를 이용해서 이 배열의 크기를 확장시켜야 한다. 동적 할당 스택에서와 같이 배열 배가 방법을 사용해보자. 그러나 단순히 *realloc*을 사용해서 배열 크기를 배로 만드는 것으로는 충분치 않다. 그림 3.7(a)의 만원 큐를 살펴보자. 이 그림은 크기가 8인 배열에 7개의 원소를 가진 큐를 보여주고 있다. 원형 큐가 사용될 때 배열을 2배로 확장함을 시각화하기 위해서는 그림 3.7(b)와 같이 배열을 펼치는 편이 낫다. 그림 3.7(c)는 *realloc*을 이용하여 2배로 확장된 배열을 보여주고 있다.

정확한 원형 큐 구조를 얻기 위해서는 그림 3.10(d)와 같이 오른편 부분의 원소(즉, 원소 A 와 B)를 배열의 오른쪽 끝으로 밀면 된다. 배열을 2배로 확장하고 원소를 오른편으로 미는 것을 다 합하면 최대 2*capacity−2 원소를 복사하게 된다. 복사되는 원소 수는 그림 3.7(e)의 모양을 만들 수 있도록 배열 크기를 배가하는 코드를 잘 맞춤으로써 *capacity*−1로 제한할 수 있다. 이 모양은 다음과 같은 방법으로 얻을 수 있다.

(1) 크기가 2배 되는 새로운 배열 *newQueue*를 생성한다.
(2) 두 번째 부분(즉, *queue*[*front* + 1]에서 *queue*[*capacity*−1] 사이에 있는 원소들)을 *newQueue*의 0 위치에서부터 복사하여 넣는다.
(3) 첫 번째 부분(즉 *queue*[0]에서 *queue*[*rear*] 사이에 있는 원소들)을 *newQueue*의 *capacity*−*front*−1 위치에서부터 복사하여 넣는다.

프로그램 3.9는 동적 할당 배열을 이용하는 원형 큐에 삽입하는 코드를, 프로그램 3.10은 *queueFull*의 코드를 각각 보여주고 있다. 함수 *copy(a, b, c)*는 위치 a에서 $b-1$까지의 원소를 c에서 시작하는 위치로 복사한다. 프로그램 3.10은 그림 3.7(e)의 모양을 만든다.

```c
void addq(element item)
{/* add an item to the queue */
   rear = (rear+1) % capacity;
   if (front == rear)
      queueFull(); /* double capacity */
   queue[rear] = item;
}
```

프로그램 3.9: 원형 큐에서의 삽입

```c
void queueFull()
{
   /* allocate an array with twice the capacity */
   element* newQueue;
   MALLOC(newQueue, 2 * capacity * sizeof(*queue));

   /* copy from queue to newQueue */
   int start = (front+1)  % capacity;
   if (start  <  2)
      /* no wrap around */
      copy(queue+start, queue+start+capacity-1, newQueue);
   else
   {/* queue wraps around */
      copy(queue+start, queue+capacity, newQueue);
      copy(queue, queue+rear+1, newQueue+capacity-start);
   }

   /* switch to newQueue */
   front = 2 * capacity - 1;
   rear = capacity - 2;
   capacity *= 2;
   free(queue);
   queue = newQueue;
}
```

프로그램 3.10: 큐의 크기를 2배로 확장하는 queueFull

연습문제

1. 프로그램 3.10에 사용된 함수 copy를 구현하는 코드를 작성하고 검사하라. 이 코드는 복사하는 메모리와 복사되는 메모리가 일부 중첩되더라도 올바르게 작동되어야 한다.

2. 큐 ADT(ADT 3.2)에 명세된 모든 함수에 대한 코드를 작성하고 검사하라. 추가적으로, 큐의 앞에 있는 원소를 반환만 하고 삭제하지는 않는 함수 $queueFront()$의 코드도 포함하라. 큐가 공백인 경우에는 에러 메시지를 출력하고 실행을 종료해야 한다. 만원 큐에 원소를 삽입하려 할 때는 배열 배가 방법을 사용해야 한다.

3.5 미로 문제

미로(maze)는 오랫동안 흥미 있는 문제였다. 실험 심리학자들은 쥐가 미로에서 음식을 찾도록 훈련시켜 왔고, 많은 추리 작가들은 영국식 정원 미로를 살인 사건의 배경으로 이용했다. 미로는 스택의 좋은 응용이 되므로 우리도 이 문제에 관심을 갖게 되었다. 이 절에서는 미로를 찾아내는 프로그램을 구현하였다. 프로그램은 미로에서 올바른 길을 찾을 때까지 잘못된 경로를 여러 번 취하나, 일단 올바른 길을 찾은 후에는 잘못된 경로를 거치지 않고 곧바로 미로를 빠져나갈 수 있다.

프로그램 작성 시 제일 먼저 해야 할 일은 미로를 표현하는 것이다. 가장 분명한 방법은 1은 막힌 길이고 0은 통과할 수 있는 길을 나타내는 2차원 배열을 이용하는 것이다. 그림 3.8은 간단한 미로를 표현한 것이다. 여기서 쥐는 왼쪽 상단을 출발하여 오른쪽 하단으로 빠져나온다고 가정한다. 2차원 배열로 표현된 미로에서 미로 속의 쥐는 행과 열로 언제든지 그 위치를 표현할 수 있다. 만약 X가 현재의 위치, $maze[row][col]$을 나타낸다면 그림 3.9는 이 위치에서 이동 가능한 8개의 인접 위치를 보여준다. 이 여덟 방향을 나침판의 이름대로 북, 북동, 동, 남동, 남, 남서, 서, 북서, 즉 N, NE, E, SE, S, SW, W, NW로 명세할 수 있다.

여기서 한 가지, 모든 위치가 8개의 인접 위치를 가지고 있는 것은 아니라는 점을 유의해야 한다. 만일 $[row][col]$이 경계선에 있게 되면 여덟 방향보다 적은 오직 세 방향만 있을 수도 있다. 이러한 경계 조건을 검사하는 것을 피하기 위해서는 미로의 주위를 1로 둘러싼다. 그러면 $m \times p$ 미로는 $(m+2) \times (p+2)$ 배열이 필요하게 된다. 이때 미로의 입구는 $[1][1]$이 되고 출구는 $[m][p]$가 된다.

미로 문제를 해결하는 또 다른 방법으로는 이동할 수 있는 방향들을 그림 3.10과 같이 배열 $move$에 미리 정의하는 것이다. 이것은 그림 3.9에서부터 유도된다. 여기서 8개

entrance	0	1	0	0	0	1	1	0	0	0	1	1	1	1	1	
	1	0	0	0	1	1	0	1	1	1	0	0	1	1	1	
	0	1	1	0	0	0	0	1	1	1	0	0	1	1		
	1	1	0	1	1	1	1	0	1	1	0	1	1	0	0	
	1	1	0	1	0	0	1	0	1	1	1	1	1	1	1	
	0	0	1	1	0	1	1	1	0	1	0	0	1	0	1	
	0	0	1	1	0	1	1	1	0	1	0	0	1	0	1	
	0	1	1	1	1	0	0	1	1	1	1	1	1	1	1	
	0	0	1	1	0	1	1	0	1	1	1	1	1	0	1	
	1	1	0	0	0	1	1	0	1	1	0	0	0	0	0	
	0	0	1	1	1	1	1	0	0	0	1	1	1	1	0	
	0	1	0	0	1	1	1	1	0	1	1	1	1	1	0	exit

그림 3.8 예제 미로(경로를 찾을 수 있겠는가?)

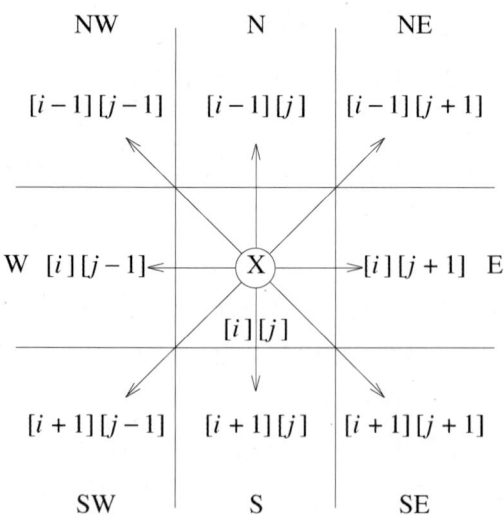

그림 3.9 가능한 이동

Name	Dir	move[dir].vert	move[dir].horiz
N	0	-1	0
NE	1	-1	1
E	2	0	1
SE	3	1	1
S	4	1	0
SW	5	1	-1
W	6	0	-1
NW	7	-1	-1

그림 3.10 이동 테이블

의 가능한 이동 방향은 0에서 7까지의 숫자로 나타내고, 각 방향에 대해서는 수평과 수직 좌표의 오프셋으로 나타낸다. 이 테이블을 만들기 위한 C 선언문은 다음과 같다.

```
typedef struct {
        short int vert;
        short int horiz;
        } offsets;
offsets move[ 8] ;  /* 각 방향에 대한 이동 배열 */
```

$move$ 값은 그림 3.10과 같이 초기화된다고 가정한다. 이 상황에서 현재의 위치를 $maze[row][col]$이라 하면, 다음 이동할 위치 $maze[nextRow][nextCol]$은 다음과 같이 설정된다.

```
            nextRow = row + move[dir].vert;
            nextCol = col + move[dir].horiz;
```

미로를 이동할 때에는 여러 방향의 선택이 있을 수 있다. 이때 어떤 방향이 최상의 선택일지 알 수 없으므로, 현재의 위치를 저장하고 선택할 수 있는 한 방향을 선택한다. 이렇게 현재의 위치를 저장하면 만약 잘못된 길을 갔을 때 되돌아와서 다른 방향을 시도할 수 있다. 여기서는 먼저 북쪽에서 시작하여 시계 방향으로 순서대로 가능한 방향을 검사한다. 한 번 시도했던 길을 다시 시도하지 않게 하기 위해서는, 시도했던 길을 2차원 배열 *mark* 에 기록해서 유지하면 된다. 배열 *mark* 는 0으로 초기화하고, *maze*[*row*][*col*] 을 방문하게 되면 *mark*[*row*][*col*] 을 1로 변경한다. 프로그램 3.11은 미로 탐색 알고리즘의 첫 번째 시도인데, *EXIT_ROW* 와 *EXIT_COL* 은 미로 출구의 좌표를 나타낸다.

```
initiallize a stack to the maze's entrance coordinates and
direction to north;
while (stack is not empty) {
   /* 스택의 톱에 있는 위치로 이동*/
   <row, col, dir> = delete from top of stack;
   while (there are more moves from current position) {
      <nextRow, nextCol> = coordinate of next move;
      dir = direction of move;
      if ((nextRow == EXIT_ROW) && (nextCol == EXIT_COL))
         success;
      if (maze[ nextRow][ nextCol] == 0) &&
                 mark[ nextRow][ nextCol] == 0) {
      /* 가능하지만 아직 이동해보지 않은 이동 방향 */
         mark[ nextRow][ nextCol] = 1;
         /* 현재의 위치와 방향을 저장 */
         add <row, col, dir> to the top of the stack;
         row = nextRow;
         col = nextCol;
         dir = north;
      }
   }
}
printf("No path found\n");
```
프로그램 3.11: 초기 미로 알고리즘

이 알고리즘은 비록 기본적인 처리 과정은 나타내고 있지만 아직도 여러 가지 문제를 해결해야 한다. 첫 번째는 스택의 표현에 관한 것이다. 프로그램 3.11을 살펴보면 3.1절과 3.2절에서 작성된 스택 함수들이 작동하기 위해서는 *element*를 다음과 같이 재정의해야만 된다는 것을 알 수 있다.

```
typedef struct {
            short int row;
            short int col;
            short int dir;
            } element;
```

3.1절의 스택 구현을 이용한다면, 스택 크기의 최대 한계도 결정해야 한다. 이러한 한계는 3.2절에서와 같이 배열 배가 방법이 사용되면 필요 없게 되지만, 성공적인 프로그램 실행을 보장하기 위해서는 보다 많은 메모리가 필요하다(3.2절의 연습문제 1 참조). 미로의 각 위치는 기껏해야 한 번씩 방문하므로, 스택은 미로에 있는 0의 수만큼만 크면 된다. 그림 3.11의 미로는 입구에서 출구까지 오직 하나의 경로만 가지고 있다. 이 미로의 입구에서 출구까지의 경로를 찾을 때 출구에 도착하게 되면 0 값을 가진 모든 위치(출구 제외)가 스택에 있게 된다. 따라서 $m \times p$ 미로는 최대 mp개의 0을 가질 수 있으므로, 이만한 크기의 스택이면 충분하다.

프로그램 3.12는 미로 탐색 알고리즘을 표현한 것이다. 여기서 배열 *maze*, *mark*, *move*, *stack*, 상수 *EXIT_ROW*, *EXIT_COL*, *TRUE*, *FALSE*, 변수 *top*은 전역적으로 선언된 것으로 가정한다. 그리고 *path*는 초기 값이 0(즉, *FALSE*)으로 정의된 변수 *found*를 사용한다. 만약 미로에서 올바른 길을 찾게 되면 이 변수를 *TRUE*로 변경하고, 두 **while** 루프를 빠져나오게 된다.

```
void path(void)
{ /* 미로를 통과하는 경로가 있으면 그 경로를 출력한다. */
   int i, row, col, nextRow, nextCol, dir, found=FALSE;
   element position;
   mark[ 1][ 1] =1; top=0;
   stack[ 0] .row=1; stack[ 0] .col=1; stack[ 0] .dir=1;
   while (top>-1 && !found) {
      position = pop(&top);
      row = position.row;   col = position.col;
      dir = position.dir;
      while (dir < 8 && !found) {
```

$$\begin{bmatrix} 0 & 0 & 0 & 0 & 0 & 1 \\ 1 & 1 & 1 & 1 & 1 & 0 \\ 1 & 0 & 0 & 0 & 0 & 1 \\ 0 & 1 & 1 & 1 & 1 & 1 \\ 1 & 0 & 0 & 0 & 0 & 1 \\ 1 & 1 & 1 & 1 & 1 & 0 \\ 1 & 0 & 0 & 0 & 0 & 1 \\ 0 & 1 & 1 & 1 & 1 & 1 \\ 1 & 0 & 0 & 0 & 0 & 0 \end{bmatrix}$$

그림 3.11 긴 경로를 가진 미로의 예

```
            /* dir 방향으로 이동 */
            nextRow = row + move[ dir] .vert;
            nextCol = col + move[ dir] .horiz;
            if (nextRow==EXIT_ROW && nextCol==EXIT_COL)
               found = TRUE;
            else if ( !maze[ nextRow][ nextCol] &&
            !mark[ nextRow][ nextCol] ) {
               mark[ nextRow][ nextCol] ) = 1;
               position.row = row; position.col = col;
               position.dir = ++dir;
               push(position);
               row = nextRow; col = nextCol; dir = 0;
            }
            else ++dir;
        }
     }
     if (found) {
        printf("The path is:\n");
        printf("row   col\n");
        for (i=0; i<=top; i++)
           printf("%2d%5d", stack[ i] .row, stack[ i] .col");
        printf("%2d%5d\n", row, col);
        printf("%2d%5d\n", EXIT_ROW, EXIT_COL);
```

```
}
    else printf("The maze does not have a path\n");
}
```

프로그램 3.12: 미로 탐색 함수

path **의 분석:** 미로의 크기는 함수 *path* 의 연산 시간을 결정한다. 미로의 각 위치는 한 번만 방문되므로 최악의 경우 연산 시간은 O(*mp*)이다. 여기서 *m* 과 *p* 는 각각 미로의 행과 열을 나타낸다. □

연습문제

1. 수직과 수평 벽을 가진 미로를 엔트리가 0과 1인 행렬로 표현하라. 이 행렬 모델에서 허용하는 이동 방향은 무엇인가? 이 행렬 모델로 예제 미로를 제시하라.
2. 수평과 수직 벽 이외에도 45도와 135도 벽을 가진 미로에 대하여 연습문제 1을 반복하라.
3. rows × columns 차원의 어떤 미로에서 출발에서 도착까지의 최대 경로 길이는 얼마인가?
4. (a) 그림 3.8의 미로를 지나는 경로를 구하라.
   (b) 그림 3.8의 미로에서 함수 *path* 의 동작을 추적하라. 이것과 (a)에서 시도한 것을 비교하라.
5. § [프로그래밍 과제]: 본문에서 설명한 내용을 이용해서 미로를 탐색하는 완전한 프로그램을 작성하라. 그리고 성공 시에는 입구에서 출구까지의 경로를 출력하라.

3.6 수식의 계산

3.6.1 수식

컴퓨터 과학자들은 수식의 표현 및 계산에 많은 관심을 가지고 있다. 복잡한 수식을 프로그래머들은 다음과 같이 기술한다.

$$((rear+1==front) \;||\; ((rear==MAX\_QUEUE\_SIZE-1) \;\&\&\; !front)) \quad (3.1)$$

또한 복잡한 지정문은 다음과 같이 쓴다.

$$x=a/b-c+d*e-a*c \quad (3.2)$$

식 (3.1)을 살펴보면, 연산자(==, +, -, ||, &&, !), 피연산자(*rear*, *front*, MAX_QUEUE_SIZE) 및 괄호로 구성되어 있다. 명령문 (3.2)도 비록 피연산자와 연산자는 다르고 괄호가 없지만, 구성 원소는 같다.

이런 식이나 명령문의 의미를 이해하는 데 있어서 첫 번째로 연산의 수행 순서를 파악해야 한다. 예를 들어, 명령문 (3.2)에서 $a = 4, b = c = 2, d = e = 3$이라고 가정하고 x의 값을 계산해보자.

$$((4/2) - 2) + (3 * 3) - (4 * 2)$$
$$= 0 + 9 - 8$$
$$= 1$$

또는

$$(4/(2-2+3)) * (3 - 4) * 2$$
$$= (4/3) * (-1) * 2$$
$$= -2.66666 \cdots$$

우리는 덧셈 전에 곱셈을, 뺄셈 전에 나눗셈을 해야 하는 것을 알기 때문에 첫 번째 답을 선택할 것이다. 만일 두 번째 답을 원한다면 식 (3.2)에 괄호를 사용하여 연산 순서를 바꿔야 한다.

$$x=((a/(b-c+d))*(e-a)*c \tag{3.3}$$

모든 프로그래밍 언어는 연산자의 연산 순서를 결정하는 우선순위 계층(precedence hierarchy)을 가지고 있다. 그림 3.12는 C 언어의 우선순위 계층을 보여주고 있다. 여기에서는 높은 우선순위에서 낮은 우선순위로 연산자들이 정렬되어 있으며, 우선순위가 같은 연산자들은 같은 박스에 있다. 예를 들어, 가장 높은 우선순위의 연산자는 함수 호출, 배열 원소, 구조 또는 union 멤버이고, 가장 낮은 우선순위의 연산자는 쉼표(,)이다. 이때 가장 높은 우선순위의 연산자가 먼저 계산되며, 결합성(associativity) 열은 우선순위가 같은 연산자의 계산 방법을 나타낸다. 예를 들면, 곱셈 연산자는 좌우 결합성(left-to-right associativity)을 가진다. 이것은 수식 $a*b/c\%d/e$가 $((((a*b)/c)\%d)/e)$와 같다는 뜻이다. 다시 말하면 가장 왼쪽에 있는 연산자부터 계산해야 된다는 의미이다. 우선순위가 같은 우 결합(right associative) 연산자는 오른쪽에 있는 연산자를 먼저 계산해야 한다. 괄호는 우선순위를 무시하는 데 사용하고, 수식은 항상 가장 안쪽 괄호부터 수행한다.

3.6.2 후위 표기식의 연산

수식을 표기하는 표준 방식은 두 피연산자 사이에 이항 연산자가 위치하는 중위 표기법

(infix notation)이다. 우리는 지금까지 사용한 모든 수식에서 이 표기법을 사용하였다. 이 중위 표기법은 수식을 쓰는 데 있어서 가장 보편적이지만 수식을 계산하는 컴파일러에서는 그렇지 못하다. 대신 컴파일러는 일반적으로 괄호를 사용하지 않는 후위 **표기법** (postfix notation)을 사용한다. 이 표기법에서는 연산자가 피연산자들 이후에 온다. 그림 3.13은 여러 개의 중위 표기식과 그에 대응하는 후위 표기식을 보여주고 있다.

Token	Operator	Precedence[1]	Associativity
() [] → .	function call array element struct or union member	17	left-to-right
-- ++	increment, decrement[2]	16	left-to-right
-- ++ ! ~ - + & * sizeof	decrement, increment[3] logical not one's complement unary minus or plus address or indirection size (in bytes)	15	right-to-left
(type)	type cast	14	right-to-left
* / %	multiplicative	13	left-to-right
+ -	binary add or subtract	12	left-to-right
<< >>	shift	11	left-to-right
> >= < <=	relational	10	left-to-right
== !=	equality	9	left-to-right
&	bitwise and	8	left-to-right
^	bitwise exclusive or	7	left-to-right
|	bitwise or	6	left-to-right
&&	logical and	5	left-to-right
||	logical or	4	left-to-right
?:	conditional	3	right-to-left
= += -= /= *= %= <<= >>= &= ^= |=	assignment	2	right-to-left
,	comma	1	left-to-right

1. The precedence column is taken from Harbison and Steele.
2. Postfix form
3. Prefix form

그림 3.12 C 언어의 우선순위 계층

Infix	Postfix
2+3*4	2 3 4*+
a*b +5	ab*5+
(1+2)*7	1 2+7*
a*b/c	ab*c/
((a/(b−c +d))*(e−a)*c	abc−d +/ea−*c*
a/b−c +d*e −a*c	ab/c −de*+ac*−

그림 3.13 중위 표기법과 후위 표기법

    중위 표기를 후위 표기로 변환하는 함수를 작성하기 전에, 후위 표기식을 쉽게 연산하는 방법을 먼저 다루기로 한다. 이 연산 과정은 고려해야 할 괄호가 없기 때문에 중위 표기식보다 쉽다. 수식을 연산하기 위해서는 수식을 왼쪽에서 오른쪽으로 훑어가야 한다. 이때 연산자를 만날 때까지 피연산자를 스택에 저장한다. 연산자를 만나면 연산에 필요한 만큼의 피연산자를 스택에서 가져와 연산을 실행하고, 연산의 결과를 다시 스택에 저장한다. 식의 끝에 도달할 때까지 이와 같은 과정을 반복하다가 스택의 톱에서 해답을 가져온다. 그림 3.14는 입력이 9 문자 스트링의 6 2/3−4 2*+일 때의 처리 과정을 보여주고 있다.

    이제 스택과 식의 표현 방법에 대해 생각해보자. 편의상 그림 3.14와 같이 수식은 단지 +, −, *, /, % 와 같은 이항 연산자와 한 자리 정수로 된 피연산자로 구성된다고 가정하자. 이런 가정은 수식을 문자 배열로 표현할 수 있게 한다. 피연산자들은 그들이 필요할 때까지는 **int** 타입의 스택에 저장된다. 수식을 위해서는 3.1절이나 3.2절의 어떤 표현도 사용할 수 있다. 연상으로 연산자들을 열거한 열거 타입(enumerated type)의 *precedence*를 정의하면 편리하다.

```
typedef enum {lparen, rparen, plus, minus, times, divide,
              mod, eos, operand} precedence;
```

    이 예에서는 단지 토큰(연산자, 피연산자, 괄호)을 처리하기 위해 사용하고 있지만, 중위 표기식을 후위 표기식으로 변환할 때 그 중요성은 명확해진다. 일반적인 연산자들 외에도 *precedence*는 *eos*(end-of-string) 연산자도 포함한다.

    함수 *eval*(프로그램 3.13)은 후위 표기식을 연산하는 코드를 보여주고 있다. 피연산자(*symbol*)는 초기에는 하나의 문자이므로 한자리 정수로 변환시켜야 한다. 이 작업을 수행하는 것이 *symbol*−'0' 명령문이다. 이 명령문은 *symbol*의 ASCII 값에 '0'의

Token	Stack			Top
	[0]	[1]	[2]	
6	6			0
2	6	2		1
/	6/2			0
3	6/2	3		1
−	6/2−3			0
4	6/2−3	4		1
2	6/2−3	4	2	2
*	6/2−3	4*2		1
+	6/2−3+4*2			0

그림 3.14 후위 표기식의 연산

ASCII 값 48 을 뺀다. 예를 들어, *symbol* = '1' 이라 가정하자. 문자 '1' 은 ASCII 값이 49 이므로, 명령문 *symbol* − '0' 의 결과는 숫자 1 이 된다.

```
int eval(void)
{ /* 전역 변수로 되어 있는 후위 표기식 expr 을 연산한다.  '\0' 은 수식의 끝을 나타
     낸다.  stack과 top은 전역 변수이다.  함수 getToken은 토큰의 타입과 문자
     심벌을 반환한다.  피연산자는 한 문자로 된 숫자임을 가정한다.  */
  precedence token;
  char symbol;
  int op1,op2;
  int n = 0; /* 수식 스트링을 위한 카운터 */
  int top = -1;
  token = getToken(&symbol, &n);
  while (token != eos) {
    if (token == operand)
       push(symbol-'0');  /* 스택 삽입 */
    else {
       /* 두 피연산자를 삭제하여 연산을 수행한 후,
          그 결과를 스택에 삽입함 */
       op2 = pop( );  /* 스택 삭제 */
```

```c
            op1 = pop( );
            switch(token) {
               case plus: push(op1+op2);
                          break;
               case minus: push(op1-op2);
                          break;
               case times: push(op1*op2);
                          break;
               case divide: push(op1/op2);
                          break;
               case mod: push(op1%op2);
            }
        }
        token = getToken(&symbol, &n);
    }
    return pop( ); /* 결과를 반환 */
}
```

프로그램 3.13: 후위 표기식을 계산하는 함수

식 스트링으로부터 토큰을 얻기 위해서는 보조 함수 *getToken*(프로그램 3.14)을 사용한다. 토큰이 피연산자이면 그것을 숫자로 변환해서 스택에 삽입한다. 그렇지 않으면 스택으로부터 2개의 피연산자를 가져와서 지시된 연산을 수행하고, 그 결과를 다시 스택에 삽입한다. 수식의 끝에 도달할 때 스택으로부터 결과를 출력한다.

```c
precedence getToken(char *symbol, int *n)
{ /* 다음 토큰을 취한다. symbol은 문자 표현이며, token은 그것의 열거된 값으
     로 표현되고, 함수이름으로 반환된다. */
   *symbol = expr[ (*n)++];
   switch (*symbol) {
      case '(': return lparen;
      case ')': return rparen;
      case '+': return plus;
      case '-': return minus;
```

```
        case '/': return divide;
        case '*': return times;
        case '%': return mod;
        case ' ': return eos;
        default : return operand;  /* 에러 검사는 하지 않고
                                       기본 값은 피연산자 */
    }
}
```

프로그램 3.14: 입력 스트링으로부터 토큰을 가져오는 함수

3.6.3 중위 표기에서 후위 표기로의 변환

중위 표기식을 후위 표기식으로 변환하는 알고리즘은 다음과 같이 기술할 수 있다.

(1) 식을 모두 괄호로 묶는다.
(2) 이항 연산자들은 모두 그들 오른쪽에 있는 괄호와 대체시킨다.
(3) 모든 괄호를 삭제한다.

예를 들면, $a/b-c + d*e-a*c$ 를 모두 괄호로 묶으면 다음과 같다.

$$((((a/b)-c) + (d*e))-a*c))$$

2단계, 3단계를 실행하면 다음과 같다.

$$ab/c-de*+ac*-$$

이 알고리즘은 손으로 하면 잘되지만, 두 패스가 필요하기 때문에 컴퓨터로 처리하기에는 비효율적이다. 첫 번째 패스는 식을 읽고 괄호로 묶으며, 두 번째 패스는 연산자들을 이동하는 것이다. 피연산자들의 순서는 중위 표기나 후위 표기가 모두 동일하기 때문에, 중위 표기식을 왼쪽에서 오른쪽으로 조사해가며 후위 표기식을 생성할 수 있다. 조사해가는 동안 피연산자는 바로 출력 수식에 전달된다. 그러나 연산자의 출력 순서는 그들의 우선순위에 의해 좌우된다. 높은 우선순위의 연산자들이 먼저 출력되기 때문에, 정확한 위치를 알 때까지 연산자들은 저장해두어야 한다. 스택은 이런 일을 수행하는 한 가지 방법이다. 그러나 연산자들을 정확히 출력하는 것은 다소 어려움이 있다. 다음 두 예제에서는 이 문제를 제기하고 있다.

예제 3.3 [단순 수식]: 후위 표기로 $abc*+$ 가 생성되는 단순 수식 $a + b*c$ 를 가정해보자.

Token	Stack [0]	[1]	[2]	Top	Output
a				-1	a
+	+			0	a
b	+			0	ab
*	+	*		1	ab
c	+	*		1	abc
eos				-1	abc*+

그림 3.15 $a + b*c$의 후위 표기식으로 변환

그림 3.15에서 설명하는 바와 같이, 피연산자들은 즉시 출력된다. 그러나 두 연산자들은 순서가 뒤바뀌어야 한다. 일반적으로, 높은 우선순위의 연산자는 낮은 우선순위의 연산자보다 먼저 출력되어야 한다. 그러므로 스택의 톱에 있는 연산자의 우선순위가 스택에 들어올 연산자보다 작을 때 이 연산자는 스택에 삽입된다. 특히 이 예제에서는 수식의 끝에 도달할 때 스택의 연산자가 모두 출력된다. 여기서는 두 연산자가 출력된다. 높은 우선순위의 연산자가 스택의 위에 있기 때문에, 높은 우선순위를 가진 연산자가 먼저 출력된다. □

예제 3.4 [괄호가 있는 수식]: 후위 표기식은 무괄호(parenthesis-free)이므로, 중위 표기식에 있는 괄호는 변환 과정을 어렵게 만든다. 예로, 후위 표기식 $abc + *d*$로 표현되는 수식 $a*(b + c)*d$를 살펴보자. 그림 3.16은 후위 표기식으로의 변환 과정을 보여준다. 오른쪽 괄호가 나타날 때까지 연산자들을 스택에 쌓는다. 오른쪽 괄호가 나타나면 이전에 대응되는 왼쪽 괄호가 나타날 때까지 스택에서 연산자들을 출력한다. 그런 다음 왼쪽 괄호를 스택에서 삭제한다(오른쪽 괄호는 결코 스택에 넣지 않는다.). 이제 중위 표기식에는 단지 $*d$만 남을 것이다. 두 곱셈 연산자가 동등한 우선순위를 가지므로 첫 번째 곱셈 연산자는 d보다 먼저 출력되고, 두 번째 곱셈 연산자는 스택에 쌓인다. 이 연산자는 d가 출력된 후 출력된다. □

앞서 두 예제의 분석은 연산자의 **스택킹**(stacking)과 **언스택킹**(unstacking)에 대해 우선순위를 기반으로 하는 기법을 제시해주고 있다. 왼쪽 괄호는 스택 속에 있을 때는 낮은 우선순위의 연산자처럼 동작하고, 그 외의 경우에는 높은 우선순위의 연산자처럼 동작하므로 문제를 복잡하게 한다. 왼쪽 괄호는 수식에서 발견되기만 하면 스택에 쌓이고,

Token	Stack			Top	Output
	[0]	[1]	[2]		
a				-1	a
*	*			0	a
(	*	(		1	a
b	*	(		1	ab
+	*	(	+	2	ab
c	*	(	+	2	abc
)	*			0	abc +
*	*			0	abc +*
d	*			0	abc +*d
eos	*			0	abc +*d*

그림 3.16 a*(b+c)*d의 후위 표기식으로 변환

오직 이것에 대응하는 오른쪽 괄호가 나올 때에만 스택에서 삭제된다. 그러므로 우선순위에는 두 가지 종류, 즉 isp(in-stack precedence)와 icp(incoming precedence)가 있게 된다. 이러한 우선순위와 스택을 설정하는 선언문은 다음과 같다.

```
/* isp와 icp 배열 -- 인덱스는 연산자
   lparen, rparen, plus, minus, times, divide, mod, eos의
   우선순위 값 */
int isp[ ] = { 0,19,12,12,13,13,13,0 };
int icp[ ] = { 20,19,12,12,13,13,13,0 };
```

스택은 토큰에 대한 니모닉(mnemonic)을 저장하기 위해 사용한다. 즉, 스택 원소의 데이타 타입은 precedence이다. 열거 타입 변수의 값은 열거된 값의 위치에 해당하는 정수이기 때문에, 니모닉을 앞의 두 배열의 색인으로 사용할 수 있다. 예를 들면, isp[plus]는 isp[2]로 변환되며, 이것은 우선순위 값으로 12를 갖는다. 이때 우선순위는 그림 3.12에 따른다. 그러나 여기서는 오른쪽, 왼쪽 괄호와 eos 마크의 우선순위를 추가했다. 오른쪽 괄호에 대한 우선순위는 그림 3.12에 나오는 모든 연산자들의 우선순위보다 높게, isp와 icp 모두 19를 지정했다. 왼쪽 괄호는 isp가 될 때는 0이고, icp가 될 때는 오른쪽 괄호보다 높은 20이다. 또한 스트링의 끝에 도달할 때 언스택킹을 해야 하므로 eos 토큰은 우선순위가 낮은 0을 갖는다. 이와 같은 우선순위는 스택 속의 연산자 isp가 새로운 연

산자의 *icp*보다 크거나 같을 때만 스택에서 삭제된다는 것을 의미한다.

함수 *postfix*(프로그램 3.15)는 지금까지 언급한 과정을 이용하여 중위 표기식을 후위 표기식으로 변환시킨다. 이 함수는 열거 타입으로 된 관련된 문자를 출력하는 함수 printToken을 호출한다. 즉 함수 printToken은 함수 getToken이 수행하는 과정을 역으로 만든다.

```
void postfix(void)
{ /* 수식을 후위 표기식으로 출력한다. 수식 스트링, 스택, top은 전역적이다. */
  char symbol;
  precedence token;
  int n = 0;
  int top = 0; /* eos를 스택에 삽입한다. */
  stack[0] = eos;
  for (token==getToken(&symbol,&n); token!=eos;
                      token==getToken(&symbol,&n)) {
    if (token == operand)
      printf("%c", symbol);
    else if (token == rparen) {
      /* 왼쪽 괄호가 나올 때까지 토큰들을 제거해서 출력시킴 */
      while (stack[top] != lparen)
        printToken(pop( ));
      pop( ); /* 왼쪽 괄호를 버린다. */
    }
    else {
      /* symbol의 isp가 token의 icp보다 크거나 같으면 symbol을 제거
         하고 출력시킴. */
      while (isp[stack[top]] >= icp[token])
        printToken(pop( ));
      push(token);
    }
  }
  while ((token=pop( )) != eos)
    printToken(token);
```

```
        printf("\n");
}
```

프로그램 3.15: 중위 표기를 후위 표기로 변환하는 함수

***postfix*의 분석**: 수식에서 토큰의 수를 n이라 하자. 토큰을 추출하고 출력하는 데 $\Theta(n)$ 시간이 소요된다. 이 외에 2개의 **while** 루프에서도 시간이 소요된다. 스택에 들어가고 나오는 토큰의 수가 n에 선형적일 때 총 소요 시간은 $\Theta(n)$이다. 따라서 함수 *postfix*의 복잡도는 $\Theta(n)$이다. □

연습문제

1. 다음 식들을 후위 표기 형태로 변환하라.
   (a) $a * b * c$
   (b) $-a + b - c + d$
   (c) $a * -b + c$
   (d) $(a + b) * d + e / (f + a * d) + c$
   (e) $a \,\&\&\, b \,||\, c \,||\, !(e > f)$ (C 언어에서의 우선순위라고 가정한다.)
   (f) $!(a \,\&\&\, !((b < c) \,||\, (c > d))) \,||\, (c < e)$
2. 함수 *postfix*(프로그램 3.15)에서 사용된 함수 *printToken*을 작성하라.
3. '(', ')', 그리고 \0을 포함하여 그림 3.12의 우선순위를 사용하여 다음에 답하라.
   (a) 함수 *postfix*에서 입력 수식 *expr*이 n개의 연산자와 무한개의 중첩 괄호를 가졌다면, 스택에 있을 수 있는 최대 원소의 수는 얼마인가?
   (b) *expr*이 n개의 연산자와 최대 6개의 중첩 괄호를 가졌다면, (a) 질문의 결과는 얼마인가?
4. 단항(unary) 연산자 +와 -도 계산하는 함수 *eval*을 다시 작성하라.
5. 교재에서 사용된 연산자 외에 다음의 &&, !!, <<, >>, <=, !=, <, >, <=, >= 연산자들을 처리하는 함수 *postfix*를 재작성하라.(힌트: 연산자, 피연산자, 괄호를 공백으로 구분되는 식을 작성하라. 예를 들면, $a + b > c$. 그 다음 <*string.h*>의 함수를 살펴보라.)
6. 계산하기 쉽고 괄호가 없는 또 다른 표기법으로는 전위 표기가 있다. 전위표기법에서는 연산자가 피연산자보다 앞에 위치한다. 그림 3.17은 몇 가지 중위 표기식과 그에 대응하는 전위 표기식을 보여주고 있다. 중위 표기와 전위 표기에서 피연산자의 순서가 모두 동일하다는 사실에 주의하라.

Infix	Prefix
$a*b/c$	$/*abc$
$a/b-c+d*e-a*c$	$-+-/abc*de*ac$
$a*(b+c)/d-g$	$-/*a+bcdg$

그림 3.17 중위 표기식과 전위 표기식

    (a) 연습문제 1의 수식들을 전위 표기식으로 변환하라.
    (b) 전위 표기식 $expr$을 계산하는 C 함수를 작성하라.(힌트: $expr$을 오른쪽에서 왼쪽으로 검사하라.)
    (c) 중위 표기식 $expr$을 전위 표기식으로 변환하는 C 함수를 작성하라.

    (b)와 (c)에서 작성한 함수의 시간 복잡도는 얼마인가? 이들 함수가 필요로 하는 공간은 각각 얼마인가?

7. 전위 표기식을 후위 표기식으로 변환하는 C 함수를 작성하고, 입력에 대한 가정을 기술하라. 작성한 함수의 시간과 공간 복잡도는 얼마인가?
8. 후위 표기식을 전위 표기식으로 변환하는 C 함수를 작성하라. 작성한 함수의 시간과 공간 복잡도는 얼마인가?
9. 후위 표기식을 완전히 괄호로 묶은 중위 표기식으로 변환하는 C 함수를 작성하라. 완전히 괄호로 묶은 식은 모든 부수식(subexpression)들이 괄호로 묶어진 것을 말한다. 예를 들어, $a+b+c$는 $((a+b)+c)$와 같이 된다. 작성한 함수의 시간과 공간 복잡도를 분석하라.
10. 전위 표기식을 완전히 괄호로 묶은 중위 표기식으로 변환하는 C 함수를 작성하라. 작성한 함수의 시간과 공간 복잡도를 분석하라.
11. § 연습문제 5를 반복하라. 단 이번에는 중위 표기식을 전위 표기식으로 변환하는 것이다.

3.7 다중 스택과 큐

지금까지는 하나의 스택과 하나의 큐에 대해서만 관심을 쏟았다. 두 경우에 대해서는 효율적인 순차적 자료 표현이 있음도 살펴보았다. 이제는 다중 스택(multiple stack)의 경우를 살펴보려 한다[다중 큐(multiple queue)의 경우는 연습문제로 남겼다.]. 여기서도 스택들을 배열 *memory*[MEMORY_SIZE]로의 순차적 사상으로 보자. 만일 2개의 스택만 표현하려고 하면 그 해답은 간단하다. *memory*[0]을 첫 번째 스택의 최하단 원소로, *memory*[MEMORY_SIZE−1]을 두 번째 스택의 최하단 원소로 이용하면 된다. 즉 첫 번째 스택은 *memory*[MEMORY_SIZE−1] 쪽으로 증가하고 두 번째 스택은 *memory*[0] 쪽으로 증가한다. 그러므로 이 방법은 사용 가능한 모든 공간을 효율적으로 이용할 수 있다.

같은 배열 내에서 2개 이상의 스택을 구현할 때에는 각 스택의 최하단 원소를 위한 고정점이 없으므로 문제가 발생한다. 만약 n개의 스택이 있다면, 이용 가능한 저장 장소를 n개의 세그먼트로 나눌 수 있다. 만일 스택의 예상 크기를 알 수 있다면 그것에 따라 나누면 된다. 그러나 각 스택의 예상 크기를 모를 경우 저장 장소를 똑같은 크기로 나누어야 한다.

i가 n 스택 중 어느 한 스택의 번호를 나타낸다고 가정하자. 이 스택들을 설정하기 위하여 스택의 최상단과 최하단 위치를 가리키는 인덱스를 만들어야 한다. *boundary*[i]($0 \leq i <$ MAX_STACKS)는 스택의 최하단 원소의 바로 왼쪽 원소를 가리키고, *top*[i]($0 \leq i <$ MAX_STACKS)는 최상단 원소를 가리킨다. 만일 *boundary*[i] = *top*[i]이면 스택은 공백 상태가 된다. 이에 관한 선언문은 다음과 같다.

```
#define MEMORY_SIZE 100   /* memory의 크기 */
#define MAX_STACKS 10    /* (가능한 스택의 최대 수)+1 */
/* 전역적 메모리 선언 */
element memory[ MEMORY_SIZE] ;
int top[ MAX_STACKS] ;
int boundary[ MAX_STACKS] ;
int n;    /* 사용자가 입력한 스택의 수 */
```

배열을 거의 같은 크기의 세그먼트로 나누기 위해서는 다음 코드를 사용한다.

```
top[0] = boundary[0] = -1;
for (j = 1; j < n; j++)
   top[j] = boundary[j] = (MEMORY-SIZE/n)*j;
boundary[n] = MEMORY-SIZE-1;
```

그림 3.18은 다중 스택의 초기 구성을 보여주고 있다. 그림에서 n은 사용자가 입력한 스택의 수로 $n <$ MAX_STACKS, $m =$ MEMORY_SIZE이다. 스택 i는 만원이 될 때까지 *boundary*[i] + 1에서 *boundary*[i + 1]로 커져갈 수 있다. 마지막 스택의 경계를 위해서 *boundary*[n]은 MEMORY_SIZE−1로 설정한다. 프로그램 3.16과 프로그램 3.17

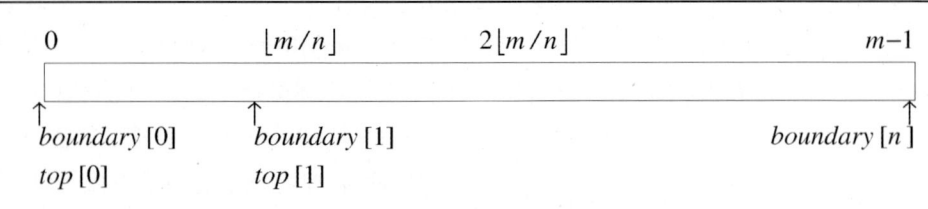

All stacks are empty and divided into roughly equal segments.

그림 3.18 memory(m)에 있는 n 스택에 대한 초기 구성

은 이 표현에 대한 삽입과 삭제 연산을 각각 구현한 것이다.

```
void push(int i, element item)
{ /* item을 i 번째 스택에 삽입 */
   if (top[ i] == boundary[ i+1] )
      stackFull(i);
   memory[ ++top[ i]] = item;
}
```

프로그램 3.16: 스택 i에 item 삽입

```
element pop(int i)
{ /* i 번째 스택에서 톱 원소를 제거 */
   if (top[ i] == boundary[ i] )
      return stackEmpty(i);
   return memory[ top[ i] --] ;
}
```

프로그램 3.17: 스택 i에서 item 삭제

다중 스택에 대한 함수 push(프로그램 3.16)와 함수 pop(프로그램 3.17)은 단일 스택의 표현에서 사용된 것만큼 간단하게 보인다. 그러나 함수 push에서 조건 $top[i] ==$ $boundary[i + 1]$은 전체 메모리가 만원에 이른 것이 아니라, 한 특정 스택이 메모리를 다 사용한 것이므로 그렇게 간단하지가 않다. 사실상 배열 memory(그림 3.19) 내에는 스택

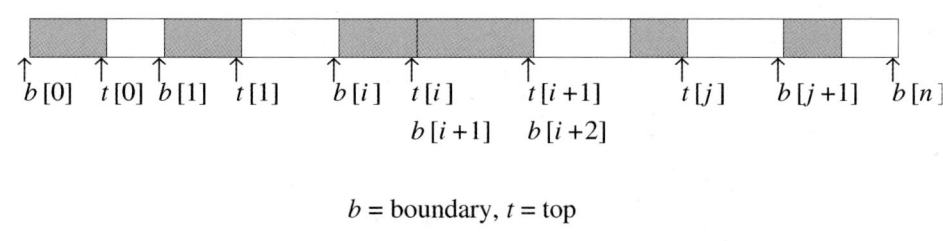

그림 3.19 스택 i와 스택 $i + 1$이 만났지만 메모리는 만원이 아닌 상태

들 사이에 사용하지 않은 공간이 많이 있다. 그러므로 메모리 내 빈 공간이 있는지를 결정하는 에러 복구 함수 *stackFull*을 만들었다. 만일 사용할 수 있는 자유 공간이 있다면 만원인 스택에 그 자유 공간을 할당할 수 있도록 다른 스택들을 이동시켜야 한다.

이 배열이 만원이 될 때까지 스택에 원소를 계속 삽입할 수 있도록 하는 함수 *stackFull*을 설계하는 데에는 여러 가지 방법이 있을 수 있다. 여기서는 그 중 한 방법만 논의하고 다른 것들은 연습문제에서 살펴보기로 한다. 함수 *stackFull*은 다음과 같은 방법으로 배열 *memory*에 빈 공간이 있는 한 원소를 계속 삽입할 수 있도록 한다.

(1) 스택 j와 $j + 1$ 사이에 빈 공간이 있는, 즉 $top[j] < boundary[j + 1](i < j < n)$를 만족하는 최소의 j를 찾는다. 만약 그러한 j가 있다면 스택 $i + 1, i + 2, \cdots, j$를 오른쪽으로 한 자리씩 이동시켜서 스택 i와 $i + 1$ 사이에 하나의 공간을 만든다.(*memory*[0]은 제일 왼쪽, *memory*[MEMORY_SIZE $-$ 1]은 제일 오른쪽이다.)

(2) (1)에서 j를 찾지 못하면 스택 i의 왼쪽을 조사한다. 스택 j와 스택 $j + 1$ 사이에 빈 공간이 있는, 즉 $top[j] < boundary[j + 1](0 \leq j < i)$를 만족하는 최대 j를 찾는다. 그와 같은 j가 있으면 스택 $j + 1, j + 2, \cdots, i$를 왼쪽으로 한 자리씩 이동시켜서 스택 i와 $i + 1$ 사이에 하나의 빈 공간을 만든다.

(3) 조건 (1)이나 조건 (2)에서 j를 찾지 못하면 메모리에 있는 MEMORY_SIZE개의 공간이 모두 사용되고 있으며 빈 공간은 없다. 이 경우 함수 *stackFull*은 에러 메시지와 함께 종료한다.

함수 *stackFull*의 구현은 연습문제로 남겨두었다. 그러나 앞에서 제시한 방법으로 n개의 스택을 구현하면 최악의 경우의 성능이 좋지 못하다는 것은 명확하다. 사실, 최악의 경우 이 함수는 $O(MEMORY\_SIZE)$의 시간 복잡도를 갖는다.

연습문제

1. 배열 memory[MEMORY_SIZE]에 2개의 스택을 나타내고자 한다. 스택 $i (0 \leq i < n)$에서 원소를 삽입하고 삭제하는 함수를 C로 작성하라. 여기서는 두 스택의 총 원소 수가 MEMORY_SIZE-1이 될 때까지만 원소를 계속 삽입할 수 있어야 한다.
2. 하나의 배열 memory[MEMORY_SIZE]에 스택과 큐를 사상하는 자료 표현을 기술하라. 이 두 자료 객체에 원소를 삽입하고 삭제하는 함수를 C로 작성하라. 구현한 자료 표현은 적당한가?
3. 본문에서 언급한 함수 stackFull을 C로 작성하라.
4. 본문의 함수 push, pop와 연습문제 3의 함수 stackFull을 이용하여 각 삽입이 O(MEMORY_SIZE)의 복잡도를 갖는 일련의 삽입/삭제의 예를 보이라. 2개의 스택이 있고 memory[MEMORY_SIZE]를 완전히 이용한 상태에서 시작한다고 가정하라.
5. 만일 메모리에 c_1보다 작은 빈 공간이 있을 때에는 함수 push가 종료할 수 있도록 함수 push와 stackFull을 재작성하라. 실험적으로 결정된 상수, c_1은 메모리 내에서 원소를 이동시키는 일이 쓸데없는 시점을 나타낸다. 작은 상수를 선택해서 대체해보라.
6. n개의 큐를 배열 memory[MEMORY_SIZE]에 순차적으로 사상시키는 자료 표현을 설계하라. 여기서 각 큐는 원형 큐로 표시하라. 이 표현에 대한 함수 addq, deleteq, queueFull을 작성하라.

3.8 추가 연습문제

1. § [프로그래밍 과제] [Landweber] 사람들이 솔리테르(solitaire)에 상당한 시간을 보내게 되니 카지노들은 이런 사람들의 약점에 편승하고 있다. 다음 솔리테르의 한 형태를 설명하겠다. 이 카드 놀이를 할 수 있는 C 프로그램을 작성하여 사람들이 좀 더 유용한 일에 시간을 할애할 수 있도록 하자.

   게임은 28장의 카드를 7개의 파일(playing pile)로 만드는 것에서부터 시작한다. 제일 왼쪽에 있는 파일에 1장, 다음 파일에 2장, 이런 식으로 하여 가장 오른쪽의 파일에 7장의 카드를 놓는다. 7개 파일 각각에서 제일 위에 있는 카드들은 내용을 볼 수 있게 뒤집어(face-up) 놓는다. 파일의 카드들은 왼쪽에서 오른쪽으로 각 파일에 대해 한 장의 카드만 처리되며, 각 라운드마다 한 장의 카드만 볼 수 있도록 뒤집어놓을 수 있다. 각 파일에서 가장 위쪽의 뒤집어놓은 카드에서부터 검정 위에 빨강, 혹은 빨강 위의 검정의 내림차순을 만들 수 있다. 예를 들어 spade 9나 club 9 위에 diamond 8 또는 heart 8을 놓을 수 있다. 한 파일에서 뒤집어진 모든 카드들은 하나의 단위로 이동되며, 가장 아래쪽의 뒤집어진 카드에 따라 다른 파일 위에 옮겨놓을 수 있다. 예를 들어 2장의 뒤집어진 카드 heart 8 위의 club 7은 하나의 단위로서, club 9 또는 spade 9 위로 옮겨놓을 수 있다.

파일의 맨 위 카드가 엎어져(face-down) 있을 때마다 그것을 뒤집어놓는다. 만일 하나의 파일이 완전히 옮겨지게 되면, 다른 파일의 뒤집어져 있는 King은 그 위의 카드들과 함께 있던 파일에서 이 빈 자리로 옮길 수 있다. 또한 폐물 파일(waste pile)의 맨 위 카드를 이 빈 자리로 옮길 수도 있다(폐물 파일은 아래에서 설명). 각 무늬마다 하나씩 모두 4개의 출력 파일(output pile)이 있으며, 이 게임의 목표는 가능한 한 많은 카드를 출력 파일로 옮기는 것이다. ace 카드가 파일(스택)의 맨 위에 나타날 때마다 이 카드는 적당한 출력 파일로 옮긴다. 나머지 카드들은 출력 파일의 맨 밑에 있는 ace 카드의 무늬에 따라 순서대로 출력 파일에 첨가된다.

24장의 나머지 카드가 쌓여 있는 스톡(stock pile)으로부터 카드 한 장씩을 뒤집어서 폐물 파일 위에 놓는다. 게임은 폐물 파일의 카드를 이용하여 진행하며, 반드시 한 번에 한 장씩 이용한다. 스톡으로부터 폐물 파일 위로 한 장의 카드를 옮기는 것으로 게임을 시작하라. 만일 몇 개의 이동이 가능하다면 다음 순서대로 하라.

(a) 파일이나 폐물 파일의 맨 위에서부터 출력 파일로 한 장의 카드를 옮겨라. 만일 폐물 파일이 비어 있으면 한 장의 카드를 스톡으로부터 폐물 파일로 옮겨라.
(b) 한 장의 카드를 폐물 파일에서 그것이 움직일 수 있는 가장 왼쪽의 파일로 옮겨라. 만일 폐물 파일이 비어 있으면 한 장의 카드를 스톡으로부터 폐물 파일로 옮겨라.
(c) 옮길 수 있는 가장 왼쪽 파일을 찾아서, 그것을 옮겨놓을 수 있는 가장 왼쪽 파일의 위로 옮겨라.
(d) (a), (b), (c)의 순서로 시행하라. 만일 어떤 이동이 수행되면 항상 (a)에서 다시 시작하라.
(e) 만일 (a)에서 (d) 사이에 이동이 일어나지 않으면, 한 장의 카드를 스톡에서부터 폐물 파일로 옮기고 (a)를 재시도하라.

파일이나 폐물 파일의 맨 위에 있는 카드만이 출력 파일로 옮겨질 수 있다. 일단 출력 파일에 옮겨지게 되면, 그 카드는 다른 어느 장소로도 이동될 수 없다. 모든 카드가 출력 파일에 옮겨지거나, 스톡 파일의 카드가 다 소모되고 더 카드를 옮길 수 없을 때, 게임은 끝난다.

돈으로 카드 놀이를 할 때 선수는 52달러를 내놓고 시작하며 출력 파일에 카드를 옮길 때마다 5달러를 벌어들인다. 여러 번 게임을 할 수 있으며, 이때 딴 돈을 결정할 수 있는 프로그램을 작성하라. 카드를 섞을 때는 난수 발생기를 사용하라. 쉽게 이해할 수 있는 형태로 두 게임에 대한 완전한 기록을 출력하라. 출력에는 수행한 게임의 수와 딴 돈(+ 혹은 −)을 포함시켜라.

2. § [프로그래밍 과제] [Landweber] 공항에서의 이착륙 방식을 모의시험하려고 한다. 공항에는 3개의 활주로(활주로 0, 활주로 1, 활주로 2)와 네 가지 착륙 순위 대기 선회(처음 2개의 활주로에 각각 2개씩)가 있다. 도착 비행기는 어느 한 착륙 순위 대기 선회 큐에 들어가며, 큐들은 가능한 한 크기에 있어서 비슷하다. 비행기가 착륙 순위 대기 선회 큐에 들어가면, 정수 식별자 및 착륙 전 큐에 남아 있을 수 있는 시간 단위를 나타내는 정수를 할당받는다(연료가 부족하므로). 큐의 비행기는 반드시 제한 시간 내에 착륙해야 한다. 또한 3개의 활주로 각각에 대한 이륙 큐도 있다. 이륙 큐에 들어가는 비행기도 정수 식별자를 할당받는다. 이륙 큐들도 거의 같은 크기로 유지되어야 한다.

각 단위 시간에서, 단지 3대의 비행기가 착륙 큐에 도착할 수 있고 이륙 큐에 들어갈 수 있다. 각 활주로는 매 일정 시간마다 하나의 이륙이나 착륙만을 처리할 수 있다. 활주로 2는 비행기의 연료가 부족한 경우를 제외하고는 이륙에만 사용된다. 각 단위 시간 동안, 착륙 큐에 있는 비행기 중에 체공 가능 시간이 0에 도달한 비행기는 다른 이착륙 비행기들보다 높은 우선순위가 부여된다. 만일 어느 한 비행기에 이와 같은 상황이 발생하면 활주로 2를 사용한다. 만일 2대 이상이면 다른 활주로도 사용한다.

이륙(착륙) 큐에 도달하는 비행기의 식별자에는 연속적인 짝수(홀수)를 사용한다. 매 일정 단위 시간마다 이륙 또는 착륙하기 전에 비행기는 큐에 들어간다고 가정하자. 착륙 또는 이륙 큐가 급격히 증가하지 않도록 알고리즘을 작성하라. 이때 비행기는 큐의 한쪽 끝으로 삽입되며, 큐는 재정렬되지 않는다.

출력에는 시간대별로 무엇이 발생하였는가를 명확히 하는 라벨을 사용하라. 주기적으로 다음과 같은 결과를 출력한다.

(a) 각 큐의 내용
(b) 평균 이륙 대기 시간
(c) 평균 착륙 대기 시간
(d) 마지막 단위 시간 이후 사고(연료가 떨어지고 할당할 활주로가 없는 경우)를 당한 비행기의 수

4
리스트

4.1 단순 연결 리스트

앞 장에서 우리는 배열과 순차 사상을 이용하는 간단한 자료 구조를 표현하는 방법에 대하여 알아보았다. 이러한 표현 방법에서는 데이타 객체의 연속된 원소들이 일정한 거리만큼 떨어져서 저장된다는 특성을 가지고 있었다. 그래서 (1) 만일 테이블에서 a_{ij}라는 원소가 L_{ij}라는 위치에 저장되어 있다면, $a_{i,j+1}$이라는 원소는 $L_{ij}+1$이라는 위치에 있게 된다. (2) 만일 큐에서 i번째 요소가 L_i라는 위치에 있다면, $i+1$번째 원소는 원형 표현에서 $(L_i+1) \% n$이라는 위치에 있게 된다. (3) 만일 스택에서 제일 위에 있는 원소가 L_T라는 위치에 있다면, 그 바로 아래에 있는 원소는 L_T-1이라는 위치에 있게 된다. 이와 같은 순차 저장 방법은 테이블에서 임의의 원소에 접근하거나 스택이나 큐의 원소를 삽입·삭제하는 등을 수행하고자 하는 작업에 적합하였다. 그러나 순서 리스트에 이 순차 사상을 적용하면, 순서 리스트에서 임의의 원소에 대한 삽입이나 삭제와 같은 연산 비용은 매우 비싸게 된다. 예를 들어, 다음과 같이 AT로 끝나는 3문자 영어 단어들의 순서 리스트를 생각해보자.

(BAT, CAT, EAT, FAT, HAT, JAT, LAT, MAT, OAT, PAT, RAT, SAT, VAT, WAT)

이 리스트를 완성시키기 위해 권총이라는 의미를 가진 단어 GAT를 삽입하려 한다. 만일 이 리스트를 배열 형태로 저장하고 있다면 리스트에 있는 원소들을 한 자리씩 앞 또는 뒤로 이동하여야 한다. 즉, HAT, JAT, LAT, …, WAT라는 원소를 하나씩 뒤로 이동시키거나 BAT, CAT, EAT, FAT라는 원소를 하나씩 앞으로 이동시켜야 한다. 이러한 삽입 작업을 리스트의 중간에서 여러 차례 반복하여야 한다면, 하나의 원소를 삽입하기 위하여 다른 원소들을 지나치게 많이 이동시켜야 하기 때문에 배열이나 순차 사상은 모두 좋은 방법이라 할 수 없다. 마찬가지로 리스트에서 LAT이라는 단어를 삭제한다고 가정하자. 이러한 경우 역시, 순차 표현을 계속 유지하기 위해서는 많은 원소들을 이동시켜야 하는 번거로움이 따른다.

순차(sequential) 표현에서 제기된 데이타 이동의 문제점은 연결된(linked) 표현으로 잘 해결할 수 있다. 연속된 리스트의 원소들이 일정한 거리만큼 떨어져서 저장되는 순차 표현과는 달리, 연결된 표현에서는 각 원소들이 메모리 내 어떤 곳에나 위치할 수 있다. 다시 말하면 순차 표현에서는 원소들의 저장 순서가 리스트에 표현된 순서와 동일하지만, 연결된 표현에서는 이 두 순서가 반드시 똑같을 필요가 없다. 리스트 원소를 정확한 순서로 접근하기 위해서는 각 원소와 함께 그 다음 원소의 주소 또는 위치를 그 리스트에 저장한다. 따라서 연결 표현 방법에서는 각 리스트 원소들에 대하여 다음 원소를 가리키는 포인터(pointer) 또는 링크(link)가 연관되어 있다. 일반적으로 연결 리스트는 노드들을 포함하는데, 이 노드들은 0개 이상의 데이타 필드와 하나 이상의 링크 또는 포인터를 포함한다.

그림 4.1에서는 우리가 앞에서 살펴보았던 리스트의 노드들이 포인터를 이용하여

	data	link
1	HAT	15
2		
3	CAT	4
4	EAT	9
5		
6		
7	WAT	0
8	BAT	3
9	FAT	1
10		
11	VAT	7
	.	.
	.	.
	.	.

그림 4.1 비순차 리스트 표현

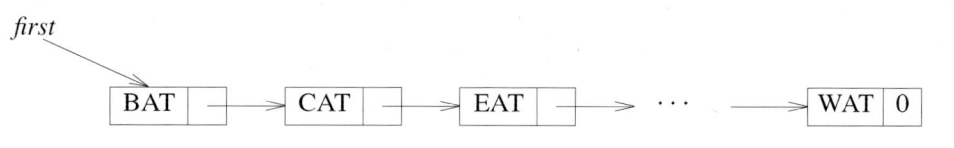

그림 4.2 연결 리스트를 그리는 일반적인 방법

메모리에서 표현되는 방법을 보여주고 있다. 리스트를 구성하는 원소들은 **data**라고 하는 1차원 배열에 저장되지만, 각 원소들은 더 이상 순차적 순서를 따르지 않게 된다. 즉, CAT가 EAT 앞에 존재하고 BAT가 CAT 앞에 존재하여야 한다는 것과 같은 순차적 순서가 더 이상 존재하지 않는다. 대신 이러한 제약점을 완화시키고, 각 원소들이 배열의 어느 곳에나 존재할 수 있도록 허용한다. 실제 순서를 기억시키기 위해서는 **link**라는 이름을 가진 두 번째 배열이 추가된다. 이 배열에 있는 값들은 $data$ 배열에 있는 원소들에 대한 포인터이다. 어떤 i에 대해서도 $data[i]$와 $link[i]$가 함께 노드를 구성한다. 리스트는 $data[8]$ = BAT 라는 것에서부터 시작되기 때문에, 변수 $first$ = 8이라고 설정하자. $link[8]$은 3이라는 값을 가지고 있는데, 이것은 CAT를 포함하고 있는 $data[3]$에 대한 포인터를 의미한다. $link[3]$ = 4이므로 리스트의 다음 원소, EAT가 $data[4]$에 있다. EAT 다음 원소는 $data[link[4]]$가 된다. 이와 같은 방법을 반복함으로써, 리스트의 모든 단어들을 올바른 순서에 따라 열거할 수 있다. 우리는 $link$의 값이 0일 때, 리스트의 끝에 도달한다는 사실을 알 수 있다. 링크 0이 항상 리스트의 끝을 나타내게끔 보장하기 위해서, 리스트의 원소를 저장하는 $data$의 위치 0을 사용하지 않는다.

　연결 리스트는 그림 4.2와 같이 화살표로 표현하는 링크를 가진 노드들의 순차로 그리는 것이 관례로 되어 있다. 우리는 포인터에 분명한 값을 집어넣는 대신에, 값이 있는 곳을 가리키기 위해 단순히 화살표를 그려주고 있다. 화살표는 우리들 마음속에 다음과 같은 사실들을 한층 강력하게 알려준다. (1) 노드들은 실제로 순차적 위치에 존재하지 않는다. (2) 노드들의 위치는 실행 시마다 바뀔 수 있다. 따라서 우리가 리스트를 사용하는 프로그램을 작성할 때, 0이라는 값을 검사하는 것 이외에는 절대로 특정한 주소를 찾지는 않는다. 그림 4.1과 그림 4.2의 연결 구조를 단순 연결 리스트(singly linked list) 또는 체인(chain)이라 한다. 단순 연결 리스트에서는 각 노드가 정확히 하나의 포인터 필드를 가지고 있다. 체인은 0개 이상의 노드를 포함하는 단순 연결 리스트이다. 노드의 수가 0이면 체인은 공백이다. 공백이 아닌 체인의 노드들은 순서로 되어 있어서 처음 노드는 두 번째 노드를 연결하고, 두 번째는 세 번째, 이런 식으로 연결되어 있다. 체인의 마지막 노드는 0을 가지고 있다.

이제 순차 리스트보다 연결 리스트에서 임의의 위치에서의 삽입과 삭제가 순차 리스트보다 더 용이한 이유를 살펴보자. GAT라는 원소를 FAT와 HAT 사이에 삽입하기 위해서는 다음과 같은 절차가 적절하다.

(1) 현재 사용하고 있지 않은 노드 a를 가져온다.
(2) 노드 a의 *data* 필드에 GAT를 설정한다.
(3) a의 *link* 필드가 FAT 다음 노드, 즉 HAT를 저장하고 있는 노드를 가리키도록 한다.
(4) FAT를 포함하고 있는 노드의 *link* 필드가 a를 가리키도록 한다.

그림 4.3(a)에서는 GAT라는 원소를 삽입한 이후에 배열 *data*와 *link*가 어떻게 변하게 되는가를, 그림 4.3(b)에서는 화살표를 사용해서 어떻게 삽입 과정을 표현하는가를 각각 보여주고 있다. 여기서 주목해야 할 중요한 사실은 GAT를 삽입할 때 리스트에 있는 다른 원소들을 이동시킬 필요가 없다는 것이다. 즉, 데이타를 이동시킬 필요가 없는 대신 *link* 필드를 위한 저장 공간이 추가로 사용되었다. 보통 이런 불이익은 별로 심각한 것이

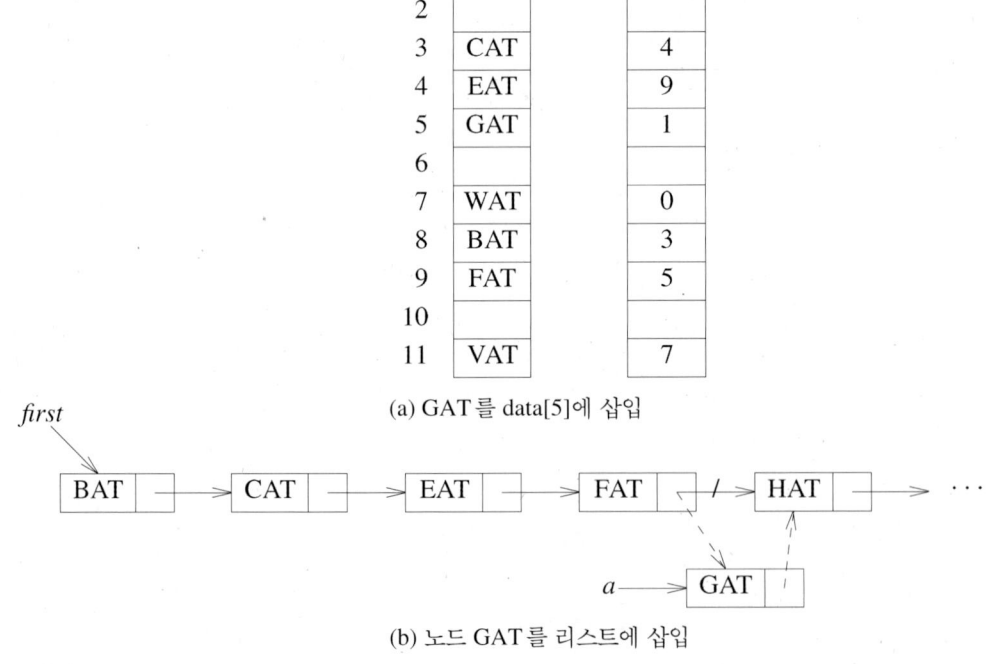

그림 4.3 연결 리스트에 삽입

아니다. 오히려 각 리스트 원소가 클 때 삽입이나 삭제 시 데이타를 이동시킬 필요가 없다는 것은 상당한 시간을 절약하게 만드는 이점이 있다.

이제 리스트에서 GAT를 삭제한다고 하자. 필요한 작업은 단지 GAT 바로 앞에 있는 원소 FAT를 찾아서 *link*[9]를 HAT의 위치, 즉 1로 설정하는 것이다. 노드를 삽입할 때와 마찬가지로, 노드를 삭제하는 과정에서도 리스트에 있는 어떠한 데이타도 이동할 필요가 없다. 비록 GAT의 *link*가 여전히 HAT에 대한 포인터를 가지고 있지만, GAT는 더 이상 리스트에 존재하지 않는다. 왜냐하면 리스트의 첫 번째 원소부터 시작하여 링크를 따라가도 도달할 수 없기 때문이다(그림 4.4 참조).

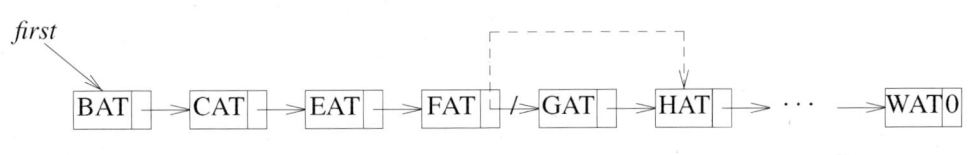

그림 4.4 GAT 삭제

4.2 C에서의 체인 표현

연결 표현을 할 수 있기 위해서는 다음과 같은 기능이 필요하다.

(1) 노드의 구조, 즉 노드의 필드들을 정의하는 방법. 이를 위해 2.3.4절에서 설명한 자기 참조 구조(self-referential structure)를 사용한다.
(2) 필요 시 노드를 생성하는 방법. 1.2.2절에서 정의된 *MALLOC* 매크로가 이 연산을 처리한다.
(3) 더 이상 필요하지 않은 노드의 삭제 방법. *free* 함수가 이 연산을 처리한다.

C 언어에서 연결 리스트의 생성 및 사용 방법을 보여주는 몇 개의 작은 예제를 살펴보겠다.

예제 4.1 [단어 리스트]: 단어들의 연결 리스트를 생성하기 위하여 먼저 리스트를 위한 노드 구조를 정의한다. 이 구조에서는 각 필드들의 타입을 정의한다. 앞에서 보았듯이, 이 구조는 문자 배열과 다음 노드에 대한 포인터를 포함해야 하며 이를 위해 다음과 같은 선언이 필요하다.

```
typedef struct listNode *listPointer;
typedef struct {
        char data[4];
        listPointer link;
        } listNode;
```

이 선언은 자기 참조 구조의 예를 포함하고 있다. **struct**(*listNode*)를 정의하기 전에 그 **struct**에 대한 포인터(*listPointer*)를 먼저 정의한다는 점에 주목하라. C는 아직 존재하지 않는 타입에 대한 포인터의 생성을 지원한다. 그렇지 않을 경우 존재하지 않는 타입에 대한 포인터를 정의할 수 없다는 사실과 새로운 타입을 정의하기 위해 그 타입에 대한 포인터를 포함해야 한다는 사실 사이의 모순에 직면한다.

노드의 구조를 정의한 후, 새로운 공백 리스트는 다음 명령문으로 생성된다.

```
listPointer first = NULL;
```

이 명령문은 *first*라는 새로운 리스트를 만든다는 것을 의미한다. *first*는 리스트의 시작 주소를 포함한다는 것을 기억하라. 새로운 리스트는 초기에 공백이므로, 시작 주소는 0이다. 그래서 이것을 표시하기 위해 *NULL*이란 예약어를 사용한다. 또한 공백 리스트인지를 검사하기 위해 *IS_EMPTY*란 매크로를 사용할 수도 있다.

```
#define IS_EMPTY(first) (!(first))
```

리스트에 대한 새로운 노드를 생성하기 위해서는 1.2.2절의 *MALLOC* 매크로를 사용해야 한다. 리스트의 새 노드를 얻기 위해 이 매크로를 다음과 같이 사용한다.

```
MALLOC(first, sizeof(*first));
```

이제 노드의 필드들에 값을 지정해보자. 이를 위해 새로운 연산자 '→'가 사용되며, 만약 *e*가 *name* 필드를 포함하고 있는 구조라면 *e* → *name*은 (*e).*name*을 간략히 표현한 것이 된다. 연산자 → 는 구조 멤버(structure member) 연산자라고 부르며, **struct**를 가리키는 포인터가 있는 경우 * 와 점(dot)으로 표기하는 것보다 좋다.

BAT이란 단어를 리스트에 넣을 때는 다음의 명령문을 사용한다.

```
strcpy(first→data,"BAT");
first→link = NULL;
```

이 명령문은 그림 4.5의 구조를 생성하는데, 리스트에 다음 노드가 없으므로 이 노드는 널 링크 필드를 가지고 있다. ☐

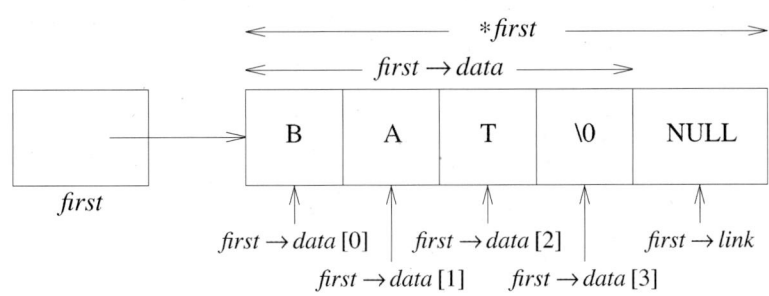

그림 4.5 노드의 필드 참조

예제 4.2 [2-노드 연결 리스트]: 정수들의 연결 리스트를 생성한다고 하자. 노드 구조의 정의는 다음과 같다.

```
typedef struct listNode *listPointer;
typedef struct {
        int data;
        listPointer link;
        } listNode;
```

함수 create2(프로그램 4.1)는 2개의 노드를 가진 연결 리스트를 생성한다. 첫 번째 노드의 *data* 필드에는 10, 두 번째 노드의 *data* 필드에는 20을 넣는다. 변수 *first*는 첫 번째 노드에 대한 포인터이고 *second*는 두 번째 노드에 대한 포인터이다. 첫 번째 노드의 링크 필드는 두 번째 노드를 가리키며 두 번째 노드의 링크 필드는 *NULL* 값을 갖는다. 리스트 시작에 대한 포인터인 변수 *first*가 *create2*에 의해 반환된다. 그림 4.6은 결과 리스트의 구조를 보여주고 있다. □

```
listPointer create2()
{ /* 2개의 노드를 가진 연결 리스트의 생성 */
   listpointer first, second;
   MALLOC(first, sizeof(*first));
   MALLOC(second, sizeof(*second));
   second->link = NULL;
   second->data = 20;
   first->data = 10;
```

```
    first→link = second;
    return first;
}
```

프로그램 4.1: 2-노드 리스트의 생성

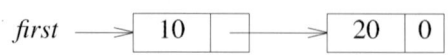

그림 4.6 2-노드 리스트

예제 4.3 [리스트 삽입]: *first*를 예제 4.2와 같이 연결 리스트에 대한 포인터라고 하자. 또 임의의 노드 x 뒤에 데이터 필드 값이 50인 노드를 삽입한다고 가정하자. 함수 *insert*(프로그램 4.2)가 이 기능을 수행하며 이 함수는 2개의 포인터 변수를 매개변수로 갖는다. 첫 번째 매개변수 *first*는 리스트의 첫 번째 노드에 대한 포인터인데, 만약 이 *first* 변수가 널 주소를 가지고 있다면(즉 리스트에 노드가 없다면) *first*는 데이터 필드 값이 50인 노드를 가리키도록 해야 한다. 이것은 *first*의 주소가 전달되어야 한다는 것을 의미한다. listPointer *first로 선언한 이유가 바로 여기에 있다. 두 번째 포인터인 x의 주소는 바뀌지 않으므로 매개변수로서 그 주소를 넘겨받을 필요가 없다. 전형적인 함수의 호출은 *insert*(&*first*, x);로, 여기서 *first*는 리스트의 시작을 가리키고 x는 삽입이 일어날 노드를 가리킨다.

함수 *insert*는 공백 리스트와 공백이 아닌 리스트를 구별하기 위해 **if** … **else** 문을 사용한다. 공백 리스트에 대해서는 *temp*의 링크 필드에 NULL을 넣고 *first*의 값을 *temp*의 주소로 바꾼다. 공백이 아닌 리스트에 대해서는 노드와 그 노드의 링크 필드가 가리키고 있는 노드 사이에 *temp* 노드를 삽입한다. 그림 4.7은 이 두 경우를 보여주고 있다. □

```
void insert(listPointer *first, listPointer x)
{ /* data = 50인 새로운 노드를 체인
     first의 노드 x 뒤에 삽입 */
    listPointer temp;
    MALLOC(temp, sizeof(*temp));
    temp→data = 50;
    if (*first) {
```

```
      temp→link = x→link;
      x→link = temp;
   }
   else {
      temp→link = NULL;
      *first = temp;
   }
}
```

프로그램 4.2: 리스트의 노드 x 뒤에 삽입

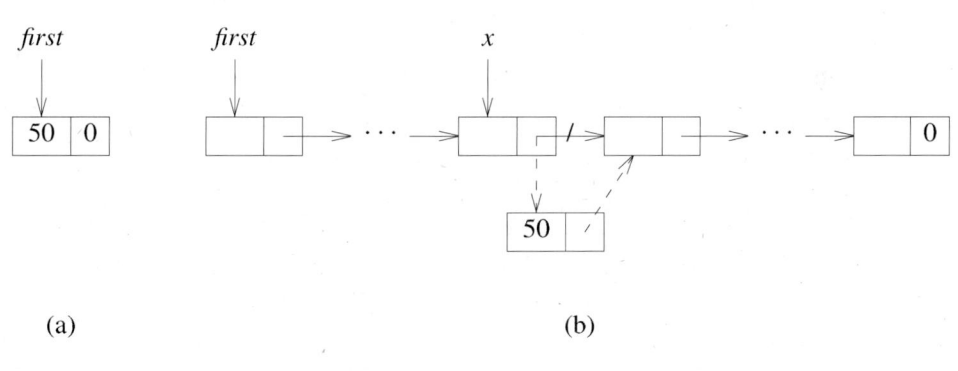

(a)　　　　　　　　　　　　　　(b)

그림 4.7 공백 리스트와 공백이 아닌 리스트의 삽입

예제 4.4 [리스트의 삭제]: 임의의 노드를 리스트에서 삭제하는 것은 삽입보다 약간 더 복잡한데, 이는 노드의 위치에 따라 삭제하는 방법이 다르기 때문이다. 다음 3개의 포인터가 있다고 가정하자. *first*는 리스트의 시작을 가리키고, x는 삭제하고자 하는 노드를 가리키며, *trail*은 삭제할 노드의 선행 노드를 가리킨다. 그림 4.8과 그림 4.9는 두 가지 예를 보인다. 그림 4.8에서는 삭제하고자 하는 노드가 리스트의 첫 번째 노드이다. 따라서 이것은 *first*의 시작 주소를 영구적으로 바꿔야 한다는 것을 의미한다. 그림 4.9에서는 x가 첫 번째 노드가 아니므로, 단순히 *trail*의 링크 필드가 x의 링크 필드가 되도록 변경하면 된다.

함수 *delete*(프로그램 4.3)는 연결 리스트로부터 임의의 노드를 삭제한다. 링크 필드나 **first*의 값을 수정하는 것 외에도 *delete*는 삭제된 노드에 할당되었던 공간을 시스템 메모리에 반환하는 역할도 수행하며, 이를 위해 함수 *free*를 사용한다. □

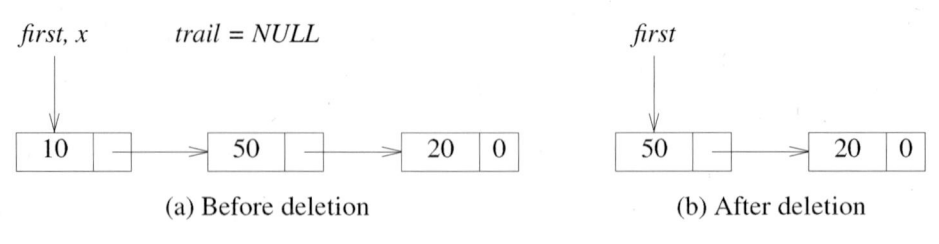

그림 4.8 함수 호출 *delete*(&*first, NULL, first*); 전과 후의 리스트

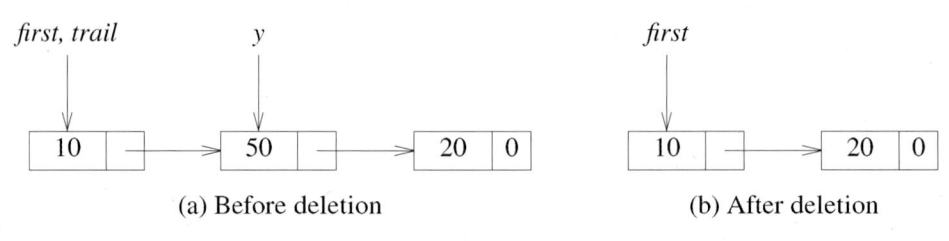

그림 4.9 함수 호출 *delete*(&*first, y, y* → *link*); 뒤의 리스트

```
void delete(listPointer *first, listPointer trail,
                                listPointer x)
{ /* 리스트로부터 노드를 삭제, trail은 삭제될 x의 선행 노드이며 first는 리스
     트의 시작 */
   if (trail)
      trail→link = x→link;
   else
      *first = (*first)→link;
   free(x);
}
```

프로그램 4.3: 리스트에서의 삭제

예제 4.5 [리스트의 출력]: 프로그램 4.4는 리스트에 있는 노드들의 데이타 필드를 출력한다. 먼저 *first*의 *data* 필드 내용을 출력한 뒤에 *first*를 그의 *link* 필드에 있는 주소로

```
void printList(listPointer first)
{
  printf("The list contains: ");
  for (; first; first = first→link)
     printf("%4d",first→data);
  printf("\n");
}
```

프로그램 4.4: 리스트의 출력

대체한다. 리스트의 끝에 이를 때까지 *data* 필드의 출력과 다음 노드로의 이동을 계속한다. □

연습문제

1. 함수 *delete*(프로그램 4.3)를 *first* 와 *trail* 의 두 변수만 사용하여 다시 작성하라.
2. 예제 4.2에서와 같은 정수 리스트가 있다고 가정하자. 정수 *num* 을 찾는 함수를 작성하라. 리스트에 *num* 이 있으면, 이 함수는 *num* 을 포함한 노드의 포인터를 반환하고, 그 이외의 경우는 *NULL* 을 반환한다.
3. 리스트에서 *num* 이란 수를 가진 노드를 삭제하는 프로그램을 작성하라. 리스트에서 *num* 이 있는지를 결정하기 위해서는 탐색 함수(연습문제 2)를 사용하라.
4. 리스트의 노드 수를 계산하는 함수 *length* 를 작성하라.
5. *p* 를 단순 연결 리스트의 첫 번째 노드를 가리키는 포인터라 하자. 노드 *p* 에서부터 하나씩 건너 있는 노드들을 전부 삭제하는 프로시저를 작성하라(즉, 첫 번째, 세 번째, 다섯 번째 등의 노드들이 삭제된다.). 작성한 알고리즘의 시간 복잡도는 얼마인가?
6. $x = (x_1, x_2, \cdots, x_n)$, $y = (y_1, y_2, \cdots, y_m)$을 두 연결 리스트라 하자. 각 리스트에서 노드들은 데이터 필드 값의 오름차순으로 되어 있다고 가정하라. 두 연결 리스트를 합병하여 역시 같은 순서를 유지하는 새로운 연결 리스트 z를 만드는 알고리즘을 작성하라. 합병한 후에 x와 y는 각각 독립적으로 존재하지 않는다. 즉, 초기에 x와 y에 있었던 각 노드들은 병합 후에는 z에 있게 된다. 이때 새로운 노드는 사용할 수 없다. 작성한 알고리즘의 시간 복잡도는 얼마인가?
7. $list_1 = (x_1, x_2, \cdots, x_n)$, $list_2 = (y_1, y_2, \cdots, y_m)$을 두 연결 리스트라 하자. 두 리스트를 병합하여 $m \leq n$이면 $list_3 = (x_1, y_1, x_2, y_2, \cdots, x_m, y_m, x_{m+1}, \cdots, x_n)$, $m > n$이면 $list_3 = (x_1, y_1, x_2, y_2, \cdots, x_n, y_n, y_{n+1}, \cdots, y_m)$을 만드는 함수를 작성하라.

8. § 연결 리스트를 왼쪽에서 오른쪽으로 순회해가는 동안 링크를 반대로 만들어 양 방향으로 이 리스트를 순회해가는 것이 가능하다(즉, 왼쪽에서 오른쪽으로, 그리고 제한적으로 오른쪽에서 왼쪽으로). 리스트 *first*를 이런 방식으로 순회할 때 가능한 한 가지 상황이 그림 4.10에 제시되어 있다. 변수 r은 현재 시험하고 있는 노드를 가리키고, l은 그 왼쪽 노드를 가리킨다. r의 왼쪽에 있는 모든 노드들의 링크가 반대로 되었음에 주목하라.

   (a) 주어진 위치 (l, r)에서 *first*를 n 노드만큼 오른쪽으로 이동시키는 함수를 작성하라.

   (b) 주어진 위치 (l, r)에서 *first*를 n 노드만큼 왼쪽으로 이동시키는 함수를 작성하라.

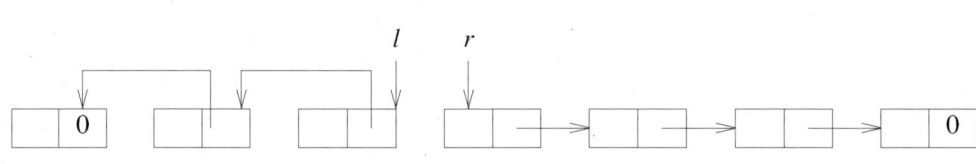

그림 4.10 양 방향으로 순회하는 체인에서 일어날 수 있는 구조

4.3 연결 스택과 큐

앞에서는 스택과 큐를 순차적으로 표현해보았다. 순차적 표현 방법은 스택이나 큐가 단 하나만 있을 때는 효율적이나, 여러 개의 스택이나 큐가 동시에 있을 때 이들을 순차적으로 표현할 효율적인 방법은 없다. 그림 4.11은 연결된 스택과 큐의 예를 보여주고 있다. 스택과 큐에서 링크의 화살표 방향은 노드의 삽입과 삭제가 편리하게 만들어주고 있음에 주목하라. 그림 4.11(a)의 경우 스택의 톱에서는 노드를 쉽게 삽입 또는 삭제할 수 있다. 그림 4.11(b)의 경우 큐의 뒤에서는 노드를 쉽게 삽입할 수 있고, 큐의 앞에서는 노드를 쉽게 삽입 또는 삭제할 수 있다. 물론 큐의 앞에서 항목을 삽입하는 것이 정상적이지는 않다.

만일 $n \leq MAX\_STACKS$개의 스택을 동시에 나타내려 한다면, 다음과 같은 선언문으로 시작한다.

```
#define MAX_STACKS 10    /* 스택의 최대 수 */
typedef struct {
        int key;
```

```
            /* 기타 필드 */
        } element;
typedef struct stack *stackPointer;
typedef struct {
        element data;
        stackPointer link;
        } stack ;
stackPointer top[ MAX_STACKS] ;
```

스택의 초기 조건은 다음과 같이 가정한다.

$$top[i] = NULL,\ 0 \leq i < MAX\_STACKS$$

그리고 경계 조건은 다음과 같이 가정한다.

$$top[i] = NULL, i\ 번째\ 스택이\ 공백이면(그\ 역도\ 성립).$$

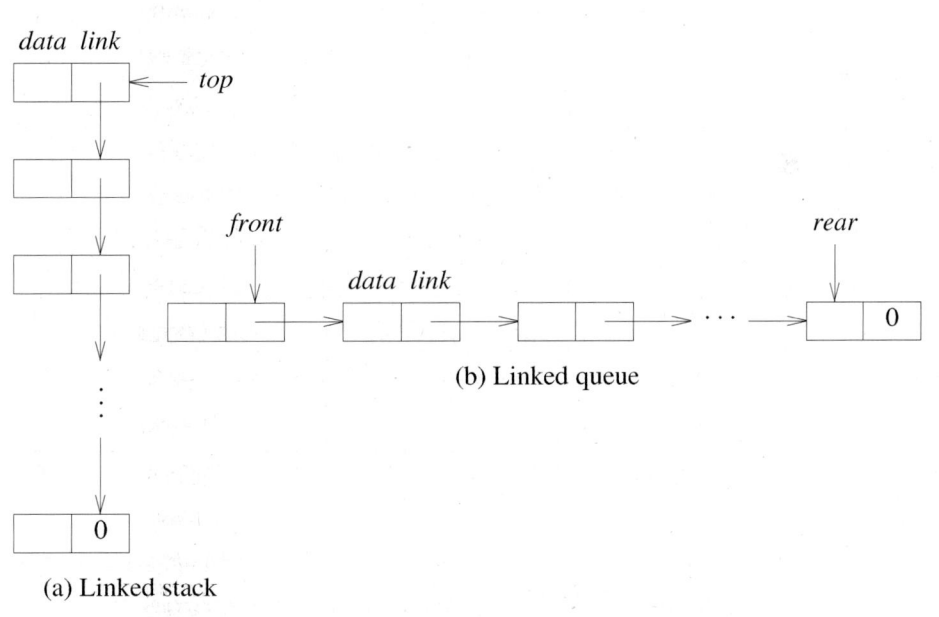

그림 4.11 연결 스택과 큐

함수 *push*(프로그램 4.5)와 함수 *pop*(프로그램 4.6)은 스택에 항목들을 삽입하거나 삭제하는 연산을 수행한다. 각각의 프로그램 코드들은 간단하다. 함수 *push*는 새 노드인 *temp*를 생성하여 *data* 필드에 *item*을, *link* 필드에는 *top*을 넣는다. 그런 다음 변수 *top*은 *temp*를 가리키도록 변경된다. *i* 번째 스택에 원소를 삽입하기 위한 일반적인 함수 호출은 *push(i, item)*이다. 함수 *pop*은 *item*을 반환하고, *top*은 그의 링크 필드에 있는 주소를 가리키도록 변경된다. 삭제된 노드는 시스템 메모리에 반환된다. *i* 번째 스택으로부터 원소를 삭제하기 위한 일반적인 함수 호출은 *item = pop(i);*이다.

```
void push(int i, element item)
{ /* i 번째 스택에 원소를 삽입 */
    stackPointer temp;
    WALLOC(temp, sizeof(*temp));
    temp→data = item;
    temp→link = top[ i];
    top[ i] = temp;
}
```
프로그램 4.5: 연결 스택에서의 삽입

```
element pop(int i)
/* i 번째 스택으로부터 톱 원소를 삭제 */
    stackPointer temp = top[ i];
    element item;
    if (!temp)
        return stackEmpty();
    item = temp→data;
    top[ i] = temp→link;
    free(temp);
    return item;
}
```
프로그램 4.6: 연결 스택에서의 삭제

만일 $m \leq MAX\_QUEUE$개의 큐를 동시에 나타내려 한다면, 다음과 같은 선언문으로 시작한다.

```
#define MAX_QUEUE 10   /* 큐의 최대 수 */
typedef struct queue *queuePointer;
typedef struct {
        element data;
        queuePointer link;
        } queue;
queuePointer front[ MAX_QUEUES], rear[ MAX_QUEUES];
```

큐의 초기 조건은 다음과 같이 가정한다.

$$front[i] = NULL, 0 \leq i < MAX\_QUEUES$$

그리고 경계 조건은 아래와 같이 가정한다.

$$front[i] = NULL, i \text{ 번째 큐가 공백이면(그 역도 성립)}.$$

함수 *addq*(프로그램 4.7)와 함수 *deleteq*(프로그램 4.8)는 다중 큐의 삽입과 삭제 연산을 구현한다. 함수 *addq*는 *push*보다 더 복잡한데, 이것은 큐가 공백인가를 조사해야 하기 때문이다. 만약 큐가 공백이면 *front*를 변경시켜 새로운 노드를 가리키도록 해야 한다. 그렇지 않으면 *rear*의 링크 필드를 변경시켜 새로운 노드를 가리키도록 해야 한다. 어느 경우이든 그 뒤에는 *rear*를 새로운 노드를 가리키도록 변경해야 한다. 함수 *deleteq*는 *pop*과 비슷한데, 리스트의 현재 시작 노드를 삭제하기 때문이다. 일반적인 함수 호출은 *addq(i, item);*과 *item = deleteq(i);*이다.

```
void addq(i, item)
{ /* 큐 i의 뒤에 원소를 삽입 */
   queuePointer temp;
   MALLOC(temp, sizeof(*temp));
   temp→data = item;
   temp→link = NULL;
   if (front[ i] )
      rear[ i] →link = temp;
   else
      front[ i] = temp;
```

```
        rear[ i] = temp;
}
```

프로그램 4.7: 연결 큐의 뒤에 삽입

```
element deleteq(int i)
/* 큐 i로부터 원소를 삭제 */
    queuePointer temp = front[ i];
    element item;
    if (!temp)
        return queueEmpty();
    item = temp→data;
    front[ i] = temp→link;
    free(temp) ;
    return item;
}
```

프로그램 4.8: 연결 큐의 앞으로부터 삭제

    n-스택과 m-큐의 문제점에 대한 앞서의 해결책은 계산적인 측면이나 개념적인 측면에서 모두 간단하다. 이제 더 이상 공간을 만들기 위해 스택이나 큐를 이동시킬 필요 없이 가용 메모리가 남아 있을 때까지 실행을 계속할 수 있다. 비록 링크 필드를 위한 공간이 추가적으로 필요하지만, 연결 리스트의 사용으로 발생하는 이 링크 공간에 대한 오버헤드는 (1) 간단한 방법으로 리스트를 표현할 수 있는 능력과, (2) 연결된 표현을 처리하기 위한 감소된 연산 시간과 같은 장점들에 의해 무시될 수 있다.

연습문제

1. 회문(palindrome)은 앞에서나 뒤에서나 철자가 같은 단어나 구를 말한다. 예를 들어 "reviver"와 "Able was I ere I saw Elba"는 모두 회문이다. 단어나 구가 회문이 되는지는 스택을 이용해서 검사할 수 있다. 단어나 구가 회문이면 *TRUE*를, 아니면 *FALSE*를 반환하는 C 함수를 작성하라.
2. 수식에 있는 중첩된 괄호의 쌍이 맞는지를 스택을 이용해서 검사할 수 있다. 이를

수행하는 C 함수를 작성하라.
3. 가상의 데이타 타입 $X2$를 살펴보자. $X2$는 선형 리스트로서 삽입은 양쪽 끝에서 일어날 수 있고, 삭제는 단지 한쪽 끝에서만 일어날 수 있다는 제약을 가진다. $X2$를 위한 연결 리스트 표현을 설계하고, $X2$를 위한 삽입과 삭제 함수를 작성하라. 이때 초기 조건과 경계 조건을 명시하라.

4.4 다항식

4.4.1 다항식의 표현

이제 연결 리스트를 이용해 약간 복잡한 문제를 다루겠다. 이 문제는 심벌로 표시된 다항식을 다루는 문제로서, 리스트 처리의 전형적인 예이다. 2장에서와 같이 메모리 용량을 넘지 않는 범위 내에서 여러 개의 다항식을 표현해보자. 일반적으로 다항식은 다음과 같이 표현된다.

$$A(x) = a_{m-1}x^{e_{m-1}} + \cdots + a_0 x^{e_0}$$

여기서 a_i는 0이 아닌 계수이고 e_i는 음수가 아닌 정수 지수로서, $e_{m-1} > e_{m-2} > \cdots > e_1 > e_0 \geq 0$이다. 각 항들은 다음과 같이 계수와 지수, 그리고 다음 항을 가리키는 포인터 등 3개의 필드로 구성되는 노드로 표현할 수 있다. 계수가 정수라고 가정하면 타입 선언은 다음과 같다.

```
typedef struct polyNode *polyPointer;
typedef struct {
    int coef;
    int expon;
    polyPointer link;
    } polyNode;
polyPointer a,b;
```

또한 *polyNode*는 다음과 같이 표현할 수 있다.

| coef | expon | link |

그림 4.12는 다음과 같은 다항식을 어떻게 저장하는지를 보여주고 있다.

$$a = 3x^{14} + 2x^8 + 1$$
$$b = 8x^{14} - 3x^{10} + 10x^6$$

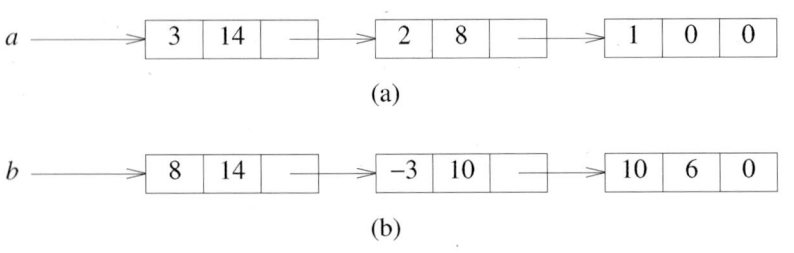

그림 4.12 $3x^{14} + 2x^8 + 1$과 $8x^{14} - 3x^{10} + 10x^6$의 표현

4.4.2 다항식의 덧셈

두 다항식을 더하려면 포인터 *a*와 *b*가 가리키는 노드에서 시작되는 항들을 비교해보아야 한다. 만일 두 항의 지수가 같으면 계수를 더해서 결과 다항식에 새로운 항을 만들고, 다음 노드를 가리키도록 포인터 *a*와 *b*를 이동시킨다. 만약 *b*가 가리키는 항의 지수보다 *a*가 가리키는 항의 지수가 작으면, *b*의 항과 같은 항을 만들어 결과 다항식 *d*에 첨가시키고 다음 노드를 가리키도록 *b*를 이동시킨다. $a \rightarrow expon > b \rightarrow expon$일 때에도 이와 같은 방법으로 처리한다. 그림 4.13은 그림 4.12의 다항식에 대한 이 과정을 보여주고 있다.

새로운 노드가 만들어질 때마다 *coef*와 *expon* 필드에 값을 지정하고 그것을 *c*의 끝에 첨가한다. 새로운 노드를 첨가할 때마다 *c*의 마지막 노드를 찾는 작업을 피하기 위해, *c*의 현재 상태의 마지막 노드를 가리키는 포인터 *rear*를 유지한다. 다항식 덧셈의 완전한 알고리즘은 함수 *padd*(프로그램 4.9)에 나타나 있다. 함수 *padd*에서는 새로운 노드를 만들어 *c*의 끝에 첨가하기 위해 함수 *attach*(프로그램 4.10)를 사용한다. 일이 잘 처리되게 하기 위해 초기에 *c*는 값을 갖지 않은 하나의 노드를 가지며, 이 노드는 함수의 끝에서 삭제된다. 이것은 외형상 군더더기로 보일지 모르나, 연산을 간단히 해주는 역할을 한다.

```
polyPointer padd(polyPointer a, polyPointer b)
{ /* a와 b가 합산된 다항식을 반환 */
   polyPointer c, rear, temp;
   int sum;
   MALLOC(rear, sizeof(*rear));
   c = rear;
   while (a && b)
      switch (COMPARE (a-expon, b→expon)) {
```

```
        case -1: /* a→expon < b→expon */
                attach(b→coef, b→expon, &rear);
                b = b→link;
                break;
        case 0:  /* a→expon = b→expon */
                sum = a→coef + b→coef;
                if (sum) attach(sum, a→expon, &rear);
                a = a→link; b = b→link; break;
        case 1:  /* a→expon > b→expon */
                attach(a→coef, a→expon, &rear);
                a = a→link;
    }
    /* 리스트 a와 리스트 b의 나머지를 복사 */
    for(; a; a = a→link) attach(a→coef, a→expon, &rear);
    for(; b; b = b→link) attach(b→coef, b→expon, &rear);
    rear→link = NULL;
    /* 필요 없는 초기 노드를 삭제 */
    temp = c; c = c→link; free(temp);
    return c;
}
```

프로그램 4.9: 두 다항식의 덧셈

이것은 리스트 처리의 첫 번째 완전한 예이므로 주의하여 살펴보아야 한다. 기초적인 알고리즘은, 두 다항식을 따라가면서 항들을 복사하거나 덧셈을 해서 결과를 만드는 방법으로 간단히 이루어진다. 따라서 **while** 루프는 지수 쌍의 =, <, > 관계에 따라 세 가지 경우로 나누어져 있다. 여기서 새로운 항을 만드는 곳이 다섯 군데나 있어 함수 *attach* 의 사용이 유리하다는 것에 유의해야 한다.

```
void attach(float coefficient, int exponent,
            polyPointer *ptr)
{ /* coef = coefficient이고 expon = exponent인 새로운 노드를 생성하
     고, 그것을 ptr에 의해 참조되는 노드에 첨가한다. ptr을 갱신하여 이 새로운
     노드를 참조하도록 한다. */
```

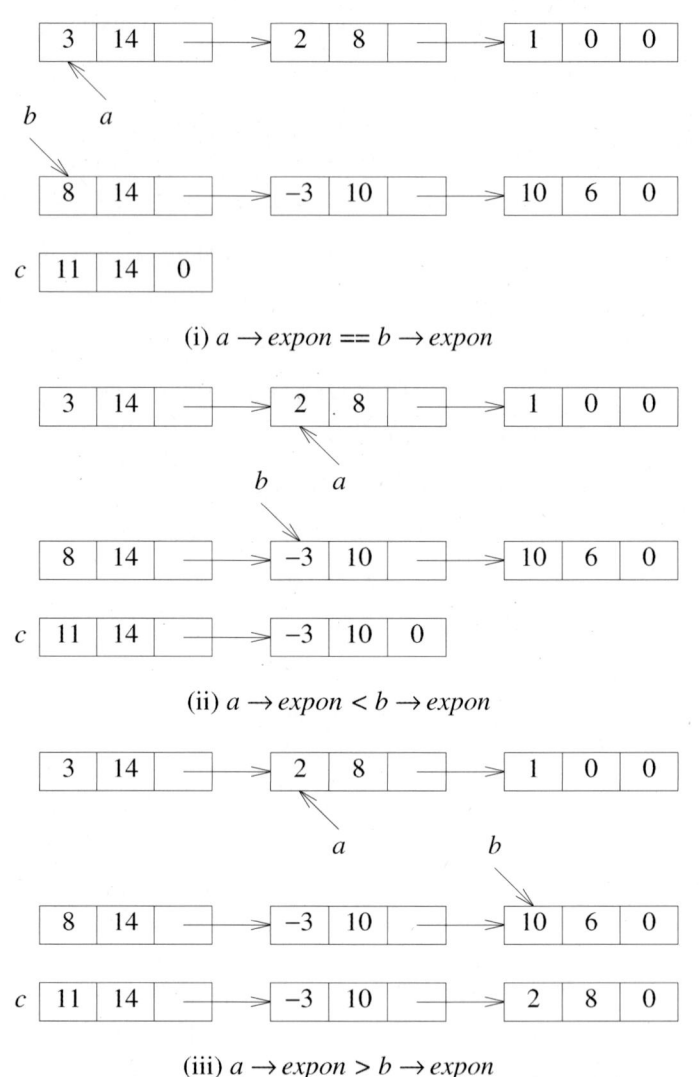

그림 4.13 c = a + b의 처음 세 항을 생성

```
polyPointer temp;
MALLOC(temp, sizeof(*temp));
temp→coef = coefficient;
temp→expon = exponent;
(*ptr)→link = temp;
```

```
    *ptr = temp;
}
```

프로그램 4.10: 리스트의 끝에 노드를 첨가

***padd* 의 분석:** 함수 *padd* 의 연산 시간을 결정하려면 먼저 어떤 연산이 비용에 가장 영향을 미치는지 결정해야 한다. 이 알고리즘에는 다음 세 가지 비용 요소가 있다.

(1) 계수 덧셈
(2) 지수 비교
(3) *c*를 위한 새로운 노드 생성

각 연산을 한 번 수행하는 데 하나의 시간 단위가 소요된다고 가정하면, 알고리즘 *padd* 의 전체 시간은 이 연산들의 수행 횟수에 의해서 결정되며 이 수행 횟수는 다항식 *a* 와 *b*가 가지고 있는 항의 수에 의존한다. 여기서는 *a*와 *b*가 각각 *m*개와 *n*개의 항을 가지고 있다고 가정하자.

$$A(x) = a_{m-1}x^{e_{m-1}} + \cdots + a_0 x^{e_0}$$

$$B(x) = b_{n-1}x^{f_{n-1}} + \cdots + b_0 x^{f_0}$$

여기서 $a_i, b_i \neq 0$이고 $e_{m-1} > \cdots > e_0 \geq 0, f_{n-1} > \ldots > f_0 \geq 0$이다. 이때 계수 덧셈 횟수의 범위는 다음과 같다.

$$0 \leq \text{계수 덧셈의 횟수} \leq \min\{m,n\}$$

덧셈 횟수가 최소인 경우는 두 다항식이 지수가 같은 항을 하나도 갖지 않을 때 나타나며, 최대인 경우는 하나의 다항식 지수들이 다른 다항식 지수의 부분 집합일 때 나타난다.

지수 비교는 **while** 루프가 한 번 반복될 때마다 한 번씩 이루어진다. 그리고 그때마다 *a*나 *b* 또는 *a*, *b* 모두 다음 항으로 이동된다. 또한 항의 총수가 *m* + *n*이므로 **while** 루프의 수행 횟수, 즉 지수 비교의 횟수는 *m* + *n*을 넘을 수 없게 된다. 예를 들어 *m* + *n* − 1 번의 비교가 일어나는 경우는 쉽게 만들 수 있다. 즉 *m* = *n*이고 다음 조건을 만족하면 된다.

$$e_{m-1} > f_{m-1} > e_{m-2} > f_{m-2} > \cdots > e_1 > f_1 > e_0 > f_0$$

이때 *d*의 최대 항수가 *m* + *n*이므로, 최대 *m* + *n*개의 새로운 노드가 만들어진다(여기서는 *c*의 맨 앞에 있다가 나중에 제거되는 부수적인 노드는 제외했음.).

결국 *padd*의 명령문들의 최대 수행 횟수는 *m* + *n*이다. 그러므로 연산 시간은 O(*m*

$+ n)$이다. 이것은 이 알고리즘이 실제로 구현되어 수행될 때 걸리는 시간이 $c_1 m + c_2 n + c_3$(단 c_1, c_2, c_3는 상수)가 된다는 것을 의미한다. 다항식 덧셈을 위한 알고리즘은 0이 아닌 항을 적어도 한 번은 검토해보아야 하므로, *padd*의 연산시간은 어떤 상수 인수 내에서 최적이라고 할 수 있다. □

4.4.3 다항식의 삭제

연결 리스트는 일반적으로 다항식 연산에 적절하기 때문에 연결 리스트를 이용한 다항식의 입력, 출력, 덧셈, 뺄셈, 곱셈 등의 프로시저들을 쉽게 작성할 수 있다. 다항식 $a(x)$, $b(x)$, $d(x)$를 읽어 $e(x) = a(x)*b(x) + d(x)$를 계산하는 주함수는 다음과 같이 작성할 수 있다.

```
polyPointer a, b, d, e
    .
    .
    .
a = readPoly();
b = readPoly();
d = readPoly();
temp = pmult(a,b);
e = padd(temp,d);
printPoly(e);
```

만일 또 다른 다항식을 계산하려고 한다면, $temp(x)$를 나타내는 노드들을 재활용하는 것이 유용하다. 즉 상기 함수에서 $temp(x)$는 $d(x)$의 일부 결과만을 유지하기 위해 생성되었으므로, $temp(x)$의 노드들을 반환하면 다른 다항식 연산에 사용할 수 있다. 함수 *erase*(프로그램 4.11)는 *temp*에 있는 노드들을 하나씩 반환하고 있다.

```
void erase(polyPointer *ptr)
{ /* ptr에 의해 참조되는 다항식을 제거 */
   polyPointer temp;
   while (*ptr) {
      temp = *ptr;
      *ptr = (*ptr)→link;
      free(temp);
   }
}
```

프로그램 4.11: 다항식의 삭제

4.4.4 다항식의 원형 리스트 표현

리스트의 구조를 약간 변경하면 다항식의 모든 노드를 훨씬 효과적으로 반환할 수 있다. 이 방법은 마지막 노드가 리스트의 첫 번째 노드를 가리키도록 하는 것인데(그림 4.14 참조), 이것을 원형 리스트(circular list)라고 한다. 이에 비해 마지막 노드의 링크 필드 값이 NULL인 단순 연결 리스트를 체인(chain)이라고 한다.

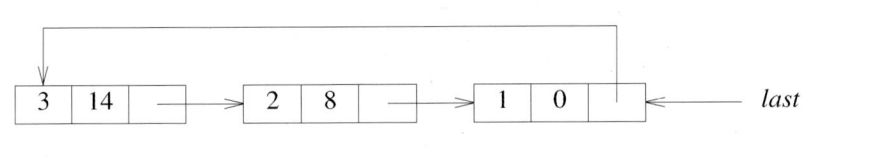

그림 4.14 $3x^{14} + 2x^8 + 1$의 원형 리스트 표현

앞에서 언급한 바와 같이, 더 이상 사용하지 않는 노드는 해방시켜 나중에 다시 사용할 수 있게 해야 한다. 해방된 노드를 체인 형태의 리스트로 유지한다면 이 목적을 달성하고, 원형 리스트를 위한 효율적인 제거 알고리즘도 얻을 수 있다. 새로운 노드가 필요하면 이 리스트를 조사하면 된다. 만약 이 리스트가 공백이 아니면 그 중 하나를 사용하면 된다. 함수 *malloc*을 사용하여 새로운 노드를 생성하는 것은 이 리스트가 공백일 때뿐이다.

해방된 노드들의 리스트에서 첫 번째 노드를 가리키는 포인터인 *polyPointer* 타입의 변수를 *avail*이라 하고, 이 리스트를 가용 공간 리스트(available space list) 혹은 *avail* 리스트라고 하자. 초기에 *avail*은 NULL이다. 이제 *malloc*이나 *free* 대신, 함수 *getNode*(프로그램 4.12)와 함수 *retNode*(프로그램 4.13)를 사용하자.

```
polyPointer getNode(void)
{ /* 사용할 노드를 제공 */
   polyPointer node;
   if (avail) {
      node = avail;
      avail = avail→link;
   }
   else
```

```
        MALLOC(node, sizeof(*node));
    return node;
}
```
프로그램 4.12: 함수 *getNode*

```
void retNode(polyPointer node)
{ /* 가용 리스트에 노드를 반환 */
    node→link = avail;
    avail = node;
}
```
프로그램 4.13: 함수 *retNode*

함수 *cerase*(프로그램 4.14)를 사용하면 리스트의 노드 수에 관계없이 일정 시간에 원형 리스트를 제거할 수 있다.

```
void cerase(polyPointer *ptr)
{ /* ptr가 가리키는 원형 리스트를 제거 */
    polyPointer temp;
    if (*ptr) {
        temp = (*ptr)→link;
        (*ptr)→link = avail;
        avail = temp;
        *ptr = NULL;
    }
}
```
프로그램 4.14: 원형 리스트의 제거

다항식을 그림 4.14의 구조로 직접 변경하면 제로 다항식(zero polynomial)을 특별한 경우로 처리해야 하기 때문에 다항식 연산을 구현할 때 문제점들이 야기된다. 이 특별한 경우를 만들지 않게 하기 위해 각 다항식은 헤더 노드(header node)를 갖도록 한다. 즉, 제로 또는 제로가 아닌 다항식 모두 부가적인 노드를 갖게 하는 것이다. 이 노드의 *expon*과 *coef* 필드는 의미가 없다. 따라서 제로 다항식은 그림 4.15(a)와 같이 나타내고,

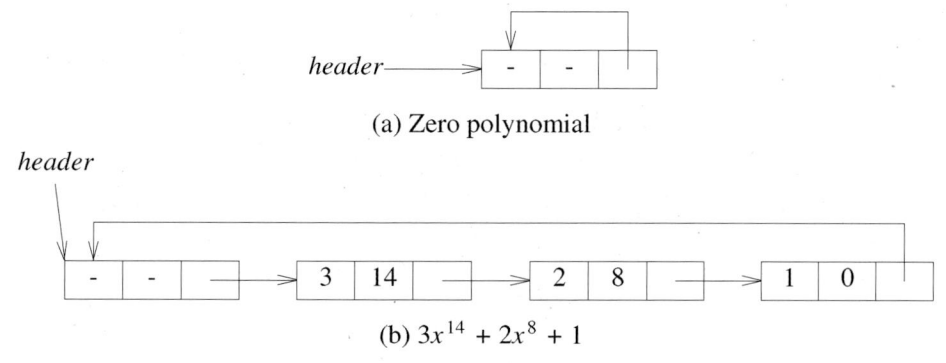

(a) Zero polynomial

(b) $3x^{14} + 2x^8 + 1$

그림 4.15 헤더 노드를 가진 다항식의 예

$a(x) = 3x^{14} + 2x^8 + 1$ 과 같이 제로가 아닌 다항식은 그림 4.15(b)와 같이 나타낼 수 있다.

원형 리스트로 표현된 다항식 덧셈 알고리즘을 간단히 하려면, 헤더 노드의 *expon* 필드를 −1로 설정하면 된다. 프로그램 4.15는 이 방법으로 표현된 다항식 덧셈 함수이다.

```
polyPointer cpadd(polyPointer a, polyPointer b)
{ /* 다항식 a와 b는 헤더 노드를 가진 단순 연결 원형 리스트이고, a와 b가 합산된
     다항식을 반환한다. */
   polyPointer startA, c, lastC;
   int sum, done = FALSE;
   startA = a;              /* record start of a */
   a = a→link;              /* skip header node for a and b*/
   b = b→link;
   c = getNode();           /* get a header node for sum */
   c→expon = -1; lastC = c;
   do {
      switch (COMPARE(a→expon, b→expon)) {
         case -1: /* a-expon < b-expon */
            attach(b→coef, b→expon, &lastC);
            b = b→link;
            break;
```

```
            case 0: /* a→expon = b→expon */
                if (startA == a) done = TRUE;
                else {
                   sum = a→coef + b→coef;
                   if (sum) attach (sum, a→expon, &lastC);
                   a = a→link; b = b→link;
                }
                break;
            case 1: /* a→expon > b→expon */
                attach(a→coef, a→expon, &lastC);
                a = a→link;
        }
    } while (!done);
    lastC→link = c;
    return c;
}
```

프로그램 4.15: 헤더 노드를 가진 원형 리스트로 표현된 두 다항식의 덧셈

4.4.5 요약

지금까지 해온 것을 검토해보자. 이제까지 단순 연결 리스트(singly linked list), 체인(chain), 단순 연결 원형 리스트(singly linked circular list)의 개념을 소개했다. 이러한 리스트들의 각 노드는 하나의 링크 필드와 적어도 하나 이상의 다른 필드를 포함하고 있다.

다항식을 다루는 데는 원형 리스트를 사용하는 것이 편리하다. 또한 *avail* 리스트에 대한 개념을 소개했는데, 이 리스트는 적어도 한 번 사용된 적이 있고 현재는 사용되지 않는 모든 노드들로 구성된다. *avail* 리스트와 함수 *getNode*, *retNode*, *cerase* 를 사용하면 상수 시간 내 원형 리스트를 제거할 수 있으며, 현재 사용되지 않는 모든 노드들을 재사용할 수 있다. 앞으로는 수행하고자 하는 연산 때문에 노드 구조와 리스트 표현에 더 많은 변형을 요구하는 많은 문제들을 살펴보겠다.

연습문제

1. 다항식 x의 계수와 지수로 구성된 n개의 순서쌍 $(coef_i, expon_i)(0 \le i < n)$을 읽어들이는 함수 *pread*를 작성하라. $expon_{i+1} > expon_i(0 \le i < n-2)$이고 $coef_i \ne 0(0 \le i$

< n)이라고 가정하자. 이 알고리즘이 O(n) 시간에 수행될 수 있음을 보이라.

2. a와 b가 두 다항식을 가리키는 포인터라 하자. 다항식의 곱셈 $d = a*b$를 계산하는 함수를 작성하라. 이때 a와 b를 바꾸지 말고 새로운 리스트 d를 생성하도록 하라. a와 b의 항수가 각각 n과 m일 때 이 함수는 O(nm^2) 또는 O(n^2m)에 수행될 수 있음을 보여라.

3. a를 어떤 다항식의 포인터라고 할 때, 어떤 실수 x에 대해 이 다항식의 값을 계산하는 함수 *peval*을 작성하라.

4. 다항식을 원형으로 표현해서 연습문제 1의 함수를 다시 작성하라.

5. 다항식을 원형으로 표현해서 연습문제 2의 함수를 다시 작성하라.

6. 다항식을 원형으로 표현해서 연습문제 3의 함수를 다시 작성하라.

7. §[프로그래밍 과제] 다항식들을 표현하고 관리하는 연결 할당 시스템(linked allocation system)을 설계하고 작성하라. 헤더 노드를 가진 원형 연결 리스트를 사용하고, 다항식의 각 항은 다음과 같은 구조를 가진 노드로 표현한다.

| coef | expon | link |

다항식을 효과적으로 제거하기 위해 이 절에서 설명한 가용 공간 리스트와 관련된 함수를 사용하라.

다음 함수들을 작성해서 시험해보라.

(a) [*pread*]. 다항식을 읽어들여 그것을 원형 표현으로 변환하고, 이 다항식의 헤더 노드의 포인터를 반환한다.
(b) [*pwrite*]. 명확하게 디스플레이할 수 있는 형식을 사용하여 다항식을 출력한다.
(c) [*padd*]. $c = a + b$를 계산한다. a와 b가 변하면 안 된다.
(d) [*psub*]. $c = a - b$를 계산한다. a와 b가 변하면 안 된다.
(e) [*pmult*]. $c = a \times b$를 계산한다. a와 b가 변하면 안 된다.
(f) [*eval*]. 어떤 실수 값 a에 대해서 다항식을 계산하며, 그 결과를 실수로 반환한다.
(g) [*perase*]. 원형 리스트로 표현된 다항식을 가용 공간 리스트에 반환한다.

4.5 추가 리스트 연산

4.5.1 체인 연산

때때로 단순 연결 리스트를 다루는 여러 가지 함수를 만들 필요가 있다. 가용 공간 리스트에서 새로운 노드를 가져오는 함수 *getNode*와 가용 공간 리스트에 노드를 반환하는 함수 *retNode*에 대해서는 이미 살펴보았다. 체인을 역순으로 만드는(inverting 혹은 reversing) 연산(프로그램 4.16)도 또 다른 유용한 함수이다. 이 루틴은 3개의 포인터를 적절히 이용하여 제자리(in place)에서 문제를 해결하기 때문에 특히 흥미롭다. 이 루틴은 다음과 같은 선언문을 사용한다.

```
typedef struct listNode *listPointer;
typedef struct {
        char data;
        listPointer link;
        } listNode;
```

이 함수의 동작을 이해하려면 최소한 공백 리스트, 길이가 1인 리스트, 길이가 2인 리스트에 대해 이 함수를 시험해보아야 한다. *length* 1개 이상의 노드를 가진 리스트에 대해서 **while** 루프가 *length*번 수행되므로 이 함수의 연산 시간은 선형적, 즉 O(*length*)이다.

```
listPointer invert(listPointer lead)
{ /* lead가 가리키고 있는 리스트를 역순으로 만든다. */
  listPointer middle, trail;
  middle = NULL;
  while (lead) {
    trail = middle;
    middle = lead;
    lead = lead→link;
    middle→link = trail;
  }
  return middle;
}
```

프로그램 4.16: 단순 연결 리스트를 역순으로 만드는 함수

또 다른 유용한 함수는 프로그램 4.17과 같이 2개의 체인 *ptr*1과 *ptr*2를 연결(concatenation)하는 것이다. 이 함수의 복잡도는 O(리스트 *ptr*1의 길이)이다. 이 함수는 새로운 리스트를 위한 공간을 추가로 할당하지 않으므로, *ptr*1이 연결된 리스트를 포함하게 된다.(*ptr*1을 변경하지 않는 연결 함수는 연습문제에서 다룬다.)

```
listPointer concatenate(listPointer ptr1, listPointer ptr2)
{ /* 리스트 ptr1 뒤에 리스트 ptr2가 연결된 새로운 리스트를 생성한다. ptr1이
     가리키는 리스트는 영구히 바뀐다.*/
  listPointer temp;
  /* check for empty lists */
  if (!ptr1) return ptr2;
  if (!ptr2) return ptr1;

  /* 두 리스트가 공백이 아니면 첫 번째 리스트의 끝을 탐색 */
  for (temp = ptr1; temp→link; temp = temp→link) ;

  /* 첫 번째 끝을 두 번째 시작에 연결 */
  temp→link = ptr2;
}
```
프로그램 4.17: 단순 연결 리스트의 연결

4.5.2 원형 연결 리스트 연산

그림 4.14와 같은 원형 리스트에 대해 살펴보자. 리스트의 마지막 노드에 대한 포인터 *last*를 유지함으로써 앞이나 뒤 양쪽에 쉽게 원소를 삽입할 수 있다. 포인터가 마지막 노드가 아니라 첫 번째 노드를 가리키게 한다면, 리스트 앞의 삽입은 마지막 노드에 있는 포인터가 이 새로운 첫 번째 노드를 가리키게 만들기 위해 마지막 노드를 찾을 때까지 리스트 길이 전체를 이동해야 한다. 프로그램 4.18은 원형 리스트의 앞에 노드를 삽입하는 코드를 보여주고 있다. 리스트 뒤에 삽입하기 위해서는 함수 *insertFront*(프로그램 4.18)에 있는 **else** 절에 **last = node*라는 명령문을 추가하기만 하면 된다.

원형 리스트에 관련된 간단한 함수의 또 다른 예로서 리스트의 길이를 계산하는 함수(프로그램 4.19)가 있다.

```
void insertFront(listPointer *last, listPointer node)
{ /* 리스트의 마지막 노드가 last인 원형 리스트의 앞에 노드를 삽입한다. */
  if (!(*last)) {
    /* 리스트가 공백일 경우, last가 새로운 항목을 가리키도록 변경시킨다. */
    *last = node;
```

```
            node→link = node;
        }
        else {
        /* 리스트가 공백이 아닌 경우, 리스트의 앞에 새로운 항목을 삽입시킨다. */
            node→link = (*last)→link;
            (*last)→link = node;
        }
}
```

프로그램 4.18: 리스트의 앞에 삽입

```
int length(listPointer last)
{ /* 원형 리스트 last의 길이를 계산한다. */
    listPointer temp;
    int count = 0;
    if (last) {
        temp = last;
        do {
            count++;
            temp = temp→link;
        } while (temp != last);
    }
    return count;
}
```

프로그램 4.19: 원형 리스트의 길이 계산

연습문제

1. 원형 연결 리스트에서 정수 *num*을 찾는 함수를 작성하라. 이 함수는 리스트에 *num*이 있으면 이 *num*을 포함하고 있는 노드를 가리키는 포인터를 반환하고, 그렇지 않으면 NULL을 반환한다.
2. 원형 연결 리스트에서 정수 *num*을 가지고 있는 노드를 삭제하는 함수를 작성하라. 이 함수는 먼저 *num*을 찾아야 한다.

3. 2개의 원형 리스트를 연결시키는 함수를 작성하라. 각 리스트에 대한 포인터는 마지막 노드를 가리키고 있다고 가정한다. 이 함수는 연결된 원형 리스트의 마지막 노드를 가리키는 포인터를 반환한다. 연결이 끝난 후 입력 리스트들은 별도로 존재하지 않는다. 이 함수의 시간 복잡도는 얼마인가?
4. 원형 리스트에서 포인터의 방향을 역순으로 만드는 함수를 작성하라.

4.6 동치 부류

지금까지 공부한 연결 표현과 순차 표현에 대한 개념들을 정리해서 대규모 집적 회로(VLSI)를 설계하고 제작할 때 일어나는 문제 해결에 적용해보자. 대규모 집적 회로의 제작 단계 중에는 일련의 마스크(mask)를 사용하여 실리콘 웨이퍼를 노출시키는 단계가 있다. 각 마스크는 몇 개의 다각형들로 구성되어 있는데, 전기적으로 겹쳐 있는 다각형들은 동치이며 전기적인 동치 관계는 마스크 다각형 간의 관계를 나타낸다. 이러한 관계는 표준 수학 등호와 같은 다른 동치 관계들과 공통되는 몇 가지 특성을 가지고 있다. 동치 관계는 기호 ≡로 나타내며, 다음과 같은 특성을 가지고 있다.

(1) 어떠한 다각형 x에 대해서도, $x \equiv x$가 성립한다. 즉, x는 자기 자신과 전기적으로 동치이다. 따라서 ≡는 반사적(reflexive)이다.
(2) 어떤 두 다각형 x, y에 대해서, 만일 $x \equiv y$이면 $y \equiv x$가 된다. 따라서 관계 ≡는 대칭적(symmetric)이다.
(3) 어떤 세 개의 다각형 x, y, z에 대해서, $x \equiv y$이고 $y \equiv z$이면 $x \equiv z$이다. 예를 들어 x와 y가 전기적으로 동치이고 y와 z가 또한 동치이면 x와 z도 전기적으로 동치이다. 따라서 관계 ≡는 이행적(transitive)이다.

정의: 집합 S에 대하여 관계 ≡가 대칭적·반사적·이행적이면, 관계 ≡를 집합 S에 대해 동치 관계(equivalence relation)라 한다. 그리고 그 역도 성립한다.

동치 관계의 예는 아주 많다. 예를 들면, 동일(=) 관계는 다음과 같은 이유로 동치 관계가 된다.

(1) $x = x$
(2) $x = y$이면 $y = x$
(3) $x = y$이고 $y = z$이면 $x = z$

동치 관계는 집합 S를 다음과 같은 성질을 만족하는 동치 부류(equivalence class)로 나누어놓는다. 즉, S의 두 원소 x와 y에 대하여 $x \equiv y$이면 x와 y는 같은 동치 부류에 속하며, 그 역도 성립한다. 예를 들어 0에서 11까지 번호를 붙인 12개의 다각형이 다음과 같이 쌍으로 겹쳐지면,

$$0 \equiv 4,\ 3 \equiv 1,\ 6 \equiv 10,\ 8 \equiv 9,\ 7 \equiv 4,\ 6 \equiv 8,\ 3 \equiv 5,\ 2 \equiv 11,\ 11 \equiv 0$$

동치 관계의 반사성·대칭성·이행성에 따라 이 12개의 다각형은 다음과 같은 동치 부류로 나누어진다.

$$\{0, 2, 4, 7, 11\};\ \{1, 3, 5\};\ \{6, 8, 9, 10\}$$

이러한 동치 부류들은 마스크의 정확성을 증명하는 데 사용하는 신호망(signal net)을 정의하므로 중요하다.

동치를 결정하는 알고리즘은 다음과 같이 두 단계로 수행된다. 첫 번째 단계에서는 **동치 쌍**(equivalence pairs) $<i, j>$를 읽어 기억한다. 두 번째 단계에서는 0에서부터 시작하여 0과 j가 같은 동치 부류에 속함을 나타내는 $<0, j>$ 형태의 모든 쌍을 찾는다. 이행성에 의하여 $<j, k>$ 형태의 쌍이 있으면, k도 0과 같은 동치 부류에 속하게 한다. 이러한 방식으로 0이 포함된 동치 부류의 모든 원소를 찾아 표시하고 출력한다. 그리고 남은 동치 부류에 대해서도 같은 방법으로 계속한다.

개략적인 알고리즘은 프로그램 4.20과 같다. m과 n은 각각 동치 쌍의 수와 객체의 수를 나타낸다고 하자. 먼저 이들 쌍을 저장하는 자료 구조를 결정해야 한다. 이를 위해 필요한 연산들을 살펴보자. 쌍 $<i, j>$는 0부터 $n-1$ 사이의 임의의 두 정수로 구성되므로, 배열 $pairs[n][m]$를 사용하면 쉽게 해결할 수 있다. 즉, 행 i는 입력 시 i와 직접 쌍을 이룬 모든 j 원소를 포함하게 만든다. 그러나 이 방법은 배열의 극히 일부 원소만 사용하게 되므로 공간의 낭비가 심하며, 새로운 쌍 $<i, k>$를 행 i에 넣기 위해서는 행 i 내의 빈 공간을 찾아야 되거나 추가 공간을 사용해야 되므로 많은 시간을 소모하게 된다.

```
void equivalence()
{
   initialize;
   while (there are more pairs) {
      read the next pair < i,j > ;
      process this pair;
   }
```

```
    initialize the output;
    do
        output a new equivalence class;
    while (not done);
}
```

프로그램 4.20: 1차 버전의 동치 알고리즘

따라서 각 행을 연결된 리스트를 표현하기로 하자. 이때 노드는 *data* 필드와 *link* 필드만으로 구성된다. 그러나 i 번째 행에 대한 임의 접근이 필요하므로, n 개의 리스트 헤더 노드를 저장하기 위한 1차원 배열 *seq*[n]을 사용한다. 알고리즘의 두 번째 단계에서는 어떤 객체 i가 이미 출력되었는지를 알려주는 방법이 필요하다. 이를 위해 배열 *out*[n]과 상수 *TRUE*와 *FALSE*를 사용한다. 보다 구체적인 내용은 프로그램 4.21에 기술되어 있다.

```
void equivalence()
{
    initialize seq to NULL and out to TRUE;
    while (there are more pairs) {
        read the next pair < i,j > ;
        put j on the seq[ i] list;
        put i on the seq[ j] list;
    }
    for (i = 0; i < n; i++)
        if (out[ i] ) {
            out[ i] = FALSE;
            output this equivalence class;
        }
}
```

프로그램 4.21: 더욱 정제된 동치 알고리즘

앞에서 사용된 데이터를 가지고 이 알고리즘을 실험해보자. **while** 루프가 끝난 뒤의 리스트는 그림 4.16과 같다. 각 동치 관계 $i \equiv j$에 대해 2개의 노드를 사용한다. *seq*[i]는 입력 시 i와 직접적으로 동치 관계에 있는 모든 숫자를 나타내는 노드들의 리스트를

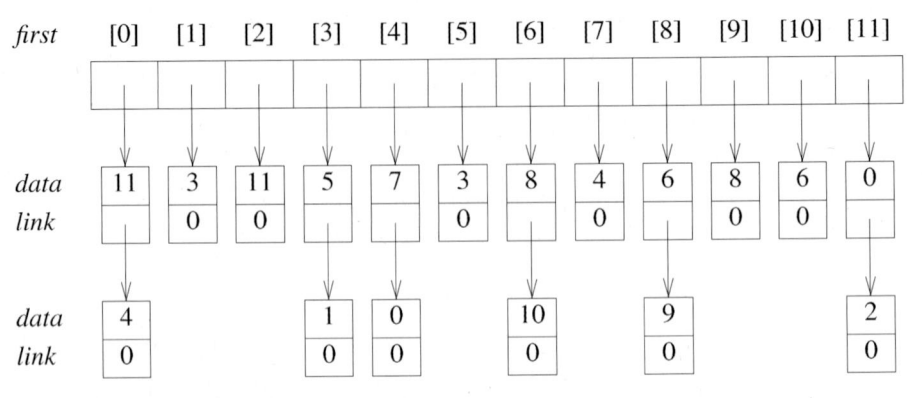

그림 4.16 쌍들이 입력된 뒤의 리스트

가리킨다.

　두 번째 단계에서는 $out[i]=TRUE$인 첫 번째 $i(0 \le i < n)$를 찾기 위하여 배열 seq를 탐색하고, 리스트 $seq[i]$의 각 원소들을 출력한다. 이행성에 의해서 i와 같은 부류에 속하는 나머지 리스트들을 처리하기 위하여, 이들의 노드들로 구성된 스택을 만든다. 이것은 $link$ 필드를 그들이 가리키던 방향과는 반대로 가리키도록 변경하여 만든다. 프로그램 4.22는 완전한 동치 알고리즘을 보여주고 있다.

```
#include < stdio.h >
#inlcude < alloc.h >
#define MAX_SIZE 24
#define FALSE 0
#define TRUE 1
typedef struct node *nodePointer;
typedef struct {
        int data;
        nodePointer link;
        } node;
void main(void)
{
```

```c
short int out[MAX_SIZE];
nodePointer seq[MAX_SIZE];
nodePointer x,y,top;
int i,j,n;

printf("Enter the size (<= %d) ", MAX_SIZE);
scanf("%d", &n);
for (i = 0; i < n; i++) {
/* seq와 out을 초기화 */
   out[i] = TRUE;  seq[i] = NULL;
}

/* 단계 1: 동치 쌍들을 입력 */
printf("Enter a pair of numbers (-1 -1 to quit): ");
scanf("%d%d", &i, &j);
while (i >= 0) {
   MALLOC(x, sizeof(*x));
   x→data = j; x→link = seq[i] ; seq[i] = x;
   MALLOC(x, sizeof(*x));
   x→data = i; x→link = seq[j] ; seq[j] = x;
   printf("Enter a pair of numbers (-1 -1 to quit): ");
   scanf ("%d%dW,&i,&j);
}

/* 단계 2: 동치 부류들을 출력 */
for (i = 0; i < n; i++)
   if (out[i]) {
      printf("\nNew class: %5d", i);
      out[i] = FALSE;          /* 부류들을 FALSE로 설정 */
      x = seq[i]; top = NULL;   /* 스택을 초기화 */
      for (;;) { /* 나머지 부류 찾기 */
         while (x) {    /* 리스트 처리 */
            j = x→data;
```

```
            if (out[ j] ) {
              printf("%5d", j);    out[ j] = FALSE;
              y = x→link; x→link = top; top = x; x = y;
            }
            else x = x→link;
          }
          if (!top) break;
          x = seq[ top→data] ; top = top→link; /* 스택에서 제거 */
        }
      }
}
```

프로그램 4.22: 동치 부류를 찾는 프로그램

동치 프로그램의 분석: seq 와 out 의 초기화 작업은 $O(n)$ 시간이 걸린다. 단계 1에서 동치 쌍들을 입력하는 데에는 각 쌍마다 상수 시간이 걸린다. 따라서 입력 쌍의 수가 m이라고 하면, 단계 1의 전체 연산 시간은 $O(m + n)$이 된다. 단계 2에서 각 노드는 연결 스택에 기껏해야 한 번씩 들어간다. 그리고 단지 $2m$개의 노드만 있고 **for** 루프는 n번 실행되므로, 이 단계의 연산 시간은 $O(m + n)$이다. 따라서 전체 연산 시간은 $O(m + n)$이 된다. 동치 관계를 처리하는 어떤 알고리즘도 m개의 동치 쌍과 n개의 다각형들을 최소한 한 번씩은 조사해야 하므로, 연산 시간이 $O(m + n)$보다 적은 알고리즘은 있을 수 없다. 따라서 이 동치 알고리즘은 상수 인수 내에서 최적이라고 할 수 있다. 그러나 이 알고리즘이 필요로 하는 공간도 $O(m + n)$이다. 5장에서는 $O(n)$의 공간만을 사용하는 다른 알고리즘을 살펴보겠다. □

4.7 희소 행렬

4.7.1 희소 행렬 표현

2장에서 희소 행렬의 0이 아닌 항만을 표현하면 연산 시간과 공간을 절약할 수 있음을 살펴보았다. 0이 아닌 항들이 삼각형이나 띠(밴드)와 같이 표현하기 '좋은' 형태를 갖지 않는 경우 각 항을 3개의 필드 즉, *row*, *column*, *value*를 가진 노드로 나타내고 이 노드들을 순차적으로 구성하는 순차적 기법을 사용하였다. 그러나 덧셈, 뺄셈, 곱셈과 같은 행렬 연산을 수행할 때, 0이 아닌 항들의 수가 가변적이 되므로 다항식의 경우와 같이 일부 계산 결과를 나타내는 행렬을 생성하였다가 나중에 다른 행렬의 기억 공간을 위해 이를 제거하였다. 따라서 희소 행렬을 순차적인 표현으로 나타내는 것은 다항식의 표현에 있어서와 마찬가지로 부적절하였다. 이 절에서는 희소 행렬의 연결 리스트 표현에 대해 살펴보겠다. 앞에서 살펴본 바와 같이, 연결 리스트는 가변 크기의 구조를 효율적으로 나타낼 수 있으며, 희소 행렬에 대해서도 똑같은 장점을 갖는다.

여기서는 데이터를 표현하기 위해 희소 행렬의 각 열을 헤더 노드가 있는 원형 연결 리스트로 표현한다. 희소 행렬의 각 행에 대해서도 같은 방법으로 표현한다. 각 노드에는 헤더 노드와 엔트리 노드를 나타내기 위한 tag 필드가 있다. 각 헤더 노드는 추가로 3개의 필드 즉, *down*, *right*, *next*[그림 4.17(a)]를 가지고 있다. *down* 필드는 열 리스트로 연결하는 데 사용하고, *right* 필드는 행 리스트로 연결하는 데 사용하며, *next* 필드는 헤더 노드들을 서로 연결하는 데 사용한다. 행 i에 대한 헤더 노드와 열 i에 대한 헤더 노드는 동일하므로, 헤더 노드의 총 수는 max{행의 수, 열의 수}가 된다.

각 엔트리 노드는 tag 필드 외에 5개 필드 즉, *row*, *col*, *down*, *right*, *value*[그림 4.179(b)]를 가지고 있다. *down* 필드는 같은 열에서 0이 아닌 다음 항을 연결하는 데 사용하고, *right* 필드는 같은 행에서 0이 아닌 다음 항을 연결하는 데 사용한다. 따라서 만약 $a_{ij} \neq 0$이면 tag = entry, value = a_{ij}, row = i, col = j인 노드가 존재한다. 이 노드는 행 i와 열 j에 대한 원형 연결 리스트에 연결된다. 그러므로 이 노드는 2개의 상이한 리스트에 동시에 연결된다.

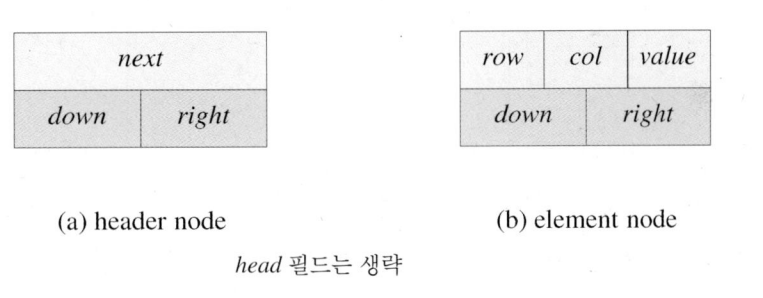

(a) header node (b) element node

head 필드는 생략

그림 4.17 희소 행렬을 위한 노드 구조

앞에서 언급한 바와 같이, 각 헤더 노드는 3개의 리스트 즉, 행 리스트, 열 리스트, 그리고 헤더 노드 리스트 사이에 있다. 그림 4.17(b)와 같이 헤더 노드 리스트도 엔트리 노드와 똑같은 구조의 헤더 노드를 갖는데, 이 노드의 *row*와 *col* 필드는 행렬의 크기를 저장하는 데 사용된다.

그림 4.18과 같은 희소 행렬 *a*를 생각해보자. 그림 4.19는 이 행렬의 연결 표현을

$$\begin{bmatrix} 2 & 0 & 0 & 0 \\ 4 & 0 & 0 & 3 \\ 0 & 0 & 0 & 0 \\ 8 & 0 & 0 & 1 \\ 0 & 0 & 6 & 0 \end{bmatrix}$$

그림 4.18 5 × 4 희소 행렬 a

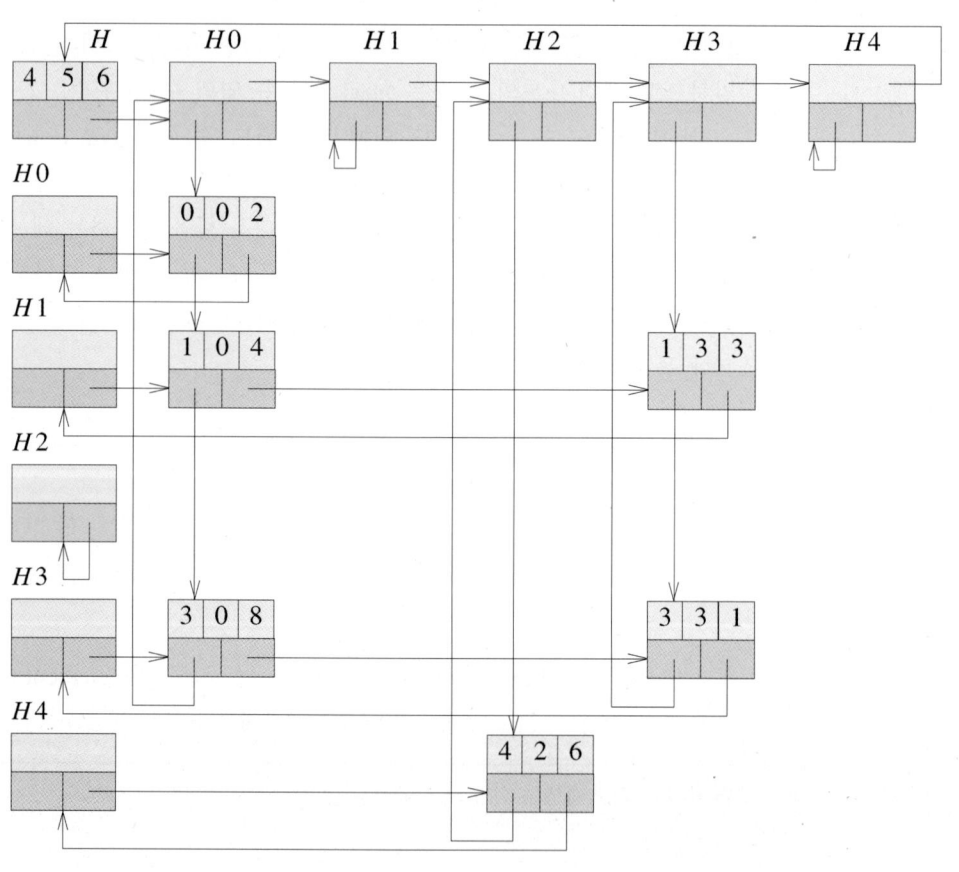

그림 4.19 그림 4.18의 희소 행렬의 연결 표현(노드의 head 필드는 생략되어 있음)

보여주고 있다. tag 필드의 값은 생략되어 있지만, 이들의 값은 노드 구조로부터 쉽게 알 수 있다. 이때 a의 0이 아닌 각 항은 하나의 행 리스트와 하나의 열 리스트로 연결된 하나의 엔트리 노드로 나타낸다. 헤더 노드는 *H*0에서 *H*4까지로 표시되고, 이 그림에서 볼 수 있는 것과 같이 헤더 노드 리스트의 헤더 노드에 있는 *right* 필드는 헤더 노드 리스트로 연결하는 데 사용된다. 헤더 노드 리스트의 헤더 노드인 *a*를 통해 전체 행렬을 참조할 수 있음에 주목하라.

0이 아닌 *numTerms*개의 항을 가진 *numRows* × *numCols* 행렬을 표현하기 위해서는 max{*numRows*, *numCols*} + *numTerms* + 1개의 노드가 필요하다. 각 노드가 몇 개의 메모리 워드를 필요로 할지라도 *numTerms*가 아주 작은 경우에는 총 저장 공간 크기는 *numRows* × *numCols* 보다 작을 것이다.

이 표현을 위해서는 상이한 두 종류의 노드가 필요하므로 **union**을 사용하여 적절한 자료 구조를 생성한다. 필요한 C 선언은 다음과 같다.

```
#define MAX_SIZE 50      /* 최대 행렬 크기 */
typedef enum { head, entry } tagfield;
typedef struct matrixNode *matrixPointer;
typedef struct {
        int row;
        int col;
        int value;
        } entryNode;
typedef struct {
        matrixPointer down;
        matrixPointer right;
        tagfield tag;
        union {
            matrixPointer next;
            entryNode entry;
            } u;
        } matrixNode;
matrixPointer hdnode[MAX_SIZE];
```

4.7.2 희소 행렬 입력

구현해야 될 첫 번째 연산은 희소 행렬을 읽어서 이것의 연결된 표현을 생성하는 것이다. 첫 번째 입력 라인은 행의 수(*numRows*), 열의 수(*numCols*), 그리고 0이 아닌 항의 수

	[0]	[1]	[2]
[0]	5	4	6
[1]	0	0	2
[2]	1	0	4
[3]	1	3	3
[4]	3	0	8
[5]	3	3	1
[6]	4	2	6

그림 4.20 희소 행렬의 입력 예

(*numTerms*)이며, 다음 *numTerms*개의 입력 라인은 *row*, *col*, *value*의 형태로 구성되었다고 가정하자. 이 입력 라인은 행 우선으로, 행 내에서는 열 우선으로 정렬되어 있다고 가정한다. 예를 들어 그림 4.20은 그림 4.18의 5 × 4 행렬의 입력을 보여주고 있다.

입력을 위해서 보조 배열 *hdnode*를 사용하는데, 이 배열의 크기는 적어도 입력될 행렬의 가장 큰 차원의 크기라고 가정한다. 변수 *hdnode*[*i*]는 열 *i*와 행 *i*에 대한 헤더 노드를 가리키는 포인터이다. 이것은 입력 행렬을 구성하는 동안 임의의 열을 효과적으로 접근할 수 있도록 한다. 함수 *mread*(프로그램 4.23)는 먼저 모든 헤더 노드를 구성하고 난 뒤에 각 행 리스트와 열 리스트를 동시에 구성한다. 헤더 노드 *i*의 *next* 필드는 초기에는 열 *i*의 마지막 노드를 추적하는 데 사용되고, 함수의 마지막 **for** 루프에서 이 필드를 통해 헤더 노드들을 연결한다.

```
matrixPointer mread(void)
{ /* 행렬을 읽어 연결 표현으로 구성한다.  전역 보조 배열 hdnode가 사용된다. */
   int numRows, numCols, numTerms, numHeads, i;
   int row, col, value, currentRow;
   matrixPointer temp,last,node;

   printf("Enter the number of rows, columns
                    and number of nonzero terms: ");
   scanf("%d%d%d", &numRows, &numCols, &numTerms);
   numHeads = (numCols > numRows) ? numCols: numRows;
   /* 헤더 노드 리스트에 대한 헤더 노드를 생성한다. */
   node = newNode(); node→tag = entry;
```

```c
      node→u.entry.row = numRows;
      node→u.entry.col = numCols;

   if (!numHeads) node→right = node;
   else {  /* 헤더 노드들을 초기화한다. */
      for (i = 0; i < numHeads; i++) {
         temp = newNode;
         hdnode[ i] = temp; hdnode[ i]→tag = head;
         hdnode[ i]→right = temp; hdnode[ i]→u.next = temp;
      }
      currentRow = 0;
      last = hdnode[ 0] ;  /* 현재 행의 마지막 노드 */
      for (i = 0; i < numTerms; i++) {
         printf("Enter row, column and value: ");
         scanf("%d%d%d", &row,&col,&value);
         if (row > currentRow) {  /* 현재 행을 종료함. */
            last→right = hdnode[ currentRow] ;
            currentRow = row; last = hdnode[ row] ;
         }
         MALLOC(tem, sizeof(*temp));
         temp→tag = entry;  temp→u.entry.row = row;
         temp→u.entry.col = col;
         temp→u.entry.value = value;
         last→right = temp; /* 행 리스트에 연결 */
         last = temp;
         /* 열 리스트에 연결 */
         hdnode[ col]→u.next→down = temp;
         hdnode[ col]→u.next = temp;
      }
      /* 마지막 행을 종료함 */
      last→right = hdnode[ currentRow] ;
      /* 모든 열 리스트를 종료함 */
      for (i = 0; i < numCols; i++)
```

```
                hdnode[ i ]→u.next→down = hdnode[ i ];
            /* 모든 헤더 노드들을 연결함 */
            for (i = 0; i < numHeads-1; i++)
                hdnode[ i ]→u.next = hdnode[ i+1 ];
            hdnode[ numHeads-1 ]→u.next = node;
            node→right = hdnode[ 0 ];
        }
        return node;
}
```

프로그램 4.23: 희소 행렬 입력

*mread*의 분석: *MALLOC*은 상수 시간 내 동작하므로 모든 헤더 노드를 O(max{*numRows*, *numCols*}) 내에 구성할 수 있다. 변수 *last*는 현재 행을 기억하고 변수 *next*는 현재 열을 기억하므로, 0이 아닌 각 항들을 일정 시간 내에 만들 수 있다. 따라서 엔트리 노드를 입력받아 연결하는 **for** 루프는 단지 O(*numTerms*)의 연산 시간이 필요하다. 그러므로 총 연산 시간은 다음과 같다.

$$O(\max\{numRows, numCols\} + numTerms)$$
$$= O(numRows + numCols + numTerms).$$

이것은 2차원 배열을 사용한 *numRows* × *numCols* 행렬의 입력 시간인 O(*numRows* × *numCols*)보다는 좋으나, 2.5절에서 사용한 순차적 방법보다는 약간 나쁘다. □

4.7.3 희소 행렬 출력

희소 행렬의 내용을 그림 4.20과 비슷한 형태로 출력한다고 하자. 함수 *mwrite*(프로그램 4.24)는 이 연산을 구현한 것이다.

```
void mwrite(matrixPointer node)
{   /* 행렬을 행 우선으로 출력한다. */
    int i;
    matrixPointer temp, head = node→right;
    /* 행렬의 차원 */
    printf("\n numRows = %d, numCols = %d \n",
                node→u.entry.row, node→u.entry.col);
```

```c
    printf(" The matrix by row, column, and value: \n\n");
    for (i = 0; i < node→u.entry.row; i++) {
    /* 각 행에 있는 엔트리들을 출력 */
        for (temp = head→right; temp ! = head;
                                            temp = temp→right)
            printf("%5d%5d%5d \n", temp→u.entry.row,
                    temp→u.entry.col, temp→u.entry.value);
        head = head→u.next;   /* 다음 행 */
    }
}
```

프로그램 4.24: 희소 행렬의 출력

mwrite 의 분석: 함수 *mwrite* 에서는 2개의 **for** 루프가 사용되며, 바깥 **for** 루프의 반복횟수는 *numRows* 이고, 임의의 행 *i* 에 대해 안쪽 **for** 루프의 반복 횟수는 행 *i* 의 엔트리 수와 같다. 그러므로 *mwrite* 함수의 연산 시간은 O(*numRows* + *numTerms*)가 된다. □

4.7.4 희소 행렬 삭제

끝으로 희소 행렬의 모든 노드를 시스템의 메모리로 반환하는 알고리즘을 살펴보자. 가용 공간 리스트(4.4절 참조)를 이용하여 더 빠른 알고리즘을 구성할 수 있지만, 여기에서는 함수 *free* 를 사용하여 한 번에 한 노드씩 반환한다. 함수 merase(프로그램 4.25)는 이 삭제 연산을 구현한 것이다.

```c
void merase(matrixPointer *node)
{ /* 행렬을 삭제하고, 노드들을 히프로 반환한다. */
    matrixPointer x,y, head = (*node)→right;
    int i, numHeads;
    /* 엔트리 노드와 헤더 노드들을 행 우선으로 반환한다. */
    for (i = 0; i < (*node)→u.entry.row; i++) {
        y = head→right;
        while (y ! = head) {
            x = y;  y = y→right; free(x);
        }
        x = head; head = head→u.next; free(x);
```

```
        }
        /* 나머지 헤더 노드들을 반환한다. */
        y = head;
        while (y ! = *node) {
           x = y; y = y→u.next; free(x);
        }
        free(*node); *node = NULL;
}
```

프로그램 4.25: 희소 행렬의 삭제

merase 의 분석: 먼저 함수 merase 는 함수 mwrite 와 비슷한 중첩 루프 구조를 사용하여 엔트리 노드들과 행의 헤더 노드들을 시스템 메모리로 반환한다. 따라서 중첩 루프의 연산 시간은 O(numRows + numTerms)가 된다. 나머지 헤더 노드들을 삭제하는 데 걸리는 시간은 O(numRows + numCols)가 된다. 그러므로 함수 merase 의 연산 시간은 O(numRows + numCols + numTerms)가 된다. □

연습문제

1. 희소 행렬 a와 b가 있을 때, 희소 행렬 $d = a + b$를 생성하는 함수 madd를 작성하라. 행렬 a와 b를 변경시키지 않고 새로운 행렬 d를 만들어야 한다. 만약 a와 b가 각각 $numTerms_a$개와 $numTerms_b$개의 0이 아닌 항을 가진 $numRows \times numCols$ 행렬이라면, 이 덧셈을 $O(numRows + numCols + numTerms_a + numTerms_b)$ 시간 내에 수행할 수 있음을 보여라.

2. 희소 행렬 a와 b가 있을 때, 희소 행렬 $d = a*b$를 만드는 함수 mmult를 작성하라. 만약 a가 $numTerms_a$개의 0이 아닌 항을 가진 $numRows_a \times numCols_a$ 행렬이고, b가 $numTerms_b$개의 0이 아닌 항을 가진 $numRows_b \times numCols_b$ 행렬이라면, d의 연산 시간이 $O(numCols_b \times numTerms_a + numRows_a \times numTerms_b)$임을 보이라. 이때 d를 $O(\min\{numCols_b \times numTerms_a, numRows_a \times numTerms_b\})$ 시간 내에 계산할 수 있는 방법이 있는가?

3. (a) 삭제된 리스트를 시스템 메모리로 반환하지 않고 가용 공간 리스트에 두도록 함수 merase를 다시 작성하라.
   (b) 새로운 노드를 얻을 때, 처음에는 시스템 메모리 대신 가용 공간 리스트로부터 할당받도록 하는 함수 mread를 다시 작성하라.

4. 희소 행렬 a로부터 전치 행렬 $b = a^T$를 생성하는 함수 *mtranspose*를 작성하라. 이 함수의 연산 시간은 얼마인가?
5. 희소 행렬을 복사하는 함수를 설계하라. 이 함수의 연산 시간은 얼마인가?
6. §[프로그래밍 과제] 연결 리스트 표현을 사용하여 희소 행렬에 대해 산술 연산을 수행할 수 있는 완전한 연결 리스트 시스템을 구현하고자 한다. 사용자에게 친숙한 메뉴 방식으로 다음과 같은 연산을 수행하는 시스템을 개발하라.(행렬의 이름은 단지 예일 뿐이며, 함수는 적절한 매개변수들을 사용해야 한다.)
   (a) *mread*. 희소 행렬을 읽기.
   (b) *mwrite*. 희소 행렬의 내용을 출력.
   (c) *merase*. 희소 행렬을 삭제.
   (d) *madd*. 희소 행렬 $d = a + b$를 생성.
   (e) *mmult*. 희소 행렬 $d = a*b$를 생성.
   (f) *mtranspose*. 희소 행렬 $b = a^T$를 생성.

4.8 이중 연결 리스트

지금까지 우리는 체인과 단순 연결 선형 리스트에 대해서 공부했다. 그러나 어떤 문제들에 대해서 이들은 너무 제한적이다. 이런 리스트들에 대한 하나의 어려운 문제는, 현재 우리가 특정 노드(예로 p)에 있을 때, 단순히 연결(링크) 방향으로만 이동할 수 있다는 것이다. p의 전위 노드를 찾아내려면 리스트의 처음부터 시작하는 수밖에 없다. 단순 연결 리스트에서 임의의 노드에 대한 삭제 연산을 수행할 때도 같은 문제가 발생한다. 예제 4.4에서 보듯이 임의의 노드에 대한 삭제를 쉽게 하려면 전위 노드를 알아야만 한다. 그러므로 포인터를 양 방향으로 이동해야 할 필요가 있거나 임의의 노드를 삭제해야 되는 문제에 대해서는, 이중 연결 리스트(doubly linked list)를 사용하는 것이 편리하다. 이제 각 노드는 하나는 전방, 하나는 후방으로 연결하는 두 개의 링크 필드를 가지고 있다.

이중 연결 리스트의 각 노드는 적어도 3개의 필드, 즉 왼쪽 링크 필드(*llink*), 데이타 필드(*data*), 그리고 오른쪽 링크 필드(*rlink*)를 가진다. 이를 위해 다음과 같은 선언이 필요하다.

```
typedef struct node *nodePointer;
typedef struct {
        nodePointer llink;
        element data;
        nodePointer rlink;
        } node;
```

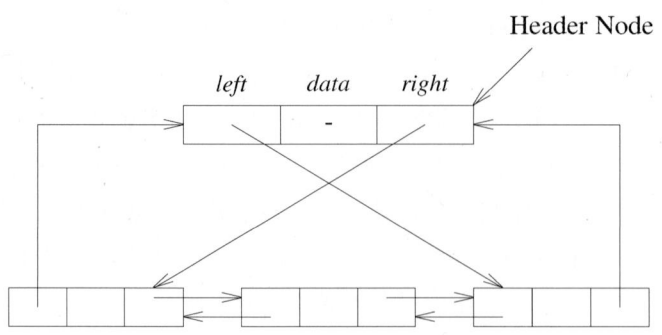

그림 4.21 헤더 노드를 가진 이중 연결 원형 리스트

이중 연결 리스트는 원형 구조일 수도 있고 아닐 수도 있다. 그림 4.21은 3개의 노드를 가진 이중 연결 원형 리스트(doubly linked circular list)의 예를 보여주고 있는데, 3개의 노드 외에 헤더 노드가 첨가되어 있다. 앞 절과 마찬가지로 헤더 노드는 연산을 더욱 쉽게 수행할 수 있게 해주며, 헤더 노드의 데이타 필드는 통상 아무런 정보도 포함하지 않는다. 이중 연결 리스트에서 ptr가 임의의 노드를 가리키고 있다면, 다음과 같은 관계가 성립한다.

$$ptr = ptr \rightarrow llink \rightarrow rlink = ptr \rightarrow rlink \rightarrow llink$$

이 식은 이중 연결 원형 리스트의 핵심적인 특징, 즉 전위 노드나 후위 노드로 쉽게 이동할 수 있다는 것을 나타낸다. 공백 리스트는 그림 4.22와 같이 항상 헤더 노드를 가지므로 실제로는 공백 상태가 아니다.

이런 리스트들을 사용하기 위해서는 노드의 삽입과 삭제가 가능해야 하는데, 이중 연결 리스트에 삽입하는 작업은 매우 쉽다. 2개의 노드, *node*와 *newnode*가 있고 *node*는 리스트의 헤더 노드이거나 내부 노드라고 하자. 함수 *dinsert*(프로그램 4.26)는 상수 시간에 삽입 연산을 수행한다.

그림 4.22 헤더 노드를 가진 공백 이중 연결 리스트

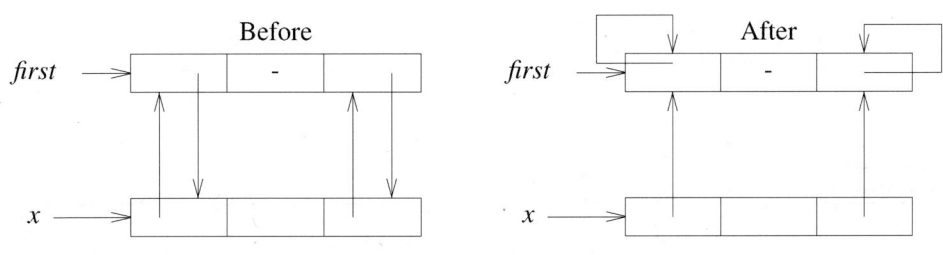

그림 4.23 이중 연결 원형 리스트에서의 삭제

```
void dinsert(nodePointer node, nodePointer newnode)
{ /* newnode를 node의 오른쪽에 삽입 */
    newnode→llink = node;
    newnode→rlink = node→rlink;
    node→rlink→llink = newnode;
    node→rlink = newnode;
}
```
프로그램 4.26: 이중 연결 원형 리스트에 삽입

이중 연결 리스트에서의 삭제도 마찬가지로 쉽다. 함수 *ddelete*(프로그램 4.27)는 노드가 가리키고 있는 리스트로부터 *deleted* 노드를 삭제한다. 이 삭제 연산은 삭제될 노드의 전위 노드의 링크 필드(*deleted*→*llink*→*rlink*)와 후위 노드의 링크 필드(*deleted*→*rlink*→*llink*)를 변경하기만 하면 된다. 그림 4.23은 하나의 노드를 가진 이중 연결 리스트에서의 삭제를 보여주고 있다.

```
void ddelete(nodePointer node, nodePointer deleted)
{ /* 이중 연결 리스트에서 삭제 */
    if (node = = deleted)
        printf("Deletion of head와 node not permitted.\n");
    else {
        deleted→llink→rlink = deleted→rlink;
        deleted→rlink→llink = deleted→llink;
        free(deleted);
```

           }
    }

프로그램 4.27: 이중 연결 원형 리스트에서의 삭제

연습문제

1. 그림 4.21과 같은 이중 연결 리스트에서, 두 번째 노드와 세 번째 노드 사이에 새로운 노드를 삽입한 경우 삽입된 리스트의 모습을 보여라. 영향을 받은 노드들의 필드에 이름을 붙여 함수 *dinsert*의 각 명령문이 어떻게 실행되는지 보이라. 예를 들어, *newnode*→*llink*, *newnode*→*rlink*, *node*→*rlink*→*llink* 등에 이름을 붙인다.

2. 연습문제 1을 반복하되, 리스트에서 두 번째 노드를 삭제하는 것으로 풀어라.

3. 삽입과 삭제를 리스트의 양쪽 끝에서 O(1) 시간에 할 수 있는 리스트 표현 방법을 고안해보라. 이러한 구조를 데크(deque)라고 한다. 리스트 양쪽 끝에 삽입과 삭제를 할 수 있는 함수를 작성하라.

4. 다음과 같이 정의된 XOR(exclusive OR, ⊕로 표기하기도 함) 연산을 고려하라(이진 수 i, j에 대해).

$$i \oplus j = \begin{cases} 0 & i \text{와 } j \text{가 같을 경우} \\ 1 & \text{그렇지 않을 경우} \end{cases}$$

이 정의는 다음과 같이 정의된 통상적인 OR 논리와는 다르다.

$$i \text{ OR } j = \begin{cases} 0 & \text{만약 } i = j = 0 \text{일 경우} \\ 1 & \text{그렇지 않을 경우} \end{cases}$$

이 정의는 i와 j가 이진 스트링인 경우에 확대 적용할 수 있다(즉 i, j의 해당 비트끼리 XOR을 적용한다). 예를 들면 $i = 10110$이고 $j = 01100$이면, $i \text{ XOR } j = i \oplus j = 11010$이다. 이때 다음에 주목하라.

$$a \oplus (a \oplus b) = (a \oplus a) \oplus b = b$$
$$(a \oplus b) \oplus b = a \oplus (b \oplus b) = a$$

이 표기법은 이중 연결 리스트의 오른쪽, 왼쪽 링크 저장을 위한 공간 절약 방법을 알려준다. 이제 노드는 단지 2개의 데이타 멤버, *data*와 *link*를 가지고 있다. 만약 l이 노드 x의 왼쪽이고 r이 오른쪽이라면, x ⟶ *link* = $l \oplus r$이다. 만일 x가 원형이 아닌 리스트의 제일 왼쪽 노드라면 $l = 0$, 제일 오른쪽 노드라면 $r = 0$이다. 각 노드

의 링크 필드가 그의 왼편과 오른편 노드의 주소를 배타적 or로 하는 새로운 이중 연결 리스트 클래스에 대해 다음 사항을 수행하라.

(a) 이중 연결 리스트를 왼쪽에서 오른쪽으로 순회하며 각 노드의 *data* 필드의 내용을 출력하는 함수를 작성하라.

(b) 리스트를 오른쪽에서 왼쪽으로 순회하며 각 노드의 *data* 필드의 내용을 출력하는 함수를 작성하라.

5 트리

5.1 개요

5.1.1 기본 용어

이 장에서는 매우 중요한 데이타 객체의 하나인 트리(tree)를 다루려고 한다. 트리(tree) 구조란, 정보의 항목들이 가지(branch)로 연결될 수 있게 데이타가 조직되는 것을 말한다. 이런 구조를 가장 손쉽게 볼 수 있는 경우는 계보를 조사할 때다. 계보 데이타를 다루는 데는 두 가지 형태의 가계표가 있다. 즉, 혈통표(pedigree chart)나 계보표(lineal chart)가 그것이다. 그림 5.1에 그 예가 있다.

그림 5.1(a)의 혈통표에는 어떤 사람, Dusty의 조상들을 보여주고 있다. 그의 부모는 Honey Bear와 Brandy이고, Brandy의 부모는 Coyote와 Nugget이며, 이들은 Dusty의 친조부모이다. 이 혈통표는 한 세대 더 거슬러올라 증조부모까지 계속된다. 이를 통해 근친 결혼에서는 예외이지만, 대부분의 경우 혈통표는 항상 두 방향으로만 가지를 뻗는다는 것을 알 수 있다. 근친 결혼의 경우 각 혈통이 분리되어 나열되지 않으면 혈통표는 트리 구조가 되지 않는다. 근친 결혼은 꽃이나 동물 계보에서 흔히 발생한다.

그림 5.1(b)에서 나타난 계보표는 사람과는 아무런 관계가 없지만 이 또한 가계표이다. 이 표는 현대 유럽 언어의 계통을 간결하게 보여주고 있다. 이것은 선조들로 거슬러 오르는 것이 아니라 자손들을 보여주는 표이므로, 한 개체가 여러 개의 가지를 칠 수 있다. 예를 들면, 라틴어는 서반아어, 불어, 이태리어의 조상이다. 고대 인도-유럽어는 기원전 5천 년경에 있었던 것으로 추정되는 선사시대 언어이다. 이 트리는 혈통표와 같이 규칙적이지는 않으나, 역시 트리 구조이다.

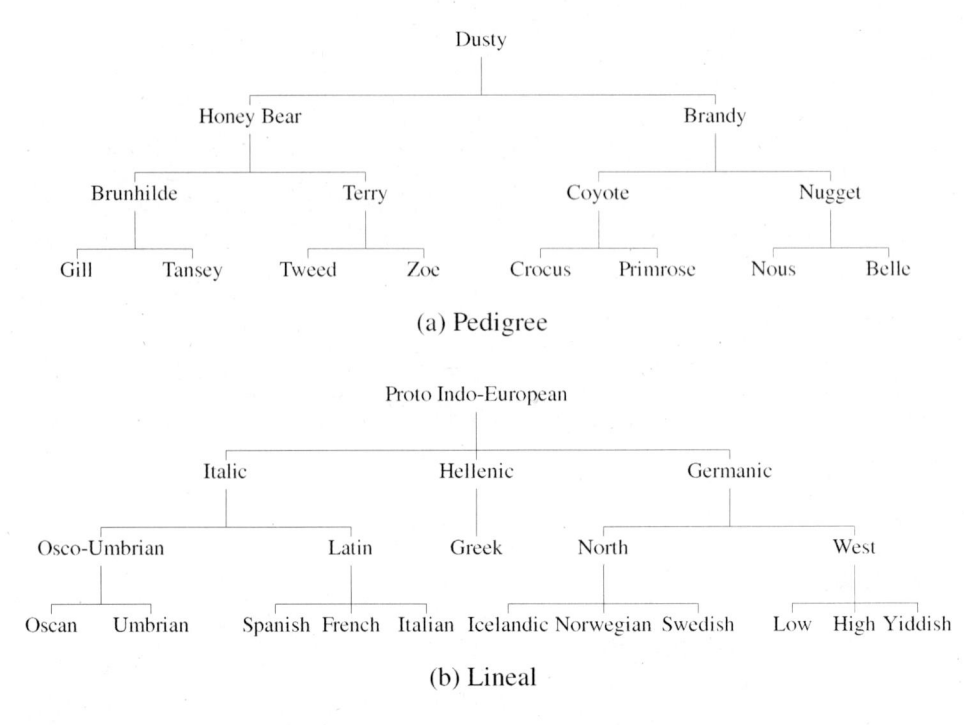

그림 5.1 가계표의 두 가지 형태

이 두 예로부터 시작하여 트리가 무엇을 의미하는지 공식적으로 정의해보자.

정의: 트리(tree)는 1개 이상의 노드로 이루어진 유한 집합으로서,

(1) 노드 중에는 루트(root)라는 노드가 하나 있고,
(2) 나머지 노드들은 $n(\geq 0)$개의 분리 집합 $T_1, \cdots, T_n$으로 분할될 수 있다. 여기서 $T_1,$ $\cdots, T_n$은 각각 하나의 트리이며 루트의 서브트리(subtree)라고 한다. □

이것은 순환적 정의라는 점을 유의하라. 그림 5.1을 보면 각 트리의 루트는 Dusty와 고대 인도-유럽어이다. 트리 (a)는 Honey Bear와 Brandy를 루트로 하는 2개의 서브트리를 가지고 있으며, 트리 (b)는 이태리어, 헬레니즘어, 게르만어를 루트로 하는 3개의 서브트리를 가지고 있다. 이때 $T_1, \cdots, T_n$이 서로 분리 집합이라는 것은 서로 연결될 수 없음을 말한다. 이는 트리의 각 원소들이 어떤 서브트리의 루트가 됨을 의미한다. 예를 들

면 오스코-움부리아어는 이태리어의 한 서브트리의 루트이고, 또 오스코-움부리아어 자신은 2개의 서브트리를 가지고 있는데 그들 각각의 루트는 오스코어와 움부리아어이다. 움부리아어는 서브트리가 없는 트리의 루트이다.

트리를 참조하는 데 사용되는 용어는 상당히 많다. 노드(node)란 한 정보 아이템에 다른 노드로 뻗어진 가지를 합친 것을 의미한다. 그림 5.2를 살펴보면 이 트리는 13개의 노드를 가지고 있는데, 각 데이타 아이템은 편의상 알파벳 한 글자로 표현되고 있다. 여기서 루트는 A인데, 보통 트리의 맨 꼭대기에 그린다.

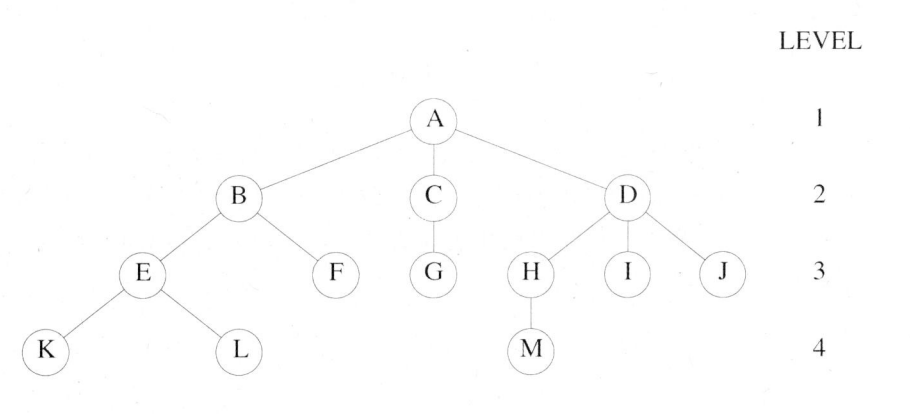

그림 5.2 샘플 트리

한 노드의 서브트리의 수를 그 노드의 차수(degree)라고 한다. A의 차수는 3이고, C의 차수는 1, F의 차수는 0이다. 차수가 0인 노드를 리프(leaf) 또는 단말 노드(terminal node)라 한다. $\{K, L, F, G, M, I, J\}$는 리프 노드들의 집합이다. 결과적으로, 그 이외 나머지 노드들을 비단말 노드(non-terminal node)라고 한다. 노드 X의 서브트리의 루트들은 X의 자식(children)이고, X는 그 자식들의 부모(parent)이다. D의 자식은 H, I, J이며, 부모는 A이다. 부모가 같은 자식들을 형제(sibling)라 하므로, H, I, J는 형제들이다. M의 조부는 D인데, 이런 것을 요구할 수 있도록 용어를 확장할 수 있다. 트리의 차수(degree of a tree)란 그 트리에 있는 노드의 최대 차수이다. 그림 5.2의 트리는 차수가 3이다. 한 노드의 조상(ancestors)이라 하면 루트에서부터 그 노드에 이르는 경로상에 있는 모든 노드들을 말한다. M의 조상들은 A, D, H이다.

노드의 레벨(level)은 루트의 레벨을 1로 정한 뒤에 정의된다(루트의 레벨을 0으로 정의하는 저자도 있다.). 만일 한 노드의 레벨이 l이면 그 자식의 레벨은 $l+1$이 된다. 그림 5.2는 트리의 모든 노드의 레벨을 보여주고 있다. 트리의 높이(height) 또는 깊이(depth)란 그 트리에 속한 노드의 최대 레벨로 정의된다. 따라서 그림 5.2의 트리는 깊이가 4이다.

5.1.2 트리의 표현
5.1.2.1 리스트 표현
그림 5.2에 나타난 트리 외에도 트리를 나타내는 방법에는 여러 가지가 있다. 한 가지 유용한 방법은 리스트이다. 그림 5.2의 트리는 다음과 같은 리스트로 표현할 수 있다.

$$(A\,(B\,(E\,(K,L),F),C\,(G),D\,(H\,(M),I,J)))$$

이 방법에서는 루트 노드 정보가 제일 먼저 나오고 서브트리들의 리스트가 그 다음에 나온다. 그림 5.2의 트리를 메모리 표현으로 보여준 것이 그림 5.3이다. 이 표현 방법을 이용하면 리스트를 다루기 위해 작성한 많은 일반 함수를 이용할 수 있다.

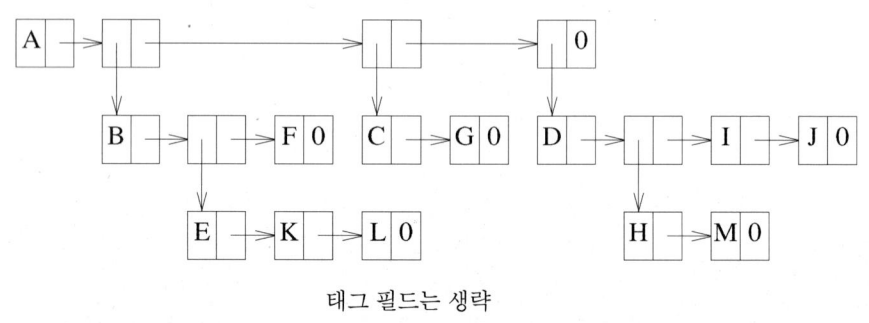

태그 필드는 생략

그림 5.3 그림 5.2 트리의 리스트 표현

여러 응용을 위해서 트리에만 적합한 표현 방법이 요구된다. 그 방법 중 한 가지는 트리 노드의 데이터와 그 노드의 자식들에 대한 포인터를 위한 필드를 가지고 있는 메모리 노드로 트리 노드를 표현하는 것이다. 각 트리 노드의 차수가 서로 다를 수 있으므로 포인터 필드의 수가 가변적인 메모리 노드를 사용해야 할 것이다. 그러나 노드 크기가 고

| DATA | CHILD 1 | CHILD 2 | ⋯ | CHILD k |

그림 5.4 차수가 k인 트리에 대한 노드 구조

정되는 것이 데이타 표현에 대한 알고리즘을 작성하는 데 용이하므로, 실제 트리 노드들을 표현하기 위해서는 일정 크기의 노드들만 사용한다. 차수가 k인 트리를 위해 그림 5.4와 같은 노드 구조를 사용할 수도 있다. 각 자식 필드는 서브트리를 가리키는 데 사용된다. 보조정리 5.1은 이러한 노드 구조가 공간의 낭비가 많음을 보여준다.

보조정리 5.1: 만일 T가 k-원 트리(차수가 k인 트리)로서 노드 수가 n이고 각 노드가 그림 5.4와 같은 고정 크기라면, nk개의 자식 필드 중 $n(k-1) + 1$개의 필드($n \geq 1$)는 0이다.

증명: 0이 아닌 자식 필드는 한 노드를 가리키며 루트가 아닌 노드에 대해 정확히 하나의 포인터만 존재하므로, n개의 노드를 갖는 트리에서 0이 아닌 자식 필드의 수는 정확히 $n-1$이다. n개의 노드를 갖는 차수 k인 트리에서 자식 필드의 개수는 nk이다. 그러므로 0인 필드의 수는 $nk-(n-1) = n(k-1) + 1$이다. □

트리 표현을 위해 노드 크기가 일정한 두 가지 표현 방법을 살펴보겠다. 이 두 표현 방법은 모두 각 노드마다 2개의 링크 필드 또는 포인터 필드를 필요로 한다.

5.1.2.2 왼쪽 자식-오른쪽 형제 표현

그림 5.5는 왼쪽 자식-오른쪽 형제(left child-right sibling) 표현으로 된 노드 구조를 보여주고 있다.

data	
left child	right sibling

그림 5.5 왼쪽 자식-오른쪽 형제 노드 구조

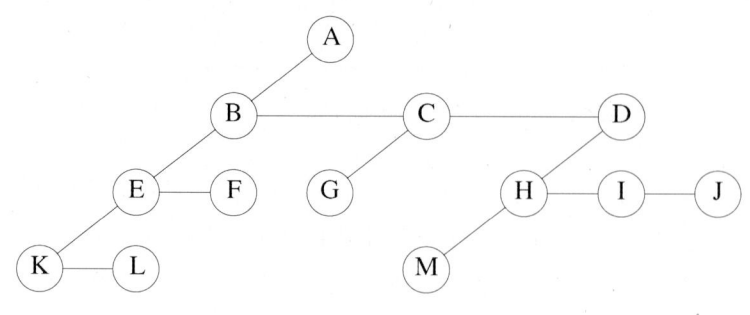

그림 5.6 그림 5.2 트리의 왼쪽 자식-오른쪽 형제 표현

그림 5.2의 트리를 이러한 표현으로 바꾸기 위해서는 모든 노드가 하나의 가장 왼쪽 자식과 하나의 가장 가까운 오른쪽 형제를 가진다는 점에 주목해야 한다. 그림 5.2에서 A의 가장 왼쪽 자식은 B이며 D의 가장 왼쪽 자식은 H이다. 또한 B의 가장 가까운 오른쪽 형제는 C이며 H의 가장 가까운 오른쪽 형제는 I이다. 엄밀히 말해서 트리에서 자식의 순서는 중요하지 않으므로, 자식들 중 어떤 것이든 가장 왼쪽에 올 수 있고 형제들 중 어떤 것이라도 가장 가까운 오른쪽 형제가 될 수 있다. 다만 명확성을 위해서 트리가 그려진 방법에 기초하였다. 각 노드의 왼쪽 자식(left child) 필드는 자식이 있는 경우 가장 왼쪽 자식을 가리키며 오른쪽 형제(right sibling) 필드는 오른쪽 형제가 있는 경우 가장 가까운 오른쪽 형제를 가리킨다. 편의상 트리가 구성된 대로 노드를 선택하기로 한다. 그림 5.6은 그림 5.2의 트리를 왼쪽 자식-오른쪽 형제 표현으로 다시 표현한 것이다.

5.1.2.3 차수-2인 트리 표현

트리를 차수-2인 트리로 만들기 위해서는 왼쪽 자식-오른쪽 형제 트리에 있는 오른쪽 형제 포인터를 45° 가량 시계방향으로 돌리면 된다. 그림 5.7은 차수-2인 트리를 보여주고 있다. 각 노드의 두 자식을 왼쪽 자식과 오른쪽 자식이라 한다. 이때 루트 노드의 오른쪽 자식은 공백이다. 루트는 형제를 가질 수 없기 때문에 항상 루트 노드의 오른쪽 자식은 공백이 된다. 그림 5.8은 왼쪽 자식-오른쪽 형제 트리와 왼쪽 자식-오른쪽 자식(또는 차수-2) 트리의 예를 보여주고 있다. 이 왼쪽 자식-오른쪽 자식 트리를 이진 트리(binary tree)라 한다.

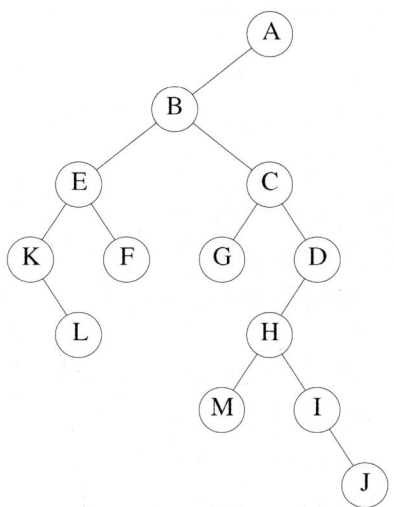

그림 5.7 그림 5.2 트리의 왼쪽 자식-오른쪽 자식 표현

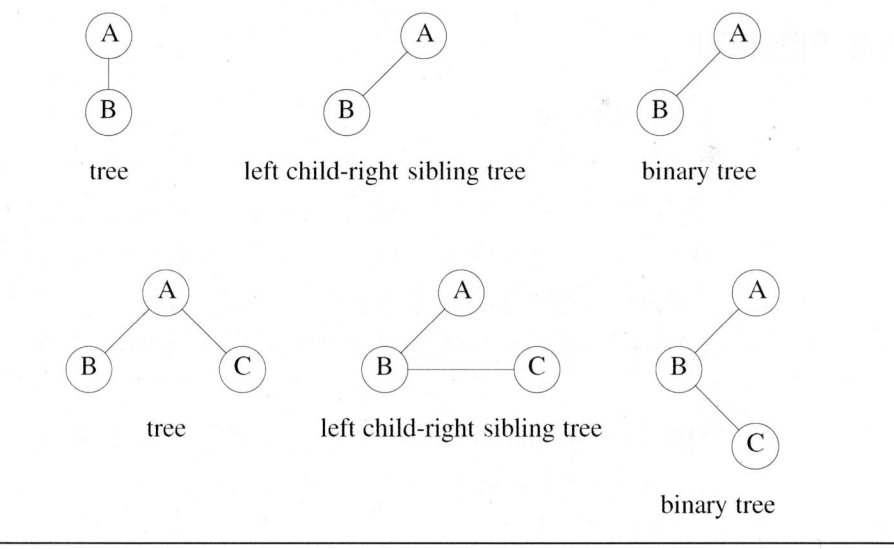

그림 5.8 트리 표현

연습문제

1. 범용 리스트로 표현된 트리(예로, (A (B (E (K, L), F), C(G), D(H(M), I, J))))를 입력하여 세 개의 필드, *tag*, *data*, *link* 를 갖는 노드를 사용한 내부 표현을 생성하는 함수를 작성하라.
2. 연습문제 1의 과정을 역으로 하여 트리에 대한 포인터를 취하고 이것을 범용 리스트로 출력하는 함수를 작성하라.
3. [프로그래밍 과제] 다음을 C 함수로 작성하라.

    (a) [read] 괄호가 있는 리스트를 입력하여 트리의 범용 리스트 표현을 생성한다.(그림 5.3 참조)
    (b) [copy] 트리를 범용 리스트로 표현된 다른 트리로 초기화한다.
    (c) [isequal] 범용 리스트로 표현된 두 트리가 동등한지를 검사한다.
    (d) [clear] 범용 리스트로 표현된 트리를 삭제한다.
    (e) [write] 괄호가 있는 리스트 표기법으로 표현된 트리를 출력한다.

    적절한 테스트 데이터로 작성된 함수의 정확성을 검사하라.

5.2 이진 트리

5.2.1 추상 데이터 타입

우리는 어떠한 트리도 이진 트리로 표현할 수 있음을 알았다. 실제로 이진 트리는 꽤 자주 볼 수 있는 중요한 트리 구조 중 하나이다. 이진 트리의 제일 큰 특성은 한 노드의 차수가 2보다 크지 않다는 점이다. 트리에서는 서브트리의 순서가 별 관계가 없지만 이진 트리에서는 왼쪽 서브트리와 오른쪽 서브트리를 구분한다. 또한 이진 트리는 0개의 노드를 가질 수 있다. 그러므로 이진 트리는 트리와 아주 다른 객체이다.

정의: 이진 트리(binary tree)는 공백이거나 루트와 왼쪽 서브트리, 오른쪽 서브트리라고 하는 2개의 분리된 이진 트리로 구성된 노드의 유한 집합이다. □

ADT 5.1은 이진 트리 자료 구조에 대한 명세이다. 이 명세는 이진 트리에 대한 최소한의 연산들을 정의한 것이며, 이들을 기반으로 다른 연산들을 구성할 수 있다.

ADT *Binary_Tree*(줄여서 *BinTree*)

objects: 공백이거나 루트 노드, 왼쪽 *Binary_Tree*, 오른쪽 *Binary_Tree* 로 구성되는 노드들의 유한 집합

functions:

모든 *bt,bt1,bt2* ∈ *BinTree, item* ∈ *element*

BinTree Create()	::=	공백 이진 트리를 생성
Boolean IsEmpty(*bt*)	::=	**if** (*bt* == 공백 이진 트리) **return** *TRUE* **else return** *FALSE*
BinTree MakeBT(*bt1, item, bt2*)	::=	왼쪽 서브트리가 *bt1*, 오른쪽 서브트리가 *bt2*, 루트는 데이터를 갖는 이진 트리를 **반환**
BinTree Lchild(*bt*)	::=	**if** (IsEmpty(*bt*)) **return** 에러 **else** *bt* 의 왼쪽 서브트리를 **반환**
element Data(*bt*)	::=	**if** (IsEmpty(*bt*)) **return** 에러 **else** *bt* 의 루트에 있는 데이터를 **반환**
BinTree Rchild(*bt*)	::=	**if** (IsEmpty(*bt*)) **return** 에러 **else** *bt* 의 오른쪽 서브트리를 **반환**

ADT 5.1: *Binary_Tree* 추상 데이타 타입

이진 트리와 일반 트리의 차이점을 자세히 살펴보자. 첫째, 일반 트리에서 0개의 노드를 가진 트리는 없으나 공백 이진 트리는 있다. 둘째, 일반 트리에서 자식의 순서를 구분하지 않으나 이진 트리에서는 자식의 순서를 구분한다. 그러므로 그림 5.9의 두 이진 트리는 서로 다른데, 첫 번째 것은 오른쪽 공백 서브트리를 가지고 있는 반면 두 번째 것은 왼쪽 공백 서브트리를 가지고 있기 때문이다. 이들을 일반 트리로 취급하는 경우 비록 모양은 약간 다르게 그려졌지만 똑같은 트리로 본다.

그림 5.9 상이한 두 이진 트리

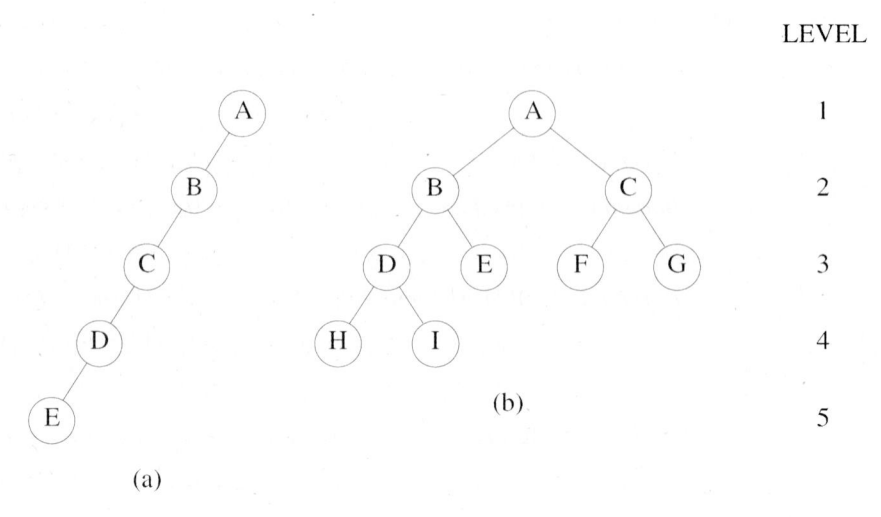

그림 5.10 편향 트리와 완전 이진 트리

그림 5.10은 2개의 특수한 이진 트리를 보여주고 있다. 트리 (a)는 편향 트리(skewed tree)로서 왼쪽으로 편향된 왼쪽 편향 트리인데, 이에 대응하는 오른쪽으로 편향된 오른쪽 편향 트리도 있다. 그림 5.10(b)의 트리를 완전 이진 트리(complete binary tree)라고 하는데, 나중에 다시 공식적으로 정의하기로 한다. 주의할 점은 모든 리프 노드들이 모두 두 인접 레벨에 있다는 점이다. 트리에 사용했던 차수, 레벨, 깊이, 루트, 리프, 부모, 자식 등과 같은 용어는 이진 트리에서도 그대로 적용된다.

5.2.2 이진 트리의 성질

이진 트리의 데이타 표현 방법을 살펴보기에 앞서 몇 가지를 관찰해보자. 특히 깊이가 k인 이진 트리에서 최대 노드 수와, 이진 트리에서 리프 노드 수와 차수-2인 노드 수와의 관계를 알아보자.

보조정리 5.2 [최대 노드 수]:

(1) 이진 트리의 레벨 i에서의 최대 노드 수는 $2^{i-1}(i \geq 1)$이다.

(2) 깊이가 k인 이진 트리의 최대 노드 수는 $2^k - 1(k \geq 1)$이다.

증명:
(1) 증명은 i에 대한 귀납법을 이용한다.

귀납 기초: 레벨 $i = 1$일 때는 루트만이 유일한 노드이다. 따라서 레벨 $i = 1$에서의 최대 노드 수는 $2^{i-1} = 2^0 = 1$이다.

귀납 가설: i를 1보다 큰 임의의 양의 정수라 하자. 레벨 $i-1$에서의 최대 노드 수는 2^{i-2}라고 가정한다.

귀납 과정: 귀납 가설에 의해 레벨 $i-1$의 최대 노드 수는 2^{i-2}이다. 이진 트리에서 각 노드의 최대 차수는 2이므로, 레벨 i의 최대 노드 수는 레벨 $i-1$에서의 최대 노드 수의 2배, 즉 2^{i-1}이다.

(2) 깊이가 k인 이진 트리의 최대 노드 수는 다음과 같다.

$$\sum_{i=1}^{k}(\text{레벨 } i \text{의 최대 노드 수}) = \sum_{i=1}^{k} 2^{k-1} = 2^k - 1 \quad \square$$

보조정리 5.3 [리프 노드 수와 차수-2인 노드 수와의 관계]:
공백이 아닌 모든 이진 트리 T에 대하여, n_0는 리프 노드 수, n_2는 차수가 2인 노드 수라고 하면 $n_0 = n_2 + 1$이다.

증명: n_1을 차수 1인 노드 수, n을 총 노드 수라고 하면, T에 있는 어떤 노드도 차수 2를 넘지 못하므로 다음 식이 성립한다.

$$n = n_0 + n_1 + n_2 \tag{5.1}$$

만일 이진 트리의 가지 수를 센다면 루트를 제외한 모든 노드들은 각기 자기에게 들어오는 가지가 하나씩 있음을 알게 된다. 만일 총 가지 수를 B라 하면 $n = B + 1$이 성립되며, 모든 가지들은 차수가 2 또는 1인 노드에서부터 뻗어나오므로 $B = n_1 + 2n_2$이란 식도 성립하게 된다. 그러므로 다음과 같은 식을 얻을 수 있다.

$$n = B + 1 = n_1 + 2n_2 + 1 \tag{5.2}$$

식 (5.1)에서 식 (5.2)를 빼고 항을 정리하면 다음 식을 얻을 수 있다.

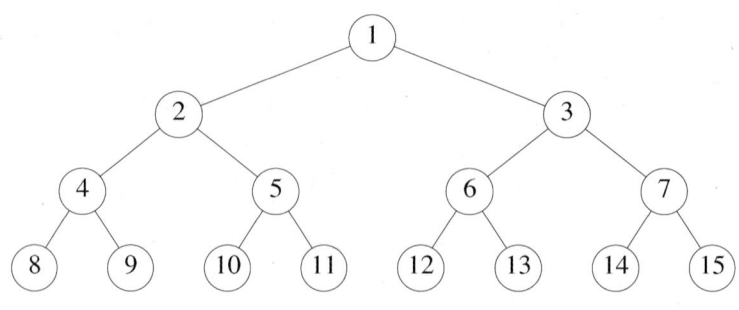

그림 5.11 순차적으로 노드 번호를 붙인 깊이 4의 포화 이진 트리

$$n_0 = n_2 + 1 \quad \Box$$

그림 5.10(a)에서는 $n_0 = 1$일 때 $n_2 = 0$, 그림 5.10(b)에서는 $n_0 = 5$일 때 $n_2 = 4$가 된다. 이제 포화 이진 트리와 완전 이진 트리를 정의하기로 하자.

정의: 깊이가 k인 포화 이진 트리(full binary tree)는 깊이가 k이고 노드 수가 $2^k - 1(k \geq 0)$인 이진 트리이다. $\Box$

보조정리 5.2에 의하면 $2^k - 1$은 깊이가 k인 이진 트리가 가질 수 있는 최대 노드 수이다. 그림 5.11은 깊이가 4인 포화 이진 트리의 예이다. 포화 이진 트리에서 레벨 1의 루트 노드부터 시작하여 점차 높은 레벨의 노드로 순차적인 번호를 붙인다고 하자. 단, 같은 레벨에서는 왼쪽에서 오른쪽으로 번호를 붙이도록 한다. 이러한 번호 할당 기법으로 완전 이진 트리의 정의를 내릴 수 있다.

정의: 깊이가 k이고 노드 수가 n인 이진 트리의 각 노드들이 깊이 k인 포화 이진 트리에서 1부터 n까지의 번호를 붙인 노드들과 1 대 1로 일치한다면, 이 트리는 완전 이진 트리(complete binary tree)이다. 그 역도 성립한다. $\Box$

보조정리 5.2로부터 n개의 노드를 갖는 완전 이진 트리의 높이는 $\lceil \log_2(n+1) \rceil$이 된다.(여기서 $\lceil x \rceil$는 x보다 작지 않은 정수이다.)

5.2.3 이진 트리의 표현

5.2.3.1 배열 표현

그림 5.11에 사용된 번호 할당 기법은 메모리에 이진 트리를 표현하는 방법을 제시한다. 노드에 1부터 n까지 번호가 할당되므로 1차원 배열에 노드를 저장할 수 있다. 이 배열의 0번째 위치는 공백으로 남게 되고 그림 5.11의 노드 번호 i는 배열의 i번째 위치로 사상된다. 보조정리 5.4를 이용하면 이렇게 표현된 이진 트리에서 노드 i의 왼쪽 자식, 오른쪽 자식, 그리고 부모의 위치를 쉽게 결정할 수 있다.

보조정리 5.4: n개의 노드를 가진 완전 이진 트리가 순차적으로 표현된다면, 인덱스가 $i(1 \leq i \leq n)$인 노드의 성질은 다음과 같다.

(1) $i \neq 1$이면 $parent(i)$는 $\lfloor i/2 \rfloor$의 위치에 있다. 만일 $i = 1$이면 i는 루트이므로 부모가 없다.
(2) $2i \leq n$이면 $leftChild(i)$는 $2i$의 위치에 있다. 만일 $2i > n$이면 i는 왼쪽 자식이 없다.
(3) $2i + 1 \leq n$이면 $rightChild(i)$는 $2i + 1$의 위치에 있다. 만일 $2i + 1 > n$이면 i는 오른쪽 자식이 없다.

증명: (3)은 (2)의 사실과 노드의 번호 할당이 같은 레벨에서는 왼쪽에서 오른쪽으로 진행한다는 사실로부터 바로 결과되고 (1)은 (2)와 (3)에서 유도될 수 있으므로, (2)를 먼저 증명하기로 하자. 이때 (2)는 i에 대한 귀납법으로 증명하자. $i = 1$일 때 왼쪽 자식은 당연히 2의 위치에 있다. 물론 $2 > n$이면 왼쪽 자식은 있을 수 없다. 이제 $1 \leq j \leq i$인 모든 j에 대해 $leftChild(j)$는 $2j$에 있다고 가정하면, $leftChild(i + 1)$ 앞에 있는 두 노드는 i의 오른쪽 자식과 왼쪽 자식일 것이다. i의 왼쪽 자식은 $2i$의 위치에 있으므로, $i + 1$의 왼쪽 자식은 $2i + 2 = 2(i + 1)$에 있다. 이때 물론 $2(i + 1) > n$이면 $i + 1$은 왼쪽 자식이 없다. □

이 방법은 비록 대부분의 경우 사용되지 않은 공간이 많을지는 몰라도, 어떤 이진 트리도 모두 나타낼 수 있다. 그림 5.12는 그림 5.10의 두 트리에 대한 배열 표현(array representation)을 보여주고 있다. 그림 5.10(b)과 같은 완전 이진 트리의 경우 낭비되는 공간이 없으므로 매우 이상적이다. 그러나 그림 5.10(a)의 편향 트리에서는 배열의 절반도 사용되지 않고 있다. 최악의 경우 깊이 k인 편향 트리는 $2^k - 1$개의 공간을 필요로 하게 되는데, 이 중에서 k개만을 사용하게 된다.

5.2.3.2 연결 표현

배열 표현 방법은 완전 이진 트리에 대해서는 상당히 좋지만, 다른 이진 트리에 대해서는

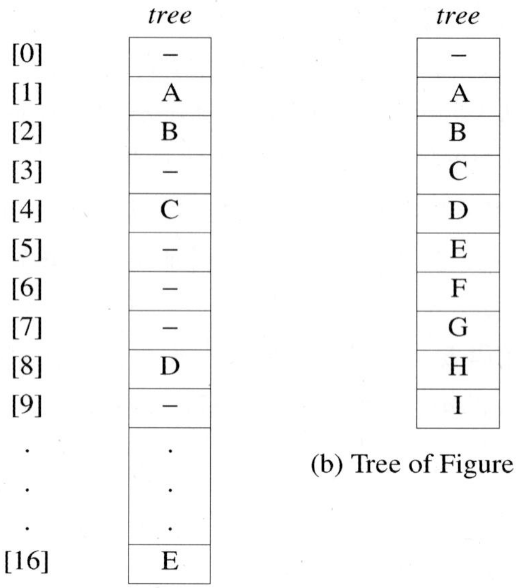

	tree		tree
[0]	–		–
[1]	A		A
[2]	B		B
[3]	–		C
[4]	C		D
[5]	–		E
[6]	–		F
[7]	–		G
[8]	D		H
[9]	–		I
·	·		
·	·		
·	·		
[16]	E		

(a) Tree of Figure 5.10(a)   (b) Tree of Figure 5.10(b)

그림 5.12 그림 5.10의 이진 트리의 배열 표현

낭비가 매우 크다. 또한 배열 표현은 순차 표현의 부적절함을 가지고 있다. 즉, 트리의 중간에 노드를 삽입하거나 제거하게 되면 노드 레벨의 변경에 따라 많은 노드의 위치가 변해야 한다. 이 문제는 연결 표현(linked representation)으로 쉽게 해결할 수 있다. 각 노드들은 3개의 필드, *leftChild*, *data*, *rightChild*를 가지고 있고, C로 정의하면 다음과 같다.

```
typedef struct node *treePointer;
typedef struct {
        int data;
        treePointer leftChild, rightChild;
        } node;
```

앞으로 트리 노드는 그림 5.13의 표현 방법 중의 하나로 표현한다.
    이러한 노드 구조에서는 노드의 부모를 알기 어렵지만, 대부분의 응용에 적합하다는 것을 보게 될 것이다. 임의의 어떤 노드의 부모를 알아야 할 경우 네 번째 필드로 *parent*를 하나 더 트리 *node* 정의에 포함시키면 된다. 그림 5.14는 이 노드 구조를 사용하여 그림 5.10의 트리들을 표현한 것이다. 리스트에서처럼 트리는 루트를 가리키는 변수를 이용해서 참조한다.

그림 5.13 노드 표현

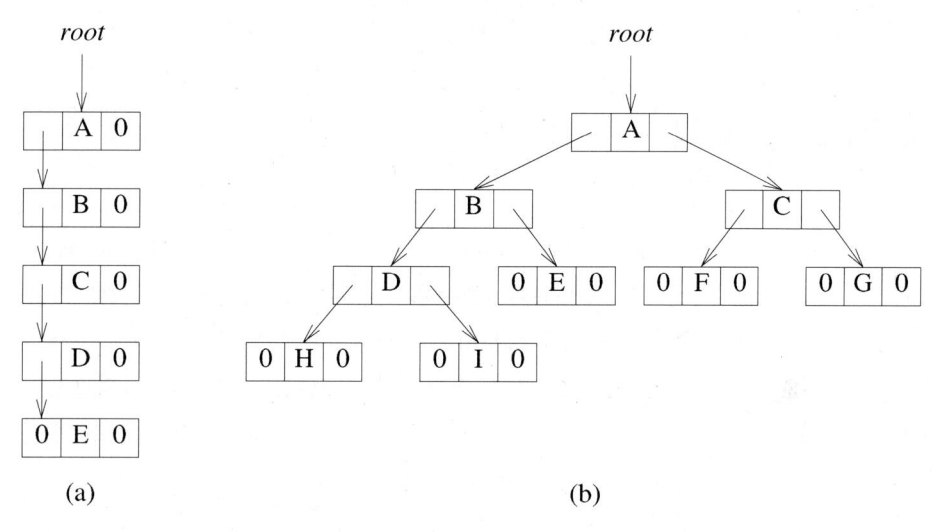

그림 5.14 그림 5.10의 이진 트리에 대한 연결 표현

연습문제

1. 그림 5.15의 이진 트리에서 리프 노드와 비리프 노드, 그리고 각 노드의 레벨을 구하라.
2. 높이가 h인 k-원 트리의 최대 노드 수는 얼마인가? 답을 증명해보라.
3. 그림 5.15의 이진 트리에 대한 내부 메모리 표현을 (a) 순차 표현과, (b) 연결 표현

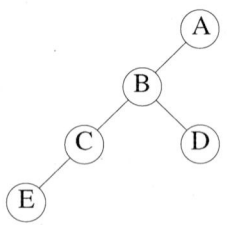

그림 5.15 연습문제 1을 위한 이진 트리

방법을 이용하여 각각 도시하라.
4. 완전 이진 트리의 배열 표현을 차수가 $d(d > 1)$인 완전 트리로 확장하라. 배열 i에 저장된 노드의 부모와 자식에 대한 공식을 유도해보라.

5.3 이진 트리 순회

트리에서 수행하는 여러 가지 연산 중 하나가 트리 순회(tree traversal), 즉 트리에 있는 모든 노드를 한 번씩만 방문하는 것이다. 한 노드가 방문될 때 어떤 연산(*data* 필드의 계산과 같은)이 그 노드에 대해 수행된다. 완전한 순회는 트리에 있는 노드의 선형 순서를 생성한다. 각 노드를 방문하는 순서에 따라 생성된 이 선형 순서는 친숙하고 유용하다. 이진 트리를 순회할 때는 각 노드와 그 서브트리를 똑같은 방법으로 취급하는 것이 바람직하다. 만일 *L*, *V*, *R*이 한 노드에서 각각 왼쪽으로 이동, 노드 방문, 오른쪽으로 이동하는 것을 나타낸다면 *LVR*, *LRV*, *VLR*, *VRL*, *RVL*, *RLV* 등 6개의 순회 방법이 있을 수 있다. 만약 오른쪽보다 왼쪽을 항상 먼저 순회하기로 한다면 세 가지 순회 방법, 즉 *LVR*, *LRV*, *VLR*이 가능하다. *L*과 *R*에 대한 *V*의 상대적 위치에 따라 이 세 가지를 각각 중위(inorder) 순회, 후위(postorder) 순회, 전위(preorder) 순회라 한다. 예를 들어 후위 순회에서는 왼쪽 서브트리와 오른쪽 서브트리를 먼저 순회한 다음에 노드를 방문한다. 한편 전위 순회에서는 서브트리를 순회하기 전에 노드를 방문한다.

트리의 이 순회 방법과 수식에서의 중위 표기(infix), 후위 표기(suffix), 전위 표기(prefix)는 자연스럽게 대응된다. 그림 5.16의 이진 트리를 살펴보자. 이 트리는 이항 연산자 더하기(+), 곱하기(*), 나누기(/)와 변수 *A*, *B*, *C*, *D*, *E*를 포함하는 산술식을 표현하고 있다. 연산자를 포함하고 있는 각 노드의 왼쪽 서브트리에는 왼쪽 피연산자, 오른쪽 서브트리에는 오른쪽 피연산자가 있다. 이 트리를 이용하여 각 순회 방법을 알아보자.

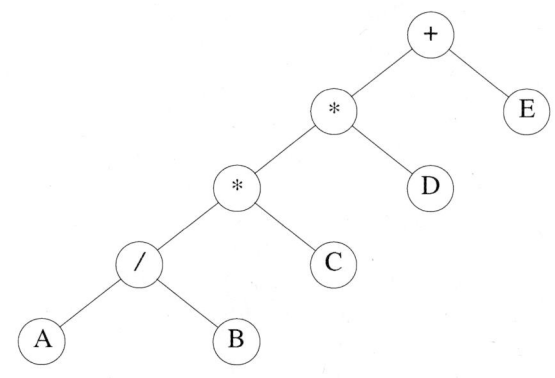

그림 5.16 산술식을 표현한 이진 트리

5.3.1 중위 순회

비공식적으로 중위 순회(inorder traversal)는 더 이상 진행할 수 없을 때까지 왼쪽 방향으로 이동하여 내려간 다음, 그 노드를 '방문'하고 오른쪽 자식 노드로 이동한 뒤 계속한다. 이때 오른쪽으로 이동할 수 없을 때에는 한 노드 뒤로 되돌아간다. 이 중위 순회를 간결하게 표현하는 방법은 프로그램 5.1과 같이 순환을 이용하는 것이다.

```
void inorder(treePointer ptr)
{ /* 중위 트리 순회 */
    if (ptr) {
        inorder(ptr→leftChild);
        printf("%d", ptr→data);
        inorder(ptr→rightChild);
    }
}
```

프로그램 5.1: 이진 트리의 중위 순회

순환은 이 순회를 기술하기 위한 멋진 장치이다. 그림 5.17은 그림 5.16의 이진 트리를 중위 순회할 때의 추적을 나타낸 것이다. 이 추적의 각 단계는 *inorder*의 호출, 루트의 값, 그리고 **printf** 함수의 호출 여부를 나타낸다. 처음의 3열은 순회의 13단계를 나타내고, 두 번째 3열은 나머지 14단계를 나타내고 있다. 열 1과 열 4의 숫자는 그림 5.16

Call of inorder	Value in root	Action	inorder	Value in root	Action
1	+		11	C	
2	*		12	NULL	
3	*		11	C	printf
4	/		13	NULL	
5	A		2	*	printf
6	NULL		14	D	
5	A	printf	15	NULL	
7	NULL		14	D	printf
4	/	printf	16	NULL	
8	B		1	+	printf
9	NULL		17	E	
8	B	printf	18	NULL	
10	NULL		17	E	printf
3	*	printf	19	NULL	

그림 5.17 프로그램 5.1의 추적

에 있는 노드 번호이며 트리에 있는 노드의 위치를 나타내고 있다.

트리에는 19개의 노드가 있으므로 순회가 완료되기까지 *inorder*는 19번 호출된다. *data* 필드는 다음의 순서로 출력되며 이것은 수식의 중위 표기에 대응된다.

$$A / B * C * D + E$$

5.3.2 전위 순회

프로그램 5.2의 함수 *preorder*는 두 번째 유형의 전위 순회(preorder traversal)에 대한 코드이다. 간단히 말해서 이 순회에서는 '노드를 먼저 방문하고 왼쪽으로 가서 계속한다. 더 이상 계속할 수 없으면 오른쪽으로 이동하여 다시 시작하거나, 오른쪽으로 이동하여 순회를 계속할 수 있을 때까지 되돌아간다.' 전위 순회의 결과로 그림 5.16의 노드들은 다음과 같이 전위로 출력되는데, 이것은 수식의 전위 표기에 대응한다.

$$+ * * / A B C D E$$

```
void preorder(treePointer ptr)
```

```
{ /* 전위 트리 순회 */
   if (ptr) {
      printf("%d", ptr→data);
      preorder(ptr→leftChild);
      preorder(ptr→rightChild);
   }
}
```

프로그램 5.2: 이진 트리의 전위 순회

5.3.3 후위 순회

후위 순회(postorder traversal)에 대한 코드가 프로그램 5.3에 기술되어 있다. 그림 5.16의 트리에 대해 이 함수는 다음과 같이 출력하는데, 이것은 수식의 후위 표기에 대응된다.

$$A\ B\ /\ C\ *\ D\ *\ E\ +$$

```
void postorder(treePointer ptr)
{ /* 후위 트리 순회 */
   if (ptr) {
      postorder(ptr→leftChild);
      postorder(ptr→rightChild);
      printf("%d", ptr→data);
   }
}
```

프로그램 5.3: 이진 트리의 후위 순회

5.3.4 반복적 중위 순회

지금까지 중위, 전위, 후위 순회 함수를 순환법으로 작성하였으나, 반복법으로도 동등한 함수를 만들 수 있다. 한 예로 중위 순회를 생각해보자. 순환을 시뮬레이트하기 위해서는 스택이 필요하다. 순환 프로그램이 시스템 스택을 관리하는 것과 같은 방법으로, 스택에 노드를 저장하고 노드를 제거한다. 이것은 또한 순환 프로그램의 연산을 완전히 이해하는 데 도움이 된다. 그림 5.17은 스택의 삽입과 삭제를 묵시적으로 보여주고 있다. 동작이 없는 노드는 스택에 삽입되는 노드를 나타내며 *printf* 동작이 있는 노드는 삭제되는 노드를 나타낸다. 왼쪽 노드들은 널 노드에 도달될 때까지 스택에 삽입되다가 다시 스택에서 삭제된다. 그런 다음 이 삭제된 노드의 오른쪽 자식이 스택에 삽입된다. 순회는 왼쪽 자식에서 계속되며 공백 스택이 될 때 종료한다. 함수 *iterInorder*(프로그램 5.4)는 이러한 방식으로 유도된 것이다. 스택 함수 add는 3장에 정의된 함수와 같은데, 스택에 저장되는 원소의 타입만 다르다. 마찬가지로 함수 *pop*는 타입 *element* 대신 타입 *treePointer*의 값을 반환한다. 스택이 공백인 경우에는 NULL을 반환한다.

iterInorder의 분석: 트리의 노드 수를 n이라고 할 때 *iterInorder*를 살펴보면, 트리의 모든 노드들은 스택에 꼭 한 번씩 삽입된다. 그러므로 트리의 노드 수가 n이면 시간 복잡도는 $O(n)$이다. 저장 공간은 트리의 깊이 $O(n)$만큼 필요하다. □

```
void iterInorder(treePointer node)
{
    int top = -1; /* 스택 초기화 */
    treePointer stack[ MAX_STACK_SIZE] ;
    for (;;) {
        for (; node; node = node→leftChild)
            push(node) ; /* 스택에 삽입 */
        node = pop(); /* 스택에서 삭제 */
        if (!node) break; /* 공백 스택 */
        printf("%d", node→data);
        node = node→rightChild;
    }
}
```

프로그램 5.4: 반복적 중위 순회

5.3.5 레벨 순서 순회

반복적이거나 순환적으로 작성되든지 간에 중위·전위·후위 순회는 모두 스택을 필요로 한다. 이와 달리 큐를 필요로 하는 순회를 살펴보자. 레벨 순서 순회(level order traversal)라는 이 순회 방법은 그림 5.11에서의 번호 할당 기법에 따라 노드를 방문한다. 즉, 루트를 먼저 방문한 다음 루트의 왼쪽 자식, 그리고 루트의 오른쪽 자식을 방문한다. 이러한 방법으로 각 새로운 레벨의 노드를 가장 왼쪽부터 가장 오른쪽까지 방문한다.

이 순회의 코드는 함수 *levelOder*(프로그램 5.5)에 나타나 있다. 여기에서는 3장의 원형 큐를 가정하고 있다. 함수 *addq*는 3장의 함수에 비해 큐에 저장되는 원소의 타입만 다르다. 마찬가지로 프로그램 5.5에 사용된 함수 *deleteq*는 타입 *element* 대신 타입 *treePointer*를 반환한다. 스택이 공백인 경우에는 *NULL*을 반환한다.

함수 *levelOder*는 루트를 큐에 삽입하는 것으로 시작한다. 함수는 큐에서 한 노드를 삭제하여 그 노드의 데이타 필드를 출력하고, 그 노드의 왼쪽과 오른쪽 자식을 큐에 다시 삽입한다. 노드의 자식은 다음 아래 레벨에 위치하고 오른쪽 자식보다 왼쪽 자식을 먼저 삽입하기 때문에, 그림 5.11의 순서 할당 기법에 따라 노드들이 출력된다. 그림 5.16의 트리를 레벨 순서로 순회한 결과는 다음과 같다.

$$+*E*D/CAB$$

```
void levelOder(treePointer ptr)
{ /* 레벨 순서 트리 순회 */
    int front = rear = 0;
    treePointer queue[ MAX_QUEUE_SIZE] ;
    if (!ptr) return; /* 공백 트리 */
    addq(ptr);
    for (;;) {
       ptr = deleteq( );
       if (ptr) {
          printf("%d", ptr→data);
          if(ptr→leftChild)
             addq(ptr→leftChild);
          if (ptr→rightChild)
             addq(ptr→rightChild);
       }
       else break;
    }
}
```

프로그램 5.5: 이진 트리의 레벨 순서 순회

5.3.6 스택 없는 순회

트리 순회 문제를 끝내기 전에, 스택을 위한 추가적인 공간을 사용하지 않고도 이진 트리 순회가 가능한지를 고려해보자(순환 트리 순회 알고리즘 역시 묵시적으로 스택을 사용한다.). 간단한 해결책은 각 노드에 *parent*(부모) 필드를 추가하는 것이다. 이렇게 하면 트리의 한 노드에서 루트 노드로 올라가고 다시 밑으로 내려갈 수 있다. 또 다른 해결책은 각 노드마다 두 비트가 필요한데 이진 트리를 스레드 이진 트리로 표현하는 방법이다. 스레드 이진 트리는 5.5절에서 다룬다. 만일 이 추가적인 공간 할당이 너무 부담스러운 경우 *leftChild* 필드와 *rightChild* 필드를 루트로 돌아갈 수 있는 경로를 유지하도록 사용할 수 있다. 경로상 주소 스택은 리프 노드에 저장된다.

연습문제

1. 그림 5.10의 이진 트리에 대해 중위·전위·후위·레벨 순서 순회의 결과를 기술해보라.
2. 그림 5.11의 이진 트리에 대해 연습문제 1을 반복하라.
3. 그림 5.15의 이진 트리에 대해 연습문제 1을 반복하라.
4. 함수 *preorder*(프로그램 5.2)를 비순환 버전으로 작성하라.
5. 함수 *postorder*(프로그램 5.3)를 비순환 버전으로 작성하라.
6. *iterInorder*(프로그램 5.4)를 가능한 한 빠르게 재작성하라.(힌트: 루프 내에서의 스택 작업과 테스트를 최소화하라.)

5.4 이진 트리의 추가 연산

5.4.1 이진 트리의 복사

이진 트리의 정의와 순환적 순회 방법을 이용하면 이진 트리를 다루는 다른 C 함수를 쉽게 구현할 수 있다. 대표적인 연산은 이진 트리의 복사이다. 이 연산에 대한 코드는 함수 *copy*(프로그램 5.6)에 기술되어 있다. 이 프로그램은 후위 순회 함수 *postorder*(프로그램 5.3)를 약간 변경한 것이다.

```
treePointer copy(treePointer original)
{ /* 주어진 트리를 복사하고 복사된 트리의 treePointer를 반환한다. */
    treePointer temp;
    if (original) {
        MALLOC(temp, sizeof(*temp));
        temp→leftChild = copy(original→leftChild);
        temp→rightChild = copy(original→rightChild);
        temp→data = original→data;
```

```
        return temp;
    }
    return NULL;
}
```

프로그램 5.6: 이진 트리의 복사

5.4.2 동일성 검사

이진 트리에 대한 다른 유용한 연산은 두 이진 트리가 동일한가를 검사하는 것이다. 만약 두 이진 트리가 같은 구조를 가지고 대응되는 노드에 있는 정보들이 일치하면 두 트리는 동일하다. 구조가 같다는 것은 한 트리의 모든 가지들이 다른 트리의 가지들과 대응한다는, 즉 두 트리의 가지 뻗음이 동일하다는 뜻이다. 동일성 검사 함수 *equal*(프로그램 5.7)은 전위 순회를 변경하여 작성되었으며, 이 함수는 두 트리가 동일하면 *TRUE*를 반환하고 그렇지 않으면 *FALSE*를 반환한다.

```
int equal(treePointer first, treePointer second)
{ /* 두 이진 트리가 동일하면 TRUE, 그렇지 않으면 FALSE를 반환한다. */
    return ((!first && !second) || (first && second &&
            (first→data == second→data) &&
            equal(first→leftChild, second→leftChild) &&
            equal(first→rightChild, second→rightChild)));
}
```

프로그램 5.7: 이진 트리의 동일성

5.4.3 만족성 문제

변수 $x_1, x_2, \cdots, x_n$과 연산자 ∧(*and*), ∨(*or*), ¬(*not*)으로 이루어지는 식을 생각해보자. 이 변수들은 참이나 거짓, 2개의 값만을 가질 수 있다. 이 변수와 연산자로 이루어진 식은 다음 규칙에 의해 규정된다.

(1) 변수는 하나의 식이다.
(2) x, y가 각각 식이라면 ¬x, $x \wedge y$, $x \vee y$도 식이다.
(3) 연산 순서는 ¬, ∧, ∨의 순이며, 괄호를 사용하여 이 순서를 바꿀 수 있다.

이 규칙은 명제 해석 식(formula of propositional calculus)을 구성할 수 있다. 왜냐하면 내포와 같은 다른 연산도 ¬, ∨, ∧을 이용해 나타낼 수 있다.

다음 표현은 식이다.('x_1 or x_2 and not x_3' 라 읽는다.)

$$x_1 \vee (x_2 \wedge \neg x_3)$$

여기서 x_1과 x_3은 *false*이고 x_2가 *true*이면, 이 식의 값은 다음과 같다.

$$\begin{aligned} &\textit{false} \vee (\textit{true} \wedge \neg \textit{false}) \\ &= \textit{false} \vee \textit{true} \\ &= \textit{true} \end{aligned}$$

명제 해석 식에 대한 만족성(satisfiability) 문제는 식의 값이 *true*가 되도록, 변수에 값을 지정할 수 있는 방법이 있는가를 묻는 것이다. 이 문제는 원래 1950년대 후반에 Newell, Shaw, Simon이 휴리스틱 프로그래밍(논리 이론가)의 가능성을 증명하기 위해 사용하였는데, 컴퓨터 과학자는 아직도 예민한 관심을 가지고 있다.

또 다시 명제식이 이미 이진 트리로 주어졌고 그림 5.18이 이 식을 포함하고 있다고 가정하자.

$$(x_1 \wedge \neg x_2) \vee (\neg x_1 \wedge x_3) \vee \neg x_3$$

이 트리의 중위 순회는 다음과 같이 수식의 중위 표기법과 같다.

$$x_1 \wedge \neg x_2 \vee \neg x_1 \wedge x_3 \vee \neg x_3$$

식의 만족성을 결정하기 위한 가장 명확한 알고리즘은 (x_1, x_2, x_3)에 가능한 모든 *true*와 *false*의 조합을 대입해서 그 결과를 조사해보는 것이다. n개의 변수에 대하여는 2^n개의 *true* = *t*와 *false* = *f*의 조합이 가능하다. 예를 들어, $n = 3$일 때 가능한 조합은 (*t, t, t*), (*t, t, f*), (*t, f, t*), (*t, f, f*), (*f, t, t*), (*f, t, f*), (*f, f, t*), (*f, f, f*) 등 여덟 가지이다. 이 알고리즘은 적어도 $O(g\ 2^n)$ 또는 지수승의 시간이 필요한데, 여기서 g는 $x_1, x_2, \cdots, x_n$에 값을 대입하고 이 식을 계산하는 데 필요한 시간을 뜻한다.

식을 계산하는 방법으로는 전체 식이 하나의 값이 될 때까지 서브트리를 계산하면서 트리를 후위 순회하는 것이다. 이는 앞에서 본 산술연산의 후위 표기 계산과 비슷하다. 이를 트리의 표현 측면에서 보면, 노드에 대한 그 인자(자식)들의 값은 이미 계산한 것이 된다. 그러므로 레벨 2의 ∨ 노드에 도달할 때는 $x_1 \wedge \neg x_2$와 $\neg x_1 \wedge x_3$의 값들은 이미 계산되어 있어서 **or** 연산을 적용시킬 수 있다는 것이다. 단 ¬는 단항(unary) 연산자이므로, ¬을 포함하는 노드는 오른쪽 가지만 가지고 있다.

이 문제를 위한 노드 구조는 그림 5.19와 같다. *leftChild*와 *rightChild*는 앞에서와 같고 *data* 필드는 변수의 값이나 명제식 연산자를 갖는다. *value*는 *TRUE* 또는 *FALSE*의 값을 갖는다.

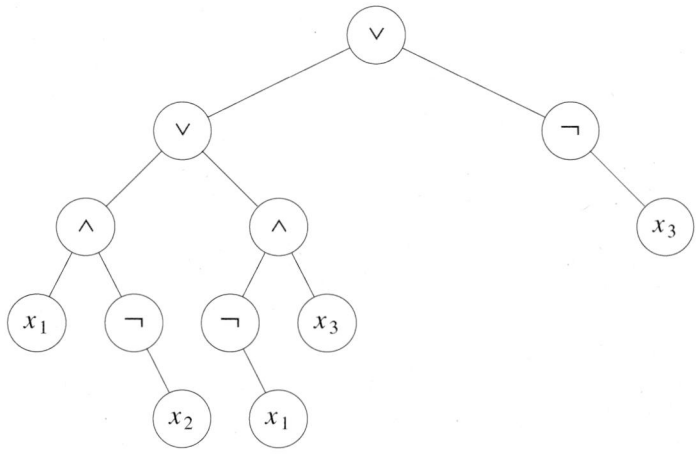

그림 5.18 이진 트리로 표현된 명제식

| leftChild | data | value | rightChild |

그림 5.19 만족성 문제를 위한 노드 구조

이 노드 구조를 C 언어로 정의하면 다음과 같다.

```
typedef enum {not,and,or,true,false} logical;
typedef struct node *treePointer;
typedef struct {
        treePointer leftChild;
        logical     data;
        short int   value;
        treePointer rightChild;
        } node;
```

리프 노드에 대해 $node \rightarrow data$는 이 노드가 나타내는 변수의 현재 값을 갖는다고 가정한다. 예를 들어 그림 5.18의 트리는 x_1, x_2, x_3의 *data* 필드에 *TRUE* 또는 *FALSE*를 갖는다고 가정한다. 또한 n개의 변수를 갖는 명제식의 트리를 *root*가 가리킨다고 가정한다. 이제 이러한 가정 하에서 만족성 알고리즘의 첫 번째 버전(프로그램 5.8)을 다음과

```
for (all 2^n possible combinations) {
   generate the next combination;
   replace the variables by their values;
   evaluate root by traversing it in postorder;
   if (root→value) {
      printf(<combination>);
      return;
   }
}
printf("No satisfiable combination\n");
```

프로그램 5.8: 만족성 알고리즘의 첫 번째 버전

같이 작성할 수 있다.

트리를 계산하는 C 함수는 원래의 순환적 후위 순회를 수정하면 쉽게 작성할 수 있다. 함수 *postOrderEval*(프로그램 5.9)은 만족성 알고리즘 부분을 구현한 C 코드를 보여주고 있다.

```
void postOrderEval(treePointer node)
{ /* 명제 해석 트리를 계산하기 위해 수정된 후위 순회 */
   if (node) {
      postOrderEval(node→leftChild);
      postOrderEval(node→rightChild);
      switch(node→data) {
         case not:
              node→value = !node→rightChild→value;
              break;
         case and:
              node→value = node→rightChild→value &&
              node→leftChild→value;
              break;
         case or:    node→value =
              node→rightChild→value ||
              node→leftChild→value;
              break;
```

```
            case true:         node→value = TRUE;
                break;
            case false:        node→value = FALSE;
        }
    }
}
```

프로그램 5.9: 후위 순회 연산 함수

연습문제

1. 이진 트리에서 리프 노드의 수를 세는 C 함수를 작성하라. 이 함수의 연산 시간을 구하라.
2. 이진 트리를 입력하여 모든 노드의 왼쪽 자식과 오른쪽 자식을 교환하는 C 함수 *swapTree*를 작성하라. 예는 그림 5.20에 주어져 있다.

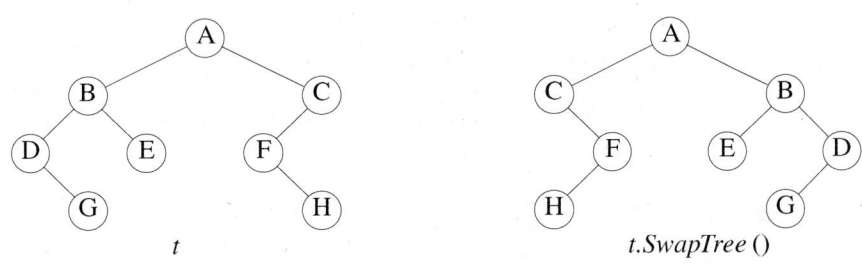

그림 5.20 트리 교환 예

3. postOrderEval의 연산 시간은 얼마인가?
4. 명제 해석 식에 대한 외부 표현 방법을 고안해보라. 그러한 식을 읽고 이진 트리 표현을 생성하는 함수를 작성하라. 이 함수의 복잡도는 무엇인가?
5. §[프로그래밍 과제] 명제 해석의 명제식을 표현하는 방법을 고안하고 그러한 식을 입력하여 이진 트리를 생성하는 C 함수를 작성하라. 또한 작성된 함수의 연산 시간을 구하라.

5.5 스레드 이진 트리

5.5.1 스레드

이진 트리의 링크 표현을 주의하여 살펴보면 실제 포인터보다 더 많은 널 링크가 있음을 알 수 있다. 앞에서 보았듯이, 이진 트리에는 총 $2n$개의 링크 중에 $n + 1$개의 널 링크가 있다. 이런 널 링크를 이용하는 방법이 A. J. Perlis 와 Thornton 에 의해 고안되었다. 그들은 널 링크를 스레드(thread)라 하는 다른 노드를 가리키는 포인터로 대치하였다. 스레드를 구성하기 위해서는 다음의 규칙을 사용한다. ptr은 노드를 나타낸다고 가정하자.

(1) $ptr \rightarrow leftChild$가 널이라면 $ptr \rightarrow leftChild$를 중위 순회할 때 ptr 앞에 방문하는 노드에 대한 포인터로 대치한다. 이것은 널 링크를 ptr의 중위 선행자(inorder predecessor)에 대한 포인터로 대치하는 것이다.

(2) $ptr \rightarrow rightChild$가 널이라면 $ptr \rightarrow rightChild$를 중위 순회할 때 ptr 다음에 방문하는 노드에 대한 포인터로 대치한다. 이것은 널 링크를 ptr의 중위 후속자(inorder successor)에 대한 포인터로 대치하는 것이다.

그림 5.21 은 그림 5.10(b)의 이진 트리를 스레드와 함께 나타낸 것인데, 점선이 스레드를 나타낸다. 이 트리는 9개의 노드와 스레드로 대치된 10개의 0-링크를 가지고 있다. 이 트리를 중위 순회하면 노드들은 $H, D, I, B, E, A, F, C, G$ 순으로 방문된다. 예를 들어 노드 E는 B를 가리키는 선행자 스레드와 A를 가리키는 후속자 스레드를 가지고 있다.

메모리의 트리 표현에서는 스레드와 정상적인 포인터를 구별하여야 한다. 이를 위해 노드 구조에 $leftThread$와 $rightThread$라는 2개의 필드를 첨가한다. ptr이 스레드 트리

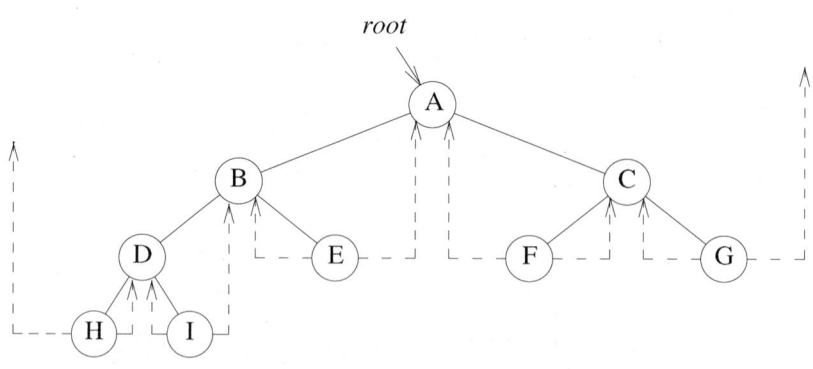

그림 5.21 그림 5.10(b)에 대응하는 스레드 트리

에서의 한 노드라 하자. $ptr \rightarrow leftThread = TRUE$이면 $ptr \rightarrow leftChild$는 스레드이고, 그렇지 않으면 왼쪽 자식에 대한 포인터이다. 마찬가지로 $ptr \rightarrow rightThread = TRUE$이면 $ptr \rightarrow rightChild$는 스레드이고, 그렇지 않은 경우 오른쪽 자식에 대한 포인터이다.

이 노드 구조는 다음과 같은 C 선언문으로 명세할 수 있다.

```
typedef struct threadedTree *threadedPointer;
typedef struct threadedTree {
        short int leftThread;
        threadedPointer leftChild;
        char data;
        threadedPointer rightChild;
        short int rightThread;
        };
```

그림 5.21에서 보면 2개의 스레드가 제대로 연결되지 않고 그냥 매달려 있다. 하나는 H의 왼쪽 자식에 있는 스레드이며 다른 하나는 G의 오른쪽 자식에 있는 스레드이다. 이와 같이 스레드 트리에서 분실 스레드 문제를 해결하기 위해서는 모든 스레드 트리에 하나의 헤드 노드가 있다고 가정한다. 그래서 공백 스레드 이진 트리는 그림 5.22와 같이 하나의 헤더 노드로 표현된다. 그림 5.21의 트리에 대한 완전한 메모리 표현은 그림 5.23에 나타나 있다.

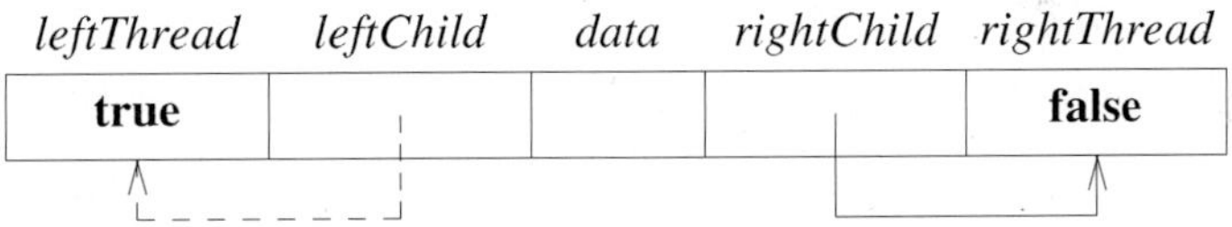

leftThread	leftChild	data	rightChild	rightThread
true				false

그림 5.22 공백 스레드 이진 트리

변수 $root$는 트리의 헤더 노드를 가리키며, $root \rightarrow leftChild$는 실제 트리의 첫 번째 노드를 가리킨다. 스레드 트리는 모두 이런 구조를 가지고 있다. 분실 스레드의 문제는 헤드 노드인 $root$를 가리키게 하여 해결한 점에 주목하라.

5.5.2 스레드 이진 트리의 중위 순회

스레드를 사용하면 스택을 사용하지 않고 중위 순회를 수행할 수 있다. 먼저 스레드 트리의 어떤 노드 ptr에서 만일 $ptr \rightarrow rightThread = TRUE$이면 ptr의 중위 후속자는 스레

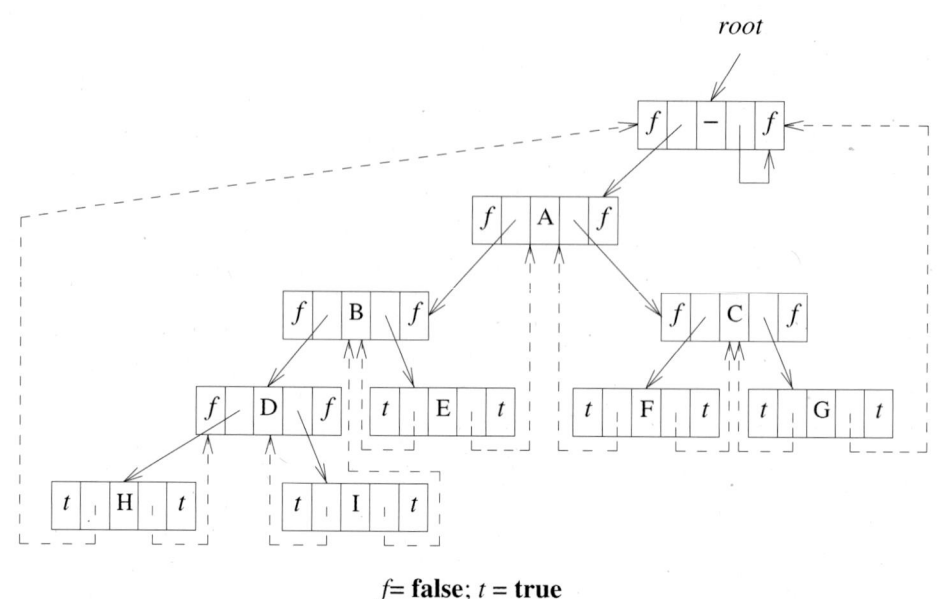

그림 5.23 스레드 트리의 메모리 표현

드의 정의에 의해 $ptr \rightarrow rightChild$가 됨을 알 수 있다. 만일 $ptr \rightarrow rightThread =$ *FALSE*라면 *ptr*의 중위 후속자는 *ptr*의 오른쪽 자식으로부터 시작하여 왼쪽 자식 링크를 따라 *leftThread = TRUE*인 노드에 도달할 때까지 찾으면 된다. 함수 *insucc*(프로그램 5.10)는 스택을 사용하지 않고 스레드 이진 트리에서 임의의 노드의 중위 후속자를 찾아준다.

스레드 이진 트리에서 중위 순회를 수행하고자 한다면 *insucc*를 반복하여 호출하면 된다. 이것은 함수 *tinorder*(프로그램 5.11)에 구현되어 있다. 이 함수에서 헤더 노드의 왼쪽 자식은 트리를 가리키고, 헤드 노드의 오른쪽 스레드는 *FALSE*라고 가정한다. *tinorder*에 대한 연산 시간은 n개의 노드를 가진 스레드 이진 트리에 대해 O(n)이다. 하지만 여기에서의 상수는 *iterInorder* 연산 시간의 상수보다 약간 작다.

```
threadedPointer insucc(threadedPointer tree)
{   /* 스레드 이진 트리에서 중위 후속자를 찾는다. */
    threadedPointer temp;
```

```
    temp = tree→rightChild;
    if (!tree→rightThread)
       while (!temp→leftThread)
          temp = temp→leftChild;
    return temp;
}
```

프로그램 5.10: 스레드 이진 트리에서 중위 후속자의 탐색

```
void tinorder(threadedPointer tree)
{ /* 스레드 이진 트리의 중위 순회 */
   threadedPointer temp = tree;
   for (;;) {
      temp = insucc(temp);
      if (temp == tree) break;
      printf("%3c", temp→data);
   }
}
```

프로그램 5.11: 스레드 이진 트리에서의 중위 순회

5.5.3 스레드 이진 트리에서의 노드 삽입

이제 스레드 이진 트리에 삽입은 어떻게 하는지 알아보자. 삽입을 위해서는 스레드 트리의 크기를 증가시키는 함수가 필요하다. 여기서는 노드 r을 노드 s의 오른쪽 자식으로 삽입하는 경우에 대해서만 생각해보기로 한다(왼쪽 자식으로 삽입하는 것은 연습문제로 하도록 한다.). 오른쪽 자식으로 삽입할 때에는 두 경우가 있다.

(1) s가 공백 오른쪽 서브트리를 가진다면 삽입은 간단하며, 그림 5.24(a)와 같다.
(2) s의 오른쪽 서브 트리가 공백이 아니면, 이 오른쪽 서브트리는 삽입 후 r의 오른쪽 서브트리가 된다. 이렇게 되면 r은 *leftThread* == **true**인 노드의 중위 선행자가 되며, 그 스레드는 r을 가리키도록 수정되어야 한다. 이 스레드를 가진 노드는 삽입 전에는 s의 중위 후속자였다. 그림 5.24(b)는 이 경우의 삽입을 예시해주고 있다. 함수 *insertRight*(프로그램 5.12)는 이 두 경우를 처리하는 C 코드를 보여주고 있다.

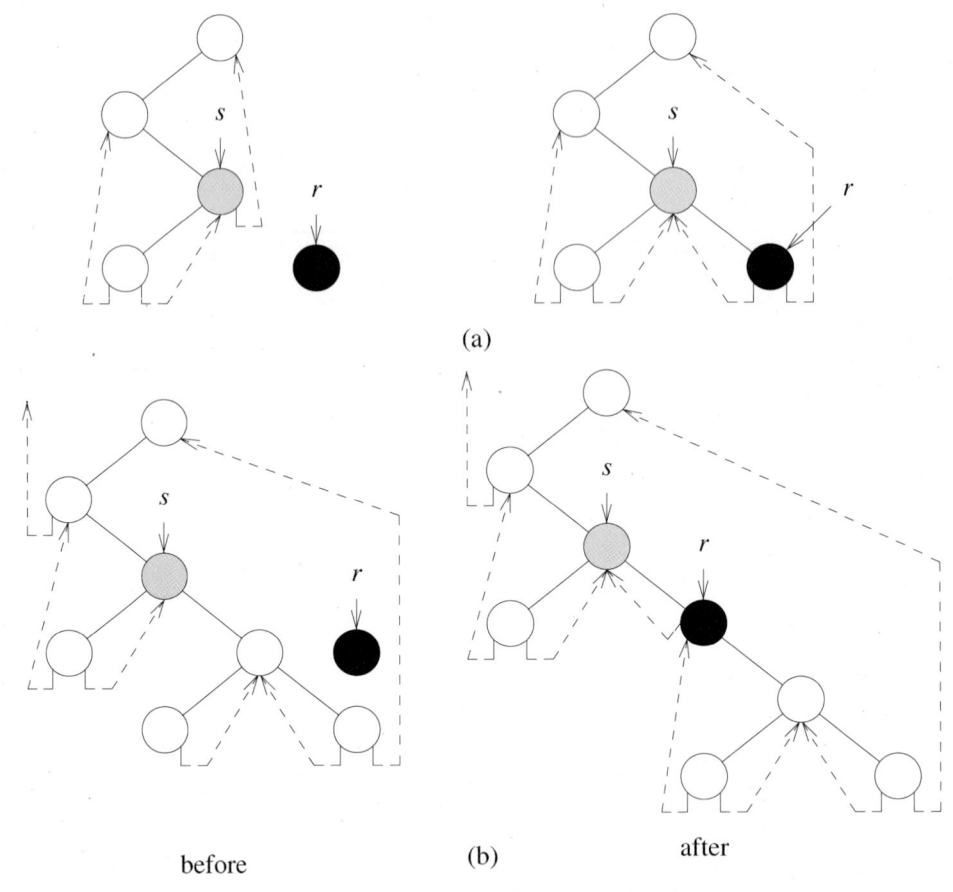

그림 5.24 스레드 이진 트리에서 s의 오른쪽 자식으로 r을 삽입

```
void insertRight(threadedPointer s, threadedPointer r)
{ /* 스레드 이진 트리에서 r을 s의 오른쪽 자식으로 삽입 */
    threadedPointer temp;
    r→rightChild = parent→rightChild;
    r→rightThread = parent→rightThread;
    r→leftChild = parent;
    r→leftThread = TRUE;
    s→rightChild = child;
    s→rightThread = FALSE;
```

```
      if (!r→rightThread) {
        temp = insucc(r);
        temp→leftChild = r;
      }
    }
```

프로그램 5.12: 스레드 이진 트리에서 오른쪽 삽입

연습문제

1. 그림 5.15의 이진 트리를 스레드 이진 트리 표현으로 그려보라.
2. 스레드 이진 트리에서 노드 *parent*의 왼쪽 자식으로 새로운 노드 *child*를 삽입하는 함수 *insertLeft*를 작성하라. *parent*의 왼쪽 자식 포인터는 *child*의 왼쪽 자식 포인터로 된다.
3. 스레드 이진 트리를 후위 순회하는 함수를 작성하라. 작성된 함수의 시간과 필요한 공간은 얼마인가?
4. 스레드 이진 트리를 전위 순회하는 함수를 작성하라. 작성된 함수의 시간과 필요한 공간은 얼마인가?

5.6 힙

5.6.1 우선순위 큐

힙는 우선순위 큐(priority queue)를 구현하는 데 자주 사용된다. 우선순위 큐에서는 우선순위가 가장 높은(또는 가장 낮은) 원소를 먼저 삭제한다. 또 언제든지 임의의 우선순위를 가진 원소를 우선순위 큐에 삽입할 수 있다. ADT 5.2는 최대 우선순위 큐를 명세한 것이다.

예제 5.1: 가령 어떤 기계의 서비스를 판매한다고 가정하자. 각 사용자는 사용할 때마다 일정량의 요금을 지불한다. 각 사용자마다 사용 시간은 다르다. 사용자가 있는 한 기계는 계속 작동한다고 가정할 때, 이 기계의 수익을 최대화하려면 기계를 사용하기 위해 기다리는 모든 사람의 우선순위 큐를 유지하면 된다. 기계가 사용 가능하게 되면 최소 시간이 필요한 사용자를 선택한다. 따라서 이때는 최소 우선순위 큐가 필요하다. 새로운 사용자가 기계를 필요로 하면 그의 요구는 우선순위 큐에 삽입된다.

만일 사용자들이 기계에 대해 똑같은 시간을 필요로 하지만 서비스에 대해 서로 다

ADT *MaxPriorityQueue*
  objects: a collection of $n > 0$ elements, each element has a key
  functions:
    for all $q \in$ *MaxPriorityQueue*, *item* $\in$ *Element*, $n \in$ integer

MaxPriorityQueue create(*max_size*)	::=	create an empty priority queue.
Boolean isEmpty(*q, n*)	::=	**if** $(n > 0)$ **return** *TRUE* **else return** *FALSE*
Element top(*q, n*)	::=	**if** (!isEmpty(*q, n*)) **return** an instance of the largest element in *q* **else return** error.
Element pop(*q, n*)	::=	**if** (!isEmpty(*q, n*)) **return** an instance of the largest element in *q* and remove it from the heap **else return** e
MaxPriorityQueue push(*q, item, n*)	::=	insert *item* into *pq* and return the resulting priority queue.

프로그램 5.2: 추상 데이타 타입 *MaxPriorityQueue*

른 요금을 지불할 경우에는, 지불 액수를 기초로 한 우선순위 큐를 유지하여야 한다. 기계가 사용 가능하게 되면 가장 많은 액수를 지불하는 사용자를 선택한다. 따라서 이때에는 최대 우선순위 큐가 필요하다. □

예제 5.2: 큰 공장을 시뮬레이션한다고 하자. 그 공장에는 여러 기계가 있고 기계들에 의해 처리될 여러 작업이 있다. 한 기계가 한 작업을 완료하면 한 사건(event)이 발생한다고 하자. 한 사건이 발생하면 완료된 작업은 필요 시 다음 기계에서 처리되기 위해 대기 큐를 옮겨야 한다. 만일 큐가 공백이면 이 작업은 즉시 기계에 배정될 수 있다. 새로운 작업은 현재 사용 중이 아닌 기계에 배정되어 처리될 수 있다.

    사건의 발생을 결정하기 위해 우선순위 큐가 사용된다. 이 큐에는 현재 처리 중인 작업들의 종료 시간이 유지된다. 다음 사건은 우선순위 큐에서 가장 작은 시간에 발생된다. 따라서 이 응용에서는 최소 우선순위 큐가 이용될 수 있다. □

    우선순위 큐를 표현하는 가장 간단한 방법은 무순서 선형 리스트로 표현하는 것이다. 이 리스트가 순차적으로나 체인으로 표현되는 것과 관계없이 *isEmpty* 함수는 O(1) 시간이 걸리고, *top*() 함수는 $\Theta(n)$ 시간이 걸린다. 여기서 n은 우선순위 큐에 있는 원소의 수이다. 삽입은 리스트의 어디에 새로운 원소가 삽입되든 관계가 없으므로 *push*는 O(1) 시간이 걸린다. 삭제는 최대 우선순위를 가진 원소를 찾아야 되고 그것을 삭제해야 되기 때문에, *pop*는 Θ(*n*) 시간이 걸린다. 나중에 살펴보겠지만, 최대 히프가 사용될 때 *isEmpty*와 *top*의 복잡도는 O(1)이고 *push*와 *pop*은 O(log*n*)이다.

5.6.2 최대 히프의 정의

5.2.2절에서 완전 이진 트리를 정의했으므로, 이 절에서는 여러 응용에서 유용한 특수 형태의 완전 이진 트리를 소개하겠다.

정의: 최대(최소) 트리[max(min) tree]는 각 노드의 키 값이 (자식이 있다면) 그 자식의 키 값보다 작지(크지) 않은 트리이다. 최대 히프(max heap)는 최대 트리이면서 완전 이진 트리이다. 또, 최소 히프(min heap)는 최소 트리이면서 완전 이진 트리이다. □

그림 5.25와 그림 5.26은 최대 히프들과 최소 히프들의 예를 각각 보여주고 있다.

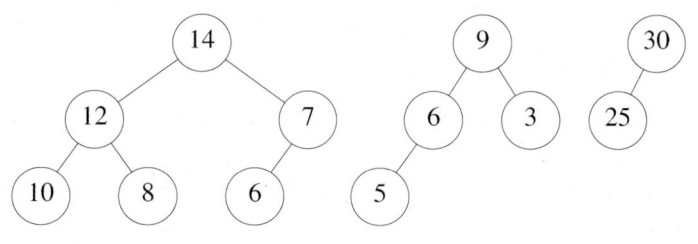

그림 5.25 최대 히프

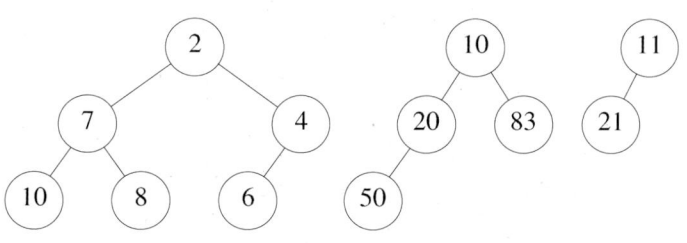

그림 5.26 최소 히프

히프의 정의에 따라 최소 트리의 루트는 그 트리에서 가장 작은 키 값이 되고, 최대 트리의 루트는 그 트리에서 가장 큰 키 값이 된다. ADT의 관점에서 보면 최대 히프는 매우 간단하다. 특히 기본 연산들은 최대 우선순위 큐(ADT 5.2)의 것과 같다. 최대 히프는 완전 이진 트리이므로, 여기서는 배열 *heap* 를 이용해 표현하겠다.

5.6.3 최대 히프에서의 삽입

5개의 원소를 가진 최대 히프가 그림 5.27(a)에 있다. 히프는 완전 이진 트리이므로, 이 히프에 원소 하나를 삽입하면 6개의 원소로 된 히프가 그림 5.27(b)의 구조로 되어야 한다. 삽입되는 원소의 정확한 위치를 결정하기 위해서는, 트리의 새 노드에서 시작해서 루트 쪽으로 올라가는(bubbling up) 방법을 사용해야 한다. 삽입되는 원소는 삽입이 완료된 뒤에 최대 히프가 되는 것이 확인될 때까지 위로 올라간다. 만일 삽입할 새 원소의 키 값이 1이라면 그 원소를 2의 왼쪽 자식(즉, 새로운 노드)으로 삽입하면 된다. 그러나 새 원소의 키 값이 5이면 이 원소를 2의 왼쪽 자식으로 삽입할 수 없다. 왜냐하면 삽입 후 최대 히프가 되지 않기 때문이다. 그러므로 2를 왼쪽 자식의 위치로 이동시키고[그림 5.27(c)] 5를 2의 이전 위치에 놓은 후, 최대 히프가 되는가를 살펴본다. 부모 원소(20)는 삽입되는 원소(5)보다 크므로 그림에 나타난 위치에 새로운 원소를 삽입하는 것은 타당하다. 만일, 5 대신 21을 새로운 원소로 삽입한다고 하자. 이 경우 2는 그림 5.27(c)에서

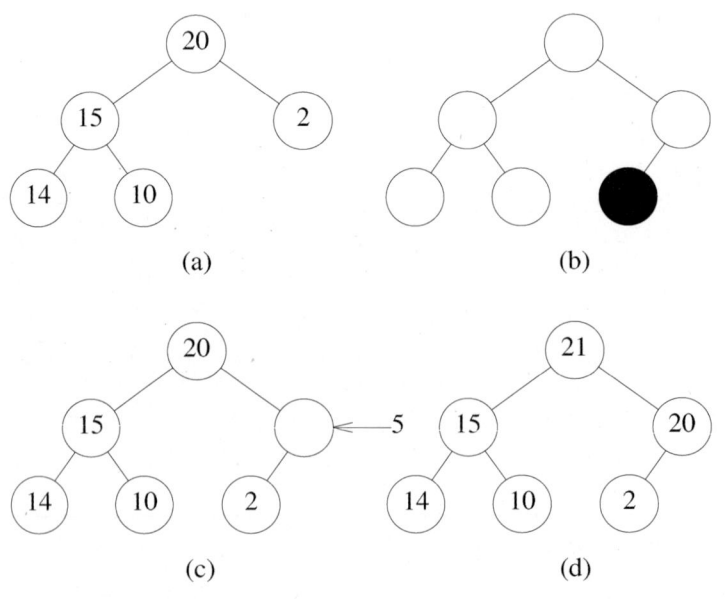

그림 5.27 최대 히프에 삽입

와 같이 왼쪽 자식으로 이동한다. 그런데 21은 2의 이전 위치에 삽입될 수 없다. 왜냐하면 이 위치의 부모가 21보다 작기 때문이다. 그러므로 20은 그 오른쪽 자식으로 내려오고, 21은 히프의 루트에 삽입된다.[그림 5.27(d)]

앞에서 기술한 삽입 전략을 구현하기 위해서는 한 원소에서 그 부모를 찾아갈 수 있어야 한다. 보조정리 5.4는 한 원소의 부모를 쉽게 찾을 수 있도록 한다. 프로그램 5.13은 최대 히프에서의 삽입을 수행한다. 히프는 다음의 C 선언문을 사용하여 생성된다고 가정한다.

```
#define MAX_ELEMENTS 200 /* 최대 히프 크기 + 1 */
#define HEAP_FULL(n) (n == MAX_ELEMENTS-1)
#define HEAP_EMPTY(n) (!n)
typedef struct {
        int key;
        /* 다른 필드들 */
        } element;
element heap[MAX_ELEMENTS];
int n = 0;
```

초기에 크기가 1이고 만원이 된 히프에 삽입을 할 때마다 배열 크기를 2배로 늘리는 동적으로 할당된 배열을 사용하는 또 다른 표현은 연습문제에 기술하였다.

```
void push(element item, int *n)
{/* insert item into a max heap of current size *n */
  int i;
  if (HEAP_FULL(*n)){
     fprintf(stderr, "The heap is full. \n");
     exit(EXIT_FAILURE);
  }
  i = ++(*n);
  while ((i != 1) && (item.key > heap[i/2].key)) {
     heap[i] = heap[i/2];
     i /= 2;
  }
  heap[i] = item;
}
```

프로그램 5.13: 최대 히프에 삽입

***push*의 분석:** 함수 *push*는 먼저 만원 히프인지를 검사한다. 히프가 만원이 아니면 변수 *i*를 새로운 히프 크기인 *n* + 1로 설정한다. 그 다음 히프에서 삽입된 항목의 올바른 위치를 결정한다. 이를 위해 **while** 루프를 사용한다. 최대 히프의 새로운 리프에서 루트까지의 경로를 따라 루트에까지 도달하든지 또는 부모 위치 *i*/2의 값이 삽입되어질 값보다 큰 위치 *i*를 선택한다. 히프는 *n*개의 원소를 갖는 완전 이진 트리이므로 높이는 $\lceil \log_2(n+1) \rceil$이다. 이것은 **while** 루프가 $O(\log_2 n)$만큼 반복됨을 의미한다. 그러므로 삽입 함수의 복잡도는 $O(\log_2 n)$이다. □

5.6.4 최대 히프에서의 삭제

최대 히프에서 원소를 삭제할 때는 히프의 루트에서 삭제한다. 예를 들어 그림 5.27(d)의 히프에서 원소를 삭제하면 원소 21이 삭제된다. 삭제된 히프에는 5개의 원소만 남게 되므로, 그림 5.27(d)의 이진 트리는 5개의 원소로 된 완전 이진 트리가 될 수 있도록 재구성하여야 한다. 이를 위하여 여섯 번째 위치의 원소(즉, 원소 2)를 제거한다. 이제 올바른 구조[그림 5.28(a)]는 되었지만, 루트는 비어 있고 원소 2는 히프에 없다. 만일 2를 루트에 삽입하면 결과 이진 트리는 최대 히프가 아니다. 루트의 원소는 이 2와 루트의 왼쪽 자식, 오른쪽 자식 중에서 제일 큰 값이 되어야 한다. 여기서 최대 원소는 20이다. 이 20이 루트로 이동하면 세 번째 위치가 비게 되는데, 자식이 없으므로 2가 이 위치에 삽입된다. 결과 히프는 그림 5.27(a)와 같다.

    이제 또 다른 삭제를 수행해보자. 20이 삭제될 것이고 그 뒤에 히프는 그림 5.28(b)와 같은 모양의 이진 트리 구조가 되어야 한다. 이 구조를 만들기 위해 다섯 번째 위치의 10을 제거한다. 이 10은 제일 크지 않으므로 히프의 루트에 삽입될 수 없다. 15를 루트로 이동시키고 10을 두 번째 위치에 삽입할 수 있는지를 보자. 이때 10은 그 아래의 14보다 작다. 그래서 14가 두 번째 위치로 올라가고 10은 네 번째 위치에 삽입된다. 결과

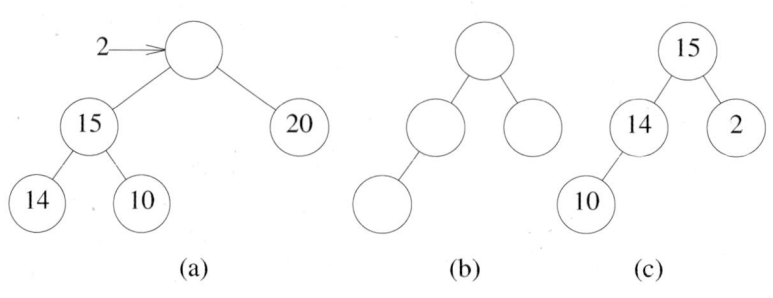

그림 5.28 최대 히프에서의 삭제

```
element pop(int *n)
{/* delete element with the highest key from the heap */
   int parent, child;
   element item, temp;
   if (HEAP_EMPTY(*n)) {
      fprintf(stderr, "The heap is empty\n");
      exit(EXIT_FAILURE);
   }
   /* save value of the element with the highest key */
   item = heap[1];
   /* use last element in heap to adjust heap */
   temp = heap[(*n)--];
   parent = 1;
   child = 2;
   while (child <= *n) {
      /* find the larger child of the current parent */
      if   (child   <   *n)   &&   (heap[child].key   <
   heap[child+1].key)
         child++;
      if (temp.key >= heap[child].key) break;
      /* move to the next lower level */
      heap[parent] = heap[child];
      parent = child;
      child *= 2;
   }
   heap[parent] = temp;
   return item;
}
```

프로그램 5.14: 최대 히프에서의 삭제

히프는 그림 5.28(c)와 같다.

프로그램 5.14는 히프 삭제를 위한 흘러내리는(trickle down) 전략을 구현한 것이다.

***pop*의 분석:** 함수 *pop*은 히프가 재구성될 때까지 히프의 아래 방향으로 이동하면서 부모 노드와 자식 노드를 비교하고 교환한다. n개의 원소를 가진 히프의 높이는 $\lceil \log_2(n+1) \rceil$이므로 *pop*의 **while** 루프는 $O(\log_2 n)$번 반복된다. 그러므로 삭제의 복잡도는 $O(\log_2 n)$이다. □

연습문제

1. 키 값, 7, 16, 49, 82, 5, 31, 6, 2, 44가 있다고 하자.
   (a) 각 값이 히프에 삽입된 후의 최대 히프를 보이라.
   (b) 각 값이 히프에 삽입된 후의 최소 히프를 보이라.

2. 최소 우선순위 큐를 정의하는 ADT *MinPQ*에 대한 구조 명세를 ADT 5.2와 비슷하게 작성하라.

3. 우선순위 큐의 표현 방법으로 무순서와 순서 선형 리스트로 표현된 최대 히프의 실행 시간 성능을 비교하라. 이를 위해 최대 히프의 삽입과 삭제 알고리즘, 1차원 배열의 순차 리스트로 유지되는 무순서와 순서 선형 리스트의 삽입과 삭제 알고리즘을 작성하라. n개의 임의의 값을 생성하여 우선순위 큐에 삽입하라. 이 n개의 원소를 가진 초기 큐에서부터, m번의 삽입과 삭제를 임의의 순서로 수행하라. 삽입과 삭제는 동일한 확률로 수행되도록 임의의 순서로 생성되어야 한다. 또한 이 순서는 어느 때고 우선순위 큐를 공백으로 만들지 않아야 한다. 최대 히프와 무순서 리스트에 대해 m번의 연산을 똑같이 수행하고 걸리는 시간을 측정하라. 총 시간을 m으로 나누고 n의 함수로 이 시간들을 그래프로 그려라. 최대 우선순위 큐의 두 표현 방법에 대한 상대적 성능에 대한 정성적인 평가를 해보라.

4. 최대 히프에 삽입할 때 수행되는 최악의 비교 횟수는, 새로운 리프 노드에서 루트까지의 경로상에서 이원 탐색을 수행하면 $O(\log \log n)$으로 줄일 수 있다. 그러나 이것은 데이타의 이동에 영향을 주지는 않는다. 이러한 전략을 이용하는 삽입 알고리즘을 작성하라. 이 알고리즘을 이용하여 연습문제 1을 다시 해보라. 경험에 비추어 볼 때, 프로그램 5.13의 방법보다 이 전략의 우수한 가치는 무엇이라 할 수 있는가?

5. 최대 히프에서 임의 원소의 우선순위를 변경할 수 있는 C 함수를 작성하라. 결과 히프는 히프 정의를 만족하여야 한다. 작성된 함수의 연산 시간은 얼마인가?

6. 최대 히프에서 임의 원소를 삭제하는 C 함수를 작성하라. 삭제되는 원소는 히프의 어떤 위치에도 있을 수 있다. 결과 히프는 히프 정의를 만족하여야 한다. 작성된 함수의 연산 시간은 얼마인가?(힌트: 삭제할 원소의 우선순위를 루트의 우선순위보다 큰 값으로 변경하고, 연습문제 5의 우선순위 변경 함수와 *pop*을 이용하라.)

7. 최대 히프에서 임의 원소를 탐색하는 C 함수를 작성하라. 작성된 함수의 연산 시간은 얼마인가?

8. 연결 이진 트리로 표현된 최대 히프에 대해 삽입·삭제 함수를 작성하라. 각 노드는 왼쪽 자식, 오른쪽 자식, 데이타 필드 외에도 부모 필드를 가지고 있다고 가정하라.

9. §[**프로그래밍 과제**] 최소 히프에 대해 다음 연산을 수행하는, 사용하기 쉬운 메뉴

중심의 프로그램을 작성하라.
(a) 최소 히프를 생성한다.
(b) 가장 낮은 값의 키를 삭제한다.
(c) 임의 원소의 우선순위를 변경한다.
(d) 히프에 원소를 삽입한다.

5.7 이원 탐색 트리

5.7.1 정의

사전(dictionary)은 쌍의 집합으로서, 각 쌍은 키와 이에 연관된 원소로 구성된다. 일반적으로 사전은 같은 키를 가진 여러 개의 쌍이 있지만, 여기서는 같은 키를 가진 2개의 쌍은 없다고 가정한다. 이 절에서 공부하려는 자료 구조, 이원 탐색 트리는 여러 쌍이 같은 키를 가진 사전을 수용할 수 있도록 쉽게 확장될 수 있다. ADT 5.3은 사전의 명세를 기술하고 있다.

ADT *Dictionary*
  objects: a collection of $n > 0$ pairs, each pair has a key and an associated item
  functions:
    for all $d \in Dictionary$, $item \in Item$, $k \in Key$, $n \in$ integer

Dictionary Create(*max_size*)	::=	create an empty dictionary.
Boolean IsEmpty(*d, n*)	::=	**if** $(n > 0)$ **return** *TRUE* **else return** *FALSE*
Element Search(*d, k*)	::=	**return** item with key *k*, **return** NULL if no such element.
Element Delete(*d, k*)	::=	delete and return item (if any) with key *k*;
void Insert(*d, item, k*)	::=	insert *item* with key *k* into *d*.

ADT 5.3: *dictionary* 추상 데이타 타입

이원 탐색 트리는 탐색, 삽입, 삭제, 연산에 있어서 지금까지 공부했던 어떤 자료 구조보다도 성능이 좋다. 사실 이원 탐색 트리에서 이러한 연산들은 키 값이나 순위(rank)에 따라 수행된다.(즉, '키가 *k*인 원소를 탐색하라', '다섯 번째로 작은 원소를 탐색하라', '키가 *k*인 원소를 삭제하라', '다섯 번째로 작은 원소를 삭제하라', '원소를 삽입하고 그 순위를 결정하라' 등)

정의: 이원 탐색 트리(binary search tree)는 이진 트리로서 공백일 수 있다. 만약 공백이 아니라면 다음 성질을 만족한다.

(1) 모든 원소는 키를 가지며, 어떤 두 원소도 동일한 키를 갖지 않는다.(즉, 모든 키는 상이하다.)
(2) 왼쪽 서브트리에 있는 키들은 (만약 있다면) 그 루트의 키보다 작다.
(3) 오른쪽 서브트리에 있는 키들은 (만약 있다면) 그 루트의 키보다 크다.
(4) 왼쪽과 오른쪽 서브트리도 모두 이원 탐색 트리이다. □

이 정의에는 약간의 중복을 포함하고 있다. 성질 (2), (3), (4)는 모두 키가 서로 달라야 된다는 의미를 포함하고 있다. 그래서 성질 (1)은 단순히 '루트는 키를 가지고 있다'라고 변경할 수 있다.

그림 5.29는 서로 다른 키를 갖는 몇 개의 이진 트리의 예를 보여주고 있다. 이 그림에서는 각 사전 쌍의 키 원소만 표현되어 있다. 그림 5.29(a)의 트리는 성질 (1), (2), (3)을 만족하지만 이원 탐색 트리가 아니다. 오른쪽 서브트리가 성질 (4)를 만족하지 못한다. 이 서브트리는 이원 탐색 트리가 아닌데, 이것의 오른쪽 서브트리의 키 값(22)이 이 서브트리의 루트(25)보다 작기 때문이다. 그림 5.29(b)와 5.29(c)의 이진 트리는 이원 탐색 트리이다.

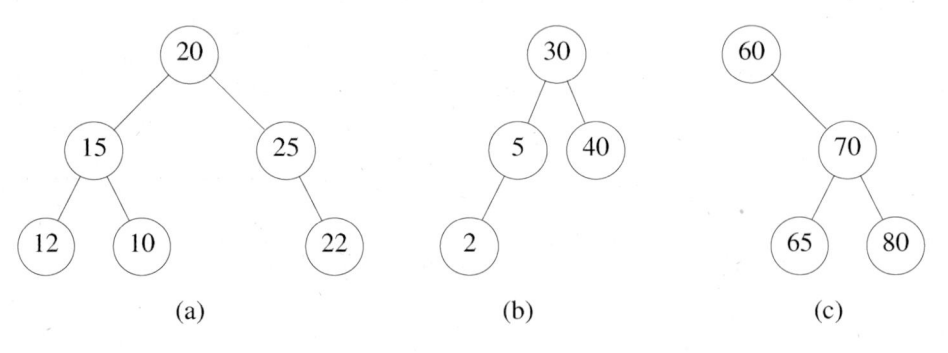

그림 5.29 이진 트리

5.7.2 이원 탐색 트리의 탐색

이원 탐색 트리의 정의가 순환이기 때문에 순환 탐색 방법을 기술하는 것이 가장 쉽다. 키 값이 k인 원소를 탐색한다고 가정하자. 탐색은 루트에서부터 시작하는데 만약 루트가

NULL이면 탐색 트리는 원소를 갖지 않으므로 탐색은 실패로 끝난다. 그렇지 않으면 k 값을 루트의 키 값과 비교하여 만일 key가 루트의 키 값과 같다면 탐색은 성공적으로 종료된다. key가 루트의 키보다 작다면 오른쪽 서브트리의 어떤 원소도 key와 동일한 키 값을 갖지 않으므로 루트의 왼쪽 서브트리를 탐색해야 한다. key가 루트의 키 값보다 크다면 루트의 오른쪽 서브트리를 탐색한다. 함수 search(프로그램 5.15)는 앞의 설명처럼 서브트리들을 순환적으로 탐색한다. 노드의 data 필드는 element 타입이고 이 element 타입은 각각 **int**와 iType인 key와 item 두 요소로 되어 있다고 가정하고 있다.

```
element* search(treePointer tree, int key)
{ /* key 값이 k인 노드에 대한 포인터를 반환함. 그런 노드가 없는 경우에는 NULL
     을 반환 */
   if (!root) return NULL;
   if (k == root→data.key) return &(root→data);
   if (k < root→data.key)
      return search(root→leftChild, k);
   return search(root→rightChild, k);
}
```
프로그램 5.15: 이원 탐색 트리의 순환적 탐색

순환 탐색 함수는 동일한 기능의 반복 함수로 쉽게 변환할 수 있다. 함수 iterSearch (프로그램 5.16)는 순환을 **while** 루프로 바꾸어 이 기능을 수행한다.

```
element* iterSearch(treePointer tree, int k)
{ /* key 값이 k인 노드에 대한 포인터를 반환함. 그런 노드가 없는 경우는 NULL 을
     반환 */
   while (tree) {
      if (k == tree→data.key) return &(tree→data);
      if (k < tree→data.key)
         tree = tree→leftChild;
      else
         tree = tree→rightChild;
   }
```

```
        return NULL;
}
```

프로그램 5.16: 이원 탐색 트리의 반복적 탐색

*search*와 *iterSearch*의 분석: 만약 높이가 h인 이진 탐색 트리에 대해 *search*나 *iterSearch* 함수를 사용하면 $O(h)$ 시간 내에 탐색을 수행할 수 있다. 그러나 *search*는 $O(h)$의 추가적인 스택 공간을 사용한다. □

5.7.3 이원 탐색 트리에서의 삽입

키 값이 *key*인 사전 쌍을 삽입하기 위해서는 먼저 키 값이 기존의 원소들이 가지고 있는 키 값과 다른지를 확인하여야 하므로, 이를 위해 탐색이 수행된다. 만약 탐색이 실패하면 탐색이 종료된 그 지점에 쌍을 삽입한다. 예를 들어 키 값 80을 가진 쌍을 그림 5.29(b)(키 값만 표현)의 트리에 삽입하기 위해서는 먼저 트리에서 80을 탐색해야 한다. 이 탐색은 실패하고 마지막으로 검사한 노드의 키 값이 40이다. 새로운 쌍은 이 노드의 오른쪽 자식으로 삽입하면 된다. 그 결과 탐색 트리는 그림 5.30(a)와 같다. 그림 5.30(b)는 그림 5.30(a)의 탐색 트리에 다시 키 35를 가진 쌍을 삽입한 결과를 보여주고 있다. 이 삽입 과정을 구현한 것이 *insert*(프로그램 5.17)이다. 이 함수는 *iterSearch*(프로그램 5.16) 함수를 약간 수정해서 만든 *modifiedSearch* 함수를 이용한다. 이 함수는 이원 탐색 트리 *node*에서 키 값 *k*를 탐색하는데, 만약 트리가 공백이거나 *k*가 존재하면 *NULL* 값을 반환하고 그렇지 않으면 탐색 도중에 마지막으로 검사한 노드에 대한 포인터를 반환한다. 새로운 쌍은 이 노드의 자식으로 삽입된다.

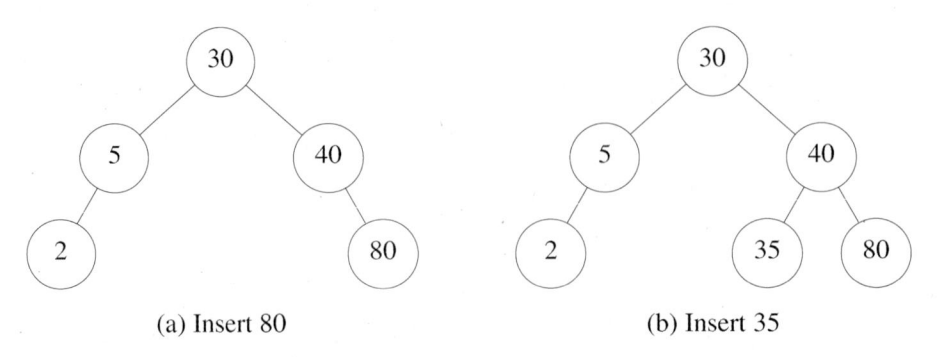

그림 5.30 이원 탐색 트리에 삽입

***insert*의 분석:** 높이 h인 트리에서 k를 탐색하는 데 필요한 시간은 $O(h)$이고 알고리즘의 나머지 부분은 $\Theta(1)$의 시간을 필요로 한다. 그러므로 *insert*가 필요한 전체 시간은 $O(h)$이다. □

```
void insert(treePointer *node, int k, iType theItem)
/* 트리 내 노드가 k를 가리키고 있으면 아무 일도 하지 않음;   그렇지 않은 경우는
   data = (k, theItem)인 새 노드를 첨가 */
   treePointer ptr, temp = modifiedSearch(*node, k);
   if (temp || !(*node)) {
     /* k is not in the tree * /
     MALLOC(ptr, sizeof(*ptr));
     ptr→data.key = k;
     ptr→data.item = theItem;
     ptr→leftChild = ptr→rightChild = NULL;
     if (*node) /* insert as child of temp */
        if (k < temp→data.key) temp→leftChild = ptr;
        else temp→rightChild = ptr;
     else *node = ptr;
   }
}
```

프로그램 5.17: 이원 탐색 트리에 사전 쌍의 삽입

5.7.4 이원 탐색 트리에서의 삭제

이원 탐색 트리에서 리프의 삭제는 간단하다. 예를 들어 그림 5.30(b)의 트리에서 35를 삭제하려면 그 노드 부모의 왼쪽 자식 필드를 0(*NULL*)으로 만들고 삭제된 노드를 반환하면 된다. 그 결과는 그림 5.30(a)의 트리와 같다. 이 트리에서 80을 삭제하려면 40의 오른쪽 자식 필드를 0으로 만들면 된다. 이 결과는 그림 5.29(b)와 같다. 80을 포함했던 노드는 반환된다.

하나의 자식만 가지고 있는 비리프 노드의 삭제도 간단하다. 삭제될 원소를 포함하고 있는 노드는 반환되고 삭제된 노드의 독자 자식을 삭제된 노드의 자리에 위치시키면 된다. 그래서 그림 5.30(a)의 트리에서 5를 삭제할 경우 부모 노드(30을 포함하고 있는 노드)의 왼쪽 자식 포인터가 독자 자식 노드(2를 포함하고 있는 노드)를 가리키도록 변경하면 된다.

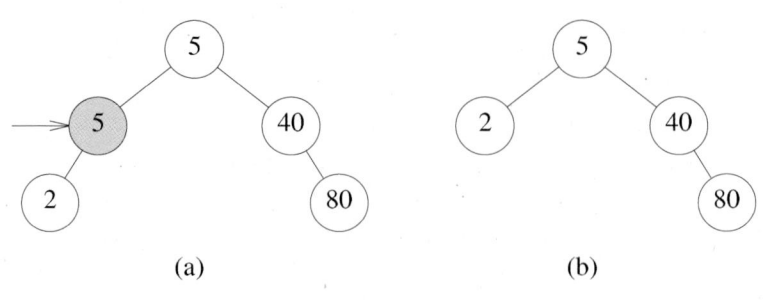

그림 5.31 이원 탐색 트리에서의 삭제

2개의 자식을 가진 비리프 노드를 삭제할 때는 그 원소를 왼쪽 서브트리에서 가장 큰 원소이거나 오른쪽 서브트리에서 가장 작은 원소로 대체한다. 그리고 대체된 서브트리에서 대체한 원소의 삭제 과정을 진행한다. 예로 그림 5.30(a) 트리에서 키 30을 가진 원소를 삭제한다면 이것을 왼쪽 서브트리에서 가장 큰 원소인 5 또는 오른쪽 서브트리에서 가장 작은 원소인 40 중 하나와 대체해야 한다. 왼쪽 서브트리에서 가장 큰 원소로 대체시킨다고 가정하면, 5가 트리의 루트로 이동하여 그림 5.31(a)의 트리로 된다. 다음에는 두 번째 5를 삭제해야 하는데, 이 노드는 하나의 자식만 가지고 있으므로 부모의 포인터가 이 노드의 자식을 가리키도록 변경하기만 하면 된다. 그 결과 그림 5.31(b)의 트리가 얻어진다. 왼쪽 서브트리에서 가장 큰 원소와 오른쪽 서브트리에서 가장 작은 원소 중 어느 것으로 대체해도, 대체되는 노드는 항상 차수가 1이거나 0인 노드라는 사실을 증명할 수 있다. 그러므로 대체된 노드를 삭제하는 것은 아주 쉽다. 삭제 함수를 작성하는 것은 연습문제로 남겨놓기로 한다. 높이가 h인 탐색 트리에서 삭제가 $O(h)$ 시간 내에 수행된다는 것은 분명하다.

5.7.5 이원 탐색 트리의 조인과 분할

탐색·삽입·삭제가 이원 탐색 트리에서 가장 빈번하게 수행되지만, 다음과 같은 추가적인 연산들도 어떤 응용에서는 유용하다.

(a) *threeWayJoin(small, mid, big)*: 이 연산은 이원 탐색 트리 *small*과 *big*에 있는 쌍들과 쌍 *mid*로 구성되는 하나의 이원 탐색 트리를 생성한다. *small*에 있는 키는 모두 *mid.key*보다 작고 *big*에 있는 키는 모두 *mid.key*보다 큰 것으로 가정한다. 이 조인 연산이 종료되면 *small*과 *big*은 공백이 된다.

(b) *twoWayJoin(small, big)*: 이 연산은 두 이원 탐색 트리 *small*과 *big*을 조인하여 이 *small*과 *big*에 있는 모든 쌍들을 포함하는 하나의 이원 탐색 트리를 생성한다. *small*에 있는 모든 키들은 *big*에 있는 모든 키들보다 작고 이 조인 연산이 종료되면 *small*과 *big*은 공백이 된다고 가정한다.

(c) *split(theTree, k, small, mid, big)*: 이원 탐색 트리 *theTree*를 세 부분으로 분할한다. *small*은 *k*보다 작은 키를 가지고 있는 *theTree*의 모든 쌍을 포함하는 이원 탐색 트리이다. 만일 *theTree*가 키 *k*를 가진 쌍을 포함하고 있으면 이 쌍은 참조 매개변수 *mid*에 반환된다. *big*은 *k*보다 큰 키를 가지고 있는 *theTree*의 모든 쌍을 포함하는 이원 탐색 트리이다. 이 분할 연산이 종료되면 *theTree*는 공백이 된다. *theTree*에 키가 *k*인 쌍이 없는 경우에는 *mid.key*는 -1로 설정된다.(이는 -1이 사전 쌍에 대한 유효한 키가 아니라고 가정한 것이다.)

*threeWayJoin*은 수행하기가 특별히 쉽다. 새로운 노드를 하나 얻어 데이타 필드를 *mid*로, 왼쪽 자식 포인터는 *small*로, 오른쪽 자식 포인터는 *big*으로 설정하면 된다. 이 새로운 노드는 생성되는 이원 탐색 트리의 루트가 된다. 끝으로 *small*과 *big*은 NULL로 설정된다. 이 연산에 필요한 시간은 $O(1)$이며 새로운 트리의 높이는 $\max\{height(small), height(big)\} + 1$이 된다.

*twoWayJoin*을 고려해보자. 만일 *small* 또는 *big*이 공백이면, 결과는 공백이 아닌 것이 바로 이원 탐색 트리가 된다. 어느 것도 공백이 아닌 경우 먼저 *small*에서 가장 큰 키 값을 가진 *mid* 쌍을 삭제한다. 이 이원 탐색 트리를 *small*′라 하자. 연산을 완수하기 위해 *threeWayJoin(small*′, *mid, big)*를 수행하면 된다. *twoWayJoin*을 수행하는 데 필요한 총 시간은 $O(height(small))$이고, 결과 트리의 높이는 $\max\{height(small'), height(big)\} + 1$이 된다. 만일 각 트리가 높이를 유지하는 경우 실행 시간은 $O(\min\{height(small), height(big)\})$이 될 수 있다. 즉, *small*의 높이가 *big*의 높이보다 크지 않으면 *small*에서 제일 큰 키를 가진 쌍을 삭제하고, 그렇지 않으면 *big*에서 제일 작은 키를 가진 쌍을 삭제한다. 그 뒤에 *threeWayJoin* 연산을 수행한다.

*split*을 하기 위해, 먼저 루트에서 분할할 때(즉, $k = theTree \rightarrow data.key$일 때) 다음을 관찰할 수 있다. 이 경우 *small*은 *theTree*의 왼쪽 서브트리이며, *mid*는 루트에 있는 쌍이고, *big*은 *theTree*의 오른쪽 서브트리가 된다. 만일 *k*가 루트의 키보다 작으면 루트와 오른쪽 서브트리는 *big*에 속하게 되고, 만일 *k*가 루트의 키보다 크면 루트와 왼쪽 서브트리는 *small*에 속하게 된다. 이러한 관찰을 이용하여 키 *k*를 가진 쌍을 찾기 위해 탐색 트리 *theTree*를 따라 밑으로 이동하면서 분할을 수행한다. 또 밑으로 이동하면서 2개의 탐색 트리 *small*과 *big*을 구성한다. *theTree*를 분할하는 함수는 프로그램 5.18에 제

```c
void split(nodePointer *theTree, int k, nodePointer *small,
           element *mid, nodePointer *big)
{/* split the binary search tree with respect to key k */
   if (!theTree) {*small = *big = 0;
                  (*mid).key = -1; return;} /* empty tree */
   nodePointer sHead, bHead, s, b, currentNode;
   /* create header nodes for small and big */
   MALLOC(sHead, sizeof(*sHead));
   MALLOC(bHead, sizeof(*bHead));
   s = sHead; b = bHead;

   /* do the split */
   currentNode = *theTree;
   while (currentNode)
      if (k < currentNode->data.key) {/* add to big */
         b->leftChild = currentNode;
         b = currentNode; currentNode = currentNode->leftChild;
      }
      else if (k > currentNode->data.key) {/* add to small */
         s->rightChild = currentNode;
         s = currentNode; currentNode = currentNode->rightChild;
      }
      else {/* split at currentNode */
         s->rightChild = currentNode->leftChild;
         b->leftChild = currentNode->rightChild;
         *small = sHead->rightChild; free(sHead);
         *big = bHead->leftChild; free(bHead);
         (*mid).item = currentNode->data.item;
         (*mid).key = currentNode->data.key;
         free(currentNode);
         return;
      }
   /* no pair with key k */
   s->rightChild = b->leftChild = 0;
   *small = sHead->rightChild; free(sHead);
   *big = bHead->leftChild; free(bHead);
   (*mid).key = -1;
   return;
}
```

프로그램 5.18: 이원 탐색 트리의 분할

시되어 있다. 코드를 간소화하기 위해, *small*과 *big*에 대한 각 헤더 노드 *sHead*와 *bHead*에서 시작한다. *small*은 *sHead*의 오른쪽 서브트리로 확장되고 *big*은 *bHead*의 왼쪽 서브트리로 확장된다. $s(b)$는 $sHead(bHead)$의 노드를 가리키는데, 이 노드는 $small(big)$의 일부분이 될 $theTree$의 서브트리가 첨가되는 곳이다. 서브트리를 $small(big)$에 첨가한다는 것은 곧 $s(b)$의 오른쪽 자식(왼쪽 자식)으로 되는 것이다.

*split*의 분석: **while** 루프는 $currentNode$를 루트로 갖는 서브트리의 모든 키들이 $sHead$를 루트로 하는 트리의 키들보다 크고, $bHead$를 루트로 하는 트리의 키들보다는 작다는 것을 보장하고 있다. 함수의 정확성은 쉽게 증명될 수 있으며, 복잡도는 $O(height(theTree))$이다. 이때 $small$이나 big의 높이가 $theTree$의 높이보다 크지 않음을 증명할 수 있다. □

5.7.6 이원 탐색 트리의 높이

주의하지 않으면 n개의 원소를 가진 이원 탐색 트리의 높이는 n만큼 커질 수 있다. 예를 들어, 초기에 공백인 이원 탐색 트리에 프로그램 5.17을 이용하여 키 $[1, 2, 3, \cdots, n]$을 이 순서대로 삽입하면 그런 경우가 된다. 그러나 삽입과 삭제가 여기에 주어진 함수들을 이용하여 무작위로 이루어질 때 이원 탐색 트리의 높이는 평균적으로 $O(\log n)$이 될 수 있다.

최악의 경우에도 높이가 $O(\log n)$이 되는 탐색 트리를 균형 탐색 트리(balanced search tree)라 한다. 탐색, 삽입, 삭제를 $O(h)$ 시간에 할 수 있는 균형 탐색 트리도 있다. 이들 중 가장 널리 알려진 것들로는 AVL, 레드-블랙(red-black), 2-3, 2-3-4, B-트리, B^+-트리 등이 있다. 이들은 10장과 11장에서 다루고 있다.

연습문제

1. 이원 탐색 트리에서 키 k를 가진 쌍을 삭제하는 C 함수를 작성하라. 이 함수의 시간 복잡도는 얼마인가?
2. 처음에 공백 이원 탐색 트리에서 시작하여 n번의 무작위 삽입을 수행하는 프로그램을 작성하라. 삽입될 값을 생성하기 위해 난수 생성기를 이용하라. 결과 이원 탐색 트리의 높이를 조사하고 높이를 $\log_2 n$으로 나눠보라. 이것을 $n = 100, 500, 1000, 2000, 3000, \cdots, 10,000$에 대해 수행하라. n에 대한 함수로서 $height/\log_2 n$의 비를 그래프로 그려보라. 그 비는 개략 2의 상수 값이어야 한다. 이것이 그러함을 증명하라.
3. 이원 탐색 트리의 각 노드에 $leftSize$ 필드가 있다고 가정하자. 이러한 이원 탐색 트리에 쌍을 삽입하는 함수를 작성하라. h를 이 탐색 트리의 높이라 할 때, 함수의 복잡도는 $O(h)$이어야 한다. 이 경우 그렇다는 것을 증명하라.

4. 이원 탐색 트리에서 k 번째 작은 키를 가진 쌍을 삭제하는 함수에 대해 연습문제 3과 같이 하라.
5. *threeWayJoin* 연산을 $O(1)$ 시간에 구현하는 C 함수를 작성하라.
6. 조인되는 두 트리 중 하나의 높이를 h 라 할 때 *twoWayJoin* 연산을 $O(h)$에 구현하는 C 함수를 작성하라.
7. 크기가 각각 n과 m인 두 정렬된 리스트를 합병하는 어떠한 알고리즘도 최악의 경우에는 최소한 $n + m - 1$번 비교해야 한다. n과 m개의 쌍을 가진 두 이원 탐색 트리를 조인하는 모든 비교 기반 알고리즘의 시간 복잡도에 대해 이 결과가 갖는 의미는 무엇인가?
8. 7장에서 n개의 원소를 가진 리스트를 정렬하기 위한 비교 기반 알고리즘은 최악의 경우, $O(n \log n)$의 비교를 해야 함을 볼 것이다. n개의 쌍을 가진 이원 탐색 트리의 초기화 복잡도에 대해 이 결과가 갖는 의미는 무엇인가?
9. 이원 탐색 트리는 우선순위 큐를 구현하는 데도 이용될 수 있음에 주목하라.

    (a) 우선순위 큐를 이원 탐색 트리로 표현하는 최대 우선순위 큐에 대한 C 함수를 작성하라. h를 탐색 트리의 높이라 할 때 *top*, *pop*, *push*에 대한 코드의 복잡도는 $O(h)$이어야 한다. 평균적으로 높이 h는 $O(\log n)$이므로 우선순위 큐의 연산을 평균적으로 $O(\log n)$ 시간에 수행할 수 있다.

    (b) 우선순위 큐에 대한 자료 구조로서 힙과 이원 탐색 트리의 실제 성능을 비교하라. 이 비교를 위하여 원소 삽입과 최대 원소의 삭제에 대한 임의 순서들을 생성하고, 각 자료 구조에 대해 각 순서가 소요된 시간을 측정하라.

10. 이원 탐색 트리의 정의를 동일한 키가 허용되도록 변경하고, 노드 구조에 *count* 필드를 추가했다고 가정하자.

    (a) 여러 개의 키를 발견 시 *count* 필드를 증가하도록 *insertNode*를 다시 작성하라.

    (b) 키를 발견 시 *count* 필드를 감소하도록 *delete*를 다시 작성하라. 노드는 *count*가 0일 때에만 삭제된다.

11. 프로그램 5.17에 사용된 함수 *modifiedSearch*의 C 코드를 작성하라.
12. *insertNode*의 순환 버전을 작성하라. 두 버전 중에서 어느 것이 더 효율적인가?
13. 이원 탐색 트리에서 키를 삭제하는 순환 함수를 C 언어로 작성하라. 이 함수의 시간과 공간 복잡도는 어떻게 되는가?
14. 이원 탐색 트리에서 키를 삭제하는 반복 함수를 C 언어로 작성하라. 이 함수의 공간 복잡도는 $O(1)$이 되어야 한다. 이 함수가 그렇다는 것을 증명하라. 이 함수의 시

간 복잡도는 어떻게 되는가?

15. 이원 탐색 트리가 스레드 이원 탐색 트리로 표현되었다고 가정하자. 탐색, 삽입, 삭제를 위한 함수를 작성하라.

5.8 선택 트리

5.8.1 개요

하나의 순서 순차(ordered sequence)로 합병될 런(run)이라 부르는 k개의 순서 순차가 있다고 가정하자. 각 런은 key라고 하는 지정된 필드에 따라 비감소 순서로 정렬된 약간의 레코드들로 구성된다. n을 k개의 런에 있는 레코드의 총 수라 하자. 합병 작업은 이 중에서 가장 작은 키의 레코드를 반복해서 출력하는 것이 된다. 가장 작은 레코드는 k개 중에서 찾아야 되는데, 이것은 k개의 런 중에 가장 작은 레코드가 된다. k개의 런을 합병하는 가장 직접적인 방법은 다음에 출력할 레코드를 결정하기 위해 $k-1$번 비교하는 것이다. 그러나 $k > 2$에 대해 선택 트리(selection tree) 자료 구조를 이용하면, 다음으로 가장 작은 레코드를 발견하는 데 필요한 비교 횟수를 줄일 수 있다. 선택 트리에는 승자 트리(winner tree)와 패자 트리(loser tree) 두 종류가 있다.

5.8.2 승자 트리

승자 트리(winner tree)는 각 노드가 2개의 자식 노드 중 더 작은 노드를 나타내는 완전 이진 트리이다. 그러므로 루트 노드는 트리에서 가장 작은 노드를 나타낸다. 그림 5.32는 $k = 8$인 경우의 승자 트리를 보여주고 있다.

이 승자 트리의 구성은 더 작은 키를 가진 레코드가 승자가 되는 토너먼트와 비교할 수 있다. 트리 내 각 비리프 노드는 토너먼트의 승자를 나타내고, 루트는 전체 승자 또는 가장 작은 키를 나타낸다. 여기서 리프 노드는 각 런의 첫 번째 레코드를 나타낸다. 일반적으로 합병될 레코드들은 크기가 크므로, 각 노드는 그 노드가 표현하는 레코드에 대한 포인터만을 포함한다. 그러므로 루트 노드는 런 4의 첫 번째 레코드를 가리킨다.

승자 트리는 보조정리 5.4의 결과로 얻어진 이진 트리에 대한 순차 할당 기법을 이용하여 표현할 수 있다. 따라서 그림 5.32의 각 노드 번호는 이 순차 표현 방식에서의 그 노드 주소를 나타낸다. 루트가 가리키는 레코드는 가장 작은 키를 가지고 있으므로 제일 먼저 출력된다. 그리고 나면 런 4의 다음 레코드가 승자 트리에 들어간다. 이것은 키 값 15를 가지고 있다. 트리를 재구성하기 위해서는 노드 11에서부터 루트까지의 경로만 따라 토너먼트가 재수행되어야 한다. 노드 10과 11의 승자는 노드 11이고(15 < 20), 노드 4와 5의 승자는 노드 4이며(9 < 15), 노드 2와 3의 승자는 노드 3이다(8 < 9). 이 새 트

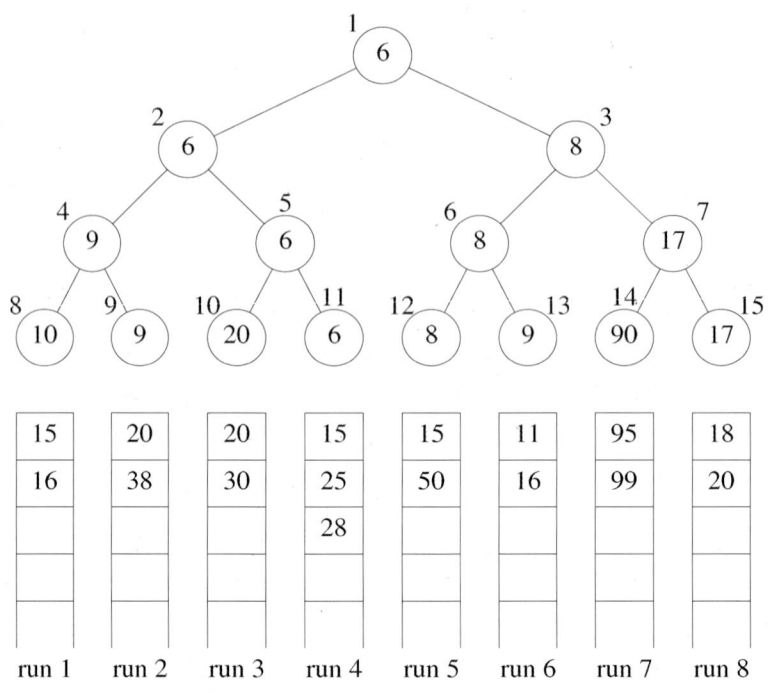

그림 5.32 k = 8인 경우의 승자 트리(각 런의 처음 세 레코드만 표현)

리가 그림 5.33에 기술되어 있다. 토너먼트는 형제 노드 간에 시행되고 그 결과는 부모 노드로 들어간다. 보조정리 5.4를 이용하면 형제와 부모 노드의 주소를 효율적으로 계산할 수 있다. 매번 새로운 비교는 트리에서 그 다음 하나 높은 레벨에서 일어난다.

승자 트리를 이용한 런 합병의 분석: 트리의 레벨 수는 $\lceil \log_2 k + 1 \rceil$이 되기 때문에 트리를 재구성하는 시간은 $O(\log_2 k)$가 된다. 이때 트리는 레코드가 출력 화일에 합병될 때마다 재구성되어야 한다. 그래서 n개의 레코드를 모두 합병하는데 필요한 시간은 $O(n \log_2 k)$이다. 처음에 승자 트리를 설정하는 데 필요한 시간은 $O(k)$이므로, k개의 런을 합병하는 전체 시간은 $O(n \log_2 k)$이다. □

5.8.3 패자 트리

최소 키 값을 가진 레코드가 출력되면 그림 5.32의 승자 트리는 재구성된다. 그런데 최소키 값의 레코드가 런 4에 있었으므로 재구성은 이 런의 다음 레코드를 트리에 삽입하는

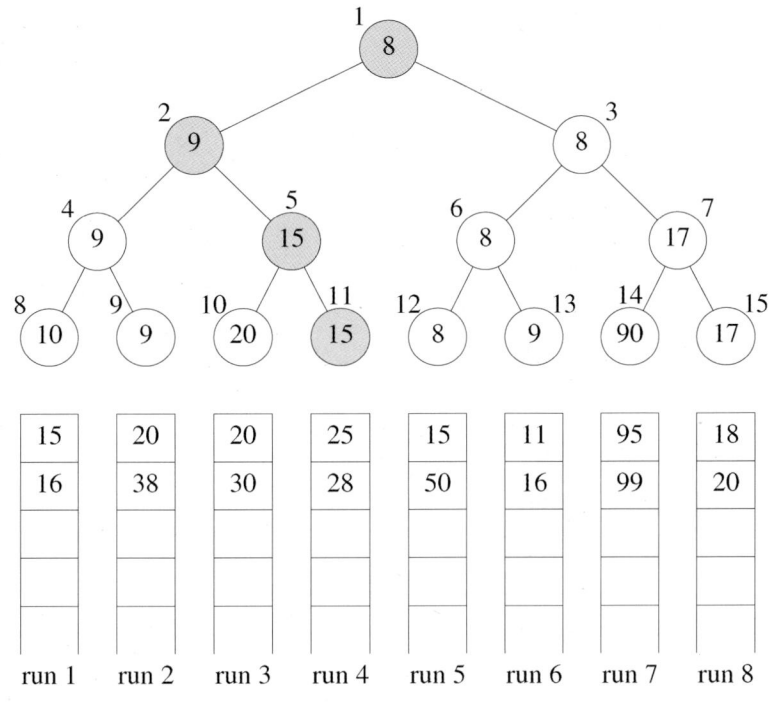

그림 5.33 레코드 하나가 출력되고 재구성된 다음의 그림 5.32의 승자 트리(변경된 노드는 회색으로 표시되어 있음.)

것이 된다. 이 다음 레코드는 키 값으로 15를 가지고 있다. 토너먼트는 노드 11에서부터 루트까지의 경로를 따라 형제 노드들 사이에서 일어난다. 여기서 형제 노드들은 전에 시행되었던 토너먼트의 패자들이므로, 각 비리프 노드에 토너먼트의 승자 대신 패자 레코드에 대한 포인터를 위치시킴으로써 재구성 절차를 간단히 할 수 있다. 이와 같이 각 비리프 노드가 패자에 대한 포인터를 유지하는 선택 트리를 패자 트리(loser tree)라고 한다. 그림 5.34는 그림 5.32의 승자 트리에 대응되는 패자 트리를 보여준 것이다. 편의상 각 노드는 레코드에 대한 포인터 대신 레코드의 키 값을 포함하고 있으며, 리프 노드는 각 런의 첫 번째 레코드를 표현하고 있다. 또 전체 토너먼트의 승자를 표현하기 위해 노드 0이 추가되어 있다. 전체 승자를 출력한 다음 트리는 노드 11에서부터 노드 1의 경로를 따라 토너먼트를 시행하면서 재구성된다. 이 토너먼트가 시행될 레코드들은 부모 노드들로부터 바로 나오게 된다. 결과적으로 11에서부터 1까지 경로상 형제는 접근되지 않는다.

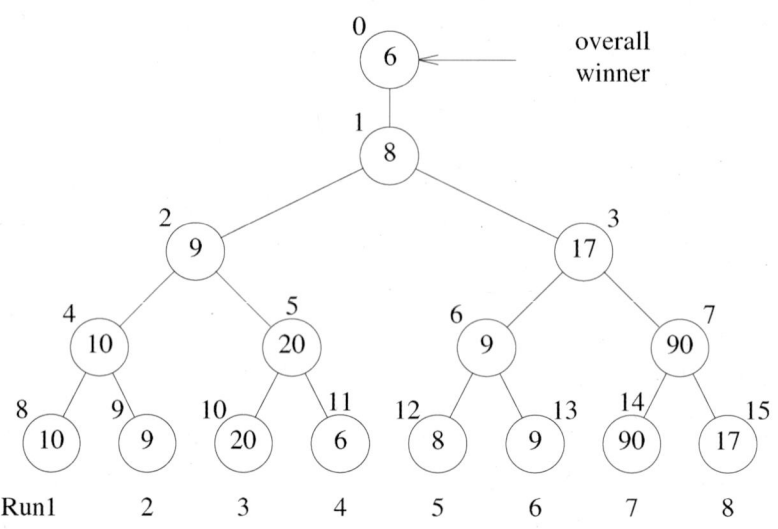

그림 5.34 그림 5.32의 승자 트리에 대응되는 패자 트리

연습문제

1. 승자 트리와 패자 트리에 대한 추상 데이타 타입의 명세를 작성하라.
2. k 레코드에 대한 승자 트리를 구성하는 함수를 작성하라. k는 2의 지수승이라고 가정하라. 토너먼트가 수행되는 각 노드는 승자에 대한 포인터만 저장한다. 이 구성이 $O(k)$ 시간에 수행될 수 있음을 증명하라.
3. k가 2의 지수승이라고 제한되지 않은 경우에 대해 연습문제 2를 해보라.
4. k 레코드에 대한 패자 트리를 구성하는 함수를 작성하라. 전체 승자에 대한 포인터를 저장하기 위해서는 패자 트리 배열의 위치 0을 사용하라. 이 구성이 $O(k)$ 시간에 수행될 수 있음을 증명하라. 이때 k는 2의 지수승이라고 가정하라.
5. k가 2의 지수승이라고 제한되지 않은 경우에 대해 연습문제 4를 해보라.
6. $k(\geq 2)$개 런의 k-원 합병을 패자 트리를 이용하여 수행하는 함수를 작성하라. 선형 시간에 패자 트리를 초기화하는 함수가 있다고 가정하라. k개의 런에 총 $n(>k)$개의 레코드가 있다면 수행시간이 $O(n \log_2 k)$가 됨을 증명하라.
7. 승자 트리의 경우에 대해 앞의 연습문제를 해보라. 이때 선형 시간에 승자 트리를 초기화하는 함수가 있다고 가정하라.

8. $k = 8$인 경우에 대해서 앞의 두 연습문제의 함수들의 성능을 비교하라. 각각 100개의 레코드로 된 8개의 데이타 런을 생성하라. 이를 위해 난수 생성기를 이용하라 (난수 생성기에서 생성된 키들은 합병을 시작하기 전에 정렬되어야 할 것이다.). 앞의 두 방법을 사용해서 이 8개의 런을 합병하는 데 걸리는 시간도 측정하라.

5.9 포리스트

정의: 포리스트(forest)는 $n(\geq 0)$개의 분리(disjoint) 트리들의 집합이다. □

그림 5.35에서는 3개의 트리로 구성된 포리스트를 보여주고 있다. 포리스트의 개념은 트리의 개념과 매우 유사한데, 이는 트리에서 루트를 제거하면 포리스트가 되기 때문이다. 예를 들어 임의의 이진 트리의 루트를 제거하면 2개의 트리로 구성된 포리스트가 된다. 이 절에서는 포리스트의 이진 트리 변환과 포리스트 순회 등을 포함한 포리스트에 대한 몇 가지 연산들을 간단히 고려하기로 한다. 다음 절에서는 분리 집합을 표현하기 위해 포리스트를 사용할 것이다.

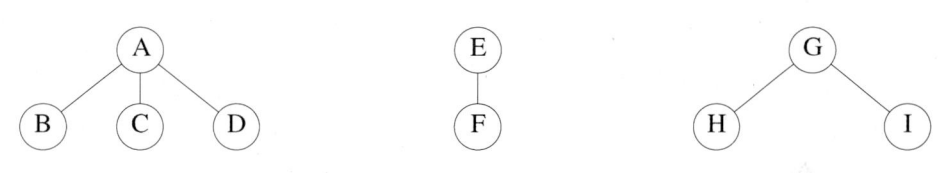

그림 5.35 3개의 트리로 구성된 포리스트

5.9.1 포리스트를 이진 트리로 변환

포리스트를 하나의 이진 트리로 변환하기 위해서는 먼저 포리스트에 있는 각 트리를 이진 트리로 변환한다. 그 다음 변환된 모든 이진 트리들을 루트 노드들의 *rightChild* 필드를 통해 연결한다. 이 변환 과정을 적용하면 그림 5.35의 포리스트는 그림 5.36의 이진 트리가 된다.

이 변환 과정은 다음과 같이 공식적으로 정의할 수 있다.

정의: 만일 $T_1, T_2, \cdots, T_n$이 트리로 된 포리스트라 하면, 이 포리스트에 대응하는 이진 트리 $B(T_1, T_2, \cdots, T_n)$는

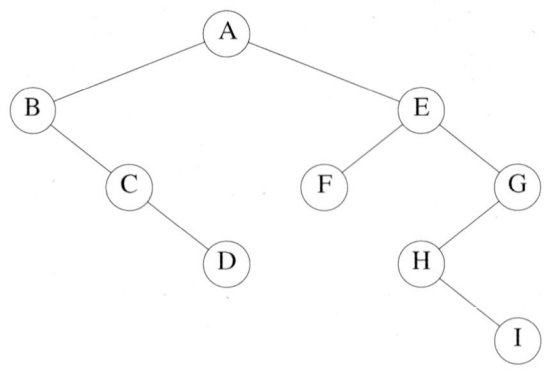

그림 5.36 그림 5.35의 포리스트의 이진 트리 표현

(1) $n = 0$이면 공백이다.

(2) T_1의 루트와 같은 루트를 가지며, 왼쪽 서브트리로 $B(T_{11}, T_{12}, \cdots, T_{1m})$을 가지는데 여기서 $T_{11}, T_{12}, \cdots, T_{1m}$은 T_1의 루트의 서브트리들이다. 그리고 오른쪽 서브트리로 $B(T_2, \cdots, T_n)$을 갖는다. □

5.9.2 포리스트 순회

포리스트 F에 대응하는 이진 트리 T의 전위·중위 순회는 F의 순회와 자연스런 대응 관계를 가진다. T의 전위 순회는 다음과 같이 정의된 포리스트 전위(forest preorder)로 F의 노드들을 순회하는 것과 동등하다.

(1) F가 공백이면 복귀한다.
(2) F의 첫 번째 트리의 루트를 방문한다.
(3) 첫 번째 트리의 서브트리들을 포리스트 전위로 순회한다.
(4) F의 나머지 트리들을 포리스트 전위로 순회한다.

T의 중위 순회는 다음과 같이 정의된 포리스트 중위(forest inorder)로 F의 노드들을 순회하는 것과 동등하다.

(1) F가 공백이면 복귀한다.
(2) F의 첫 번째 트리의 서브트리를 포리스트 중위로 순회한다.
(3) 첫 번째 트리의 루트를 방문한다.

(4) 나머지 트리를 포리스트 중위로 순회한다.

한 포리스트를 전위와 중위로 순회한 결과가 대응되는 이진 트리를 중위와 전위로 순회한 결과와 같음을 증명하는 것은 연습문제로 남겨둔다. 하나의 포리스트에 대응하는 이진 트리의 후위 순회에 대해서는 유사성이 없다. 그러나 다음과 같이 **포리스트 후위** (forest postorer) 순회를 정의할 수는 있다.

(1) F가 공백이면 복귀한다.
(2) F의 첫 번째 트리의 서브트리를 포리스트 후위로 순회한다.
(3) 나머지 트리를 포리스트 후위로 순회한다.
(4) F의 첫 번째 트리의 루트를 방문한다.

포리스트의 레벨 순서 순회에서는 포리스트의 각 루트부터 시작하여 노드를 레벨 순으로 방문한다. 레벨 내에서는 왼쪽에서부터 오른쪽으로 차례로 방문한다. 포리스트의 레벨 순서 순회의 결과가 대응되는 이진 트리의 레벨 순서 순회의 결과와 반드시 같지 않음은 쉽게 증명할 수 있다.

연습문제

1. 포리스트로부터 이진 트리로 생성하는 변환의 역변환을 정의하라. 이 변환은 유일한가?
2. 포리스트의 전위 순회와 이에 대응되는 이진 트리의 전위 순회가 같은 결과를 생성함을 증명하라.
3. 포리스트의 중위 순회와 이에 대응되는 이진 트리의 중위 순회가 같은 결과를 생성함을 증명하라.
4. 포리스트와 후위 순회와 이에 대응되는 이진 트리의 후위 순회가 반드시 같은 결과만 생성하지는 않음을 증명하라.
5. 포리스트의 레벨 순서 순회와 이에 대응되는 이진 트리의 레벨 순서 순회가 반드시 같은 결과만 생성하지 않음을 증명하라.
6. 포리스트의 대응되는 이진 트리를 포리스트 후위로 순회하는 비순환 함수를 작성하라. 이 함수의 시간과 공간 복잡도는 얼마인가?
7. 포리스트 레벨 순서 순회로 앞의 연습문제를 해보라.

5.10 분리 집합의 표현

5.10.1 개요

이 절에서는 트리를 사용하여 집합을 표현하는 방법에 대해 살펴보기로 하자. 여기서 집합의 모든 원소는 수 $0, 1, 2, \cdots, n-1$이라고 가정한다. 이 수들은 실제 원소의 이름이 저장되어 있는 심벌 테이블의 인덱스를 의미할 수도 있다. 그리고 모든 집합들은 쌍별로 분리(disjoint)된다고 가정한다[즉 임의의 두 집합 S_i와 $S_j(i \neq j)$는 어떤 원소도 공통으로 가지고 있지 않다.]. 가령 $n = 10$일 때 이 원소들은 3개의 분리 집합, $S_1 = \{0, 6, 7, 8\}$, $S_2 = \{1, 4, 9\}$, $S_3 = \{2, 3, 5\}$로 분할될 수 있다. 그림 5.37은 이러한 집합에 대해 가능한 하나의 표현을 보여주고 있다. 각 집합에서 노드들은 부모로부터 자식으로 연결하는 일반적인 방법 대신, 자식에서부터 부모로 가는 링크로 연결되어 있음을 주목하라. 이러한 연결 방법을 사용하는 이유는 집합 연산의 구현을 논의할 때 분명해질 것이다.

이런 집합에 대하여 수행하고자 하는 연산은 다음과 같다.

(1) 분리 합집합(disjoint set union). S_i와 S_j가 분리 집합일 때 이들의 합집합은 $S_i \cup S_j = \{x | x$는 S_i 또는 S_j에 포함되는 모든 원소$\}$이므로 $S_1 \cup S_2 = \{0, 6, 7, 8, 1, 4, 9\}$이다. 우리는 모든 집합이 서로 분리되어 있다고 가정했기 때문에 S_i와 S_j의 합(union)에 따라 S_i와 S_j는 독립적으로 존재하지 않고, 대신 집합의 모임에서 $S_i \cup S_j$로 존재한다고 가정할 수 있다.

(2) 탐색[find(i)]. 원소 i를 포함하는 집합을 탐색한다. 그래서 3은 S_3에, 8은 S_1에 있다.

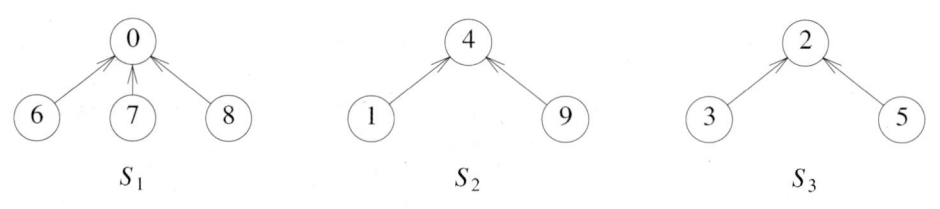

그림 5.37 집합의 트리 표현

5.10.2 Union과 Find 연산

먼저 합집합(union) 연산을 고려해보자. 가령 S_1과 S_2의 합집합을 만든다고 하자. 이를 위해서는 노드들이 자식에서 부모로 가는 링크로 연결되어 있으므로, 간단히 두 트리 중의 하나를 다른 트리의 서브트리로 만들면 된다. 그러면 $S_1 \cup S_2$는 그림 5.38에 있는 표현 중의 하나가 될 것이다.

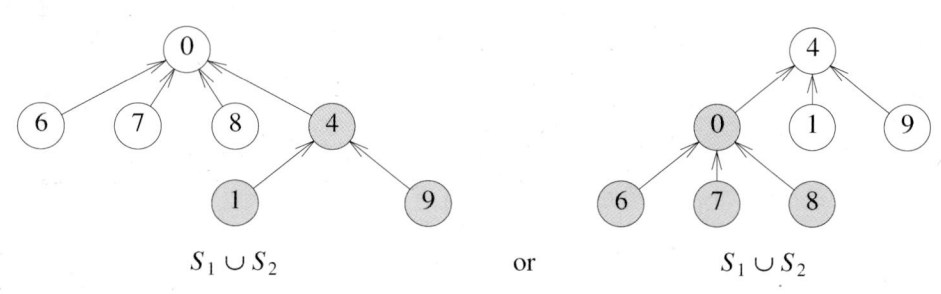

그림 5.38 $S_1 \cup S_2$의 가능한 한 가지 표현

합집합 연산의 구현은 한 루트의 부모 필드가 다른 트리의 루트를 가리키도록 하면 된다. 이것은 각 집합을 가리키는 포인터를 사용하면 쉽다. 이 포인터들은 각 집합 이름에 대하여 그 집합의 루트를 가리킨다. 그리고 각 루트가 집합 이름을 가리키는 포인터를 가지고 있어서, 한 원소가 어느 집합에 포함되어 있는지 결정하기 위해서는 그 트리의 루트로 연결된 부모 링크를 따라 올라가서 집합 이름을 가리키는 포인터를 반환하면 될 것이다. 그림 5.39는 S_1, S_2, S_3에 대한 표현을 보여주고 있다.

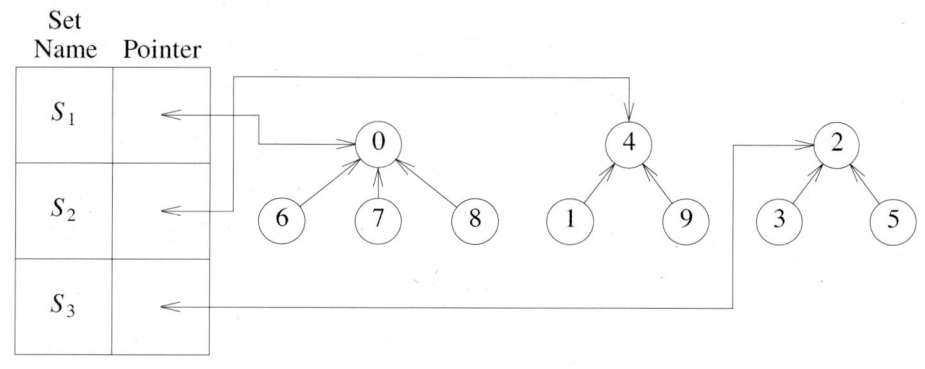

그림 5.39 S_1, S_2, S_3의 데이터 표현

i	[0]	[1]	[2]	[3]	[4]	[5]	[6]	[7]	[8]	[9]
parent	−1	4	−1	2	−1	2	0	0	0	4

그림 5.40 S_1, S_2, S_3에 대한 배열 표현

union과 find 알고리즘에 대한 설명을 간단하게 하기 위해, 실제 집합 이름은 무시하고 그 집합을 표현하는 트리의 루트로 식별할 것이다. 예를 들면 집합 이름 S_1 대신 이 집합을 0으로 참조할 것이다. 이것을 집합 이름으로 바꾸는 것은 간단하다. 집합 이름을 유지하는 테이블 name[ ]이 있다고 하자. 한 원소 i가 루트가 j인 트리에 속하고 j가 집합이름 테이블의 k 번째 원소를 가리키는 포인터를 가진다면, 그 집합의 이름은 name[k]이다.

트리의 노드들에는 0에서 $n-1$까지 번호가 부여되어 있으므로 노드 번호를 바로 인덱스로 사용할 수 있다. 따라서 각 노드는 그의 부모를 연결하기 위해 부모 인덱스를 포함할 하나의 필드만 있으면 되므로, 필요한 자료 구조는 배열 int parent[MAX_ELEMENTS]이다. 여기서 MAX_ELEMENTS는 최대 원소 수이다. 그림 5.40은 S_1, S_2, S_3를 이 방법으로 표현한 것으로, 각 루트 노드의 parent 필드 값은 −1인 점에 주목하라.

find(i) 연산은 i에서 시작하여 음수 값의 부모 인덱스를 만날 때까지 인덱스들을 따라가면 된다. 예를 들면 find(5)는 5부터 시작하여 5의 부모인 2로 이동하고, 이 노드가 음수 인덱스를 가지므로 루트에 도달한 것이다. 마찬가지로 연산 union(i, j)도 간단하다. 즉, 루트가 i와 j인 두 트리를 합치면 된다. 만일 첫 번째 트리를 두 번째 트리의 서브트리로 만들기로 한다면, parent[i] = j라는 문장 하나로 합집합 연산이 수행된다. 프로그램 5.19는 앞에서 설명한 사항들을 바탕으로 작성된 union과 find 연산이다.

```
int simpleFind(int i)
{
   for(; parent[i] >= 0; i = parent[i])
      ;
   return i;
}
void simpleUnion(int i, int j)
{
   parent[i] = j;
}
```

프로그램 5.19: 합집합과 탐색을 위한 간단한 함수

simpleUnion 과 ***simpleFind*** 의 분석: *simpleUnion* 과 *simpleFind* 는 구현하기 쉬운 반면, 성능은 매우 좋지 않다. 예를 들어 p 개의 원소가 각각 p 개의 집합에 하나씩 포함되어 있다면, 즉 $S_i = \{i\}(0 \leq i < p)$ 라면 이 집합들을 나타내는 트리들의 초기 상태는 p 개의 노드들로 이루어진 포리스트이고 $parent[i] = -1(0 \leq i < p)$ 일 것이다. 이 집합들에 대해 다음과 같이 *union-find* 연산을 연속적으로 수행해보자.

$$union(0, 1), find(0)$$
$$union(1, 2), find(0)$$
$$\vdots$$
$$union(n-2, n-1), find(0)$$

이 연산 결과 그림 5.41과 같은 변질 트리(degenerate tree)가 만들어진다. 합집합 연산을 위해 소요되는 시간은 상수이므로, $n-1$ 개의 합집합 연산을 수행하기 위한 시간은 $O(n)$ 이 된다. 그렇지만 각 *find* 는 0으로부터 루트까지의 부모 링크 체인을 따라가야 하므로, 레벨 i 에 있는 원소에 대한 루트를 탐색하는 데 걸리는 시간은 $O(i)$ 가 된다. 따라서 $n-1$ 번의 *find* 를 수행하기 위해 필요한 총 시간은 다음과 같다.

$$\sum_{i=2}^{n} i = O(n^2) \;\square$$

그림 5.41 변질 트리

변질 트리의 생성을 피하기 위해서는 *union*과 *find* 연산을 좀 더 효율적으로 구현할 수 있는 방법을 고려해야 한다. 이는 *union(i, j)*에 가중 규칙(weighting rule)을 적용하면 해결할 수 있다.

정의: ***union(i, j)*를 위한 가중 규칙.** 루트 *i*를 가진 트리의 노드 수가 루트 *j*를 가진 트리의 노드 수보다 적으면 *j*를 *i*의 부모로 만들고, 그렇지 않으면 *i*를 *j*의 부모로 만든다. ☐

이 규칙을 이용하여 앞에서 주어진 집합의 합집합 연산을 수행하면 그림 5.42의 트리가 얻어지게 된다. 이 법칙을 적용하기 위해서는 어떤 트리에 얼마나 많은 노드가 있는지를 알아야 하는데, 이것은 모든 트리의 루트에 계수(count) 필드를 첨가하면 쉽게 해결할 수 있다. 가령 *i*가 어떤 트리의 루트 노드라면 *count[i]*는 그 트리의 노드 수이다. 그러나 루트 이외의 모든 노드는 음이 아닌 수를 *parent* 필드에 가지고 있으므로 계수를 루트의 *parent* 필드에 음수로 저장하면 된다. 가중 규칙을 적용한 합집합 연산이 *weightedUnion* (프로그램 5.20)이다. 유의할 것은 *weightedUnion*에 전달되는 인자는 트리의 루트라는 점이다.

보조정리 5.5: *n*개의 노드를 가진 트리 *T*가 *weightedUnion* 함수로 만들어진 트리라고 하면, *T*에 있는 어떤 노드도 $\lfloor \log_2 n \rfloor + 1$ 보다 큰 레벨을 가질 수 없다.

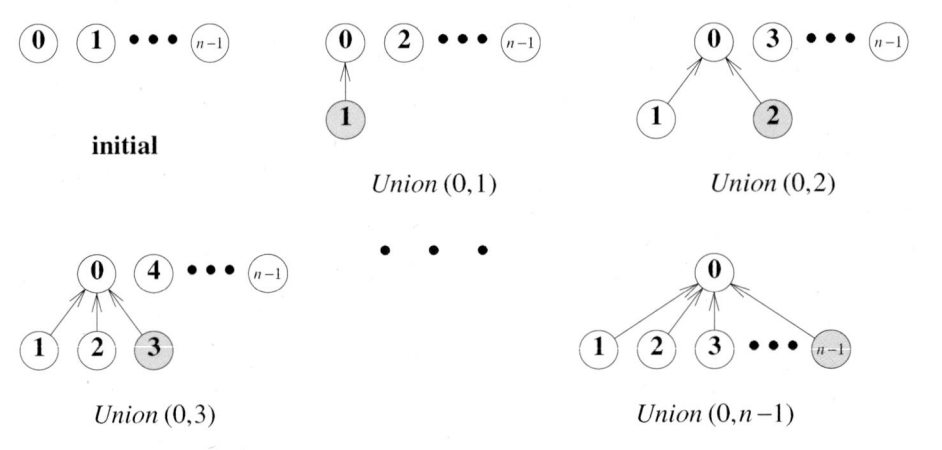

그림 5.42 가중 규칙을 적용하여 구한 트리

```
void weightedUnion(int i, int j)
{/* union the sets with roots i and j, i != j, using
    the weighting rule. parent[i] = -count[i] and
    parent[j] = -count[j] */
  int temp = parent[i] + parent[j];
  if (parent[i] > parent[j]) {
    parent[i] = j; /* make j the new root */
    parent[j] = temp;
  }
  else {
    parent[j] = i; /*make i the new root */
    parent[i] = temp;
  }
}
```

프로그램 5.20: 가중 규칙을 사용하는 union 함수

증명: $n=1$일 때 보조정리는 명백하다. 그리고 $i(\leq n-1)$개의 노드를 가진 모든 트리가 이 정리를 만족한다고 가정하자. 그러면 $i=n$일 때도 역시 참이라는 것만 보여주면 된다. 트리 T가 *weightedUnion* 함수에 의해 만들어졌다는 가정 하에 마지막으로 수행된 합집합 연산 $union(k, j)$를 고려해보자. m이 트리 j의 노드 수라면 k에는 $n-m$개의 노드가 있다. 여기서 모순됨이 없이 $1 \leq m \leq n/2$을 가정할 수 있다. 그러면 T에 있는 노드들의 최고 레벨은 k의 최고 레벨과 같거나 j의 그것보다 1이 크다. 전자의 경우라면 T의 최고 레벨 $\leq \lfloor \log_2(n-m) \rfloor \leq +1 \leq \lfloor \log_2 n \rfloor +1$이 되며, 후자의 경우에는 T의 최대 레벨 $\leq \lfloor \log_2 m \rfloor +2 \leq \lfloor \log_2 n/2 \rfloor +2 \leq \lfloor \log_2 n \rfloor +1$이 되어 이 정도를 만족함을 알 수 있다. □

예제 5.3은 연속된 몇 개의 합집합 연산에 대해 보조정리 5.5의 범위가 적절함을 보여준 것이다.

예제 5.3: 초기 상태가 $parent[i] = -count[i] = -1, 0 \leq i < n = 8$인 집합들에서 시작하여 다음과 같은 일련의 합집합 연산에서 *weightedUnion* 함수의 동작을 살펴보자.

$union(0, 1)$ $union(2, 3)$ $union(4, 5)$ $union(6, 7)$
$union(0, 2)$ $union(4, 6)$ $union(0, 4)$

합집합이 열의 순서대로(즉, 1열이 처음, 2열이 그 다음 등으로, 또 동일 열 내에서는 위에서부터 아래의 순서로) 수행되면 그림 5.43의 트리가 구성된다. 이 예에서도 명백

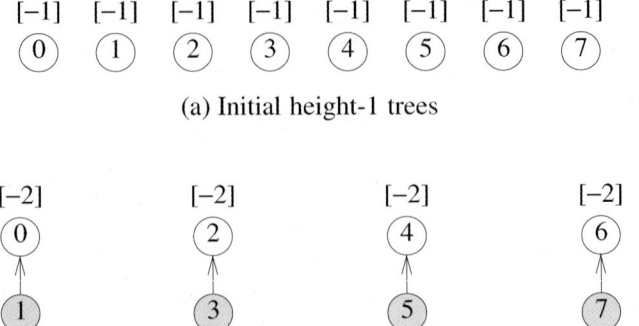

(a) Initial height-1 trees

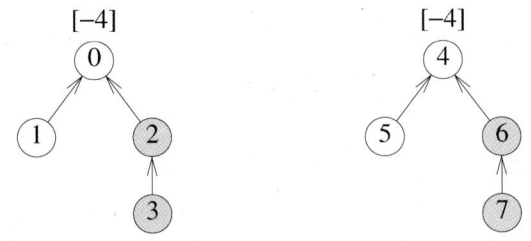

(b) Height-2 trees following *Union* (0,1), (2,3), (4,5), and (6,7)

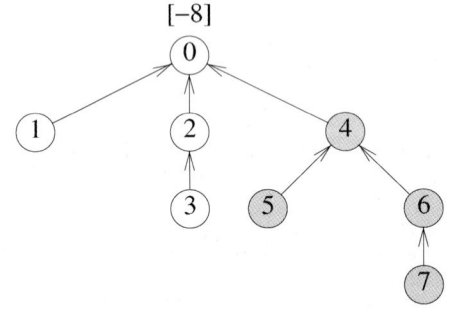

(c) Height-3 trees following *Union* (0,2) and (4,6)

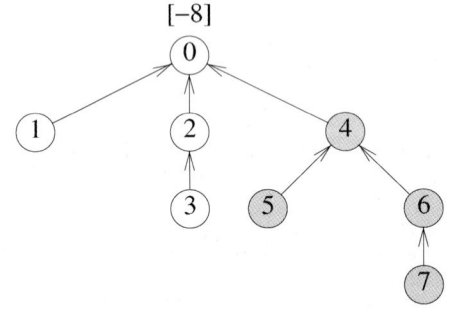

(d) Height-4 tree following *Union* (0,4)

그림 5.43 최악의 경우의 트리

하듯이, 일반적인 경우에도 m개의 노드를 가진 트리의 최대 레벨은 $\lfloor \log_2 m \rfloor + 1$ 이다. □

보조정리 5.5에 따라 m개의 원소를 가진 트리에서 탐색 연산을 한 번 수행하는 데 걸리는 시간은 O(log m)이다. 그리고 m−1 개의 합집합과 f개의 탐색을 혼합하여 연속으로 실행하기 위한 시간은 O(u + f log u)인데, 여기에서 트리는 u개 이하의 노드를 갖는다. 물론 n개의 트리로 구성되는 포리스트를 초기화하는 데 O(n)의 시간이 추가로 소요된다.

여기서 놀라운 점은 아직도 더 개선할 여지가 있다는 사실이다. 이번에는 붕괴 규칙 (collapsing rule)을 사용하여 탐색 알고리즘을 수정한다.

정의 [붕괴 규칙]: 만일 j가 i에서 루트로 가는 경로상에 있으며 $parent[i] \neq root(i)$이면 $parent[j]$를 $root(i)$로 지정한다. □

함수 collapsingFind(프로그램 5.21)는 붕괴 규칙을 적용한 것이다.

```
int collapsingFind(int i)
{ /* 원소 i를 포함하는 루트를 찾음. 붕괴 규칙을 이용하여 i로부터 루트로 가는 모
     든 노드를 붕괴시킴. */
   int root, trail, lead;
   for (root = i; parent[ root] >= 0; root = parent[ rootl)
     ;
   for (trail = i; trail != root; trail = lead) {
     lead = parent[ trail] ;
     parent[ trail] = root;
   }
   return root;
}
```

프로그램 5.21: 붕괴 규칙을 이용한 *collapsingFind* 알고리즘

예제 5.4: *weightedUnion*을 이용하여 예제 5.3의 연속된 합집합 연산 결과로 얻은 트리를 고려해보자. 이제 다음 8개의 *find* 연산을 수행하고자 한다.

$$find(7), find(7), \cdots, find(7)$$

만일 *simpleFind*를 사용하면 각 find(7)이 3개의 *parent* 링크 필드를 올라가야 하므로 8개의 *find*를 수행하려면 총 24번의 이동이 필요하다. 만일 *collapsingFind*를 사용하면

처음 *find*(7)은 3개의 링크를 거치고 2개의 링크를 재설정한다. 유의할 점은 2개의 *parent* 필드만 재설정하면 되는데 실제적으로 *collapsingFind*는 3개를 재설정한다(4의 *parent*가 0으로 재설정된다)는 것이다. 하지만 나머지 7개의 *find*에서는 단지 하나의 링크만 올라가면 된다. 따라서 총 13번의 이동이 필요하다. □

***weightedUnion*과 *collapsingFind*의 분석:** 붕괴 규칙은 개별적인 탐색 시간을 거의 2배 걸리게 한다. 그러나 연속적인 탐색에 대하여는 최악의 시간을 감소시킨다. *weightedUnion*과 *collapsingFind*를 사용하는 일련의 합집합과 탐색을 실행하는 최악의 복잡도가 보조정리 5.6에 기술되어 있다. 이 보조정리는 Ackermann 함수 $A(i, j)$의 역과 관계 있는 함수 $\alpha(p, q)$를 사용한다. 이들 함수의 정의는 다음과 같다.

$$j \geq 1 \text{이면} \quad A(1, j) = 2^j$$
$$i \geq 2 \text{이면} \quad A(i, 1) = A(i-1, 2)$$
$$i, j \geq 2 \text{이면} \quad A(i, j) = A(i-1, A(i, j-1))$$

$$\alpha(p, q) = \min\{z \geq 1 \mid A(z, \lfloor p/q \rfloor) > \log_2 q\}, \quad p \geq q \geq 1$$

함수 $A(i, j)$는 급속 증가 함수이다. 결과적으로 α는 p와 q가 증가함에 따라 매우 느리게 증가한다. 실제 $A(3, 1)$은 16이므로 $q < 2^{16} = 65,536$이고 $p \geq q$이면 $\alpha(p, q) \leq 3$이다. $A(4, 1)$은 매우 큰 수이고 응용에서 q는 집합의 원소 수 n이 되고 p는 $n + f$(여기서 f는 탐색의 수)가 되므로, 실제로는 $\alpha(p, q) \leq 4$가 된다. □

보조정리 5.6 [Tarjan과 Van Leeuwen]: 하나의 노드만을 가진 트리들의 포리스트에서 시작한다고 가정하자. f개의 *find*와 u개의 *union*들이 혼합된 일련의 연산을 위해 필요한 최대 시간을 $T(f, u)$라 하고 $u \geq n/2$라 가정하자. 그러면 어떤 양의 상수 k_1과 k_2에 대해 다음의 식이 만족된다. □

$$k_1(n + f\alpha(f+n, n)) \leq T(f, u) \leq k_2(n + f\alpha(f+n, n))$$

$u < n/2$일 경우 어떤 원소는 합집합 연산에 포함되지 않으므로, 보조정리 5.6의 조건 $u \geq n/2$는 중요한 것이 아니다. 이 원소는 일련의 합집합과 탐색이 수행되는 동안 한 원소의 집합으로 남아있게 된다. 이 경우 탐색 연산은 $O(1)$ 시간에 수행되어지므로 고려의 대상에서 제외할 수 있다. $\alpha(p, q)$가 완속 증가 함수일지라도 집합 표현 문제에 대한 해답의 복잡도는 합집합과 탐색의 수에 대하여 비선형적이다. 필요로 하는 공간은 각 원소에 노드 하나이다.

연습문제에서, 보조정리 5.6의 시간 범위를 유지하는 가중 규칙과 붕괴 규칙에 대한 대안을 찾아보겠다.

5.10.3 동치 부류의 응용

4.6절의 동치 쌍(equivalence pair)의 처리 문제를 고려해보자. 구해야 될 동치 부류(equivalence class)들은 집합으로 간주될 수 있다. 어떤 다각형도 2개의 동치 부류에 속할 수 없기 때문에 이들 집합은 서로 분리된다. 초기에 n개의 모든 다각형이 자신의 동치 부류라고 하면 $parent[i] = -1, 0 \le i < n$이 된다. 만일 동치 쌍 $i \equiv j$를 처리해야 한다면, 먼저 i와 j를 포함하고 있는 집합을 찾아야 한다. 이 집합들이 서로 다르면 두 집합은 합집합으로 대체되어야 한다. 만약 같다면 i와 j가 같은 동치 부류에 있으므로 아무런 작업도 수행할 필요가 없다. 하나의 동치 쌍을 처리하기 위해서는 2개의 탐색과 최대 하나의 합집합이 필요하게 된다. 따라서 n개의 변수와 m개의 동치 쌍이 있다면 초기의 포리스트를 형성하는 데 $O(n)$의 시간이 소요된다. 그 후 $2m$개 탐색과 최대 $\min\{n-1, m\}$개의 합집합을 수행하여야 한다[$(n-1)$개의 합집합 후 n개의 다각형은 모두 하나의 동치 부류에 있게 될 것이며 더 이상의 합집합이 수행될 필요가 없다.]. 만일 *weightedUnion*과 *collapsingFind*를 사용하면 동치 관계를 처리하는 총 시간은 $O(n + m\alpha(2m, \min\{n-1, m\}))$이 될 것이다. 이것은 4.6절의 알고리즘보다 약간 나쁘지만, 더 작은 공간을 필요로 하며 '온라인'이다. 온라인이라는 것은 각 동치가 처리될 때 각 다각형이 어느 동치 부류에 속하고 있는지를 말할 수 있음을 뜻한다.

예제 5.5: 4.6절의 동치 쌍들의 집합을 처리해보자. 처음에는 각각 하나의 변수를 가진 12개의 트리가 있다. $parent[i] = -1, 0 \le i \le 12$. 각 동치 쌍의 처리에 따른 포리스트의 구조 변화가 그림 5.44에 있으며 각 트리는 동치 부류를 나타내고 있다. 각 단계에서 2번의 탐색을 수행함으로써 두 원소가 같은 동치 부류에 속하는지를 쉽게 알 수 있다. □

연습문제

1. 서로 다른 하나의 원소를 포함하고 있는 n개의 집합이 있다고 가정하자.
    (a) u번의 합집합이 수행되면 $u + 1$개보다 많은 원소를 갖는 집합이 없음을 증명하라.
    (b) 집합의 수가 1이 되기 전까지 최대 $n-1$번의 합집합이 수행되어야 함을 증명하라.
    (c) $\lceil n/2 \rceil$보다 작은 횟수의 합집합이 수행되면 단일 원소 집합이 적어도 하나가

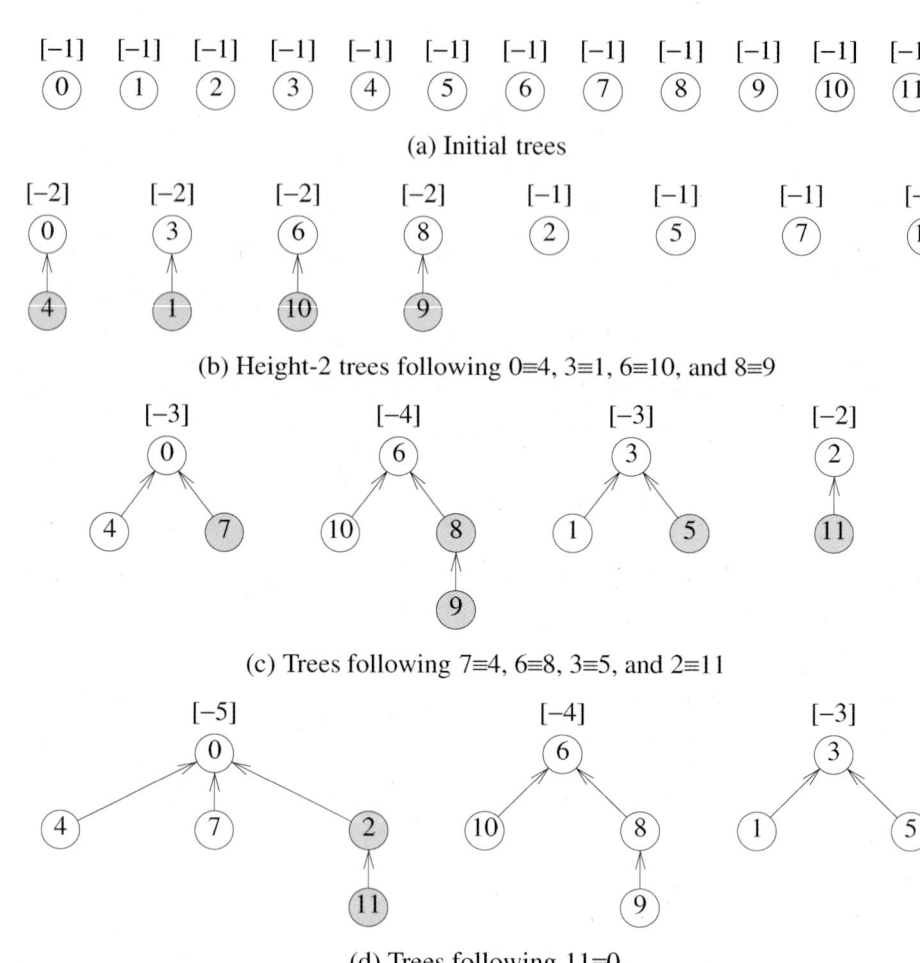

그림 5.44 예제 5.5를 위한 트리

있음을 증명하라.
(d) u번 합집합이 수행되면 단일 원소 집합이 적어도 $\max\{n-2u, 0\}$개가 있음을 증명하라.
2. 예제 5.5의 결과를 이용하여 명령 *union*(11, 9)를 실행한 뒤에 트리를 그려라.
3. 실험적으로 *simpleUnion*, *simpleFind*(프로그램 5.19)와 *weightedUnion*(프로그램 5.20), *collapsingFind*(프로그램 5.21)의 성능을 비교하라. 이를 위하여 합집합과 탐색 연산을 임의 순서로 생성하라.

4. (a) 가중 규칙 대신 높이 규칙(height rule)을 이용하는 *heightUnion* 함수를 작성하라. 높이 규칙은 다음과 같다.

   정의 [높이 규칙]: 만일 트리 i의 높이가 트리 j의 높이보다 작으면 j를 i의 부모로 만든다. 그렇지 않으면 i를 j의 부모로 만든다. □

   작성된 함수는 O(1) 시간에 수행되어야 하며, 루트의 *parent* 필드에 음수로서 각 트리의 높이를 유지하여야 한다.

   (b) 보조정리 5.5의 높이 범위가 높이 규칙을 사용하여 형성된 트리에 적용됨을 증명하라.

   (c) 단일 원소 집합에서 시작하여 보조정리 5.5의 한도와 같은 높이의 트리를 생성하는 합집합 순서의 예를 보이라. 각 합집합은 높이 규칙을 사용한다고 가정하라.

   (d) 함수 *weightedUnion*(프로그램 5.20)과 *heightUnion*을 *collapsingFind*(프로그램 5.21) 함수와 조인하여 사용할 때 어느 것이 더 좋은 결과를 만드는지를 실험하라.

5. (a) 탐색 연산을 위해 경로 붕괴 대신 경로 분할(path splitting)을 이용하는 *splittingFind* 함수를 작성하라. 경로 분할은 다음과 같다.

   정의 [경로 분할]: 경로 분할에서는 노드 i에서 루트까지의 경로상에 있는 각 노드(루트와 루트의 자식은 제외)의 부모 포인터가 조부모 노드를 가리키도록 변경한다. □

   경로 분할이 수행될 때 i부터 루트까지 한 번의 통과로 충분하다. Tarjan과 Van Leeuwen은 경로 분할이 합집합의 가중 규칙이나 높이 규칙 중 어느 것과 조인되어도 보조정리 5.6이 성립함을 증명하였다.

   (b) 함수 *collapsingFind*(프로그램 5.21)와 *splittingFind*를 *weightedUnion*(프로그램 5.20)과 조인하여 사용할 때 어느 것이 더 좋은 결과를 만드는지를 실험하라.

6. (a) 경로 붕괴 대신 경로 이등분(path halving)을 탐색 연산에 이용하는 *halvingFind* 함수를 작성하라. 경로 이등분은 다음과 같다.

   정의 [경로 이등분]: 경로 이등분에서는 노드 i에서 루트까지의 경로상에 있는 노드 중 한 노드씩 걸러(루트와 루트의 자식은 제외) 부모 포인터가 조부모 노드를 가리키도록 변경한다. □

경로 이등분은 경로 분할(연습문제 5)과 같이 i부터 루트까지의 한 번의 통과로 구현될 수 있다. 그러나 경로 이등분에서는 경로 분할의 절반만이 포인터가 변경된다. Tarjan과 Van Leeuwen은 경로 이등분이 합집합의 가중 규칙이나 높이 규칙 중 어느 것과 조인되어도 보조정리 5.6이 성립함을 증명하였다.

(b) *collapsingFind*와 *halvingFind*를 *weightedUnion*과 조인하여 사용할 때 어느 것이 더 좋은 결과를 만드는지 실험하라.

5.11 이진 트리의 개수 계산

트리에 대한 이 장의 결론으로, 3개의 상이한 문제가 놀랍게도 같은 해답을 가지는 경우를 살펴보자. 즉, n개의 노드를 가진 서로 다른 이진 트리의 수, 스택을 이용하여 얻을 수 있는 1에서 n까지의 서로 다른 순열의 수, $n + 1$개의 행렬을 곱하는 방법의 수를 알아보기로 한다. 우선 이 문제들을 간단히 살펴보자.

5.11.1 상이한 이진 트리

$n = 0$이거나 $n = 1$이면 오직 하나의 트리만이 존재한다. $n = 2$라면 2개의 서로 다른 트리가 있으며(그림 5.45), $n = 3$이라면 5개의 이진 트리가 존재한다(그림 5.46). 그러면 n개의 노드를 가진 서로 다른 이진 트리는 과연 몇 개나 존재할까? 이 문제를 풀기 전에 나머지 두 문제를 알아보자. 더 읽기 전에 스스로 풀이를 시도해보라.

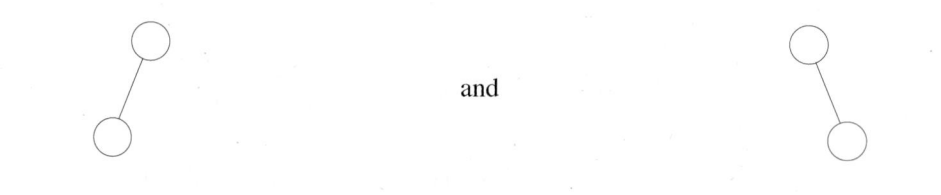

그림 5.45 $n = 2$일 때의 서로 다른 이진 트리

5.11.2 스택 순열

이미 5.3절에서 전위·중위·후위 순회의 개념을 소개했으며, 각 순회는 스택을 필요로 한다는 것을 지적했다. 가령, 한 이진 트리에 대해 전위 순서 $A\,B\,C\,D\,E\,F\,G\,H\,I$와 중위 순서 $B\,C\,A\,E\,D\,G\,H\,F\,I$가 있다고 가정하자. 이 한 쌍의 순서가 이진 트리를 유일하게 정의하는가? 바꾸어 말해서 이 한 쌍의 순서가 하나 이상의 다른 이진 트리로부터 만들어

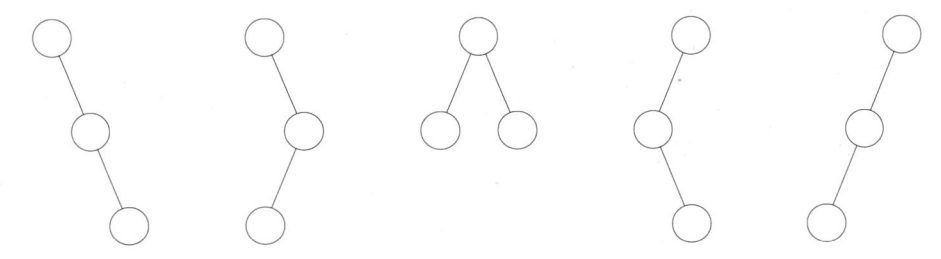

그림 5.46 $n = 3$일 때의 서로 다른 이진 트리

질 수 있는가?

이런 순서로부터 이진 트리를 구성하기 위해 먼저 전위 순서의 첫 번째 문자 A를 보자. 이 문자는 전위 순회(VLR)의 정의에 의해 트리의 루트이어야 한다. 중위 순회(LVR)의 정의에 따라 A를 선행하는 모든 노드($B\ C$)는 A의 왼쪽 서브트리이고, 나머지 노드($E\ D\ G\ H\ F\ I$)는 A의 오른쪽 서브트리여야 한다는 사실을 알고 있다. 그림 5.47(a)는 정확한 트리에 대한 첫 번째 개략적인 모양을 보여준다.

전위 순서에 따라 오른쪽으로 이동해보면 B가 다음 번 루트임을 알 수 있다. 중위 순서에서 B를 선행하는 노드가 없으므로, B는 공백인 왼쪽 서브트리를 가지며 C는 오른쪽 서브트리가 된다는 것을 알 수 있다. 그림 5.47(b)는 좀 더 정확한 모양을 보여준다. 이 방법을 계속하면 그림 5.48(a)의 이진 트리를 구하게 된다. 이런 방법의 추리를 공식화함으로써(이 절의 연습문제를 보라.) 모든 이진 트리는 유일한 전위/중위 순서 쌍을 갖는다는 것을 증명할 수 있다.

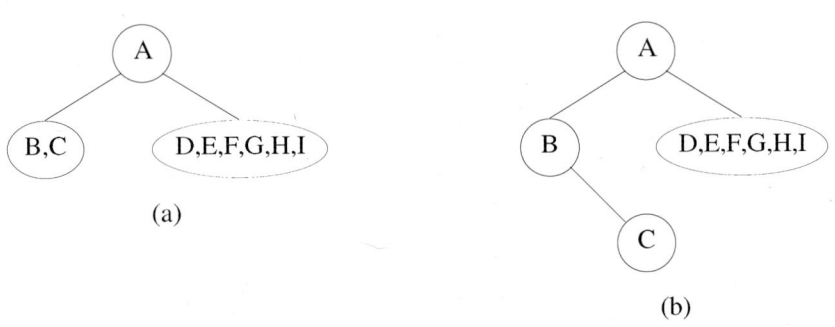

그림 5.47 중위와 전위 순서로부터 이진 트리를 구성

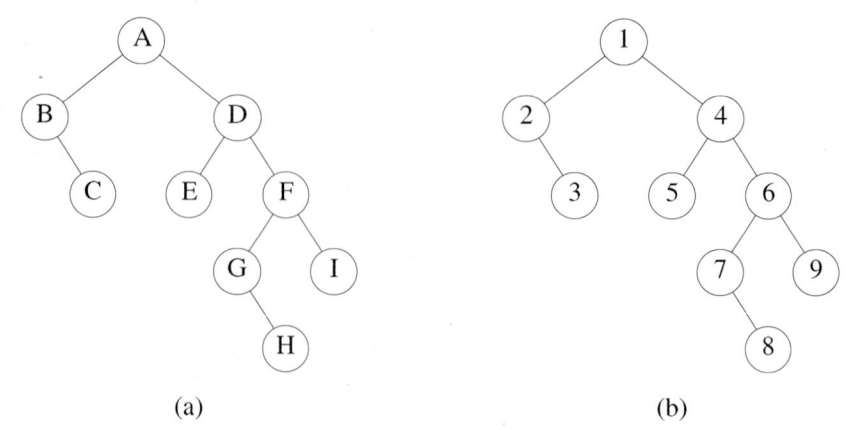

그림 5.48 중위와 전위 순서로부터 구성한 이진 트리

    n개의 노드로 된 이진 트리의 노드에 1부터 n까지 번호를 붙였다고 하자. 이러한 이진 트리의 중위 순열(inorder permutation)은 그 트리를 중위 순회에 따라 방문한 노드들의 순서로 정의된다. 전위 순열(preorder permutation)도 같은 방법으로 정의된다.

    예를 들면 그림 5.48(a)에 정의된 이진 트리 노드에 그림 5.48(b)와 같이 번호를 붙여 생각해보자. 그러면 이진 트리의 전위 순열은 1, 2, $\cdots$, 9이고 중위 순열은 2, 3, 1, 5, 4, 7, 8, 6, 9이다.

    어떤 트리의 노드에 번호가 부여되어 있고 그 트리의 전위 순열이 1, 2, $\cdots$, n이라면, 앞에서 논의한 바와 같이 서로 다른 이진 트리는 서로 다른 중위 순열을 정의하게 된다. 그러므로 서로 다른 이진 트리의 수는 1, 2, $\cdots$, n의 전위 순열을 가지는 이진 트리로부터 얻을 수 있는 중위 순열의 수와 같다.

    이와 같은 중위 순열의 개념을 이용하면, 1부터 n까지의 수를 스택에 넣었다가 가능한 모든 방법으로 삭제하여 만들 수 있는 상이한 순열의 수가 n개의 노드를 가진 상이한 이진 트리의 수와 같다는 것을 증명할 수 있다(연습문제 참조). 가령 중위 순열 1, 2, 3을 가지고 스택을 이용하여 얻을 수 있는 순열은 다음과 같다.

$$(1, 2, 3)\ (1, 3, 2)\ (2, 1, 3)\ (2, 3, 1)\ (3, 2, 1)$$

여기서 (3, 1, 2)를 얻는 것은 불가능하다. 이들 5개의 순열들은 3개의 노드를 가진 상이한 5개의 이진 트리와 각각 대응한다.(그림 5.49)

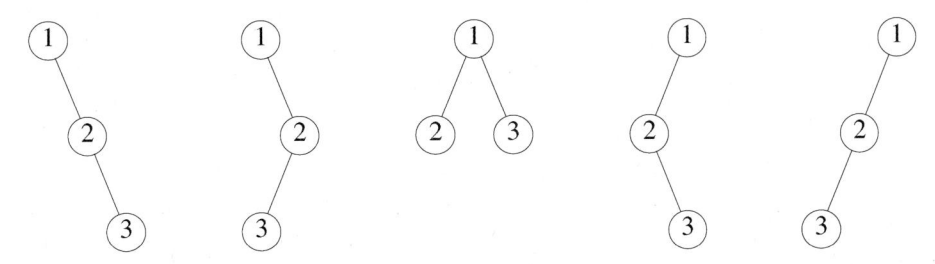

그림 5.49 5개의 순열에 대응하는 이진 트리

5.11.3 행렬 곱셈

앞에서 논의한 두 문제와 유사한 또 다른 문제는 n개의 행렬을 곱하는 문제이다. 다음과 같이 n개의 행렬을 곱하려 한다고 하자.

$$M_1 * M_2 * \cdots * M_n$$

행렬의 곱셈에는 결합 법칙이 성립하므로, 이 연산은 어떤 순서로 행하여도 관계가 없다. 그렇다면 이 연산을 하기 위해 몇 가지 방법이 있는지 알아보자. 가령 $n = 3$이라면 다음 두 가지 방법이 있다.

$$(M_1 * M_2) * M_3$$
$$M_1 * (M_2 * M_3)$$

그리고 $n = 4$이라면 다음 다섯 가지 방법이 있을 것이다.

$$((M_1 * M_2) * M_3) * M_4$$
$$(M_1 * (M_2 * M_3)) * M_4$$
$$M_1 * ((M_2 * M_3) * M_4)$$
$$(M_1 * (M_2 * (M_3 * M_4)))$$
$$((M_1 * M_2) * (M_3 * M_4))$$

n개의 행렬을 곱하는 방법의 수를 b_n이라 하면, $b_2 = 1, b_3 = 2, b_4 = 5$이다. 이때 $M_{ij}(i \leq j)$가 $M_i * M_{i+1} \cdots * M_j$를 나타낸다면 지금 계산하려는 행렬의 곱은 M_{1n}이 된다. M_{1n}은 $M_{1i} * M_{i+1, n}(1 \leq i \leq n)$ 중의 하나를 계산함으로써 얻을 수 있다. M_{1i}와 $M_{i+1, n}$을 계산하는 방법의 수는 각각 b_i와 b_{n-i}이다. 그러므로 $b_1 = 1$이라 하면 다음 식을 얻을 수 있다.

$$b_n = \sum_{i=1}^{n-1} b_i\, b_{n-i},\ n > 1$$

여기서 b_n을 n에 관한 식으로 표현한다면 문제는 해결될 것이다.

이제 b_n을 n개의 노드를 가진 서로 다른 이진 트리의 수라 하자. 그러면 b_n을 n으로 나타내는 식이 바로 원하는 것이 될 것이다. 그런데 b_n은 다음과 같이 구성된 모든 가능한 이진 트리들의 합이라는 것을 알 수 있다. 즉 루트와 노드의 수가 b_i와 $b_{n-i-1}(0 \leq i < n)$인 2개의 서브트리로(그림 5.50), 이것을 식으로 나타내면 다음과 같다.

$$b_n = \sum_{i=0}^{n-1} b_i \, b_{n-i-1}, \; n \geq 1, \text{ and } b_0 = 1 \tag{5.3}$$

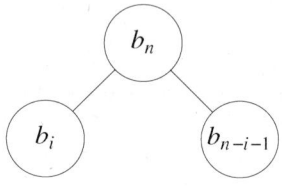

그림 5.50 b_n의 분해

이 식과 앞의 식은 근본적으로 같은 것이다. 따라서 n개의 노드를 가진 이진 트리의 수와, 스택을 이용하여 얻을 수 있는 1부터 n까지의 순열의 수, 그리고 $n+1$개의 행렬을 곱하는 방법의 수는 모두 같다.

5.11.4 상이한 이진 트리의 수

n개의 노드를 가진 상이한 이진 트리의 수를 구하기 위해서는 식 (5.3)의 순환 식을 풀어야 한다. 이를 위해서 먼저 다음과 같이 정하자.

$$B(x) = \sum_{i \geq 0} b_i \, x^i \tag{5.4}$$

여기서 $B(x)$는 이진 트리의 수를 구하는 생성 함수(generating function)라 한다. 순환 관계에 의하여 다음 등식을 얻을 수 있다.

$$xB^2(x) = B(x) - 1$$

$B(0) = b_0 = 1$(식 5.3)을 이용하여 이차 방정식을 풀면 다음 식을 구한다.

$$B(x) = \frac{1 - \sqrt{1-4x}}{2x}$$

여기서 이항 정리를 이용하여 $(1-4x)^{1/2}$을 확장하면 다음과 같다.

$$B(x) = \frac{1}{2x}\left[1 - \sum_{n \geq 0} \binom{1/2}{n}(-4x)^n\right] = \sum_{m \geq 0}\binom{1/2}{m+1}(-1)^m 2^{2m+1} x^m \quad (5.5)$$

식 (5.4)과 식 (5.5)를 비교해보면 $B(x)$에서 x^n의 계수인 b_n은 아래와 같다.

$$\binom{1/2}{n+1}(-1)^n 2^{2n+1}$$

이것을 간단히 하면

$$b_n = \frac{1}{n+1}\binom{2n}{n}$$

이 되고, 이것은 대략 다음과 같이 된다.

$$b_n = O(4^n/n^{3/2})$$

연습문제

1. 모든 이진 트리는 그의 전위 순서와 중위 순서에 의해 유일하게 정의된다는 것을 증명하라.
2. 한 이진 트리의 중위 순서와 후위 순서는 그 이진 트리를 유일하게 정의하는가? 답을 증명하라.
3. 한 이진 트리의 전위 순서와 후위 순서는 그 이진 트리를 유일하게 정의하는가? 답을 증명하라.
4. 이진 트리의 중위 순서와 레벨 순위 순서는 그 이진 트리를 유일하게 정의하는가? 답을 증명하라.
5. 주어진 한 쌍의 전위와 중위 순서로 이진 트리를 구성하는 알고리즘을 작성하라.
6. 중위와 후위 순서에 대해 연습문제 5를 반복하라.
7. 스택으로 얻을 수 있는 $1, 2, \cdots, n$의 상이한 순열의 수가 n개의 노드로 된 상이한 이진 트리의 수와 같다는 것을 증명하라.(힌트: 트리의 중위 순열 개념을 전위 순열

1, 2, $\cdots$, n과 함께 사용하라.)

5.12 참고문헌

트리에 대해 더 많은 것은 *The Art of Computer Programming: Fundamental Algorithms,* Third Edition, by D. Knuth, Addison-Wesley, Reading, MA, 1998과 "Handbook of data structures and applications", edited by D. Mehta and S. Shani, Chapman & Hall/CRC, Boca Raton, 2005를 참조하라.

6

그래프

6.1 그래프 추상 데이타 타입

6.1.1 개요

그래프는 1736년에 Königsberg의 다리 문제를 해결하기 위해 Leonhard Euler가 사용한 것으로 기록되어 있다. Königsberg(현재 Kaliningrad)의 Pregel(Pregolya) 강은 Kneiphof 섬 주위를 지나 2개의 가지로 나뉘어져 흘러간다. 따라서 이 강은 4개의 지역과 접해 있다[그림 6.1(a) 참조]. 이 지역은 a~g 표시가 붙은 7개의 다리로 연결되어 있고, 지역 자체는 A~D로 표시되어 있다. Königsberg 다리 문제란, 임의의 지역에서 출발하여 모든 다리를 단 한 번씩만 지나 처음 출발한 지역으로 되돌아올 수 있는지의 여부를 결정하는 것이다. 한 가지 가능한 방법은,

- 지역 B에서 출발하여
- 다리 a를 건너 섬 A로,
- 다리 e를 건너 D로,
- 다리 g를 건너 C로,
- 다리 d를 건너 A로,
- 다리 b를 건너 B로,
- 다리 f를 건너 D 지역에 도달하는 것이다.

이 방법은 모든 다리를 건너지도 않으며 처음 출발한 B 지역으로 되돌아오지도 않는다. Euler는, Königsberg의 사람이 모든 다리를 단 한 번씩만 건너서는 결코 출발한 지역으

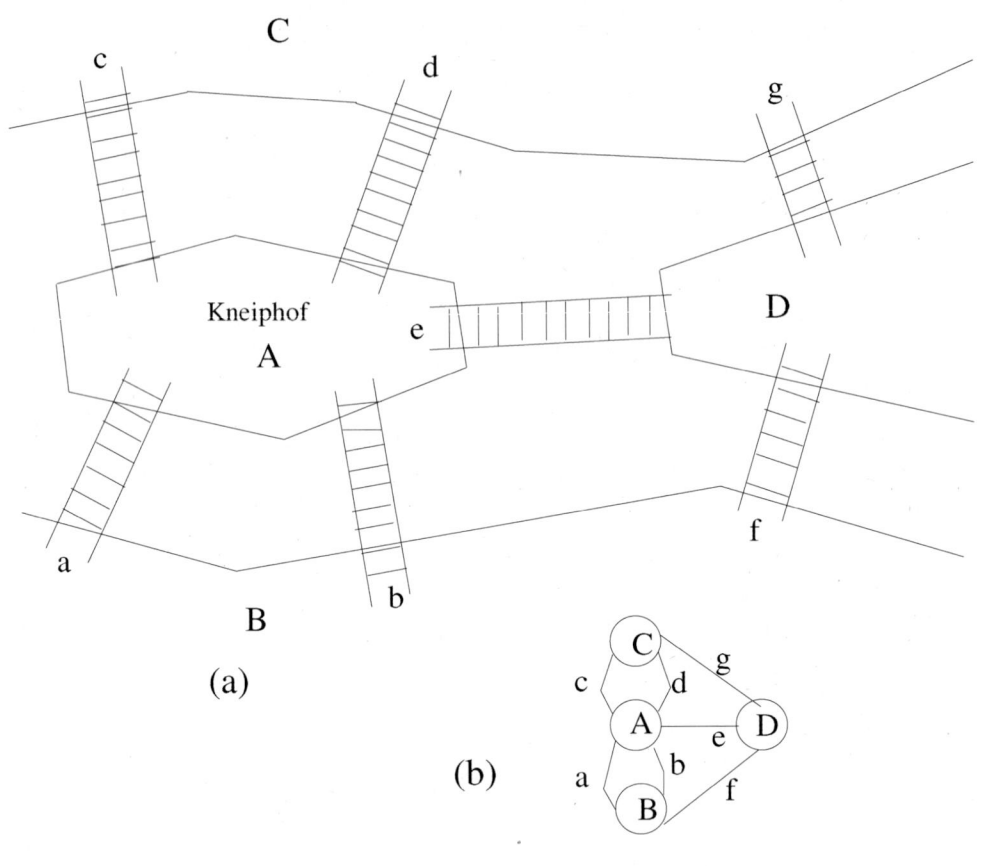

그림 6.1 (a) Königsberg의 Pregel 강의 일부 (b) Euler 그래프

로 되돌아올 수 없다고 결론지었다. Euler는 각 지역을 정점으로, 그리고 모든 다리를 간선으로 하는 그래프(사실은 다중그래프)를 이용하여 이 문제를 해결하였다[그림 6.1(b)]. 그의 해법은 훌륭했으며, 모든 그래프에 적용된다.

정점에 연결된 간선의 수를 **차수(degree)**라 정의하고, Euler는 각 정점의 차수가 짝수인 경우에만 임의의 정점에서 출발하여 각 간선을 단 한 번씩만 거치고 출발한 정점으로 되돌아오는 길이 있음을 보였다. 이러한 길을 **오일러 행로(Eulerian walk)**라 부른다. Königsberg의 다리 문제에서는 모든 네 정점의 차수가 홀수이므로, 오일러 행로는 존재하지 않는다.

이러한 최초의 응용 이후부터 그래프는 광범위한 분야에 이용되어 왔다. 즉, 전기 회로의 분석, 최단 경로 탐색, 연구 계획 설정, 화학 합성물들의 식별, 통계적 기계학, 유전

공학, 인공두뇌학, 언어학, 사회 과학 등 여러 분야에 응용되고 있다. 사실 모든 수학적 구조 중에서 그래프가 가장 광범위하게 사용된다고 해도 과언이 아니다.

6.1.2 정의

그래프 G는 2개의 집합 V와 E로 구성된다. V는 공집합이 아닌 정점(vertice)의 유한 집합이다. G는 정점 쌍들의 집합으로, 이러한 쌍을 간선(edge)이라고 한다. $V(G)$와 $E(G)$는 각각 그래프 G의 정점들의 집합과 간선들의 집합을 나타낸다. 임의의 그래프는 $G = (V, E)$로 표기할 수 있다. 무방향 그래프(undirected graph)는 간선을 나타내는 정점의 쌍에 순서가 없다. 따라서 쌍 (u, v)와 (v, u)는 동일한 간선을 나타낸다. 방향 그래프(directed graph)에서는 각 간선을 방향을 가지는 정점의 쌍 $<u, v>$로 나타낸다. 여기에서 u는 꼬리(tail)이고 v는 머리(head)이다.† 따라서 $<v, u>$와 $<u, v>$는 서로 다른 간선이 된다. 그림 6.2는 3개의 그래프 G_1, G_2, G_3를 보여주고 있다. G_1과 G_2는 무방향 그래프이고 G_3는 방향 그래프이다.

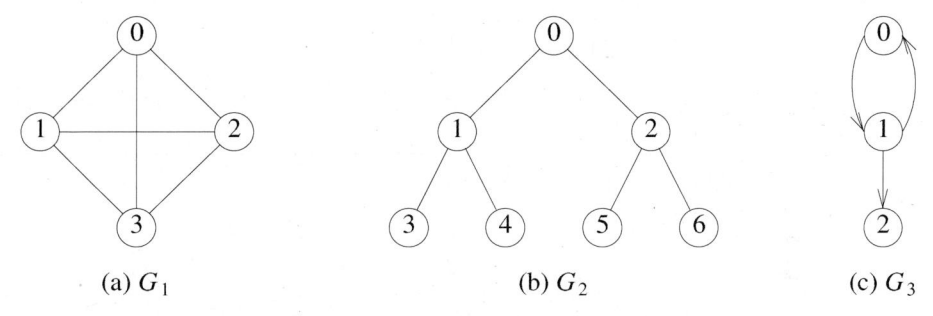

그림 6.2 3개의 예제 그래프

이들 그래프를 집합으로 표현하면 다음과 같다.

$V(G_1) = \{0, 1, 2, 3\}$ $E(G_1) = \{(0, 1), (0, 2), (0, 3), (1, 2), (1, 3), (2, 3)\}$
$V(G_2) = \{0, 1, 2, 3, 4, 5, 6\}$ $E(G_2) = \{(0, 1), (0, 2), (1, 3), (1, 4), (2, 5), (2,6)\}$
$V(G_3) = \{0, 1, 2\}$ $E(G_3) = \{<0, 1>, <1, 0>, <1, 2>\}$

---

† 종종 무방향 간선 (i, j)와 방향 간선 $<i, j>$를 모두 (i, j)로 표기하기도 하는데 그 의미는 문맥으로 파악해야 한다. 이 책에서는 이런 표기를 따르지 않는다.

방향 그래프의 간선은 꼬리에서 머리 쪽으로 그려진 화살표로 나타낸다. 그래프 G_1 과 G_3는 트리가 아니지만 그래프 G_2는 트리도 된다.

그래프의 간선과 정점들을 집합으로 정의하였으므로, 그래프는 다음과 같은 제약을 갖는다.

(1) 그래프는 임의의 정점 v에서 자신으로 이어지는 간선을 가질 수 없다. 즉, 간선 (v, v)나 $<v, v>$는 허용되지 않는다. 이러한 간선들을 자기 간선(self edge) 또는 자기 루프(self loop)라 한다. 자기 간선을 허용하면 자기 간선을 가진 그래프를 얻게 된다. 이러한 예가 그림 6.3(a)에 있다.

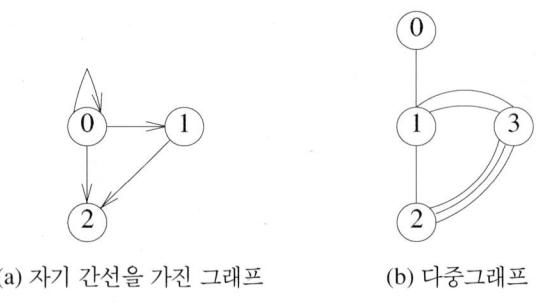

(a) 자기 간선을 가진 그래프   (b) 다중그래프

그림 6.3 그래프 형태 구조의 예

(2) 그래프는 같은 간선을 중복해서 가질 수 없다. 그래프에 이러한 제한이 없을 때 만들어지는 자료 객체를 다중그래프(multigraph)라 한다.[그림 6.3(b) 참조]

n개의 정점을 가진 그래프에서 $u \neq v$인 서로 다른 무순서 정점 쌍 (u, v)의 수는 $n(n-1)/2$이다. 이 수는 n개의 정점을 가진 무방향 그래프의 최다 간선 수가 된다. 이때 n개의 정점과 $n(n-1)/2$개의 간선을 가진 그래프를 완전 그래프(complete graph)라 한다. 그림 6.2(a)의 그래프 G_1은 4개의 정점을 가진 완전 그래프이고, G_2와 G_3는 완전 그래프가 아니다. 정점의 수가 n인 방향 그래프에서 최대 간선 수는 $n(n-1)$이 된다.

(u, v)가 $E(G)$의 한 간선이라면, u와 v는 인접한다(adjacent)고 하며 간선 (u, v)는 정점 u와 v에 부속된다(incident)고 한다. 즉, 그래프 G_2에서 정점 3, 4, 0은 정점 1에 인접하고, 간선 (0, 2), (2, 5), (2, 6)은 정점 2에 부속된다. 방향을 가진 간선 $<u, v>$의 경우 정점 u는 v에 인접하다고(adjacent to) 하고 정점 v는 u로부터 인접한다고(adjacent from)

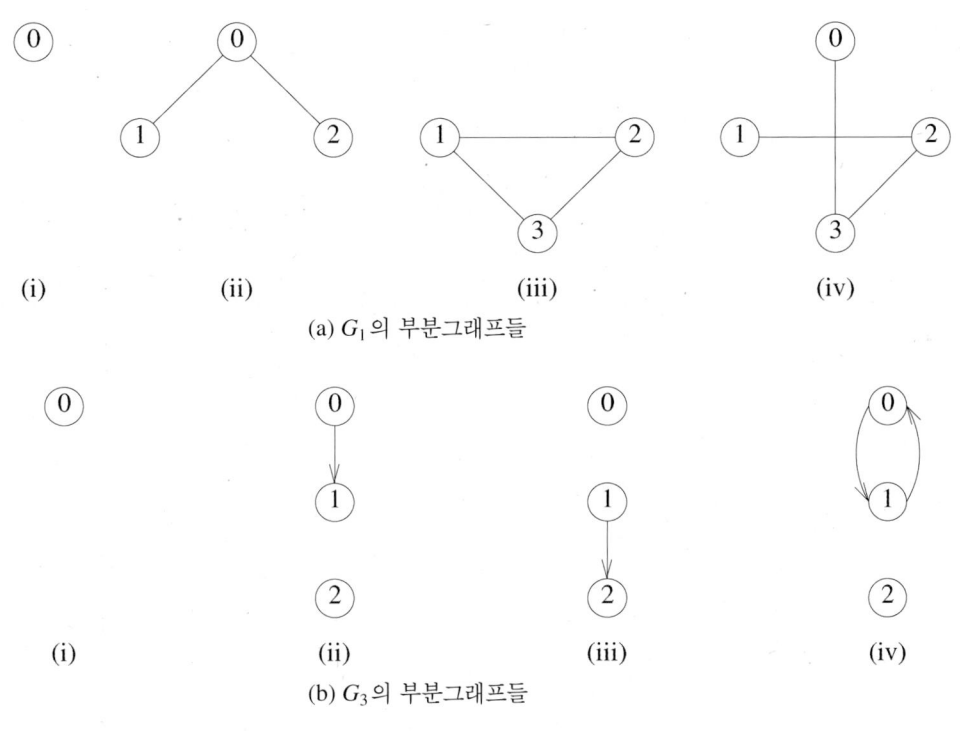

(a) G_1의 부분그래프들

(b) G_3의 부분그래프들

그림 6.4 부분그래프

한다. 또 간선 $<u, v>$는 정점 u와 v에 부속된다. 그래서 G_3에서 정점 1에 부속된 간선들은 $<0, 1>, <1, 0>, <1, 2>$이다.

$V(G') \subseteq V(G)$이고 $E(G') \subseteq E(G)$인 그래프 G'를 그래프 G의 부분그래프(subgraph)라 한다. 그림 6.4는 G_1과 G_3의 부분그래프를 보여주고 있다.

그래프 G에서 $(u, i_1), (i_1, i_2), \cdots, (i_k, v)$를 $E(G)$에 속한 간선들이라 할 때, 정점 u로부터 정점 v까지의 경로(path)란 정점 순서 $u, i_1, i_2, \cdots, i_k, v$를 말한다. 만약 G'가 방향그래프이면 경로는 $E(G')$에 속한 간선들 $<u, i_1>, <i_1, i_2>, \cdots, <i_k, v>$로 구성된다. 한 경로의 길이(length)는 경로상에 있는 간선의 수이다. 한 경로상에서 처음과 마지막을 제외한 모든 정점들이 서로 다를 때, 그 경로를 단순 경로(simple path)라 한다. 경로 (0, 1), (1, 3), (3, 2)는 0, 1, 3, 2로도 쓸 수 있다. 그래프 G_1에서 경로 0, 1, 3, 2와 경로 0, 1, 3, 1은 모두 길이가 3인 경로이다. 여기서 0, 1, 3, 2는 단순 경로이지만 0, 1, 3, 1은 아니다. 그래프 G_3에서 0, 1, 2는 단순 방향 경로(simple directed path)이나, 0, 1, 2, 1은 $E(G_3)$에 간선 $<2, 1>$이 없으므로 경로가 아니다.

사이클(cycle)은 처음과 마지막 정점이 같은 단순 경로이다. 예를 들어, 0, 1, 2, 0은 G_1에 있는 사이클이고, 0, 1, 0은 G_3에 있는 사이클이다. 방향 그래프의 경우 사이클과 경로라는 용어 앞에 '방향(directed)'이라는 접두사를 사용한다.

무방향 그래프 G에서 정점 u부터 v까지의 경로가 있다면, 두 정점 u와 v는 연결되었다(connected)고 한다. 이 경우, G가 무방향이므로 v에서 u까지의 경로 또한 반드시 존재한다. $V(G)$의 서로 다른 정점 u, v의 모든 쌍에 대해서도 u에서 v까지의 경로가 있으면, 그 무방향 그래프 G는 연결되었다고 한다. 그래프 G_1과 G_2는 연결되었으나 그림 6.5의 G_4는 연결되지 않았다. 무방향 그래프에서 연결 요소(connected component), 또는 간단히 요소라고 하는 H는 최대 연결 부분그래프(maximal connected subgraph)를 말한다. 여기서 '최대'라는 말은 연결이 되어 있으면서 H를 포함하는 또 다른 부분그래프가 그래프 G에는 존재하지 않는다는 것을 의미한다. G_4는 H_1과 H_2의 두 요소를 가지고 있다.(그림 6.5)

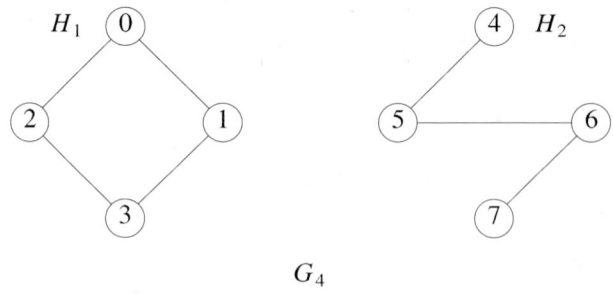

그림 6.5 2개의 연결 요소를 가진 그래프

그래프 입장에서 트리는 사이클이 없는(acyclic 혹은 no cycles) 연결 그래프이다.

방향 그래프에서 $V(G)$에 속한 서로 다른 두 정점 u, v의 모든 쌍에 대해서, u에서 v로, 또한 v에서 u로의 방향 경로(directed path)가 존재하면, 그 방향 그래프는 강력 연결되었다(strongly connected)고 한다. G_3는 정점 2에서 1로의 경로가 없으므로 강하게 연결되지 않았다. 강력 연결 요소(strongly connected component)란 강하게 연결된 최대 부분그래프를 말한다. 그래프 G_3는 2개의 강력 연결 요소를 가지고 있다.(그림 6.6 참조)

한 정점의 차수(degree)는 그 정점에 부속한 간선들의 수를 말한다. G_1에서 정점 0의 차수는 3이다. 방향 그래프 G의 경우, 임의의 정점 v가 머리가 되는 간선들의 수를 정점 v의 진입 차수(in-degree)라 하고, v가 꼬리가 되는 간선들의 수를 정점 v의 진출 차

그림 6.6 G_3의 강력 연결 요소

수(out-degree)라 한다. G_3에서 정점 1의 진입 차수는 1, 진출 차수는 2, 그리고 차수는 3이다. n개의 정점과 e개의 간선을 가진 그래프 G에서 정점 i의 차수를 d_i라고 하면, 간선의 수는

$$e = (\sum_{i=0}^{n-1} d_i)/2$$

이다. 이제부터는 방향 그래프를 다이그래프(digraph)라고 하기로 한다. 또 그래프(graph)라고 사용하면 무방향 그래프를 의미하는 것으로 가정하자. 필요한 모든 용어를 정의하였기 때문에, 그래프를 ADT로 고려해보자. 그래프 자료 구조가 ADT 6.1에 추상 클래스로 명세되어 있다.

ADT 6.1의 연산들은 임의의 그래프를 생성하고 기본적인 테스트를 수행할 수 있도록 하는 기본 집합이다. 이 장의 뒤에서는 그래프를 순회하는 함수(깊이 우선 또는 너비 우선 탐색)와 그래프가 특성(연결, 이중결합, 평면)을 지니는지를 결정하는 함수를 살펴보겠다.

6.1.3 그래프 표현법

그래프를 위해서는 여러 가지 표현법이 가능하지만 여기서는 가장 많이 사용되는 세 가지, 즉 인접 행렬(adjacency matric), 인접 리스트(adjacency list), 인접 다중리스트(adjacency multilists)에 대해 공부하겠다. 어떠한 표현법을 사용할지는 의도하고 있는 응용과 그래프상에 적용하려는 함수에 의해 좌우된다.

6.1.3.1 인접 행렬

$G = (V, E)$를 정점의 수가 $n(n \geq 1)$인 그래프라 하자. G의 인접 행렬(adjacency matrix)은 $n \times n$의 2차원 배열로서, 이를 a라고 할 때 간선 (v_i, v_j)(방향 그래프의 경우 $<v_i, v_j>$)

ADT *Graph*
  objects: a nonempty set of vertices and a set of undirected edges, where each edge is a pair of vertices.
  functions:
    for all *graph* ∈ *Graph*, *v*, v_1, and v_2 ∈ *Vertices*

Graph Create()	::=	**return** an empty graph.
Graph InsertVertex(*graph*, *v*)	::=	**return** a graph with *v* inserted. *v* has no incident edges.
Graph InsertEdge(*graph*, v_1, v_2)	::=	**return** a graph with a new edge between v_1 and v_2.
Graph DeleteVertex(*graph*, *v*)	::=	**return** a graph in which *v* and all edges incident to it are removed.
Graph DeleteEdge(*graph*, v_1, v_2)	::=	**return** a graph in which the edge (v_1, v_2) is removed. Leave the incident nodes in the graph.
Boolean IsEmpty(*graph*)	::=	**if** (*graph* == empty graph) **return** *TRUE* **else return** *FALSE*.
List Adjacent(*graph*, *v*)	::=	**return** a list of all vertices that are adjacent to *v*.

ADT 6.1: Graph 추상 데이타 타입

가 $E(G)$에 속하면 $a[i][j] = 1$이고 속하지 않으면 $a[i][j] = 0$인 성질을 가지고 있다. G_1, G_3, G_4에 대한 인접 행렬이 그림 6.7에 기술되어 있다. 무방향 그래프에서는 간선 (v_j, v_i)

$$
(a)\ G_1:\quad \begin{array}{c|cccc} & 0 & 1 & 2 & 3 \\ \hline 0 & 0 & 1 & 1 & 1 \\ 1 & 1 & 0 & 1 & 1 \\ 2 & 1 & 1 & 0 & 1 \\ 3 & 1 & 1 & 1 & 0 \end{array}
$$

$$
(b)\ G_3:\quad \begin{array}{c|ccc} & 0 & 1 & 2 \\ \hline 0 & 0 & 1 & 0 \\ 1 & 1 & 0 & 1 \\ 2 & 0 & 0 & 0 \end{array}
$$

$$
(c)\ G_4:\quad \begin{array}{c|cccccccc} & 0 & 1 & 2 & 3 & 4 & 5 & 6 & 7 \\ \hline 0 & 0 & 1 & 1 & 0 & 0 & 0 & 0 & 0 \\ 1 & 1 & 0 & 0 & 1 & 0 & 0 & 0 & 0 \\ 2 & 1 & 0 & 0 & 1 & 0 & 0 & 0 & 0 \\ 3 & 0 & 1 & 1 & 0 & 0 & 0 & 0 & 0 \\ 4 & 0 & 0 & 0 & 0 & 0 & 1 & 0 & 0 \\ 5 & 0 & 0 & 0 & 0 & 1 & 0 & 1 & 0 \\ 6 & 0 & 0 & 0 & 0 & 0 & 1 & 0 & 1 \\ 7 & 0 & 0 & 0 & 0 & 0 & 0 & 1 & 0 \end{array}
$$

그림 6.7 인접 행렬

가 $E(G)$에 속하면 간선 (v_i, v_j)도 $E(G)$에 속하므로 인접 행렬이 대칭이다. 반면 방향 그래프의 경우 G_3와 같이 대칭이 아닐 수도 있다. 인접 행렬을 이용해 그래프를 표현하는 데 필요한 공간은 n^2비트이다. 무방향 그래프의 경우, 행렬의 상위 또는 하위 삼각형만 저장하면 공간을 거의 반으로 줄일 수 있다.

인접 행렬을 이용하면 임의의 두 정점 i와 j를 연결하는 간선이 존재하는지를 바로 알 수 있다. 무방향 그래프의 경우, 어떤 정점 i의 차수는 그 행의 합인

$$\sum_{j=0}^{n-1} a[i][j]$$

이다. 방향 그래프의 경우, 행의 합은 진출 차수이고 열의 합은 진입 차수이다.

그래프 G에 있는 간선의 수를 알고자 하거나 그래프 G가 연결되어 있는가를 알고자 할 경우, 인접 행렬에서는 n^2-n개의 항(대각 항들은 0)을 조사해보아야 하므로 최소한 $O(n^2)$의 시간이 필요하다. 간선이 많지 않은 희소 그래프(sparse graph)의 경우 인접 행렬 항들이 대부분 0이므로 훨씬 빠른 시간인 $O(e + n)$에 수행이 가능하다. 여기서 e는 G의 간선 수로서 $e \ll n^2/2$이다. 이러한 속도의 개선은 G에 있는 간선만을 저장하는 표현법을 사용해야 가능하다. 그래서 그래프에 대한 다음 표현, 인접 리스트를 설명한다.

6.1.3.2 인접 리스트

인접 리스트(adjacency list)에서는 인접 행렬의 n행들을 n개의 체인(순차 리스트도 사용될 수 있지만)으로 표현한다. 즉, 그래프 G의 각 정점에 대해 1개의 체인이 존재한다. 체인 i에 있는 노드들은 정점 i로부터 인접되어 있는 정점들을 나타낸다. 체인 노드의 *data* 필드는 인접한 정점의 인덱스를 저장한다. G_1, G_3, G_4에 대한 인접 리스트는 그림 6.8이 보여주고 있다. 각 체인의 정점들은 순서를 요구하지 않는다. 임의의 정점에 대한 인접 리스트를 $O(1)$ 시간에 접근할 수 있도록 배열 *adjLists*가 사용되었다. 이 *adjLists*[i]는 정점 i에 대한 인접 리스트의 첫 번째 노드에 대한 포인터이다.

n개의 정점과 e개의 간선을 갖는 무방향 그래프에 대해 연결 인접 리스트 표현은 크기가 n인 배열과 $2e$개의 체인 노드를 필요로 한다. 각 체인 노드는 2개의 필드를 가진다. 필요한 공간의 비트 수를 구하려면, 배열의 경우 $\log n$을, 체인 노드의 경우 $\log n + \log e$를 노드 계수와 곱해야 한다. 왜냐하면 m이란 값을 표현하기 위해 $O(\log m)$비트가 필요하기 때문이다. 만일 체인 대신 순차 리스트를 사용한다면 인접 리스트는 정수 배열 *node*[$n + 2e + 1$]에 채워 저장될 수 있다. 한 가지 가능한 순차 사상은 *node*[i]가 정점 $i(0 \leq i < n)$에 대한 리스트의 시작 지점을 나타내고 *node*[n]은 $n + 2e + 1$로 설정하는 것이다. 정점 i와 인접한 정점들은 *node*[i], $\cdots$, *node*[$i + 1$]$-1(0 \leq i < n)$에 저장된다. 그림

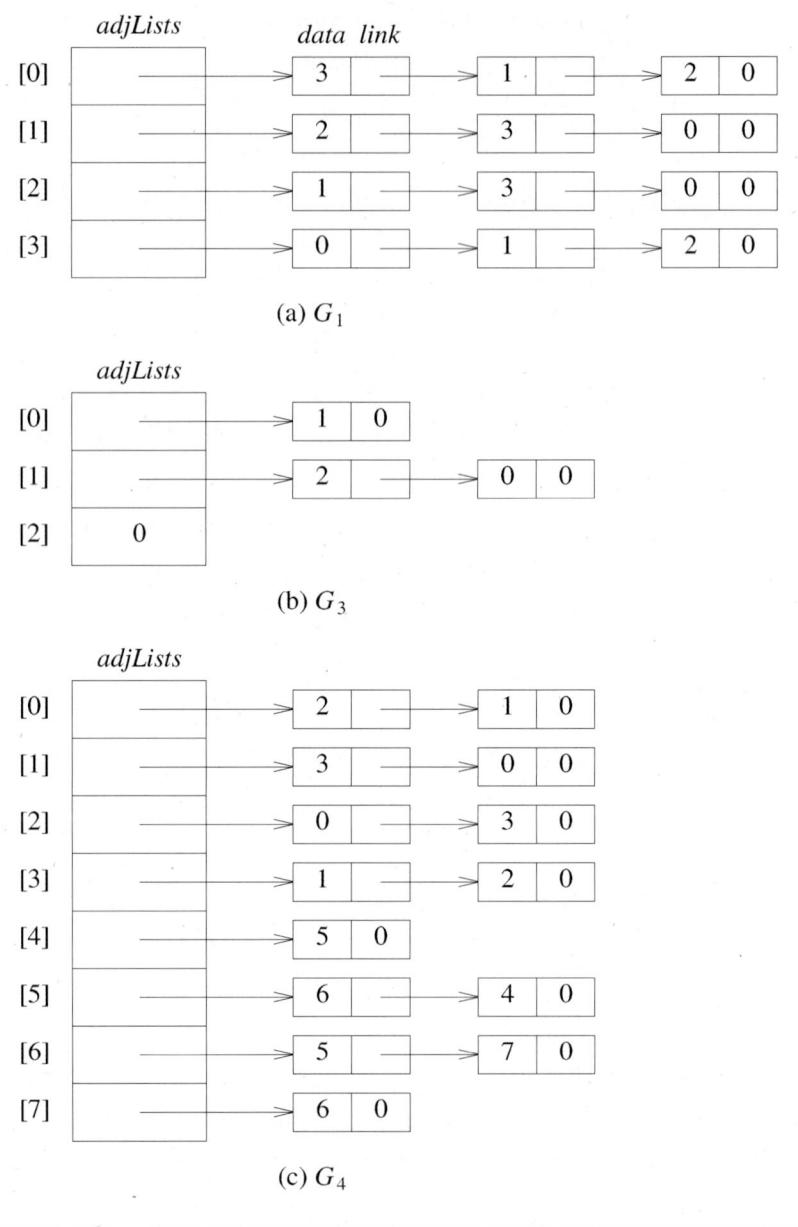

그림 6.8 인접 리스트

```
                        int nodes [n + 2*e + 1];

  0  1  2  3  4  5  6  7  8  9 10 11 12 13 14 15 16 17 18 19 20 21 22
  9 11 13 15 17 18 20 22 23  2  1  3  0  0  3  1  2  5  6  4  5  7  6
```

그림 6.9 그래프 G_4의 순차 표현

6.9는 그림 6.5의 그래프 G_4에 대한 이 표현을 보여주고 있다.

무방향 그래프에서 각 정점의 차수는 그 정점에 대한 인접 리스트에 있는 노드의 수를 계산하면 된다.

방향 그래프의 경우 리스트 노드의 수는 e개뿐이다. 정점의 진출 차수는 그 정점에 대한 인접 리스트에 있는 노드의 수를 계산하면 된다. 그러나 정점의 진입 차수를 구하는 것은 조금 복잡하다. 다른 정점에 인접한 모든 정점들을 자주 찾아야 할 필요가 있을 경우에는 인접 리스트에 별도의 리스트 집합을 유지하는 편이 낫다. 역 인접 리스트(inverse adjacency list)라 하는 리스트 집합은 각 정점에 대해 하나의 리스트를 가지고 있다. 각 리스트는 그것이 표현하고 있는 정점에 인접한 각 정점에 대해 하나의 노드를 포함한다.(그림 6.10)

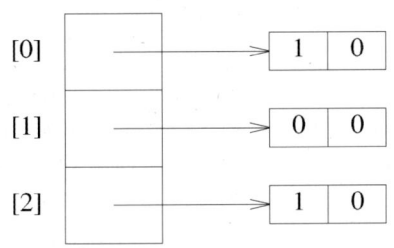

그림 6.10 G_3(그림 6.2(c))의 역 인접 리스트

또 다른 방법으로, 4장의 희소 행렬 표현을 위한 리스트 구조를 단순화시켜 사용할 수도 있다. 그림 6.11은 그림 6.2(c)의 그래프 G_3에 대한 이 구조를 보여주고 있다. 여기서 헤더 노드는 순차적으로 저장된다. 각 노드의 처음 두 노드는 그 노드가 표현하는 머리와 꼬리를 표현하고, 나머지 두 필드는 행과 열의 체인을 위한 링크이다.

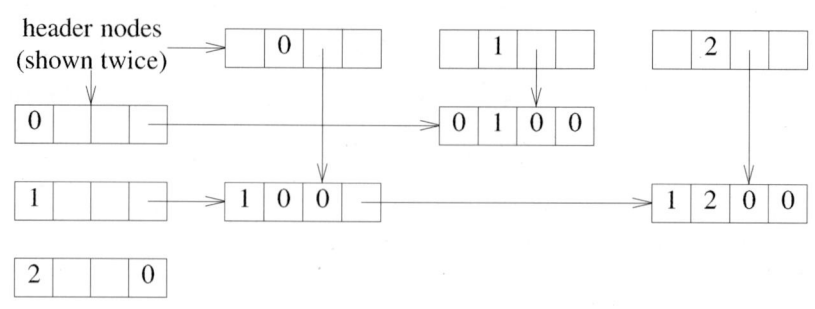

그림 6.11 그림 6.2(c)의 G_3에 대한 직교 리스트 표현

6.1.3.3 인접 다중리스트

무방향 그래프에 대한 인접 리스트 표현에서 각 간선 (u, v)는 2개의 엔트리로 표현되는데, 하나는 u를 위한 리스트에, 또 하나는 v를 위한 리스트에 각각 나타낸다. 나중에 보게 되겠지만, 경우에 따라서는 특정 간선에 대한 두 번째 엔트리를 찾아가 검사를 수행했다는 표시를 하는 일이 필요하다. 이것은 인접 리스트가 실제로 다중리스트(즉, 노드들이 여러 리스트들에 의해 공유되는 리스트)로 유지되면 쉽다. 각 간선에 대해서는 오직 하나의 노드만이 존재하지만, 이 노드는 두 리스트(즉, 그 간선이 부속된 두 노드 각각에 대한 인접 리스트들)에 있게 된다. 새로운 노드 구조는 다음과 같다.

| m | $vertex1$ | $vertex2$ | $link1$ | $link2$ |

여기서 m은 간선이 검사되었는지의 여부를 표시하는 Boolean 마크 필드이다. 저장 공간 요구량은 마크 비트 m을 추가하는 것을 제외하고는 일반적인 인접 리스트와 동일하다. 그림 6.12는 그림 6.2(a)의 G_1에 대한 인접 다중리스트(adjacency multilists)를 보여주고 있다.

6.1.3.4 가중치 간선

많은 응용에서는 그래프의 간선이 그에 부여된 가중치(weights)를 가지고 있다. 이러한 가중치는 한 정점에서 다른 정점까지의 거리나 한 정점에서 인접한 정점으로 가는 비용 등을 표현할 수 있다. 이러한 응용에서는 인접 행렬 엔트리 $a[i][j]$가 이러한 정보도 유지하게 된다. 인접 리스트가 사용되면 $weight$ 필드를 추가하여 리스트 노드에 이 가중치 정보를 저장한다. 가중치 간선(weighted edge)을 가진 그래프를 네트워크(network)라고 한다.

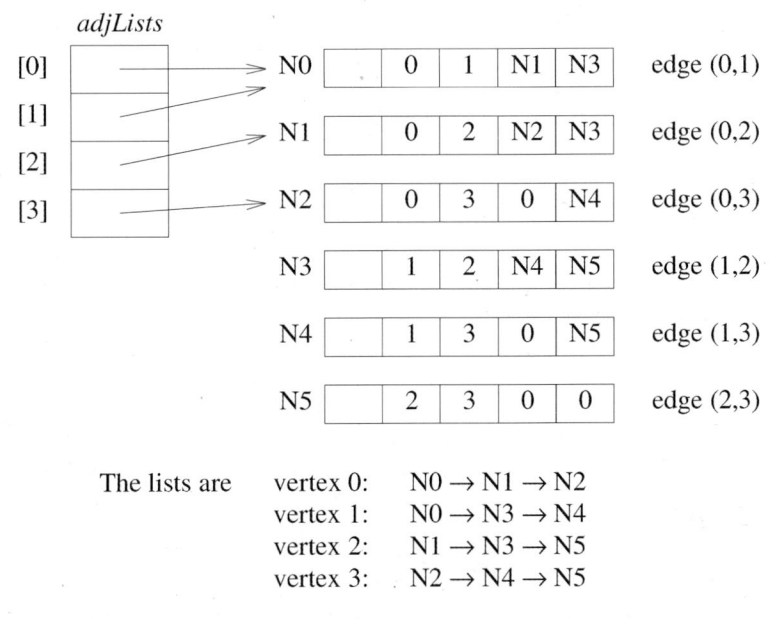

그림 6.12 그림 6.2(a)의 G_1에 대한 인접 다중리스트

연습문제

1. 그림 6.13의 다중그래프에 오일러 행로가 존재하는가? 존재한다면, 하나를 찾아보라.

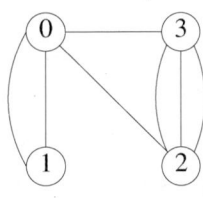

그림 6.13 다중그래프

2. 그림 6.14의 방향 그래프에 대해 다음을 구하라.
   (a) 각 정점의 진입 차수와 진출 차수

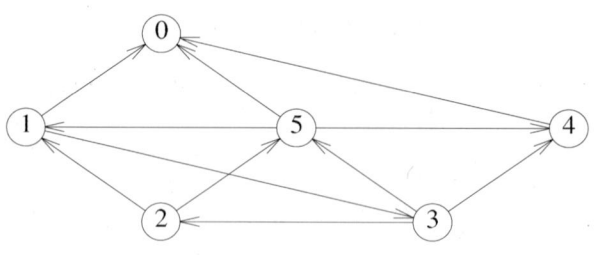

그림 6.14 다이그래프

   (b) 인접 행렬
   (c) 인접 리스트 표현
   (d) 인접 다중리스트 표현
   (e) 강력 연결 요소
3. 1개, 2개, 3개, 4개, 5개의 정점으로 된 무방향 완전 그래프를 그려라. n개의 정점을 가진 완전 그래프의 간선 수가 $n(n-1)/2$임도 증명하라.
4. 그림 6.15의 방향 그래프가 강력 연결되어 있는가? 단순 경로를 모두 나열하라.

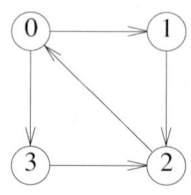

그림 6.15 방향 그래프

5. 그림 6.15의 그래프에 대한 인접 행렬, 인접 리스트, 인접 다중리스트 표현을 구하라.
6. 무방향 그래프에서 정점의 차수의 합이 간선 수의 2배가 됨을 증명하라.
7. (a) G를 n개의 정점을 가진 연결된 무방향 그래프라 하자. G는 최소한 $n-1$개의 간선을 가져야 한다는 것과 $n-1$개의 간선을 가진 연결된 무방향 그래프는 모두 트리임을 증명하라.
   (b) n개의 정점을 가진 강력 연결 방향 그래프의 최소 간선 수는 얼마인가? 그러

한 그래프의 형태는 어떠한가?

8. n개의 정점을 가진 무방향 그래프 G에서 다음 사항들이 동등함을 증명하라.
   (a) G는 트리이다.
   (b) G는 연결되었으나, 하나의 간선이라도 제거되면 연결되지 않게 된다.
   (c) 임의의 서로 다른 두 정점 $u \in V(G)$와 $v \in V(G)$에 대해 u에서부터 v까지 오직 하나의 단순 경로만 존재한다.
   (d) G는 사이클이 없고 $n-1$개의 간선을 가지고 있다.
9. 무방향 그래프를 위한 정점의 수와 간선들을 입력하는 C 함수를 작성하라. 그 다음, 이 그래프에 대한 연결 인접 리스트 표현을 만들기 위하여 간선을 하나씩 입력하라. 두 번 입력되는 간선은 없다고 가정하라. 이 함수의 시간 복잡도를 정점의 수와 간선의 수에 대한 함수로 표현하라.
10. 앞의 문제를 다중리스트 표현을 사용하여 반복하라.
11. G를 적어도 하나의 홀수 차수 정점을 가진 무방향 연결 그래프라고 하자. G에 오일러 행로가 존재하지 않음을 증명하라.

6.2 그래프의 기본 연산

5장에서 이진 트리를 논의할 때, 트리의 순회가 가장 빈번하게 사용되는 트리 연산이라고 하였다. 그래서 전위·중위·후위·레벨 순서 탐색 방법을 정의하고 구현하였다. 그래프의 경우에 있어서도 이와 유사하다. 그래프 $G = (V, E)$와 $V(G)$의 한 정점 v가 주어졌을 때, 이 v에서 도달할 수 있는 G의 모든 정점들, 즉 v에 연결된 모든 정점들을 방문해야 한다고 하자. 이를 위한 두 가지 방법, 즉 깊이 우선 탐색(depth first search)과 너비 우선 탐색(breath first search)을 살펴보겠다. 깊이 우선 탐색은 전위 트리 순회와 비슷한 반면, 너비 우선 탐색은 레벨 순서 트리 순회와 비슷하다. 깊이 우선 탐색과 너비 우선 탐색을 설명할 때 그래프는 연결 인접 리스트로 표현되었다고 가정하였다. 다른 표현에 대해서는 연습문제에서 살펴보겠다.

6.2.1 깊이 우선 탐색

이 깊이 우선 탐색(DFS, depth first search)은 출발 정점 v를 방문함으로써 시작된다. 간단한 응용에서 방문은 노드의 정점 필드를 프린트하는 것이다. 다음으로 v에 인접하면서 아직 방문하지 않은 정점 w를 v의 인접 리스트로부터 선택하여 w를 시작점으로 하는 깊이 우선 탐색을 다시 시작한다. v의 인접 리스트에서의 현재 위치는 스택에 넣어 기억시킨다. 결국 이 탐색은 방문하지 않은 정점이 없는 인접 리스트를 가진 정점 u에 도달하게 된다.

```
void dfs(int v)
{/* depth first search of a graph beginning at v */
  nodePointer w;
  visited[v] = TRUE;
  printf("%5d",v);
  for (w = graph[v]; w; w = w→link)
    if (!visited[w→vertex])
       dfs(w→vertex);
}
```

프로그램 6.1: 깊이 우선 탐색

이때 스택에서 하나의 정점을 꺼내어 이 정점의 인접 리스트를 계속 처리하되, 이미 방문한 정점은 무시하고 아직 방문하지 않은 정점은 방문한 후 스택에 넣는다. 스택이 공백이 되면 탐색은 종료되는데, 이 과정은 복잡해 보이지만 순환적으로 쉽게 구현할 수 있다. 전술한 것처럼 이 탐색은 한 정점을 방문한 후 아직 방문하지 않은 후손을 차례로 방문한다는 점에서 전위 트리 순회와 유사하다. 깊이 우선 탐색의 순환적 구현은 함수 *dfs*(프로그램 6.1)에 기술되어 있다. 이 함수는 *FALSE* 값으로 초기화되는 *visited*[*MAX_VERTICES*]라는 전역 배열을 사용한다. 정점 i를 방문하면 *visited*[i]의 값은 *TRUE*가 된다. 선언문은 다음과 같다.

```
#define FALSE 0
#define TRUE 1
short int visited[MAX_VERTICES];
```

예제 6.1: 그림 6.16(a)의 그래프 G를 깊이 우선 탐색하는 경우를 보자. 그림 6.16(b)는 이 그래프의 인접 리스트를 나타내고 있다. 탐색을 v_0에서 시작한다면 그래프 G의 정점들은 $v_0, v_1, v_3, v_7, v_4, v_5, v_2, v_6$ 순으로 방문하게 된다.

그림 6.16(a)와 6.16(b)를 조사해보면 $dfs(v_0)$이 v_0에 연결된 모든 정점들을 방문한다는 것을 입증할 수 있다. 이는 방문된 모든 정점들과 이들 정점에 부속된 그래프 G의 모든 간선들이 G의 한 연결 요소가 된다는 것을 의미한다. □

***dfs*의 분석**: 그래프 G를 인접 리스트로 표현할 경우 정점 v에 인접한 노드들은 일련의 링크 체인을 따라가 결정할 수 있다. *dfs* 알고리즘은 인접 리스트에 있는 노드들을 많아야 한 번씩 조사하므로, 탐색을 끝내는 시간은 $O(e)$이다. G를 인접 행렬로 표현한다면 v에 인접한 모든 정점들을 결정하는 데는 $O(n)$의 시간이 걸린다. 방문해야 할 정점의 수

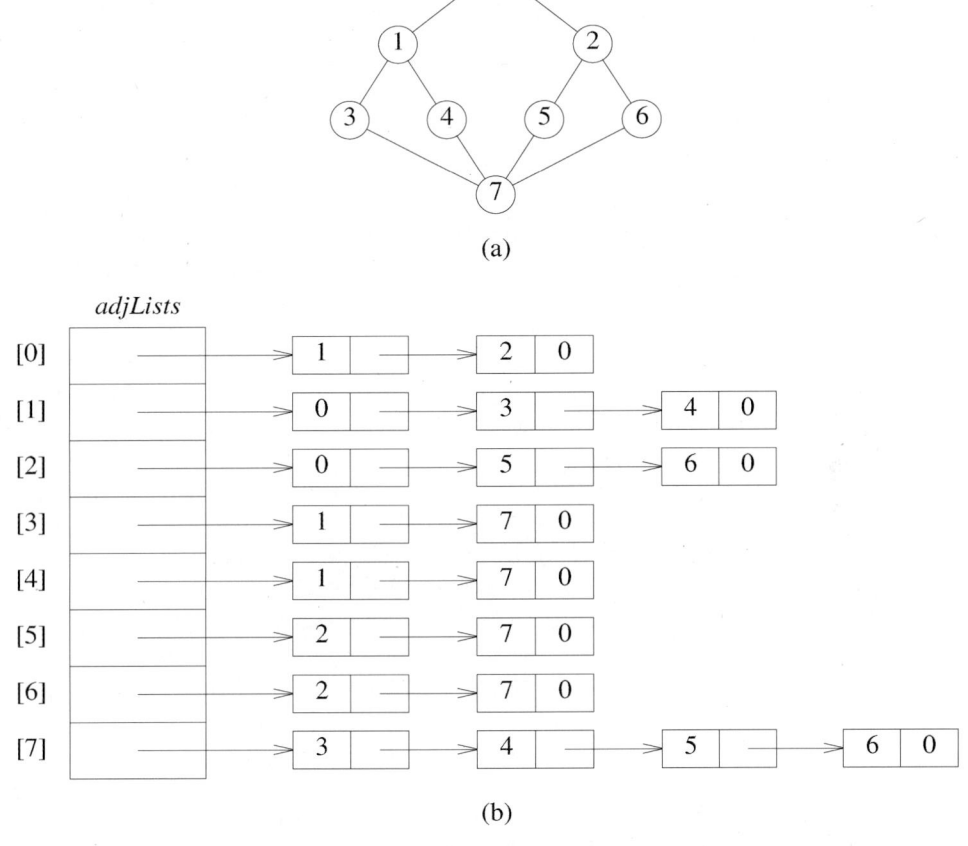

그림 6.16 그래프 G와 그 인접 리스트

는 많아야 n이므로 총 시간은 $O(n^2)$이다. □

6.2.2 너비 우선 탐색

너비 우선 탐색(BFS, breath first search)은 정점 v에서 시작하여 방문 표시를 한 후, v의 인접 리스트에 있는 모든 정점들을 바로 방문한다. 그 다음 v의 인접 리스트상의 첫 번째 정점에 인접한 방문이 안 된 정점들을 모두 방문하며, 각 정점을 방문할 때마다 그 정점은 큐에 저장된다. 한 인접 리스트가 끝나면 큐에서 한 정점을 꺼내 그 정점의 인접 리스트에 있는 정점들을 같은 방법으로 계속 조사한다. 방문이 안 된 정점들은 방문한 뒤 큐에 넣고, 이미 방문된 정점들은 무시한다. 이 과정에서 큐가 공백이 되면 탐색은 종료된다.

너비 우선 탐색의 구현에는 4장에서 기술한 동적 연결 큐를 사용한다. 각 큐 노드는 *vertex*와 *link* 필드를 갖는다. 4장의 *addq*와 *deleteq* 함수(프로그램 4.7과 프로그램 4.8)는 *element*에 대한 참조만 **int**로 대체하면 올바르게 동작할 것이다. 함수 *bfs*(프로그램 6.2)는 너비 우선 탐색을 구현하기 위한 C 코드를 보여주고 있다.

```
void bfs(int v)
{/* breadth first traversal of a graph, starting at v
    the global array visited is initialized to 0, the queue
    operations are similar to those described in
    Chapter 4, front and rear are global */
  nodePointer w;
  front = rear = NULL; /* initialize queue */
  printf("%5d",v);
  visited[v] = TRUE;
  addq(v);
  while (front) {
    v = deleteq();
    for (w = graph[v]; w; w = w→link)
      if (!visited[w→vertex]) {
        printf("%5d", w→vertex);
        addq(w→vertex);
        visited[w→vertex] = TRUE;
      }
  }
}
```

프로그램 6.2: 그래프의 너비 우선 탐색

*bfs*에서 사용되는 큐의 정의문과 함수의 프로토타입은 다음과 같다.

```
typedef struct queue *queuePointer;
typedef struct {
        int vertex;
        queuePointer link;
        } queue;
queuePointer front, rear;
void addq(int);
int deleteq();
```

***bfs* 알고리즘의 분석:** 각 정점들은 큐에 단 한 번만 들어가므로 **while** 루프는 많아야 n번 반복된다. 인접 리스트 표현의 경우 $d_i = degree(v_i)$라 할 때 이 루프의 전체 비용은 d_0 +

$\cdots + d_{n-1} = O(e)$가 된다. 인접 행렬 표현의 경우 방문되는 각 정점에 대해 **while** 루프는 $O(n)$ 시간이 걸리므로 전체 시간은 $O(n^2)$이 된다. *dfs* 에서와 마찬가지로 방문된 모든 정점과 그에 부속한 모든 간선들은 G의 연결 요소가 된다. □

6.2.3 연결 요소

그래프의 기본적인 탐색 연산들은 보다 흥미로운 그래프 연산을 만들어낼 수 있다. 무방향 그래프의 연결 여부를 결정하는 문제를 고려해보자. 이 연산은 단순히 *dfs*(0) 또는 *bfs*(0)을 호출한 후 방문이 안 된 정점이 남아 있는지를 알아보면 된다. 예를 들어, 그림 6.5의 G_4에 적용된 *dfs*(0)은 정점 4, 5, 6, 7을 방문하지 않은 채로 끝나게 되므로, G_4는 연결되지 않았음을 알 수 있다. 인접 리스트를 사용하면 이 연산의 계산 시간은 $O(n + e)$가 된다.

이와 밀접하게 관련된 문제는 주어진 그래프의 연결 요소(connected component)들을 나열하는 문제이다. 이는 방문이 안 된 정점 v에 대해 *dfs*(v) 또는 *bfs*(v)를 반복해서 호출함으로써 해결할 수 있다. 프로그램 6.3의 함수 *connected* 는 이 연산을 수행한다. *dfs* 를 사용하고 있지만, *bfs* 를 사용해도 동일한 시간이 걸리고 동일한 결과를 얻을 수 있다.

```
void connected(void)
{/* determine the connected components of a graph */
int i;
for (i = 0; i < n; i++)
   if(!visited[i]) {
      dfs(i);
      printf("\n");
   }
}
```

프로그램 6.3: 연결 요소

***connected* 의 분석:** G를 인접 리스트로 표현한다면 *dfs* 에 걸리는 총 시간은 $O(e)$이다. **for** 루프에 $O(n)$ 시간이 소요되므로 모든 연결 요소들을 생성하는 데 필요한 시간은 $O(n + e)$가 된다.

G를 인접 행렬로 표현한다면, 연결 요소의 결정에는 $O(n^2)$ 시간이 필요하다. □

6.2.4 신장 트리

그래프 G가 연결되었다면 임의의 정점에서 출발한 깊이 우선 또는 너비 우선 탐색은 G

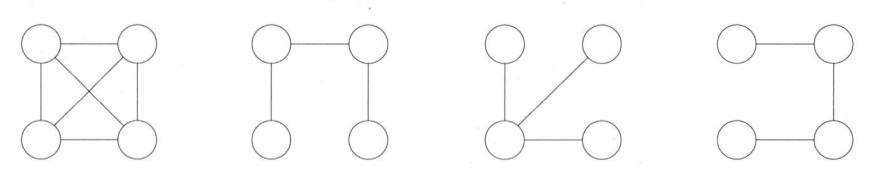

그림 6.17 완전 그래프와 이 그래프의 세 신장 트리

의 모든 정점들을 방문한다. 이 탐색은 그래프 G의 간선들을 2개의 집합, T와 N으로 분할한다. 여기서 T는 트리 간선(tree edge)들로서 탐색 중 사용된 간선들의 집합이고, N은 비트리 간선(nontree edge)들로서 남아 있는 간선들의 집합이다. 트리 간선들의 집합은 *dfs*나 *bfs*의 **if** 절에 간선 (v, w)를 간선들의 연결 리스트에 삽입하는 문장으로 추가함으로써 구할 수 있다. 이때 T는 이 연결 리스트의 헤더가 된다. T의 간선들은 G의 모든 정점들을 포함하는 트리를 이룬다. 신장 트리(spanning tree)란 G의 간선들로만 구성되고 G의 모든 정점들을 포함하는 트리를 말한다. 그림 6.17은 한 그래프와 이 그래프의 세 가지 신장 트리들을 보여주고 있다.

신장 트리를 생성하기 위해서는 이미 밝힌 것처럼 *dfs*나 *bfs*를 모두 이용할 수 있다. *dfs*를 이용하여 만들어진 신장 트리를 깊이 우선 신장 트리(depth first spanning tree), *bfs*를 이용하여 만들어진 신장 트리를 너비 우선 신장 트리(breath first spanning tree)라고 한다. 그림 6.18은 그림 6.16의 그래프에서 정점 v_0에서 시작한 경우의 깊이 우선, 너비 우선 탐색에 의해 구해진 신장 트리들을 보여주고 있다.

이제 비트리 간선 (v, w)를 임의의 신장 트리 T에 추가해보자. 그 결과 간선 (v, w)와

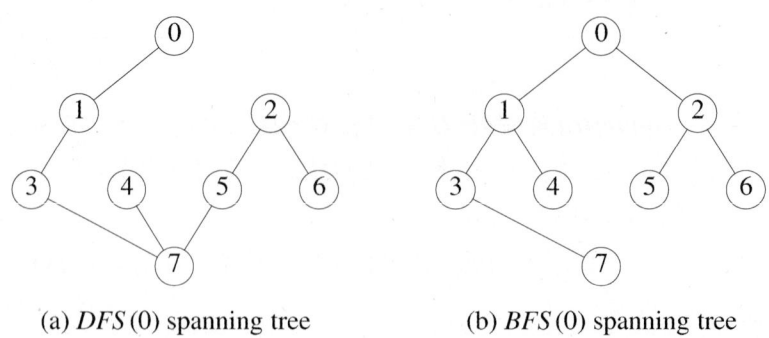

(a) *DFS*(0) spanning tree   (b) *BFS*(0) spanning tree

그림 6.18 그림 6.16의 그래프에 대한 *dfs* 및 *bfs* 신장 트리

w에서 v로의 경로상에 있는 모든 간선들로 된 사이클이 형성된다. 예를 들어, 그림 6.21(a)의 *dfs* 신장 트리에 비트리 간선 (7, 6)을 추가하면 7, 6, 2, 5, 7의 사이클이 형성된다. 신장 트리의 이러한 특성은 전기 네트워크에서 회로 등식의 독립적인 집합을 구하는 데 활용할 수 있다.

예제 6.2 [회로 등식의 생성]: 회로 등식을 얻으려면 먼저 전기 네트워크에 대한 신장 트리를 구해야 한다. 그 뒤에 비트리 간선을 신장 트리에 한 번에 하나씩 도입한다. 이러한 간선의 도입은 사이클을 형성한다. 그런 다음 이 사이클에 대한 Kirchoff의 제2법칙을 이용해 회로 등식을 얻는다. 이러한 방법으로 얻은 사이클들은 다른 사이클에는 포함되지 않은 비트리 간선을 포함하고 있으므로 독립적이다. 즉, 각 사이클은 나머지 사이클들의 선형적인 조합에 의해서는 만들어질 수 없다. 그러므로 이렇게 얻어진 회로 등식도 독립적이다. 사실상 한 번에 하나씩 비트리 간선을 신장 트리에 도입해 만들어진 사이클들이 사이클 기저(cycle basis)를 이룸을 볼 수 있다. 이는 기저에 있는 사이클들의 선형적인 조합에 의해서 그래프 내의 모든 사이클들을 만들어낼 수 있음을 의미한다.(이에 대한 세부 사항은 참고문헌에 인용된 Harary의 책을 참조하기 바란다.) □

신장 트리의 두 번째 특성을 알아보자. 신장 트리는 G의 최소 부분그래프(minimal subgraph) G'로서 $V(G') = V(G)$이고 G'는 연결되어 있다. 최소 부분그래프란 간선의 수가 가장 적은 부분그래프를 말한다. n개의 정점을 갖는 연결된 그래프는 최소한 $n-1$개의 간선을 가져야 하며, $n-1$개의 간선을 갖는 연결된 그래프는 모두 트리이다. 그러므로 신장 트리는 $n-1$개의 간선을 갖게 된다.(이 특성은 연습문제에서 자세히 다룬다.)

최소 부분그래프의 구축은 통신 네트워크 설계에 빈번히 응용된다. 그래프 G의 정점이 도시를, 간선이 도시 간의 통신 링크를 나타낸다고 하자. n개의 도시를 연결하는 데 필요한 최소 링크 수는 $n-1$이다. G의 신장 트리들은 결국 가능한 대안들을 표현하게 된다. 그러나 도시 간의 통신 링크 구축 비용은 일정하지 않다. 그러므로 실제 응용에서는 각 간선들에 대해 가중치를 부여해야 한다. 이러한 가중치는 통신 링크의 구축 비용이나 통신 링크의 길이 등을 표현하게 된다. 이렇게 가중치가 부여된 그래프에서는 총 비용이나 총 길이가 최소가 되는 신장 트리를 구하는 것이 의미 있다. 이때 신장 트리의 비용은 그 트리가 지닌 간선들의 비용의 합이라 가정한다. 다음 절에서는 최소 비용 신장 트리를 구하는 방법을 알아보기로 한다.

6.2.5 이중결합 요소

이제까지 구현한 연산들은 깊이 우선 탐색과 너비 우선 탐색의 단순한 확장으로 볼 수

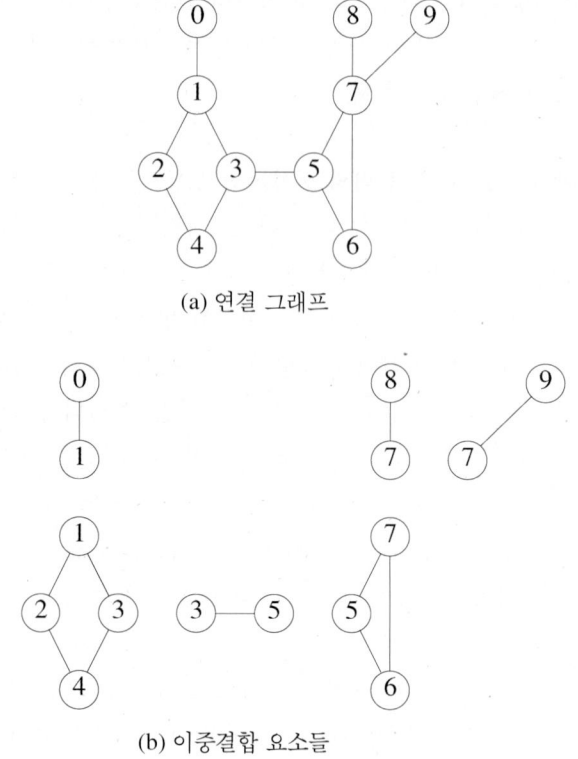

그림 6.19 연결 그래프와 이중결합 요소들

있다. 다음에 구현할 연산들은 다소 복잡한 추가적 용어를 필요로 한다. 이때 우선 그래프 G가 무방향 연결 그래프라고 가정한다.

단절 점(articulation point)이란 그래프 G의 정점들 중에서 그 정점을 그 정점에 부속한 모든 간선들과 같이 삭제하면 최소한 2개의 연결 요소를 갖는 그래프 G를 생성하는 정점 v를 말한다. 예를 들어, 그림 6.19의 연결 그래프는 4개의 정점 1, 3, 5, 7을 단절 점으로 가지고 있다.

이중결합 그래프(biconnected graph)란 단절 점을 갖지 않는 연결 그래프를 말한다. 예를 들어 그림 6.16의 그래프는 이중결합인 반면 그림 6.19의 그래프는 이중결합이 아니다. 다수의 그래프 응용에서 단절 점의 존재는 바람직하지 못하다. 그림 6.19(a)의 그래프가 통신 네트워크를 나타낸다고 생각하면, 정점은 통신국이 되고 간선은 통신 링크가 될 것이다. 이때 단절 점에 해당하는 통신국에 이상이 생겼다고 하자. 그 결과는 하나의 통신국만이 아닌 여러 통신국 간의 통신의 단절을 초래한다.

연결 무방향 그래프 G에서 이중결합 요소(biconnected component)란 최대 이중결합 부분그래프(maximal biconnected subgraph) H를 말한다. 여기서 '최대'란 그래프 G에는 이중결합이면서 H를 완전히 포함하는 부분그래프가 존재하지 않는다는 것을 의미한다. 예를 들어, 그림 6.19(a)의 그래프는 그림 6.19(b)에서와 같이 6개의 이중결합 요소를 포함한다. 반면 그림 6.19의 이중결합 그래프는 오직 하나의 이중결합 요소만을 가지고 있는데, 곧 원 그래프이다. 동일한 그래프에 속하는 2개의 이중결합 요소는 많아야 1개의 정점을 공통으로 가질 수 있음을 쉽게 입증할 수 있다. 이는 한 그래프에서 하나의 간선은 2개 이상의 이중결합 요소에 포함될 수 없음을 의미한다. 그러므로 G의 이중결합 요소는 G의 간선들을 분할하게 된다.

연결 무방향 그래프 G의 이중결합 요소들은 G의 깊이 우선 신장 트리를 이용하여 구할 수 있다. 예를 들어 그림 6.19(a)의 그래프에 대해 $dfs(3)$을 호출하면 그림 6.20(a)의 신장 트리가 만들어진다. 트리 구조를 좀 더 잘 나타내도록 이 신장 트리를 그림 6.20(b)에 다시 그렸다. 두 그림에서 정점 바깥의 번호는 깊이 우선 탐색의 순서를 나타낸다. 이 번호를 정점의 깊이 우선 번호 또는 dfn이라고 하자. 예를 들어, $dfn(3) = 0$, $dfn(0) = 4$, $dfn(9) = 8$이다. 정점 0과 9의 조상인 정점 3의 경우 두 정점보다 적은 dfn이 부여되어 있다. 일반적으로 2개의 정점 u, v에 대해 깊이 우선 신장 트리상에서 u가 v의 조상이면 $dfn(u) < dfn(v)$이다.

그림 6.20(b)의 점선은 비트리 간선을 나타낸다. u가 v의 조상이거나 v가 u의 조상인 경우 비트리 간선 (u, v)는 백 간선(back edge)이다. 깊이 우선 탐색의 정의에 따라 모

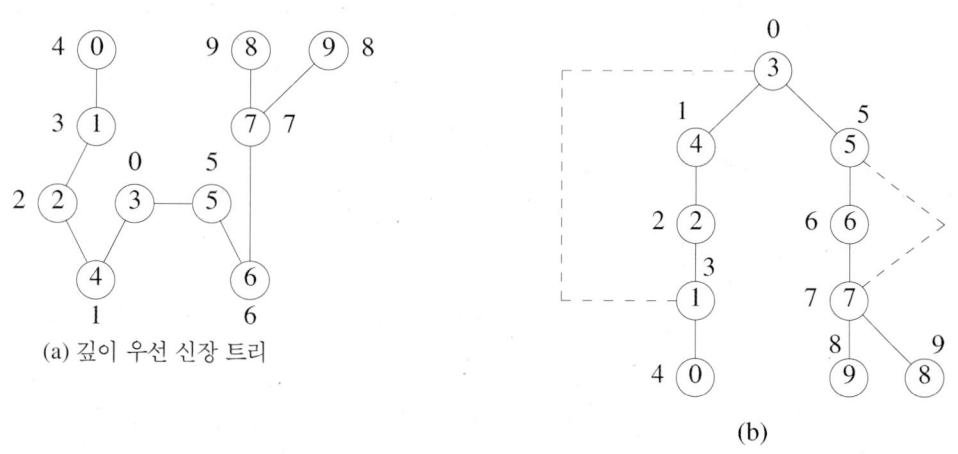

그림 6.20 그림 6.19(a)의 깊이 우선 신장 트리

든 비트리 간선은 백 간선이다. 이는 최소한 2개의 자식을 갖는 깊이 우선 신장 트리의 루트는 단절 점이 된다는 것을 의미한다. 또한, 정점 w와 w의 후손들과 단 하나의 백 간선으로만 구성된 경로를 이용해서는 u의 조상에 도달할 수 없는 그런 정점 w를 적어도 하나의 자식 정점으로 갖는 정점 u도 단절 점이 된다. 이러한 사실을 통해 G의 각 정점에 대해 low의 값을 다음과 같이 정의할 수 있다. 즉, $low(u)$는 u의 후손들과 많아야 하나의 백 간선으로 된 경로를 이용해 u로부터 도달할 수 있는 가장 적은 깊이 우선 번호이다.

$$low(u) = \min\{dfn(u), \min\{low(w) \mid w \text{는 } u \text{의 자식}\},$$
$$\min\{dfn(w) \mid (u, w) \text{는 백 간선}\}\}$$

그러므로 정점 u가 2개 이상의 자식을 갖는 신장 트리의 루트이거나, 루트가 아니면서 $low(w) \geq dfn(u)$를 만족하는 자식 w를 갖게 되면 단절 점이 된다. 그림 6.21은 그림 6.20(b)에 있는 신장 트리의 각 정점에 대한 dfn 값과 low 값을 보여주고 있다. 이 표에서 정점 1은 $low(0) = 4 \geq dfn(1) = 3$인 자식 0을 가지므로 단절 점이 된다는 것을 알 수 있다. 마찬가지로 정점 7은 $low(8) = 9 \geq dfn(7) = 7$이 성립하고 정점 5는 $low(6) = 5 \geq dfn(5) = 5$가 성립하므로 각각 단절 점이 된다. 또한, 루트에 해당하는 정점 3도 2개 이상의 자식을 가지고 있으므로 단절 점이 된다.

    dfs 함수를 연결 무방향 그래프의 각 정점에 대한 dfn 값과 low 값도 구할 수 있도록 쉽게 변경할 수 있다. 이렇게 변경된 함수가 $dfnlow$ 함수(프로그램 6.4)이다.

    x를 깊이 우선 탐색의 시작 정점이라 할 때, 이 함수는 $dfnlow(x, -1)$ 형태로 호출한다. 이 함수는 두 인자 중 작은 값을 반환하는 $MIN2$ 매크로를 사용한다. 결과 값들은 전역 변수 dfn과 low로 반환시킨다. dfn과 low를 증가시키기 위해 전역 변수 num을 사용한다. 함수 $init$(프로그램 6.5)은 dfn, low, num을 정확히 초기화시킨다. 전역 선언문은 다음과 같다.

```
#define MIN2(x,y) ((x) < (y) ? (x) : (y))
short int dfn[MAX_VERTICES];
short int low[MAX_VERTICES];
int num;
```

Vertex	0	1	2	3	4	5	6	7	8	9
dfn	4	3	2	0	1	5	6	7	9	8
low	4	3	0	0	0	5	5	7	9	8

그림 6.21 루트를 3으로 하는 dfs 신장 트리의 dfn 값과 low 값

```
void dfnlow(int u, int v)
{/* compute dfn and low while performing a dfs search
    beginning at vertex u, v is the parent of u (if any) */
  nodePointer ptr;
  int w;
  dfn[u] = low[u] = num++;
  for (ptr = graph[u]; ptr; ptr = ptr→link) {
    w = ptr→vertex;
    if (dfn[w] < 0) { /* w is an unvisited vertex */
      dfnlow(w,u);
      low[u] = MIN2(low[u],low[w]);
    }
    else if (w != v)
      low[u] = MIN2(low[u],dfn[w]);
  }
}
```

프로그램 6.4: *dfn*과 *low*의 결정

```
void init(void)
{
  int i;
  for (i = 0; i < n; i++) {
    visited[i] = FALSE;
    dfn[i] = low[i] = -1;
  }
  num = 0;
}
```

프로그램 6.5: *dfn*과 *low*의 초기화

*dfnlow*에 코드를 조금 추가하면 연결 그래프의 간선들을 이중결합 요소로 분할할 수 있다. *dfnlow(w, u)* 함수 호출에서 복귀되면 *low(w)*는 계산된 상태가 된다. *low*[w] ≥ *dfn*[u]이면 새로운 이중결합 요소가 존재함을 알 수 있다. 간선을 처음 만날 때마다 스택에 보관해두면 이중결합 요소의 모든 간선들을 출력할 수 있다. 함수 *bicon*(프로그램 6.6)은 이를 위한 코드를 보여주고 있다. 이 프로그램도 똑같은 초기화 함수(프로그램 6.5)를 그대로 사용한다. *x*를 신장 트리의 루트라 할 때, 함수는 *bicon*(*x*, −1) 형태로 호출한다. 한 가지 유의할 점은 스택 연산 *push*와 *pop*은 3장에서 사용된 것과 약간 다르다는 것이다.

```
void bicon(int u, int v)
{/* compute dfn and low, and output the edges of G by their
    biconnected components, v is the parent (if any) of u
    in the resulting spanning tree. It is assumed that all
    entries of dfn[] have been initialized to -1, num is
    initially to 0, and the stack is initially empty */
  nodePointer ptr;
  int w,x,y;
  dfn[u] = low[u] = num++;
  for (ptr = graph[u]; ptr; ptr = ptr→link) {
    w = ptr→vertex;
    if (v != w && dfn[w] < dfn[u])
       push(u,w); /* add edge to stack */
       if (dfn[w] <0) { /* w has not been visited */
          bicon(w,u);
          low[u] = MIN2(low[u],low[w]);
          if (low[w] >= dfn[u]) {
             printf("New biconnected component: ");
             do { /* delete edge from stack */
                pop(&x, &y);
                printf(" <%d,%d>",x,y);
             } while (!((x == u) && (y == w)));
             printf("\n");
          }
       }
       else if (w != v) low[u] = MIN2(low[u],dfn[w]);
  }
}
```

프로그램 6.6: 그래프의 이중결합 요소

bicon 의 분석: *bicon* 함수는 연결 그래프가 최소한 2개의 정점을 가진 것으로 가정한다. 기술적으로 말하면 간선을 가지지 않고 하나의 정점만을 가진 그래프도 이중결합이지만, *bicon* 함수의 구현에서는 이런 특별한 경우를 다루지 않았다. *bicon*의 복잡도는 O(n + e)인데, 증명은 연습문제로 남겨두었다. □

연습문제

1. *dfs* 함수가 그래프의 인접 행렬 표현을 사용하도록 재작성하라.
2. *bfs* 함수가 인접 행렬 표현을 사용하도록 재작성하라.
3. G를 연결 무방향 그래프라 하자. G의 어떤 간선도 2개 이상의 이중결합 요소에 포

함 될 수 없음을 보이라. G의 한 정점이 2개 이상의 이중결합 요소에 포함될 수 있는가?

4. G를 연결 그래프, T를 G의 임의의 깊이 우선 신장 트리라 하자. T에 속하지 않은 G의 모든 간선들이 T에 대한 백 간선임을 보이라.

5. *bicon* 함수를 완전하게 구현하는 데 필요한 스택 연산을 작성하라. 스택에 대하여 동적으로 연결된 표현을 사용하라.

6. *bicon* 함수가 연결 그래프의 간선들을 그래프의 이중결합 요소들로 올바르게 분할함을 증명하라.

7. 이분할 그래프(bipartite graph) $G = (V, E)$는 정점들을 2개의 서로 다른 집합 V_1과 $V_2 = V - V_1$로 분할할 수 있는 무방향 그래프로, 다음과 같은 특성을 갖는다.

   - V_1에 속해 있는 어떤 두 정점도 G에서 인접하지 않음.
   - V_2에 속해 있는 어떤 두 정점도 G에서 인접하지 않음.

   그림 6.5의 그래프 G_4는 이분할되어 있다. V의 가능한 분할은 $V_1 = \{0, 3, 4, 6\}$, $V_2 = \{1, 2, 5, 7\}$이다. 그래프의 이분할 여부를 결정하는 함수를 작성하라. 작성된 함수는 이분할인 그래프에 대해 앞에서 기술한 두 특성을 만족하는 서로 다른 정점들의 집합 V_1과 V_2를 구해야 한다. G를 인접 리스트로 표현할 때, 이 함수의 연산 시간이 $O(n + e)$임을 보이라. 여기서, $n = |V(G)|$, $e = |E(G)|$이다. ($|\ |$ 는 집합의 카디날리티, 즉 원소 수를 의미한다.)

8. 모든 트리는 이분할 그래프임을 보이라.

9. 홀수 길이의 사이클을 갖지 않는 그래프는 이분할임을 증명하라.

10. 깊이 우선 탐색과 너비 우선 탐색을 4개의 정점을 갖는 완전 그래프에 적용하라. 정점들을 방문된 순서대로 나열하라.

11. *dfs*가 *connected*에서 사용되었을 때, 새로 방문된 모든 정점들의 리스트를 출력하도록 하려면 어떻게 수정해야 하는지를 보이라.

12. *dfs*를 연결 그래프에 적용하면 T의 간선들이 트리가 됨을 증명하라.

13. *bfs*를 연결 그래프에 적용하면 T의 간선들이 트리가 됨을 증명하라.

14. 연결 그래프 G의 간선들 중에서 그 삭제가 그래프를 연결되지 않도록 하는 간선(u, v)를 브리지(bridge)라 한다. 그림 6.19의 그래프에서 간선 (0, 1), (3, 5), (7, 8), (7, 9)가 브리지에 해당한다. 그래프에서 브리지를 찾아내는 함수를 작성하라. 단, 이 함수의 시간 복잡도는 $O(n + e)$가 되도록 해야 한다.(힌트: *bicon*을 시작점으로 사용하라.)

15. n개의 정점을 가진 완전 그래프에서 신장 트리의 수는 최소한 $2^{n-1} - 1$임을 보이라.

6.3 최소 비용 신장 트리

가중치가 부여된 무방향 그래프의 신장 트리의 비용은 신장 트리를 구성하는 간선들의 비용(가중치)의 합이 된다. 최소 비용 신장 트리(minimum cost spanning tree)란 최저의 비용을 갖는 신장 트리이다. 연결 무방향 그래프에서 최소 비용 신장 트리를 구하기 위한 알고리즘은 Kruskal, Prim, Sollin의 세 가지가 있다. 세 가지 알고리즘 모두 갈망법(greedy method)을 사용한다.

갈망법에서는 최적의 해답을 단계별로 구한다. 각 단계에서는 몇 개의 판단 기준에 따라 최상의 결정을 내린다. 일단 내려진 결정은 번복이 불가능하므로, 각각의 결정이 가능한 해를 도출해낼 수 있는지 확인해야 한다. 갈망법은 광범위한 프로그래밍 문제에 적용될 수 있다. 전형적으로 각 단계에서 항목의 선택은 최저 비용 또는 최고 이윤을 기준으로 판단된다. '가능한 해'란 문제에 의해 명시된 제한 조건 내에서 성립하는 해를 말한다.

신장 트리의 경우 최저 비용을 기준으로 사용한다. 해는 다음의 제한 조건을 만족해야 한다.

(1) 그래프 내에 있는 간선들만을 사용해야 한다.
(2) 정확하게 $n-1$개의 간선만을 사용해야 한다.
(3) 사이클을 생성하는 간선을 사용해선 안 된다.

6.3.1 Kruskal 알고리즘

Kruskal 알고리즘은 한 번에 하나씩 T에 간선을 추가해가면서 최소 비용 신장 트리 T를 구축한다. 이 알고리즘은 T에 포함될 간선을 비용의 크기 순으로 선택한다. 이미 T에 포함된 간선들과 사이클을 형성하지 않는 간선만을 T에 추가한다. G는 연결되어 있고 $n > 0$개의 정점을 가지므로 정확하게 $n-1$개의 간선만이 T에 포함되게 된다.

예제 6.3: 그림 6.22(a)의 그래프로부터 최소 비용 신장 트리를 구해보자. 그림 6.23은 간선들의 포함 여부를 결정하는 순서와 결정 후 결과 및 신장 트리에 대한 변화를 보여주고 있다. 예를 들어 간선 (0, 5)에 대한 포함 여부를 맨 처음 결정하고 있는데, 사이클을 형성하지 않으므로 트리에 추가된다. 그 결과 그림 6.22(c)의 트리가 된다. 다음으로 간선 (2, 3)이 다시 트리에 포함되고 그 결과 그림 6.22(d)가 된다. 이 과정은 신장 트리에 $n-1$개의 간선이 포함될 때까지 반복된다[그림 6.22(h)]. 이때 신장 트리의 비용은 99이다. □

프로그램 6.7은 Kruskal 알고리즘을 기술한 것이다(C 함수 작성은 연습문제로 남겨

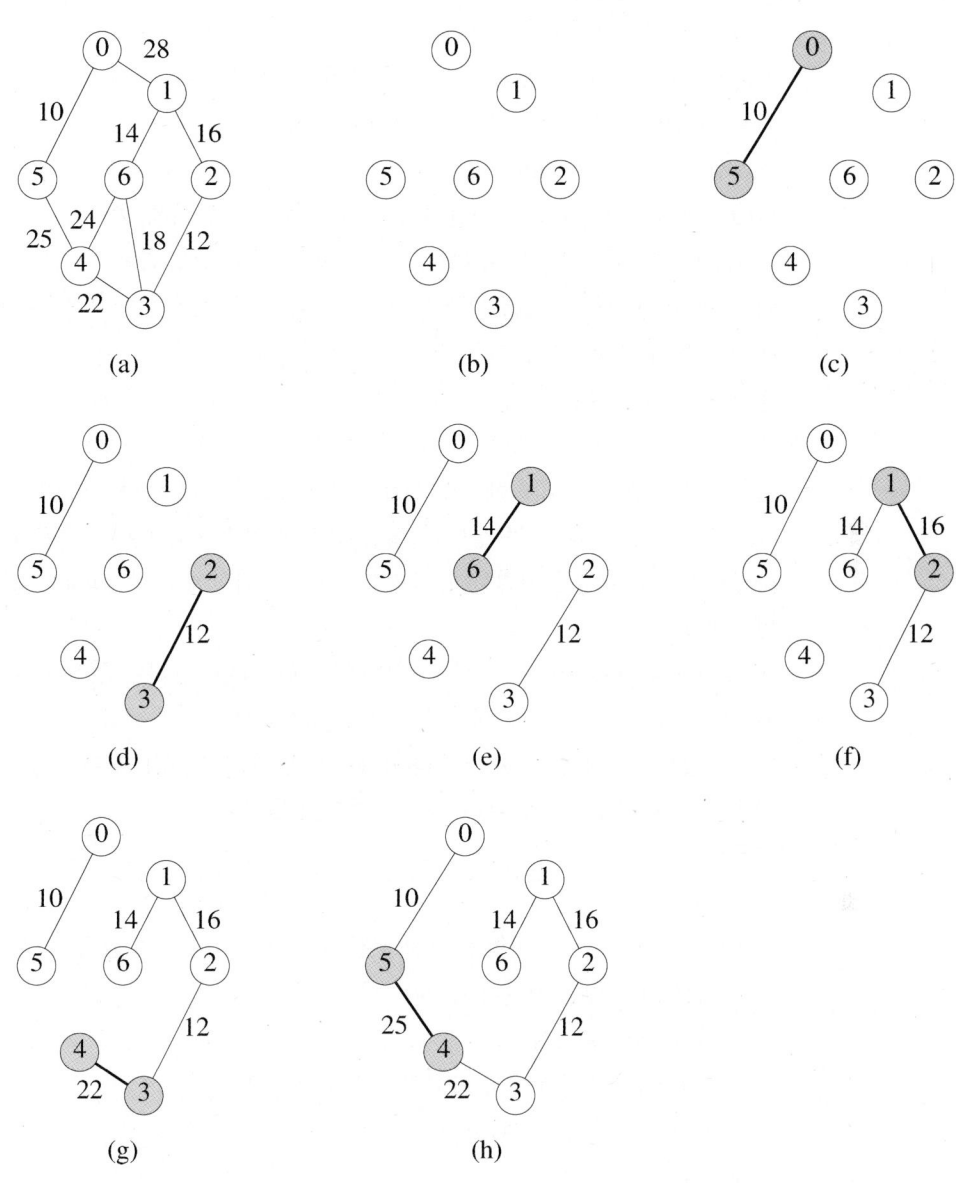

그림 6.22 Kruskal 알고리즘의 각 단계

둔다.). E는 초기에 G의 모든 간선의 집합으로 가정한다. Kruskal 알고리즘을 구현하기 위해서는 최소의 비용을 갖는 간선을 결정하고 삭제할 수 있어야 한다. E의 간선들을 정렬된 순차 리스트로 유지하면 이 연산들을 효율적으로 처리할 수 있다. 7장에서 설명하겠지만, E의 간선들은 $O(e\log e)$ 시간에 정렬할 수 있다. 최저 비용을 갖는 다음 간선을 신속하게 결정할 수만 있다면 E의 간선들을 꼭 정렬할 필요는 없다. 최저 히프(min heap)를 이용하면 $O(\log e)$ 시간에 최저 비용을 갖는 다음 간선을 결정해 삭제할 수 있다. 히프 자체의 구성에 소요되는 시간은 $O(e)$이다.

새로운 간선 (v, w)가 T 내에서 사이클을 이루는지 조사하여 T에 추가하는 데는 5.10절의 *union*과 *find* 연산을 활용할 수 있다. 이를 위해, T의 각 연결 요소들을 그 요소 내 정점의 집합으로 간주한다. 초기에 T는 비어 있고 G의 각 정점은 각기 다른 집합에 속해 있다[그림 6.22(b) 참조]. 한 간선 (v, w)를 추가하기 전에 v와 w가 동일한 집합에 속하는지 결정하기 위해 *find* 연산을 사용한다. 두 정점이 동일한 집합에 속한다면 두 정점은 이미 연결된 것이므로 간선 (v, w)를 추가하면 사이클이 만들어지게 된다. 예를 들어, 간선 $(3, 2)$를 고려할 때 결과 집합들이 $\{0\}, \{1, 2, 3\}, \{5\}, \{6\}$이라 하자. 정점 3과 2는 동일한 집합에 속해 있으므로 간선 $(3, 2)$는 거부된다. 다음으로 고려되는 간선이 $(1, 5)$라면, 정점 1과 5는 상이한 집합에 속해 있으므로 T에 추가된다. 이 간선은 두 요소 $\{1, 2, 3\}$과 $\{5\}$를 연결한다. 그러므로 이 두 집합에 대한 *union* 연산은 $\{1, 2, 3, 5\}$를 만들게 된다.

*union*과 *find* 연산은 간선을 선택해 삭제(3·4번 줄)하는 경우보다 적은 시간이 들기 때문에 간선의 선택 및 삭제 연산이 Kruskal 알고리즘의 전체 연산 시간을 결정하게 된다. 그러므로 전체 연산 시간은 $O(e\log e)$가 된다. 정리 6.1은 프로그램 6.7이 G의 최소 비용 신장 트리를 생성한다는 것을 증명하고 있다.

```
T = { };
while (T가 n-1개 미만의 간선 포함 && E가 비어 있지 않음.) {
    E에서 최저 비용 간선 (v, w) 선택;
    E에서 (v, w) 삭제;
    if ((v, w)가 T에서 사이클을 형성하지 않음.)
        (v, w)를 T에 추가;
    else
        (v, w)를 거부;
}
if (T가 n-1개보다 적은 간선을 포함)
    printf("No spanning tree\n");
```

프로그램 6.7: Kruskal 알고리즘

간선	가중치	결과	그림
----	---	initial	Figure 6.22(b)
(0,5)	10	added to tree	Figure 6.22(c)
(2,3)	12	added	Figure 6.22(d)
(1,6)	14	added	Figure 6.22(e)
(1,2)	16	added	Figure 6.22(f)
(3,6)	18	discarded	
(3,4)	22	added	Figure 6.22(g)
(4,6)	24	discarded	
(4,5)	25	added	Figure 6.22(h)
(0,1)	28	not considered	

그림 6.23 그림 6.22(a)에 적용된 Kruskal 알고리즘의 요약

정리 6.1: G를 무방향 연결 그래프라 하자. Kruskal 알고리즘은 최소 비용 신장 트리를 생성한다.

증명: 여기서는
(a) 신장 트리가 존재하는 경우 Kruskal 방법이 신장 트리를 생성하고,
(b) 생성된 신장 트리가 최소 비용임을 증명하기로 한다.

　　(a)의 경우를 보자. Kruskal 알고리즘은 사이클을 생성하는 간선만을 거부한다. 연결 그래프의 사이클로부터 하나의 간선을 제거해도 그 그래프는 연결이 된다. 그러므로 G가 초기에 연결되었다면 T와 E에 있는 간선들의 집합은 항상 연결 그래프를 만든다. 그래서 G가 초기에 연결되었다면 이 알고리즘은 $E = \{\}$이고 $|T| < n-1$인 상태로 종료할 수 없다.

　　이제 구축된 신장 트리 T가 최소 비용임을 보이기로 하자. G는 유한 개수의 신장 트리들을 지니므로 최소 비용을 갖는 신장 트리가 적어도 하나 있어야 한다. U를 그런 트리라 하자. T와 U는 명확하게 $n-1$개의 간선을 갖는다. 만약 $T = U$라면 T는 최소 비용이므로 증명이 필요 없다. 그러므로 $T \neq U$라고 가정한다. $k(k > 0)$를 U에 속하지 않고 T에만 속하는 간선의 수라 하자.(또한 k는 T에 속하지 않고 U에만 속하는 간선의 수이기도 하다.)

　　이제 U를 T로 변형함으로써 T와 U가 동일한 비용을 갖는다는 것을 보이겠다. 이 변형 작업은 k단계를 거친다. 각 단계에서 U에 속하지 않는 T의 간선 수는 정확하게 1

씩 감소한다. 더구나, U의 비용은 변형 뒤에도 변하지 않는다. 결과적으로 k번의 변형 단계 뒤에 U의 비용은 초기의 U와 동일한 비용을 지니며 정확하게 T에 있는 간선들을 포함한다. 이는 T가 최소 비용임을 암시하는 것이다.

각 변형 단계에서 T의 한 간선 e를 U에 추가하고 U에서 한 간선 f를 제거한다. 간선 e와 f는 다음과 같은 방법으로 선택한다.

(1) e는 U에 속하지 않으면서 T의 최저 비용 간선이라 하자. $k > 0$이므로 그런 간선은 존재해야 한다.

(2) e를 U에 추가하면 유일한 사이클이 만들어진다. T에 속하지 않으면서 이 사이클 상에 있는 임의의 간선을 f라 하자. T에는 사이클이 없으므로, 최소한 이 사이클상의 한 간선은 T에 속하지 않는다.

e와 f가 이와 같이 선택되면 $V = U + \{e\} - \{f\}$는 신장 트리가 되고 T는 V에 속하지 않는 간선을 정확하게 $k-1$개 갖는다. 이제 V의 비용이 U의 비용과 동일함을 보여야 한다. 명확히, V의 비용은 U의 비용에서 간선 e의 비용을 더한 후 f의 비용을 뺀 것과 같다. e의 비용은 f의 비용보다 적을 수 없다. 그렇지 않다면 신장 트리 V가 U보다 적은 비용을 갖게 되므로 불가능하다. e가 f보다 높은 비용을 갖는다면, Kruskal 알고리즘에 의해 e보다 f가 먼저 고려되어야 한다. f가 T에 속하지 않으므로 Kruskal 알고리즘은 이미 이 간선을 거부했을 것이다. 그러므로 f와 이 f보다 작거나 같은 비용을 갖는 T의 간선들은 사이클을 형성한다. e를 선택함으로써 이 모든 간선들은 U에도 속하게 된다. 그러므로 U도 사이클을 포함해야 한다. 그러나 U는 신장 트리이므로 사이클을 포함할 수 없다. 그러므로 e가 f보다 높은 비용을 갖는다는 가정은 모순이다. 이는 e와 f가 동일 비용임을 의미한다. 그러므로 V는 U와 같은 비용을 갖는다. □

6.3.2 Prim 알고리즘

Prim 알고리즘도 Kruskal의 경우처럼 한 번에 한 간선씩 최소 비용 신장 트리를 구축한다. 그러나 알고리즘의 각 단계에서 선택된 간선의 집합은 트리를 이룬다. 이에 반해, Kruskal 알고리즘에서 각 단계의 선택된 간선의 집합은 포리스트를 이룬다. Prim의 알고리즘은 하나의 정점으로 된 트리 T에서 시작한다. 이 정점은 원래 그래프의 어떤 것을 택해도 무방하다. 다음으로, 최저 비용 간선 (u, v)를 구해 $T \cup \{(u, v)\}$도 트리가 되면 T에 추가한다. T가 $n-1$개의 간선을 가질 때까지 간선의 추가 단계를 반복한다. 추가된 간선이 사이클을 형성하지 않도록 각 단계에서 간선 (u, v)를 선택할 때 u 또는 v 중 오직 하나만 T에 속한 것을 고른다. 프로그램 6.8은 Prim의 알고리즘을 보여주고 있다. 이때 T는 트리 간선들의 집합이고 TV는 현재 트리에 속해 있는 트리 정점들의 집합이다. 그림 6.24는 그림 6.22(a)의 그래프에 대한 Prim 알고리즘의 진행 과정을 보여주고 있다.

```
T = { };
TV = {0};  /* 정점 0으로 시작.  간선은 비어 있음.*/
while (T의 간선수가 n-1보다 적음) {
    u ∈ TV이고 v ∉ TV인 최저 비용 간선을 (u, v)라 함.;
    if (그런 간선이 없음.)
       break;
    v를 TV에 추가;
    (u, v)를 T에 추가;
}
if (T의 간선수가 n-1보다 적음.)
    printf("No spanning tree\n");
```

프로그램 6.8: Prim의 알고리즘

Prim 알고리즘을 구현하기 위해 TV에 속하지 않은 각 정점 v는 동료 정점 (companion vertex), $near(v)$를 갖는다고 가정한다. 동료 정점은 $near(v) \in TV$이고 모든 $near(v)$ 중에서 $cost(near(v), v)$가 최소인 것이다[$(v, w) \notin E$면 $cost(v, w) = \infty$라고 가정한다.]. 각 단계에서 $cost(near(v), v)$가 최소이고 $v \notin TV$인 정점 v를 선택한다. 이러한 방법을 쓰면 G의 정점 수를 n이라 할 때 Prim 알고리즘은 $O(n^2)$ 시간에 구현할 수 있다. 이보다 점진적으로 빠른 구현도 가능하다. 이러한 구현 중 Fibonacci 히프를 이용한 경우는 9장에서 소개하겠다.

6.3.3 Sollin 알고리즘

Kruskal과 Prim 알고리즘과는 다르게 Sollin 알고리즘은 각 단계에서 T에 포함될 간선을 여러 개 선택한다. 한 단계의 시작점에서는 선택된 간선들이 n개의 모든 그래프 정점들을 포함하면서 신장 포리스트를 이룬다. 한 단계 동안 포리스트 내 각 트리에 대해 하나의 간선을 선택한다. 이 간선은 오직 하나의 정점만 트리에 속해 있는 최소 비용 간선이다. 포리스트 내 두 트리가 똑같은 간선을 선택할 수도 있으므로 간선의 중복은 제거해야 한다. 첫 번째 단계 시작 시 선택된 간선의 집합은 비어 있다. 이 알고리즘은 한 단계의 끝에서 오직 하나의 트리만이 존재하게 되거나, 더 이상 선택할 간선이 없을 때 종료한다.

그림 6.25는 그림 6.22(a)의 그래프에 적용된 Sollin 알고리즘을 보여주고 있다. 선

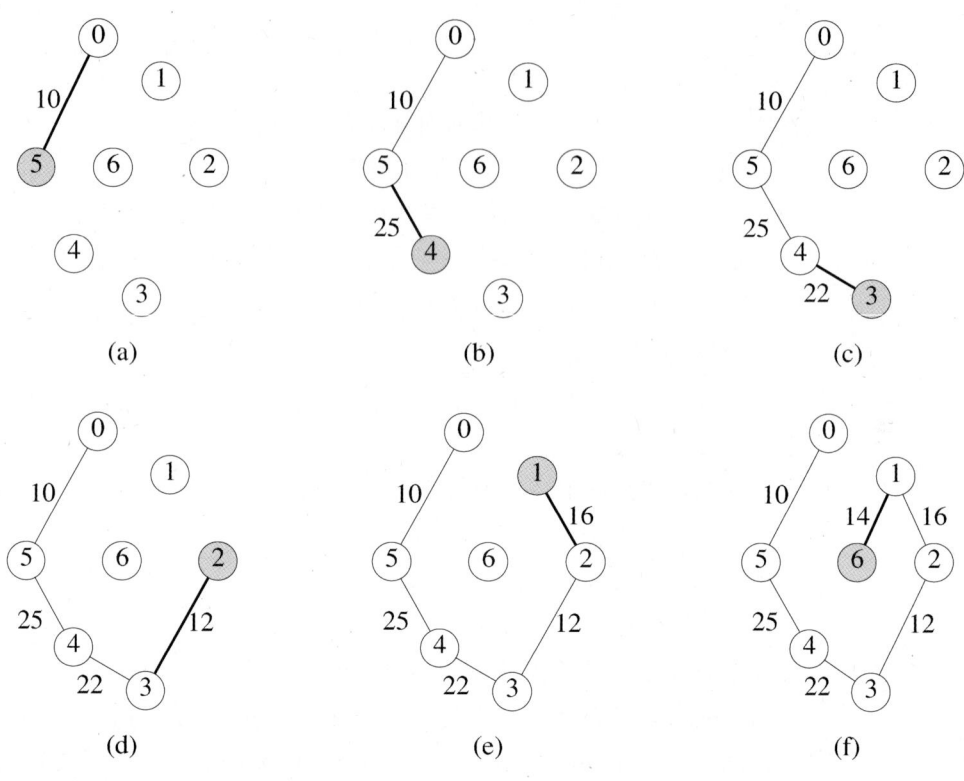

그림 6.24 Prim 알고리즘의 각 단계

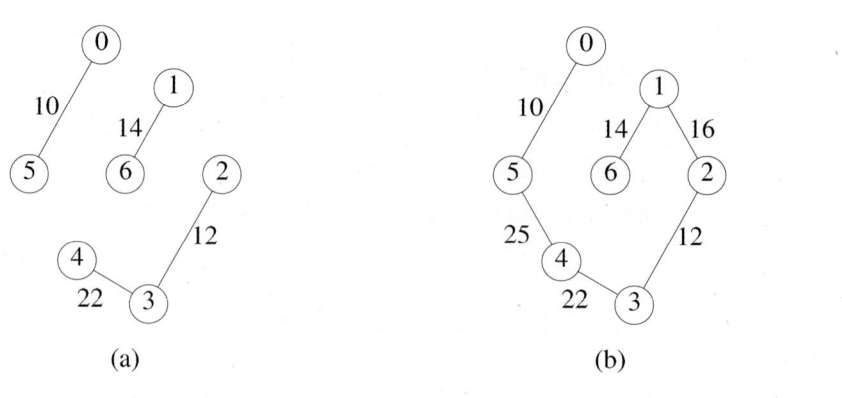

그림 6.25 Sollin 알고리즘의 단계

택된 간선이 0인 초기 구조는 그림 6.22(b)와 같다. 이 포리스트의 각 트리는 하나의 정점으로 되어 있다. 다음 단계에서, 각 정점들에 대해 간선들을 선택한다. 선택된 간선들은 (0, 5), (1, 6), (2, 3), (3, 2), (4, 3), (5, 0), (6, 1)이다. 중복된 간선을 제거한 뒤에 간선 (0, 5), (1, 6), (2, 3), (4, 3)만이 남는다. 이 간선들을 선택된 간선들의 집합에 추가하면 그림 6.25(a)의 포리스트가 만들어진다. 다음 단계에서, 정점 집합 {0, 5}를 가지고 있는 트리는 간선 (5, 4)를, 나머지 두 트리들은 간선 (1, 2)를 선택하게 된다. 이 2개의 간선을 추가한 뒤 신장 트리는 그림 6.25(b)와 같이 완성된다. Sollin 알고리즘을 C 함수로 작성하는 일과 정확성의 증명은 연습문제로 남겨둔다.

연습문제

1. Prim 알고리즘이 모든 무방향 연결 그래프에 대해 최소 비용 신장 트리를 발견함을 증명하라.
2. Prim 알고리즘(프로그램 6.8)을 최소 비용 신장 트리를 발견하는 C 함수로 만들어라. 그래프의 정점의 수를 n이라 할 때, 이 함수의 복잡도는 $O(n^2)$이어야 한다. 작성한 함수의 복잡도가 그러한지도 보이라.
3. Sollin 알고리즘이 모든 무방향 연결 그래프에 대해 최소 비용 신장 트리를 발견함을 증명하라.
4. Sollin 알고리즘에서 최대 단계 수는 얼마인가? 이를 그래프의 정점 수 n에 대한 함수로 제시하라.
5. Sollin 알고리즘을 이용해 최소 비용 신장 트리를 발견하는 C 함수를 작성하라. 또 함수의 복잡도도 구하라.
6. Kruskal 알고리즘을 이용해 최소 비용 신장 트리를 구하는 C 함수를 작성하라. 5장의 *union*과 *find* 함수, 1장의 *sort* 함수를 이용하거나 5장의 최소 히프 함수들을 이용해도 좋다.
7. T를 무방향 그래프 G의 신장 트리라 할 때, $e \notin E(T)$이고 $e \in E(G)$인 간선 e를 T에 추가하면 유일한 사이클이 형성됨을 보이라.

6.4 최단 경로와 이행적 폐쇄

MapQuest, Google Maps, Yahoo! Maps 그리고 MapNation 들은 임의의 두 특정 지점 사이의 경로를 탐색하는 많은 웹 시스템 중의 일부이다. 경로 탐색 시스템은 일반적으로 주나 전국의 도로 시스템을 표현하기 위하여 그래프를 이용한다. 이 그래프에서 정점은 도시를, 간선은 도로의 일부분을 각각 표현한다. 각 간선은 연결된 두 도시 간의 거리를 나타내는 가중치를 갖는다. 혹은 이 가중치가 두 도시를 여행하는 데 걸리는 추정 시간일 수도 있다. 도시 A에서 도시 B로 가려는 운전자는 다음과 같은 사항들이 궁금할 것이다.

(1) A로부터 B로 가는 길이 있는가?
(2) A로부터 B로 가는 길이 2개 이상이라면, 어느 길이 최단인가?

(1)과 (2)에서 정의된 문제는 이 절에서 다루려고 하는 경로 문제의 특별한 경우이다. 간선 가중치는 간선 길이 또는 간선 비용이라고도 한다. 여기서는 가중치, 비용, 길이를 함께 사용하겠다. 이제 경로의 길이(가중치, 비용)는 간선의 수로 하지 않고 경로상의 간선들의 길이(비용, 가중치)의 합으로 정의한다. 경로의 시작 정점은 출발점(source)으로, 마지막 정점은 목표점(destination)으로 부른다. 그래프는 일방 도로만 허용하는 방향 그래프이다.

6.4.1 하나의 출발점/모든 목표점: 음이 아닌 간선 비용

이 문제에서는 방향 그래프 $G = (V, E)$와 G의 각 간선에 대한 가중치 함수 $w(e)(w(e) > 0)$와 출발 정점 v_0가 주어진다. 문제는 v_0에서 G의 모든 다른 정점으로의 최단 경로를 구하는 것이다. 예를 들어 그림 6.26(a)의 그래프를 고려해보자. v_0가 출발 정점이라면, v_0에서 v_1까지의 최단 경로는 v_0, v_2, v_3, v_1이다. 이 경로의 길이는 $10 + 15 + 20 = 45$이다. 경로상 간선 수가 3개나 되지만, 길이 50을 갖는 경로 $v_0 \, v_1$보다 짧다. 그림 6.26(b)는 v_0로부터 v_1, v_2, v_3, v_4까지의 최단 경로들을 경로 길이의 크기 순으로 나열하고 있다. v_0로부터 v_5로의 경로는 존재하지 않는다.

그림 6.26(b)에 있는 순서대로 최단 경로를 생성하려면 갈망 알고리즘을 사용하게

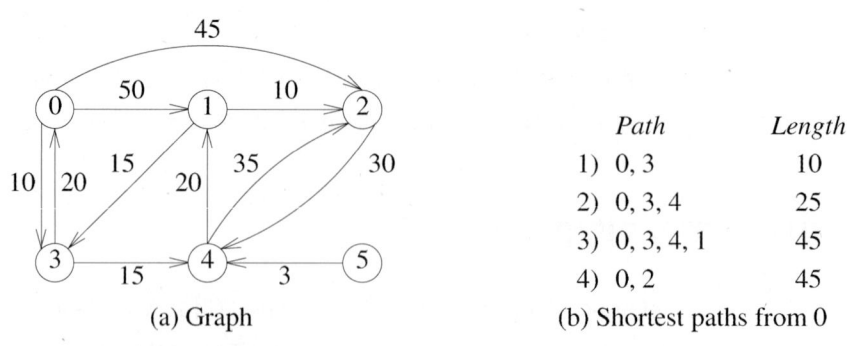

그림 6.26 그래프와 정점 0에서부터 모든 목표점까지의 최단 경로

된다. v_0를 포함하여 이미 최단 경로가 발견된 정점의 집합을 S라 하자. S에 속하지 않은 w에 대해서 $distance[w]$를 v_0에서 출발하여 S에 있는 정점만을 거쳐 w로 끝나는 최단 경로의 길이라 하자. 경로를 길이의 크기 순으로 생성할 경우, 다음과 같은 사실을 알 수 있다.

(1) 다음 최단 경로가 정점 u에 대한 것이라면 v_0에서 u로의 경로는 오직 S에 속한 정점들만을 통하게 된다. 이를 증명하기 위해서는 v_0에서 u로의 최단 경로상에 있는 중간 정점들이 모두 이미 S에 포함되고 있음을 보여야 한다. 만일 S에 속하지 않은 정점 w가 이 경로상에 있다면, v_0에서 u로의 경로는 이 길이보다 짧은 v_0에서 w로의 경로를 포함해야 한다. 최단 경로들은 경로 길이의 크기 순으로 구해진다고 가정했으므로 v_0에서 w로의 최단 경로는 이미 구해졌어야 한다. 이는 명백한 모순이다. 그러므로 S에 속하지 않는 중간 정점이란 존재할 수 없다.

(2) 정점 u는 S에 속하지 않은 정점들 중에서 최소의 거리 $distance[u]$를 갖는 것으로 선택된다. 이는 $distance$의 정의와 전술한 (1)로부터 알 수 있다. S에 속하지 않으면서 동일 거리를 가진 정점들이 다수일 경우, 이 중 임의의 정점을 선택할 수 있다.

(3) u를 선택하고 v_0에서 u로의 최단 경로를 생성했다면, u는 S의 원소가 된다. u를 S에 추가하면 v_0에서 출발하여 S에 있는 정점만을 통해 현재 S에 속하지 않은 w까지의 최단 경로의 값이 바뀔 수 있다. 거리가 바뀌는 때는 v_0에서 w까지의 경로가 현재보다 더 짧은 것이 발견된 경우이다. 이 경로는 u를 통과하게 된다. 이 경로의 중간 정점들은 S에 속하고 u로부터 w까지의 경로는 중간 정점을 갖지 않도록 선택할 수 있다. 이 경로의 길이는 $distance[u] + length(<u, w>)$가 된다.

위의 사실들과 v_0에서 G의 다른 모든 정점으로의 최단 경로를 결정하는 알고리즘은 Dijkstra가 발견하였다. Dijkstra의 알고리즘을 구현하기 위하여 n개의 정점에 0부터 $n-1$까지의 번호가 부여되었다고 가정한다. 집합 S는 배열 $found$로 유지하기로 한다. 정점 i가 S에 속하지 않으면 $found[i] = FALSE$이고, 속하면 $found[i] = TRUE$이다. 그래프는 $cost[i][j]$를 간선 $<i, j>$의 가중치로 갖는 비용 인접 행렬(cost adjacency matrix)로 표현한다. G에 속하지 않은 간선 $<i, j>$의 $cost[i][j]$ 값은 매우 큰 수로 표시한다. 이 수는 아무 것이든 좋지만, 다음의 두 조건을 만족해야 한다.

(1) 비용 행렬의 어떤 값보다 커야 한다.
(2) $distance[u] + cost[u][w]$의 값이 부호 비트에 오버플로를 일으키지 않도록 선택해야 한다.

조건 (2)에 의해 INT_MAX(<$limits.h$>에 정의됨) 사용이 불합리함을 알 수 있다. $i = j$

```
void shortestPath(int v, int cost[][MAX_VERTICES],
                  int distance[], int n, short int found[])
{/* distance[i] represents the shortest path from vertex v
    to i, found[i] is 0 if the shortest path from i
    has not been found and a 1 if it has, cost is the
    adjacency matrix */
   int i,u,w;
   for (i = 0; i < n; i++) {
      found[i] = FALSE;
      distance[i] = cost[v][i];
   }
   found[v] = TRUE;
   distance[v] = 0;
   for (i = 0; i < n-2; i++) {
      u = choose(distance,n,found);
      found[u] = TRUE;
      for (w = 0; w < n; w++)
         if (!found[w])
            if (distance[u] + cost[u][w] < distance[w])
               distance[w] = distance[u] + cost[u][w];
   }
}
```

프로그램 6.9: 하나의 출발점에서 최단 경로

의 경우 *cost*[*i*][*j*]의 값은 음수가 아닌 어떤 수를 사용해도 결과에 영향을 주지 않는다. 그림 6.26(a)의 방향 그래프에 대해 존재하지 않는 간선, $i \neq j$, 비용은 1000으로 설정할 수 있다. 함수 *shortestPath*(프로그램 6.9)는 Dijkstra 알고리즘을 구현한 것이다. 이 함수는 시작 정점 *v*로부터 최소 거리를 갖는 정점 *u*를 반환하는 함수 *choose*(프로그램 6.10)를 사용하고 있다.

***shortestPath*의 분석:** *n*개의 정점을 가진 그래프에 대한 이 알고리즘의 수행 시간은 $O(n^2)$이다. 첫 번째 **for** 루프는 $O(n)$ 시간이 걸린다. 두 번째 **for** 루프는 $n-2$번 실행된다. 이 루프를 한 번 실행하는 데는 다음 정점을 선택하고 *dist* 값을 갱신하기 위해 $O(n)$ 시간이 필요하다. 그러므로 이 루프의 전체 시간은 $O(n^2)$이다. 어떤 최단 경로 알고리즘도 그래프의 모든 간선을 최소한 한 번은 조사하게 되는데, 어떤 간선이라도 최단 경로에 포함될 수 있기 때문이다. 그러므로 이러한 알고리즘이 달성할 수 있는 최소 시간은 $O(e)$이다. 그래프를 비용 인접 행렬로 표현했기 때문에 *G*에 있는 간선들을 결정하는 데만 $O(n^2)$ 시간이 걸린다. 그러므로 이러한 표현을 사용하는 최단 경로 알고리즘은 $O(n^2)$의

```
int choose(int distance[], int n, short int found[])
{/* find the smallest distance not yet checked */
   int i, min, minpos;
   min = INT_MAX;
   minpos = -1;
   for (i = 0; i < n; i++)
      if (distance[i] < min && !found[i]) {
         min = distance[i];
         minpos = i;
      }
   return minpos;
}
```

프로그램 6.10: 최저 비용 간선의 선택

시간 복잡도를 갖는다. 시간을 단축하기 위한 여러 변형들은 연습문제에서 다루게 될 것이지만, 이들의 근사 시간 복잡도 역시 $O(n^2)$가 된다. 간선이 적은 그래프의 경우 인접 리스트 표현과 Fibonacci 히프를 사용하면 하나의 출발점에서 모든 목표점을 구하는 갈망 알고리즘을 보다 효율적으로 구현할 수 있다. 이것은 9장에서 다룬다. □

예제 6.4: 8개 정점을 갖는 그림 6.27(a)의 방향 그래프와 그림 6.27(b)의 길이 인접 행렬을 고려해보자. 출발 정점은 Boston이라고 하자. *dist*의 값과 프로그램 6.9의 바깥 **for** 루프가 반복할 때마다 선택된 정점 *u*가 그림 6.28에 보여지고 있다. 값 *LARGE*를 표현하기 위해 ∞를 사용하였다. 알고리즘은 **for** 루프를 6번 반복한 뒤에 종료된다. *dist*의 정의에 따라 마지막 정점, 여기서는 Los Angeles의 거리는 올바르다. Boston에서 Los Angeles까지의 최단 경로는 나머지 6개의 정점을 통해서만 가능하기 때문이다. □

6.4.2 하나의 출발점/모든 목표점: 일반적 가중치

이제 방향 그래프 *G*의 일부 또는 모든 간선이 음의 길이를 가질 수도 있는 일반적인 경우를 고려해보자. 이러한 그래프에 대해 함수 *shortestPath*(프로그램 6.9)는 반드시 올바른 결과를 주지 않는다는 것을 확인하기 위해 그림 6.29의 그래프를 고려해보자. $v = 0$을 시발점이라고 하자. $n = 3$이므로 7번에서부터 14번 행의 루프는 오직 한 번 반복한다. 8번 행에서 $u = 2$이므로 *dist*의 값은 전혀 변하지 않는다. 그러므로 이 함수는 $dist[1] = 7$, $dist[2] = 5$로 끝나게 된다. 그런데 0에서 2까지의 최단 경로는 0, 1, 2이고 이 경로의 길이는 2이다. 이것은 알고리즘으로 계산한 $dist[2]$의 값보다 작다.

음수 길이 간선이 허용될 경우 그래프에는 음수 길이의 사이클이 존재하지 않아야

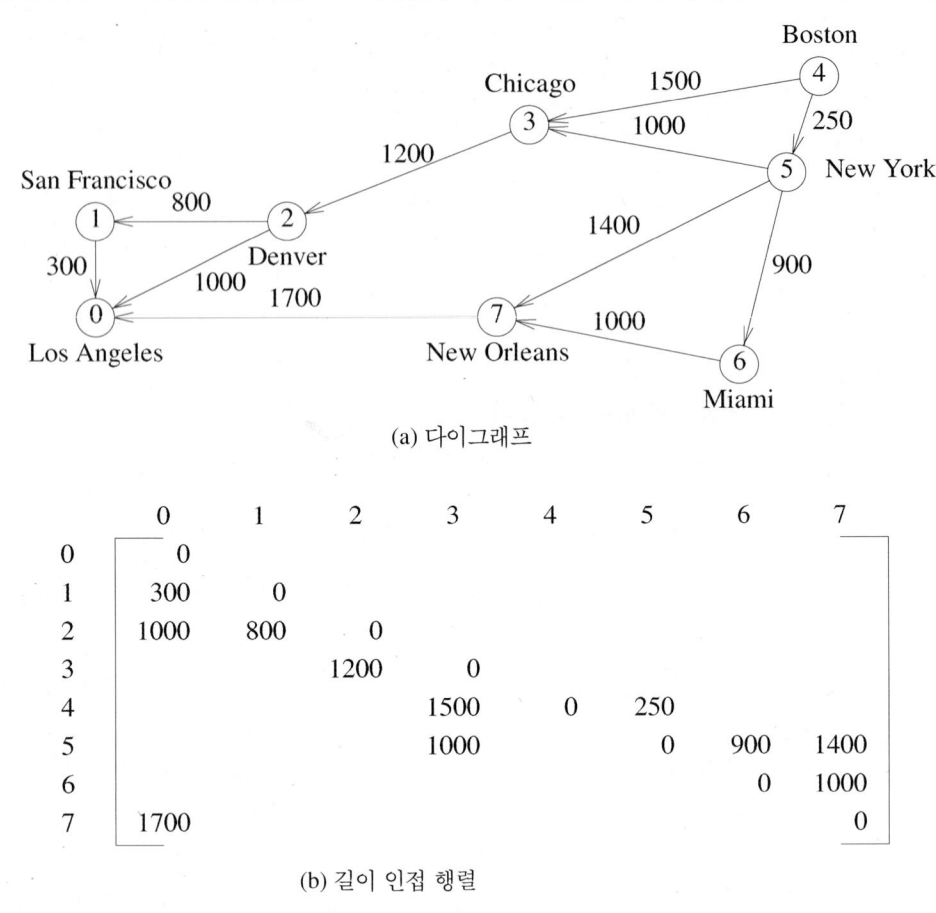

그림 6.27 예제 6.4를 위한 다이그래프

한다. 이러한 제약은 최단 경로가 한정된 수의 간선으로 구성되도록 하기 위해 필요하다. 예를 들어 그림 6.30의 그래프를 보자. 정점 0에서 정점 2로의 최단 경로의 길이는 $-\infty$가 된다. 왜냐하면, 경로

$$0, 1, 0, 1, 0, 1, \cdots, 0, 1, 2$$

의 길이는 무한정으로 작아질 수 있기 때문이다. 이러한 상황은 길이 -1을 갖는 사이클 0, 1, 0 때문에 생기게 된다.

음의 길이 사이클이 존재하지 않으면 n개의 정점과 $n-1$개의 간선으로 된 그래프의 임의의 두 정점 사이에는 최단 경로가 존재한다. 그 이유는 다음과 같다. $n-1$개 이상의

Iteration	Vertex selected	Distance							
		LA [0]	SF [1]	DEN [2]	CHI [3]	BOST [4]	NY [5]	MIA [6]	NO [7]
Initial	----	∞	∞	∞	1500	0	250	∞	∞
1	5	∞	∞	∞	1250	0	250	1150	1650
2	6	∞	∞	∞	1250	0	250	1150	1650
3	3	∞	∞	2450	1250	0	250	1150	1650
4	7	3350	∞	2450	1250	0	250	1150	1650
5	2	3350	3250	2450	1250	0	250	1150	1650
6	1	3350	3250	2450	1250	0	250	1150	1650

그림 6.28 그림 6.27의 다이그래프에 대한 shortestPath의 동작

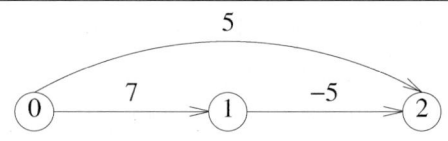

그림 6.29 음의 길이 간선을 가진 방향 그래프

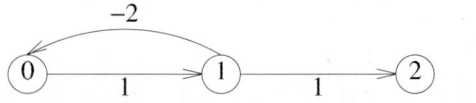

그림 6.30 음의 길이 사이클을 가진 방향 그래프

간선을 갖는 경로에서는 최소한 1개의 정점이 반복되므로 사이클을 포함하여야 한다. 경로에서 사이클을 제거하면 시발점과 종점이 동일한 다른 경로가 만들어진다. 이 경로는 사이클을 갖지 않으며, 제거된 사이클의 경로가 최소한 0이므로 원래 경로의 길이보다 크지 않은 길이를 갖게 된다. 사이클이 없는 최단 경로의 최대 간선 수에 대한 이러한 사실에서 그래프의 하나의 시발점에서 다른 모든 종점까지의 최단 경로를 결정하는 알고리즘을 구할 수 있다. 함수 shortestPath(프로그램 6.9)의 경우처럼 시발점 v로부터 u까지의 최단 경로의 길이 $dist[u]$만을 계산하기로 한다. 최단 경로를 실제로 구축하기 위한 확

장은 연습문제에서 다루겠다.

최단 경로가 최대 1개의 간선을 포함한다고 제약할 때, 시발점 v에서 정점 u까지의 최단 경로의 길이를 $dist^1[u]$라 하자. 그러면, $dist^1[u] = length[v][u](0 \le u < n)$가 된다. 앞에서 기술한 대로, 음의 길이의 사이클이 존재하지 않으면 최단 경로에 대한 탐색을 최대 $n-1$개의 간선을 갖는 경로로 제한할 수 있다. 그러므로 $dist^{n-1}[u]$가 v에서 u까지의 제한되지 않은 최단 경로의 길이가 된다.

여기서의 목표는 모든 u에 대해 $dist^{n-1}[u]$를 구하는 것이다. 이것은 동적 프로그래밍 기법을 이용해 달성할 수 있다. 먼저, 다음과 같은 사실을 확인하자.

(1) 최대 $k(k > 1)$개의 간선을 포함할 수 있는 v에서 u까지의 최단 경로가 $k-1$개 이하의 간선을 포함하고 있다면, $dist^k[u] = dist^{k-1}[u]$이다.

(2) 최대 $k(k > 1)$개의 간선을 포함할 수 있는 v에서 u까지의 최단 경로가 정확히 k개의 간선을 포함하고 있다면, 이 경로는 v에서 어떤 정점 j까지의 최단 경로와 간선 $<j, u>$로 구성된다. v에서 j까지의 최단 경로는 $k-1$개의 간선을 포함하고 그 길이는 $dist^{k-1}[j]$가 된다. 여기서 그래프에 있는 간선 $<i, u>$와 같은 모든 정점 i는 j의 후보가 된다. 최단 경로를 구하는 관점에서 보면, $dist^{k-1}[i] + length[i][u]$의 값을 최소화시키는 i가 j로 되어야 한다.

이러한 사실로부터 $dist$를 다음과 같은 식으로 표현할 수 있다.

$$dist^k[u] = \min\{dist^{k-1}[u], \min_i\{dist^{k-1}[i] + length[i][u]\}\}$$

이 식은 $dist^{k-1}(k = 2, 3, \cdots, n-1)$로부터 $dist^k$를 계산하기 위해 사용할 수 있다.

예제 6.5: 그림 6.31은 7개의 정점으로 된 그래프와 배열 $dist^k(k = 1, \cdots, 6)$를 보여주고 있다. 이 배열은 앞서의 식을 이용해 계산된 것이다. □

연습문제에서 $dist^k[u](k = 1, \cdots, n-1)$에 대해 같은 메모리 주소 $dist[u]$를 사용하면 $dist[u]$의 최종 값은 여전히 $dist^{n-1}[u]$가 된다는 것을 증명한다. 이 사실과 위의 $dist$를 위한 식을 사용해서, 정점 v에서 그래프의 다른 모든 정점까지의 최단 경로의 길이를 계산하는 프로그램 6.11의 알고리즘을 만들 수 있다. 이 알고리즘을 Bellman and Ford 알고리즘이라고 한다.

```
1 void BellmanFord(int n, int v)
2 /* 음의 길이 간선을 가지는
```

```
3        단일 시발점 모든 종점의 최단 경로 */
4    for (int i = 0; i < n; i++)
5        dist[ i] = length[ v] [ i] ; /* initialize dist */

6    for (int k = 2; k <= n-1; k++)
7        for (each u such that u != v and u
8                has at least one incoming edge)
9            for (each <i, u> in the graph)
10               if (dist[ u] > dist [ i] + length [ i][ u] )
11                   dist[ u] = dist[ i] + length[ i][ u] ;
12 }
```

프로그램 6.11: 최단 경로를 계산하는 Bellman과 Ford 알고리즘

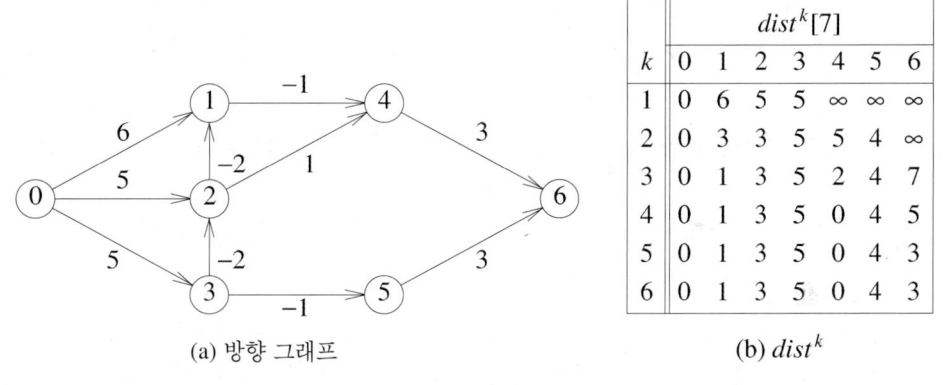

(a) 방향 그래프   (b) $dist^k$

그림 6.31 음의 길이 간선을 가진 최단 경로

BellmanFord의 분석: 6번에서부터 11번 행의 **for** 루프의 각 반복에는 인접 행렬을 사용할 경우 $O(n^2)$ 시간이, 인접 리스트를 사용할 경우 $O(e)$ 시간이 소요된다. 전체 복잡도는 인접 행렬의 경우 $O(n^3)$, 인접 리스트의 경우 $O(ne)$가 된다. 이 최단 경로 알고리즘의 복잡도는 6번에서부터 11번 행의 **for** 루프가 한 번 반복할 때 $dist$의 어떤 값도 변하지 않으면 이후의 반복에서도 변하지 않는다는 사실을 이용해 감소시킬 수 있다. 그러므로 이 루프는 $n-1$번 반복한 뒤 또는 $dist$ 값이 변하지 않은 첫 번째 반복 후에 종료하도록 다시 작성될 수 있다. 또 다른 가능성은 **for** 루프의 이전 반복에서 $dist$ 값이 변경된 정점

i의 큐를 유지하는 것이다. 이것들은 다음 반복에서 9번 행에서 고려되어야 할 유일한 값들이다. 이러한 값의 큐를 유지할 경우, 6번 행에서 11번 행의 루프를 재작성해서 매 반복할 때마다 큐에서 정점 i를 제거하고 i에 인접한 모든 정점의 *dist* 값을 10번과 11번 행에서처럼 갱신하도록 할 수 있다. 이 결과 *dist* 값이 감소된 정점들은 이들이 이미 큐에 있지 않으면 큐의 끝에 추가된다. 루프는 큐가 공백이 될 때 종료한다. □

6.4.3 모든 쌍의 최단 경로

모든 쌍의 최단 경로 문제에서는 $i \neq j$인 모든 정점의 쌍 v_i와 v_j 간의 최단 경로를 구하는 것이다. 이 문제는 $V(G)$의 각 정점을 출발점으로 하여 *shortestPath* 알고리즘을 이용함으로써 해결할 수도 있다. 이 경우 G는 n개의 정점을 가지고 있고 *shortestPath*의 시간 복잡도는 $O(n^2)$이기 때문에 전체 수행 시간은 $O(n^3)$이 된다. 그러나 G의 일부 간선이 음의 가중치를 갖는다 해도 개념적으로는 보다 간단한 알고리즘을 얻을 수 있다(단, G에는 음의 길이를 갖는 사이클이 존재하지 않아야 한다.). 이 알고리즘의 경우도 $O(n^3)$이지만 상수는 더 적다. 이 새로운 알고리즘은 동적 프로그래밍 방법을 이용한다.

그래프 G는 $i = j$인 경우 $cost[i][j] = 0$으로 하는 비용 인접 행렬로 표현된다. $i \neq j$일 때 그래프에 존재하지 않는 간선 $<i, j>$의 $cost[i][j]$ 값은 단일 출발점 문제에서와 같은 제한 조건을 갖는 충분히 큰 수로 설정된다. 이때 $A^k[i][j]$를, k보다 큰 인덱스를 갖는 정점을 통과하지는 않으면서 i에서 j까지의 최단 경로 비용이라 정의하자. 그러면 G의 어떤 정점도 $n-1$보다 큰 인덱스를 갖지 않으므로, i에서 j로의 최단 경로의 비용은 $A^{n-1}[i][j]$가 된다. 또한 초기 행렬 $A^{-1}[i][j] = cost[i][j]$인데, i에서 j로 통하는 유일한 경로에는 중간 정점들이 없기 때문이다.

모든 쌍의 알고리즘의 기본 착상은 $A-1$ 행렬에서 시작하여 연속적인 행렬 $A^0, A^1, A^2, \cdots, A^n$을 생성하는 것이다. 그래서 A^{k-1}이 이미 생성되었다면 임의의 정점 쌍 i, j에 대하여 다음 두 법칙을 적용하여 A^k를 생성할 수 있다.

(1) 인덱스가 k보다 큰 정점을 통과하지 않는 i에서 j까지의 최단 경로는 인덱스가 k인 정점을 통과하지 않으며, 그 비용은 $A^{k-1}[i][j]$가 된다.

(2) 그러한 최단 경로는 정점 k를 통과한다. 그러한 경로는 i에서 k로 가는 경로와 k에서 j로 가는 경로로 구성된다. 이 경로 둘 다 $k-1$보다 큰 인덱스를 갖는 정점을 통과하지 않는다. 그러므로 이 경로의 비용은 $A^{k-1}[i][k]$와 $A^{k-1}[k][j]$의 합이 된다.

이 법칙들로부터 $A^k[i][j]$에 대해 다음과 같은 식이 만들어진다.

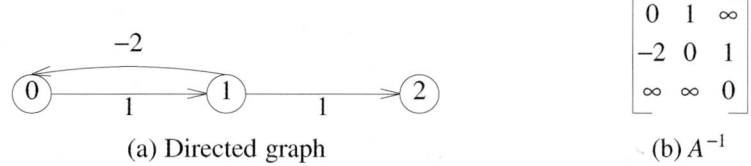

그림 6.32 음의 사이클을 갖는 그래프

$$A^k[i][j] = \min\{A^{k-1}[i][j], A^{k-1}[i][k] + A^{k-1}[k][j]\}, k \geq 0$$
$$A^{-1}[i][j] = cost[i][j]$$

예제 6.6: 그림 6.32는 방향 그래프와 A^{-1} 행렬을 보여주고 있다. 이 그래프의 경우 $A^1[0][2] \neq \min\{A^1[0][2], A^0[0][1] + A^0[1][2]\} = 2$ 이다. 경로 0, 1, 0, 1, 0, 1, ⋯, 0, 1, 2 의 길이는 얼마든지 작아질 수 있으므로 $A^1[0][2] = -\infty$로 하였다. 이러한 상황은 음의 길이(−1)를 갖는 사이클 0, 1, 0 때문에 생기게 된다. □

함수 *allCosts*(프로그램 6.12)는 $A^{n-1}[i][j]$를 계산한다. 이 계산은 여러 개의 배열을 사용하지 않고 다음과 같이 정의되는 배열 *distance* 내에서 바로 이루어진다.

```
int distance[MAX_VERTICES][MAX_VERTICES];
```

이러한 계산이 가능한 이유는 $A^k[i, k] = A^{k-1}[i, k]$이고 $A^k[k, j] = A^{k-1}[k, j]$이므로, 이 배열 위에서 바로 계산해도 결과에 아무런 지장이 없기 때문이다.

***allCosts*의 분석:** 이 알고리즘은 루프 부분이 거리 행렬의 데이터와는 독립적이기 때문에 특별히 분석이 용이하다. *allCosts*의 전체 시간은 $O(n^3)$이다. 이러한 길이를 갖는 <i, j> 경로들을 생성하기 위해 필요한 확장은 연습문제로 주어져 있다. 가장 안쪽의 **for** 루프가 *distance*[i][k]와 *distance*[k][j]가 ∞가 아닐 때만 수행되는 사실을 이용하면 알고리즘의 속도를 더 개선할 수 있다. □

예제 6.7: 그림 6.33(a)의 방향 그래프에 대한 초기 행렬 A^{-1}과 3번 반복 후의 행렬 A^0, A^1, A^2의 행렬 값이 그림 6.33에 같이 소개되고 있다. □

6.4.4 이행적 폐쇄

모든 쌍에 대한 최단 경로 문제와 밀접하게 관련된 또 다른 문제를 소개하고 이 절을 끝

```
void allCosts(int cost[][MAX_VERTICES],
              int distance[][MAX_VERTICES], int n)
{/* compute the shortest distance from each vertex
    to every other, cost is the adjacency matrix,
    distance is the matrix of computed  distances */
  int i,j,k;
  for (i = 0; i < n; i++)
    for (j = 0; j < n; j++)
      distance[i][j] = cost[i][j];
  for (k = 0; k < n; k++)
    for (i = 0; i < n; i++)
      for (j = 0; j < n; j++)
        if (distance[i][k] + distance[k][j] <
                                       distance[i][j])
          distance[i][j] =
            distance[i][k] + distance[k][j];
}
```

프로그램 6.12: 모든 쌍의 최단 경로를 구하는 함수

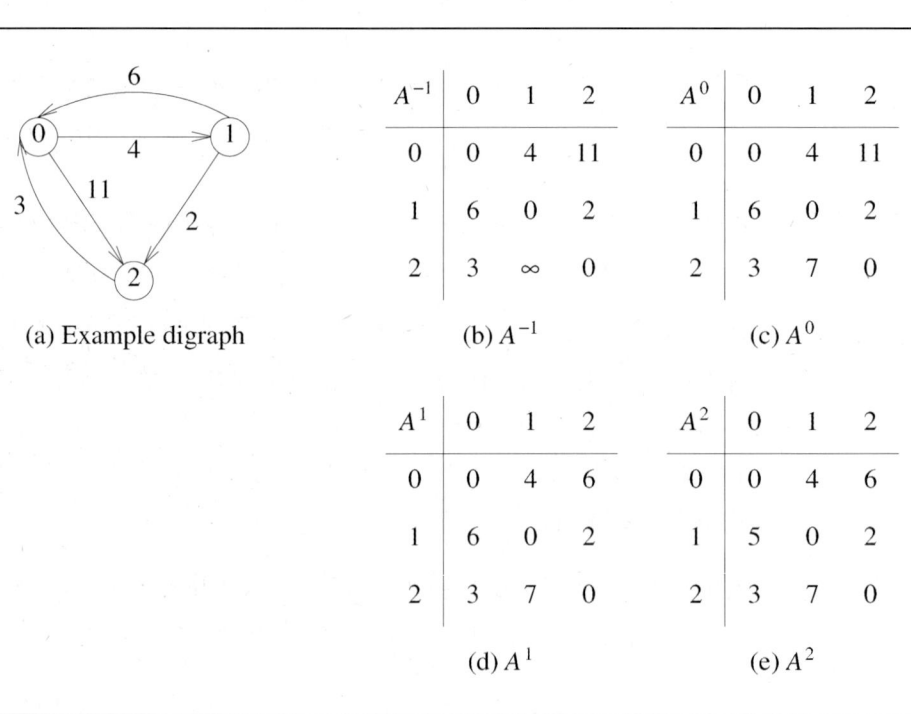

그림 6.33 모든 쌍의 최단 경로 문제의 예

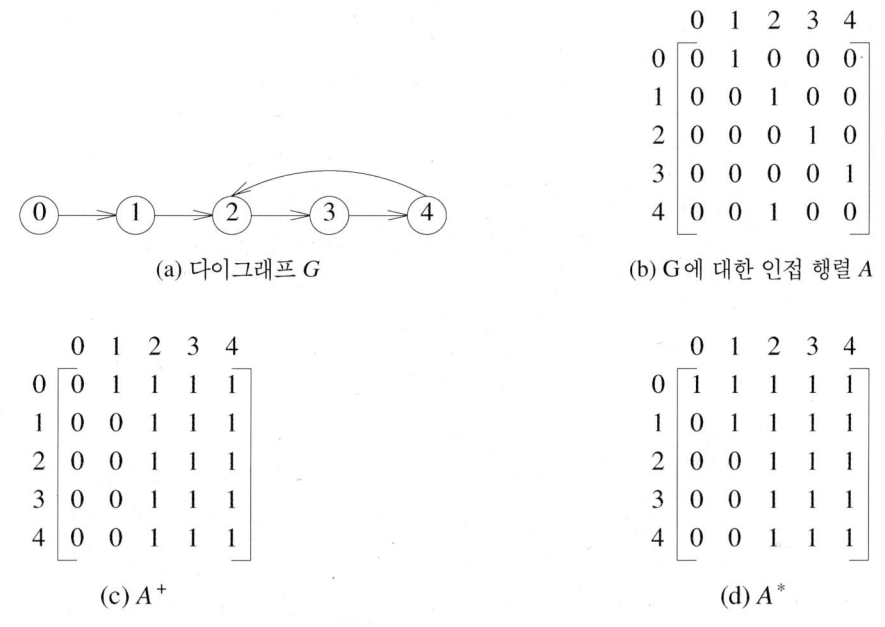

그림 6.34 그래프 G와 인접 행렬 A, A⁺, A*

맺겠다. 가중치가 부여되지 않은 간선으로 된 방향 그래프 G를 가정하자. i와 j의 모든 값에 대해 i부터 j까지의 경로가 존재하는지 결정해야 한다고 하자. 여기서 두 가지 경우를 생각할 수 있는데, 하나는 양의 경로 길이가 되어야 하는 이행적 폐쇄(transitive closure)이고 다른 하나는 음이 아닌 경로 길이만을 요구하는 반사 이행적 폐쇄(reflexive transitive closure)이다. 이들은 다음과 같이 정의할 수 있다.

정의: 방향 그래프 G에서 A^+로 표기되는 이행적 폐쇄 행렬은 i에서 j까지의 경로 길이가 0보다 클 때 $A^+[i][j] = 1$ 이 되는 행렬이다. 그렇지 않으면 $A^+[i][j] = 0$이다. □

정의: 방향 그래프 G에서 A^*로 표기되는 반사 이행적 폐쇄 행렬은 i에서 j까지의 경로 길이가 0보다 크거나 같을 때 $A^*[i][j] = 1$ 이 되는 행렬이다. 그렇지 않으면 $A^*[i][j] = 0$ 이다. □

그림 6.34는 방향 그래프에 대한 A^+와 A^*를 보여주고 있다. 분명히 A^+와 A^*는 대각선에서만 다르다. 그래서 정점 i를 포함하는 1보다 큰 길이의 사이클이 있기만 하면,

$A^+[i][i] = 1$인 반면 $A^*[i][i]$는 i에서 i까지의 길이가 0인 경로가 항상 존재하므로 무조건 1이 된다.

A^+를 계산하기 위하여 함수 allCosts를 이용한다. 간선 $<i, j>$가 G에 속하면 $length[i][j] = 1$로 하고, 속하지 않으면 $length[i][j] = +\infty$로 한다. allCosts가 종료하면 $a[i][j] < +\infty$인 경우 $A^+[i][j] = 1$로 만들어 최종 행렬 A로부터 A^+를 구할 수 있다. A^*는 A^+의 대각선에 있는 원소를 모두 1로 설정하면 된다. 전체 시간은 $O(n^3)$이다. 중첩된 for 루프 내의 if 문을 다음과 같이 변경하고, distance가 그래프의 인접 행렬이 되도록 초기화하여 알고리즘을 단순화시킬 수 있다.

```
distance[i][j] = distance[i][j] || distance[i][k] &&
                 distance[k][j]
```

이렇게 수정하면 allCosts 종료 시 distance는 A^+와 같아진다.

무방향 그래프 G의 이행적 폐쇄 행렬은 연결 요소로부터 쉽게 구할 수 있다. 연결 요소의 정의에 따르면, 요소의 모든 정점 쌍 사이에 경로가 존재하며 G의 상이한 요소에 속한 두 정점 사이에는 경로가 존재하지 않는다. 그러므로 A가 무방향 그래프(즉, A가 대칭)의 인접 행렬이라면 이행적 폐쇄 행렬 A^+는 먼저 그래프의 연결 요소를 결정함으로써 $O(n^2)$ 시간에 결정될 수 있다. 정점 i에서 j까지의 경로가 있기만 하면 $A^+[i][j] = 1$이 되고, 같은 요소에 속한 모든 상이한 정점들의 쌍에 대한 $A^+[i][j] = 1$이 된다. 대각선의 경우 i를 포함하고 있는 요소가 최소한 2개의 정점을 가지고 있기만 하면 $A^+[i][i] = 1$이 된다.

연습문제

1. T를 루트가 v인 트리라고 하자. T의 간선들은 무방향이다. T의 각 간선은 비음수 길이를 가지고 있다. v에서 T의 나머지 정점들까지 최단 경로의 길이를 구하는 C 함수를 작성하라. n을 T의 정점 수라 할 때, 알고리즘의 복잡도는 $O(n)$이 되어야 한다. 이 사실을 증명하라.

2. G를 n개의 정점으로 된 사이클이 없는 방향 그래프라 하자. 모든 간선이 $<i, j>$ (여기서 $i < j$)의 형태가 되도록 각 정점에 대해 0에서 $n-1$까지의 번호를 부여했다고 하자. 그래프는 인접 리스트의 집합 형태로 되어 있으며, 각 간선에는 길이(음수 가능)가 부여되어 있다고 하자. 정점 0에서 다른 모든 정점들까지 최단 경로의 길이를 구하는 C 함수를 작성하라. e가 그래프의 간선 수일 때, 알고리즘의 복잡도는 $O(n + e)$가 되어야 한다. 이 사실을 증명하라.

3. (a) 앞의 연습문제를 반복하라. 단, 최단 경로 대신 최장 경로의 길이를 구하라.
   (b) 정점 0에서 나머지 모든 정점들까지 최장 경로를 결정할 수 있도록 (a)의 알고리즘을 확장하라.
4. 함수 shortestPath(프로그램 6.9)에서 적절한 LARGE 값은 무엇인가? 이것을 최대 간선 길이 maxL과 정점 수 n의 함수로 제시하라.
5. shortestPath 알고리즘(프로그램 6.9)의 아이디어를 이용하여 최악의 경우 $O(n^2)$ 시간에 최소 비용 신장 트리를 찾는 C 함수를 작성하라.
6. shortestPath(프로그램 6.9) 함수를 이용하여 그림 6.35의 다이그래프에서의 정점 0에서 다른 모든 정점까지의 최단 경로 길이를 비감소 순으로 구하라.

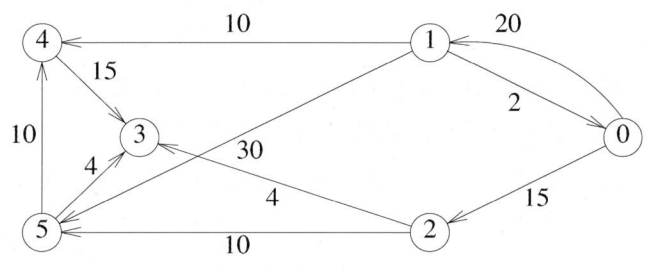

그림 6.35 다이그래프

7. 다음과 같은 가정하에 shortestPath(프로그램 6.9)를 재작성하라.
   (a) G는 인접 리스트로 표현된다. 각 리스트의 노드는 vertex, length, link 필드를 갖는다. length는 해당 간선의 길이를 나타내고 n은 그래프 G의 정점 수이다.
   (b) S(최단 경로가 이미 확정된 정점의 집합) 대신 연결 리스트로 표현되는 집합 $T = V(G) - S$를 사용한다.

   새로운 함수의 연산 시간은 shortestPath에 비해 어떠한가?
8. shortestPath(프로그램 6.9)가 각 최단 경로의 길이는 물론 최단 경로도 출력할 수 있도록 재작성하라. 수정한 함수의 연산 시간은 어떻게 되는가?
9. 그림 6.36의 방향 그래프를 사용하면 왜 shortestPath가 적절히 동작하지 않는지 그 이유를 설명하라. 정점 0과 6 사이의 최단 경로는 무엇인가?
10. BellmanFord 함수(프로그램 6.11)의 정확성을 증명하라. 이 함수가 $dist^k$의 반복적 계산을 제대로 구현하고 있지 않음에 유의하라. 사실상, $k < n-1$일 때, 4번에서 7

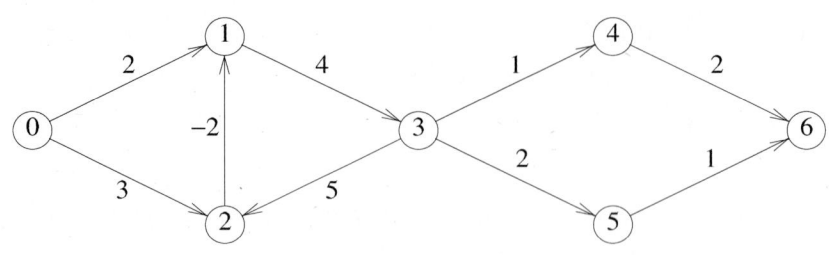

그림 6.36 *shortestPath*가 적절히 실행되지 않는 방향 그래프

번 행의 **for** 루프가 k번 반복 한 뒤의 *dist* 값이 $dist^k$가 아닐 수 있다는 점에도 유의하라.

11. *BellmanFord* 함수를 C 함수로 구현하라. 그래프는 각 노드에 간선의 길이를 나타내는 필드 *length*를 추가로 가지고 있는 인접 리스트로 표현되어 있다고 가정하라. 그 결과, 길이 인접 행렬은 없게 된다. 몇 개의 테스트 그래프를 생성하여 함수의 정확성을 검사해보라.

12. *BellmanFord* 함수의 4번에서 7번 행의 루프가 $n-1$번 반복한 뒤거나 *dist*의 값에 변화가 없는 첫 번째 반복 후에 종료하도록 재작성하라.

13. *BellmanFord* 함수의 4번에서 7번 행의 루프를 다른 *dist* 정점들을 감소시킬 수 있는 정점들의 큐를 사용하는 코드로 대체하여 재작성하라. 초기에 이 큐는 시발 정점 v에 인접한 모든 정점들을 포함한다. 새로운 루프의 각 반복 단계에서 정점 i는 큐에서 삭제되고(큐가 공백이 아닌 한), i에 인접한 정점들에 대한 *dist* 값은 프로그램 6.11의 7번 행에서처럼 갱신된다. 이때문에 정점의 *dist* 값이 감소되면 이것이 큐에 이미 들어 있지 않는 한 큐에 삽입된다.

    (a) 새로운 함수가 원래의 함수와 동일한 결과를 생성함을 증명하라.
    (b) 새로운 함수의 복잡도가 원래의 함수의 것보다 크지 않음을 보이라.

14. 앞의 두 연습문제의 *BellmanFord* 함수와 프로그램 6.11의 실행 시간 성능을 비교하라. 이를 위해 이 세 함수의 상대적 성능을 보여줄 수 있는 테스트 그래프들을 생성하라.

15. *BellmanFord* 함수를 수정하여 각 최단 경로의 길이는 물론 최단 경로도 출력할 수 있도록 재작성하라. 이 함수의 연산 시간은 무엇인가?

16. 함수 *allCosts*(프로그램 6.12)에 적절한 *LARGE* 값은 무엇인가? 이것을 최대 간선 길이 *maxL*과 정점 수 n의 함수로 제시하라.

17. *allCosts* 함수(프로그램 6.12)를 수정하여 모든 정점 쌍에 대한 최단 경로를 구할 수 있도록 하라. 새로운 함수의 연산 시간도 구하라.

18. *allCosts* 함수를 사용하여 그림 6.35의 그래프에 있는 모든 정점의 쌍 사이의 최단 경로의 길이를 구하라. *allCosts*가 올바른 결과를 만들어내는가? 그 이유는 무엇인가?

19. n개의 정점으로 된 완전 그래프에서 두 정점 간의 단순 경로의 최대 수가 $O((n-1)!)$임을 증명하라.

20. $A^+ = A^* \times A$ 임을 증명하라. 단, 행렬 곱셈은 다음과 같이 정의된다.

$$a_{ij}^+ = \vee_{k=1}^{n} a_{iK}^* \wedge a_{kj}$$

∨는 논리 **or** 연산이고, ∧는 논리 **and** 연산이다.

21. 그림 6.15의 방향 그래프에 대한 행렬 A^+와 A^*를 구하라.

22. 방향 그래프의 이행적 폐쇄를 계산하기 위해 *allCosts*(프로그램 6.12)가 사용될 때 적절한 *LARGE* 값은 무엇인가? 이것을 정점 수 n의 함수로 제시하라.

6.5 작업 네트워크

6.5.1 AOV 네트워크

아주 간단한 것만 제외하고 모든 프로젝트는 작업(activity)이라는 여러 개의 부분 프로젝트들로 나누어 수행될 수 있다. 이 경우 각각의 작업이 모두 완료되어야만 전체 프로젝트가 성공적으로 완료된다. 예를 들어, 컴퓨터 과학에서 학위를 취득하려는 학생은 여러 개의 과목을 성공적으로 이수해야만 한다. 이러한 경우에 프로젝트는 전공 수료가 되고 작업은 이수해야 할 과목이 된다. 그림 6.37은 가상의 대학에서 컴퓨터 과학 전공에 필요한 과목들을 나열하고 있다. 이들 과목 중 일부는 자유롭게 수강할 수 있고 일부는 선수 과목을 필요로 한다. 자료 구조 과목은 특정 프로그래밍과 수학 과목을 수강 완료하기 전에는 시작할 수 없다. 그러므로 선수 과목은 과목들 간의 선행 관계를 정의하게 된다. 정점은 과목을, 방향을 가진 간선은 선행 관계를 나타내도록 방향 그래프를 사용하면 이러한 관계를 명확하게 표현할 수 있다.

정의: 정점이 작업을 나타내고 간선이 작업 간의 선행 관계를 나타내는 방향 그래프 G를 AOV(*activity on vertex*) 네트워크라 한다. □

그림 6.37(b)는 그림 6.37(a)의 과목들에 대한 AOV 네트워크이다. 간선 $<i, j>$는

과목 번호	과목 명	선수 과목
C1	프로그래밍 I	없음
C2	이산 수학	없음
C3	자료 구조	C1, C2
C4	수학 I	없음
C5	수학 II	C4
C6	선형 대수	C5
C7	알고리즘 분석	C3, C6
C8	어셈블리어	C3
C9	운영 체제	C7, C8
C10	프로그래밍 언어론	C7
C11	컴파일러 설계	C10
C12	인공 지능	C7
C13	계산 이론	C7
C14	병렬 알고리즘	C13
C15	수치 해석	C5

(a) 가상적인 대학에서 컴퓨터 과학 학위에 필요한 과목들

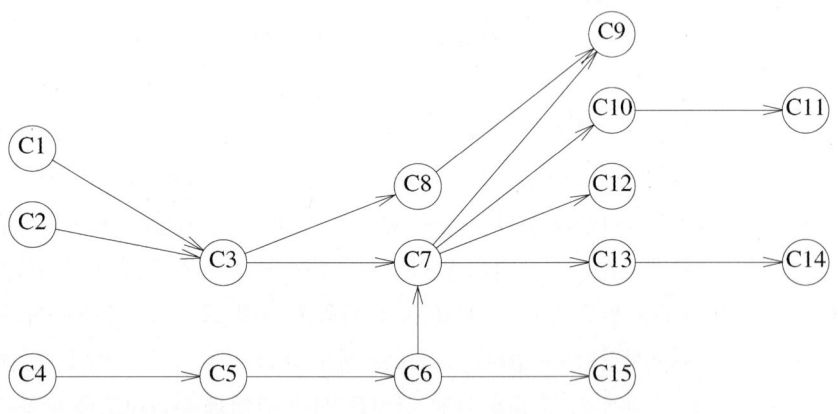

(b) 과목은 정점으로, 선수 과목은 간선으로 표현한 AOV 네트워크

그림 6.37 AOV 네트워크

과목 i가 과목 j에 선수 과목임을 나타낸다.

정의: AOV 네트워크 G에서 정점 i로부터 정점 j로의 방향 경로가 존재하면, 정점 i를 정점 j의 선행자(predecessor)라 하고 그래프 G에 간선 $<i, j>$가 존재하면 정점 i를 정점 j의 직속 선행자(immediate predecessor)라 한다. 이때 i가 j의 선행자라면 j는 i의 후속자(successor)이고, i가 j의 직속 선행자라면 j는 i의 직속 후속자(immediate successor)이다. □

C3과 C6은 C7의 직속 선행자이고, C9, C10, C12, C13은 C7의 직속 후속자이다. C14는 C3의 후속자이지만 직속 후속자는 아니다.

정의: 모든 세 쌍 i, j, k에 대해 $i \cdot j$이고 $j \cdot k \Rightarrow i \cdot k$가 성립하면 관계 '·'는 이행적(transitive)이다. S에 속한 모든 원소 x에 대해 $x \cdot x$가 성립하지 않으면 관계 '·'는 집합 S에서 비반사적(irreflexive)이다. 이행적이면서 비반사적인 선행 관계를 부분 순서(partial order)라 한다. □

선수 과목에 따라 정의된 선행 관계는 이행적이다. 즉 i가 j의 선수 과목일 때 과목 i는 과목 j를 수강하기 전에 이수하여야 하며, j를 k 이전에 이수하여야 한다면 i도 k 이전에 이수하여야 한다. 이러한 사실은 AOV 네트워크에서는 명확하게 드러나지 않는다. 예를 들어 $<C4, C5>$와 $<C5, C6>$은 그림 6.37(b)의 AOV 네트워크의 간선들이지만, $<C4, C6>$이란 간선은 존재하지 않는다. 일반적으로 AOV 네트워크는 불완전하게 명시되며 선행 관계를 이행적으로 만들기 위해 필요한 간선들은 암시만 된다.

AOV 네트워크 간선들에 의해 정의된 선행 관계가 비반사적이 아니라면 그 자신의 선행자가 되는 작업이 존재하므로 자기가 시작하기 전에 완료되어야 한다. 이것은 분명 불가능한데, 이러한 유형의 모순이 없을 때에만 프로젝트 수행은 가능하다. AOV 네트워크가 주어졌을 때 하나의 관심사는 그 간선들에 의해 정의된 선행 관계가 비반사적인지를 결정하는 일이다. 이 문제는 주어진 네트워크가 방향 사이클을 포함하고 있는지의 여부를 결정하는 문제와 동일하다. 방향 사이클이 없는 방향 그래프를 비사이클 그래프(acyclic graph)라 한다. AOV 네트워크의 수행 가능성을 검사하는 알고리즘은 정점(작업)들의 선형 순서 $v_0, v_1, \cdots, v_{n-1}$도 생성한다. 네트워크에서 정점 i가 j의 선행자이면 이 선형 순서에서 i는 j 앞에 있게 된다. 이러한 특성을 갖는 선형 순서를 위상 순서(topological order)라 한다.

정의: 위상 순서(topological order)란 임의의 두 정점 i, j에 대해 네트워크에서 i가 j의 선행자이면 선형 순서에서도 i가 j 앞에 나오는 그래프 정점의 선형 순서이다. □

그림 6.37(b)의 네트워크에 대한 위상 순서는 다양한데, 다음은 그 중 2개를 보여주고 있다.

C1,C2,C4,C5,C3,C6,C8,C7,C10,C13,C12,C14,C15,C11,C9
C4,C5,C2,C1,C6,C3,C8,C15,C7,C9,C10,C11,C12,C13,C14

학기당 한 과목만을 수강하려는 학생은 위상 순서 순으로 과목을 수강하면 된다. AOV 네트워크가 자동차 조립 과정을 표현하고 있다면, 작업은 조립 라인상에서 위상 순서로 진행되어야 한다. 작업을 위상 순서로 정렬하는 알고리즘은 간단하다. 우선 네트워크에서 선행자가 없는 정점들을 정렬한 다음 이 정점들과 이들로부터 나오는 모든 간선들을 네트워크에서 삭제한다. 모든 정점들이 정렬되었거나, 남아 있는 정점들이 모두 선행자를 가지고 있어 어떤 정점도 제거할 수 없을 때까지 이 두 단계를 반복한다. 후자의 경우는 네트워크에 사이클이 존재하는 경우로 프로젝트의 완료가 불가능하다. 이 알고리즘은 프로그램 6.13에 좀 더 공식적으로 기술되어 있다.

```
1 AOV 네크워크를 입력. n을 정점의 수라 함.
2 for(int i = 0; i < n; i++) /* 정점들을 출력*/
3 {
4    if(모든 정점이 선행자가 있음.) return;
5        /* 네크워크에 사이클이 있어 수행 불가능*/
6    선행자가 없는 정점 v를 선택;
7    output v;
8    정점 v와 v에서 나온 모든 간선들을 네트워크에서 삭제;
9 }
```

프로그램 6.13: 위상 정렬 알고리즘의 설계

예제 6.8: 그림 6.38(a)의 네트워크에서 위상 순서를 찾기 위해 위상 순서 정렬 알고리즘을 적용해보자. 6번 행에서 제일 먼저 선택해야 할 정점은 0이다. 왜냐하면 정점 0만 선행자가 없기 때문이다. 다음에는 정점 0과 간선 < 0, 1 >, < 0, 2 >, < 0, 3 >이 삭제된다. 그 결과 네트워크[그림 6.38(b)]에서는 정점 1, 2, 3이 선행자를 갖지 않게 된다. 이들 정점 중 어느 것이라도 위상 순서상에 다음 정점으로 선택될 수 있다. 3을 선택하였다고 하자.

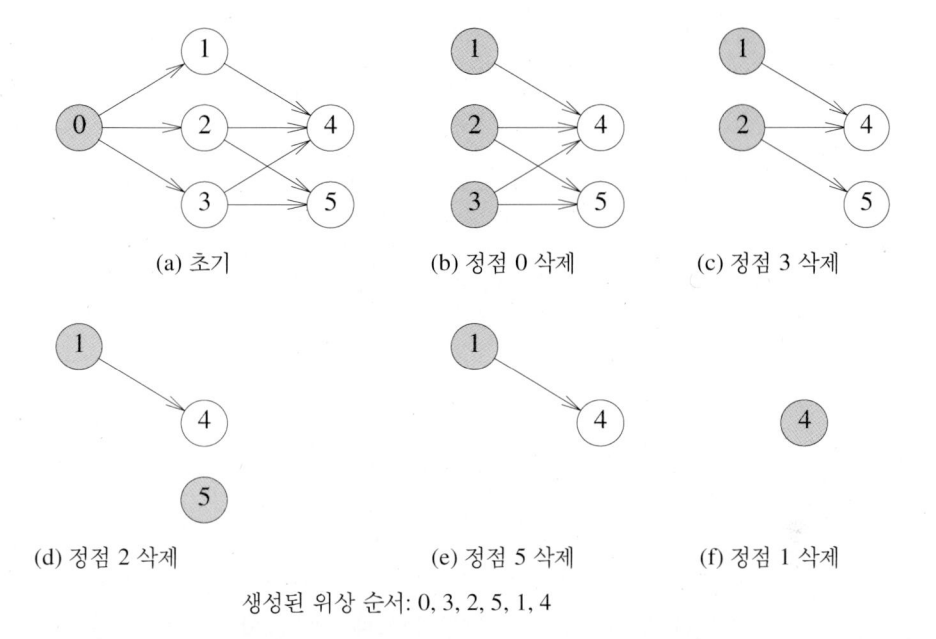

생성된 위상 순서: 0, 3, 2, 5, 1, 4

그림 6.38 AOV 네트워크에 대한 프로그램 6.13의 동작(회색의 정점들은 삭제 후보를 표현)

3과 간선 < 3, 5 >, < 3, 4 >를 삭제하면 그림 6.38(c)의 네트워크가 된다. 다음으로는 정점 1이나 2가 선택될 수 있다. 그림 6.38은 알고리즘의 진행 과정을 보여주고 있다. □

컴퓨터 프로그램으로 변환이 가능한 완전한 알고리즘을 구하려면 AOV 네트워크를 표현하는 방법을 결정해야 한다. 이 표현 방법은 수행하려는 함수에 따라 선택하는 것이 바람직하다. 이 문제의 경우 필요한 함수는

(1) 임의의 정점이 선행자를 가지고 있는지 결정하는 함수(4번 행)
(2) 하나의 정점과 그에 부속한 간선들을 모두 삭제하는 함수(8번 행)

이다. 첫 번째 함수는 각 정점에 대한 직속 선행자의 수를 유지할 때 효율적으로 수행할 수 있다. 두 번째 함수는 네트워크를 인접 리스트로 표현하면 쉽게 실행할 수 있다. 정점 v에 부속한 간선의 삭제는 그 정점의 인접 리스트에 속한 모든 정점의 선행자 수를 감소시키면 된다. 정점의 계수가 0이 되면 그 정점을 계수가 0인 정점 리스트에 추가한다. 6번 행의 선택 과정에서는 이 리스트에서 정점 하나를 제거하면 된다.

앞의 분석에 따라 AOV 네트워크는 인접 리스트로 표현하기로 한다. 네트워크상에

서 위상 정렬을 수행하는 C 함수는 *topSort*(프로그램 6.14)이다. 이 함수는 네트워크가 인접 리스트로 표현되었다고 가정한다. 인접 리스트의 헤더 노드는 *count*와 *link* 필드를 갖는다.

*topSort*를 위한 선언문은 다음과 같다.

```
typedef struct node *nodePointer;
typedef struct {
    int vertex;
    nodePointer link;
    } node;
typedef struct {
    int count;
    nodePointer link;
    } hdnodes;
hdnodes graph[MAX_VERTICES];
```

count 필드는 정점의 진입 차수를, *link* 필드는 인접 리스트의 첫 번째 정점에 대한 포인터를 가지고 있다. 각 노드는 *vertex*와 *link* 필드를 갖는다. 이것은 입력 시 쉽게 할 수 있다. 간선 < *i, j* >가 입력될 때 정점 *j*의 계수는 1 증가된다. 그림 6.39는 그림 6.38(a)의 네트워크를 내부적으로 표현한 것이다.

이러한 세부 사항들을 프로그램 6.13에 삽입한 것이 함수 *topSort*(프로그램 6.14)이다. 계수가 0인 정점들의 리스트는 스택으로 유지한다. 물론 큐를 사용할 수도 있지만 스택이 구현에 약간 간단하다. 스택은 헤더 노드의 *count* 필드로 연결할 수 있는데, 왜냐하면 이 필드는 정점의 계수가 0이 된 뒤에는 쓸모가 없기 때문이다.

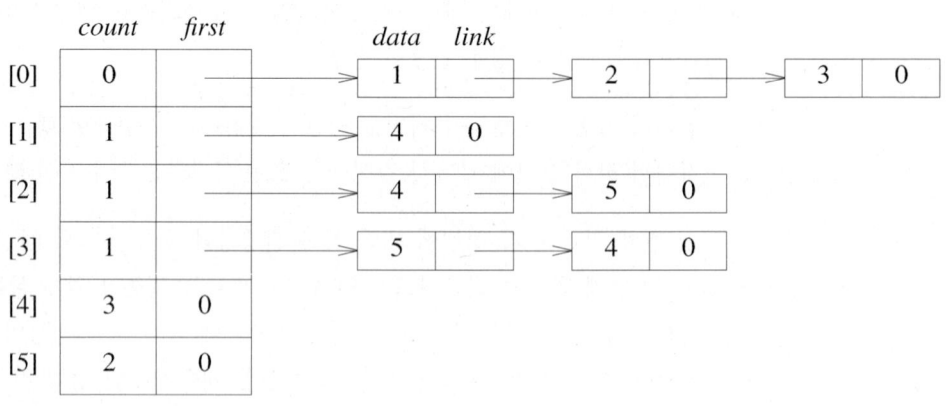

그림 6.39 위상 정렬 알고리즘에 의해 사용되는 내부 표현

```c
void topSort(hdnodes graph[], int n)
{
   int i,j,k,top;
   nodePointer ptr;
   /* create a stack of vertices with no predecessors */
   top = -1;
   for (i = 0; i < n; i++)
      if (!graph[i].count) {
         graph[i].count = top;
         top = i;
      }
   for (i = 0; i < n; i++)
      if (top == -1) {
         fprintf(stderr,
            "\nNetwork has a cycle. Sort terminated. \n");
         exit(EXIT_FAILURE);
      }
      else {
         j = top;   /* unstack a vertex */
         top = graph[top].count;
         printf("v%d, ",j);
         for (ptr = graph[j].link; ptr; ptr = ptr→link) {
         /* decrease the count of the successor vertices
            of j */
            k = ptr→vertex;
            graph[k].count--;
            if (!graph[k].count) {
            /* add vertex k to the stack */
               graph[k].count = top;
               top = k;
            }
         }
      }
}
```

프로그램 **6.14**: 위상 정렬

***topSort*의 분석:** 자료 구조의 현명한 선택에 따라 *topsort*는 매우 효율적이다. 첫 번째 **for** 루프는 n개의 정점과 e개의 간선을 가진 네트워크에서 $O(n)$ 시간이 걸린다. 두 번째 **for** 루프는 n번 반복된다. **if** 절은 상수 시간만큼 수행된다; **else** 절 내의 **for** 루프는 정점 i의 진출 차수를 d_i라 할 때 $O(d_i)$ 시간이 걸린다. 이 루프는 출력되는 각 정점마다 한 번씩 적용되므로, 이 부분의 전체 시간은

$$O((\sum_{i=0}^{n-1} d_i) + n) = O(e + n)$$

이 된다. 그러므로 이 알고리즘의 점근적 연산 시간은 $O(e + n)$이다. 즉, 계산 시간은 문제의 크기에 대해 선형적이다! □

6.5.2 AOE 네트워크

AOE(activity on edge) 네트워크는 AOV 네트워크와 밀접한 관련을 가지고 있는 작업 네트워크이다. 이 네트워크에서 방향 간선은 프로젝트에서 수행되어야 할 작업을 나타내고 정점은 사건(event)을 나타낸다. 사건은 어떤 작업의 완료를 알린다. 정점에서 나오는 간선에 의해 표현되는 작업은 그 정점에서의 사건이 발생할 때까지 시작될 수 없다. 각 사건은 그 정점으로 들어오는 모든 작업이 완료될 때 발생한다. 그림 6.40(a)는 11개의 작업 $a_1, \cdots, a_{11}$으로 된 가상 프로젝트를 AOE 네트워크로 나타낸 것이다. 9개의 사건 (0,

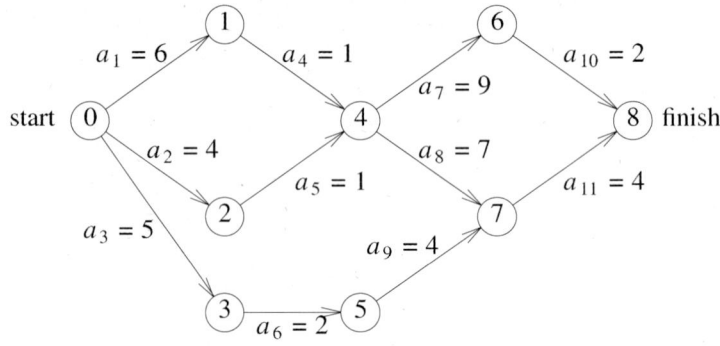

(a) 가상 프로젝트의 작업 네트워크

사건	의미
0	프로젝트의 시작
1	작업 a_1의 종료
4	작업 a_4와 a_5의 종료
7	작업 a_8과 a_9의 종료
8	프로젝트의 종료

(b) 네트워크 (a)의 몇몇 사건의 의미

그림 6.40 AOE 네트워크

1, …, 8)이 있는데 사건 0과 8은 각각 '프로젝트의 시작'과 '프로젝트의 종료'라는 의미로 해석할 수 있다. 그림 6.40(b)는 9개의 사건 가운데 몇 개의 의미를 기술하고 있다. 각 작업에 부여된 숫자는 작업 수행에 필요한 작업 시간이다. 즉, 작업 a_1은 6일을, 작업 a_{11}은 4일을 필요로 한다. 대개 이들 시간들은 추정치이다. 프로젝트가 시작되면 a_1, a_2, a_3은 동시에 병행으로 진행할 수 있다. 그러나 a_4, a_5, a_6은 각각 사건 1, 2, 3이 발생할 때까지 시작할 수 없다. a_7과 a_8은 a_4와 a_5가 모두 끝나 사건 4가 발생할 때 수행할 수 있다. 작업들에 대한 제약 조건이 추가로 필요한 경우에는 수행 시간이 0인 모조 작업(dummy activity)을 사용할 수 있다. 예를 들어, 작업 a_7과 a_8을 사건 4와 5가 모두 발생한 뒤에 시작하게 하려면 간선 <5, 4>로 표현되는 모조 작업 a_{12}를 추가하면 된다.

    AOE 타입의 네트워크는 다양한 유형의 프로젝트에 대한 성능 평가에 매우 유용하다는 것이 증명되었다. 이러한 평가 중에는 프로젝트 완료에 필요한 최소 시간의 결정(네트워크에 사이클이 없다고 가정), 프로젝트 기간을 단축하기 위해 속도를 내야 할 작업을 찾아내는 일 등이 포함된다.

    AOE 네트워크의 작업들은 병렬로 수행될 수 있기 때문에 프로젝트를 완료하는 데 필요한 최소 시간은 시작 정점에서 종료 정점까지의 **최장 경로**(longest path)의 길이가 된다(경로의 길이는 경로상에 있는 작업 시간의 합이다.). 이 최장 길이의 경로를 임계 경로(critical path)라 한다. 예를 들어, 경로 0, 1, 4, 6, 8은 그림 6.40(a)의 네트워크에서의 임계 경로이다. 이 임계 경로의 길이는 18이다. 하나의 네트워크는 하나 이상의 임계 경로를 가질 수 있다.(경로 0, 1, 4, 7, 8도 임계 경로다.)

    사건 i가 일어날 수 있는 가장 이른 시간(earliest time)은 시작 정점 0에서 정점 i까지의 최장 경로 길이가 된다. 사건 v_4가 일어날 수 있는 가장 이른 시간은 7이다. 한 사건이 일어날 수 있는 가장 이른 시간은 그 정점에서 나오는 간선들이 표현하는 모든 작업들의 가장 이른 시작 시간(earliest start time)이 된다. 작업 a_i에 대한 이 시간을 $e(i)$로 표기하기로 한다. 예를 들어, $e(7) = e(8) = 7$이다.

    작업 a_i의 가장 늦은 시간(latest time) $l(i)$는 프로젝트 기간(즉, 시작에서 종료까지의 최장 경로의 길이)을 지연시키지 않으면서 가장 늦게 작업을 시작할 수 있는 시간이다. 예를 들어, 그림 6.40(a)에서 $e(6) = 5$이고 $l(6) = 8$이며 $e(8) = 7$이고 $l(8) = 7$이다.

    임계 작업(critical activity)이란 $e(i) = l(i)$인 작업을 말한다. $l(i) - e(i)$는 한 작업의 임계도의 척도이다. 이 임계도(criticality)는 전체 프로젝트의 완료 시간을 증가시키지 않고 한 작업을 지연 또는 감속할 수 있는 여유 시간이다. 예를 들어, 작업 a_6을 감속하여 2일 더 걸리더라도 전체 프로젝트 완료 시간에는 영향을 주지 않는다. 분명히 임계 경로상의 모든 작업들은 전략적이고, 비임계 작업들의 가속은 프로젝트 기간을 단축시키지 않을 것이다.

임계 경로 분석의 목적은 임계 작업들을 식별하여 가용 자원을 집중시킴으로써 프로젝트 완료 시간을 단축시킬 수 있게 하는 것이다. 하나의 임계 작업을 단축시킨다고 반드시 프로젝트 기간이 단축되지는 않는다. 그렇게 단축되기 위해서는 그 임계 작업이 모든 임계 경로상에 있어야 한다. 그림 6.40(a)에서 작업 a_{11}은 임계 작업이지만, 이 작업 시간을 4일에서 3일로 단축시켜도 완료 기간을 17일로 감소시키지 못한다. 그 이유는 또 다른 임계 경로 (0, 1, 4, 6, 8)에 이 작업이 포함되어 있지 않기 때문이다. a_1을 2일로 단축시키면 임계 경로 길이는 16일로 단축된다. 임계 경로 방법은 프로젝트 성능 평가와 병목 지점 식별에 유용한 것으로 판명되었다.

AOV 네트워크에 대해서도 임계 경로 방법을 적용할 수 있다. 이때의 경로 길이는 경로상에 있는 정점들의 작업 시간을 합한 것이 된다. 각 작업이나 정점에 대해서도 $e(i)$와 $l(i)$를 정의할 수 있을 것이다. 작업 시간은 추정치에 불과하므로 여러 완성 단계에서 보다 정확한 작업 시간을 추정할 수 있으면 프로젝트를 재평가해야 한다. 작업 시간의 이러한 변화들은 이전의 비임계 작업이 임계 작업으로 바뀌게 할 수 있고 그 역도 가능하다.

작업 네트워크에 대한 설명을 끝내기 전에 AOE 네트워크의 모든 작업들에 대한 $e(i)$와 $l(i)$를 계산하는 알고리즘을 설계해보자. 이 값들을 알기만 하면 임계 작업을 쉽게 식별할 수 있다. 임계 경로를 식별하기 위해서는, 단순히 모든 비임계 작업들을 AOE 네트워크에서 삭제한 후 시작 정점에서 종료 정점까지의 모든 경로를 생성하면 된다.(그러한 모든 경로는 임계 작업만을 포함하므로 임계 경로이어야 한다. 또한 비임계 작업들은 임계 경로상에 존재할 수 없기 때문에, 비임계 작업이 제거된 네트워크는 원래 네트워크에 있던 모든 임계 경로를 포함한다.)

6.5.2.1 이른 작업 시간의 계산

이른 작업 시간과 늦은 작업 시간을 계산하기 위해, 먼저 네트워크의 모든 사건 j에 대한 가장 이른 사건 시간(earliest event time) $ee[j]$와 가장 늦은 사건 시간(latest event time) $le[j]$를 구하는 것이 가장 쉽다. 작업 a_i가 간선 $<k, l>$로 표현된다면 $e(i)$와 $l(i)$는 다음 식으로 구할 수 있다.

$$e(i) = ee[k]$$
$$l(i) = le[l] - 작업\ a_i의\ 시간 \qquad (6.1)$$

$ee[j]$와 $le[j]$는 전진 단계와 후진 단계의 두 단계로 계산한다. 전진 단계 동안 $ee[0] = 0$에서 출발하여 나머지 이른 시작 시간들을 다음 식으로 구한다.

$$ee[j] = \max_{i \in P(j)} \{ee[i] + <i, j>의\ 시간\} \qquad (6.2)$$

여기서 $P(j)$는 j로 인접한(adjacent to j) 모든 정점의 집합이다. 이 계산을 위상 순서대로 수행하면 $ee[j]$ 계산 전에 j의 모든 선행자들의 이른 시작 시간이 이미 계산되게 된다. 그래서 *topSort*(프로그램 6.14)를 수정해서 정점들을 위상 순서로 반환하도록(이 순서로 출력하는 대신)하면, 이 위상 순서와 식 (6.2)를 이른 사건 시간을 계산하는 데 사용할 수 있다. 그러나 식 (6.2)를 사용하기 위해서는 정점 집합 $P(j)$를 쉽게 접근할 수 있어야 한다. 인접 리스트 표현은 $P(j)$에 대한 쉬운 접근을 제공하지 않기 때문에, 프로그램 6.14를 보다 많이 수정해야 한다. 처음에 배열 ee를 0으로 초기화하고 행 k = ptr→vertex; 뒤에 다음 코드를 삽입한다.

```
if (earliest[k] < earliest[j] + ptr→duration)
    earliest[k] = earliest[j] + ptr→duration;
```

이 수정은 식 (6.2)를 위상 순서의 생성과 병행해서 계산하게 된다. $ee[j]$는 선행자들 중에 하나의 $ee[i]$를 알게 될 때마다(즉 i가 출력 준비가 된 때) 갱신된다.

이 수정된 *topSort* 알고리즘의 작동을 예시하기 위하여 그림 6.40(a)의 네트워크에 이것을 적용해 보자. 이 네트워크에 대한 인접 리스트가 그림 6.41(a)에 있다. 이 리스트의 노드 순서는 알고리즘이 처리하는 정점들의 순서가 된다. 초기에 모든 정점들의 이른 시작 시간은 0이고 시작 정점만이 스택에 있다. 이 정점에 대한 인접 리스트가 처리될 때 0에서부터 인접한 모든 정점들의 이른 시작 시간은 갱신된다. 이제 스택에 정점 1, 2, 3이 있기 때문에 이들의 모든 선행자들이 이미 처리되었고, 이 세 정점에 대해 식 (6.2)도 수행되었다. 다음으로 $ee[5]$가 결정된다. 정점 5를 처리할 때 $ee[7]$의 값은 11로 수정된다. 그러나 이것은 $ee[7]$의 최종 값이 아닌데, 그 이유는 7의 모든 선행자에 대해 식 (6.2)가 수행된 것이 아니기 때문이다(v_4는 아직 조사되지 않았다.). 7의 모든 선행자들을 처리하기 전에 7을 스택에 넣을 수 없으므로, 이는 문제가 되지 않는다. 다음에 $ee[4]$가 5로 수정되고 최종적으로 7이 된다. 이 시점에서야 $ee[4]$가 결정되었는데, 4의 모든 선행자들의 검사가 이때 완료되었기 때문이다. 다음으로 $ee[6]$과 $ee[7]$의 값을 얻는다. 최종적으로 $ee[8]$의 값이 18로 결정되는데, 이것이 임계 경로의 길이이다. 어느 한 정점이 스택에 삽입되면 그의 이른 시간은 정확히 계산을 완료하였다는 것을 쉽게 증명할 수 있다. 새로운 명령문을 삽입한 후에도 점근적인 수행 시간은 변하지 않고 계속 $O(e + n)$이 된다.

6.5.2.2 늦은 작업 시간의 계산

후진 단계에서는 전진 단계에서 사용된 것과 유사한 함수를 이용해 $le[i]$의 값을 계산한다. 시작은 $le[n-1] = ee[n-1]$로 설정하면서 다음 식을 사용한다.

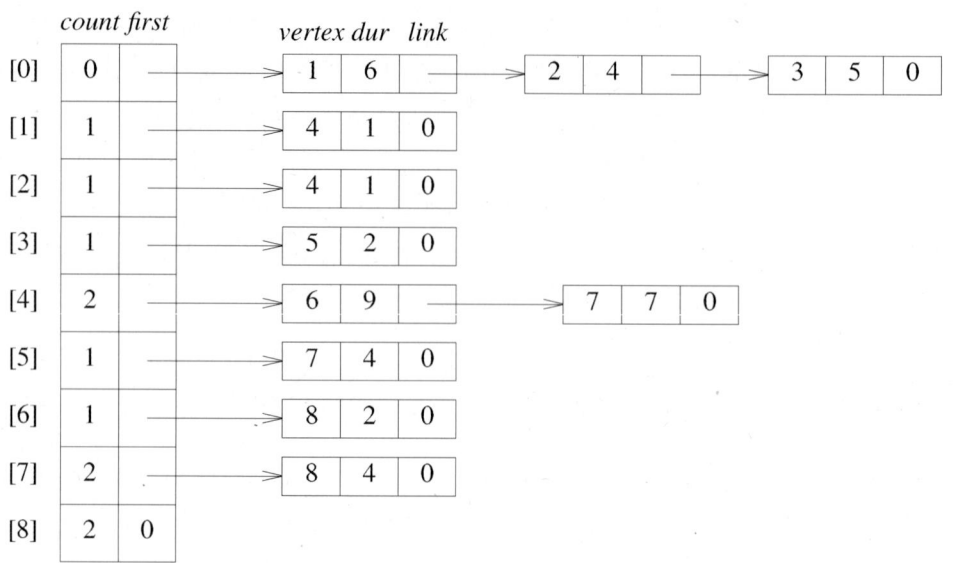

(a) 그림 6.40(a)에 대한 인접 리스트

ee	[0]	[1]	[2]	[3]	[4]	[5]	[6]	[7]	[8]	Stack
initial	0	0	0	0	0	0	0	0	0	[0]
output 0	0	6	4	5	0	0	0	0	0	[3, 2, 1]
output 3	0	6	4	5	0	7	0	0	0	[5, 2, 1]
output 5	0	6	4	5	0	7	0	11	0	[2, 1]
output 2	0	6	4	5	5	7	0	11	0	[1]
output 1	0	6	4	5	7	7	0	11	0	[4]
output 4	0	6	4	5	7	7	16	14	0	[7, 6]
output 7	0	6	4	5	7	7	16	14	18	[6]
output 6	0	6	4	5	7	7	16	14	18	[8]
output 8										

(b) ee의 계산

그림 6.41 수정된 *topSort*(프로그램 6.14)를 이용한 ee의 계산

$$le[j] = \min_{i \in S(j)} \{le[i] - <j, i>\text{의 시간}\} \qquad (6.3)$$

여기서 $S(j)$는 정점 j로부터 인접한(adjacent from j) 정점들의 집합, 즉 j의 직속 후속자들의 집합이 된다. $le[i]$의 초기 값은 $ee[n-1]$로 한다. 기본적으로 식 (6.3)은 $<j, i>$가 작업이고 사건 i에 대한 가장 늦은 시작 시간이 $le[i]$일 때, 사건 j는 늦어도 '$le[i] - <j, i$

>의 시간' 이전에 시작되어야 함을 나타낸다. 어떤 사건 j에 대해 $le[j]$를 계산하기 전에 모든 후속자 사건들(j로부터 인접한 사건들)에 대한 가장 늦은 시간을 먼저 구해야 한다. 일단 위상 순서와 프로그램 6.14의 수정된 버전으로부터 $ee[n-1]$을 얻으면, $S(j)$에 있는 정점들을 접근하는 정점 j의 인접 리스트를 사용하여 역 위상 순서로 늦은 사건 시간을 계산할 수 있다. 그림 6.40(a)의 예에 대한 계산은 아래와 같다.

$le[8] = ee[8] = 18$

$le[6] = \min\{le[8]-2\} = 16$

$le[7] = \min\{le[8]-4\} = 14$

$le[4] = \min\{le[6]-9, le[7]-7\} = 7$

$le[1] = \min\{le[4]-1\} = 6$

$le[2] = \min\{le[4]-1\} = 6$

$le[5] = \min\{le[7]-4\} = 10$

$le[3] = \min\{le[5]-2\} = 8$

$le[0] = \min\{le[1]-6, le[2]-4, le[3]-5\} = 0$

전진 단계의 수행이 완료되고 정점들의 위상 순서가 결정되면 식 (6.3)을 이용하여 위상 순서의 역순으로 $le[i]$의 값을 직접 계산할 수 있다. 그림 6.41(b)에서 생성된 위상 순서는 0, 3, 5, 2, 1, 4, 7, 6, 8이다. $le[i]$의 값은 8, 6, 7, 4, 1, 2, 5, 3, 0 순으로 계산할 수 있는데, 이는 한 사건의 모든 후속자가 이 순서대로 그 사건을 선행하기 때문이다. 실제로는 보통 ee와 le를 모두 계산한다. 즉, 전진 단계에서 논의했던 수정된 $topSort$ 알고리즘을 이용하여 먼저 ee를 계산하고, 위상 순서의 역순으로 식 (6.3)을 이용하여 직접 le를 계산한다.

ee 값(그림 6.41)과 앞의 le 값 및 식 (6.1)을 사용하여 이른 시간 $e(i)$, 늦은 시간 $l(i)$, 그리고 각 작업의 임계도('slack'이라고도 함)를 계산할 수 있다. 그림 6.42는 이 값들을 보여주고 있다. 임계 작업들은 $a_1, a_4, a_7, a_8, a_{10}, a_{11}$이다. 네트워크에서 비임계 작업들을 삭제하면 그림 6.43의 방향 그래프, 즉 임계 네트워크를 얻게 된다. 이 그래프에서 0부터 8까지의 모든 경로들은 임계 경로이고, 이 그래프의 경로가 아닌 임계 경로는 원래 네트워크에 존재하지 않는다.

작업 네트워크에 대해 마지막으로 주목할 점은 함수 $topSort$가 네트워크에 있는 방향 사이클만 탐지한다는 것이다. 그러나 네트워크에는 시작 정점에서부터 도달할 수 없는 정점들이 포함되는 오류도 존재할 수 있다(그림 6.44). 이런 네트워크에 대해 임계 경로 분석을 수행하면 $ee[i] = 0$이 되는 정점들이 여러 개 존재하게 된다. 그러나 모든 작업 시간들은 0보다 큰 것으로 가정했으므로, 시작 정점만 $ee[i] = 0$을 가질 수 있다. 그러므

activity	early time e	late time l	slack $l-e$	critical $l-e=0$
a_1	0	0	0	Yes
a_2	0	2	2	No
a_3	0	3	3	No
a_4	6	6	0	Yes
a_5	4	6	2	No
a_6	5	8	3	No
a_7	7	7	0	Yes
a_8	7	7	0	Yes
a_9	7	10	3	No
a_{10}	16	16	0	Yes
a_{11}	14	14	0	Yes

그림 6.42 이른 시간, 늦은 시간, 임계도 값

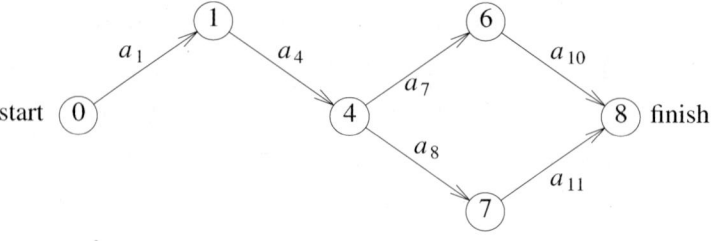

그림 6.43 모든 비임계 작업을 삭제한 후의 그래프

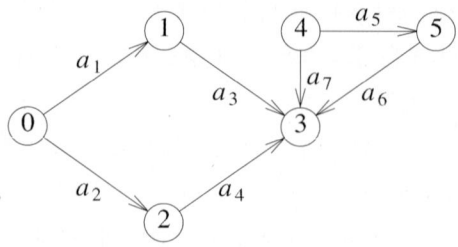

그림 6.44 도달 불가능한 작업을 가진 AOE 네트워크

로 프로젝트 계획 과정에서 이런 종류의 오류를 찾아내는 데도 임계 경로 분석을 사용할 수 있다.

연습문제

1. 다음에 주어진 선행 관계(<)의 집합이 원소 0부터 4까지의 부분 순서를 정의하는가? 그 답을 설명하라.

    $0 < 1; 1 < 4; 1 < 2; 2 < 3; 2 < 4; 4 < 0$

2. (a) 그림 6.45의 AOE 네트워크에 대해 각 작업의 *early* 값과 *late* 값을 구하라. 단 전진-후진 방법을 사용하라.
   (b) 프로젝트를 완료할 수 있는 가장 이른 시간은 언제인가?
   (c) 어떤 작업들이 임계 작업인가?
   (d) 작업의 가속이 프로젝트 완료 시간을 단축시키는 단일 작업이 있는가?

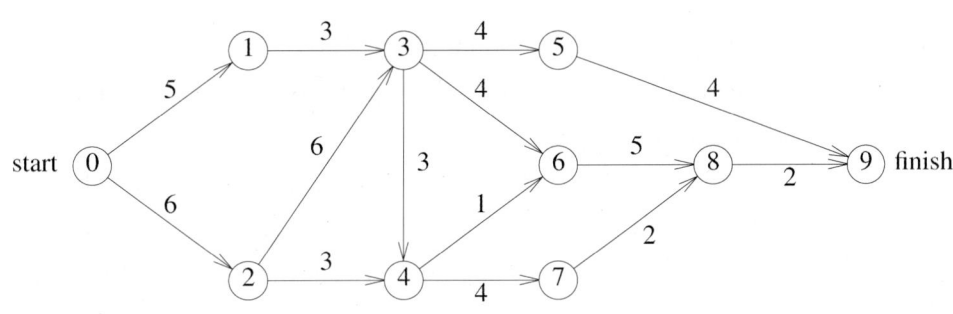

그림 6.45 AOE 네트워크

3. § [프로그래밍 프로젝트] AOE 프로그램을 입력하는 C 프로그램을 작성하라. 이 프로그램은 *early*(i)와 *late*(i), 각 작업의 임계성 여부를 계산해 출력해야 한다. 프로젝트가 실현 가능성이 없으면 이를 표시해야 한다. 프로젝트가 가능한 경우 적절한 양식에 따라 임계 작업들을 출력할 수 있어야 한다.

4. 모든 작업이 임계인 AOE 네트워크를 임계 AOE 네트워크라고 정의하자. 또 네트워크에서 모든 방향과 가중치를 제거한 무방향 그래프를 G라고 하자.
   (a) 시작 정점으로부터 종료 정점까지의 각 경로상에 모두 포함되는 간선이 G에 존재하면 하나의 작업만을 단축시켜 프로젝트 길이를 단축시킬 수 있음을 보

이라. 이러한 간선을 브리지(bridge)라고 하는데, 연결 그래프에서 브리지를 삭제하면 그래프는 2개의 연결 요소로 나누어진다.

(b) 인접 리스트를 사용하여 연결 그래프 G가 브리지를 가지고 있는지를 결정하는 $O(n + e)$ 함수를 작성하라. G에 브리지가 존재하면, 이 함수는 그 브리지를 출력하여야 한다.

5. AOE 네트워크를 입력받아 다음 사항을 출력하는 프로그램을 작성하라.
   (a) 각 사건별로 가장 이른 시간과 가장 늦은 시간을 보여주는 테이블.
   (b) 각 작업별로 이른 시간과 늦은 시간을 보여주는 테이블. 이 테이블은 각 작업에 대한 임계도(slack)를 나열하고, 모든 임계 작업을 식별하여야 함.(그림 6.42 참조)
   (c) 임계 네트워크.
   (d) 하나의 작업을 가속시켜 프로젝트 기간을 단축시킬 수 있는지의 여부. 만약 그렇다면, 얼마나 단축되는가?

6.6 참고문헌

Königsberg 다리 문제에 관한 Euler의 원 논문은 매우 흥미롭다. 이 논문은 *Scientific American* 지(vol.189, no.1, 1953, pp.66-70)에 "Leonhard Euler and the Königsberg Bridges"란 제목으로 다시 실렸다.

이중결합 요소 알고리즘은 Robert Tarjan이 고안하였다. 이 알고리즘과 방향 그래프의 강력 연결 요소를 발견하는 선형 시간 알고리즘이 *SIAM Journal of Computing* 지(vol.1, no.2, 1972, pp.146-149)에 "Depth-first search and linear graph algorithms"이란 제목으로 실렸다.

Prim의 최소 비용 신장 트리 알고리즘은 1930년 Jarnik이 처음 제안하였고 1957년 Prim이 재발견하였다. 이 알고리즘은 거의 Prim의 것으로 인용되어 왔으므로 Prim 알고리즘이라 해도 무방한 것 같다. 마찬가지로 Sollin 알고리즘도 1926년 Boruvka가 처음 제안하였고 몇 년 뒤 Sollin이 재발견하였다. 최소 신장 트리 문제의 역사에 관한 흥미로운 논의는 Graham과 Hell이 *Annals of the History of Computing* 지(vol.7, no.1, 1985, pp.43-57)에 기고한 "On the history of the minimum spanning tree problem"에 잘 나타나 있다.

기타 그래프 알고리즘은 다음 서적에서 찾을 수 있다. *Graph: Theory* and *Applications,* by k. Thulasiraman and M. Swamy, Wiley Interscience, 1992.

6.7 추가 연습문제

1. 이분할 그래프(bipartite graph) $G = (V, E)$는 정점들을 2개의 분리 집합 A와 $B = V-A$로 분할할 수 있는 무방향 그래프로, 다음과 같은 특성을 가지고 있다.
   (1) A에 속해 있는 어떤 두 정점도 G에서 인접하지 않는다.
   (2) B에 속해 있는 어떤 두 정점도 G에서 인접하지 않는다.
   그림 6.5의 그래프 G_4는 이분할되어 있다. V의 가능한 분할은 $A = \{0, 3, 4, 6\}$, $B = \{1, 2, 5, 7\}$이다. 주어진 그래프 G가 이분할인지 결정하는 알고리즘을 작성하라. 작성된 알고리즘은 이분할인 그래프에 대해 전술한 특성 (1)과 (2)를 만족하는 두 분리 집합 A와 B로 정점들을 삽입한 분할을 구해야 한다. G를 인접 리스트로 표현할 때, 이 알고리즘의 연산 시간이 $O(n + e)$임도 증명하라. 여기서 $n = |V|$, $e = |E|$이다.

2. 모든 트리는 이분할 그래프임을 증명하라.

3. 홀수 길이의 사이클을 갖지 않는 그래프는 이분할임을 증명하라.

4. 트리의 반지름(radius)이란 루트에서 리프까지의 최대 거리이다. 연결 무방향 그래프가 주어졌을 때, 최소 반지름의 신장 트리를 구하는 함수를 작성하라(힌트: 너비 우선 탐색을 이용하라.). 작성된 함수의 정확성도 증명하라.

5. 트리의 지름(diameter)이란 임의의 두 정점 간의 최대 거리이다. 연결 무방향 그래프가 주어졌을 때, 최소 지름의 신장 트리를 구하는 알고리즘을 작성하라. 작성된 알고리즘의 정확성도 증명하라.

6. $G[n][n]$을 와이어링 격자라고 하자. $G[i][j] > 0$은 블록된 격자 위치를 나타내고, $G[i][j] = 0$은 블록되지 않은 위치를 나타낸다. 이때 위치 $[a][b]$와 $[c][d]$가 블록된 위치라고 가정하자. $[a][b]$에서 $[b][c]$로의 경로는 다음과 같은 격자 위치의 순차를 나타낸다.

   (a) $[a][b]$와 $[c][d]$는 각각 경로상의 첫 번째와 마지막 위치이다.
   (b) 순차의 연속적인 위치는 격자에서 수직 또는 수평적으로 인접하는 것이다.
   (c) 순차의 첫 번째와 마지막을 제외한 모든 위치는 블록되지 않은 위치이다.

   경로의 길이는 경로상 격자 위치의 수가 된다. 여기서 하고자 하는 일은 위치 $[a][b]$와 $[c][d]$를 최단 길이의 철선으로 연결하는 것이다. 철선 경로는 이 두 정점 간의 최단 격자 경로이다. 이 작업에 대한 Lee 알고리즘은 다음 단계로 동작한다.

   (a) [전진 단계] 위치 $[a][b]$로부터 너비 우선 탐색을 시작하라. 탐색 중 블록되지 않은 위치는 $[a][b]$로부터의 최단 거리로 레이블을 붙인다. 기존 레이블과의

충돌을 피하기 위해 음수 레이블을 사용하라. 위치 $[c][d]$에 이르면 레이블 작업을 중단한다.

(b) [역추적] 철선에 대한 유일한 레이블 $w > 0$을 사용하여, $[a][b]$와 $[c][d]$ 사이의 최단 경로에 레이블을 붙이기 위해 (a)의 레이블들을 사용하라. 이 작업은 $[c][d]$에서 시작하라.

(c) [뒷정리] 나머지 음수 레이블을 0으로 변경하라.

Lee 알고리즘의 세 단계 각각을 위한 알고리즘을 작성하라. 각 단계의 복잡도는 무엇인가?

7. 그래프를 표현하는 또 다른 방법은 부속 행렬(incidence matrix) INC를 이용하는 것이다. 이 표현에서는 그래프의 각 정점에 대해 하나의 행, 각 간선에 대해 하나의 열을 사용한다. 간선 j가 정점 i에 부속되면 $INC[i][j] = 1$이 된다. 그림 6.16(a)의 그래프에 대한 부속 행렬이 그림 6.47이다.

$$\begin{array}{c|cccccccccc}
 & 0 & 1 & 2 & 3 & 4 & 5 & 6 & 7 & 8 & 9 \\
\hline
0 & 1 & 1 & 0 & 0 & 0 & 0 & 0 & 0 & 0 & 0 \\
1 & 1 & 0 & 1 & 1 & 0 & 0 & 0 & 0 & 0 & 0 \\
2 & 0 & 1 & 0 & 0 & 1 & 1 & 0 & 0 & 0 & 0 \\
3 & 0 & 0 & 1 & 0 & 0 & 0 & 1 & 0 & 0 & 0 \\
4 & 0 & 0 & 0 & 1 & 0 & 0 & 0 & 1 & 0 & 0 \\
5 & 0 & 0 & 0 & 0 & 1 & 0 & 0 & 0 & 1 & 0 \\
6 & 0 & 0 & 0 & 0 & 0 & 1 & 0 & 0 & 0 & 1 \\
7 & 0 & 0 & 0 & 0 & 0 & 0 & 1 & 1 & 1 & 1 \\
\end{array}$$

그림 6.47 그림 6.16(a)의 그래프에 대한 부속 행렬

그림 6.16(a)의 간선들은 좌에서 우로, 위에서 아래로 번호가 부여되었다. 부속 행렬로 표현된 그래프를 처리할 수 있도록 함수 DFS(프로그램 6.15)를 재작성하라.

8. ADJ가 그래프 $G = (V, E)$의 인접 행렬이고 INC가 부속 행렬이라면, 어떤 조건에서 ADJ = INC × INC^T - I가 성립하는가? 단, INC^T는 INC의 전치 행렬이다. I는 단위 행렬이고 모든 행렬의 차원이 $n \times n$일 때, 행렬 곱셈 $C = A \times B$는 $c_{ij} = \vee_{k=0}^{n-1} a_{ik} \wedge b_{kj}$로 정의된다. 이때 $\vee$는 || 연산이고, $\wedge$는 && 연산이다.

9. 연결 그래프 G의 간선 중에서 그 삭제가 그래프를 분리시키는 간선 (u, v)를 브리지라 한다. 그림 6.19의 그래프에서 간선 (0, 1), (3, 5), (7, 8), (7, 9)가 브리지이다. $O(n + e)$ 시간에 그래프 G에서 브리지를 찾아내는 알고리즘을 작성하라. 여기서 n

과 e는 각각 정점과 간선의 수이다.[힌트: 함수 *Biconnected*(프로그램 6.6)의 아이디어를 이용하라.]

7 정렬

7.1 동기

이 장에서는 리스트(list)란 용어를 하나 이상의 필드로 된 레코드의 집합이라는 의미로 사용한다. 이때 코드를 서로 구별하기 위해 사용되는 필드는 키(key)라 한다. 같은 리스트가 여러 가지 다른 응용에서 사용될 수 있기 때문에 레코드 식별을 위한 키 필드는 특정 응용에 따라 달라진다. 예를 들어 전화번호부를 리스트라 할 때, 각 레코드는 다음과 같은 3개의 필드, 즉 이름, 주소, 전화번호를 갖는다. 이때 키는 일반적으로 사람의 이름이 된다. 그러나 주어진 전화번호에 해당되는 레코드를 찾고자 하는 경우에는 전화번호가 키가 되고, 특정 주소를 가지고 전화번호를 찾고자 할 경우에는 주소 필드가 키가 될 수도 있다.

    주어진 키로 레코드를 탐색하는 한 가지 방법은 레코드 리스트를 왼편에서 오른편 또는 오른편에서 왼편으로 레코드를 검사하는 것이다. 이런 탐색을 순차 탐색(sequential search)이라 한다. 여기서 레코드 리스트는 배열의 위치 1 에서 n 사이에 저장되어 있는 것으로 가정한다. 이 레코드들을 위한 인덱스는 0에서 $n-1$이 아니라 1에서 n까지를 사용한다. 왜냐하면 우리가 개발하는 정렬 기법의 하나인 힙 정렬은 힙의 배열 표현을 사용하고 있다. 이 표현은(5.6절 참조) 배열의 위치 1에서 시작한다. 그러나 이 장에서 설명하는 모든 정렬 방법이나 예제는 0에서 시작하는 레코드 인덱스로 쉽게 적응시킬 수 있다. 각 레코드의 데이타 타입은 $element$이고 각 레코드는 정수 필드 key를 가지고 있다고 가정하였다. 프로그램 7.1은 리스트 $a[1:n]$에 있는 레코드들을 왼편에서 오른편으로 탐색하는 순차 탐색 함수를 보여주고 있다.

    만일 $a[1:n]$ 속에 어떤 레코드도 키 값 k를 가지고 있지 않으면 탐색은 성공하지 못

```
int seqSearch(element a[], int k, int n)
{/* search a[1:n]; return the least i such that
    a[i].key = k; return 0, if k is not in the array */
  int i;
  for (i = 1; i <= n && a[i].key != k; i++)
    ;
  if (i > n) return 0;
  return i;
}
```

프로그램 7.1: 순차 탐색

한다. 프로그램 7.1 은 탐색이 성공하지 못할 때 n번의 키 비교를 한다. 성공적인 탐색의 경우에 키 비교 횟수는 배열 a에서 탐색 키의 위치에 따라 다르다. 만일 모든 키들이 상이하고 $a[i]$가 탐색되어진다면 i번의 키 비교를 하게 된다. 따라서 성공적인 탐색을 위한 평균 키 비교 횟수는 다음과 같다.

$$(\sum_{1 \leq i \leq n} i)/n = (n+1)/2.$$

전화번호 탐색 시에는 이보다 훨씬 낫게 할 수 있다. 리스트(즉, 전화번호부)의 엔트리들이 사전 순서(이름 키)로 되어 있다는 사실로 리스트의 아주 적은 엔트리만 검사해서 원하는 번호를 찾을 수 있다. 이원 탐색(1 장 참조)은 정렬된 순차 리스트를 탐색하기 위해 잘 알려진 방법 중 하나이다. 이원 탐색은 n개의 레코드를 가진 리스트를 탐색하기 위해 단지 $O(\log n)$ 시간이 걸린다. 이것은 순차 탐색에 걸리는 $O(n)$에 비해 아주 빠른 시간이다. 그리고 순차 탐색을 정렬된 리스트에 대해 수행할 때, 함수 seqSearch의 **for** 루프의 조건 부분을 $i <= n$ && $a[i].key < k$로 변경할 수 있다. 이 변경은 조건 $i > n$을 $i > n$ || $a[i].key! = k$로 함께 변경해야 된다. 이러한 변경은 탐색이 실패할 때 프로그램 7.1 의 성능을 향상시킨다.

다시 전화번호부 예제로 돌아가보자. 순차나 이원 탐색 방법은 실제로 사람이 사용하는 탐색 방법과 대응되지 않는다. 만약 글자 W로 시작하는 이름을 찾는다면, 일반적으로 목록의 중간보다 끝 부분에서부터 찾는다. 이러한 보간법(interpolation)에 의한 탐색 방법은 k를 $a[i]$와 비교하는 것으로 시작하는데, 여기서 $i = ((k-a[i].key) / (a[n].key-a[1].key)) * n$이고 $a[l].key$와 $a[n].key$는 리스트에서 가장 작은 키 값과 가장 큰 키 값이다. 보간 탐색은 리스트가 정렬되었을 때만 사용할 수 있고, 이런 탐색의 성질은 리스트에 있는 키의 분포에 달려 있다.

이제 정렬된 리스트의 사용이 연산을 많이 줄여주는 다른 예제를 살펴보자. 이 예제는 데이타 내용은 같지만 2개의 다른 출처로부터 얻어진 2개의 레코드 리스트들을 비교하는 것이다. 예를 들어 이러한 문제는 미국 국세청(IRS)에서 고용주로부터 피고용자에게 얼마를 지급하였다는 신고서를 받고, 피고용자는 고용주로부터 얼마를 지급받았다고 신고하는 수백만 개의 신고서를 개별적으로 받는 경우에 발생한다. 이때 고용주와 피고용자에 관련된 2개의 레코드 리스트가 생겨나고, 정보의 2개의 집합, 즉 두 리스트 간에 모순점이 없는지를 검증할 수 있다. IRS에 도착하는 신고서는 임의 순서대로 접수되기 때문에, 리스트의 레코드들 역시 임의 순서로 배열되어져 있다고 가정한다. 여기서 키는 피고용자의 사회보장번호이다.

$list1$을 고용주 리스트, $list2$를 피고용자 리스트라 하자. $list1[i].key$와 $list2[i].key$가 각각 $list1$과 $list2$에 있는 i번째 레코드 키를 나타낸다고 하자. 검증을 위해 다음과 같이 가정한다.

(1) 고용주 리스트에 있는 키와 대응되는 레코드가 피고용자 리스트에 없으면 메시지를 피고용자에게 보낸다.
(2) (1)과 반대인 경우 메시지를 고용주에게 보낸다.
(3) 같은 키를 가진 두 레코드 사이에 모순점이 없으면 이 결과에 대한 메시지를 출력한다.

함수 $verify1$(프로그램 7.2)은 2개의 비정렬 리스트를 직접 비교해서 검증 문제를 해결한다.

리스트의 레코드 데이타 타입은 $element$이고, 키는 정수라고 가정한다. $verify1$의 복잡도는 $O(mn)$이 되는데, 여기서 n과 m은 각각 고용자와 피고용자 리스트의 레코드 수이다. 반면에 두 리스트를 먼저 정렬시킨 다음 비교를 수행한다면, $O(t_{Sort}(n) + t_{Sort}(m) + n + m)$에 끝낼 수 있다. 여기서 $t_{Sort}(n)$은 n개의 레코드를 가진 리스트를 정렬하는 데 걸리는 시간이다. 앞으로 보게 되겠지만, n개의 레코드를 $O(n \log n)$ 시간에 정렬할 수 있으므로 연산 시간은 $O(\max\{n \log n, m \log m\})$이 된다. 함수 $verify2$(프로그램 7.3)는 이 시간에 실행된다.

이제까지 정렬의 두 가지 중요한 사용법, 즉 (1) 탐색에서 보조로 사용하고, (2) 리스트의 엔트리를 비교하는 방법으로 사용하는 것을 보았다. 또한 정렬은 최적화, 그래프 이론이나 작업 스케줄링과 같은 복잡한 문제를 해결하는 응용에도 사용할 수 있다. 결론적으로 정렬 문제는 계산을 공부하는 데 큰 관련성을 가지고 있다. 그러나 불행히도 모든 응용에 최상이 되는 유일한 정렬 방법은 없다. 따라서 경우에 따라 어떤 방법이 우수한지를 살펴보면서 여러 가지 정렬 방법을 공부하겠다.

```
void verify1(element list1[], element list2[], int n, int m)
{/* compare two unordered lists list1[1:n] and list2[1:m] */
  int i,j, marked[MAX_SIZE];

  for (i = 1; i <= m; i++)
     marked[i] = FALSE;
  for (i = 1; i <= n; i++)
    if ((j = seqSearch(list2,m,list1[i].key)) == 0)
       printf("%d is not in list 2\n",list1[i].key);
    else
    /* check each of the other fields from list1[i] and
       list2[j], and print out any discrepancies */
       marked[j] = TRUE;
  for (i = 1; i <= m; i++)
    if (!marked[i])
       printf("%d is not in list 1\n",list2[i].key);
}
```

프로그램 7.2: 순차 탐색으로 정렬이 안 된 두 리스트를 검증

먼저 앞으로 살펴볼 문제를 공식적으로 기술해보자. 주어진 레코드의 리스트($R_1, R_2, \cdots, R_n$)이 있다. 각 레코드 R_i는 키 값 K_i를 갖는다. 그리고 키들 사이에는 순서 관계(<)가 있어서 두 키 값 x, y 사이에는 $x = y, x < y, x > y$의 관계가 성립된다고 가정한다. 또한 이 순서 관계(<)는 이행적(transitive)이다(즉, 세 키 값 x, y, z에서 $x < y$이고 $y < z$이면 $x < z$이다.). 그러면 정렬 문제는 $K_{\sigma(i)} \leq K_{\sigma(i+1)}(1 \leq i \leq n-1)$인 순열 σ를 찾는 문제가 된다. 원하는 순서는 ($R_{\sigma(1)}, R_{\sigma(2)}, \cdots, R_{\sigma(n)}$)이다.

리스트는 똑같은 키 값을 여러 개 가질 수 있으므로 순열 σ는 유일하지 않다는 점에 유의하라. 우리는 순열 σ_s를 다른 정렬된 리스트와 구분하려고 한다. 순열 σ_s가 다음과 같은 특성을 가진다고 하자.

(1) $K_{\sigma(i)} \leq K_{\sigma(i+1)}, i \leq i \leq n-1$
(2) 만일 입력 리스트에서 $i < j$이고 $K_i == K_j$이면, 정렬된 리스트에서 R_i는 R_j에 선행한다.

이러한 순열 σ_s를 만드는 정렬 방법을 안정적(stable)이라고 한다.

정렬 방법은 크게 두 가지 범위, (1) 내부 방법(internal methods, 정렬할 리스트가 작아서 전체적인 정렬이 메인 메모리에서 실행될 수 있을 때 사용하는 정렬 방법)과 (2) 외부 방법(external methods, 큰 리스트에 사용하는 방법)으로 구분한다. 다음에 살펴볼 내

```
void verify2(element list1[], element list2[], int n, int m)
{/* same as verify1, but we sort list1 and list2 first */
   int i,j;
   sort(list1,n); sort(list2,m);
   i = j = 1;
   while (i <= n && j <= m)
      if (list1[i].key < list2[j].key) {
         printf("%d is not in list 2\n",list1[i].key);
         i++;
      }
      else if (list1[i].key == list2[j].key) {
         /* compare list1[i] and list2[j] on each of the other
            fields and report any discrepancies */
         i++; j++;
      }
      else {
         printf("%d is not in list 1\n", list2[j].key);
         j++;
      }
   for(; i <= n; i++)
      printf("%d is not in list 2\n",list1[i].key);
   for (; j <= m; j++)
      printf("%d is not in list 1\n",list2[j].key);
}
```

프로그램 7.3: 두 정렬된 리스트의 빠른 검증

부 정렬 방법은 삽입 정렬(insertion sort), 퀵 정렬(quick sort), 합병 정렬(merge sort), 히프 정렬(heap sort), 기수 정렬(radix sort)이다. 이것들을 살펴본 뒤 외부 정렬에 대해 기술할 것이다. 앞으로 계속 레코드 비교를 그 키의 비교로 할 수 있게끔, 관계 연산자가 다중화되었다고 가정한다.

7.2 삽입 정렬

삽입 정렬(insertion sort)의 가장 기본적인 단계는 새로운 레코드를 i개의 정렬된 레코드 리스트에 끼워넣어 크기가 $i + 1$로 정렬된 결과 레코드 리스트를 만드는 것이다. 함수 insert(프로그램 7.4)는 이러한 삽입을 수행한다.

$a[0]$을 사용하면 리스트 끝 검사(즉, $i < 1$)를 생략할 수 있게 해 **while** 루프를 간단하게 한다. 삽입 정렬은 순서 순차 $a[1]$에서부터 시작하여 $a[2]$, $a[3]$, $\cdots$, $a[n]$을 연속적

```
void insert(element e, element a[], int i)
{/* insert e into the ordered list a[1:i] such that the
    resulting list a[1:i+1] is also ordered, the array a
    must have space allocated for at least i+2 elements */
   a[0] = e;
   while (e.key < a[i].key)
   {
      a[i+1] = a[i];
      i--;
   }
   a[i+1] = e;
}
```

프로그램 7.4: 정렬된 리스트로 삽입

으로 삽입한다. 매번 삽입의 결과가 정렬된 리스트가 되기 때문에 n개의 레코드를 가진 리스트는 $n-1$번 삽입함으로써 정렬할 수 있다. 자세한 것은 함수 insertionSort에 기술되어 있다.(프로그램 7.5)

```
void insertionSort(element a[], int n)
{ /* a[1:n] 을 비감소 키 순서대로 정렬 */
   int j;
   for (j = 2; j <= n; j++) {
      element temp = a[j];
      insert(temp, a, j-1);
   }
}
```

프로그램 7.5: 삽입 정렬

insertionSort의 분석: insert(e, a, i)는 최악의 경우 삽입 전에 $i+1$번 비교해야 한다. 따라서 insert의 복잡도는 $O(i)$이다. insertionSort는 $i = j-1 = 1, 2, \cdots, n-1$일 때 insert를 호출한다. 따라서 insertionSort의 복잡도는 다음과 같다.

$$O(\sum_{i=1}^{n-1} (i+1)) = O(n^2)$$

insertionSort의 연산 시간 추정은 입력 리스트의 상대적 혼돈을 기초로 계산할 수도 있다.

만일 $R_i < \max_{1 \leq j < i} \{R_j\}$이면 레코드 R_i는 무순서(LOO, left out of order)이다. 따라서 삽입 단계는 LOO인 레코드에 대해서만 수행되어야 한다. k를 LOO인 레코드 수라고 하면, 계산 시간은 $O((k + 1)n) = O(kn)$이다. insertionSort에 대한 평균 시간이 $O(n^2)$이라는 것도 증명할 수 있다. □

예제 7.1: $n = 5$이고 입력 키 순서가 5, 4, 3, 2, 1 이라고 가정하자. 매번 삽입 단계 이후에는 다음과 같이 된다. 편의상 각 레코드의 키 필드만 표시되어 있고, 리스트의 정렬된 부분은 굵은체로 표시되어 있다.

j	[1]	[2]	[3]	[4]	[5]
–	5	4	3	2	1
2	4	5	3	2	1
3	3	4	5	2	1
4	2	3	4	5	1
5	1	2	3	4	5

입력 리스트가 역순으로 되어 있기 때문에, 새로운 레코드가 정렬된 부분에 삽입될 때마다 전체 정렬된 부분이 오른쪽으로 한 자리씩 이동된다. 따라서 이 입력 순서는 삽입 정렬의 최악의 경우를 보여주고 있다. □

예제 7.2: $n = 5$이고 입력 키 순서가 2, 3, 4, 5, 1 이라고 가정하자. 각 단계를 반복하면 다음과 같이 된다.

j	[1]	[2]	[3]	[4]	[5]
–	2	3	4	5	1
2	2	3	4	5	1
3	2	3	4	5	1
4	2	3	4	5	1
5	1	2	3	4	5

이 예에서는 레코드 5만 LOO이다. 그래서 $j = 2, 3, 4$에 대한 시간은 $O(1)$이며, $j = 5$일 때는 $O(n)$이 된다. □

insertionSort가 안정적이라는 것은 분명하다. 계산 시간이 $O(kn)$이기 때문에, 이 방법은 아주 소수의 레코드($k \ll n$)만 LOO인 경우 바람직한 알고리즘이다. 이 방법의 단순성 때문에 작은 n(예를 들어, $n \leq 30$)에 대해 가장 빠른 정렬 방법이 된다.

변형

1. 이원 삽입 정렬: *insert*(프로그램 7.4)에서 사용된 순차 탐색 기법 대신 이원 탐색을 사용하면 삽입 정렬에서 수행하는 비교 횟수를 줄일 수 있다. 레코드 이동 횟수는 변하지 않는다.

2. 연결 삽입 정렬: 리스트의 원소들을 배열이 아니라 연결 리스트로 표현한다. 링크 필드만 조정하면 되기 때문에 레코드 이동 횟수는 0이 된다. 그러나 *insert*에서 사용한 순차 탐색은 그대로 사용해야 한다.

연습문제

1. *insertionSort*(프로그램 7.5)의 **for** 루프의 매 반복 끝에서 리스트 (12, 2, 16, 30, 8, 28, 4, 10, 20, 6, 18)의 상태를 기술하라.
2. 이원 삽입 정렬을 구현한 함수를 작성하라. 구현한 정렬 함수에서 최악의 경우 비교 횟수는 얼마인가? 최악의 경우 이동하는 레코드의 수는? 프로그램 7.5의 수치와 비교하여 어떠한가?
3. 연결 삽입 정렬을 구현한 함수를 작성하라. 구현한 정렬 함수에서 최악의 경우 비교 횟수는 얼마인가? 최악의 경우 이동하는 레코드의 수는? 프로그램 7.5의 수치와 비교하여 어떠한가?

7.3 퀵 정렬

이제 평균 성능이 매우 좋은 정렬 방법을 살펴보기로 하자. 퀵 정렬(quick sort)은 C. A. R. Hoare가 개발한 정렬 방법으로, 앞으로 살펴볼 정렬 방법 중에서 가장 좋은 평균 성능을 가지고 있다. 삽입 정렬에서는 정렬할 레코드 중에서 피벗(pivot: 중추) 레코드를 선택한다. 다음에는 정렬할 레코드들을 다시 정돈해서, 피벗의 왼쪽에는 레코드 키들이 피벗의 키보다 작거나 같고 피벗의 오른쪽에는 레코드 키들이 피벗의 키보다 크거나 같도록 한다. 최종적으로는 피벗의 왼쪽에 있는 레코드들과 피벗의 오른쪽에 있는 레코드들이 서로 독립적으로 정렬된다.(퀵 정렬 방법을 순환적으로 사용)

프로그램 7.6은 이렇게 생성된 퀵 정렬 함수이다. $a[1:n]$을 정렬하기 위해 함수가 호출되는 것은 *quickSort*(a, 1, n)이다. 함수 *quickSort*는 $a[n+1]$이 최소한 나머지 다른 키 값만큼은 큰 키로 설정되어 있다고 가정한다.

```
void quickSort(element a[], int left, int right)
{/* sort a[left:right] into nondecreasing order
    on the key field; a[left].key is arbitrarily
    chosen as the pivot key;  it is assumed that
    a[left].key <= a[right+1].key */
  int pivot,i,j;
  element temp;
  if (left < right) {
    i = left; j = right + 1;
    pivot = a[left].key;
    do {/* search for keys from the left and right
           sublists, swapping out-of-order elements until
           the left and right boundaries cross or meet */
      do i++; while (a[i].key < pivot);
      do j--; while (a[j].key > pivot);
      if (i < j) SWAP(a[i],a[j],temp);
    } while (i < j);
    SWAP(a[left],a[j],temp);
    quickSort(a,left,j-1);
    quickSort(a,j+1,right);
  }
}
```

프로그램 7.6: 퀵 정렬

예제 7.3: 키 (26, 5, 37, 1, 61, 11, 59, 15, 48, 19)를 가진 10개의 레코드로 된 리스트를 정렬한다고 하자. 그림 7.1은 *quickSort*를 매번 호출할 때마다 이 리스트의 상태를 보여준다. 그림에서 대괄호는 계속해서 정렬할 서브리스트를 가리킨다. □

R_1	R_2	R_3	R_4	R_5	R_6	R_7	R_8	R_9	R_{10}	*left*	*right*
[26	5	37	1	61	11	59	15	48	19]	1	10
[11	5	19	1	15]	26	[59	61	48	37]	1	5
[1	5]	11	[19	15]	26	[59	61	48	37	1	2
1	5	11	[19	15]	26	[59	61	48	37]	4	5
1	5	11	15	19	26	[59	61	48	37]	7	10
1	5	11	15	19	26	[48	37]	59	[61]	7	8
1	5	11	15	19	26	37	48	59	[61]	10	10
1	5	11	15	19	26	37	48	59	61		

그림 7.1 퀵 정렬의 예제

***quickSort*의 분석:** 최악의 경우 *quickSort*의 성능은 연습문제 2에서 살펴본 바와 같이 $O(n^2)$이다. 그러나 정렬 시 운이 따른다면, 한 레코드의 위치가 정확히 정해질 때마다 그 레코드 왼쪽에 있는 서브리스트와 오른쪽에 있는 서브리스트의 크기는 같게 될 것이다. 이 것은 크기가 대략 $n/2$인 2개의 서브리스트를 정렬하는 작업으로 만든다. 크기가 n인 리스트에서 한 레코드를 위치시키는 데 필요한 시간은 $O(n)$이다. n개의 레코드로 된 리스트를 정렬하는 데 소요되는 시간을 $T(n)$이라 하면, 한 레코드가 정확한 위치에 놓일 때마다 리스트가 거의 똑같은 크기의 두 부분으로 나누어진다. 이때 다음과 같은 식을 얻을 수 있다.

$$T(n) \leq cn + 2T(n/2), \quad \text{어떤 상수 } c \text{에 대해서}$$
$$\leq cn + 2(cn/2 + 2T(n/4))$$
$$\leq 2cn + 4T(n/4)$$
$$\vdots$$
$$\leq cn \log_2 n + nT(1) = O(n \log n)$$

보조정리 7.1은 함수 *quickSort*에 대한 평균 연산 시간이 $O(n \log n)$임을 보여주고 있다. 이 실험 결과에 의하면, 평균 연산 시간에 관한 한 퀵 정렬은 앞으로 공부할 내부 정렬 방법 중에서 가장 좋은 방법이다.

보조정리 7.1: $T_{avg}(n)$을 함수 *quickSort*가 n개의 레코드를 가진 리스트를 정렬하는 데 필요한 예상 시간이라고 하자. 그러면 $n \geq 2$에 대해 $T_{avg}(n) \leq k\, n\log_e n$를 만족하는 상수 k가 존재한다.

증명: *quickSort*(*list*, 1, n) 호출 시, 피벗이 j 위치에 놓이게 된다. 이는 크기가 각각 $j-1$, $n-j$인 2개의 서브리스트를 정렬하는 문제로 된다. 이 문제에 대한 예상 시간은 $T_{avg}(j-1) + T_{avg}(n-j)$이다. 이 알고리즘의 나머지는 어떤 상수 c에 대해 최대 cn 시간이 걸린다. j는 0에서부터 n까지의 범위에서 똑같은 확률로 임의의 값을 취하기 때문에 다음과 같은 식을 얻을 수 있다.

$$T_{avg}(n) \leq cn + \frac{1}{n}\sum_{j=1}^{n}(T_{avg}(j-1) + T_{avg}(n-j)) = cn + \frac{2}{n}\sum_{j=0}^{n-1}T_{avg}(j) \qquad (7.1)$$

어떤 상수 b에 대하여 $T_{avg}(0) \leq b$와 $T_{avg}(1) \leq b$라고 가정할 수 있다. 이제 $n \geq 2$이고 $k = 2(b + c)$인 경우 $T_{avg}(n) \leq kn \log_e n$임을 증명할 것이다. 증명은 n에 대한 귀납법을 사용한다.

[귀납 기초]: $n = 2$인 경우 식 (7.1)에 의해,

$$T_{avg}(2) \leq 2c + 2b \leq kn \log_e 2$$

[귀납 가정]: $1 \leq n < m$에 대해 $T_{avg}(n) \leq kn \log_e n$이라고 가정한다.

[귀납 단계]: 식 (7.1)과 귀납 가정에 의해,

$$T_{avg}(m) \leq cm + \frac{4b}{m} + \frac{2}{m}\sum_{j=2}^{m-1} T_{avg}(j) \leq cm + \frac{4b}{m} + \frac{2k}{m}\sum_{j=2}^{m-1} j\log_e j \quad (7.2)$$

$j \log_e j$가 j에 대한 증가 함수이기 때문에, 식 (7.2)는 다음과 같이 된다.

$$T_{avg}(m) \leq cm + \frac{4b}{m} + \frac{2k}{m}\int_2^m x\log_e x\, dx = cm + \frac{4b}{m} + \frac{2k}{m}\left[\frac{m^2 \log_e m}{2} - \frac{m^2}{4}\right]$$

$$= cm + \frac{4b}{m} + km\log_e m - \frac{km}{2} \leq km\log_e m, \text{ for } m \geq 2 \quad \square$$

한 레코드에 대해 하나의 공간만 추가로 필요로 하는 삽입 정렬과는 달리, 퀵 정렬은 순환(recursion)을 구현하기 위하여 스택 공간이 필요하다. 앞에서의 분석에서처럼 리스트가 균등하게 나누어지는 경우, 최대 순환 깊이는 $\log n$이 되어 스택 공간으로 O($\log n$)을 필요로 한다. 최악의 경우는 순환의 각 단계에서, 크기가 $n-1$인 왼쪽 서브리스트와 크기가 0인 오른쪽 서브리스트로 리스트가 나누어질 때이다. 이 경우 순환 깊이는 n이 되어 O(n) 스택 공간이 필요하다. 길이가 2보다 작은 크기의 오른쪽 서브리스트는 스택에 삽입할 필요가 없게 만듦으로써, 최악의 경우 필요한 스택 공간을 4배만큼 줄일 수 있다. 보다 작은 크기의 서브리스트를 먼저 정렬함으로써 스택 공간을 점근적으로 감소시킬 수도 있다. 이 경우 추가적으로 필요한 스택 공간은 최대 O($\log n$)이다.

변형—세 값의 메디안을 사용한 퀵 정렬: 앞에서 기술한 퀵 정렬은 항상 현재의 서브리스트의 첫 번째 레코드의 키를 피벗으로 선택한다. 이 피벗에 대한 보다 나은 선택은 현재 서브리스트에 있는 첫 번째, 중앙, 마지막 키 중에서 메디안을 사용하는 것이다. 즉 $pivot = median\{K_l, K_{(l+r)/2}, K_r\}$이다. 예를 들어 $median\{10, 5, 7\} = 7$이고 $median\{10, 7, 7\} = 7$이다.

연습문제

1. 리스트 (12, 2, 16, 30, 8, 28, 4, 10, 20, 6, 18)을 가지고 시작하여 그림 7.1과 비슷

한 그림을 그려보아라.

2. (a) 입력 리스트가 이미 정렬되어 있을 때, *quickSort*의 복잡도는 $O(n^2)$임을 증명하라.
   (b) *quickSort*에서 최악의 경우 시간 복잡도가 $O(n^2)$임을 증명하라.
   (c) *quickSort*에서 왜 *list*[*left*] ≤ *list*[*right* + 1]이 되어야 하는가?
3. (a) 피벗 키로 세 값의 메디안을 사용하는 *quickSort*의 비순환 버전을 작성하라.
   (b) 이미 정렬된 리스트에 대해서는 이 함수가 $O(n \log n)$시간이 걸림을 증명하라.
4. 보다 작은 서브리스트가 먼저 정렬되면 *quickSort*의 순환이 깊이가 $O(\log n)$인 스택을 사용하여 시뮬레이션할 수 있음을 증명하라.
5. 퀵 정렬은 비안정적인 정렬 기법이다. 키 값이 같은 레코드들의 순서가 보존되지 않는 입력 리스트의 예를 보이라.

7.4 얼마나 빠르게 정렬할 수 있는가

지금까지 논의한 두 가지 정렬 방법은 최악의 경우 $O(n^2)$ 연산 시간을 갖는다. 이 시점에서 정렬을 위한 최선의 연산 시간은 얼마일지에 대해 의문을 가져볼 만하다. 이 절에서는 키에 대한 비교와 교환 연산만이 허용된다는 제약 하에 가장 좋은 정렬 시간은 $O(n \log n)$이라는 정리를 증명할 것이다.

증명 방법은 정렬 과정을 기술하는 트리를 이용하는 것이다. 트리에서 각 노드는 하나의 키 비교 연산을 나타내고 간선은 비교 결과를 나타낸다. 이러한 트리를 결정 트리(decision tree)라고 한다. 따라서 결정 트리에서의 한 경로는 알고리즘이 생성할 수 있는 일련의 연산들을 나타낸다.

예제 7.4: 3개의 레코드로 구성된 리스트에 대해 동작하는 삽입 정렬을 위한 결정 트리(그림 7.2)를 살펴보자. 입력 순서는 R_1, R_2, R_3의 순이다. 따라서 트리의 루트는 [1, 2, 3]으로 표시된다. 키 K_1, K_2 간의 비교 결과에 따라 이 순서는 바뀔 수도, 안 바뀔 수도 있는데, 만약 $K_2 < K_1$이라면 순서는 [2, 1, 3]이 되고 그렇지 않으면 [1, 2, 3] 그대로 유지된다. 이 비교 결과로 만들어진 전체 트리가 그림 7.2이다.

리프 노드들은 I~VI로 표시되어 있는데 이것은 알고리즘이 종료될 수 있는 위치들이다. 따라서 입력 순서의 여섯 가지 순열은 이 알고리즘의 결과로 얻어진다. 이들 여섯 가지 순열 모두는 서로 다르고, 3! = 6이기 때문에 당연히 이 알고리즘은 3개의 레코드 정렬을 위한 올바른 정렬 알고리즘이 되기에 충분한 리프 노드들을 가지고 있다. 이 트리의 최대 깊이는 3이다. 그림 7.3은 키 7, 9, 10에 대한 6개의 서로 다른 순서들을 보여주

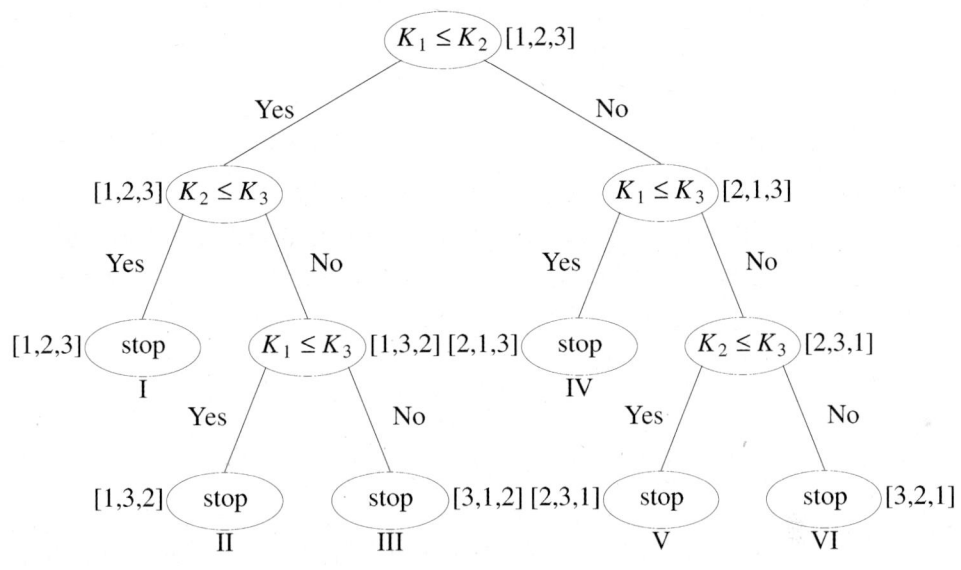

그림 7.2 삽입 정렬에 대한 결정 트리

leaf	permutation	sample input key values that give the permutation
I	1 2 3	[7, 9, 10]
II	1 3 2	[7, 10, 9]
III	3 1 2	[9, 10, 7]
IV	2 1 3	[9, 7, 10]
V	2 3 1	[10, 7, 9]
VI	3 2 1	[10, 9, 7]

그림 7.3 샘플 입력 순열

고 있다. 또 이 그림은 전부 여섯 가지 순열이 가능하다는 것을 보여준다. □

정리 7.1: n개의 서로 다른 원소들을 정렬하는 결정 트리의 높이는 적어도 $\log_2(n!) + 1$이 된다.

증명: n개의 원소를 정렬할 때 $n!$개의 서로 다른 결과가 가능하다. 따라서 정렬을 위한

결정 트리는 적어도 $n!$개의 리프 노드를 가져야 한다. 결정 트리는 이진 트리이기 때문에 높이가 k일 때 최대 $2k-1$개의 리프 노드를 가질 수 있다. 그러므로 결정 트리의 높이는 적어도 $\log_2(n!) + 1$이 되어야 한다. □

계: 단지 비교만으로 정렬하는 알고리즘은 최악의 경우 $\Omega(n \log n)$ 연산 시간을 갖는다.

증명: $n!$개의 리프 노드를 갖는 모든 결정 트리는 길이가 $cn \log_2 n$인 경로가 존재함을 보여야 한다. 여기서 c는 상수이다. 정리에 의해 결정 트리에는 길이가 $\log_2 n!$인 경로가 있다. $n!$는 다음과 같다.

$$n! = n(n-1)(n-2) \cdots (3)(2)(1) \geq (n/2)^{n/2}$$

따라서 $\log_2 n! \geq (n/2)\log_2(n/2) = \Omega(n \log n)$이다. □

이와 비슷한 논법과 2^n개의 리프를 가진 이진 트리는 평균 길이가 $\Omega(n \log n)$인 루트에서 리프까지의 경로를 가져야만 한다는 사실을 이용하여, 비교에 근거한 정렬 방법의 평균 복잡도는 $\Omega(n \log n)$임을 증명할 수 있다.

7.5 합병 정렬

7.5.1 합병

n개의 레코드를 정렬하기 위한 합병 정렬(merge sort) 방법을 살펴보기 전에 어떻게 2개의 정렬된 리스트를 하나의 정렬된 리스트로 합병하는지를 보자. 프로그램 7.7은 이것을 위한 코드를 보여주고 있다. 정렬할 두 리스트는 $initList[l:m]$과 $initList[m+1:n]$이다. 합병된 결과 리스트는 $mergedList[l:n]$이다.

***merge*의 분석: while** 루프를 반복할 때마다 k는 1씩 증가된다. k의 총 증가량은 $n-i+1$이다. 그래서 **while** 루프는 최대 $n-i+1$만큼 반복된다. **for** 명령문은 최대 $n-i+1$ 레코드를 복사한다. 그래서 총 시간은 $O(n-i+1)$이다.

각 레코드 길이가 s이면, 연산 시간은 $O(s(n-l+1))$이다. s가 1보다 클 때 배열 대신 연결 리스트를 이용하면 이들 $n-l+1$ 레코드를 포함한 새로운 정렬된 연결 리스트를 얻을 수 있다. 이렇게 되면 *merge* 함수에서 배열 $mergedList$가 필요한 $n-l+1$개의 레코드 공간이 필요 없게 된다. 대신 $n-l+1$개의 링크에 대한 공간이 필요하다. 합병 시간은 $O(n-i+1)$이 되며, S에 독립적이다. 여기서 $n-l+1$은 합병될 레코드 수라는 것에

```
void merge(element initList[], element mergedList[],
           int i, int m, int n)
{/* the sorted lists initList[i:m] and initList[m+1:n] are
    merged to obtain the sorted list mergedList[i:n] */
  int j,k,t;
  j = m+1;        /* index for the second sublist */
  k = i;          /* index for the merged list */

  while (i <= m && j <= n) {
    if (initList[i].key <= initList[j].key)
      mergedList[k++] = initList[i++];
    else
      mergedList[k++] = initList[j++];
  }
  if (i > m)
  /* mergedList[k:n] = initList[j:n] */
    for (t = j; t <= n; t++)
      mergedList[t] = initList[t];
  else
  /* mergedList[k:n] = initList[i:m] */
    for (t = i; t <= m; t++)
      mergedList[k+t-i] = initList[t];
}
```

프로그램 7.7: 정렬된 두 리스트의 합병

유의하라. □

7.5.2 반복 합병 정렬

반복 합병 정렬(iterative merge sort)은 입력 리스트를 길이가 1인 n개의 정렬된 서브리스트로 간주하는 것으로 시작한다. 첫 번째 합병 단계에서는 이 리스트들을 쌍으로 합병하여 크기가 2인 $n/2$개의 리스트를 얻는다(n이 홀수이면 리스트 하나의 크기는 1이 된다). 두 번째 합병 단계에서는 이 $n/2$개의 리스트를 다시 쌍으로 합병하여 $n/4$개의 리스트를 얻는다. 한 번 합병할 때마다 서브리스트의 수는 반으로 줄어든다. 합병 단계는 하나의 서브리스트가 남을 때까지 계속된다. 아래의 예가 그 과정을 보여준다.

예제 7.5: 입력 리스트가 (26, 5, 77, 1, 61, 11, 59, 15, 48, 19)일 때 그림 7.4는 각 단계에서 합병되는 서브리스트를 보여주고 있다. □

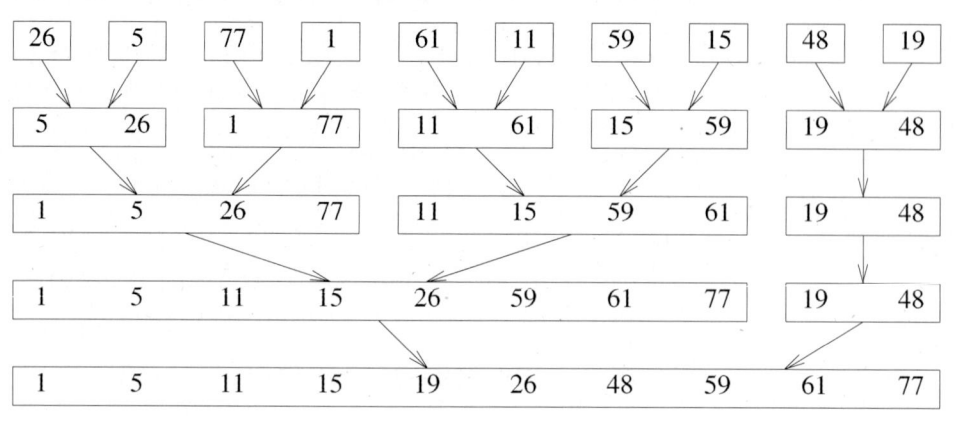

그림 7.4 합병 트리

합병 정렬은 여러 개의 합병 단계(pass)로 구현되기 때문에 합병 단계를 수행하는 함수(프로그램 7.8)를 먼저 작성하는 것이 편리하다. 이제 이 정렬은 프로그램 7.9에서처럼 합병 단계 함수를 반복적으로 호출함으로써 수행할 수 있다.

```
void mergePass(element initList[], element mergedList[],
               int n, int s)
{/* perform one pass of the merge sort, merge adjacent
    pairs of sorted segments from initList[] into mergedList[],
    n is the number of elements in the list, s is
    the size of each sorted segment */
  int i,j;
  for (i = 1; i <= n - 2 * s + 1; i += 2 * s)
     merge(initList,mergedList,i,i + s - 1,i + 2 * s - 1);
  if (i + s - 1 < n)
     merge(initList,mergedList,i,i + s - 1,n);
  else
     for (j = i; j <= n; j++)
        mergedList[j] = initList[j];
}
```

프로그램 7.8: 합병 패스

```
void mergeSort(element a[], int n)
{/* sort a[1:n] using the merge sort method */
   int s = 1; /* current segment size */
   element extra[MAX_SIZE];

   while (s < n) {
      mergePass(a, extra, n, s);
      s *= 2;
      mergePass(extra, a, n, s);
      s *= 2;
   }
}
```

프로그램 7.9: 합병 정렬

***mergeSort*의 분석**: 합병 정렬은 입력에 대해 여러 단계의 합병으로 구성된다. 첫 번째 단계에서는 크기가 1인 리스트들을 합병하고, 두 번째 단계에서는 크기가 2인 리스트들을 합병하며, i 번째 패스에서는 크기가 2^{i-1}인 리스트를 합병한다. 결과적으로 총 $\lceil \log_2 n \rceil$ 단계가 데이터에 적용된다. 함수 *merge*와 같이 2개의 리스트에 대한 합병은 선형 시간에 이루어질 수 있으므로, 정렬 합병의 각 단계는 O(n) 시간이 걸린다. 따라서 총 연산 시간은 O($n \log n$)이 된다. □

이제 *mergeSort*가 안정된 정렬 함수라는 것을 검증할 수 있다.

7.5.3 순환 합병 정렬
순환적 방법에서는 정렬할 리스트를 거의 똑같이 2개로 나누어 *left* 서브리스트와 *right* 서브리스트로 만든다. 이 서브리스트들은 순환적으로 정렬되고 정렬된 서브리스트들은 합병된다.

예제 7.6: 입력 리스트 (26, 5, 77, 1, 61, 11, 59, 15, 49, 19)가 합병 정렬의 순환 방법에 의해 정렬될 리스트라고 하자. 만일 *left*로부터 *right*까지의 서브리스트를 정렬하려 한다면, 우선 *left*로부터 $\lfloor (left + right)/2 \rfloor$까지, 그리고 $\lfloor (left + right)/2 \rfloor + 1$로부터 *right*까지 인덱스된 2개의 서브리스트를 만든다. 이 서브리스트 분할이 그림 7.5의 이진 트리로 표현되어 있다. 합병되는 서브리스트는 *mergeSort*로 합병되는 것과는 다르다는 점에 유의

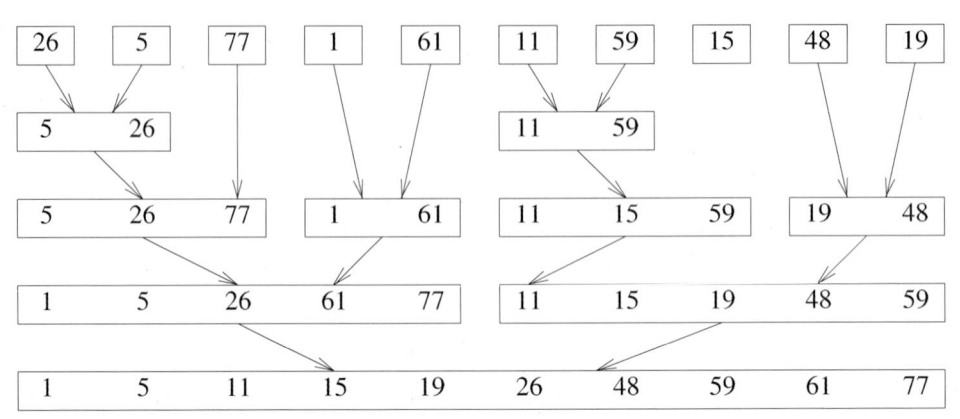

그림 7.5 순환 합병 정렬의 서브리스트 분할

하라. □

  정렬된 서브리스트를 합병하기 위해 함수 *merge*(프로그램 7.7)가 사용될 때 생기는 레코드 복사를 제거하기 위하여 정수 포인터를 각 레코드에 연관시킨다. 이 목적으로 정수 배열 *link*[1:*n*]을 사용하는데, 여기서 *link*[*i*]는 정렬된 서브리스트에서 레코드 *i* 다음에 있는 레코드를 나타낸다. 그래서 *link*[*i*] = 0인 경우에는 다음 레코드가 없다. 이 배열을 추가로 사용함으로써 레코드 복사는 링크 변경으로 대체되고, 정렬 함수의 실행 시간은 레코드 크기 *s*에 독립적이며 필요한 추가 공간은 O(*n*)이다. 비교해보면, 앞에서 설명한 반복적 합병 정렬은 O(*sn* log *n*) 시간과 O(*sn*) 추가 공간이 걸린다. 링크 배열의 사용은 레코드의 정렬 체인이 생성되어 이 최종 체인이 결정하는 정렬 순서로 레코드들을 물리적으로 재정돈해야 하는 후처리가 있어야 한다. 이 물리적 재정돈을 위한 알고리즘은 7.8절에서 기술하고 있다.

  초기에 *link*[*i*] = 0(1 ≤ *i* ≤ *n*)이라고 가정한다. 그래서 각 레코드는 자신만 포함하고 있는 체인에 있게 된다. 이제 *start*1과 *start*2를 각각 두 레코드 체인이라고 하자. 각 체인에 있는 레코드들은 비감소 순으로 되어 있다. *listMerge*(*a*, *link*, *start*1, *start*2)는 배열 *a*에 있는 두 체인 *start*1과 *start*2를 합병하여 키 값이 비감소 순으로 연결된 결과 체인의 첫 번째 위치를 반환하는 함수라고 하자. 합병 정렬의 순환 버전이 함수 *rmergeSort*(프로그램 7.10)이다. 배열 *a*[1:*n*]을 정렬하기 위해서는 이 함수를 *rmergeSort*(*a*, *link*, 1, *n*)과 같이 호출한다. 그러면 앞에서 설명한 순서로 된 체인의 시작점이 반환된다. 함수

```
int rmergeSort(element a[], int link[], int left, int right)
{/* a[left:right] is to be sorted, link[i] is initially 0
    for all i, returns the index of the first element in the
    sorted chain */
    if (left >= right) return left;
    int mid = (left + right) / 2;
    return listMerge(a, link,
                     rmergeSort(a, link, left, mid),
                                /* sort left half */
                     rmergeSort(a, link, mid + 1, right));
                                /* sort right half */
}
```

프로그램 7.10: 순환 합병 정렬

```
int listMerge(element a[], int link[], int start1, int start2)
{/* sorted chains beginning at start1 and start2,
    respectively, are merged; link[0] is used as a
    temporary header; returns start of merged chain */
    int last1, last2, lastResult = 0;
    for (last1 = start1, last2 = start2; last1 && last2;)
        if (a[last1] <= a[last2]) {
            link[lastResult] = last1;
            lastResult = last1; last1 = link[last1];
        }
        else {
            link[lastResult] = last2;
            lastResult = last2; last2 = link[last2];
        }

    /* attach remaining records to result chain */
    if (last1 == 0) link[lastResult] = last2;
    else link[lastResult] = last1;
    return link[0];
}
```

프로그램 7.11: 정렬된 체인의 합병

*listMerge*는 프로그램 7.11에 기술되어 있다.

***rmergeSort*의 분석:** 순환 합병 정렬은 안정적이고 연산 시간은 $O(n \log n)$이라는 것을

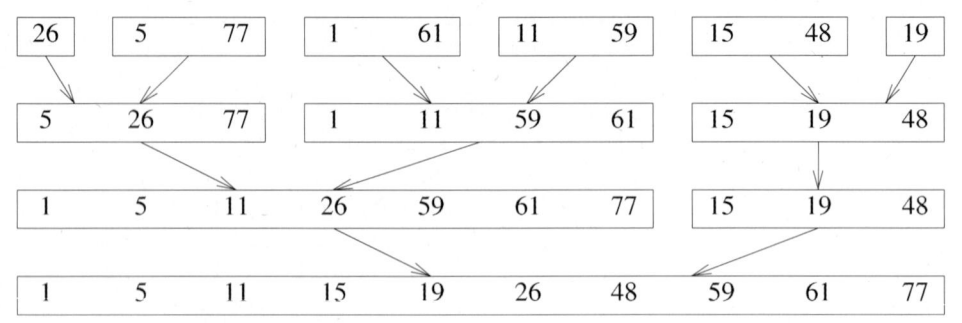

그림 7.6 자연 합병 정렬

쉽게 알 수 있다. ☐

변형—자연 합병 정렬: 입력 리스트 내에 이미 존재하고 있는 순서를 고려할 수 있도록 *mergeSort*를 수정할 수 있다. 이를 구현하기 위해서는 이미 정렬되어 있는 레코드의 서브리스트를 식별할 수 있게 데이터에 대한 초기 단계를 만들어야 한다. 이렇게 되면 *mergeSort* 알고리즘은 초기에 정렬된 이 서브리스트를 나머지 단계에서 이용할 수 있다. 그림 7.6은 예제 7.6의 입력 순차를 사용하는 자연 합병 정렬(natural merge sort)을 보여주고 있다.

연습문제

1. *mergeSort*(프로그램 7.9)의 각 단계 끝에서 리스트 (12, 2, 16, 30, 8, 28, 4, 10, 20, 6, 18)의 상태를 기술하라.
2. *mergeSort*가 안정적이라는 것을 증명하라.
3. 함수 *mergeSort*와 같이 배열을 사용하는 반복적 자연 합병 정렬 함수를 작성하라. 초기의 정렬된 리스트에 대해 이 함수는 얼마만큼 시간이 걸리는가? *mergeSort*는 이런 입력 리스트에 대해 $O(n \log n)$이 걸린다는 점에 유의하라. 이 새로운 함수의 최악의 연산 시간은 얼마인가? 얼마나 새로운 공간이 추가로 필요하게 되는가?
4. 체인을 이용하여 앞의 연습문제를 풀어라.

7.6 힙 정렬

앞 절에서 설명한 합병 정렬 방식은 비록 최악의 경우 연산 시간과 평균 연산 시간 모두 O($n \log n$)이지만, 정렬할 레코드 수에 비례하여 저장 공간이 추가로 필요하다. 이제 살펴보려는 힙 정렬(heap sort)은 일정한 양의 저장 공간만 추가적으로 필요한 동시에, 최악의 경우 평균 연산 시간이 O($n \log n$)이다. 그러나 힙 정렬은 합병 정렬보다 약간 느리다.

힙 정렬에서는 5장에서 소개한 최대 힙 구조를 이용한다. 최대 힙과 연관된 삭제와 삽입 함수는 O($n \log n$) 정렬 방법이 된다. 정렬은 먼저 n개의 레코드를 초기의 공백 최대 힙에 삽입한 다음 레코드들을 한 번에 하나씩 힙에서 뽑아낸다. 이로써 n개의 레코드를 초기의 공백 힙에 한 번에 하나씩 삽입하는 것보다 n 레코드의 최대 힙을 더 빠르게 생성할 수 있다. 이것을 위해 함수 *adjust*(프로그램 7.12)를 이용한다. 이 함수는 왼쪽 및 오른쪽 서브트리 모두가 힙인 이진 트리에서 시작하여 이진 트리 전체가 최대 힙이 되도록 레코드를 재조정한다. 이 이진 트리는 일반 사상 방법을 사용해서 배열에 저장된다. 만일 트리의 깊이가 d이면 **for** 루프는 최대 d번 수행된다. 따라서

```
void adjust(element a[], int root, int n)
{/* adjust the binary tree to establish the heap */
   int child,rootkey;
   element temp;
   temp = a[root];
   rootkey = a[root].key;
   child = 2 * root;        /* left child */
   while (child <= n) {
      if ((child < n) &&
      (a[child].key < a[child+1].key))
         child++;
      if (rootkey > a[child].key) /* compare root and
                                     max. child */
         break;
      else {
         a[child / 2] = a[child]; /* move to parent */
         child *= 2;
      }
   }
   a[child/2] = temp;
}
```

프로그램 7.12: 최대 힙의 조정

```
void heapSort(element a[], int n)
{/* perform a heap sort on a[1:n] */
   int i,j;
   element temp;

   for (i = n/2; i > 0; i--)
      adjust(a,i,n);
   for (i = n-1; i > 0; i--) {
      SWAP(a[1],a[i+1],temp);
      adjust(a,1,i);
   }
}
```

프로그램 7.13: 힙 정렬

*adjust*의 연산 시간은 O(*d*)가 된다.

리스트를 정렬하려면, 함수 *heapSort*(프로그램 7.13)의 첫 **for** 루프에서와 같이 먼저 *adjust*를 반복적으로 호출하여 최대 힙을 만든 다음 힙의 첫 번째 레코드와 마지막 레코드를 교환한다. 첫 번째 레코드는 최대 키를 가지므로 교환은 이 최대 키를 가진 레코드를 정렬된 배열의 정확한 위치로 들어가게 한다. 그 다음에 힙의 크기를 줄인 후 다시 힙를 조정한다. 이 교환, 힙 크기 축소, 힙 재조정 과정을 $n-1$번 반복하면 배열 $a[1:n]$ 전체를 정렬하게 된다. 이 과정의 한 번 반복을 '패스'라 한다. 예를 들어, 첫 번째 패스에서는 가장 높은 키를 가진 레코드를 n 번째 위치에 집어넣고, 두 번째 패스에서는 두 번째로 높은 키를 가진 레코드를 $n-1$ 번째 자리에 위치에 집어넣으며, i 번째 패스에서는 i 번째로 높은 키를 가진 레코드를 $n-i+1$ 번째 위치에 집어넣는 방식이다.

예제 7.7: 입력 리스트는 (26, 5, 77, 1, 61, 11, 59, 15, 48, 19)이다. 이 리스트를 이진 트리로 변환하면 그림 7.7(a)와 같다. 그림 7.7(b)는 *heapSort*의 첫 번째 **for** 루프 후의 최대 힙를 나타낸 것이다. 그림 7.8은 두 번째 **for** 루프를 처음 7번 반복하였을 때마다의 레코드 배열을 보여준다. 최대 힙를 계속 나타내는 배열 부분은 이진 트리로 나타내고, 배열의 정렬된 부분은 배열로 보여주고 있다. □

heapSort의 분석: $2^{k-1} \leq n \leq 2^k$라고 가정하면, 이 트리는 k개의 레벨을 가지며 i 번째 레벨의 노드 수는 2^{i-1}개이다. 첫 번째 **for** 루프에서 *heapSort*는 자식을 가진 각 노드에 대하여 *adjust*(프로그램 7.12)를 한 번씩 호출한다. 따라서 이 루프에 소요되는 시간은 각각의 레벨에 대하여 그 레벨의 노드 수와 노드가 움직일 수 있는 최대 거리를 곱한 결

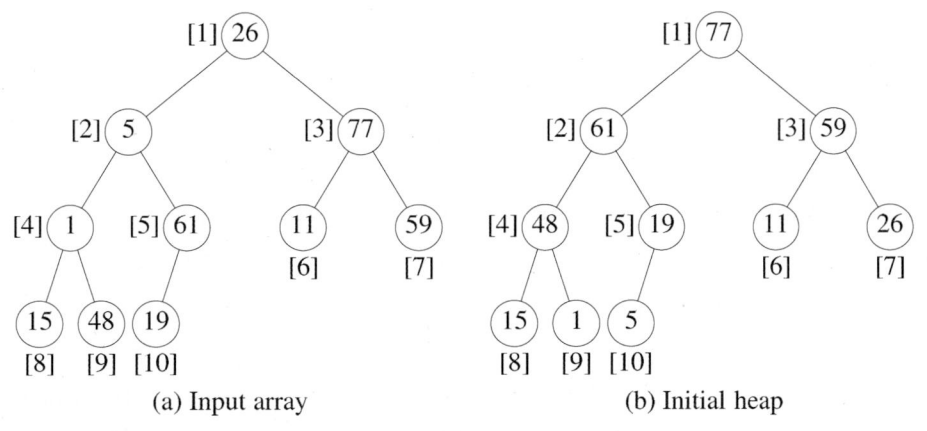

(a) Input array (b) Initial heap

그림 7.7 이진 트리로 변환된 배열

과들을 합한 것이 된다. 이것은 다음 값을 넘지 못한다.

$$\sum_{1 \leq i \leq k} 2^{i-1}(k-i) = \sum_{1 \leq i \leq k-1} 2^{k-i-1} i \leq n \sum_{1 \leq i \leq k-1} i/2^i < 2n = O(n)$$

그 다음 **for** 루프에서는 최대 트리 깊이 $k = \lceil \log_2(n+1) \rceil$을 가지고 *adjust*를 $n-1$번 호출하며, *SWAP*을 $n-1$번 호출한다. 따라서 이 루프에 대한 연산 시간은 $O(n \log n)$이다. 결과적으로 전체 연산 시간도 $O(n \log n)$이 된다. 변수와는 별개로 필요한 추가 공간은 두 번째 **for** 루프에서 교환을 수행하는 레코드에 대한 공간이다. □

연습 문제

1. *heapSort*(프로그램 7.13)의 두 번째 **for** 루프의 각 단계 끝에서뿐만 아니라 첫 번째 **for** 루프 끝에서 리스트 (12, 2, 16, 30, 8, 28, 4, 10, 20, 6, 18)의 상태를 기술하라.
2. 힙 정렬은 불안정하다. 같은 키 값을 갖는 레코드들의 순서가 보존되지 않는 경우 입력 리스트를 예로 들어보라.

7.7 여러 키에 의한 정렬

이제 몇 개의 키 $K^1, K^2, \cdots, K^r$(K^1은 최대 유효 키, K^r은 최소 유효 키)를 갖는 레코드들

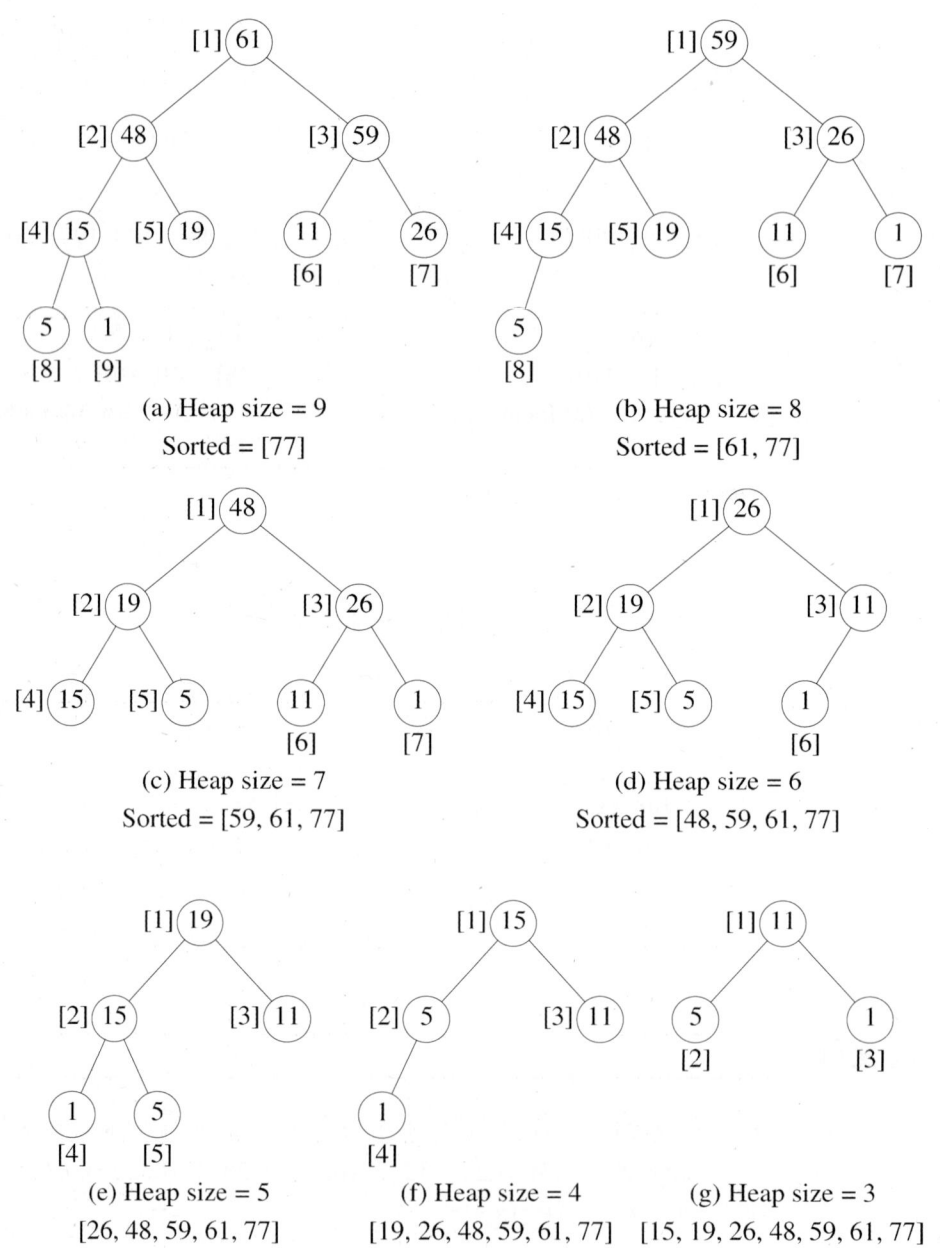

그림 7.8 히프 정렬의 예

을 정렬하는 문제를 생각해보자. 만일 모든 레코드의 쌍 i, j에 대하여 $i < j$이고 $(K_i^1, \cdots, K_i^r) \leq (K_j^1, \cdots, K_j^r)$이 성립하기만 하면, 레코드 $R_1, \cdots, R_n$의 리스트는 키 $K^1, \cdots, K^r$로 정렬되었다고 한다. 만일 $1 \leq i \leq j$에 대해 $x_i = y_i$이고 어떤 $j < r$에 대하여 $x_{j+1} < y_{j+1}$이거나 $1 \leq i \leq r$에 대해 $x_i = y_i$이면, r-투플$(y_1, \cdots, y_r)$은 r-투플$(y_1, \cdots, y_r)$보다 작거나 같다고 한다.

예를 들어 카드 뭉치를 정렬하는 문제는 2개의 키, 즉 무늬와 숫자에 대한 정렬로 볼 수 있다.

K^1[무늬]: ♣ < ♦ < ♥ < ♠

K^2[숫자]: 2 < 3 < 4 $\cdots$ < 10 < J < Q < K < A

따라서 정렬된 카드 뭉치는 다음과 같은 순서를 갖는다.

2♣, ..., A♣, ..., 2♠, ..., A♠

다중 키에 대한 정렬에는 두 가지 방법이 있다. 첫 번째 방법은 먼저 최대 유효 키 K^1으로 정렬하면 K^1에 대해 같은 값을 가지는 여러 레코드 파일(pile)들로 만들 수 있다. 그 다음 각 파일에 대해 독립적으로 K^2로 정렬하면 K^1, K^2에 대해 같은 값을 가지는 서브파일(subpile)들을 얻는다. 이 서브파일에 대해서는 K^3으로 정렬한다. 이렇게 해서 얻어진 파일들을 합친다. 카드 뭉치를 정렬하는 문제에 이 방법을 사용하면 처음 정렬에서 52장의 카드를 무늬별로 4개의 파일로 만들 수 있다. 그 다음 각 무늬에 대해 숫자에 따라 정렬한다. 그러면 원하는 순서대로 카드를 정렬할 수 있다.

이러한 정렬 방식을 최대 유효 숫자 우선(MSD, most-significant-digit-first) 정렬이라고 한다. 당연히 두 번째 방법은 최소 유효 숫자 우선(LSD, least-significant-digit-first) 정렬이다. LSD 정렬이란 카드 숫자 값(키 K^2)에 따라 13개의 파일을 만든다. 그리고 3들을 2들 위에, king들을 queen들 위에, ace들을 king들 위에 올려놓는다. 카드 뭉치를 거꾸로 놓고 안정된 정렬 방법을 이용하여 무늬(K^1)에 따라 4개의 파일로 만든다. 이 4개의 파일들은 각각 키 K^2에 따라 정렬되게 한다. 마지막으로 카드 뭉치 전체에 대해 정렬시키기 위해서는 4개의 파일을 합친다.

MSD와 LSD 두 함수를 비교해보면 LSD가 더 단순하다. 키 $K^i(1 \leq i \leq r)$를 정렬하기 위해 사용된 정렬 방법이 안정적인 한, 생성된 파일과 서브파일을 독립적으로 정렬할 필요가 없기 때문이다. 이것은 오버헤드가 적게 든다는 것을 의미한다.

LSD와 MSD란 용어는 어떤 순서로 키가 정렬되는지를 명세하는 것이지, 각 키가 어떻게 정렬되는지를 명세하지는 않는다. 카드 뭉치를 수작업으로 정렬할 때는 일반적으로 MSD 정렬을 많이 사용한다. 무늬에 의한 정렬은 빈 정렬(bin sort, 통 정렬)에 의해 수행된다(즉 무늬별로 4개의 빈을 설정한 뒤 카드들은 그에 해당하는 빈에 넣는다.). 그 다음, 각 빈에 있는 카드들은 삽입 정렬과 비슷한 알고리즘을 이용하여 정렬한다. 그러나 다른 방법도 있다. 먼저 숫자를 기준으로 빈 정렬을 한다. 이러한 빈 정렬에는 13개의 빈이 필요하다. 방금 기술한 바와 같이 카드를 숫자별로 모은 다음에, 각 무늬에 대응하는 4개의 빈을 만들어 빈 정렬을 한다. 만일 키 값의 종류가 $O(n)$이면 빈 정렬은 단지 $O(n)$의 시간만 필요한 아주 빠른 정렬 방법이 된다.

LSD나 MSD 정렬은 하나의 키를 가진 레코드에도 적용할 수 있다. 이때는 키를 여러 개의 서브키의 집합으로 생각한다. 예를 들어 키가 정수일 때, 정수의 각 자리 수를 서브키로 생각한다. 만일 정수가 $0 \leq K \leq 999$인 범위에 있다면 3개의 키(K^1, K^2, K^3)에 대하여 LSD나 MSD 방법으로 정렬할 수 있다. 여기서 K^1은 백 자리 수, K^2는 십 자리 수, K^3은 단위 자리 수를 말한다. 모든 키들은 $0 \leq K^i \leq 9$의 범위에 있기 때문에, 각 키에 대해 정렬하기 위해서는 10개의 빈이 필요하다.

기수(radix) 정렬에서는 어떤 기수 r을 이용하여 정렬 키를 몇 개의 숫자로 분해한다. r이 10일 때는 앞에서 설명한 것처럼 십진수로 분할하고, $r = 2$일 때는 키를 이진수로 분해한다. 기수 r 정렬에서는 r개의 빈이 필요하다.

정렬되어야 하는 레코드가 $R_1, \cdots, R_n$이라고 하자. 레코드 키는 기수 r을 이용하여 분할된다. 그 결과 0에서 $r-1$ 사이의 d개 숫자를 가진 키들이 된다. 그래서 r개의 빈이 필요하다. 각 빈의 레코드는 빈 i의 첫 레코드를 가리키는 포인터 $f[i](0 \leq i \leq r)$와 빈 i에 있는 마지막 레코드를 가리키는 포인터 $e[i]$를 통해 체인으로 연결된다. 이 체인은 큐처럼 동작한다. 함수 *radixSort*(프로그램 7.14)는 LSD 기수 r 방법을 표현한다.

***radixSort*의 분석:** *radixSort*는 주어진 데이타에 대하여 d 패스 처리를 하며 각 패스의 연산 시간은 $O(n + r)$이다. 따라서 전체 연산 시간은 $O(d(n + r))$이다. 숫자 데이타 정렬에서 d 값은 기수 r의 선택과 가장 큰 키에 의해 정해진다. 즉 r의 선택을 달리하면 연산 시간이 달라진다. □

예제 7.8: 범위가 [0, 999]인 십진수를 정렬한다고 하자. 키에 있는 각 자리 수는 서브키가 된다. 따라서 $d = 3$이고 $r = 10$이 된다(다른 선택도 가능하다). 입력 리스트는 링크되고 그림 7.9(a)의 형태와 같다. 노드들은 $R_1, \cdots, R_{10}$으로 표기되었다. 그림 7.9는 각 자리 수에 대한 정렬 시 생성된 큐와 10개의 빈으로부터 큐들을 모은 다음의 리스트를 보여주고 있다. □

```
int radixSort(element a[], int link[], int d, int r, int n)
{/* sort a[1:n]) using a d-digit radix-r sort, digit(a[i],j,r)
    returns the jth radix-r digit (from the left) of a[i]'s key;
    each digit is in the range is [0,r); sorting within a digit
    is done using a bin sort */
  int front[r], rear[r]; /* queue front and rear pointers */
  int i, bin, current, first, last;
  /* create initial chain of records starting at first */
  first = 1;
  for (i = 1; i < n; i++) link[i] = i + 1;
  link[n] = 0;

  for (i = d-1; i >= 0; i--)
  {/* sort on digit i */
     /* initialize bins to empty queues */
     for (bin = 0; bin < r; bin++) front[bin] = 0;

     for (current = first; current; current = link[current])
     {/* put records into queues/bins */
        bin = digit(a[current],i,r);
        if (front[bin] == 0) front[bin] = current;
        else link[rear[bin]] = current;
        rear[bin] = current;
     }
     /* find first nonempty queue/bin */
     for (bin = 0; !front[bin]; bin++);
     first = front[bin]; last = rear[bin];

     /* concatenate remaining queues */
     for (bin++; bin < r; bin++)
        if (front[bin])
           {link[last] = front[bin]; last = rear[bin];}
     link[last] = 0;
  }
  return first;
}
```

프로그램 7.14: LSD 기수 정렬

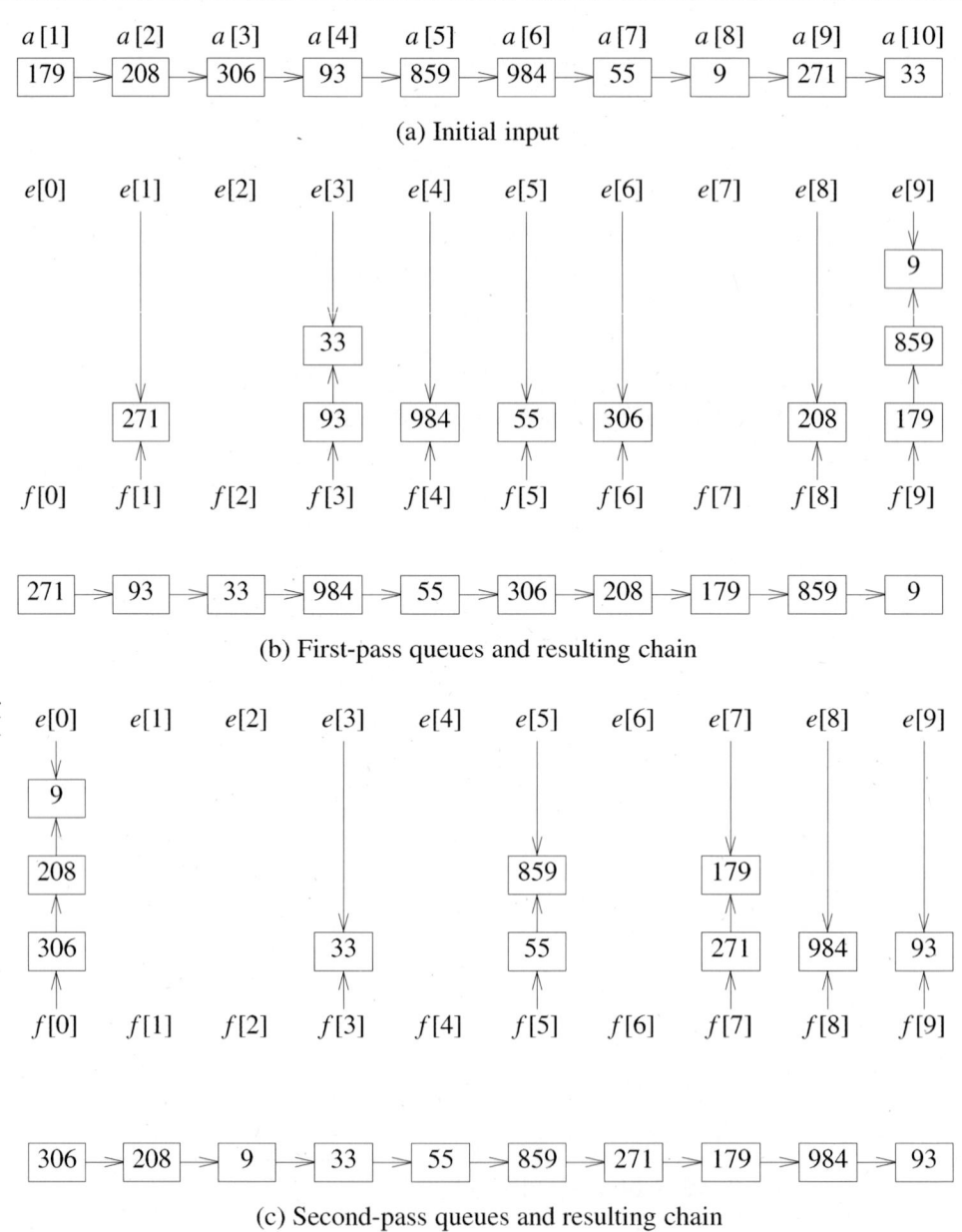

그림 7.9 기수 정렬의 예(계속)

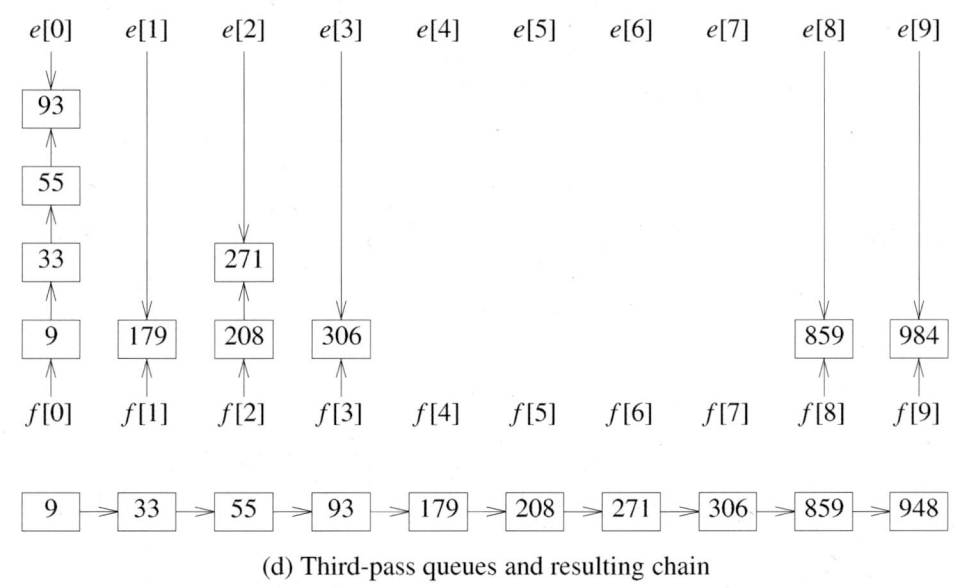

(d) Third-pass queues and resulting chain

그림 7.9 기수 정렬의 예

연습문제

1. *radixSort*(프로그램 7.14)의 각 패스 끝에서 리스트 (12, 2, 16, 30, 8, 28, 4, 10, 20, 6, 18)의 상태를 기술하라. 기수 $r = 10$을 사용하라.
2. MSD 기수 정렬은 어떤 조건하에서 LSD 기수 정렬보다 효율적인가?
3. 예제 7.8과 같은 숫자 정렬을 할 때, *radixSort*는 안정된 정렬로 되는가?
4. 각 키의 범위가 n보다 훨씬 클 때 레코드 $R_1, \cdots, R_n$을 키 $(K_1, \cdots, K_r)$에 대하여 사전식(lexical)으로 정렬하는 정렬 함수를 작성하라. 이 경우 각 키의 정렬을 위하여 *radixSort*에서 사용한 빈 정렬 방법은 비효율적이다(왜?). 만일 (a) 최악의 경우에 좋고, (b) 평균 수행 시간이 좋고, (c) 작은 n, 예를 들어 $n < 15$에 대한 함수를 원한다면, 한 키 안에서 정렬을 위해 어떤 방법을 사용하겠는가?
5. $[0, n^2)$ 범위의 정수 키 값을 가진 n개의 레코드는 힙 정렬이나 합병 정렬을 사용하면 $O(n \log n)$의 시간이 걸린다. 또한 단일 키(예를 들어, $d = 1$, $r = n^2$)에 대한 *radixSort*는 $O(n^2)$의 시간이 걸린다. n개의 레코드를 기수 정렬시킬 때 $O(n)$ 시간이 걸리도록 키를 2개의 서브키로 나누는 방법을 설명하라.(힌트: 각 키 K_i는 각각 $[0, n)$ 범위의 정수 K_i^1, K_i^2를 이용하여 $K_i = K_i^1 n + K_i^2$로 나타낼 수 있다.)

6. 앞의 연습문제의 방법을 $(0, n^p)$의 범위에 있는 정수 키들의 경우에 대하여 $O(pn)$의 시간이 걸리는 정렬 방법으로 일반화하라.
7. 앞 절에서 논의한 비교 기반 정렬 방법에 대해 *radixSort*가 어떠한 성능을 보이는지 실험하라.

7.8 리스트와 테이블 정렬

기수 정렬과 순환 합병 정렬을 제외하고, 지금까지 살펴본 정렬 방법은 모두 과도한 데이터 이동이 필요하다. 즉 비교 결과로 레코드들이 물리적으로 이동되어야 한다. 이것은 만일 레코드들이 많다면 정렬을 느리게 만든다. 따라서 많은 레코드로 된 리스트를 정렬할 때는 데이터의 이동을 최소화하도록 정렬 방법을 수정할 필요가 있다. 합병 정렬과 삽입 정렬은 순차 리스트보다는 연결 리스트에 동작하도록 쉽게 변경할 수 있다. 이런 경우 추가적인 링크 필드가 불가피하다. 정렬 시 리스트를 물리적으로 재배치하는 대신, 단지 리스트에서의 변경된 레코드의 위치를 반영하기 위하여 링크 필드만을 수정하면 된다. 정렬이 끝나면 레코드들은 원하는 순서로 연결된다. 많은 응용에서, 즉 리스트를 정렬하여 바로 어떤 외부 매체에 정렬된 레코드 순서대로 출력하고자 할 때 이 방법이면 충분하다. 그러나 어떤 응용에서는 반드시 원하는 정렬 순서대로 레코드를 물리적으로 재배치해야 할 필요가 있다. 이런 경우에도 연결 리스트 정렬을 먼저 수행한 뒤 리스트에 명세된 순서에 따라 레코드들을 물리적으로 재배치하는 것이 상당한 시간 절약 효과를 얻을 수 있다. 이런 재배치는 어떤 추가 공간을 사용하여 선형 시간 내에 수행할 수 있다.

리스트가 정렬되어 포인터 *first*가 연결 리스트의 첫 번째 레코드를 가리킨다면, 리스트 속에 있는 각 레코드의 키는 선행 레코드의 키(만약 선행 레코드가 있다면)보다 크거나 같게 된다. 이런 레코드들을 리스트에 의해 정해진 순서대로 물리적으로 재배치하기 위해서는, 레코드 R_1과 R_{first}를 제일 먼저 교환한다. 이제 레코드 R_1 위치에 있는 레코드가 가장 작은 키 값을 갖는다. 이때 $first \neq 1$이면 *link* 필드가 1인 레코드가 리스트 어딘가에 있을 것이다. 이 링크 필드를 이전에 1 위치에 있던 레코드를 가리키도록 변경해 주면 오름차순으로 연결된 $R_2, \cdots, R_n$ 레코드들만 남게 된다. 이와 같은 과정을 $n-1$번 반복하면 원하는 재배치 결과를 얻게 된다. 그러나 이 단순 연결 리스트는 선행 노드를 알 수 없다는 문제점이 있다. 이 점을 해결하기 위해서, 첫 번째 재배치 함수 *listSort*1(프로그램 7.15)은 단순 연결 리스트 *first*를 이중 연결 리스트로 변환한 뒤 각 레코드를 정확한 위치로 이동시킨다. 이 함수는 기수 정렬과 순환 합병 정렬 함수 경우에서와 같이, 링크들이 정수 배열로 정렬된다고 가정한다.

```
void listSort1(element a[], int linka[], int n, int first)
{/* rearrange the sorted chain beginning at first so that
    the records a[1:n] are in sorted order */
   int linkb[MAX_SIZE]; /* array for backward links */
   int i, current, prev = 0;
   element temp;
   for (current = first; current; current = linka[current])
   {/* convert chain into a doubly linked list */
      linkb[current] = prev;
      prev = current;
   }

   for (i = 1; i < n ; i++) /* move a[first] to position i
                               while maintaining the list */
   {
      if (first != i) {
         if (linka[i]) linkb[linka[i]] = first;
         linka[linkb[i]] = first;
         SWAP(a[first], a[i], temp);
         SWAP(linka[first], linka[i], temp);
         SWAP(linkb[first], linkb[i], temp);
      }
      first = linka[i];
   }
}
```

프로그램 7.15: 이중 연결 리스트를 이용한 레코드 재배치

i	R_1	R_2	R_3	R_4	R_5	R_6	R_7	R_8	R_9	R_{10}
key	26	5	77	1	61	11	59	15	48	19
linka	9	6	0	2	3	8	5	10	7	1

(a) Linked list following a list sort, *first* = 4

i	R_1	R_2	R_3	R_4	R_5	R_6	R_7	R_8	R_9	R_{10}
key	26	5	77	1	61	11	59	15	48	19
linka	9	6	0	2	3	8	5	10	7	1
linkb	10	4	5	0	7	2	9	6	1	8

(b) Corresponding doubly linked list, *first* = 4

그림 7.10 정렬된 연결 리스트

예제 7.9: 입력 리스트 (26, 5, 77, 1, 61, 11, 59, 15, 48, 19)에 대해 리스트 정렬을 하면 리스트는 그림 7.10(a)와 같이 연결된다(각 레코드의 키와 링크 필드만 보여줌). R_{first}에서 시작하여 링크를 따라가면, 레코드의 논리적 순서 $R_4, R_2, R_6, R_8, R_{10}, R_1, R_9, R_7, R_5, R_3$을 얻을 수 있다. 이 순서는 키의 순서 1, 5, 11, 15, 19, 26, 48, 59, 61, 33과 일치한다. 역방향 링크를 만들면 그림 7.10(b)와 같은 이중 연결 리스트를 얻을 수 있다. 그림 7.11은 *listSort*1의 두 번째 **for** 루프가 처음 4번 반복한 뒤의 리스트를 보여준다. 매 반복 때마다의 변화는 굵은 글씨로 나타나 있다. □

***listSort*1 의 분석:** 리스트에 n개의 레코드가 있을 때 체인 *first*를 이중 연결 리스트로 변환하려면 $O(n)$의 시간이 걸린다. 두 번째 **for** 루프는 $n-1$번 반복하고, 반복할 때마다 최대 2개의 레코드가 교환된다. 이것은 3개 레코드의 이동을 요구한다. 만일 각 레코드가 m 워드로 되어 있다면, 한 번 바꿀 때의 비용은 $3m$이 된다. 따라서 전체 연산 시간은 $O(mn)$이다.

최악의 경우 $3(n-1)$의 레코드 이동이 일어난다. 예를 들어 $R_2 < R_3 < \cdots < R_n$과 $R_1 >$

```
void listSort2(element a[], int link[], int n, int first)
{/* same function as list1 except that a second link array
    linkb is not required. */
{
   int i;
   element temp;
   for (i = 1; i < n; i++)
   {/* find correct record for ith position,  its index is
       ≥ i as records in positions 1, 2, ..., i - 1 are
       already correctly positioned */
      while (first < i) first = link[first];
      int q = link[first]; /* a[q] is next in sorted order
      if (first != i)
      {/* a[first] has ith smallest key, swap with a[i] and
          set link from old position of a[i] to new one */
         SWAP(a[i], a[first], temp);
         link[first] = link[i];
         link[i] = first;
      }
      first = q;
   }
}
```

프로그램 7.16: 하나의 링크 필드만 사용하는 레코드 재배치

i	R_1	R_2	R_3	R_4	R_5	R_6	R_7	R_8	R_9	R_{10}
key	**1**	5	77	**26**	61	11	59	15	48	19
linka	**2**	6	0	**9**	3	8	5	10	7	4
linkb	**0**	4	5	**10**	7	2	9	6	4	8

(a) Configuration after first iteration of the **for** loop of *listSort*1, *first* = 2

i	R_1	R_2	R_3	R_4	R_5	R_6	R_7	R_9	R_9	R_{10}
key	1	5	77	26	61	11	59	15	48	19
linka	2	6	0	9	3	8	5	10	7	4
linkb	0	4	5	10	7	2	9	6	4	8

(b) Configuration after second iteration, *first* = 6

i	R_1	R_2	R_3	R_4	R_5	R_6	R_7	R_8	R_9	R_{10}
key	1	5	**11**	26	61	**77**	59	15	48	19
linka	2	6	**8**	9	6	**0**	5	10	7	4
linkb	0	4	**2**	10	7	**5**	9	6	4	8

(c) Configuration after third iteration, *first* = 8

i	R_1	R_2	R_3	R_4	R_5	R_6	R_7	R_8	R_9	R_{10}
key	1	5	11	**15**	61	77	59	**26**	48	19
linka	2	6	8	**10**	6	0	5	**9**	7	8
linkb	0	4	2	**6**	7	5	9	**10**	8	8

(d) Configuration after fourth iteration, *first* = 10

그림 7.11 *listSort*1(프로그램 7.15)의 예제

R_n인 경우 입력 키 순서가 $R_1, R_2, \cdots, R_n$을 고려해보면 된다. □

*listSort*1 은 여러 가지 방법으로 수정할 수 있지만, 그 중에서도 특히 M. D. MacLaren 이 제시한 방법이 흥미롭다. 이 수정으로 만들어진 재배치 함수 *listSort*2 는 링크 필드를 추가로 필요로 하지 않는 다. 이 함수(프로그램 7.16)에서는 레코드 R_{first}와 R_i를 교환한 뒤, 새로운 R_i의 링크 필드에 *first*를 설정하여 원래 레코드가 이동되었음을 표시한다. 이 것은 *first*가 항상 i보다 크거나 같아야 한다는 사실과 함께, 레코드를 올바르게 재배치할 수 있게 한다.

i	R_1	R_2	R_3	R_4	R_5	R_6	R_7	R_8	R_9	R_{10}
key	1	5	77	26	61	11	59	15	48	19
link	4	6	0	9	3	8	5	10	7	1

(a) Configuration after first iteration of the **for** loop of *listSort2*, *first* = 2

i	R_1	R_2	R_3	R_4	R_5	R_6	R_7	R_8	R_9	R_{10}
key	1	5	77	26	61	11	59	15	48	19
link	4	6	0	9	3	8	5	10	7	1

(b) Configuration after second iteration, *first* = 6

i	R_1	R_2	R_3	R_4	R_5	R_6	R_7	R_8	R_9	R_{10}
key	1	5	11	26	61	77	59	15	48	19
link	4	6	6	9	3	0	5	10	7	1

(c) Configuration after third iteration, *first* = 8

i	R_1	R_2	R_3	R_4	R_5	R_6	R_7	R_8	R_9	R_{10}
key	1	5	11	15	61	77	59	26	48	19
link	4	6	6	8	3	0	5	9	7	1

(d) Configuration after fourth iteration, *first* = 10

i	R_1	R_2	R_3	R_4	R_5	R_6	R_7	R_8	R_9	R_{10}
key	1	5	11	15	19	77	59	26	48	61
link	4	6	6	8	10	0	5	9	7	3

(e) Configuration after fifth iteration, *first* = 1

그림 7.12 *listSort2*(프로그램 7.16)의 예

예제 7.10: 데이타는 예제 7.9와 같다. 리스트 정렬 후 그림 7.10(a)와 같은 배치를 얻을 수 있다. *listSort2*에 있는 **for** 루프를 처음 5번 반복한 뒤의 상태가 그림 7.12이다. □

***listSort2*의 분석:** *listSort2*에서의 레코드 이동 순서는 *listSort1*과 동일하다. 그러므로 최악의 경우 $3(n-1)$의 레코드가 이동되고 총 비용은 $O(nm)$이다. **while** 루프에서 어떠한 노드도 2번 이상 검사되지 않는다. 이 **while** 루프의 전체 연산 시간은 $O(n)$이다. □

*listSort1*과 *listSort2*는 같은 점근적 연산 시간을 가지며 이동되는 레코드 수도 같지

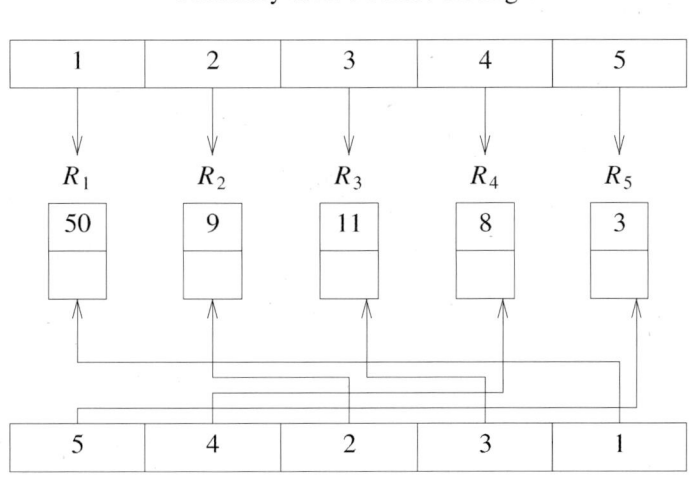

그림 7.13 테이블 정렬

만, 두 레코드를 교환할 때 *listSort*1 은 *listSort*2 보다 많은 일을 해야 하므로 *listSort*2 가 *listSort*1 보다 연산 시간이 조금 더 빠르다. *listSort*2 가 공간과 시간적인 면에서도 *listSort*1 보다 우수하다.

    리스트 정렬 기법은 퀵 정렬이나 히프 정렬에는 적당하지 않다. 히프 정렬에서는 히프를 순차적으로 표현하는 것이 핵심이다. 리스트 정렬에 적절한 방법뿐만 아니라, 이러한 정렬 방법을 위해 한 레코드에 대응하는 한 엔트리로 구성된 보조 테이블 t를 유지할 수 있다. 이 테이블의 엔트리는 레코드의 간접 참조를 할 수 있게 한다.

    정렬을 시작할 때 $t[i] = i (1 \leq i \leq n)$이다. 정렬 함수가 $a[i]$와 $a[j]$를 교환해야 된다면 테이블의 엔트리 $t[i]$와 $t[j]$만 교환되게 한다. 정렬이 다 끝나면 $a[t[1]]$은 키가 가장 작은 레코드가 되고, $a[t[n]]$은 키가 가장 큰 레코드가 된다. 정렬된 레코드의 순열은 $a[t[1]], a[t[2]], \cdots, a[t[n]]$이 된다(그림 7.13 참조). 이 테이블은 이진 탐색에서와 같이 순차적으로 정렬된 리스트가 필요한 경우에도 적합하다. 그러나 일부 응용에서는 t가 나타내는 순열에 따라 레코드를 물리적으로 재배치해야 될 경우도 있다.

    순열 $t[1], t[2], \cdots, t[n-1]$에 대응하는 레코드들을 재배치하는 함수는 수학에 근거한 정리의 재미있는 응용으로, 모든 순열은 분리된 사이클로 만들어진다. 어떤 원소 i에 대한 사이클은 $i, t[i], t^2[i], \cdots, t^k[i]$로 만들어지는데, 여기서 $t^j[i] = t[t^{j-1}[i]]$, $t^0[i] = i$, $t^k[i] = i$이다. 그러므로 그림 7.13에서의 순열 t는 2개의 사이클, 첫 번째는 R_1와 R_5를 포함하

```
void tableSort(element a[], int n, int t[])
{/* rearrange a[1:n] to correspond to the sequence
   a[t[1]], ... , a[t[n]] */
  int i, current, next;
  element temp;
  for (i = 1; i < n; i++)
    if (t[i] != i)  {/* nontrivial cycle starting at i */
      temp = a[i]; current = i;
      do {
        next = t[current]; a[current] = a[next];
        t[current] = current; current = next;
      } while (t[current] != i);
      a[current] = temp;
      t[current] = current;
    }
}
```

프로그램 7.17: 테이블 정렬

는 사이클과 두 번째는 R_4, R_3, R_2를 포함하는 사이클을 가진다. 함수 *tableSort*(프로그램 7.17)는 순열의 사이클 분해를 이용하고 있다. 제일 먼저 R_1을 포함하는 사이클을 따라가서 모든 레코드들을 그들의 정확한 위치로 이동시킨 다음, R_2가 포함된 사이클이 검사되지 않았다면 이 사이클을 검사한다. 그 다음 $R_3, R_4, \cdots, R_{n-1}$에 대한 사이클을 차례로 검사한다. 이 결과는 물리적으로 정렬된 리스트가 된다.

어떤 레코드 R_i에 대한 당연한 사이클(즉 $t[i] = i$)을 처리할 때, 조건 $t[i] = i$는 i 번째로 작은 키를 가진 레코드가 R_i라는 것을 의미하므로, 레코드 R_i가 관련된 어떠한 재배치도 필요 없게 된다. 그러나 레코드 R_i에 대해 비당연 사이클(즉 $t[i] \neq i$)을 처리할 때는, R_i를 임시 위치 p로 이동하고 $t[i]$에 있는 레코드를 i로 이동한다. 그 다음 $t[t[i]]$의 레코드를 $t[i]$로 이동한다. 이런 식으로 계속해서 사이클의 끝인 $t^k[i]$까지 도달해서 p에 있는 레코드가 $t^{k-1}[i]$로 이동할 때까지 계속한다.

예제 7.11: 그림 7.14(a)의 테이블 t를 가지고 시작한다고 가정하자. 이 그림은 레코드 키도 보여준다. 이때 테이블 구성은 테이블 정렬에 따른다. t로 명세된 순열에는 2개의 비당연 사이클이 존재한다. 첫 번째 사이클은 R_1, R_3, R_8, R_6, R_1이고, 두 번째 사이클은 R_4, R_5, R_7, R_4이다. 함수 *tableSort*(프로그램 7.17)의 **for** 루프의 첫 번째 반복($i = 1$)에는 사이클 $R_1, R_{t[1]}, R_{t^2[1]}, R_{t^3[1]}, R_1$ 순으로 수행된다. 즉 레코드 R_1은 임시 장소 *temp*로, $R_{t[1]}$(즉, R_3)는 R_1의 위치로, $R_{t^2[1]}$(즉 R_8)은 R_3의 위치로, R_6는 R_8의 위치로, 마지막으로

	R_1	R_2	R_3	R_4	R_5	R_6	R_7	R_8
key	35	14	12	42	26	50	31	18
t	3	2	8	5	7	1	4	6

(a) Initial configuration

key	12	14	18	42	26	35	31	50
t	1	2	3	5	7	6	4	8

(b) Configuration after rearrangement of first cycle

key	12	14	18	26	31	35	42	50
t	1	2	3	4	5	6	7	8

(c) Configuration after rearrangement of second cycle

그림 7.14 테이블 정렬의 예

*temp*에 있는 레코드는 R_6의 위치로 이동된다. 그래서 첫 번째 반복이 끝나면 그림 7.14(b)와 같은 상태가 된다.

$i = 2$ 또는 3에 대해서는 $t[i] = i$가 되는데, 이것은 이 레코드들이 이미 자기 위치에 있다는 것을 의미한다. $i = 4$일 때 다음 비당연 사이클을 발견하고, 이 사이클(R_4, R_5, R_7, R_4)에 있는 레코드들을 자기의 정확한 위치로 이동시킨다. 이렇게 처리한 뒤에는 그림 7.14(c)와 같이 된다.

i의 나머지($i = 5, 6, 7$)에 대해서는 $t[i] = i$이고, 더 이상 비당연 사이클은 발견되지 않는다. □

tableSort의 분석: 각 레코드가 m개 워드의 기억 장소를 사용한다면 추가로 필요한 기억 장소는 p를 위한 m개 워드와 i, j, k와 같은 변수를 위한 기억 장소뿐이다. 연산 시간을 알아보려면 우선 **for** 루프가 $n-1$번 반복됨을 알아야 한다. 만일 i의 어떤 값에 대하여 $t[i] \neq i$라면, $k > 1$개의 서로 다른 레코드 $R_i, R_{t[i]}, ..., R_{t^{k-1}[i]}$를 포함하는 비당연 사이클이 존재한다. 이 레코드들을 재배치하려면 $k + 1$개의 레코드를 이동시켜야 한다. 다음에 알고리즘 내에서 모든 레코드 R_j에 대해 $t[j] = j$일 때 이 사이클과 관계된 레코드는 다시 이동하지 않는다. 따라서 어떠한 레코드도 서로 다른 두 비당연 사이클에 있을 수 없다. **for** 루프에서 $i = 1$일 때 R_1에서 시작하는 비당연 사이클의 레코드 수를 k_1이라 하고, 당연 사이클에 대해서는 $k_1 = 0$이라 하자. 그러면 이동되는 레코드의 총 수는 다음과 같다.

$$\sum_{l=0, k_l \neq 0}^{n-1} (k_l + 1)$$

비당연 사이클에 속하는 레코드들은 전부 서로 다르기 때문에 $\sum k_l \leq n$이 된다. 따라서 이동되는 레코드의 총수는 $\sum k_l = n$일 때 최대가 되며, 이때에는 $\lfloor n/2 \rfloor$개의 사이클이 존재한다. n이 짝수이면 각 사이클은 2개의 레코드를 가지며, 그렇지 않으면 한 개의 사이클만 3개의 레코드를 가지고 나머지 두 사이클은 2개씩 가진다. 두 경우 모두 이동된 레코드의 수는 $\lfloor 3n/2 \rfloor$이다. 레코드 1개를 움직일 때마다 $O(n)$ 시간이 걸리므로 전체 연산 시간은 $O(mn)$이 된다. □

listSort2(프로그램 7.16)와 tableSort를 비교해보면, 최악의 경우 tableSort에서는 단지 $\lfloor 3n/2 \rfloor$개의 레코드가 이동되지만 listSort2에서는 $3(n-1)$개의 레코드가 이동하는 것을 알 수 있다. m 값이 클 때에는 레코드들이 정렬된 리스트에 대해 테이블 정렬에 대응되는 테이블 t를 만들기 위해, 정렬된 레코드 리스트에 대한 한 번의 패스를 수행하는 것이 충분히 가치 있다. 이것은 $O(n)$ 시간이 걸린다. 그 다음에는 t로 명세된 순서대로 레코드들을 재배치하기 위해 tableSort를 사용할 수도 있다.

연습문제

1. 예제 7.9를 완성하라.
2. 예제 7.10을 완성하라.
3. 레코드의 연결 체인에 대해 동작하는 선택 정렬(1장 참조) 버전을 만들어라.
4. 퀵 정렬의 테이블 정렬 버전을 만들어라. 정렬되는 동안 레코드들은 물리적으로 이동되지 않는 대신 레코드들이 quickSort(프로그램 7.6)처럼 물리적으로 이동되었을 때 있어야 할 위치 i의 레코드의 인덱스가 $t[i]$ 값이 되도록 한다. 이때 $t[i] = i(1 \leq i \leq n)$으로 시작한다. 정렬이 끝나면 $t[i]$는 정렬된 리스트의 i 번째 위치에 있어야 하는 레코드의 인덱스를 가리킨다. 이제 함수 tableSort는 t로 명세된 정렬 순서대로 레코드를 재배치하는 데 사용될 수 있다. 대형 레코드의 경우 quickSort와 비교하여 데이타 이동 양이 감소된다는 것에 주의하라.
5. 삽입 정렬에 대하여 연습문제 4를 반복하라.
6. 합병 정렬에 대하여 연습문제 4를 반복하라.
7. 히프 정렬에 대하여 연습문제 4를 반복하라.

7.9 내부 정렬 요약

지금까지 살펴본 몇 가지 정렬 방법 중에서 어떤 것도 모든 경우에 최선이라고 말할 수는 없다. 어떤 방법은 n이 작을 때 좋고 어떤 것은 n이 클 때 좋다. 삽입 정렬은 리스트가 이미 부분적으로 정렬되어 있을 때 좋고, 오버헤드가 낮아서 '작은' n에 대해서 가장 좋은 정렬 방법이 된다. 합병 정렬은 최악의 경우에 가장 좋은 방법이지만 히프 정렬에 비해서 더 많은 공간을 필요로 하고, 정렬은 평균 성능이 가장 좋은 방법이지만 최악의 경우에는 $O(n^2)$이 된다. 기수 정렬의 성능은 키의 크기와 r의 선택에 영향을 받는다. 그림 7.15는 이러한 정렬 방법의 처음 네 가지에 대한 점근적 복잡도를 요약한 것이다.

그림 7.16과 그림 7.17은 그림 7.15의 네 정렬 방법에 대한 평균 실행 시간을 보여주고 있다. 이 시간들은 512MB RAM을 가진 1.7GHz Intel Pentium 4 PC와 Microsoft

Method	Worst	Average
Insertion sort	n^2	n^2
Heap sort	$n \log n$	$n \log n$
Merge sort	$n \log n$	$n \log n$
Quick sort	n^2	$n \log n$

그림 7.15 정렬 방법들의 비교

n	Insert	Heap	Merge	Quick
0	0.000	0.000	0.000	0.000
50	0.004	0.009	0.008	0.006
100	0.011	0.019	0.017	0.013
200	0.033	0.042	0.037	0.029
300	0.067	0.066	0.059	0.045
400	0.117	0.090	0.079	0.061
500	0.179	0.116	0.100	0.079
1000	0.662	0.245	0.213	0.169
2000	2.439	0.519	0.459	0.358
3000	5.390	0.809	0.721	0.560
4000	9.530	1.105	0.972	0.761
5000	15.935	1.410	1.271	0.970

Times are in milliseconds

그림 7.16 정렬 방법들에 대한 평균 시간

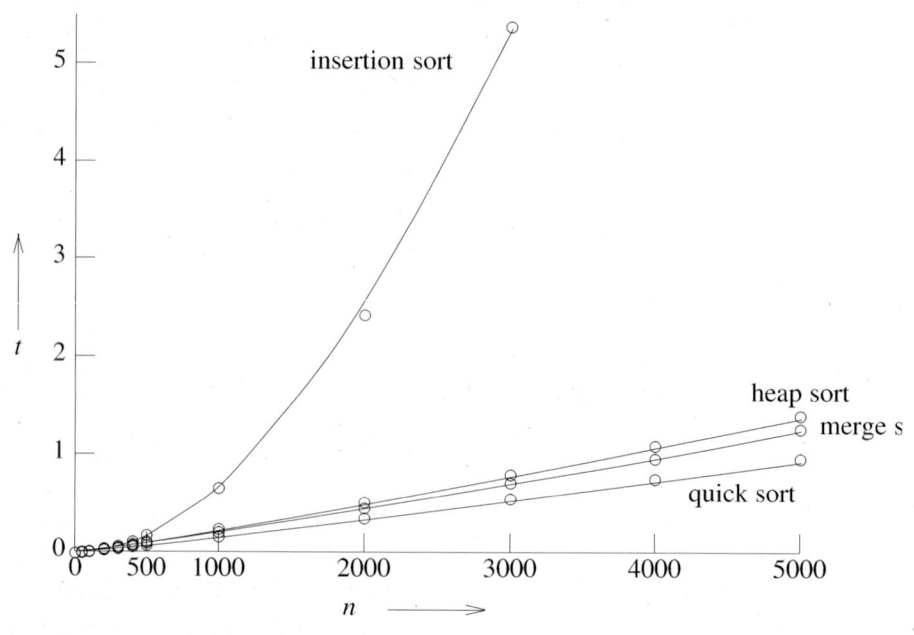

그림 7.17 평균 시간(단위는 밀리초)의 그래프

Visual Studio .NET 2003으로 얻은 것이다. 각 n에 대해서 최소 100개의 임의로 생성된 정수가 실행되었다. 임의 정수는 C 함수 *rand*를 반복적으로 호출함으로써 생성되었다. 이 수들을 정렬하는 데 걸린 시간이 1초 미만이면, 전체 걸린 시간이 이만큼 될 때까지 추가로 정수들이 정렬되었다. 그림 7.16에 있는 시간은 임의 데이타를 설정하는 데 걸린 시간도 포함하고 있다. 결과적으로 그림 7.16은 비교 목적으로는 유용하다.

그림 7.17이 보여주듯이, 퀵 정렬이 적절히 큰 n에 대해 다른 정렬 방법보다 성능이 우수하다. 50과 100 사이에 삽입과 퀵 정렬이 분리하는 점을 볼 수 있는데, 정확한 분리 점은 50과 100 사이의 n에 대한 실행 데이타를 얻음으로써 실험적으로 찾을 수 있다. 이 정확한 분리 점을 *nBreak*라 하자. 평균 성능에 있어서 $n < nBreak$일 때 삽입 정렬이 가장 좋은 정렬 방법(검사한 방법 중에서)이고, $n > nBreak$일 때 퀵 정렬이 가장 좋다. 삽입과 퀵 정렬을 프로그램 7.6에 다음과 같은 명령문을 대체하여 하나의 정렬 함수로 조합하면 $n > nBreak$에 대한 퀵 정렬의 성능을 개선할 수 있다.

```
if (left < right) { 분할과 순환 호출을 하는 코드}
```

를 다음 코드로 대체한다.

```
if (left+nBreak < right) {
    분할과 순환 호출을 하는 코드
}
else {
    삽입 정렬로 a[left:right]을 정렬;
    return;
}
```

최악의 경우 $n > c$에 대해 합병 정렬이 가장 좋게 보여지고 있다. 여기서 c는 어떤 상수이다. $n \leq c$에 대해서는, 삽입 정렬이 최악의 경우 가장 좋다. 삽입 정렬의 성능을 개선하기 위해서는 앞에서 설명한 삽입 정렬과 퀵 정렬의 조합과 비슷한 방법으로 삽입 정렬과 합병 정렬을 조합하면 된다.

정렬 방법에 대한 실행 결과는 점근적 복잡도 분석의 한계를 드러내고 있다. 점근적 분석은 작은 수들에 대해서는 좋은 성능 지수가 되지 못한다. $O(n^2)$ 복잡도를 가진 삽입 정렬이 모든 $O(n \log n)$ 방법보다 작은 수에 대해서는 더 좋다. 똑같은 점근적 복잡도를 가진 프로그램들이 실제로 자주 상이한 실행 시간을 갖는다.

연습문제

1. **[카운트 정렬]** 정렬된 리스트에서 한 레코드의 위치는 보다 작은 키를 가진 레코드의 수에 영향을 받는다는 사실로부터 가장 단순한 방법으로 알려진 정렬 방법이 개발되었다. 각 레코드는 카운트 필드를 가지고 있고, 이것은 정렬된 리스트에서 자신보다 앞에 있어야 하는 레코드의 수를 결정한다. 정렬되지 않은 리스트에서 각 레코드의 카운트를 결정하는 함수를 작성하라. 리스트에 n개의 레코드가 있으면, 모든 카운트는 최대 $n(n-1)/2$번의 키 비교로 결정할 수 있음을 증명하라.
2. 만일 각 레코드가 정렬된 리스트에서 자기 앞에 있어야 하는 레코드의 수를 나타내는 카운트를 가지고 있다고 할 때, 리스트의 레코드를 재정렬하는 함수를 *tableSort*(프로그램 7.17)와 비슷하게 작성하라.(연습문제 1 참조)
3. 최악의 실행 시간에 대해 그림 7.16과 그림 7.17을 만들어라.
4. § **[프로그래밍 과제]** 이 과제의 목적은 최악의 시간 기준에서도 좋은 성능을 보이는 복합 정렬 함수를 개발하는 것이다. 후보 정렬 방법은 (a) 삽입 정렬, (b) 퀵 정렬, (c) 합병 정렬, (d) 힙 정렬이다.

먼저 C로 이 정렬 방법들에 대한 프로그램을 작성한다. 각 경우에 대하여 n개의 정수를 정렬한다고 가정하라. 퀵 정렬에서는 세 값의 메디안 방법을 사용하라. 합병 정렬에서는 반복 알고리즘을 사용하라(원한다면 별도의 연습문제로 합병 정렬의 순환 버전과 반복 버전의 실행 시간을 비교하여, 사용하는 언어와 컴파일러에서 순환의 오버헤드를 측정할 수 있을 것이다). 테스트 데이타를 이용하여 프로그램의 정확성을 검사하라. 이 책에는 매우 자세하게 동작하고 있는 함수가 나와 있으므로 이 부분은 쉽게 할 수 있을 것이다. 어떤 경우에도 이 단계가 끝날 때까지는 점수를 얻지 못할 것이다.

상당히 정확한 실행 시간을 얻기 위해서는 사용하는 시계 또는 타이머의 정확도를 알아야 한다. 이것은 해당 매뉴얼을 참고하여 결정하라. 이 시계 정확도를 δ라 하자. 네 정렬 함수들의 대체적인 실행 시간을 알아보기 위해서 n이 500, 1000, 2000, 3000, 4000, 5000인 경우에 대해 시험적으로 실행해보자. n의 많은 값들에 대해서 실행 시간이 0이 되는 것을 알 수 있다. 다른 시간도 시계의 정확도보다 그렇게 큰 값이 되지는 않을 것이다.

시계의 정확도에 근사하거나 보다 작은 사건 시간을 재기 위해서는, 여러 번 반복해서 사건 시간을 측정하고 전체 시간을 반복 횟수로 나누어주면 된다. 1% 이내의 정확도를 가진 시간을 구해야 한다.

네 정렬 방식 각각에 대하여 최악의 데이타가 필요하다. 삽입 정렬의 경우에는 최악의 데이타를 쉽게 만들 수 있다. 즉 $n, n-1, n-2, \cdots, 1$의 순차를 사용하면 된다. 합병 정렬에 대한 최악의 경우의 데이타는 후방으로 작업하면 얻을 수 있다. 함수가 실행해야 할 마지막 합병부터 시작하되, 이 작업을 가장 열심히 하라. 그 다음에는 끝에서 두 번째의 합병을 처리하는 방식으로 계속한다. 이들 각 n 값에 대하여 합병 정렬을 위한 최악의 경우의 데이타 생성 프로그램을 얻기 위해 이 논리를 사용하라.

힙 정렬을 위한 최악의 데이타를 만드는 것이 가장 어렵다. 그래서 여기서는 임의 순열 생성기(프로그램 7.18에 하나가 제시되어 있다.)를 사용한다. 원하는 크기로 임의 순열들을 생성하여 이들 각각에 대하여 힙 정렬하는 시간을 측정하고, 이 중 최대 시간을 개략적인 최악의 시간 값으로 사용한다. 큰 값보다 작은 n 값에 대하여 더 많은 임의 순열을 사용할 수 있을 것이다. 단 어떤 n 값에 대해서도 10개 미만의 순열을 사용해서는 안 된다. 동일한 방법으로 퀵 정렬에 대한 최악의 시간도 얻을 수 있다.

테스트 데이타가 결정되면 실험을 위한 준비는 끝난다. 이제 최악의 경우에 대한 시간을 구하라. 구한 시간으로부터 어떤 함수가 보다 우수하다는 개략적인 판단을

```
void permute(element a[], int n)
{/* random permutation generator */
   int i, j;
   element temp;
   for (i = n; i >= 2; i--)
   {
      j = rand() % i + 1;
         /* j = random integer in the range [1, i] */
      SWAP(a[j], a[i], temp);
   }
}
```

프로그램 7.18: 임의 순열 생성기

얻을 것이다. 이제 실험의 범위를 좁혀 하나의 정렬 방법이 다른 것보다 우수해지는 정확한 n 값을 결정하라. 어떤 방법에 대해서는 이 값이 0이 될 것이다. 예를 들어, 다른 세 방법이 n의 모든 값에 대해서 퀵 정렬보다 빠를 수 있다.

측정치를 하나의 그래프에 표시하라. 삽입 정렬과 퀵 정렬에 대해서 n^2의 성능을 볼 수 있는가? 그리고 다른 두 알고리즘에 대해서 적당히 큰 n의 경우(약 $n > 20$) $n \log n$의 성능을 볼 수 있는가? 그렇지 않다면 테스트나 시계 혹은 양쪽 모두에 어떤 잘못이 있는 것이다. 각 n 값에 대해서 가장 빠른 정렬 함수를 결정하라(단지 그래프를 보면 된다.). 모든 n 값에 대해서 가장 좋은 성능을 가질 것으로 보이는 복합 함수를 작성하라. 이 함수의 수행 시간을 측정하여 앞에서 사용한 그래프에 표시하라.

제출물

다음 사항이 포함된 보고서를 제출해야 한다. 즉, 시계의 정확도, 히프 정렬에 사용한 임의 순열 개수, 합병 정렬에 사용한 최악의 데이타와 그것을 만든 방법, 앞서 제시된 n 값들에 대한 수행 시간 테이블, 좁혀진 범위에 대한 수행 시간들, 그래프, 복합 함수에 대한 수행 시간 테이블을 포함한다. 이와 더불어 사용했던 완전한 프로그램 리스트도 함께 제출한다.(여기에는 정렬 함수와 함께 시간을 측정하고 테스트 데이타를 생성하는 주 프로그램이 포함된다.)

5. 앞의 연습문제를 평균 실행 시간에 대하여 반복하라. 평균적인 경우의 데이타를 생성하는 것은 매우 어렵다. 따라서 임의 순열을 이용하라. 그러나 이번에는 시계의 부정확도를 보완하기 위해 하나의 순열에 대하여 여러 번 반복할 필요는 없다. 대신 각 순열을 한 번만 사용하고 (고정된 n에 대해서) 전체 수행 시간을 측정한다.

6. 다섯 문자로 된 영어 단어 리스트가 주어지고, 이 단어들을 순차로 나열해야 한다고 하자. 각 순차의 단어들은 철자 바꾸기(anagram) 단어들이다(즉, x와 y가 같은 순차의 단어들이면 단어 x는 단어 y의 한 순열이다.). 이러한 순차 수가 최소가 되게 리스트를 만들어보라. 이러한 제약 조건상에서는 어떤 단어도 2개 이상의 순차에 나타날 수 없음을 증명하라. 이 문제를 어떻게 풀 것인가?

7. 당신이 작은 도시의 인구 조사 회사에 일하고 있고, 3000개 정도의 레코드는 작은 양이어서 컴퓨터의 내부 메모리가 충분히 수용할 수 있다고 가정하자. 이 도시에 현재 살고 있는 사람들은 모두 미국에서 태어났다. 이 도시의 각 주민에 대해서 한 개의 레코드가 있다. 각 레코드는 (a) 주민이 태어난 주, (b) 태어난 구, (c) 주민의 이름을 가지고 있다. 당신은 어떻게 이 도시에 사는 모든 사람들의 리스트를 만들 것인가? 이 리스트는 주별로 정렬되어져야 한다. 이때 각 주에 대해서 주민은 구별로 정렬되어지고, 구는 알파벳 순으로 정렬되어야 하며, 각 구에 대해서는 주민 이름이 알파벳 순으로 정렬되어야 한다. 가정한 것이 있으면 설명하라.

8. [버블 정렬(bubble sort)] 버블 정렬에서는 정렬될 레코드의 배열에 대해서 여러 번 왼쪽에서 오른쪽 패스가 만들어진다. 각 패스에서 인접한 레코드의 쌍이 비교되고 필요하면 서로 교환한다. 어떤 레코드도 교환되지 않은 패스 다음에는 정렬이 끝난다.

    (a) 버블 정렬을 C 함수로 작성하라.
    (b) 이 함수에 대한 최악의 복잡도는?
    (c) 정렬된 레코드 배열에 대해서는 얼마만큼의 시간이 걸리는가?
    (d) 정렬할 순서의 정반대로 되어 있는 배열에 대해서는 얼마만큼의 시간이 걸리는가?

9. 앞의 연습문제를 정렬이 안 된 레코드의 체인에서 시작해서 정렬된 체인에서 끝나도록 반복해보라.

10. [프로그래밍 과제] 이 연습문제의 목적은 다양한 정렬 알고리즘 계산 시간에 배열 원소의 크기가 어떻게 영향을 미치는가를 공부하는 데 있다.

    (a) 삽입 정렬, 퀵 정렬, 합병 정렬, 히프 정렬 함수를 다음 배열을 정렬하는 데 사용해보라. (i) 문자(**char**), (ii) 정수(**int**), (iii) 부동 소수점(**float**), (iv) 사각형 [사각형은 좌측 하단 점의 좌표와 가로 세로 길이로 표현한다고 가정하고, 이것들의 데이타 타입은 부동 소수점(**float**)이다. 또한 사각형들은 면적에 따라 오름차순으로 정렬된다.]
    (b) 앞에서 명세한 각 알고리즘-데이타 타입 쌍에 대해 실행 시간들을 구하라(16이 있어야 된다.). 한 알고리즘-데이타 타입 쌍에 대한 실행 시간들을 얻기 위

해서는 적절한 데이타 타입의 원소들을 포함하는, 크기가 다른 최소한 4개의 배열에 대해 알고리즘을 수행시켜봐야 한다. 배열의 원소는 난수 생성기를 이용하여 만들어야 한다.

(c) 실험 결과를 나타낼 수 있는 테이블과 그래프를 그려라. 이 실험으로 어떤 결론을 얻을 수 있는가?

7.10 외부 정렬

7.10.1 개요

이 절에서는 정렬하려는 리스트가 너무 커서 리스트 전체가 컴퓨터의 메인 메모리에 모두 올라갈 수 없다고 가정한다. 따라서 내부 정렬은 사용할 수 없다. 정렬해야 하는 리스트(또는 화일)는 디스크상에 있다고 가정한다. 디스크 정렬에 대해 사용하는 모든 개념은 테이프를 사용할 때도 똑같이 적용할 수 있다. 블록(block)이란 용어는 한 번에 디스크로부터 읽거나 디스크에 쓸 수 있는 데이타의 단위를 말한다. 일반적으로 블록은 여러 개의 레코드들로 구성된다. 디스크의 판독·기록 시간에 영향을 미치는 세 가지 요소가 있다.

(1) 탐구 시간(seek time): 판독·기록 헤드가 디스크상의 원하는 실린더로 이동하는 데 걸리는 시간. 이것은 헤드가 가로질러야 하는 실린더 수에 따라 결정된다.

(2) 회전지연 시간(latency time): 트랙의 해당 섹터가 판독·기록 헤드 밑으로 회전해올 때까지 걸리는 시간.

(3) 전송 시간(transmission time): 디스크로 또는 디스크로부터 데이타 블록을 전송하는 데 걸리는 시간.

외부 저장 장치에서 정렬할 때, 가장 널리 알려진 방법은 합병 정렬이다. 이 방법은 두 단계로 이뤄지고 있다. 첫째, 입력 리스트의 여러 세그먼트들을 좋은 내부 정렬 방법으로 정렬한다. 이 정렬된 세그먼트들을 '런(run)'이라 하는데, 이 런이 생성되면 외부 저장 장치에 기록된다. 둘째, 첫 단계에서 만들어진 런들은 하나의 런이 될 때까지 그림 7.4의 합병 트리 형식을 따라 합병한다. 간단한 합병 함수 *merge*(프로그램 7.7)는 합병되는 두 런의 제일 앞에 있는 레코드만 동시에 메인 메모리에 있을 것을 요구하므로, 큰 런들의 합병이 가능하다. 이 장에서 고찰한 다른 내부 정렬 방법들을 외부 정렬에 적용하기는 더 어렵다.

예제 7.12: 최대 750개의 레코드만 정렬할 수 있는 내부 메모리를 가지고 있는 컴퓨터를 이용하여 4500개의 레코드로 된 리스트를 정렬한다고 하자. 입력 리스트는 디스크에

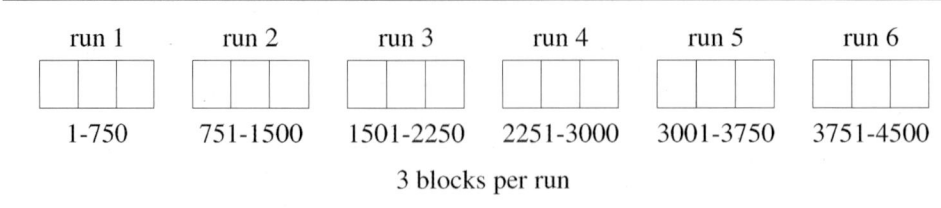

그림 7.19 내부 정렬 후 얻어진 블록화된 런

저장되어 있고 250 레코드의 블록 길이를 가지고 있다. 또 작업 공간으로 사용할 또 다른 디스크도 갖고 있다. 입력 디스크에는 기록을 하지 않는다. 앞에서 개괄한 일반 함수를 이용하여 정렬하는 한 가지 방법은 다음과 같다.

　(1) 내부적으로 한 번에 3개의 블록(즉, 750개의 레코드)을 정렬해서 6개의 런 R_1-R_6을 만든다. 히프 정렬, 합병 정렬 또는 퀵 정렬 같은 방법을 사용할 수 있다. 이 6개의 런을 작업 디스크에 수록한다.(그림 7.19)

　(2) 내부 메모리에 250개의 레코드를 수용할 수 있는 3개의 블록을 마련해둔다. 이 블록 중 2개는 입력 버퍼로 쓰고 나머지 하나는 출력 버퍼로 쓴다. 런 R_1과 R_2를 합병한다. 먼저 입력 버퍼에 각 런으로부터 블록 하나씩을 읽어들인다. 런의 블록들은 입력 버퍼에서 출력 버퍼로 합병된다. 출력 버퍼가 다 차면 디스크에 기록한다. 입력 버퍼가 공백이 되면 같은 런에서 다음 블록을 읽어들여 다시 채운다. 런 R_1과 R_2를 합병한 뒤 R_3과 R_4, 끝으로 R_5와 R_6을 합병한다. 이 패스가 끝나면 3개의 런이 생성되고, 각 런은 6개의 블록, 즉 1500개의 정렬된 레코드로 구성된다. 이 런들 중에서 2개는 앞서의 입출력 버퍼를 사용하여 3000개의 레코드를 가진 런으로 합병한다. 끝으로 이 런은 1500개의 레코드를 가진 나머지 런과 합병하여 전체 화일을 정렬한다.(그림 7.20) . □

　외부 정렬의 복잡도를 분석하기 위해 다음과 같은 표기법을 사용한다.

t_s = 최대 탐구 시간
t_l = 최대 회전지연 시간
t_{rw} = 250개의 레코드로 구성된 한 블록을 읽거나 쓰는 데 걸리는 시간
t_{IO} = 한 블록을 입력 또는 출력하는 데 걸리는 시간
　　 = $t_s + t_l + t_{rw}$
t_{IS} = 750개의 레코드를 내부적으로 정렬하는 시간
nt_m = 입력 버퍼에서 출력 버퍼로 n개의 레코드를 합병하는 데 걸리는 시간

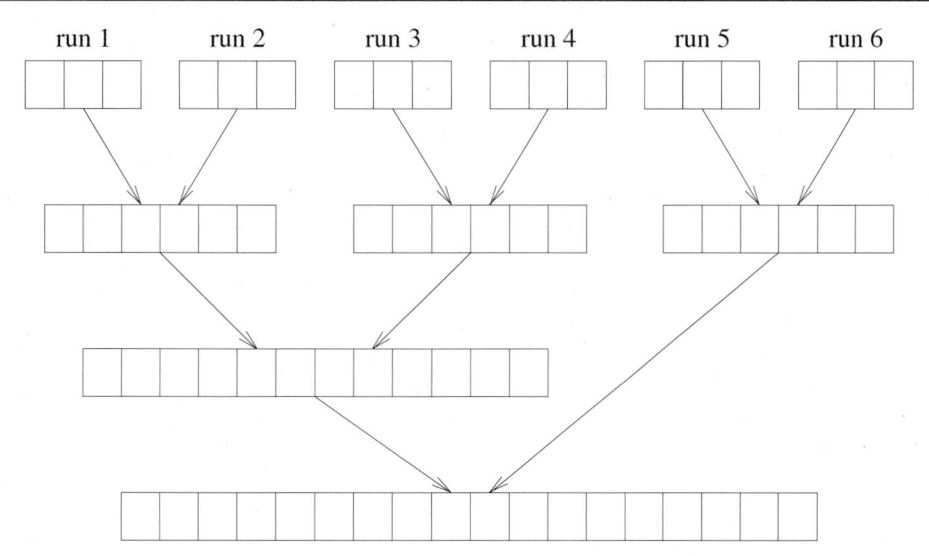

그림 7.20 6개 런의 합병

연산	시간
(1) 18 블록의 입력 판독: $18t_{IO}$ 　　내부 정렬: $6t_{IS}$ 　　18 블록 기록: $18t_{IO}$	$36t_{IO} + 6t_{IS}$
(2) 1~6런을 쌍으로 합병	$36t_{IO} + 4500t_m$
(3) 두 개의 1500 레코드로 된 　　런을 합병(12 블록)	$24t_{IO} + 3000t_m$
(4) 3000 레코드의 런과 　　1500 레코드의 런을 합병	$36t_{IO} + 4500t_m$
전체 시간	$132t_{IO} + 12000t_m + 6t_{IS}$

그림 7.21 디스크 정렬 예제에 대한 계산 시간

　　디스크에 한 블록을 읽거나 쓸 때는 언제나 최대 탐구 시간과 최대 회전지연 시간이 필요하다고 가정한다. 실제로는 꼭 이렇게 되지 않지만, 이렇게 함으로써 분석은 간단해진다. 제시된 4500개의 레코드 예제의 각 연산에 대한 계산 시간은 그림 7.21과 같다.

같은 실린더나 인접한 실린더에 데이타 블록을 기록하면 탐구 시간을 줄일 수도 있다. 최종 연산 시간을 자세히 살펴보면, 주로 데이타를 처리하는 데 필요한 패스 수에 의존하고 있음을 알 수 있다. 내부 정렬을 위하여 데이타를 처리하는 초기 입력 패스 이외에 런을 합병하는 데 총 $2\frac{2}{3}$ 패스가 필요하다(길이가 750 레코드인 6개의 런을 합병하는 데 1 패스, 길이가 1500인 2개의 런을 합병하는 데 $\frac{2}{3}$ 패스, 길이 3000인 런과 1500인 런을 처리하는 데 1 패스가 필요하다). 한 패스에서는 18개의 블록을 처리할 수 있기 때문에 입력과 출력 시간은 $2 \times (2\frac{2}{3} + 1) \times 18 t_{IO} = 132 t_{IO}$ 이다. 여기서 앞에 2를 곱한 것은 판독한 레코드가 다시 기록되기 때문이다. 합병 시간은 $2\frac{3}{2} \times 4500 t_m = 12,000 t_m$ 이 된다. 전체 연산 시간과 데이타를 처리하는 패스 수와는 밀접한 관계가 있기 때문에, 다음의 분석은 주로 처리 패스 수가 얼마인지에 대해 관심을 둘 것이다. 이 정렬에 대해 또 하나 주목해야 할 사항은, 컴퓨터가 입출력과 CPU 명령을 병렬로 처리할 수 있다는 것을 고려하지 않았기 때문에 실행시간이 좀 더 많이 계산된 점이다. 가장 이상적인 환경은 입출력 명령과 CPU 명령의 처리가 중첩되게 하여, 실제 시간이 대략 $132 t_{IO} \approx 12,000 t_m + 6 t_{IS}$ 가 되는 것이다.

만약 2개의 디스크가 있다면 기록을 하면서 다른 한쪽에서는 읽어들이고 이미 버퍼에 있는 것은 합병하는 동작을 병렬로 실행할 수 있을 것이다. 이 경우 버퍼 길이와 버퍼 처리 방법을 잘 선택하면, 거의 $66 t_{IO}$ 시간 내에 처리할 수 있다. 이러한 병렬 처리는 비다중 프로그래밍 환경에서 정렬이 수행될 경우 중요한 고려 사항이 된다. 이 경우 입출력과 CPU 처리가 병렬로 수행되지 않는다면 CPU는 입출력 동작 중 아무 일도 할 수 없게 된다. 그러나 다중 프로그래밍 하에서는 정렬 프로그램에서 입출력과 CPU 처리를 병렬로 수행해야 될 필요성이 그렇게 절실한 것이 아니다. 왜냐하면 (만약 시스템 내에 다른 프로그램이 있다면) 정렬 프로그램이 그의 입출력 작업이 끝나기를 기다리는 동안 CPU는 다른 프로그램을 실행할 수 있기 때문이다. 실제로 많은 다중 프로그래밍 환경 속에서 운영 체제의 제약 때문에 입력과 출력 그리고 내부 연산을 병렬로 처리하는 것이 가능하지 않을 수 있다.

2-원 합병보다 높은 차수의 합병을 이용하면 런에 대해 일어나는 합병 패스 수를 줄일 수 있다. 입력, 출력, 그리고 합병을 병렬적으로 처리하기 위해서는 적당한 버퍼 관리 방법이 필요하다. 앞에서 제시한 방법에 의해 만들어지는 런보다 더 적은 수의(또는 길이가 더 긴) 런을 만들 수 있다면 실행 시에 또 다른 성능 향상을 얻을 수 있다. 이것은 패자 트리(loser tree)를 이용함으로써 가능하다. 7.10.4절에 논의될 패자 트리 방식을 이용하면 런의 길이가 앞의 방법보다 평균적으로 거의 2배나 길어진다. 그렇지만, 생성된 런은 다양한 크기를 가지게 된다. 결국 런을 합병하는 차수가 모든 런들을 하나로 합병하는 데 소요되는 시간에 영향을 미친다. 이제 이러한 영향을 고려해보자.

7.10.2 k-원 합병

2-원 합병(2-way merge) 함수 *merge*(프로그램 7.7)는 그림 7.20의 합병 함수와 거의 같다. 일반적으로 m개의 런이 있다면 그림 7.20에 대응하는 합병 트리는 $\lceil \log_2 m \rceil + 1$의 레벨을 가지고, 데이타 리스트 합병을 위하여 총 $\lceil \log_2 m \rceil$ 패스가 필요하다. 데이타의 패스 수는 고차 합병(즉, k-원 합병, $k \geq 2$)을 사용함으로써 줄일 수 있다. 이 경우는 동시에 k개의 런을 합병하는 것이다. 그림 7.22는 16개의 런에 대한 4-원 합병을 보여주고 있다. 데이타 패스 수는 2-원인 경우에 4였지만 이제는 2가 되었다. 일반적으로 m개의 런에 대한 k-원 합병은 $\lceil \log_k m \rceil$ 패스가 필요하다. 따라서 입출력 시간은 고차 합병을 이용하면 감소시킬 수 있다.

그러나 고차 합병은 정렬에 다른 영향을 미친다. 첫째로, 크기가 각각 $s_1, s_2, s_3, \cdots, s_k$인 k 런들은 더이상 $O(\sum_{i}^{k} s_i)$ 시간에 내부적으로 합병될 수가 없다. k-원 합병에서도 2-원 합병의 경우와 같이, 다음에 출력될 레코드는 런들 중 가장 작은 키를 가지고 있는 레코드가 된다. 가장 작은 레코드는 k개의 런에서 맨 앞에 나오는 k개의 레코드 중 하나가 된다. k개의 런을 합병하는 가장 직접적인 방법은, 출력할 다음 레코드를 결정하기 위해 $k-1$번의 비교를 하는 것이다. 이것을 위한 연산 시간은 $O((k-1)\sum_{i}^{k} s_i)$이다. 그리고 데이타 패스 수가 $\log_k m$번이므로, 키 비교의 전체 횟수는 $n(k-1)\log_k m = n(k-1)\log_2 m / \log_2 k$이다. 여기서 n은 그 리스트에 있는 레코드 수이다. 따라서 $(k-1)/\log_2 k$는 키 비교 횟수가 증가하는 인자이다. k가 증가할 때 입출력 시간의 감소는 k-원 합병을 수행하는 데 걸리는 CPU 시간의 증가분을 상쇄시킨다.

그러나 k 값이 클 경우(즉, $k \geq 6$), 다음 최소 레코드를 찾는 데 필요한 비교 횟수는 k개의 리프를 가진 패자 트리(5장 참조)를 사용함으로써 상당히 줄일 수 있다. 이 경우 합

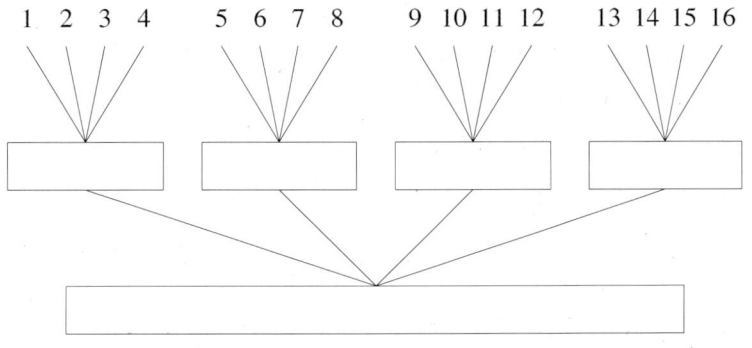

그림 7.22 16개 런에 대한 4-원 합병

병 트리의 레벨당 필요한 전체 시간은 O($n \log_2 k$)이다. 이 트리의 레벨 수는 O($\log_k m$)이 므로, 근사치의 내부 처리 시간은 O($n \log_2 k \log_k m$) = O($n \log_2 m$)이다. 이것은 k와 무관하다.

고차 합병으로 가면 수행해야 될 데이터의 입출력 양을 줄일 수 있다. 또 내부 처리 속도에서도 큰 손실이 없다. 비록 내부 처리 시간이 합병의 차수에 비교적 민감하게 변하지는 않지만, 입출력에서의 시간 감소는 데이터 패스 수가 $\log_k m$으로 감소한 만큼은 되지 않는다. 이것은 k-원 합병을 수행하는 데 필요한 입력 버퍼의 수가 k만큼 증가했기 때문이다. $k+1$개의 버퍼라면 충분하더라도, $2k + 2$개의 버퍼를 사용하면 더 효율적이라는 것을 다음 절에서 알게 될 것이다. 사용 가능한 내부 메모리는 한정되어 있고 k와는 독립적이므로, 버퍼의 크기는 k가 증가함에 따라 감소해야 한다. 마찬가지로 디스크에 있는 블록의 크기도 작아져야 한다. 블록 크기가 작으면 전체 화일을 처리할 때마다 많은 수의 블록을 판독하거나 기록해야 하므로 데이터 블록을 읽을 때 발생하는 탐구 시간과 회전 지연 시간에 영향을 주어 입출력 시간이 증가하게 된다. 그러므로 k가 어떤 값을 넘어가게 되면, 패스 수가 감소하였음에도 불구하고 입출력 시간은 증가하게 된다. k에 대한 최적의 값은 디스크 매개변수와 버퍼로 사용될 수 있는 내부 메모리의 크기에 달려 있다.

7.10.3 병렬 연산을 위한 버퍼 관리

만약 k개의 런이 k-원 합병에 의해 한꺼번에 합병된다면, 합병을 수행하기 위해서는 k개의 입력 버퍼와 1개의 출력 버퍼가 필요할 것이다. 그러나 이것은 입출력과 내부 합병을 병렬로 처리하기에는 충분하지 않다. 예를 들어 출력 버퍼가 출력될 때 내부 합병은 합병된 레코드를 모아놓을 곳이 없으므로 잠시 중단되어야 한다. 이것은 2개의 출력 버퍼가 있으면 해결된다. 즉, 하나가 출력되는 동안 다른 하나에 레코드들이 합병되면 된다. 만약 버퍼의 크기를 정확하게만 선택한다면 하나의 버퍼를 출력하는 시간이 다음 버퍼를 채우는 데 필요한 CPU 시간과 똑같게 된다. k개의 입력 버퍼를 사용할 경우 내부 합병은, 이들 중 하나가 비게 되면 그 런에 해당하는 다음 블록을 읽어올 때까지 중단되어야 한다. 이 입력 지연 시간 또한 $2k$개의 입력 버퍼를 사용하면 해결할 수 있다. 이 $2k$개의 입력 버퍼는 어떠한 런에 대해서도 입력 레코드가 부족해서 합병이 중단되는 상황이 되지 않도록 잘 이용되어야 한다. 단순히 1개의 런에 2개의 버퍼를 배당하는 것으로 문제가 해결되는 것은 아니다.

예제 7.13: 2-원 합병을 4개의 입력 버퍼 $in[i](0 \leq i \leq 3)$와 2개의 출력 버퍼 $ou[0]$, $ou[1]$을 이용해서 수행한다고 가정하자. 각각의 버퍼에는 2개의 레코드를 담을 수 있다. 런 0의 처음 몇 개의 레코드 키는 1, 3, 5, 7, 8, 9이다. 그리고 런 1의 처음 몇 개의 레코드 키는 2, 4, 6, 15, 20, 25이다. 버퍼 *in*[0]과 *in*[2]는 런 0에 할당하며 남은 2개의 버퍼는 런 1에 할당한다. 합병을 시작하면 먼저 2개의 런으로부터 1개의 버퍼만큼씩을 읽는다. 이때 버퍼들은 그림 7.23(a)와 같이 된다. 이제 런 0과 런 1을 *in*[0]과 *in*[1]의 레코드를 사용하여 합병한다. 이와 병행해서 런 0으로부터 다음 버퍼만큼의 레코드들을 입력한

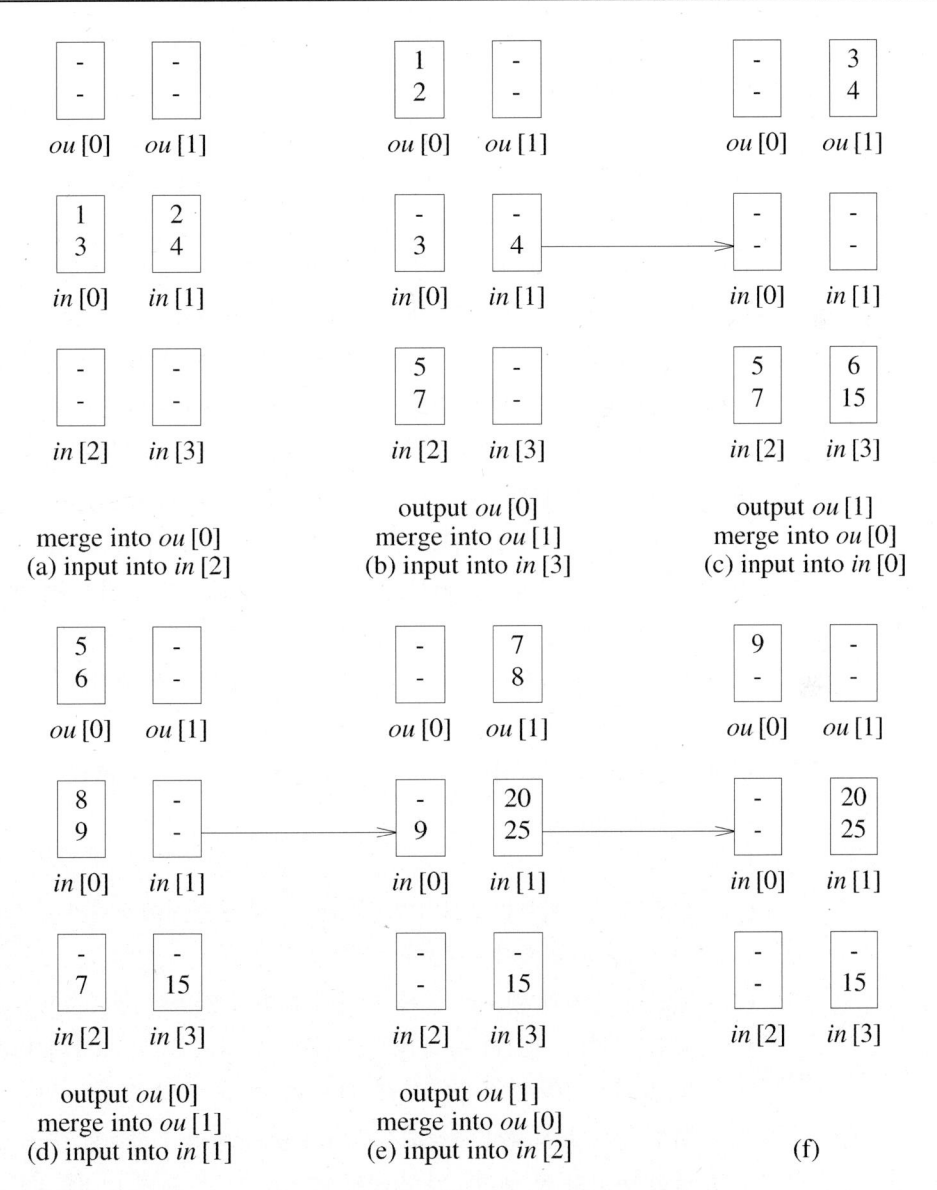

그림 7.23 런당 두 고정 버퍼 할당이 연속적 병렬 연산에 불충분함을 보여주는 예

다. 만약 입출력과 출력 버퍼를 만드는 시간이 모두 같아지도록 버퍼의 길이를 선택했다고 가정하면, $ou[0]$이 다 찼을 때의 상황은 그림 7.23(b)와 같게 될 것이다. 다음에 $ou[1]$이 출력되고 런 1로부터 $in[3]$으로 입력되며 $ou[1]$에 합병되는 일들을 동시에 실행하게 된다. $ou[1]$이 다 찼을 때는 그림 7.23(c)와 같이 된다. 이런 식으로 계속하면 그림 7.23(e)와 같이 된다. 이제는 $ou[1]$을 출력하고 런 0으로부터 $in[2]$로 입력하며 $ou[0]$에 합병한다. 합병하는 동안 런 0에 있는 모든 레코드는 $ou[0]$이 다 차기 전에 소모되고 만다. 그러므로 합병은 런 0으로부터 또 다른 버퍼에 레코드 입력이 완료될 때까지 지연되어야만 한다. □

예제 7.13은 $2k$개의 입력 버퍼가 충분하게 되려면 각 런에 버퍼 2개씩을 균등하게 할당해서는 안 된다는 것을 보여주고 있다. 오히려 버퍼들을 필요에 따라 어떤 런에도 할당할 수 있도록 해야 한다. 여기서 제시할 버퍼 할당 방법에서는, 각 런의 레코드를 가지고 있는 입력 버퍼가 적어도 언제든지 하나 존재한다. 그리고 남아 있는 버퍼는 우선순위에 따라 할당하여 채워지게 한다(즉, k-원 합병 알고리즘에 의해 입력 버퍼에 있는 레코드들이 가장 먼저 소모되는 런이 다음 버퍼로 채워지게 되는 런이다.). 어떤 런의 입력 버퍼가 가장 먼저 소모될지는, k개의 런 각각에서부터 읽혀진 제일 마지막 레코드의 키를 비교해보면 쉽게 예견할 수 있다. 즉, 가장 작은 키를 가진 런의 버퍼가 먼저 소모된다. 그리고 키가 똑같을 때는 가장 작은 인덱스를 가진 런에 있는 레코드를 먼저 합병한다고 가정한다. 이것은 만약 런 i에서 읽혀진 마지막 레코드의 키가 런 j에서 읽혀진 것과 같고 $i < j$가 성립하면 i에서 읽혀진 레코드가 j보다 먼저 소모됨을 의미한다. 그래서 어떤 런은 2개 이상의 버퍼를 가지며, 어떤 런은 단지 일부만 채워진 1개의 버퍼만을 가질 수 있다. 같은 런으로부터 입력되는 모든 버퍼 레코드는 큐로 처리된다. 버퍼를 활용하는 완전한 알고리즘을 기술하기 전에, 먼저 사용할 수 있는 컴퓨터의 병렬 처리 능력에 대해 다음과 같이 가정한다.

(1) 디스크 드라이브는 2개이며, 입출력 채널은 동시에 1개의 디스크는 판독하고 다른 디스크에는 기록할 수 있다.

(2) 입출력 장치와 메모리 블록 사이에 데이타 전송이 행해지고 있는 동안 CPU는 동일한 구역의 메모리 블록을 참조할 수 없다. 그러므로 출력 버퍼가 디스크로 출력될 동안 그 출력 버퍼의 앞에 채울 수 없다. 만약 이것이 가능하다면 전송 속도와 합병 속도를 적절히 조절해서 1개의 출력 버퍼만 사용할 수도 있을 것이다. 새로운 출력 버퍼의 첫 레코드가 결정될 때까지 그 전 출력 버퍼의 첫 레코드는 이미 출력되어 있어야 한다.

(3) 설명을 간단히 하기 위해 입출력 버퍼는 모두 같은 크기라고 가정한다.

이러한 가정들을 염두에 두고, 앞에서 개략적으로 설명한 방법에 대한 알고리즘을 구체적으로 작성하고 예를 들어 그 동작을 설명하도록 하자. 프로그램 7.19의 알고리즘은 k-원 합병을 사용하여 k-런($k \geq 2$)을 합병한다. 이를 위해 $2k$개의 입력 버퍼와 2개의 출력 버퍼가 사용된다. 각 버퍼는 메모리에서 서로 인접하는 블록들이다. 입력 버퍼는 k개의 큐로 되어 있고 각 런은 1개의 큐에 대응한다. 각 입출력 버퍼는 한 블록의 레코드를 담을 수 있을 만큼 크다고 가정한다. 비어 있는 버퍼들은 연결 스택에 있다. 각 런의 끝에는 매우 큰 키 값, 예를 들어 +∞를 가진 끝 표시 레코드가 있다고 가정한다. 모든 다른 레코드의 키는 끝 표시 레코드의 키 값보다 작다고 가정한다. 하나의 출력 버퍼를 합병하는 시간이 블록 하나를 읽는 시간과 같아지도록 블록의 크기(버퍼의 크기)를 선택한다면 거의 모든 입력, 출력, 계산이 병렬적으로 수행될 수 있다. 키 값이 같은 경우, k-원 합병 알고리즘은 인덱스가 가장 작은 런으로부터 레코드를 출력한다고 가정한다.

버퍼링 알고리즘의 단계

단계 1: k개의 런 각각으로부터 첫 번째 블록을 입력하여 하나의 데이타 블록으로 된 k개의 연결 큐를 설정한다. 나머지 k개의 입력 블록들을 자유 입력 블록들의 연결 스택에 넣는다. *ou*를 0으로 설정한다.

단계 2: *lastKey*[*i*]를 런 *i*로부터 마지막 입력 키라고 하자. *lastKey*가 최소 값인 런을 *nextRun*이라고 하자. 만일 *lastKey*[*nextRun*] ≠ +∞이면 *nextRun* 런으로부터 다음 블록을 입력하기 시작한다.

단계 3: 함수 *kWayMerge*를 사용하여 k개의 입력 큐로부터 출력 버퍼 *ou*로 레코드를 합병한다. 출력 버퍼가 가득 차거나 키 값이 +∞인 레코드가 *ou*에 나타날 때까지 합병을 계속한다. 합병을 수행하는 동안 출력 버퍼가 가득 차기 전이나 +∞가 *ou*에 합병되기 전에 입력 버퍼가 비게 되면, *kWayMerge*는 같은 큐의 다음 버퍼로 진행하고 빈 버퍼는 빈 버퍼 스택에 반환한다. 그러나 만약 출력 버퍼가 가득 차는 것과 동시에 입력 버퍼가 비게 되거나 혹은 +∞가 *ou*에 합병되는 것과 동시에 입력 버퍼가 비게 되면, 빈 버퍼는 큐에 남게 되고 *kWayMerge*는 큐의 다음 버퍼로 진행하지 않는다. 대신 합병은 중단된다.

단계 4: 디스크 입출력이 진행 중이면 완료되기를 기다린다.

단계 5: 입력 버퍼가 읽혀졌으면 해당 런의 큐에 넣는다. *lastKey*[*nextRun*]이 최소로 되는 *nextRun*을 결정하여 다음에 읽어야 하는 런을 결정한다.

단계 6: *lastKey*[*nextRun*] ≠ +∞이면 *nextRun* 런으로부터 자유 입력 버퍼로 읽기 시

작한다.

단계 7: 출력 버퍼 ou의 쓰기를 시작한다. ou를 $1-ou$로 설정한다.

단계 8: 키 값이 $+\infty$인 레코드가 출력 버퍼로 합병되지 않았으면 단계 3으로 간다. 그렇지 않으면 진행 중인 쓰기 작업이 완료되기를 기다린 후 끝낸다.

프로그램 7.19: 부동 버퍼를 이용한 k-원 합병

프로그램 7.19로부터 다음과 같은 사실을 고찰할 수 있다.

(1) k가 클 경우 먼저 소모되는 큐를 결정하는 데는 하나의 버퍼가 읽혀질 때마다 $k-1$번의 비교를 하는 대신, $last[i](1 \leq i \leq k)$에 대해 패자 트리를 만듦으로써 $\log_2 k$번의 비교도 가능하다. 그러나 계산 시간의 변화는 그렇게 중요하지 않다. 왜냐하면 큐 선택을 위해 필요한 시간은 이 알고리즘의 총 수행 시간에 아주 작은 부분을 차지하기 때문이다.

(2) k가 클 경우, 함수 $kWayMerge$는 패자 트리를 사용한다.(5장 참조)

(3) 처음 k개 블록의 입력과 마지막 블록의 출력을 제외한 모든 입출력은 연산과 동시에 행해진다. k개의 런이 합병된 다음에는 또 다른 k개의 런들에 대해 합병을 시작할 수 있다. 이 다음 런들의 입력은 현재 실행 중인 런들의 마지막 합병 단계에서 시작될 수 있다. 즉 단계 6에서 $lastKey[nextRun] = +\infty$일 때 다음 합병될 k개의 런에서 각각 첫 번째 블록을 하나씩 읽어들이기 시작한다. 따라서 한 화일의 전체 정렬 과정 중에서 내부 합병과 병렬 수행되지 않는 시간은 처음 k개의 블록이 입력될 때와 마지막 블록이 출력될 때뿐이다.

(4) 알고리즘은 모든 블록의 크기가 같다고 가정하고 있다. 이것을 보장하기 위해 각 런들의 마지막 블록에 몇 개의 모조 레코드를 키 $+\infty$를 가진 특수 레코드 다음에 첨가해야 할 필요가 있을 수도 있다.

예제 7.14: 프로그램 7.19의 알고리즘을 살펴보기 위해서 그림 7.24의 3개의 런으로 3-원 합병을 수행하는 과정을 보자. 각 런은 2개의 레코드로 된 4개의 블록으로 구성되어 있다. 모든 런에서 네 번째 블록의 마지막 레코드의 키는 $+\infty$이다. 그리고 6개의 입력 버퍼와 2개의 출력 버퍼가 있다. 그림 7.25는 입력 버퍼 큐의 상태, 다음 블록이 읽혀지고 있는 런, 버퍼링 알고리즘의 3단계에서부터 8단계까지 루프의 반복이 시작될 때마다 출력되고 있는 출력 버퍼의 상태를 보여준다.

그림 7.25의 5행에서부터 보는 바와 같이, k-원 합병 중에 "출력 버퍼가 만원인가?"를 검사하는 것이 "입력 버퍼가 공백인가?"를 검사하는 것보다 먼저 수행되어야 함이 명

7.10 외부 정렬 • 405

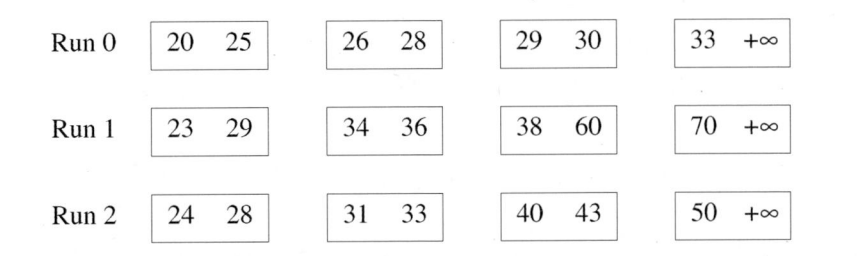

그림 7.24 3개의 런

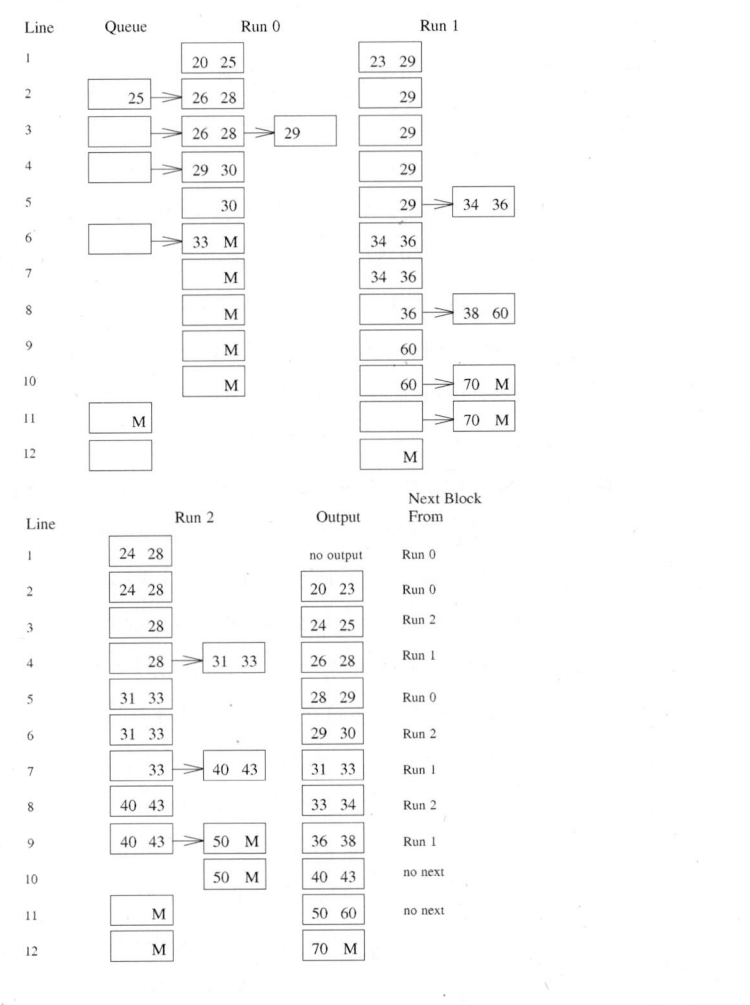

그림 7.25 버퍼링의 예

백하다. 왜냐하면 그 런을 위한 다음 입력 버퍼가 아직 읽혀지지 않아서 그 큐에는 다음 버퍼가 없을 수 있기 때문이다. 이때 3행과 4행에서 6개의 모든 입력 버퍼가 사용되고 있고 자유 버퍼의 스택은 공백이다. □

프로그램 7.19가 옳다는 것을 증명함으로써, 버퍼 관리에 관한 논의를 마치겠다.

정리 7.2: 프로그램 7.19에 대하여 다음 사항은 참이다.
(1) 단계 6에서 다음 블록을 읽기 시작할 때는 사용 가능한 버퍼가 항상 존재한다.
(2) 단계 3에서 k-원 합병을 할 동안 큐에 있는 다음 블록은 그것이 필요할 때까지 이미 읽혀져 있다.

증명: (1) 알고리즘의 단계 6에 도달할 때마다 메모리에는 많아야 $k + 1$개의 버퍼 데이타가 있으며, 이 중 한 블록의 데이타는 출력 버퍼에 있다. 각각의 큐에 대해 일부만 차 있는 버퍼는 많아야 1개가 있을 수 있다. 따라서 만약 다음 판독 때 사용 가능한 버퍼가 없다면 나머지 k개의 버퍼가 꽉 차 있음이 틀림없다. 이것은 일부만 차 있는 k개의 버퍼들이 모두 비어 있다는 것을 의미한다(그렇지 않으면 메모리에는 $k + 1$개 버퍼 데이타보다 더 많은 버퍼 데이타가 있어야만 된다.). 이 합병 방법에 의하면 비어 있으면서 사용할 수 없는 버퍼는 단지 1개만 있을 수 있다. 이런 일은 하나의 입력 버퍼가 비게 되는 바로 그 순간에 출력 버퍼가 가득 차는 경우에만 일어날 것이다. 그러나 $k > 1$은 이것과 모순된다. 그래서 단계 6이 실행될 때는 적어도 1개의 사용 가능한 버퍼가 있다.

(2) 이것이 거짓이라고 가정하자. 런 R_i는 $kWayMerge$ 동안 R_i의 큐가 비게 되는 런이라 하자. 합병된 마지막 키는 끝 표시 키인 $+\infty$가 아니라고 가정할 수 있다. 그렇지 않으면 $kWayMerge$는 R_i를 위한 또 다른 버퍼를 얻지 못하고 검색을 끝냈을 것이기 때문이다. 이것은 입력 화일의 런 R_i에 $lastKey[i] \neq +\infty$인 레코드 블록들이 더 많이 있다는 것을 의미한다. 결과적으로 이 시점까지 어떤 블록이 출력될 때는 언제나 다른 하나의 블록이 동시에 읽어들이게 된다. 그래서 입출력은 같은 비율로 진행되었고 사용할 수 있는 데이타 블록의 수는 언제나 k였다. 또 추가 블록이 읽혀들이지만 단계 5까지는 큐에 저장될 수 없다. R_i에 대한 큐가 먼저 비게 되므로, 다음으로 읽을 런의 선택 규칙에 따라 남아 있는 $k-1$개의 런에 대해 각각 많아야 한 블록의 레코드가 있을 것이 확실하다. 더욱이 이때 출력 버퍼는 모두 차 있을 수가 없다. 왜냐하면 입력 버퍼가 비어 있다는 조건에 앞서 이 조건이 먼저 검사되기 때문이다. 그러므로 메모리에는 실제로 k 블록보다 적은 데이타가 있다. 이것은 k 블록의 데이타가 있다는 가정과 모순된다. □

7.10.4 런의 생성

이 장에서 이미 설명한 전형적인 내부 정렬 기법을 사용하면 한꺼번에 내부 메모리에 저장할 수 있는 레코드 개수만큼의 크기를 갖는 런 생성이 가능하다. 패자 트리를 사용하면 이것보다 더 긴 런의 생성도 가능하다. 지금부터 논의할 알고리즘은 전형적 기법에 의해 얻을 수 있는 것보다 평균적으로 2배 길이의 런을 생성한다. 이 알고리즘은 Walters, Painter와 Zalk에 의해 고안되었으며, 보다 긴 런의 생성뿐만 아니라 병렬적인 입출력 및 내부 처리도 가능하게 한다.

입력, 출력, 그리고 내부 처리가 최대한 병렬적으로 수행되기 위해서 입출력 버퍼가 적절히 준비되어 있다고 가정하자. 런 생성 알고리즘에서 입출력 명령을 할 때마다, 이 명령은 입출력 버퍼를 통해 수행된다고 가정한다. 런 생성 알고리즘은 패자 트리를 사용한다. k개의 레코드, $record[i](0 \leq i < k)$를 위한 트리를 구성하기 위한 충분한 공간이 있다고 가정하자. 이 트리의 각 노드 i는 $loser[i]$라는 하나의 필드를 가진다. $loser[i](1 \leq i < k)$는 노드 i에서 일어나는 토너먼트에서 패자를 나타낸다. k개의 레코드 위치를 나타내는 $record[i]$는 각각 런 번호 $runNum[i](0 \leq i < k)$를 갖는다. 이 필드는 현재 생성되고 있는 런의 일부분으로서 $record[i]$가 출력될 수 있는지 없는지를 결정해준다. 토너먼트의 승자가 출력될 때마다 새로운 레코드(만약 존재한다면)가 입력되고, 5장에서 설명한 것처럼 토너먼트가 다시 시작된다.

함수 $runGeneration$(프로그램 7.20)은 지금까지 설명한 패자 트리 방식을 구현한 것이다. 이 함수에 사용된 변수들은 다음과 같은 의미를 갖는다.

$record[i], 0 \leq i < k$	⋯	토너먼트 트리에 있는 k개의 레코드
$loser[i], 1 \leq i < k$	⋯	노드 i에서 일어난 토너먼트의 패자
$loser[0]$	⋯	토너먼트의 승자
$runNum[i], 0 \leq i < k$	⋯	$record[i]$가 속한 런 번호
$currentRun$	⋯	현재 런의 런 번호
$winner$	⋯	모든 토너먼트의 승자
$winnerRun$	⋯	$record[winner]$의 런 번호
$maxRun$	⋯	생성될 런의 개수
$lastKey$	⋯	출력되는 마지막 레코드의 키 값

행 10부터 37까지의 루프는 레코드를 출력하는 토너먼트를 반복하여 수행한다. 21행에서 사용되고 있는 변수 $lastKey$는 새로운 입력 레코드 $record[winner]$가 현재 런의 출력이 될 수 있는지 없는지를 결정한다. $key[winner] < lastKey$라는 조건이 성립하면, $record[winner]$는 현재 런 $currentRun$의 일부로서 출력될 수 없다. 왜냐하면 더 큰 키

```
1  void runGeneration(int k)
2  {/* run generation using a k-player loser tree,
3      variable declarations have been omitted */
4    for (i = 0; i < k; i++) {/* input records */
5      readRecord(record[i]); runNum[i] = 1;
6    }
7    initializeLoserTree();
8    winner = loser[0]; winnerRun = 1;
9    currentRun = 1; maxRun = 1;
10   while(1) {/* output runs */
11     if (winnerRun != currentRun) {/* end of run */
12       output end of run marker;
13       if (winnerRun > maxRun) return;
14       else currentRun = winnerRun;
15     }
16     writeRecord(record[winner]);
17     lastKey = record[winner].key;
18     if (end of input) runNum[winner] = maxRun + 1;
19     else { /* input new record into tree */
20       readRecord(record[winner]);
21       if (record[winner].key < lastKey)
22         /* new record is in next run */
23         runNum[winner] = maxRun = winnerRun + 1;
24       else runNum[winner] = currentRun;
25     }
26     winnerRun = runNum[winner];
27     /* adjust losers */
28     for (parent = (k+winner)/2; parent; parent /= 2;)
29       if ((runNum[loser[parent]] < winnerRun) ||
30           ((runNum[loser[parent]] == winnerRun)
31             && (record[loser[parent]].key <
32                 record[winner].key)))
33         {/* parent is the winner */
34           SWAP(winner, loser[parent], temp);
35           winnerRun = runNum[winner];
36         }
37   }
38 }
```

프로그램 7.20: 패자 트리를 이용한 런 생성

값을 가진 레코드가 이미 이 런에 출력되었기 때문이다. 트리가 다시 조정될 때(행 27부터 36), 보다 낮은 런 번호를 가지고 있는 레코드가 높은 런 번호를 가지고 있는 레코드에 대해 승자가 된다. 런 번호가 같을 때는 더 작은 키 값을 가진 레코드가 승자이다. 이것은 런 번호의 오름차순으로 레코드들이 트리로부터 출력될 수 있게 보장한다. 같은 런 내에서는, 레코드 키 값의 증가 순으로 레코드들이 트리로부터 출력된다. *maxRun*은 함수를 끝마치는 데 사용된다. 행 18에서 입력이 떨어지면, 런 번호가 *maxRun* + 1인 레코드가 생성된다. 이 레코드가 출력으로 나갈 준비가 되면, 함수가 행 13에서 끝난다.

***runGeneration*의 분석:** 입력 리스트가 미리 정렬되어 있으면, 오직 하나의 런만 생성된다. 평균적으로, 런의 크기는 거의 $2k$이다. n개의 런 리스트를 만들기 위해 모든 런을 생성하는 데 걸리는 시간은 $O(n \log k)$, 레코드가 출력될 때마다 패자 트리를 조정하는 데 걸리는 시간은 $O(\log k)$이다. □

7.10.5 런의 최적 합병

함수 *runGeneration*이 생성하는 런은 크기가 서로 다를 수도 있다. 여러 런들이 상이한 크기를 갖는 경우 지금까지의 런 합병 전략(즉, 모든 런들에 대해 완전한 패스들을 만드는 전략)은 최소의 실행 시간이 아니다. 예를 들어 길이가 각각 2, 4, 5, 15인 4개의 런이 있는 경우를 생각해보자. 그림 7.26에서는 일련의 2-원 합병 기법을 사용하여 이 런들을 합병하는 두 가지 방법을 보여주고 있다. 여기서 원형으로 표현한 노드는 자식 노드의 데이터를 입력으로 사용하는 2-원 합병을 나타낸다. 사각형 노드는 초기 런을 나타낸다. 원

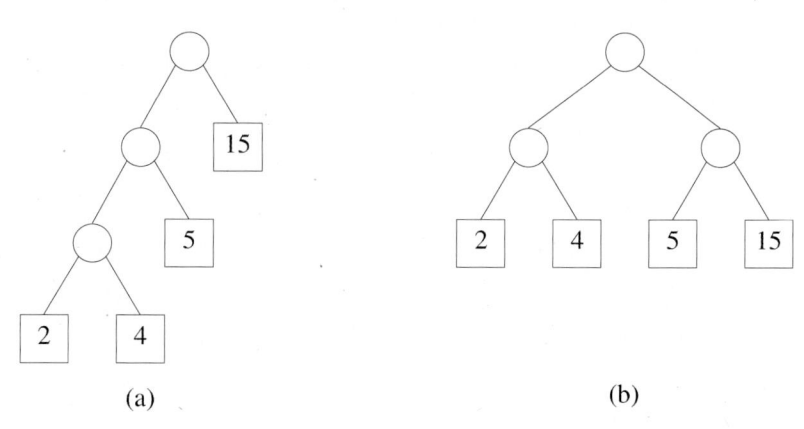

그림 7.26 2-원 합병 방법

형 노드는 내부 노드(internal node), 사각형 노드는 외부 노드(external node)라 한다. 각 그림은 하나의 합병 트리(merge tree)를 나타낸다.

첫 번째 합병 트리에서는 크기 2와 4의 런을 합병하여 크기 6의 런을 얻는다. 이 결과를 크기 5의 런과 합병하여 크기 11의 런을 얻는다. 마지막으로 크기 11의 런과 크기 15의 런을 합병하여 크기 26의 정렬된 최종 런을 얻게 된다. 첫 번째 합병 트리를 사용하는 경우 어떤 레코드는 1번만의 합병 대상이고 어떤 레코드는 최대 3번까지 합병 작업을 거치게 된다. 그러나 두 번째 합병 트리의 경우 각 레코드는 정확히 2번씩 합병된다. 이것은 완전 합병 패스들을 모든 데이타에 대해 반복적으로 수행하는 전략에 해당한다.

각 레코드에 대한 합병 횟수는 루트로부터 해당 외부 노드까지의 거리에 의해 결정된다. 따라서 15개의 레코드로 된 런의 레코드는 그림 7.26의 첫 번째 트리에서는 오직 1번 합병되며 두 번째 트리에서는 2번 합병된다. 합병 시간은 합병되는 레코드 수에 선형적으로 비례하므로, 런 길이와 루트로부터 해당 외부 노드까지의 거리를 곱한 결과를 모두 합산하여 총 합병 시간을 구할 수 있다. 이 합산 결과를 가중치 외부 경로 길이(weighted external path length)라 한다. 그림 7.26의 두 트리에 대해 가중치 외부 경로 길이를 구해 보면 각각 다음과 같다.

$$2 \cdot 3 + 4 \cdot 3 + 5 \cdot 2 + 15 \cdot 1 = 43$$
$$2 \cdot 2 + 4 \cdot 2 + 5 \cdot 2 + 15 \cdot 2 = 52$$

길이 $q_i(1 \leq i \leq n)$인 n개의 런에 대한 k-원 합병의 비용은 최소 가중치 외부 경로 길이를 갖는 차수 k인 합병 트리를 사용하면 최소화시킬 수 있다. 여기서는 $k = 2$인 경우에 대해서만 살펴보겠다. $k > 2$인 경우도 쉽게 일반화할 수 있다.(연습문제 참조)

최소 가중치 외부 경로 길이를 가진 이진 트리를 활용하는 또 다른 방법에 대해서 간단하게 설명하겠다. 메시지 $M_1, \cdots, M_{n+1}$을 위한 최적의 코드 집합을 구한다고 가정하자. 각 코드는 이진 스트링으로 해당 메시지를 전달하는 데 사용된다. 받는 쪽에서는 해독 트리를 이용하여 코드를 해독한다. 해독 트리(decode tree)는 이진 트리로서 외부 노드는 메시지를 나타낸다. 메시지를 위한 코드 단어의 이진 비트는 정확한 외부 노드에 도착하기 위해 해독 트리의 각 단계에서 필요로 하는 분기를 결정한다. 예를 들어 왼쪽 분기를 0으로 오른쪽 분기를 1로 정하면, 그림 7.27의 해독 트리의 메시지 M_1, M_2, M_3, M_4에 해당하는 코드는 각각 000, 001, 01, 1 이다. 이런 코드를 Huffman 코드라고 한다. 코드 단어를 해독하는 비용은 코드의 비트 수에 비례한다. 이 비트 수는 루트 노드에서부터 해당 외부 노드까지의 거리에 해당한다. 메시지 M_i가 전송되는 상대적 빈도를 q_i라 할 때, 예상 해독 시간은

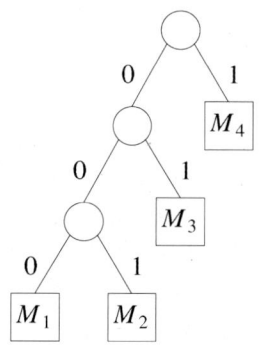

그림 7.27 해독 트리

$$\sum_{1 \leq i \leq n+1} q_i d_i$$

이다. 여기서 d_i는 루트 노드로부터 메시지 M_i에 대한 외부 노드까지의 거리이다. 예상 해독 시간은 코드 단어를 최소 가중치 외부 경로 길이를 가진 해독 트리가 되도록 선정하면 최소화된다.

최소 가중치 외부 경로 길이의 이진 트리를 찾아내는 문제에 대한 아주 좋은 해답은 D. Huffman이 제시하였다. 여기서는 그의 알고리즘을 간단히 기술하고, 정확성 증명은 연습문제로 남겨두겠다. 다음과 같은 타입 선언을 가정한다.

```
typedef struct treeNode *treePointer;
typedef struct treeNode {
        treePointer leftChild;
        int         weight;
        treePointer rightChild;
        };
```

함수 *huffman*(프로그램 7.21)은 하나의 노드만 포함하고 있는 n개의 확장 이진 트리에서 시작한다. 이들은 배열 *heap*[]에 저장되어 있다. 트리의 각 노드는 3개의 필드, 즉 *weight, leftChild, rightChild*를 가지고 있다. 초기에 각 확장 이진 트리에는 하나의 노드만 있는데 이 노드는 q_i 중의 한 가중치를 갖는다. 알고리즘의 과정 동안 루트 노드를 *tree*로 하고 깊이가 1 보다 큰 *heap*에 있는 트리에 대해, *tree→weight*는 *tree*를 루트로 하는 트리에 있는 모든 외부 노드들의 가중치의 합이 된다. 이 *huffman* 함수는 최소 히프 함

```
void huffman(treePointer heap[], int n)
{/* heap[1:n] is a list of single-node binary trees */
  treePointer tree;
  int i;
  /* initialize min heap */
  initialize(heap, n);
  /* create a new tree by combining the trees with the
     smallest weights until one tree remains */

  for (i = 1; i < n; i++) {
    MALLOC(tree, sizeof(*tree));
    tree→leftChild = pop(&n);
    tree→rightChild = pop(&n);
    tree→weight = tree→leftChild→weight +
                  tree→rightChild→weight;
    push(tree,&n); /* add to min heap */
  }
}
```

프로그램 7.21: 최소 가중치 외부 경로 길이를 가진 이진 트리 찾기

수, push, pop, initialize 를 사용한다. push 는 새로운 원소를 히프에 첨가하는 것이고, pop 은 최소 가중치를 가진 원소를 삭제하여 반환하고, initialize 는 최소 히프를 초기화 한다. 7.6절에서 논의한 대로 히프는 선형 시간에 초기화될 수 있다.

예제 7.15: 가중치 $q_1 = 2, q_2 = 3, q_3 = 5, q_4 = 7, q_5 = 9, q_6 = 13$ 이 있다고 가정하자. 만들어지는 트리의 순서는 그림 7.28(원형 노드의 숫자는 소속된 서브 트리에 속하는 외부 노드의 가중치의 합을 나타낸다.)과 같다.

이 트리의 가중치 외부 경로 길이는 다음과 같다.

$$2 \cdot 4 + 3 \cdot 4 + 5 \cdot 3 + 13 \cdot 2 + 7 \cdot 2 + 9 \cdot 2 = 93$$

비교해보면, 최상의 완전 이진 트리의 가중치 경로 길이는 95이다. □

huffman 의 분석: 히프 초기화에 걸리는 시간은 $O(n)$이다. 주된 **for** 루프는 $n-1$ 번 실행된다. pop과 push에 대한 각 호출은 $O(\log n)$이 걸린다. 따라서 이 알고리즘의 점근적 연산 시간은 $O(n \log n)$이다. □

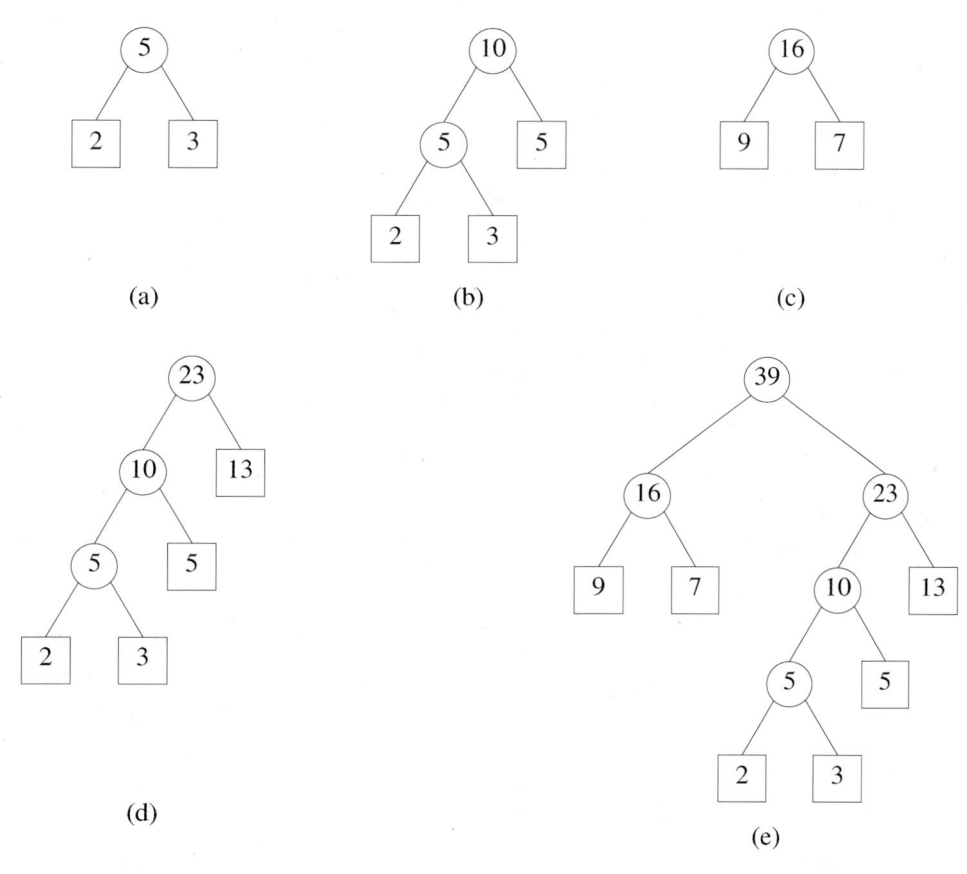

그림 7.28 Huffman 트리의 구축

연습문제

1. (a) 메모리 용량이 S개 레코드인 컴퓨터에서 n개($S \ll n$)의 레코드를 정렬시키려 한다. S개 레코드 용량 전체를 입출력 버퍼로 사용할 수 있다고 가정하자. 입력은 디스크에 있으며 m개의 런으로 구성되어 있다. 디스크를 접근하기 위한 탐구 시간은 t_s이고 회전지연 시간은 t_l이라 가정한다. 또한 레코드당 전송 시간은 t_t이다. buffering(프로그램 7.19)에서와 같이 입출력 및 CPU 처리가 병렬 수행되도록 내부 메모리를 I/O 버퍼로 분할하고 k-원 합병을 이용한다면, 외부 정렬의 단계 2에서의 총 입력 시간은 어떻게 되는가?

(b) 모든 런을 합병하는 데 필요한 CPU 시간을 t_{CPU}라 하자(이는 k와 무관한 상수로 가정). $t_s = 80ms$, $t_l = 20ms$, $n = 200,000$, $m = 64$, $t_t = 10^{-3}$초/레코드, $S = 2000$으로 가정하자. 총 입력 시간 t_{input}과 k 간의 관계를 개략적인 그래프로 제시하라. $t_{CPU} \approx t_{input}$인 k 값이 항상 존재하는가?

2. (a) 함수 huffman(프로그램 7.21)이 최소 가중치 외부 경로 길이를 가진 이진 트리를 정확히 생성함을 증명하라.

(b) m-원 합병을 사용하여 n개의 레코드를 합병할 때 Huffman의 방법은 다음 규칙으로 일반화할 수 있다. "우선 런 집합에 길이가 0인 $(1-n) \bmod (m-1)$ 개의 런을 첨가한다. 이후 오직 하나의 런이 남을 때까지 반복해서 남아 있는 런 중 가장 짧은 길이를 가진 m개의 런을 합병시킨다." 이 규칙이 m-원 합병에 대한 최적 합병 패턴이 됨을 증명하라.

7.11 참고문헌

정렬과 탐색에 대한 종합적인 논의는 D. Knuth의 *The Art of Computer Programming: Sorting and Searching*, vol.3, Second Edition, Addison-Wesley, Reading, MA, 1998에 제시되어 있다.

8
해싱

8.1 개요

이 장에서는, 5장(ADT 5.3)에서 소개되었던 ADT dictionary(사전)에 대해 논하겠다. 사전의 예는 여러 응용에서 쉽게 발견할 수 있으며, 철자 검사기, 시소러스(thesaurus), 데이타베이스를 위한 인덱스나 로더, 어셈블러, 컴파일러에 의해 생성되는 심벌 테이블 등을 구체적인 예로 들 수 있다. n개의 엔트리가 있는 사전이 5장에서와 같이 이원 탐색 트리로서 표현될 때 사전 연산인 *search*, *insert*, *delete*는 O(n) 시간이 걸린다. 이 연산들은 균형 이원 탐색 트리(10장)를 이용하면 O(log n) 시간 내 수행될 수 있다. 이 장에서는 사전 연산인 *search*, *insert*, *delete*를 O(1) 기대 시간에 수행할 수 있도록 하는 기법인 해싱(hashing)에 대해 살펴보겠다. 해싱에 관한 논의는 정적 해싱(static hashing)과 동적 해싱(dynamic hashing)으로 나누어 설명하겠다.

8.2 정적 해싱

8.2.1 해시 테이블

정적 해싱(static hashing)에서는 사전 쌍들이 해시 테이블(hash table)이라는 ht 테이블에 저장된다. 해시 테이블은 $ht[0], \cdots, ht[b-1]$과 같이 b개의 버킷(bucket)으로 분할된다. 각 버킷은 s개의 사전 쌍들(또는 사전 쌍들에 대한 포인터들)을 포함한다. 한 버킷은 s개의 슬롯(slot)으로 구성되며 한 슬롯에는 하나의 사전 쌍을 저장할 수 있다. 보통은 $s = 1$이기 때문에 각 버킷은 정확히 하나의 쌍을 포함할 수 있다. 키 값이 k인 한 쌍의 주소 또는 위치는 해시 함수(hash function) h에 의해 결정되는데, 이 해시 함수는 키 값을 버킷으로 사상시킨다. 즉, 어떤 키 값 k에 대해서 $h(k)$는 0부터 $b-1$ 사이의 정수가 된다. $h(k)$를 k의 해시(hash) 또는 홈 주소(home address)라고 한다. 이상적인 조건 하에서는 사전 쌍들이 모두 해당 홈 버킷(home bucket)에 저장된다.

정의: 해시 테이블의 키 밀도(key density)는 n/T이며 여기서 n은 테이블에 있는 쌍의 수이고 T는 가능한 키의 총 개수이다. 해시 테이블의 적재 밀도(loading density) 또는 적재 인수(loading factor)는 $\alpha = n/(sb)$이다. □

만일 키의 길이를 최대 여섯 문자(첫 문자는 알파벳 문자이고 나머지 문자는 알파벳 또는 숫자)로 제한하면 가능한 키 값의 개수는 $T = \sum_{1 \le i \le n} 26 \times 36^i > 1.6 \times 10^9$가 된다. 그러나 실제 응용에서는 이 중 극히 일부만을 사용한다. 대개 키 밀도 n/T는 매우 작으며, 키의 개수와 비슷한 해시 테이블의 버킷 수 b도 T보다 훨씬 작다. 그렇기 때문에 해시 함수 h는 여러 상이한 키들을 같은 버킷에 사상시켜야만 된다. 이때 두 키 k_1과 k_2에 대해 $h(k_1) = h(k_2)$인 경우 k_1과 k_2를 h에 대한 동거자(synonym)라 한다.

앞서 언급했지만 이상적인 조건 하에서는 사전 쌍들이 모두 해당 홈 버킷에 저장된다. 많은 키들이 대개 같은 홈 버킷에 저장되기 때문에 새로운 사전 쌍을 삽입하려고 할 때 해당 홈 버킷이 이미 꽉 차 있는 상태일 수도 있다. 이러한 경우를 오버플로(overflow)가 발생했다고 말하며, **충돌**(collision)은 새로운 쌍의 삽입 시 홈 버킷에 비어 있는 자리가 없을 경우 일어난다. 각 버킷에 하나의 슬롯만 있다면(즉, $s = 1$) 충돌과 오버플로는 동시에 발생하게 된다.

예제 8.1: $b = 26$개의 버킷과 $s = 2$인 해시 테이블 ht가 있다고 하자. C의 라이브러리 함수를 나타내는 $n = 10$의 상이한 식별자를 고려해보자. 이 해시 테이블의 적재 인수 α는 $10/52 = 0.19$가 된다. 해시 함수는 각 가능한 식별자를 $0 \sim 25$ 중의 한 숫자로 사상시켜야 한다. 만일 문자 A~Z를 각각 숫자 $0 \sim 25$와 연관시켜서 해시 함수, $f(x)$를 x의 첫 번째 문자로 정의하면 아주 간단한 해시 함수를 만들 수 있다. 이 기법을 이용하면 라이브러리 함수 **acos, define, float, exp, char, atan, ceil, floor, clock, ctime**은 각각 버킷 0, 3, 5, 4, 2, 0, 2, 5, 2, 2로 해시된다. 그림 8.1은 처음 8개의 식별자가 해시 테이블에 저장되어 있는 것을 보여주고 있다.

식별자 **acos**와 **atan**은 동거자이고 **float**와 **floor**, **ceil**과 **char**도 동거자이다. 다음 식별자, **clock**은 버킷 $ht[2]$로 해시된다. 그런데 이 버킷이 만원이기 때문에 오버플로가 일어나게 된다. 필요할 때 검색할 수 있도록 하려면 **clock**은 테이블의 어디에 위치시켜

	Slot 0	Slot 1
0	acos	atan
1		
2	char	ceil
3	define	
4	exp	
5	float	floor
6		
...		
25		

그림 8.1 26개의 버킷과 버킷당 2개의 슬롯으로 구성된 해시 테이블

야 되는가? 이 오버플로 문제에 대한 여러 가지 해결책에 대해서는 8.2.3절에서 살펴보겠다. □

오버플로가 발생하지 않는다면, 해싱을 사용하여 삽입·삭제·탐색하는 데에는 단지 해시 함수의 계산 시간과 한 버킷을 탐색하는 데 소요되는 시간만 필요하다. 그래서 삽입·삭제·탐색 시간은 사전의 엔트리 수인 n과 무관하다. 버킷 크기 s는 대부분의 경우 작기 때문에(내부 메모리 테이블의 경우 대부분 s는 1임) 버킷 내 탐색을 위해서 순차 탐색 기법을 사용할 수 있다.

예제 8.1의 해시 함수는 충돌 및 오버플로가 빈번하게 발생할 수 있으므로 대부분의 실제 응용에는 적합하지 않다. 왜냐하면 대부분의 키 값들이 동일한 문자로 시작하는 사전들도 많기 때문이다. 이상적으로는 거의 충돌을 발생시키지 않고 계산이 용이한 해시 함수를 선택하면 좋을 것이나, 보통 b/T가 매우 작으므로 충돌을 완전히 피할 수는 없다.

요약하면, 해싱 기법은 해시 함수 h를 사용하여 키를 해시 테이블 버킷에 사상시킨다. 여기서 해시 함수는 계산이 용이하고 충돌 수를 최소화하도록 선택하는 것이 바람직하다. 그러나 일반적으로 키 공간 T는 버킷의 수보다 매우 크고 한 버킷의 슬롯 수는 적으므로 오버플로는 필연적으로 발생하게 되어, 오버플로를 처리하는 기법이 필요하게 된다.

8.2.2 해시 함수

해시 함수(hash function)는 키를 해시 테이블 내의 버킷으로 사상시킨다. 앞에서 설명했듯이 이런 함수는 계산이 쉽고 충돌이 적어야 한다. 더욱이 해시 함수는 임의의 입력에

대해 해시 테이블을 편중되게 사용하지 않아야 한다. 즉, k가 키 공간에서 임의로 선택된 키라면 $h(k) = i$가 될 확률은 모든 버킷 i에 대해 $1/b$이 되면 좋다. 이와 같은 조건에서는 b개의 버킷 각각에 임의의 k가 대응될 확률은 모두 같게 된다. 이런 특성을 만족하는 해시 함수를 균일 해시 함수(uniform hash function)라 한다.

실제로는 다양한 종류의 균일 해시 함수가 사용되는데, 그 중 일부는 곱셈과 나눗셈 같은 산술적인 연산을 통해 홈 버킷을 계산한다. 많은 응용에서는 키의 데이타 타입이 스트링과 같이 산술적인 연산을 할 수 없는 것들도 있다. 그렇기 때문에 먼저 키를 정수와 같이 산술적인 연산이 가능한 데이타 타입으로 변환한 뒤 연산을 수행한다. 다음 절들에서는 스트링을 정수로 바꾸는 방법과 함께 가장 많이 쓰이는 네 가지 해시 함수에 대해 설명하겠다.

8.2.2.1 제산 함수

제산(division) 함수는 실제로 가장 많이 쓰이는 해시 함수로서 키 값이 음이 아닌 정수라고 가정한다. 홈 버킷은 모듈(%) 연산자에 의해 결정된다. 즉, 키 k를 어떤 정해진 수 D로 나눈 나머지를 k의 홈 버킷으로 사용하는 것이다. 이를 공식으로 나타내면 다음과 같다.

$$h(k) = k \% D$$

이때 버킷 주소의 범위는 $0 \sim (D-1)$이고 해시 테이블에는 적어도 $b = D$개의 버킷이 있어야 된다. 대부분의 키 공간에 대해서는 어떤 D를 선택하든 해시 함수 h를 균일 해시 함수로 만들겠지만, 실제 사전들에서는 D의 선택이 오버플로 발생 수에 큰 영향을 미친다. 만일 D가 2로 나누어지는 값이면 홀수 값을 가진 키들은 나머지가 홀수이므로 홀수 버킷으로 사상될 것이다. 또한 짝수 값을 가진 키들은 짝수 버킷으로 사상될 것이다. 실생활의 사전들은 홀수나 짝수 중 어느 한쪽으로 편중되는 경향이 있기 때문에 제수 D를 짝수로 한다면 홈 버킷들이 어느 한쪽으로만 편중될 것이다. 실제로 실생활의 사전들에서 D가 2, 3, 5, 7 등과 같이 작은 소인수를 약수로 가질 때 홈 버킷들이 한쪽으로 편중된다는 것이 관찰되었다. 그러나 D의 최소 소인수의 크기가 증가함에 따라 편중 정도는 감소한다. 따라서 여러 다양한 사전들이 모두 최상의 성능을 내게 하기 위해서는 소수인 D를 선택하여야 한다. 즉, D의 최소 소인수가 D 자체가 되어야 하는 것이다. 대부분의 응용에서는 D가 20보다 작은 소인수를 갖지 않게 함으로써 키들이 고르게 분포되도록 한다.

일반적인 목적으로 해시 테이블 함수를 작성할 때 해시 테이블에서 제공되어야 할 사전 크기는 알 수 없다. 그렇기 때문에 앞서 언급한 방법들로 D를 선택하는 것은 비현실적이다. 따라서 D를 선택할 때의 조건을 완화하여 D가 홀수가 되도록만 제한한다. 또한 b를 제수 D와 같도록 한다. 사전의 크기가 증가하면 해시 테이블 ht의 크기도 동적으로 증가해야 할 것이다. D에 대한 이 완화된 조건을 만족시키기 위하여, 배열의 크기를 2배로 만들면 버킷의 수(제수 D도 함께)가 b에서 $2b + 1$로 증가되게 된다.

8.2.2.2 중간 제곱 함수
중간 제곱 함수(mid-square function)는 키를 제곱한 후에 버킷 주소를 얻기 위해 그 결과의 중간에 있는 적절한 수의 비트를 취해서 홈 버킷을 정한다. 이때 키는 정수라고 가정한다. 제곱 수의 중간 비트는 대개 그 키의 모든 비트에 의존하기 때문에 서로 다른 키들은 그 중 몇 개의 숫자가 동일할지라도 서로 다른 해싱 주소를 갖게 될 확률이 높다. 버킷 주소를 얻기 위해 사용되는 비트의 수는 테이블 크기에 달려 있다. 만일 r개의 비트가 사용된다면 각 값들의 범위는 0에서 $2^r - 1$이 된다. 그래서 이 중간 제곱 함수가 사용될 때 해시 테이블의 크기는 2의 제곱이 되게 선정된다.

8.2.2.3 접지 함수
이 접지 방법에서는 숫자로 된 키 k를 몇 부분으로 나누는데, 마지막 부분을 제외하고는 모두 길이가 같다. 그 다음 각 부분들을 서로 더하여 k에 대한 해싱 주소를 만드는 것이다. 이런 덧셈을 하는 방식에는 두 가지가 있다. 첫 번째 방식에서는 마지막을 제외한 모든 부분들을 이동시켜 최하위 비트가 마지막 부분의 자리와 일치하도록 맞춘 뒤, 서로 다른 부분들을 더하여 $h(k)$를 얻는다. 이 방법을 이동 접지(shift folding)라 한다. 두 번째 방식은 경계 접지(folding at the boundaries)라 하는데 키의 각 부분들을 종이 접듯이 경계에서 겹치게 한 다음, 같은 자리에 위치한 수들을 더하여 $h(k)$를 얻는다. 이것은 각 부분들을 하나 건너씩 반대로 만든 다음 더하는 것과 같다.

예제 8.2: $k = 12320324111220$이라면 이것을 각각 길이가 세 자리인 부분들로 나눈다. 각 부분은 $P_1 = 123, P_2 = 203, P_3 = 241, P_4 = 112, P_5 = 20$이다. 이동 접지 방법을 사용하면 다음과 같다.

$$h(k) = \sum_{i=1}^{5} P_i = 123 + 203 + 241 + 112 + 20 = 699$$

경계 접지 방법을 사용하는 경우, 먼저 P_2와 P_4를 역순으로 하여 302와 211을 각각 구한 후 5개의 부분을 더하여 $h(k) = 123 + 302 + 241 + 211 + 20 = 897$을 구하게 된다. □

8.2.2.4 숫자 분석 함수
이 숫자 분석(digital analysis) 방법은 테이블에 있는 모든 키를 미리 알고 있는 정적 화일

(static file)과 같은 경우 특별히 유용하다. 이 방법에서는 먼저, 각 키를 어떤 기수 r을 이용해 하나의 숫자로 바꾼다. 그 다음, 이 기수를 이용해 각 키의 숫자들을 검사한다. 그리고 가장 편향된(skewed) 분산을 가진 숫자는 생략한다. 이렇게 여러 개의 숫자를 생략해서 남은 숫자만으로 해시 테이블의 주소를 결정할 수 있도록 한다.

8.2.2.5 키를 정수로 변환

앞에서 설명한 해시 함수들을 이용하려면 키를 먼저 음이 아닌 정수로 변환해야 한다. 모든 해시 함수들은 여러 키들을 동일한 홈 버킷에 해시시키기 때문에 키들을 음이 아닌 유일한 정수로 변환시킬 필요는 없다. 그래서 *data*나 *structures*, *algorithm*과 같은 스트링들을 동일한 정수(예를 들어, 199)로 변환시키기만 하면 된다. 이 절에서는 스트링을 음이 아닌 정수로 변환하는 방법에 대해서만 논하겠다. 다른 데이타 타입을 변환할 때에도 비슷한 방법을 사용하여 음이 아닌 정수로 바꾼 후 해시 함수들을 적용하면 된다.

예제 8.3: [스트링을 정수로 변환하기] 스트링을 음이 아닌 유일한 정수로 변환시킬 필요는 없으므로 모든 스트링을 그 길이에 상관없이 하나의 정수로 사상시킬 수 있다. 프로그램 8.1과 프로그램 8.2는 이것을 할 수 있는 두 가지 방법을 보여주고 있다.

프로그램 8.1에서는 문자들의 쌍들을 어떤 유일한 정수로 변환시킨 후 이 유일한 정수들을 모두 더한다. 각 문자는 0에서 255 사이의 한 정수로 사상되기 때문에 이 함수가 반환하는 정수는 8비트보다 크지 않다.

프로그램 8.2는 하나씩 건너뛴 문자에 대응하는 정수를 8비트 이동시켜 합산한다. 이것은 이 함수로 반환되는 정수의 범위를 넓게 만든다. □

8.2.3 오버플로 처리

8.2.3.1 개방 주소법

오버플로를 처리하는 방법에는 개방 주소법(open addressing)과 체인법(chainning)이 있다. 이 절에서는 개방 주소법 중 선형 조사법(linear probing), 이차 조사법(quadratic probing), 재해싱(rehashing), 임의 조사법(random probing) 등 네 가지에 대해 설명한다. 이 중 선형 조사법은 '선형 개방 주소법(linear open addressing)'이라고도 한다. 선형 조사법에서는 키 값이 k인 새로운 쌍 하나를 삽입할 때 $ht[h(k) + i] \% b$의 순서에 따라 해시 테이블 버킷을 검색한다. 여기서 h는 해시 함수이고 b는 버킷의 수이며 $0 \leq i \leq b-1$이다. 다 채워지지 않은 버킷을 만나면 검색이 끝나고 새로운 쌍이 그 버킷으로 삽입된다. 빈 자리가 있는 버킷이 없다면 해시 테이블이 만원이라는 뜻이므로 테이블 크기를 늘려야 한다. 실제로는 해시 테이블이 다 차고 난 후 테이블 크기를 늘리는 것이 아니라, 성능

```
unsigned int stringToInt(char *key)
{/* simple additive approach to create a natural number
    that is within the integer range */
  int number = 0;
  while (*key)
     number += *key++;
  return number;
}
```

프로그램 8.1: 하나의 스트링을 음이 아닌 정수로 변환하는 방법

```
unsigned int stringToInt(char *key)
{/* alternative additive approach to create a natural number
    that is within the integer range */
  int number = 0;
  while (*key)
  {
     number += *key++;
     if (*key) number += ((int) *key++) << 8;
  }
  return number;
}
```

프로그램 8.2: 하나의 스트링을 음이 아닌 정수로 변환하는 또 다른 방법

을 좋게 하기 위해 적재 밀도가 0.75와 같이 미리 명세된 경계 값을 넘을 때 테이블 크기를 늘린다. 해시 테이블의 크기를 다시 정할 때 해시 함수 역시 바꿔야 한다. 예를 들어 제산 함수를 해시 함수로 사용하였다면 제수를 버킷의 수와 동일하게 바꿔야 한다. 해시 함수의 이런 변경은 해시 테이블에서의 각 키가 들어갈 홈 버킷을 잠정적으로 바꾸는 것이다. 따라서 모든 사전 엔트리들은 새로 커진 테이블에 다시 사상되어야 한다.

예제 8.4: 버킷당 하나의 슬롯을 가지고 있는 13-버킷 테이블이 있다고 가정하자. 데이타로 단어 **for**, **do**, **while**, **if**, **else**, **function**을 고려해보자. 그림 8.2는 프로그램 8.1의 간단한 방법과 제산 해시 함수를 사용하여 각 단어에 대해 생성한 해시 값을 보여주고 있다. 처음 다섯 단어는 모두 해시 주소가 상이하기 때문에 테이블에 삽입하는 데 아무런 문제가 없다. 그러나 마지막 식별자 **function**은 **if**와 같은 버킷으로 해시된다. 원형 순환을 이용하여 다음 가용 버킷은 *ht*[0]이 되어 여기에 **function**이 삽입된다.(그림 8.3) □

Identifier	Additive Transformation	x	Hash
for	102 + 111 + 114	327	2
do	100 + 111	211	3
while	119 + 104 + 105 + 108 + 101	537	4
if	105 + 102	207	12
else	101 + 108 + 115 + 101	425	9
function	102 + 117 + 110 + 99 + 116 + 105 + 111 + 110	870	12

그림 8.2 합산 변환

```
[0]    function
[1]
[2]    for
[3]    do
[4]    while
[5]
[6]
[7]
[8]
[9]    else
[10]
[11]
[12]   if
```

그림 8.3 선형 조사법(13-버킷, 버킷당 1 슬롯)을 사용하는 해시 테이블

$s = 1$일 때 선형 조사법(linear hashing)으로 오버플로를 처리하는 경우 키 k를 해시 테이블에서 탐색하는 과정은 다음과 같다.

(1) $h(k)$를 계산한다.

(2) 다음과 같은 경우 중 어느 하나가 발생할 때까지 $ht[h(k)]$, $ht[(h(k) + 1)\%b]$, $\cdots$, $ht[(h(k) + j)\%b]$의 순서로 해시 테이블 버킷을 조사한다.

  (a) 버킷 $ht[(h(k) + j)\%b]$에 값이 k인 키 쌍이 있는 경우; 이 경우 원하는 쌍이 발견되었음.

(b) ht[h(k) + j]가 비어 있는 경우; k는 테이블에 없음.

(c) 시작 위치 ht[h(k)]로 돌아온 경우; 테이블은 만원이고 k는 테이블에 없음.

프로그램 8.3은 이 선형 조사법 탐색 함수이다. 이 함수는 해시 테이블 ht가 사전 쌍에 대한 포인터를 저장하고 있다고 가정하고 있다. 사전 쌍의 데이타 타입은 element이고 이 타입의 데이타는 2개의 요소 item과 key를 가지고 있다.

```
element* search(int k)
{ /* 선형 조사법 해싱 테이블 ht (각 버킷은 한 슬롯만 가짐)에서 k를 탐색.
     이 키를 가진 쌍을 발견하면, 그 쌍을 가리키는 포인터를 반환.
     그렇지 않으면 NULL을 반환. */
  int homeBucket, currentBucket;
  homeBucket = h(k);
  for (currentBucket = homeBucket; ht[ currentBucket]
               && ht[ currentBucketl->key != k;) {
     currentBucket = (currentBucket + 1) % b;
                      /* treat the table as circular */
     if (currentBucket == homeBuket)
        return NULL; /* back to start point */
  }
  if (ht[ currentBucket] ->key == k)
     return ht[ currentBucket] ;
  return NULL;
}
```

프로그램 8.3: 선형 조사법

오버플로를 해결하기 위해 선형 조사법을 사용하면 키들이 함께 집중되는 경향이 있다. 더욱이 인접 클러스터들이 합쳐지는 경향이 있어 결과적으로 탐색 시간을 증가시키게 된다. 예를 들어 C의 내장 함수 **acos, atoi, char, define, exp, ceil, cos, float, atol, floor, ctime**을 26-버킷 해시 테이블에 이 순서로 저장한다고 가정하자. 설명을 목적으로, 해시 함수는 각 함수 이름의 첫 번째 문자를 사용한다고 가정한다. 그림 8.4는 버킷 번호, 버킷에 저장된 식별자, 이 식별자를 저장하기 위해 수행해야 되는 비교 연산 수를 보여주고 있다. 예를 들어 **atol**을 저장하기 위해서는 $ht[0], \cdots, ht[8]$을 비교해보아야 하

bucket	x	buckets searched
0	acos	1
1	atoi	2
2	char	1
3	define	1
4	exp	1
5	ceil	4
6	cos	5
7	float	3
8	atol	9
9	floor	5
10	ctime	9
...		
25		

그림 8.4 선형 조사법을 사용하는 해시 테이블(26-버킷, 버킷당 1 슬롯)

기 때문에 총 9번의 비교 연산이 수행되어야 한다. 이것은 10장에서 배우게 될 탐색 트리의 최악의 경우보다 훨씬 나쁘다. 만일 ht에 있는 각 식별자를 한 번씩 검색한다면 식별자당 평균 버킷 검사 수는 $35/11 = 3.18$이 된다.

균일 해시 함수와 함께 선형 조사법을 사용한다면, 하나의 키를 찾기 위한 예상 평균 키 비교 횟수(p)는 대개 $(2-\alpha)/(2-2\alpha)$이 된다. 여기서 α는 적재 밀도이다. 이것은 주어진 적재 밀도를 따르고 균일 함수 h를 사용하는 키들의 모든 가능한 집합의 평균이다. 그림 8.4의 예에서 $\alpha = 11/26 = .42$이고 $p = 1.36$이다. 이것은 적재 밀도가 .42인 테이블을 탐색하기 위한 예상 평균 비교 횟수가 1.36이라는 것을 나타낸다. 비록 평균 비교 횟수는 적지만, 최악의 경우에는 그 비교 횟수가 매우 클 것이다.

클러스터의 확장을 개선하고 이에 따라 검색에 필요한 탐색의 평균 횟수를 줄이기 위해 이차 조사법(quadratic probing)을 이용할 수 있다. 선형 조사법에서는 b가 테이블에 있는 버킷의 수라고 할 때 $(h(k) + i)\%b (1 \leq i \leq b-1)$인 버킷을 찾는 반면, 이차 조사법에서는 i의 이차 함수가 증분으로 사용된다. 특히, $0 \leq i \leq (b-1)/2$에 대해 $h(k)$, $(h(k) + i^2) \% b$, $(h(k) - i^2) \% b$를 검사하는 방법으로 탐색을 수행한다. b가 $4j + 3$ (j는 정수)인 형태의 소수라면 앞서 언급한 이차 조사법은 테이블의 모든 버킷을 조사하면 된다. 그림 8.5는 형태가 $4j + 3$인 소수 일부를 열거해놓은 것이다.

클러스터 확장을 줄이기 위한 다른 방법으로는 여러 개의 해시 함수 $h_1, h_2, \cdots, h_m$을

Prime	j	Prime	j
3	0	43	10
7	1	59	14
11	2	127	31
19	4	251	62
23	5	503	125
31	7	1019	254

그림 8.5 $4j + 3$ 형식의 소수 일부

사용하는 것이 있다. 이 방법은 재해싱(rehashing)이라고 하며 버킷 $h_i(k)(1 \leq i \leq m)$를 순서대로 검사한다. 또 다른 방법으로 임의 조사법도 있는데, 이것은 연습문제에서 다루겠다.

8.2.3.2 체인법

선형 조사법이나 그와 유사한 방법들의 효율이 좋지 않은 이유는 키를 탐색할 때 서로 다른 해시 값을 가진 키와 비교해야 하기 때문이다. 예를 들어 그림 8.4의 해시 테이블에서 키 **atol**을 탐색할 때 비록 $ht[0]$과 $ht[1]$에 있는 키들만 **atol**과 충돌하지만, 나머지는 **atol**이 될 가능성이 없음에도 $ht[0]$에서 $ht[8]$까지 비교해야 한다. 만약 각 버킷에 대해 그 버킷에 대한 모든 동거자들을 키 리스트로 구성한다면, 이와 같은 불필요한 비교들은 하지 않아도 될 것이다. 이렇게 되면 탐색할 때 해시 주소 $h(k)$를 계산하여 $h(k)$에 대한 리스트만을 검사하면 된다. 이때 $h(k)$에 대한 리스트는 검색·삽입·삭제 연산이 지원되는 어떤 자료 구조(즉 배열·체인·검색 트리)로도 유지할 수 있겠지만, 그 중 체인이 가장 많이 사용된다. 보통 체인을 사용할 때 배열 $ht[0:b-1]$을 이용하는데, $ht[i]$는 버킷 i에 연결된 체인 중 첫 번째 노드를 가리킨다. 프로그램 8.4는 체인 해시 테이블에 대한 검색 알고리즘을 보여주고 있다.

그림 8.6은 그림 8.4에서 볼 수 있는 선형 테이블에 대응하는 체인 해시 테이블을 보여주고 있다. 어느 한 식별자를 탐색하기 위해 필요로 하는 비교 횟수는 이제 **acos**, **char**, **define**, **exp**, **float**에 대해서는 1번, **atoi**, **ceil**, **floor**에 대해서는 2번, **atol**과 **cos**는 3번, **ctime**은 4번이 된다. 그래서 평균 비교 횟수는 21/11 = 1.91이 된다.

새로운 키 k를 체인에 삽입하기 위해서는 먼저 그 키가 체인에 없다는 것을 확인해야 한다. 그 다음 k는 체인의 임의의 위치에 삽입될 것이다. 체인으로 이어진 해시 테이블에서의 삭제는 적절한 노드를 체인에서 제거하면 된다.

```
element* search(int k)
{/* search the chained hash table ht for k, if a pair with
   this key is found, return a pointer to this pair;
   otherwise, return NULL.
   nodePointer current;
   int homeBucket = h(k);
   /* search the chain ht[homeBucket] */
   for (current = ht[homeBucket]; current;
                                  current = current→link)
       if (current→data.key == k) return &current→data;
   return NULL;
}
```

프로그램 8.4: 체인 검색

$[0] \rightarrow$ **acos atoi atol**
$[1] \rightarrow$ *NULL*
$[2] \rightarrow$ **char ceil cos ctime**
$[3] \rightarrow$ **define**
$[4] \rightarrow$ **exp**
$[5] \rightarrow$ **float floor**
$[6] \rightarrow$ *NULL*
...
$[25] \rightarrow$ *NULL*

그림 8.6 그림 8.4에 해당하는 해시 체인

체인법을 균일 해시 함수와 함께 사용한다면 검색이 성공했을 경우 키의 예상 비교 횟수는 약 $1 + \alpha/2$이다. 여기서 α는 적재 밀도 n/b(b는 버킷의 수)이다. $\alpha = 0.5$에 대해 이 값은 1.25가 되고 $\alpha = 1$에 대해선 1.5가 된다. 선형 조사법을 사용한다면 $\alpha = 0.5$일 때는 1.5, $\alpha = 1$일 때는 테이블 크기인 b가 된다.

이 절에서 열거한 성능 결과상 균일 해시 함수를 사용한다면 해시 테이블의 성능이 오버플로를 처리하는 방식에만 좌우된다는 것을 알 수 있다. 비록 이것은 키가 키 공간에서 임의로 선택되어질 때는 사실이지만 실제로는 그렇지 않다. 실제로는 키가 편중적으로 선택되어지는 경향이 있어서 해시 함수에 따라 해시 테이블의 성능도 달라진다. 일반적으로 체인법과 함께 제산 함수를 사용하면 가장 좋은 성능을 갖게 된다.

성공적인 탐색을 위해 필요한 최악의 경우에 비교 횟수는 개방 주소법을 사용하거나 체인법을 사용하거나 관계없이 $O(n)$이다. 최악의 경우에 비교 횟수는 만일 동거자를 체인이 아니라 균형 탐색 트리(10장 참조)에 저장하면 O(log n)으로 줄일 수 있다.

8.2.4 오버플로 기법의 이론적 평가

해시 기법의 실험 평가에 따르면 해시 기법은 균형 트리와 같은 상용 기법보다 성능이 우수하다. 그러나 최악의 경우 해시의 성능은 아주 좋지 않다. 최악의 경우에는 n개의 키를 가진 해시 테이블에서의 삽입이나 탐색에 O(n) 시간이 걸릴 수도 있다. 이절에서는 체인 방법의 예상 성능에 대해 확률적 분석을 하고, 다른 오버플로 처리법에 대해서도 비슷한 분석을 한 결과를 증명 없이 논술하겠다.

먼저, 예상 성능이 의미하는 바를 수식화해보자. $ht[0:b-1]$을 1개의 슬롯으로 된 버킷 b개를 가진 해시 테이블이라 하고, h를 범위가 $[0, b-1]$인 균일 해시 함수라 하자. n개의 키 $k_1, k_2, \cdots, k_n$이 해시 테이블에 저장된다면 $h(k_1), h(k_2), \cdots, h(k_n)$과 같은 b^n 가지의 서로 다른 해시 순서가 있을 것이다. 이들 각각은 균등한 발생 확률을 가진다고 가정하자. 임의로 선택된 $k_i (1 \le i \le n)$의 주소 확인에 필요한 예상 키 비교 횟수를 S_n이라 하자. 그러면 S_n은 j 번째 키인 k_j를 찾는 데 필요한 평균 비교 횟수이고, 이것은 균등한 확률로 선택되는 $j(1 \le j \le n)$와 b^n 가지 해시 순서에 따른 비교 횟수를 평균한 값이 된다. U_n이 해시 테이블에 없는 키를 찾는 데 필요한 예상 비교 횟수라 하고 이 표에 n개의 키가 있다면, U_n의 크기는 S_n에 적용된 방법과 유사하게 정의될 수 있다.

정리 8.1: $\alpha = n/b$가 균일 해시 함수를 사용한 해시 테이블의 적재 밀도라 하자.

(1) 선형 개방 주소법에 대해서는

$$U_n \approx \frac{1}{2}\left[1+\frac{1}{(1-\alpha)^2}\right]$$

$$S_n \approx \frac{1}{2}\left[1+\frac{1}{1-\alpha}\right]$$

(2) 재해싱 및 임의 조사법과 이차 조사법에 대해서는

$$U_n \approx 1/(1-\alpha)$$

$$S_n \approx -\left[\frac{1}{\alpha}\right]\log_e(1-\alpha)$$

(3) 체인법에 대해서는

$$U_n \approx \alpha$$
$$S_n \approx 1 + \alpha/2$$

증명: U_n과 S_n의 정확한 유도는 Knuth의 *The Art of Computer Programming: Sorting and Searching*(참고문헌 참조)에 나타나 있으므로, 체인에 대한 근사식만 다루겠다. 우선 U_n과 S_n에 대한 설명을 정확히 해야 한다. 검색하고자 하는 키 k가 $h(k) = i$이고 체인 i가 q개의 노드를 가졌을 경우, k가 체인에 없으면 q번의 비교가 필요하다. k가 그 체인에서 j번째 노드에 있다면($1 \leq j \leq k$), j번의 비교가 필요하다.

n개의 키가 b개의 체인에 일정하게 분산되어 있을 경우, 각 체인에 있는 키 개수의 기대치는 $n/b = \alpha$이다. 이때 U_n은 체인에서의 예상 키 수이므로 $U_n = \alpha$이다.

i번째의 키 k_i가 테이블에 들어갈 때의 체인에서의 예상 키 수는 $(i-1)/b$이다. 따라서 n개의 모든 키가 저장된 후에 k_i를 탐색하는 데 필요한 예상 비교 횟수는 $1 + (i-1)/b$가 된다(이것은 새로운 원소를 체인의 끝에 첨가한다고 가정한다.). 따라서 다음과 같은 결과를 얻게 된다.

$$S_n = \frac{1}{n}\sum_{i=1}^{n}\{1 + (i-1)/b\} = 1 + \frac{n-1}{2b} \approx 1 + \frac{\alpha}{2} \qquad \square$$

연습문제

1. 해시 함수 $h(k) = k\%17$은 단방향 특성, 약한 충돌 저항 또는 강한 충돌 저항을 만족시키지 않는다는 것을 증명하라.

2. 해시 함수 $h(k) = k\%D$에서 D가 주어지지 않았다고 하자. 어떤 값을 D로 사용해야 하는지 설명하라. k로 표현할 수 있는 함수와 $h(k)$를 이용하되, 될 수 있는 한 간략하게 기술하라. 다음과 같은 두 가지 경우에는 그 방법이 어떻게 만족할 수 있는지도 설명하라.

    (a) D는 [10, 20] 범위에 있는 소수라고 한다.
    (b) D는 2^k 형태로 k는 [1, 5] 범위에 있는 정수이다.

3. 해시 함수 h와 선형 조사법을 사용하는 해시 테이블에서 키 k를 삭제하는 함수를 작성하라. k가 들어 있는 슬롯을 단순히 비게 만드는 것으로는 이 문제를 해결할 수 없음을 증명하라. 삭제가 허용되는 경우에도 올바른 탐색을 할 수 있도록 하려면 *search* (프로그램 8.3)는 어떻게 수정되어야 하는가? 새로운 키는 어디에 삽입될 수 있는가?

4. (a) $q = (b-1)/2$일 때 $(h(k) + q^2), (h(k) + (q-1)^2), \cdots, (h(k) + 1), h(k), (h(k) - 1), \cdots, (h(k) - q^2)$에 대해 이차 조사를 하려면, 검색된 버킷 사이의 주소 차이 % b는 다음과 같음을 증명하라.

$$b - 2, b - 4, b - 6, \cdots, 5, 3, 1, 1, 3, 5, \cdots, b - 6, b - 4, b - 2$$

(b) 크기가 b인 해시 테이블 ht에서 키 k를 찾는 함수를 작성하라. 해시 함수 h를 사용하고 오버플로를 해결하기 위해 본문에서 살펴본 이차 조사법을 사용하라. 비교 횟수의 감소를 위해 문제 (a)의 결과를 이용하라.

5. **[Morris 1968]** b개의 버킷을 가진 해시 테이블에서 임의 조사법으로 키 k를 찾는 것은 버킷 $h(k)$와 $(h(k) + s(i))\%b[1 \leq i \leq b-1, s(i)$는 모조 난수(pseudo random number)]를 검사함으로써 이뤄진다. 난수 발생기는 1에서 $b-1$까지의 모든 수를 1번만 생성해야 한다는 특성을 만족해야 한다.

(a) 크기가 2^r인 테이블에 대해 다음의 계산 순서는 이러한 특성을 가진 숫자를 생성한다는 것을 증명하라.

조사 루틴이 호출될 때마다 q는 1로 초기화하라.
임의의 수에 대한 연속적인 호출은 아래와 같은 작업을 한다.
$q * = 5$
$q = $ 낮은 자리의 $r + q$의 2비트
$s(i) = q/4$

(b) 임의 조사법과 중간 제곱 함수를 사용하고 앞에서 나온 난수 생성기(random generator)를 이용하여 해시 테이블에 대한 탐색과 삽입 알고리즘을 작성하라.

이 방법에서 테이블의 크기가 클 때 사전 쌍을 찾는 데 필요한 평균 비교 횟수의 예상치는 $-(1/\alpha)\log(1-\alpha)$임을 알 수 있다. (단, α는 적재 인수)

6. 이원 탐색 트리를 사용하여 오버플로를 해결하는 해시 테이블 구현을 개발하라. 제산 함수를 사용하되, D는 홀수로 하라. 또한 적재 밀도가 미리 명시된 값을 초과할 경우 배열을 2배로 만들어라. 본 절에서 배운 바와 같이 배열을 2배로 만들 때에는 현재 테이블 크기인 $b = D$를 $2b + 1$로 늘린다는 것을 상기해야 한다.

7. 해시 테이블의 모든 키들을 사전 식으로 나열하는 함수를 작성하라. 선형 조사법을 사용한다고 가정할 때, 이 함수의 연산 시간은 얼마인가?

8. 키 k의 이진수 표현은 k_1k_2이다. $|t|$는 k에 있는 비트 수이고 k_1의 첫 비트는 1이라고 하자. $|k_1| = \lceil|k|/2\rceil, |k_2| = \lfloor|k|/2\rfloor$라 할 때 다음의 해시 함수를 생각해보자.

$$h(k) = (k_1 \oplus k_2)\text{의 가운데 } k \text{개의 비트}$$

여기서 ⊕는 exclusive-or 연산을 의미한다. 이때 키들을 정수 범위에서 임의로 선택한다고 하면 이것은 균등 해시 함수인가? 실제 사전 사용에서 이 해시 함수의 성질은 어떠한가?

9. [*T. Gonzalez*] 키 k에 대한 탐색·삽입·삭제가 $O(1)$ 시간이 되는 사전의 형태를 설계하라. 키는 모두 $[0, m)$ 범위에 있는 정수이고 그 공간에서 $m + n$개의 단위가 사용 가능하다고 가정하라. 여기서 n은 삽입 횟수이다[힌트: $a[n]$과 $b[m]$이라는 2개의 배열을 사용하라. $a[i]$는 테이블에 삽입되는 $(i + 1)$번째 쌍이고 k가 삽입된 i번째 키이면 $b[k] = i$이다.]. 키를 탐색·삽입·삭제하기 위한 C 함수를 작성하라. 배열 a, b를 초기화하면 $O(n + m)$ 시간이 걸리기 때문에 초기화하지 말아야 된다.

10. [*T. Gonzalez*] 두 집합 $s = \{s_1, s_2, \cdots, s_n\}$과 $t = \{t_1, t_2, \cdots, t_r\}$이 주어졌을 때 $1 \leq s_i \leq m$, $1 \leq i \leq n$이고, $1 \leq t_i \leq m$, $1 \leq i \leq r$이라고 가정하자. 연습문제 9의 결과를 이용하여 $s \subseteq t$ 인지를 결정하는 함수를 작성하라. 작성된 함수는 $O(r + n)$의 시간 내 수행되어야 한다. $s \subseteq t$ and $t \subseteq s$와 $s \equiv t$가 서로 필요충분조건임을 이용하면 주어진 두 집합이 동일하다는 것을 선형 시간 내에 결정할 수 있다. 작성된 함수가 필요로 하는 공간은 어느 정도인가?

11. [*T. Gonzalez*] 연습문제 9의 결과를 이용하여 함수 *verify2*(프로그램 7.3)의 기능을 $O(n + m)$ 시간에 수행하는 함수를 작성하라. 작성된 함수의 공간 복잡도는 얼마인가?

12. 8.2.4절의 표기법을 이용하여 선형 조사법을 사용할 때,

$$S_n = \frac{1}{n}\sum_{i=0}^{n-1} U_i$$

임을 증명하라.

상기 등식과 다음 근사식

$$U_n \approx \frac{1}{2}\left[1 + \frac{1}{(1-\alpha)^2}\right] \quad \text{where } \alpha = \frac{n}{b}$$

을 이용하여

$$S_n \approx \frac{1}{2}\left[1 + \frac{1}{(1-\alpha)}\right]$$

임을 증명하라.

8.3 동적 해싱

8.3.1 동적 해싱의 동기

좋은 성능을 보장하기 위해서는 적재 밀도가 미리 명세된 경계 값을 넘을 때마다 해시 테이블의 크기를 증가시켜야 한다. 예를 들어 해시 테이블에 b개의 버킷이 있고 제수가 $D = b$인 제산 함수를 사용한다고 하자. 삽입으로 인해 이 해시 테이블의 크기가 미리 명세된 경계 값을 넘게 되면 배열을 2배로 증가시킴으로써 버킷의 수를 $2b + 1$로 늘릴 수 있다. 물론 이와 동시에 제수도 $2b + 1$의 값을 갖도록 변경해야 한다. 이렇게 변경할 경우 원래의 해시 테이블에서 모든 사전 쌍들을 가져와 새로 만든 큰 해시 테이블에 다시 삽입하여 재조정하여야 한다. 이 때 각 엔트리에 해당하는 홈 버킷들이 바뀌었을 수도 있으므로, 원래의 해시 테이블에 있던 사전 엔트리들을 새 큰 테이블에 있는 같은 버킷으로 단순히 복사해서는 안 된다. 항상 접근 가능해야 하는 매우 큰 사전들은 이런 재조정을 하게 되면 굉장히 오랜 시간 동안 연산을 중지해야 한다. '확장성 해싱(extendible hashing)'이라고도 알려진 동적 해싱(dynamic hashing)은 재조정을 한 번 할 때마다 오직 하나의 버킷 안에 있는 엔트리들에 대해서만 홈 버킷을 변경하게 하여 재조정 시간을 줄이는 방법이다. 즉, 테이블의 크기를 2배로 증가시키는 것은 일련의 사전 연산 n개에 대해 총 시간이 단지 $O(n)$만큼만 늘어나게 만들지만, 하나의 연산이 매우 빠르게 수행되어야 하는 큰 사전이라는 점에서 보면 크기를 조정하게 만든 삽입을 모두 완료하는 데 필요한 시간은 엄청나게 크다. 동적 해싱의 목적은 하나의 연산에 대해 좋은 성능을 유지할 수 있는 해시 테이블을 제공하는 데에 있다.

이 절에서는 두 가지 형태의 동적 해싱, 즉 디렉터리를 사용하는 것과 사용하지 않는 동적 해싱을 살펴볼 것이다. 두 형태 모두 키를 음이 아닌 정수로 사상시키는 해시 함수 h를 사용한다. h의 범위는 충분히 크고 $h(k, p)$는 $h(k)$의 최하위 비트 p에 의해 표현되는 정수라고 가정한다.

이 절의 예제들에서는 키를 6-비트의 음이 아닌 정수로 변환하는 해시 함수 $h(k)$를 사용한다. 각 키들은 각각 2개의 문자로 구성되며 h는 A, B, C와 같은 문자들을 각각 100, 101, 110 같이 비트 열로 변환한다. 0에서 7까지의 숫자는 3개의 비트로 표현된다. 그림 8.7은 2개의 문자로 이루어진 키 8개를 $h(k)$의 이진 표현과 함께 보여주고 있다. 이 예에 앞에서 언급한 해시 함수를 사용하면 $h(A0, 1) = 0$, $h(A1, 3) = 1$, $h(B1, 4) = 1001 = 9$, $h(C1, 6) = 110\ 001 = 49$이다.

8.3.2 디렉터리를 사용하는 동적 해싱

디렉터리(directory)를 사용하는 동적 해싱은 버킷들에 대한 포인터를 저장하고 있는 디

k	$h(k)$
A0	100 000
A1	100 001
B0	101 000
B1	101 001
C1	110 001
C2	110 010
C3	110 011
C5	110 101

그림 8.7 해시 함수의 예

렉터리 d를 이용한다. 디렉터리의 크기는 $h(k)$의 비트 수에 좌우되는데, 이 비트는 디렉터리로 키를 인덱싱할 때 사용된다. $h(k, 2)$를 사용하여 인덱싱을 하면 디렉터리의 크기는 $2^2 = 4$가 된다. $h(k, 5)$일 때 디렉터리의 크기는 32이다. 이와 같이 디렉터리를 인덱싱하는 $h(k)$의 비트 수를 디렉터리 깊이(directory depth)라고 한다. t가 디렉터리 깊이일 때 디렉터리의 크기는 2^t이고 버킷 수는 디렉터리 크기를 넘지 않는다. 그림 8.8(a)는 키 A0, B0, A1, B1, C2, C3 을 포함하고 있는 동적 해시 테이블을 나타내고 있다. 이 해시 테이블은 깊이가 2인 디렉터리를 사용하며 각 버킷에는 2개의 슬롯이 있다. 그림 8.8에서 회색으로 표현된 것이 디렉터리이고 아무 색깔도 없는 것이 버킷들이다. 실제 버킷의 크기는 저장장치의 물리적 특성과 맞게 정해진다. 예를 들어 디렉터리 쌍들이 디스크에 상주할 경우 버킷 하나는 디스크 트랙 하나 또는 섹터 하나와 일치할 수 있다.

키 k를 탐색하려면, t가 디렉터리 깊이일 때 $d[h(k, t)]$가 가리키는 버킷을 탐색해보면 된다.

C5를 그림 8.8(a)의 해시 테이블에 삽입해보자. $h(C5, 2) = 01$ 이므로 디렉터리의 01자리에 있는 포인터 $d[01]$을 따라간다. 그러면 A1과 B1이 있는 버킷이 나온다. 이 버킷은 꽉 차 있으므로 오버플로가 발생한다. 오버플로를 해결하기 위해서는 오버플로된 버킷의 모든 키에 대해 $h(k, u)$가 같지 않게 하는 최하위 비트 u를 정해야 한다. u가 디렉터리 깊이보다 크면 u의 값만큼 디렉터리 깊이를 증가시킨다. 이렇게 하는 것은 디렉터리의 크기를 증가시키기 위한 것일 뿐 버킷의 개수는 증가하지 않는다. 디렉터리의 크기가 2배가 되면 원래 디렉터리에 있던 포인터들을 복사하여 새로운 디렉터리의 반을 차지하게 된 포인터들이 원래 디렉터리와 같도록 만든다. 디렉터리의 크기를 4배 증가시키는 것도 마찬가지이며 계속해서 이런 식으로 크기를 늘려간다. 앞의 예에서 C5가 A1, B1과 다른 $h(k, u)$를 갖도록 만드는 u의 값은 3이다. 따라서 디렉터리는 깊이는 3이 되고

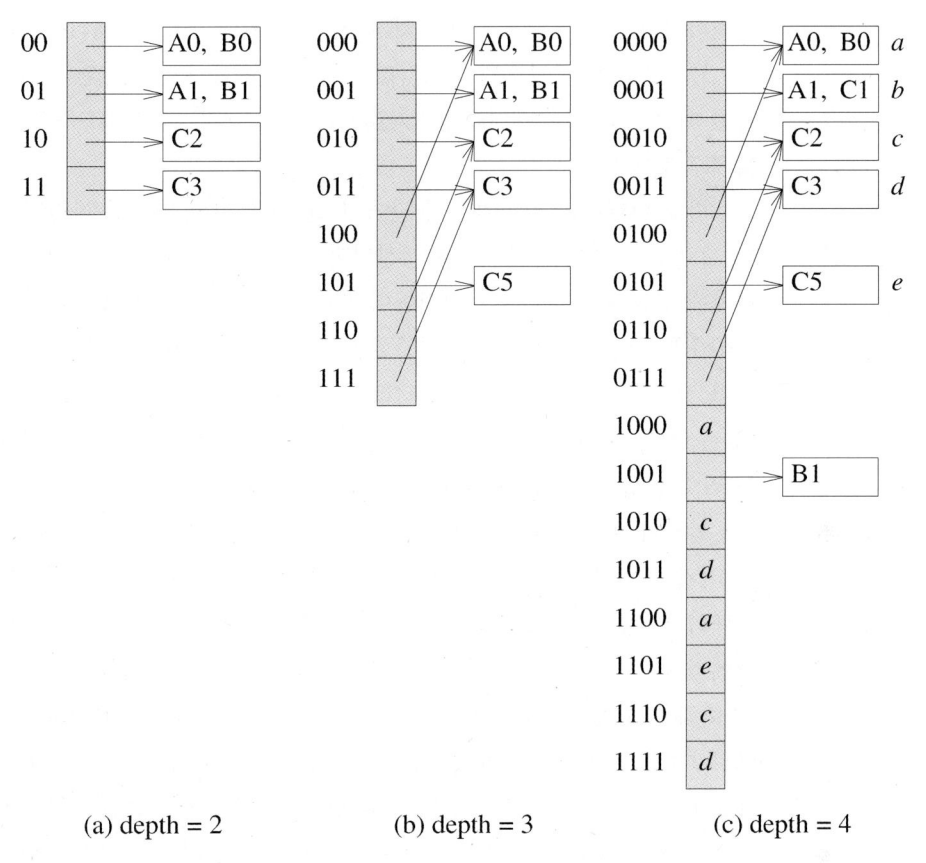

그림 8.8 디렉터리가 있는 동적 해시 테이블

크기는 8이 된다. 이렇게 디렉터리가 확장된 후에는 $d[i] = d[i+4](0 \leq i < 4)$이다.

디렉터리의 크기를 재조정한 후에는 $h(k, u)$를 사용하여 오버플로된 버킷을 분할한다. 여기서는 $h(k, 3)$을 이용한다. A1과 B1에 대해서는 $h(k, 3) = 001$이고 C5에 대해서는 $h(k, 3) = 101$이다. 그러므로 C5를 갖는 새 버킷을 생성하고 이 버킷에 대한 포인터를 $d[101]$에 저장한다. 그림 8.8(b)는 결과 그림을 보여준다. 각 사전 엔트리들은 $h(k, 3)$으로 정해진 디렉터리 포인터가 가리키고 있는 버킷에 있지만, 어떤 경우에는 그 버킷을 다른 디렉터리 포인터가 가리키고 있을 수도 있다. 예를 들어 $h(A0, 3) = h(B0, 3) \neq 000$이지만 버킷 100은 A0과 B0을 가리키고 있다.

C5 대신 C1을 넣는다고 해보자. 그림 8.8(a)를 보면 디렉터리의 $h(C1, 2) = 01$ 자리에 있는 포인터는 C5를 삽입할 때와 동일한 버킷을 가리킨다. 이 버킷은 오버플로된다.

A1, B1의 최하위 비트와 C1의 최하위 비트가 다르게 하는 u는 4이다. 따라서 새로운 디렉터리 깊이는 4이고 디렉터리의 크기는 16이 된다. 디렉터리의 크기는 4배가 되고 $d[0:3]$ 포인터들은 새로운 디렉터리를 채우기 위해 3번 복사된다. 오버플로된 버킷이 분할될 때 A1과 C1은 $d[0001]$이 가리키는 버킷에 저장되고 B1은 $d[1001]$이 가리키는 버킷에 저장된다.

현재 디렉터리 깊이가 u와 같거나 클 때 분할된 버킷을 가리키는 다른 포인터들 역시 새로운 버킷을 가리키도록 갱신되어야 한다. 특히 새로운 버킷의 u 비트와 일치하는 위치에 있는 포인터들은 갱신되어야 한다. 다음 예를 보자. A4(h(A4) = 100 100)을 그림 8.8(b)에 삽입한다고 해보자. 버킷 $d[100]$은 오버플로 된다. 최하위 비트 u는 3으로 디렉터리 깊이와 같다. 따라서 디렉터리의 크기는 변하지 않는다. $h(k, 3)$을 이용하면 A0과 B0은 000으로 해시되지만 A4는 100으로 해시된다. 따라서 A4를 저장하기 위한 새로운 버킷을 생성하고 $d[100]$이 이 새로운 버킷을 가리키도록 한다.

삽입의 마지막 예로 C1을 그림 8.8(b)에 삽입한다고 하자. h(C1, 3) = 001이다. 이때 버킷 $d[001]$은 오버플로된다. u의 최소 값은 4이므로 디렉터리의 크기를 2배로 늘려 디렉터리 깊이를 4로 만들어야 한다. 디렉터리가 2배로 되면 디렉터리의 절반 중 첫 번째에 있는 포인터들을 두 번째 절반으로 복사한다. 다음에는 $h(k, 4)$를 이용해 오버플로된 버킷을 분할한다. A1과 C1에 대한 $h(k, 4) = 0001$이고 B1에 대한 $h(k, 4) = 1001$이므로 B1을 저장하는 새로운 버킷 하나를 생성하고 C1을 B1이 있던 슬롯에 삽입한다. 새로운 버킷을 가리키는 포인터는 $d[1001]$에 저장된다. 그림 8.8(c)에 그 결과가 나와 있다. 결과를 정확하게 보여주기 위해 여러 버킷 포인터가 가리키고 있는 버킷이 어떤 것이었는지를 소문자로 치환하여 표현하고 있다.

디렉터리를 사용하는 동적 해시 테이블에서의 삭제도 삽입과 비슷하다. 동적 해싱은 배열을 2배로 만드는 방법을 사용하지만, 정적 해싱에서 배열을 2배로 만드는 것보다 시간은 훨씬 적게 걸린다. 동적 해싱에서는 테이블에 있는 모든 엔트리들을 모두 재해싱하는 것이 아니라 오버플로된 버킷에 있는 엔트리들만 재해싱하면 되기 때문이다. 특히 디렉터리가 메모리에 있고 버킷들은 디스크에 있을 때 그 효과는 더욱 좋다. 탐색은 단지 1번의 디스크 접근을 필요로 하고, 삽입은 1번의 읽기와 2번의 쓰기 접근을 필요로 하며, 배열을 2배로 늘리는 것은 디스크 접근이 전혀 필요 없다.

8.3.3 디렉터리가 없는 동적 해싱

이름에서 알 수 있듯이 이 방법은 8.3.2절의 방법에서 사용했던 버킷 포인터의 디렉터리 d를 사용하지 않는다. 대신 버킷의 배열인 ht를 사용한다. 이 배열은 가능한 한 매우 커서 크기를 동적으로 늘릴 필요가 없다고 가정한다. 이렇게 큰 배열을 초기화하지 않기 위

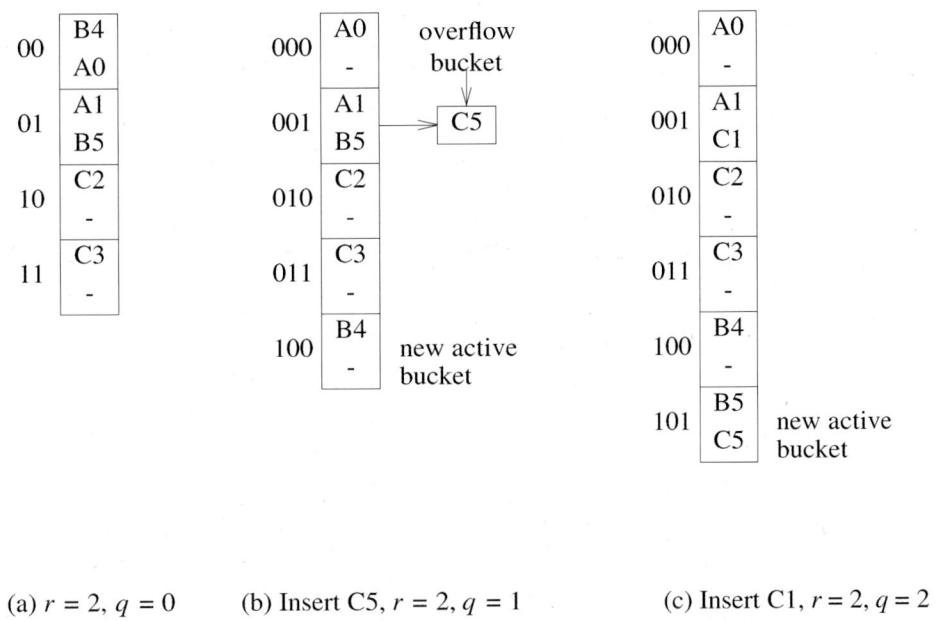

(a) $r = 2, q = 0$ (b) Insert C5, $r = 2, q = 1$ (c) Insert C1, $r = 2, q = 2$

그림 8.9 디렉터리가 없는 동적 해시 테이블에서의 삽입

해 q와 r이라는 변수($0 \leq q < 2^r$)를 두어 활성화된 버킷에 대한 정보를 얻어낸다. 항상 0부터 $2^r + q - 1$까지의 버킷만 활성화된다. 각 활성 버킷은 버킷 체인의 시작이 된다. 체인의 나머지 버킷들은 오버플로 버킷(overflow bucket)이라 한다. 2^r부터 $2^r + q - 1$까지의 활성 버킷뿐만 아니라 0부터 $q - 1$까지의 활성 버킷은 $h(k, r + 1)$을 이용하여 인덱스되고 나머지 활성 버킷들은 $h(k, r)$을 이용해 인덱싱된다. 각 사전 쌍들은 활성 버킷이거나 오버플로 버킷이다.

그림 8.9(a)는 $r = 2$이고 $q = 0$일 때 디렉터리가 없는 해시 테이블 ht를 보여준다. 해시 함수는 그림 8.7의 해시 함수가 사용되고 $h(B4) = 101\ 100$, $h(B5) = 101\ 101$이다. 이때 활성 버킷의 개수는(00, 01, 10, 11로 인덱스된) 4이다. 활성 버킷의 인덱스는 체인을 식별한다. 각 활성 버킷에는 2개의 슬롯이 있으며 버킷 00에는 B4와 A0이 있다. 4개의 버킷 체인이 있는데, 각 체인은 4개의 활성 버킷 중 하나에서 시작하고 그 활성 버킷으로만 구성된다(즉, 오버플로 버킷은 없다.). 그림 8.9(a)에서는 모든 키들이 $h(k, 2)$를 이용하여 체인들에 사상되었다. 그림 8.9(b)에서는 $r = 2$이고 $q = 1$일 때 체인 000과 100에 대해 $h(k, 3)$이 사용되었으며 체인 001, 010, 011에 대해서는 $h(k, 2)$가 사용되었다. 체인 001은 오버플로 버킷을 가지고 있다. 오버플로 버킷은 활성 버킷과 같은 수만큼

if $(h(k,r) < q)$ search the chain that begins at bucket $h(k,r+1)$;
else search the chain that begins at bucket $h(k,r)$;

프로그램 8.5: 디렉터리가 없는 동적 해시 테이블에서의 탐색

슬롯을 수용할 수도 있고 그렇지 않을 수도 있다.

k를 탐색하기 위해서 먼저 $h(k, r)$을 계산한다. $h(k, r) < q$이면 k는 $h(k, r + 1)$을 이용하여 인덱스된 체인에 존재한다. 그렇지 않으면 살펴볼 체인은 $h(k, r)$로 찾는다. 프로그램 8.5는 디렉터리가 없는 동적 해시 테이블에서 탐색하는 알고리즘이다.

C5를 그림 8.9(a)의 테이블에 삽입하려면 프로그램 8.5 탐색 알고리즘을 이용하여 C5가 테이블에 이미 존재하는지 아닌지를 결정한다. 체인 01을 먼저 조사하여 C5가 존재하지 않다는 것을 확인한다. 이때 탐색한 체인의 활성 버킷이 꽉 차 있으므로 오버플로가 발생한다. 오버플로는 버킷 $2^r + q$를 활성화시켜 해결한다. 즉, q와 새로 생긴 활성 버킷(또는 체인) $2^r + q$ 사이에 체인 q에 있던 엔트리들을 위치시켜 재조정하고 q를 1만큼 증가시킨다. 이제 q가 2^r이 되면 r을 1만큼 증가시키고 q를 0으로 재설정한다. 위치 재설정에는 $h(k, r + 1)$을 사용한다. 마지막으로 r과 q의 새로운 값과 프로그램 8.5를 이용해 탐색된 체인에 새로운 쌍이 삽입된다.

이 예제에 대해서는 버킷 $4 = 100$이 활성화되고 체인 $00(q = 0)$에 있는 엔트리들이 $r + 1 = 3$비트를 사용해 재해시된다. B4는 새로운 버킷 100으로 해시되고 A0은 버킷 000으로 해시된다. 이후 $q = 1, r = 2$가 된다. C5를 탐색할 때는 체인 1을 조사하여 결국 C5는 오버플로 버킷을 이용하여 이 체인에 삽입된다[그림 8.9(b) 참조]. 이때 버킷 001, 010, 011에 있는 키들은 $h(k, 2)$로 인해 해시되지만, 버킷 000, 100에 있는 키들은 $h(k, 3)$을 이용해 해시되는 점에 유의해야 한다.

그림 8.9(b)의 테이블에 C1을 삽입하여 보자. $h(C1, 2) = 01 = q$이므로 탐색 알고리즘(프로그램 8.5)으로 체인 $01 = 1$을 조사한다. 탐색 결과 C1이 사전에 없다는 것이 확인된다. 활성 버킷 01이 꽉 차 있으므로 오버플로가 발생한다. 버킷 $2^r + q = 5 = 101$을 활성화하고 체인 q에 있는 키 A1, B5, C5를 재해싱한다. 이때 재해싱 시 3비트를 사용한다. A1은 버킷 001로 해시되고 B5와 C5는 버킷 101로 해시된다. q는 1만큼 증가하고 새로운 키 C1은 버킷 001로 삽입된다. 그림 8.9(c)가 이 결과를 보여주고 있다.

연습문제

1. 디렉터리를 사용하는 동적 해시 테이블에 사전 쌍 하나를 삽입하는 알고리즘을 작

성하라.
2. 디렉터리를 사용하는 동적 해시 테이블에 사전 쌍 하나를 삭제하는 알고리즘을 작성하라.
3. 디렉터리가 없는 동적 해시 테이블에 사전 쌍 하나를 삽입하는 알고리즘을 작성하라.
4. 디렉터리가 없는 동적 해시 테이블에 사전 쌍 하나를 삭제하는 알고리즘을 작성하라.

8.4 블룸 필터

8.4.1 응용-차등 화일

인덱스된 화일(indexed file)을 관리하는 응용을 고려해보자. 간단히, 하나의 인덱스와 하나의 키가 있다고 하자. 이것을 밀집 인덱스(dense index)라 가정하고(즉, 화일의 각 레코드에 대해 하나의 엔트리를 가지고 있는 인덱스) 화일의 갱신(기존 레코드에 대한 삽입, 삭제 및 변경)이 허용된다고 하자. 작업 사본(working copy)의 장애나 우연한 손실로부터 회복하기 위해서는 인덱스와 화일의 백업 사본(back-up copy)을 유지하는 것이 필요하다. 이러한 장애나 손실은 하드웨어나 소프트웨어의 오동작으로 인한 작업 사본의 파괴 등 다양한 원인 때문에 발생한다. 인덱스와 화일의 작업 사본을 각각 마스터 인덱스(master index), 마스터 화일(master file)이라고 하자.

화일과 인덱스의 갱신이 허용되기 때문에 일반적으로 장애 시점에서는 백업 사본과 작업 사본 사이에는 차이가 있을 것이다. 장애 회복을 위해서는 백업 사본과 이 백업 사본이 생성된 이후에 만들어진 모든 갱신 로그를 가지고 있어야 한다. 이 로그를 트랜잭션 로그(transaction log)라 한다. 장애로부터 회복하기 위해서는 백업 사본과 트랜잭션 로그를 처리하여 장애 당시 작업 사본의 인덱스와 화일을 재생해야 한다. 이것은 회복 시간이 백업 인덱스와 화일의 크기, 트랜잭션 로그 크기의 함수가 된다는 것을 의미한다. 백업을 자주 하면 복구 시간을 줄일 수 있다. 이렇게 되면 트랜잭션 로그는 점점 작아지게 된다. 그러나 인덱스와 화일이 매우 크거나 갱신 율이 매우 높을 때 마스터 인덱스와 화일을 너무 자주 백업하는 것은 실용적이지 못하다.

인덱스가 아니라 화일만 매우 클 경우, 차등 화일(differential file)이라고 하는 별도의 화일에 갱신된 레코드들을 저장함으로써 복구 시간을 줄일 수 있다. 마스터 화일은 변경되지 않더라도, 주어진 키를 가진 레코드의 가장 최근 버전의 위치를 반영하도록 마스터 인덱스를 바꾼다. 차등 화일 레코드들과 마스터 화일 레코드들이 서로 다른 주소를 가지고 있다고 하자. 이것은 찾고자 하는 레코드의 가장 최근 버전이 마스터 화일에 있는지 혹은 차등 화일에 있는지를 마스터 인덱스에 대한 검색을 통해 얻어지는 주소만으로 알 수 있음을 의미한다. 프로그램 8.6(b)는 주어진 키를 가진 레코드에 접근할 때 필요한 단계를 보여주고, 프로그램 8.6(a)는 차등 화일을 사용하지 않을 때 취해지는 단계를 보여주고 있다.

단계 1: 레코드 주소를 얻기 위해 마스터 인덱스를 탐색한다.
단계 2: 이 마스터 화일 주소를 통해 레코드에 접근한다.
단계 3: 만약 갱신이 이루어지면 마스터 인덱스, 마스터 화일, 트랜잭션 로그를 갱신한다.
(a) 차등 화일이 아닐 때

단계 1: 레코드 주소를 얻기 위해 마스터 인덱스를 탐색한다.
단계 2: 단계 1에서 구한 주소에 따라 마스터나 차등 화일로부터 레코드에 접근한다.
단계 3: 만약 갱신이 이루어지면 마스터 인덱스, 차등 화일, 트랜잭션 로그를 갱신한다.
(b) 차등 화일 사용

단계 1: 차등 인덱스에서 레코드 주소를 탐색하여 만약 그 탐색이 실패하면 마스터 인덱스를 탐색한다.
단계 2: 단계 1에서 얻은 주소에 따라 마스터나 차등 화일로부터 레코드에 접근한다.
단계 3: 만약 갱신이 이루어지면 차등 인덱스, 차등 화일, 트랜잭션 로그를 갱신한다.
(c) 차등 인덱스와 차등 화일 사용

단계 1: 블룸 필터를 질의한다. 만약 그 응답이 'maybe'이면 차등 인덱스에서 레코드 주소를 탐색한다. 블룸 필터의 응답이 'no'이거나 차등 인덱스 탐색이 실패하면, 마스터 인덱스를 탐색한다.
단계 2: 단계 1에서 얻은 주소에 따라 마스터나 차등 화일로부터 레코드에 접근한다.
단계 3: 만약 갱신이 이루어지면 블룸 필터, 차등 인덱스, 차등 화일, 트랜잭션 로그를 갱신한다.
(d) 차등 인덱스와 차등 화일, 블룸 필터 사용

프로그램 8.6: 접근 단계

차등 화일을 사용할 때, 백업 화일은 마스터 화일의 정확한 복사본이라는 점에 주목하라. 그러므로 마스터 인덱스와 차등 화일만을 자주 백업하면 된다. 이들은 상대적으로 작기 때문에 빈번한 백업이 가능하다. 마스터 인덱스나 차등 화일을 장애로부터 복구시키기 위해서는 마스터 화일과 마스터 인덱스 및 차등 화일의 백업 사본을 사용하여 트랜잭션 로그에 있는 트랜잭션들을 처리하면 된다. 백업이 훨씬 자주 이루어지기 때문에 트랜잭션 로그는 보통 상대적으로 작다. 마스터 화일의 장애로부터 회복하기 위해서는, 단순히 마스터 화일의 새로운 백업 사본만 만들면 된다. 차등 화일이 너무 커지면, 구 마스터 화일과 차등 화일을 합병하여 새 버전의 마스터 화일을 생성할 필요가 있다. 이것은 또한 새로운 인덱스와 공백의 차등 화일을 생성하게 한다. 이러한 차등 화일을 사용하더라도 화일 연산을 수행할 때 필요한 디스크 접근 횟수에는 영향을 주지 않는다는 사실이 흥미롭다.(프로그램 8.6 참조)

인덱스와 화일이 모두 매우 크다고 가정하자. 이 경우에는 앞에서 언급한 차등 화일 기법이 제대로 작동하지 않는다. 왜냐하면 이런 상황에서는 트랜잭션 로그를 충분히 작게 유지하기 위해 필요한 만큼 빈번하게 마스터 인덱스를 백업하는 것이 어렵기 때문이다. 이러한 문제는 차등 화일과 차등 인덱스(differential index)를 사용함으로써 해결할 수 있다. 여기서는 마스터 인덱스와 마스터 화일은 갱신이 이루어져도 변경되지 않은 채 남아 있다. 대신 차등 화일이 새로 삽입된 모든 레코드들과 변경된 모든 레코드들의 최근 버전들을 포함하고 있다. 이 차등 인덱스는 차등 화일에 대한 인덱스이며, 삭제된 레코드들에 대한 널(null) 주소 엔트리들도 가지고 있다. 프로그램 8.6(c)는 차등 인덱스와 차등 화일이 모두 사용될 때 화일 연산을 수행하는 데 필요한 단계를 보여준 것이다. 프로그램 8.6(a)에 비해 프로그램 8.6(c)는 추가적인 디스크 접근을 빈번하게 요구하고 있는데, 이는 차등 인덱스에 대해 먼저 질의한 다음 마스터 인덱스를 질의하기 때문이다. 차등 화일은 마스터 화일보다 훨씬 더 작고, 따라서 대부분의 요청은 마스터 화일 접근으로 충족되는 점에 주목하라.

차등 인덱스와 차등 화일을 모두 사용할 때, 아주 빈번히 이들을 백업하여야 하는데, 이것은 이들이 상대적으로 작기 때문에 가능하다. 차등 인덱스나 차등 화일의 손실로부터 복구하기 위해서는 유효한 백업 사본들을 사용하여 트랜잭션 로그에 있는 트랜잭션을 처리하여야 한다. 마스터 인덱스와 마스터 화일의 손실로부터 복구하기 위해서는 단지 적절한 하나의 백업 사본만을 필요로 한다. 차등 인덱스와(혹은) 차등 화일이 너무 커지면, 마스터 인덱스와(혹은) 마스터 화일을 재구성하고 차등 인덱스와(혹은) 차등 화일은 공백으로 되게 한다.

8.4.2 블룸 필터 설계

차등 인덱스를 사용함으로써 야기되는 성능 저하는 블룸 필터를 이용하면 상당히 줄일 수 있다. 블룸 필터(bloom filter)는 내부 메모리에 상주하여 '차등 인덱스에 키가 있는가?' 와 같은 유형의 질의를 허용하는 장치이다. 만약 이런 유형의 질의들에 정확히 응답할 수 있다면, 레코드 주소를 찾기 위해 차등 인덱스와 마스터 인덱스 모두를 결코 탐색할 필요가 없다. 분명히 이러한 유형의 질의에 정확하게 응답하기 위한 유일한 방법은 차등 인덱스 안에 모든 키의 리스트를 유지하는 것이다. 그러나 이것은 상당한 크기의 차등 인덱스들에 대해서는 불가능하다.

블룸 필터는 이러한 유형의 질의에 정확하게 응답하지 않는다. 'yes'와 'no'의 응답 대신에 'maybe'와 'no' 중 하나로 응답한다. 그 응답이 'no'이면, 탐색 키가 차등 인덱스에 있지 않다는 것을 보장한다. 이러한 경우에는 마스터 인덱스만을 탐색하면 되기 때문에 디스크 접근 횟수는 차등 인덱스가 사용되지 않을 때와 같다. 그러나 만약 응답이 'maybe'이면, 차등 인덱스를 탐색한다. 또 마스터 인덱스는 차등 인덱스에서 키를 찾지 못할 때만 탐색된다. 프로그램 8.6(d)는 블룸 필터가 차등 인덱스와 결합하여 사용될 때의 단계들을 보여준 것이다.

블룸 필터 질의에 대한 응답이 'maybe'이고 키가 차등 인덱스에 없을 때마다 필터 오류(filter error)가 발생한다. 차등 인덱스와 마스터 인덱스들은 필터 오류가 발생할 때만 모두 탐색된다. 차등 인덱스가 사용되지 않을 때와 비슷한 성능을 얻기 위해서는 필터 오류의 확률이 0에 가깝도록 보장해야 한다.

블룸 필터에 대해 좀 더 자세히 살펴보자. 전형적으로 블룸 필터는 m비트의 메모리와 h개의 균일하고 독립적인 해시 함수 $f_0, \cdots, f_h$들로 구성된다. 초기 값으로 모든 m개의 필터 비트는 0이고 차등 인덱스와 차등 화일은 공백이다. 차등 인덱스에 하나의 키 k를 추가할 때, 필터의 비트 $f_0(k), \cdots, f_h(k)$ 들은 1로 된다. '차등 인덱스에 k가 있는가?' 라는 질의가 있을 때 비트 $f_0(k), \cdots, f_h(k)$를 검사한다. 이 질의의 응답은 이러한 비트들이 모두 1이면 'maybe'이고 그렇지 않으면 'no'이다. 응답이 'no'일 때는 그 키가 차등 인덱스에 있을 수 없으며, 응답이 'maybe'일 때는 키가 차등 인덱스에 있거나 없을 수 있다는 것을 검증할 수 있다.

필터 오류의 확률은 다음과 같은 방법으로 계산한다. 초기 값으로 n개의 레코드들과 u개의 갱신이 만들어진다고 하자. 이러한 갱신 중에 어느 것도 삽입이나 삭제인 것이 없다고 하자. 따라서 레코드들의 수는 변경되지 않은 채로 유지된다. 그밖에 레코드 키들이 키 공간상에 균등하게 분포되어 있고 레코드 i에 대한 갱신 요청의 확률이 $1/n (1 \leq i \leq n)$이라고 하자. 이러한 가정으로부터 특정 갱신이 레코드 i를 수정하지 않을 확률은 $1-1/n$이 된다. 따라서 u개의 갱신들 중에 어느 것도 레코드 i를 수정하지 않을 확률은 $(1-1/n)^u$이다. 그러므로 수정되지 않을 레코드의 기대 수는 $n(1-1/n)^u$이고, $(u+1)$번째 갱신이 수정되지 않은 레코드에 대한 갱신일 확률은 $(1-1/n)^u$이다.

다음으로, 블룸 필터의 비트 i와 해시 함수 $f_j (0 \leq j \leq h-1)$를 생각해보자. k를 u개의 갱신 중 하나에 해당하는 키라 하자. f_j는 균일 해시 함수이기 때문에, $f_j(k) \neq i$일 확률은 $1-1/m$이다. h 해시 함수들은 독립적이기 때문에, 모든 해시 함수 h에 대해 $f_j(k) \neq i$일 확률은 $(1-1/m)^h$이다. 만약 이것이 유일한 갱신이라면 필터의 비트 i가 0일 확률은

$(1-1/m)^h$이다. 또 갱신 요청에 대한 가정으로부터, u개의 갱신이 이루어진 후 비트 i가 0일 확률은 $(1-1/m)^{uh}$이다. 이것으로부터 $(u+1)$번째 갱신이 수정되지 않은 레코드에 대한 것이라면 필터의 오류 확률은 $(1-(1-1/m)^{uh})^h$라는 결론을 내릴 수 있다. $(u+1)$번째 갱신이 필터 오류가 될 확률 $P(u)$는 $(u+1)$번째 갱신이 수정되지 않은 레코드에 대한 것일 확률에 이 수치를 곱한 것이다. 그러므로

$$P(u) = (1-1/n)^u (1-(1-1/m)^{uh})^h$$

근사 값을 사용하면

$$(1-1/x)^q \sim e^{-q/x}$$

큰 값 x에 대해, 다음과 같이 된다.

$$P(u) \sim e^{-u/n}(1-e^{-uh/m})^h$$

이때 n과 m은 큰 값이다.

필터 오류의 확률을 최소화하는 블룸 필터를 설계하려 한다고 하자. 이 확률은 마스터 인덱스가 재구성되고 그 차등 인덱스가 공백이 되기 전에 가장 최고이다. 그 시간까지 행해진 갱신의 수를 u라고 하자. 대부분의 응용에서 m은 가용 메모리의 크기로 결정되고 n은 고정되어 있다. 따라서 설계 대상이 되는 유일한 변수는 h뿐이다. h에 대해서 $P(u)$를 미분하고 결과를 0으로 지정하면 다음을 얻는다.

$$h = (\log_e 2)m/u \sim 0.693 m/u$$

이 h는 $P(u)$의 최소치를 얻게 한다는 것을 증명할 수 있다. 실제로 h는 정수이어야 하기 때문에, 사용할 해시 함수의 수는 어느 것이 더 작은 $P(u)$를 얻을 수 있느냐에 따라 $\lceil 0.693\, m/u \rceil$나 $\lfloor 0.693\, m/u \rfloor$가 된다.

연습문제

1. $P(u)$를 h에 대해 미분함으로써 $P(u)$가 $h = (\log_e 2)m/u$일 때 최소가 됨을 증명하라.
2. 최소 값 $P(u)$를 가지는 블룸 필터를 설계한다고 하자. 그때 $n = 100{,}000$, $m = 5000$, $u = 1000$이라고 하자.
    (a) 이 책에서 구한 결과들 중 임의의 것을 이용해서 사용하려는 해시 함수의 수 h를 계산하고 계산 과정을 보이라.
    (b) h가 앞에서 계산한 값을 가질 때 필터 오류의 확률 $P(u)$는 얼마인가?

8.5 참고문헌

해싱에 대해 더 자세한 것은 D. Knuth의 *The Art of Computer Programming: Sorting and Searching*(vol.3, Second Edition, Addison-Wesley, Reading, MA, 1998)과 P. Morin이 쓰고 D. Mehta와 S. Sahni가 편집한 *Handbook of data structures and algorithms*에 있는 'Hash tables' (Chapman & Hall/CRC, Boca Raton, 2005) 편을 보기 바란다.

    이 책에서 소개한 차등 화일과 블룸 필터에 대한 설명은 Severence와 G. Lohman이 "Differential files: Their application to the maintenance of large databases"(D. Severence, G. Lohman, *ACM Transactions on Database System*, vol.3, no.1, 1976, pp.256-267)에서 기술한 논의와 유사하다. 이 논문에서는 또한 차등 화일을 사용할 때 가질 수 있는 몇 가지 장점을 보여주고 있다. 필터 오류에 대한 분석 시 가정했던 균일성에 대한 가정은 비현실적이다. 그 이유는 미래의 접근은 이전에 접근했던 레코드에 대한 것일 가능성이 높기 때문이다. 몇몇 저자들은 이러한 것에 대한 고려를 시도하려고 했다. 이에 대한 2개의 참고문헌으로는, "A practical guide to design of differential file architectures"(H. Aghili, D. Severance, *ACM Transactions on Database Systems*, vol.7, no.2, 1982, pp.540-565)와 "A regression approach to performance analysis for the differential file architecture"(T. Hill, A. Srinivasan, *Proceedings of the Third IEEE International Conference On Data Engineering*, 1987, pp.157-164)가 있다.

    블룸 필터는 다양한 분야에서 문제 해결을 위한 응용에서 찾아볼 수 있다. 네트워크에 관련된 응용들은 "Space-code Bloom filter for efficient traffic flow measurement" (A. Kumar, J. Xu, L. Li, J. Wang, *ACM Internet Measurement Conference*, 2003)와 "Hash-based paging and location update using Bloom filters"(P. Mutaf, C. Castelluccia, *Mobile Networks and Applications*, Kluwer Academic, 9, pp.627-637, 2004) 및 "Approximate caches for packet classification"(F. Chang, W. Feng, K. Li, *IEEE INFOCOM*, 2004)에서 찾아볼 수 있다.

9
우선순위 큐

9.1 한쪽 끝과 양쪽 끝 우선순위 큐

우선순위 큐(priority queue)는 각 원소가 연관된 우선순위(priority)를 갖고 있는 원소들의 모임이다. 이 장에서는 두 가지 상이한 우선순위 큐인 한쪽 끝 우선순위 큐와 양쪽 끝 우선순위 큐에 대해 공부할 것이다. 5.6절에서 이미 다루었던 한쪽 끝 우선순위 큐는 최소와 최대 우선순위 큐로 세분될 수도 있다. 5.6.1절에서 언급했듯이 최소 우선순위 큐에 의해 지원되는 연산은 다음과 같다.

SP1: 최소 우선순위를 가진 원소의 반환
SP2: 임의의 우선순위를 가진 원소의 삽입
SP3: 최소 우선순위를 가진 원소의 삭제

최대 우선순위 큐에 의해 지원되는 연산은 최소 우선순위 큐에 의해 지원되는 연산과 동일하다. 단, SP1과 SP3에서 최소를 최대로 대체시켜야 한다. 5.6절에서의 히프 구조는 우선순위 큐를 표현하기 위한 고전적인 자료 구조이다. 최소(최대) 히프를 사용함으로써 최소(최대) 원소는 $O(1)$ 시간에 찾을 수 있고 한쪽 끝 우선순위 큐 연산 중 나머지 2개는 각각 $O(\log n)$ 시간에 수행될 수 있다. 여기서 n은 우선순위 큐에 있는 원소의 수이다. 이 장에서는 여러 개의 확장된 한쪽 끝 우선순위 큐에 대해 살펴본다. 첫 번째 확장인 합병성(한쪽 끝) 우선순위 큐[meldable (single-ended) priority queue]는 2개의 우선순위 큐를 합병시키는 합병 연산을 사용해 SP1~SP3의 연산을 확장한다. 합병 연산을 적용할 수 있을 때는 하나의 우선순위 큐를 가진 서버가 꺼졌을 때이다. 이때 작동되는 서버의 우선순위 큐와 작동이 멈춘 서버의 우선순위 큐를 합병하는 것이 필요하다. 합병성 우선순위 큐를 위한 두 자료 구조인, 좌향 트리(leftist tree)와 이항 히프(binomial heap)를 이 장에서 살펴볼 것이다.

합병성 우선순위 큐의 확장은 임의 원소(자료 구조에서 위치는 주어짐)를 삭제하는 연산과 임의 원소의 키/우선순위를 감소시키는(최대 우선순위 큐인 경우에는 증가시키는) 연산을 포함한다. 두 자료 구조[피보나치 히프(Fibonacci heap)와 페어링 히프(pairing heap)]는 이 확장을 위해 제안되었다. 피보나치 히프에 대한 절에서는 6.4.1절에 있는 Dijkstra의 최단 경로 알고리즘의 실행 시간을 향상시키는 데 피보나치 히프가 어떻게 사용될 수 있는지를 설명한다.

양쪽 끝 우선순위 큐(DEPQ, double-ended priority queue)는 원소 집단에 대해 다음과 같은 연산을 지원하는 자료 구조이다.

DP1: 최소 우선순위를 가진 원소의 반환
DP2: 최대 우선순위를 가진 원소의 반환
DP3: 임의의 우선순위를 가진 원소의 삽입
DP4: 최소 우선순위를 가진 원소의 삭제
DP5: 최대 우순순위를 가진 원소의 삭제

따라서 양쪽 끝 우선순위 큐는 최소 우선순위 큐와 최대 우선순위 큐가 하나의 구조로 합해진 최소-최대 우선순위 큐이다.

예제 9.1: 양쪽 끝 우선순위 큐는 네트워크 버퍼를 구현하는 데 사용될 수도 있다. 이 버퍼는 네트워크 링크를 통해 전송되기를 기다리는 패킷들을 가지고 있다. 각 패킷은 연관된 우선순위를 가지고 있다. 네트워크 링크가 이용 가능하게 될 때 가장 높은 우선순위를 가진 패킷이 전송된다. 이것은 최대 삭제(DeleteMax) 연산에 해당된다. 패킷이 네트워크 내의 다른 곳으로부터 버퍼에 도착했을 때 그 패킷은 이 버퍼에 추가된다. 이것은 삽입 연산에 해당한다. 그러나 버퍼가 가득 찼을 때는 패킷을 삽입시키기 전에 최소 우선순위를 가진 패킷을 지워야 한다. 이것은 최소 삭제(DeleteMin) 연산을 수행하여 달성될 수 있다. □

예제 9.2: 7.10절에서 합병 정렬을 어떻게 외부 정렬 환경에 적용하는지 살펴보았다. 이제 알려진 모든 내부 정렬 방법 중 실행 기대 시간이 가장 빠른 퀵 정렬을 유사하게 적용하도록 해보자. 퀵 정렬(7.3절)의 기본 개념은 원소들을 L, M, R의 세 그룹으로 분할하여 정렬하는 것임을 기억하라. 중간 그룹 M은 피벗이라 불리는 단 하나의 원소를 포함한다. 왼쪽 그룹 L에 있는 모든 원소는 피벗 이하($\leq$)이고 오른쪽 그룹 R에 있는 모든 원소는 피벗 이상($\geq$)이다. 이 분할 후 왼쪽과 오른쪽 그룹의 원소들은 순환적으로 정렬된다.

외부 정렬(7.10절)에서는 컴퓨터의 메모리에 유지할 수 있는 수보다 더 많은 원소를 가지고 있다. 정렬될 원소들은 처음에는 디스크에 있다. 정렬된 원소들 역시 디스크에 저장될 것이다. 앞에서 언급한 내부 퀵 정렬 방법이 외부 퀵 정렬로 확장될 때 중간 그룹 M은 양쪽 끝 우선순위 큐(이제부터 DEPQ라 약칭한다.)를 사용하여 가능한 크게 만든다. 외부 퀵 정렬의 전략은 다음과 같다.

(1) 내부 DEPQ에 가득 찰 만큼 많은 원소들을 메모리로 읽어들인다. DEPQ에 있는 원소들은 결국 중간 그룹의 원소들이 될 것이다.
(2) 나머지 원소를 1번에 하나씩 처리하라. 만약 다음 원소가 DEPQ에서의 가장 작은 원소보다 작거나 같으면($\leq$) 이 원소를 왼쪽 그룹의 일부로 출력한다. 만약 다음 원소가 DEPQ에서의 가장 큰 원소보다 크거나 같으면($\geq$) 오른쪽 그룹의 일부로 이 원소를 출력한다. 그렇지 않으면 DEPQ에서 최대 또는 최소 원소를 제거한다(선택은 임의로 하거나 번갈아가며 하면 된다.). 최대 원소가 제거되었다면 이 최대 원소를 오른쪽 그룹의 일부로 출력한다. 그렇지 않을 경우에는 왼쪽 그룹의 일부로 제거된 원소를 출력하라. 그리고 새로운 입력 원소를 DEPQ에 삽입한다.
(3) 중간 그룹으로써 DEPQ에 있는 원소들을 정렬된 순서로 출력한다.
(4) 왼쪽과 오른쪽 그룹에 대해 순환적으로 정렬한다. □

9.2 좌향 트리

9.2.1 높이 편향 좌향 트리

좌향 트리(leftist tree)는 합병성 우선순위 큐를 효율적인 구현을 제공한다. 합병 연산에 대해 살펴보자. 합병될 2개의 우선순위 큐(앞으로 이 장에서 우선순위 큐는 한쪽 끝 우선순위 큐를 의미하는 용어로 쓰임.)에 있는 모든 원소의 수를 n이라 하자. 합병성 우선순위 큐를 표현하는 데 히프가 사용된다면 합병 연산의 수행 시간은 $O(n)$이 된다(예를 들어 7.6절의 히프 초기화 알고리즘을 사용하여 달성할 수 있다.). 좌향 트리를 사용하면 삽입, 최소 삭제(또는 최대 삭제) 연산뿐만 아니라 합병 연산도 로그 함수 시간에 수행된다. 즉, 최소(최대) 원소는 $O(1)$ 시간에 찾을 수 있다.

좌향 트리는 확장 이진 트리(extended binary tree)의 개념을 이용하여 정의된다. 확장 이진 트리는 이진 트리의 일종으로, 모든 공백 이진 서브트리를 정사각형 노드로 대체한 것이다. 그림 9.1은 2개의 이진 트리의 예인데, 이것에 대응되는 확장 이진 트리는 그

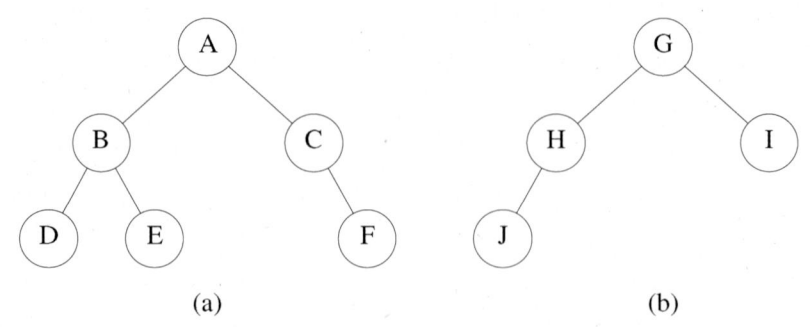

그림 9.1 2개의 이진 트리

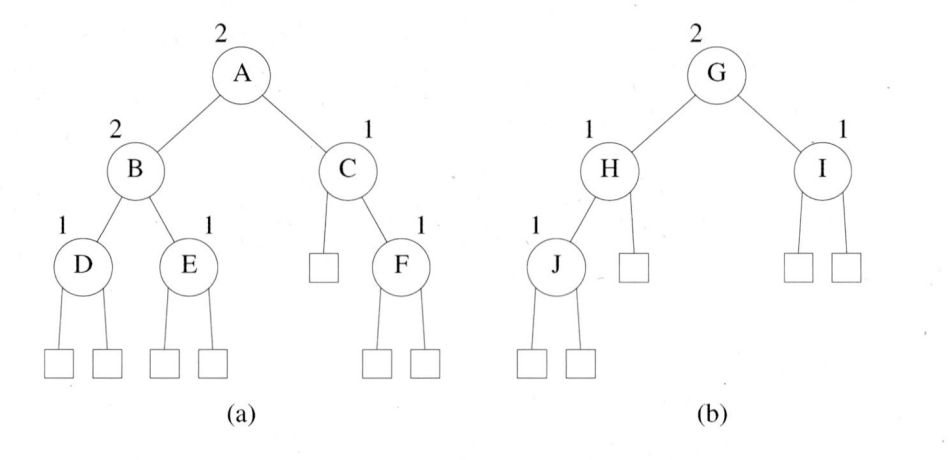

그림 9.2 그림 9.1에 대응하는 확장 이진 트리

림 9.2에 나와 있다. 확장 이진 트리에 있는 정사각형 노드를 외부 노드(external node)라고 하며, 원래의 (원형) 노드를 내부 노드(internal node)라고 한다.

좌향 트리에는 두 가지 종류가 있는데, 하나는 높이 편향 좌향 트리(HBLT, height biased leftist tree)이고 다른 하나는 가중치 편향 좌향 트리(WBLT, weight-biased leftist tree)이다. 이 절에서는 HBLT에 대해 배우고 WBLT는 다음 절에서 배우기로 한다. HBLT가 먼저 만들어졌으므로, 일반적으로 HBLT를 간단하게 '좌향 트리'라고 하기도 한다. 이 절에서는 이 관례에 따라 HBLT를 간단하게 좌향 트리라고 부르기로 한다.

x를 확장 이진 트리에 있는 임의의 노드라 하고 *leftChild*(x)와 *rightChild*(x)를 각각 내부 노드 x의 왼쪽과 오른쪽 자식이라고 하자. 또한 *shortest*(x)를 x로부터 외부 노드까지의 최단 경로의 길이라고 하자. 그러면 *shortest*(x)는 다음과 같은 순환식을 만족함을 알 수 있다.

$$shortest(x) = \begin{cases} 0 & (x\text{가 외부 노드인 경우}) \\ 1 + \min\{shortest(leftChild(x)), shortest(rightChild(x))\} & (\text{그밖의 경우}) \end{cases}$$

그림 9.2에서 각 내부 노드 x의 밖에 있는 수는 *shortest*(x)의 값이다.

정의: 좌향 트리(leftist tree)는 이진 트리로서, 트리가 공백이 아닌 경우 모든 내부 노드 x에 대해 다음 식을 만족한다. □

$$shortest(leftChild(x)) \geq shortest(rightChild(x))$$

그림 9.2(a)의 확장 이진 트리에 대응되는 그림 9.1(a)의 이진 트리는 *shortest*(*leftChild*(C)) = 0인데 *shortest*(*rightChild*(C)) = 1이므로 좌향 트리가 아니다. 그림 9.1(b)의 이진 트리는 좌향 트리이다.

보조정리 9.1: n개의 (내부) 노드를 가진 좌향 트리의 루트를 r이라고 하면 다음을 만족한다.

(a) $n \geq 2^{shortest(r)} - 1$
(b) 루트로부터 외부 노드까지의 최단 경로는 루트로부터 외부 노드까지의 가장 오른쪽 경로가 되며, 그 길이는 $shortest(r) \leq \log_2(n+1)$이다.

증명: (a) *shortest*(r)의 정의에 따라 좌향 트리의 최초 *shortest*(r) 레벨에는 외부 노드가 없다. 따라서 좌향 트리는 최소한 다음과 같은 수의 내부 노드를 가지고 있다.

$$\sum_{i=1}^{shortest(r)} 2^{i-1} = 2^{shortest(r)} - 1$$

(b) 이것은 좌향 트리의 정의로부터 바로 알 수 있다. □

좌향 트리는 *leftChild*, *rightChild*, *shortest*, *data* 필드를 가진 노드를 사용해서 표현한다. *data*는 적어도 *key* 필드를 가진 **struct**라고 가정한다. 이제 명확한 정의를 위해 외부 노드의 개념을 설명할 때가 되었다. 외부 노드는 좌향 트리를 표현할 때 물리적으로는 나타나지는 않지만, 외부 노드 부모의 적절한 자식 필드(*leftChild* 또는 *rightChild*)는 NULL로 설정된다. C 선언은 다음과 같다.

```
typedef struct {
        int key;
        /* other fields */
        } element;
typedef struct leftist *leftistTree;
        struct leftist {
                leftistTree leftChild;
                element data;
                leftistTree rightChild;
                int shortest;
                };
```

정의: 최소 좌향 트리(최대 좌향 트리)는 각 노드의 키 값이 그 노드의 자식(만약 존재하면)들의 키 값보다 크지(작지) 않은 좌향 트리이다. 다시 말해서, 최소(최대) 좌향 트리는 좌향 트리이면서 또한 최소(최대) 트리인 것이다. ☐

그림 9.3은 2개의 최소 좌향 트리를 나타내고 있다. 노드 *x*의 내부에 있는 숫자는 *x*에 있는 원소의 우선순위 값이고 *x*의 외부에 있는 숫자는 *shortest*(*x*)이다. 편의상, 이 장의 모든 우선순위 큐에서는 완전한 원소를 표현하기보다 원소의 우선순위만을 나타내기로 한다. 최소(최대) 좌향 트리를 사용하면 삽입, 최소(최대) 삭제, 합병 연산을 로그함수 시간 내 수행할 수 있다. 이에 대해 최소 좌향 트리를 이용하여 좀 더 고찰해보자.

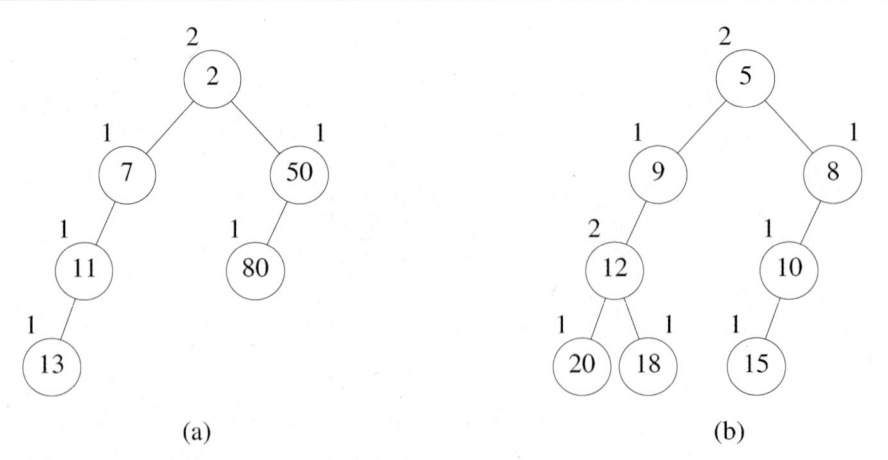

그림 9.3 최소 좌향 트리의 예

삽입과 최소 삭제 연산은 합병 연산을 사용하여 수행할 수 있다. x라는 원소를 최소 좌향, a에 삽입하려면 먼저 하나의 원소 x만을 갖는 최소 좌향 트리 b를 생성한 다음 이 두 최소 좌향 트리 a와 b를 합병한다. 공백이 아닌 최소 좌향 트리 a로부터 최소 원소를 삭제하려면, 최소 좌향 트리 a → leftChild 와 a → rightChild를 합병하고 노드 a를 삭제한다.

합병 연산 자체는 매우 간단하다. 가령 2개의 최소 좌향 트리 a와 b를 합병하려한다고 가정하자. 먼저 a와/또는 b에 있는 a와 b에 있는 가장 오른쪽 경로를 따라가면서 모든 원소를 포함하는 새로운 이진 트리를 만든다. 이 이진 트리는 각 노드의 키 값이 그 자식(만약 존재하면)들의 키 값보다 크지 않다는 성질을 갖는다. 다음에 이 이진 트리를 좌향 트리로 변환하기 위해 필요하다면 노드들의 왼쪽과 오른쪽 서브트리를 서로 교환한다.

예를 들어 그림 9.3의 두 최소 좌향 트리의 합병을 고려해보자. 각 트리의 모든 원소를 포함하고 부모와 자식의 키 사이에 요구되는 관계성을 만족시키는 이진 트리를 얻기 위해서, 먼저 루트의 키인 2와 5를 비교한다. 2 < 5이므로 새로운 이진 트리의 루트는 2가 된다. 루트가 2인 트리의 왼쪽 서브트리는 그대로 두고, 2의 오른쪽 서브트리와 루트가 5인 전체 이진 트리를 합병한다. 이렇게 만들어진 이진 트리는 2의 새로운 오른쪽 서브트리가 된다. 2의 오른쪽 서브트리와 루트가 5인 이진 트리를 합병할 때, 5 < 50이므로 5는 합병된 트리의 루트가 된다. 이제 루트가 8과 50인 서브트리를 합병한다. 8 < 50이고 8의 오른쪽 서브트리는 없으므로, 50을 루트로 하는 서브트리를 8의 오른쪽 서브트리로 만든다. 루트가 8과 50인 서브트리의 합병으로 그림 9.4(a)의 이진 트리를 얻을 수 있다. 또한 2의 오른쪽 서브트리와 루트가 5인 트리를 합병하면 그림 9.4(b)와 같은 트리가 만들어진다. 이것은 2의 오른쪽 서브트리가 되기 때문에 그림 9.4(c)의 트리를 얻게 된다. 이것을 좌향 트리로 변환하려면, 가장 나중에 변경된 루트(즉, 8)로부터 시작해 역으로 전체 루트까지 순회하면서 부등식 shortest(leftChild()) ≥ shortest(rightChild())가 만족되도록 한다. 이 부등식은 8에서는 만족되지만, 5와 2에서는 만족되지 않는다. 이러한 노드에 대해서는 단순히 왼쪽과 오른쪽 서브트리를 교환하면 부등식을 만족하게 된다. 결과적으로 그림 9.4(d)와 같은 좌향 트리가 만들어진다. 서로 교환된 포인터는 그림에서 점선으로 표시되었다.

함수 minMeld(프로그램 9.1)는 두 좌향 트리를 합병하는 코드를 포함하고 있다. 이 함수는 공백이 아닌 두 좌향 트리를 실제로 합병하기 위해 순환 함수 minUnion(프로그램 9.2)를 사용하고 있다. 함수 minMeld는 다음 두 단계로 수행된다.

(1) 각 서브트리의 루트가 그 서브트리에서 가장 작은 키를 가지면서 모든 원소를 포함하는 이진 트리를 생성한다.

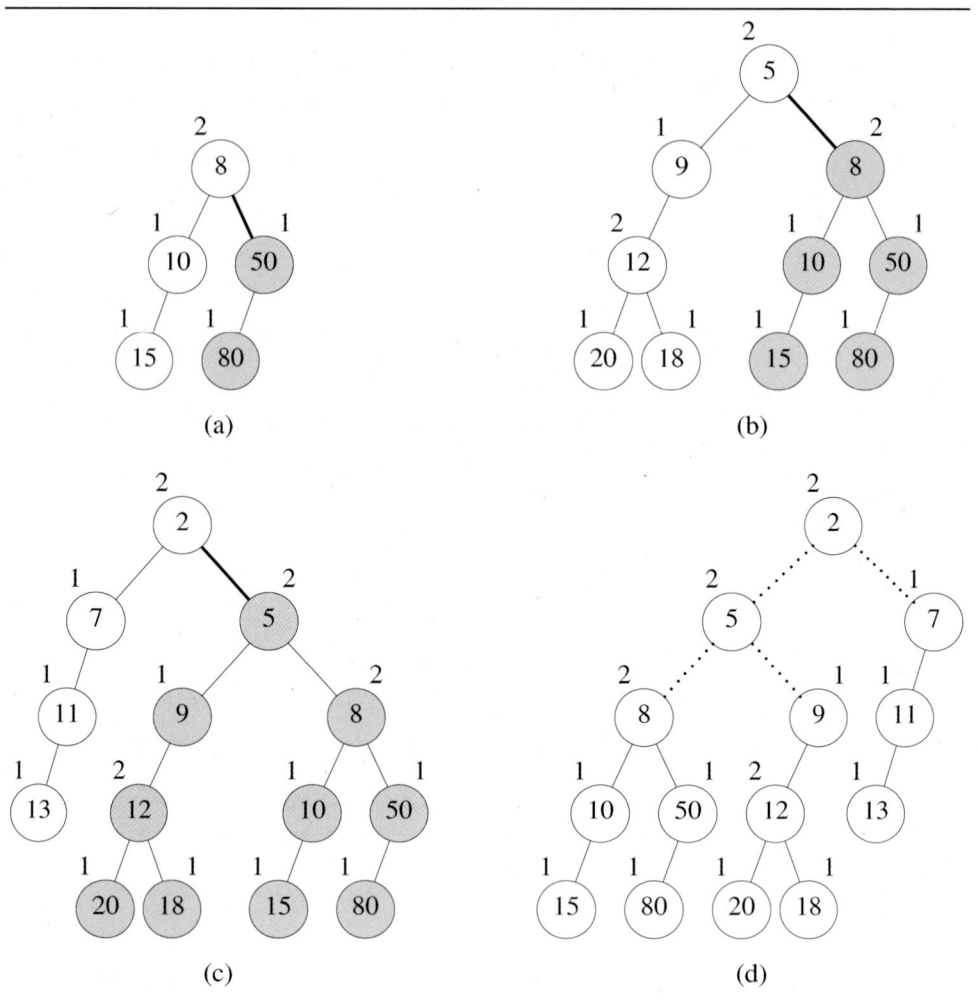

그림 9.4 그림 9.3의 최소 좌향 트리의 합병

(2) 각 노드의 왼쪽 서브트리의 *shortest* 값이 오른쪽 서브트리의 값보다 크거나 같도록 한다.

***minMeld*의 분석**: *minUnion*은 합병되는 두 좌향 트리의 가장 오른쪽 경로들을 따라 내려가고 이 경로들의 길이는 기껏해야 각 트리에 있는 원소 수에 대한 로그 함수이기 때문에, 총 n개의 원소를 가지는 두 좌향 트리를 합병하는 데 걸리는 시간은 $O(\log n)$이다. □

```
void minMeld(leftistTree *a, leftistTree *b)
{/* meld the two min leftist trees *a and *b.  The
    resulting min leftist tree is returned in *a, and *b
    is set to NULL */
   if (!*a) *a = *b;
   else if (*b) minUnion(a,b);
   *b = NULL;
}
```

프로그램 9.1: 두 최소 좌향 트리의 합병

```
void minUnion(leftistTree *a, leftistTree *b)
{/* recursively combine two nonempty min leftist trees */
   leftistTree temp;
   /* set a to be the tree with smaller root */
   if ((*a)→data.key > (*b)→data.key) SWAP(*a,*b,temp);

   /* create binary tree such that the smallest key in each
      subtree is in the root */
   if (!(*a)→rightChild) (*a)→rightChild = *b;
   else minUnion(&(*a)→rightChild, b);

   /*leftist tree property */
   if (!(*a)→leftChild) {
      (*a)→leftChild = (*a)→rightChild;
      (*a)→rightChild = NULL ;
   }
   else if ((*a)→leftChild→shortest <
            (*a)→rightChild→shortest)
      SWAP((*a)→leftChild,(*a)→rightChild, temp);
   (*a)→shortest = (!(*a)→rightChild) ? 1 :
                    (*a)→rightChild→shortest + 1;
}
```

프로그램 9.2: 공백이 아닌 두 최소 좌향 트리의 합병

9.2.2 가중치 편향 좌향 트리

루트에서 외부 노드까지의 가장 짧은 경로의 길이보다는 서브트리에 있는 노드의 수를 기준으로 하여 또 다른 종류의 좌향 트리를 고려해볼 수 있다. 루트가 x인 서브트리에 있는 내부 노드의 수를 노드 x의 가중치 $w(x)$로 정의하자. 만약 x가 외부 노드라면 x의 가

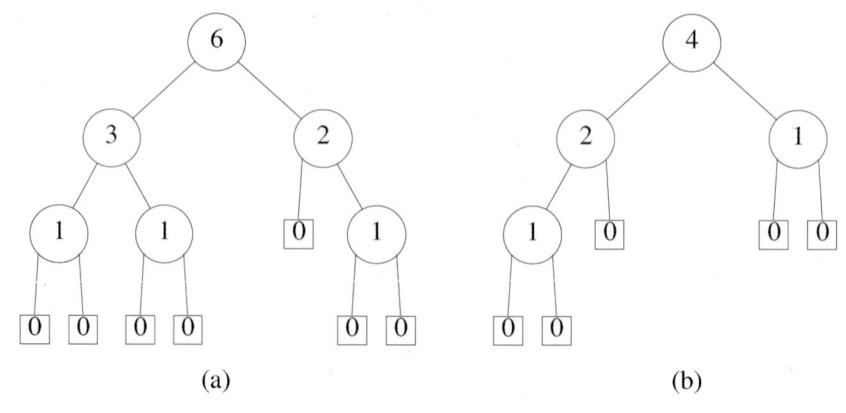

그림 9.5 가중치를 표시한 그림 9.2의 확장 이진 트리

중치는 0이고, x가 내부 노드라면 x의 가중치는 그 자식들의 가중치 합계보다 1만큼 크다는 점에 유의하라. 그림 9.2의 이진 트리 노드들의 가중치는 그림 9.5에 나와 있다.

정의: 모든 내부 노드에서 왼쪽 자식의 w 값이 오른쪽 자식의 w 값보다 크거나 같다면 그 이진 트리는 가중치 편향 좌향 트리(WBLT, weight-biased leftist tree)이고, 그 역도 성립한다. 최대 가중치 편향 좌향 트리는 가중치 편향 좌향 트리이면서 최대 트리이다. ☐

그림 9.5(a)의 이진 트리는 WBLT가 아니지만 그림 9.5(b)의 이진 트리는 WBLT임을 주목하라.(이제부터 가중치 편향 좌향 트리를 'WBLT'로 부르기로 한다.)

보조정리 9.2: x를 WBLT의 내부 노드라고 하자. x에서 외부 노드까지의 가장 오른쪽 경로의 길이 $rightmost(x)$는 다음 식을 만족한다.

$$rightmost(x) \leq \log_2(w(x)+1)$$

증명: $w(x)$에 대해 귀납법으로 증명한다. $w(x) = 1$이면 $rightmost(x) = 1$이고 $\log_2(w(x) + 1) = \log_2(2) = 1$이다. 귀납적 가정에서 $w(x) < n$이면 항상 $rightmost(x) \leq \log_2(w(x) + 1)$임을 가정하자. $rightChild(x)$를 x의 오른쪽 자식(오른쪽 자식은 외부 노드일 수도 있음을 주의하라.)이라고 하자. $w(x) = n$이면 $w(rihgtChild(x)) \leq (n-1)/2$이고

$$rightmost(x) = 1+rightmost(rightChild(x))$$
$$\leq 1+\log_2((n-1)/2+1)$$
$$= 1+\log_2(n+1)-1$$
$$= \log_2(n+1).$$

이다. □

삽입, 최대 삭제, 초기화 연산은 상응하는 최대 HBLT(높이 편향 좌향 트리) 연산과 유사하다. 그러나 합병 연산은 1번의 하향식 과정으로 수행될 수 있다(HBLT의 합병 연산은 순환 함수 호출로 1번의 하향식 과정을 수행한 후 1번의 상향식 과정을 수행하는데, 이 상향식 과정에서는 서브트리가 서로 교환될 수도 있고 shortest 값이 변경될 수도 있음을 상기하라.). 1번의 과정으로 수행되는 합병은 WBLT에서 가능한데, 그 이유는 아래로 내려가는 중에 w 값을 결정할 수 있기 때문에 필요하다면 w 값을 바로 갱신하거나 서브트리를 교환할 수 있기 때문이다. HBLT에서는 트리 아래로 내려가는 중에 노드의 새로운 shortest 값을 결정할 수 없다.

실험적으로, HBLT보다 WBLT를 사용할 때 합병성 한쪽 끝 우선순위 큐의 연산들이 상수 계수 크기만큼 더 빠르게 나타났다.

연습문제

1. 이진 트리가 좌향 트리가 아닌 예를 보이고, 그 이진 트리의 노드에 shortest 값을 할당해보라.
2. t를 좌향 트리를 위한 노드 구조로 표현된 임의의 이진 트리라고 하자.
    (a) t에 있는 각 노드의 shortest 필드를 초기화하는 함수를 작성하라.
    (b) t를 좌향 트리로 변환하는 함수를 작성하라.
    (c) 이 함수들의 복잡도는 각각 얼마인가?
3. 공백인 최소 좌향 트리에 우선순위 20, 10, 5, 18, 6, 12, 14, 4, 22를 가진 원소들을 이 순서대로 삽입하라. 각 삽입 후 최소 좌향 트리를 보이라.
4. 삽입과 최소 삭제 연산만을 수행한다는 가정 하에 좌향 트리와 최소 힙의 성능을 비교하라. 이를 위해 다음을 수행하라.
    (a) n개의 원소를 가진 임의 리스트와 삽입 연산 및 최소 삭제 연산들로 구성된 m개의 임의 연산 순차를 생성하라. 연산 순서는 삽입과 최소 삭제 연산의 확률이 각각 0.5가 되도록 한다. 임의 리스트에 n개의 원소를 갖도록 최소 좌향 트

리와 최소 히프를 초기화하라. 이제 이 최소 좌향 트리와 최소 히프에 m개의 연산을 수행한 시간을 측정하고 이 시간을 m으로 나누어 각 연산마다 평균 시간을 구하라. 이 과정을 $n = 100, 500, 1000, 2000, \cdots, 5000$에 대해 실행하고, 계산 시간을 도표로 작성하라.

(b) 실험 결과를 근거로 두 종류의 우선순위 큐 방법에 대한 상대적인 장점들을 기술하라.

5. n개의 원소로 구성된 최소 좌향 트리를 초기화하는 함수를 작성하라. 노드는 이 책에서 사용한 것과 동일한 구조를 가지고 있다고 가정한다. 작성한 함수는 반드시 $\Theta(n)$ 시간에 수행되도록 하고 그것을 증명하라. 이 초기화를 $\Theta(n)$ 시간에 수행한 결과의 최소 좌향 트리가 완전 이진 트리라고 생각할 수 있는가?

6. 최소 좌향 트리의 노드 x에 있는 원소를 삭제하는 함수를 작성하라. 각 노드는 이 책에서 명세된 필드에 추가해서 좌향 트리에서 그 노드의 부모를 가리키는 *parent* 필드를 갖는다고 가정한다. 작성한 알고리즘의 복잡도는 얼마인가?

7. [지연 삭제] 좌향 트리로부터 임의의 원소를 삭제하는 또 다른 방법은 앞의 연습문제에서 사용된 *parent* 필드 대신에 *deleted* 필드를 사용하는 것이다. 하나의 원소를 삭제할 때는 *deleted* 필드를 *TRUE*로 설정하고 물리적으로 그 노드를 삭제하지는 않는다. 그러나 *deleteMin* 연산을 수행할 때는 먼저 제한된 범위의 전위 우선 탐색을 수행하여 삭제되지 않은 최소 원소를 찾는다. 이러한 전위 우선 탐색은 최소 원소를 식별하기 위해 필요한 만큼만 트리의 상위 부분을 순회한다. 이때 만나게 되는 모든 삭제된 원소들은 물리적으로 삭제되며, 그것들의 서브트리는 새로운 최소 좌향 트리를 얻기 위해 합병된다.

(a) 최소 좌향 트리의 노드 x에 있는 원소를 삭제하는 함수를 작성하라.

(b) 이 함수를 이용해 몇 개의 원소가 삭제된 최소 좌향 트리로부터 최소 원소를 삭제하는 함수를 작성하라.

(c) (b)에서 작성한 최소 원소 삭제 함수의 복잡도는 얼마인가? 순회 중 만나게 된 삭제된 원소 수와 트리 전체에 있는 원소 수의 함수로 복잡도를 표현하라.

8. [편향 히프] 편향 히프(skew heap)는 최소 트리로서 최소 좌향 트리 연산인 삽입, 최소 삭제, 합병을 연산당 상환 시간(amortized time, 이에 대한 정의는 9.4절 참조) $O(\log n)$에 수행한다. 최소 좌향 트리의 경우와 같이, 삽입과 삭제는 합병되는 두 히프의 가장 오른쪽 경로를 따라가며 수행되는 합병 연산을 이용하여 수행된다. 그러나 최소 좌향 트리와는 달리, 결과로 나오는 히프에서는 가장 오른쪽 경로상의 모든 노드(마지막은 제외)의 왼쪽과 오른쪽 서브트리를 서로 교환한다.

(a) 편향 히프를 위한 삽입, 최소 삭제, 합병 함수를 작성하라.

(b) 이 연산들의 수행 시간을 최소 좌향 트리에서의 수행 시간과 비교하라. 삽입, 최소 삭제, 합병 연산은 임의의 순서로 하라.

9. [**WBLT**] 가중치 편향 좌향 트리를 완전히 구현해보라. 단, 최소 원소의 삭제와 반환, 임의 원소 삽입, 2개의 최소 WBLT 합병 함수를 포함해야 한다. 또 합병 함수는 합병될 WBLT에서 하향식 과정으로만 수행해야 한다. 이 3개 함수의 복잡도가 $O(n)$임을 증명하라. 자신의 테스트 데이타를 사용해서 모든 함수를 검사하라.

10. WBLT이면서 HBLT가 아닌 예와, HBLT이면서 WBLT가 아닌 예를 각각 들어보라.

9.3 이항 히프

9.3.1 비용 상환

이항 히프(binomial heap)는 좌향 트리에서 지원되는 것과 같은 기능(즉, 삽입, 최소 혹은 최대 삭제, 합병)을 지원하는 자료 구조이다. 각 연산이 $O(\log n)$ 시간에 수행될 수 있는 좌향 트리와는 달리 이항 히프에서의 어떤 연산은 $O(n)$ 시간에 수행되기도 한다. 그러나 만일 비용이 많이 드는 연산의 일부를 비용이 적은 것과 상환하면(분담하면) 개별적인 연산의 상환된 복잡도는 연산의 성격에 따라 $O(1)$이나 $O(\log n)$ 둘 중의 하나가 된다.

그러면 비용 상환(cost amortization)의 개념에 대해 좀 더 자세히 알아보자(여기서는 '비용'과 '복잡도'를 동일한 의미로 사용한다.). 삽입과 최소 삭제 연산이 수행되는 일련의 연산 순서 I1, I2, D1, I3, I4, I5, I6, D2, I7이 있고 7개의 삽입 연산의 각각에 대한 실제 비용이 1이라고 가정하자. 이는 삽입 연산이 1 단위 시간(time unit)에 수행된다는 의미이다. 또한 최소 삭제 연산인 D1과 D2는 실제로 각각 8과 10의 비용이 든다고 가정할 때, 앞서 나열한 순서로 수행되는 연산의 총 비용은 25가 된다.

상환 기법에서는 어떤 연산의 실제 비용을 다른 연산에 부과시킨다. 즉, 어느 한 연산에 부과된 비용은 감소시키고 다른 연산의 비용을 증가시킨다. 한 연산의 상환 비용은 그 연산에 부과된 총 비용이 된다. 비용 이전(상환) 기법은 연산들의 상환 비용이 그 연산들의 실제 비용의 합계보다 크거나 같을 것을 요구한다. 만일 한 최소 삭제 연산의 비용을 마지막 최소 삭제 이후의 각 삽입 연산에 부과한다고 하면, 앞서의 연산 순서에서 D1의 비용 중 2개의 단위가 I1과 I2(부과된 비용이 각각 1씩 증가)로 이전되고, D2의 비용 중 4개의 단위가 I3에서 I6으로 이전된다. 따라서 I1에서 I6으로의 상환 비용은 각각 2가 되고, I7은 실제 비용(즉, 1)과 같으며, D1과 D2는 각각 6이 된다. 상환된 비용의 합계는 실제 비용의 합계와 같은 25가 된다.

삽입과 최소 삭제 연산이 어떠한 순서로 수행되는지 상관없이 삽입 연산의 상환된 비용은 2를 넘지 않고, 최소 삭제의 경우는 6이 넘지 않게 비용을 부과할 수 있음을 증명할 수 있다고 가정하자. 그러면 어떠한 삽입/최소 삭제 순서의 실제 비용도 $2i + 6d$를 넘지 않는다고 할 수 있다. 여기서 i와 d는 각각 삽입과 최소 삭제 연산의 수를 나타낸다. 최소 삭제의 실제 비용이 10을 넘지 않고 삽입은 1을 넘지 않는다고 가정하면, 실제 비용을 사용할 때 순차 비용은 $i + 10d$를 넘지 않는다. 이러한 두 가지 제한을 종합하면 순차 비용의 한계가 $\min\{2i + 6d, i + 10d\}$가 된다. 비용 상환의 개념을 사용하면 연산 순서의 복잡도에 있어 보다 엄격한 한계 값을 얻을 수 있다. 이것은 아주 유용하다. 왜냐하면 많은 응용에서, 개별적인 연산을 수행하는 데 걸리는 시간보다는 우선순위 큐의 순차를 수행하는 데 걸리는 시간에 더 관심이 있기 때문이다. 예를 들어 히프 정렬 방법으로 정렬할 때, 우리는 정렬 전체를 완료하는 데 걸리는 시간에 관심이 있지 히프로부터 다음 원소를 삭제하는 데 걸리는 시간에 관심이 있는 것이 아니다. 정렬과 같이 개별 연산 시간보다는 전체 시간에만 관심이 있는 응용에서는, 각 연산에 대한 좋은 상환 복잡도를 가진 자료 구조를 사용하는 것이 적당하다.

이항 히프에 대한 개별적인 삭제 연산의 비용은 높지만 순서를 가진 이항 히프 연산의 순차 비용은 실제로 아주 적다는 것을 증명하기 위해 비용 상환 개념을 이용하겠다.

9.3.2 이항 히프의 정의

히프나 좌향 트리의 경우와 같이, 이항 히프도 최소와 최대의 두 가지 변형을 가지고 있다. 최소 이항 히프(min binomial heap)는 최소 트리의 집합이고 최대 이항 히프(max binomial heap)는 최대 트리의 집합이다. 여기서는 최소 이항 히프만을 다루겠는데, 이것을 *B-heap*이라고 부르기로 하자. 그림 9.6은 3개의 최소 트리로 이루어진 B-heap의 예를 보여준다.

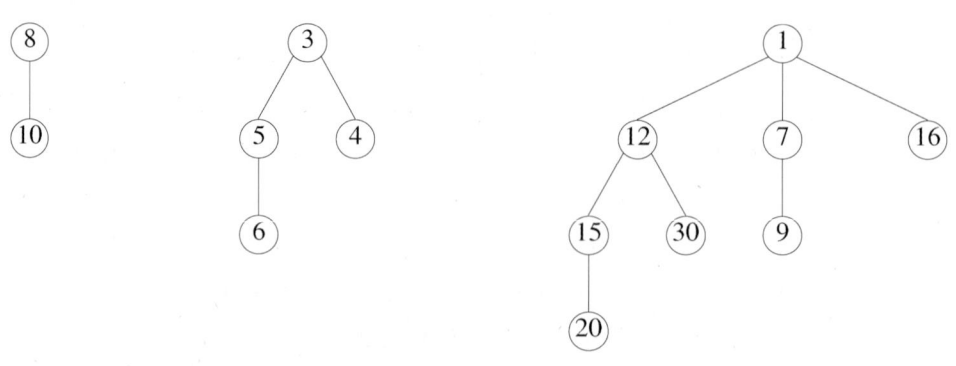

그림 9.6 3개의 최소 트리를 가진 B-heap

B-heap를 사용하면 삽입과 합병 연산의 실제 시간과 상환된 시간은 O(1)이 되고, 최소 삭제 연산의 상환된 시간은 O(log n)이 된다. B-heap는 *degree*, *child*, *link*, *data* 필드를 가진 노드로 표현된다. 노드의 *degree*는 자식의 수를 나타내고, *child*는 자식(만약 존재하면) 중의 하나를 가리키며, *link*는 형제 사이의 단순 연결 원형 리스트를 유지하는 데 사용된다. 노드의 모든 자식들은 단순 연결 원형 리스트를 구성하며 노드는 이러한 자식중의 하나를 가리키게 된다. 또한 B-heap를 구성하는 최소 트리들의 루트도 단순 연결 원형 리스트를 구성하기 위해 연결되어 있다. 따라서 B-heap는 최소 트리 가운데 최소값을 갖는 트리를 가리키는 하나의 포인터가 가리키게 된다.

그림 9.7은 그림 9.6의 예에 대한 표현이다. 이 그림을 좀 더 보기 쉽게 하기 위해 같은 원형 리스트에 있는 노드 사이는 양방향 화살표를 사용해 나타냈다. 만일 이러한 리스트에 포함된 노드가 하나뿐이라면 화살표를 그릴 필요는 없다. 각각의 키 집합인 {10}, {6}, {5, 4}, {20}, {15, 30}, {9}, {12, 7, 16}, {8, 3, 1}은 그림 9.7의 원형 리스트 중의 어느 한 키를 나타낸다. *min*은 B-heap에 대한 포인터이다. 공백 B-heap는 0 포인터를 갖는 것에 유의하라.

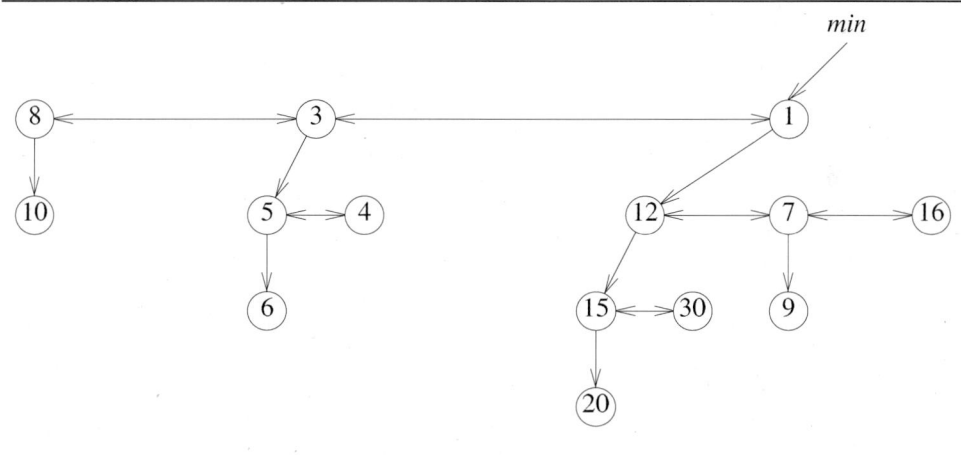

그림 9.7 자식 포인터와 형제 리스트를 표시한 그림 9.6의 B-heap

9.3.3 이항 히프에서의 삽입

B-heap에 원소 *x*를 삽입하려면 먼저 새로운 노드에 *x*를 넣은 다음 *min*이 가리키는 원형 리스트에 이 노드를 위치시킨다. 만일 *min*이 0 또는 *min*이 가리키는 노드에 있는 키보다 *x*의 키가 작으면 *min*이 이 새로운 노드를 가리키도록 변경한다. 이러한 삽입 단계

가 O(1) 시간 내 수행될 수 있다는 것은 명백하다.

9.3.4 두 이항 히프의 합병

공백이 아닌 2개의 B-heap를 합병하려면, 각각의 최상위 원형 리스트를 하나의 원형 리스트로 합병한다. 새로운 B-heap 포인터는 두 트리의 *min* 포인터 중 키 값이 작은 것을 가리키게 되는데, 이것은 단 1번의 비교로 결정할 수 있다. 2개의 원형 리스트가 O(1) 시간에 하나로 합병될 수 있기 때문에 합병에 걸리는 시간은 O(1)이면 된다.

9.3.5 최소 원소의 삭제

만일 *min*이 0이라면 B-heap는 비어 있기 때문에 삭제가 수행될 수 없다. *min*이 0이 아니라고 가정하자. 그러면 *min*은 최소 원소를 포함하고 있는 노드를 가리키고 있으므로 이 노드가 그의 원형 리스트로부터 삭제된다. 새로운 B-heap는 나머지 최소 트리와 삭제된 루트의 서브-최소 트리로 구성된다. 그림 9.8은 그림 9.6의 예에서의 이 상황을 보여 준 것이다.

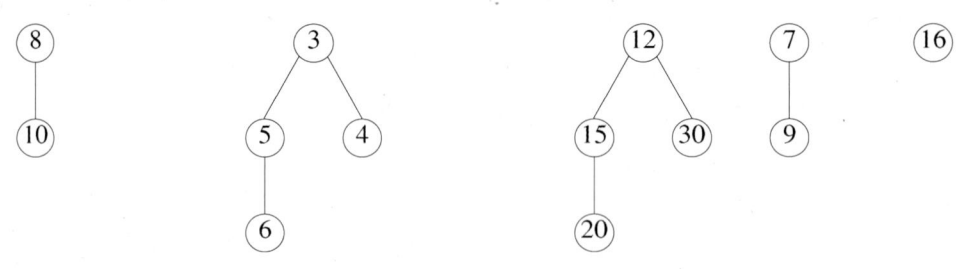

그림 9.8 그림 9.6의 B-heap에서 최소 원소를 삭제한 뒤의 B-heap

　최소 트리 루트를 원형 리스트로 만들기 위해서는 먼저 같은 차수(degree, 공백이 아닌 최소 트리의 차수는 그 루트의 차수임)를 가진 최소 트리의 쌍을 반복해서 하나로 조인한다. 이러한 최소 트리 조인(min-tree joining)은 키 값이 큰 루트를 가진 최소 트리를 상대 트리의 서브트리로 만드는 것인데, 키 값이 같으면 임의로 조인한다. 2개의 최소 트리를 조인해서 만들어진 최소 트리의 차수는 각 최소 트리의 원래 차수보다 1이 커지고, 최소 트리의 수는 1이 줄어들게 된다. 예를 들어 루트 8과 7을 가진 최소 트리를 조인하든지 혹은 3과 12를 가진 최소 트리를 조인할 수 있다. 만일 첫 번째 쌍이 조인되면 루트 8을 가진 최소 트리는 루트 7을 가진 최소 트리의 서브트리가 되므로, 그림 9.9와 같은 최소

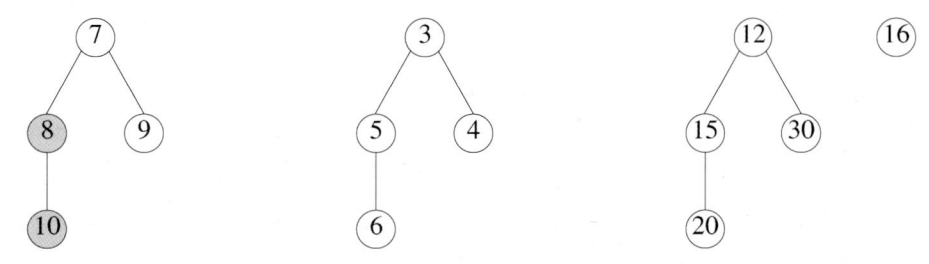

그림 9.9 그림 9.8의 B-heap에서 차수가 1인 두 최소 트리를 조인한 뒤의 B-heap

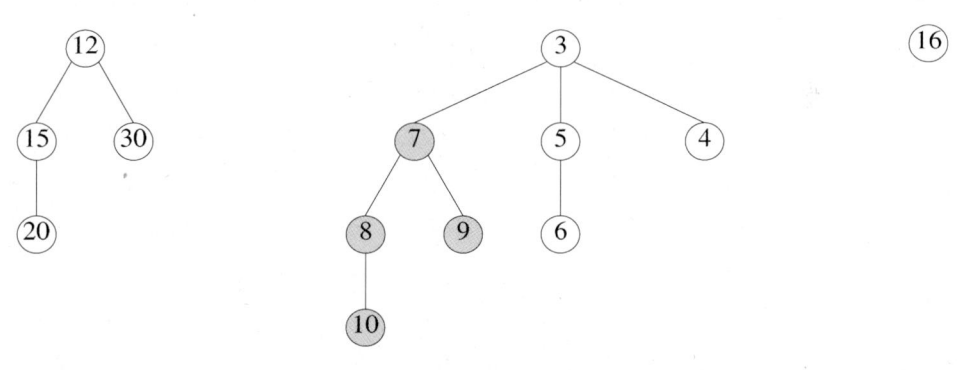

그림 9.10 그림 9.9의 B-heap에서 차수가 2인 두 최소 트리를 조인한 뒤의 B-heap

트리의 집합이 된다. 이 집합에는 차수가 2인 최소 트리가 3개 있다. 다음으로 루트 7과 3을 골라 조인했다면 최소 트리 집합은 그림 9.10과 같다. 그림 9.9와 그림 9.10에서 진하게 칠해진 노드는 이전 단계에서 서브트리를 만든 최소 트리를 나타낸다. 이 집합에 있는 최소 트리는 모두 다른 차수를 가지고 있으므로 최소 트리 조인은 끝나게 된다.

　최소 트리를 전부 조인한 뒤에는 최소 트리의 루트들을 연결하여 원형 리스트를 만들고 B-heap의 포인터가 제일 작은 키 값을 가진 최소 트리의 루트를 가리키도록 조정한다. 최소 삭제 연산에 관련된 각 단계는 프로그램 9.3에 요약되어 있다.

{B-heap a 로부터 최소 원소를 삭제, 이 원소는 x로 반환}
단계 1: [공백 B-heap의 처리] **if**(a = NULL) deletionError **else** 단계 2~4를 수행;
단계 2: [공백이 아닌 B-heap에서의 삭제] $x = a \rightarrow data$; $y = a \rightarrow child$; 이중 연결 원

형 리스트에서 *a*를 삭제한다.; *a*는 결과 리스트에 남아 있는 임의의 노드를 가리키게 된다.; **if** 그런 노드가 없으면 **then** *a* = *NULL*;

단계 3: [최소 트리 조인] 리스트 *a*와 *y*의 최소 트리들에 대해, 이 최소 트리가 모두 서로 다른 차수를 가질 때까지 차수가 같은 최소 트리들을 둘씩 서로 조인한다.;

단계 4: [최소 트리 루트 리스트의 구성] 만일 남아 있는 최소 트리가 있으면, 이 루트들을 전부 연결하여 이중 연결 원형 리스트로 구성한다.; 만일 최소 키 값을 가진 루트가 있으면 *a*가 가리키도록 한다.;

프로그램 9.3: 최소 삭제 연산 단계

단계 1과 2는 O(1) 시간이 걸린다. 단계 3은 배열 *tree*를 이용하여 구현할 수 있다. 이 배열의 인덱스는 0에서 최소 트리의 최대 가능 차수 *MAX_DEGREE*가 된다. 처음에 이 배열의 모든 원소는 *NULL*이다. *s*를 *a*와 *y*에 있는 최소 트리의 수라 하자. 단계 2에서 생성된 리스트 *a*와 *y*를 조사한다. 단계 2에서 생성된 리스트 *a*와 *y*에 있는 각 최소 트리 *p*에 대해 프로그램 9.4의 코드가 수행된다. 함수 *joinMinTrees*는 큰 루트를 가진 입력 트리를 다른 트리의 서브트리로 만든다. 그 결과로 생긴 트리는 첫 번째 인자로 반환된다. 마지막으로 배열 *tree*는 단계 4에서 서로 연결될 최소 트리를 가리키는 포인터를 포함하게 된다. 최소 트리의 쌍이 조인될 때마다 최소 트리의 총 수는 1이 줄어들기 때문에, 조인 횟수는 최대 *s*−1이 된다. 그러므로 단계 3의 복잡도는 O(*MAX_DEGREE* + *s*)가 된다.

단계 4는 *tree*를 조사하여 발견된 최소 트리를 서로 연결하는 것이다. 이 조사 과정에서 최소 키 값을 가진 최소 트리가 결정된다. 단계 4의 복잡도는 O(*MAX_DEGREE*)이다.

```
for (degree = p→degree; tree[degree]; degree++) {
    joinMinTrees(p,tree[degree]);
    tree[degree] = NULL;
}
tree[degree] = p;
```

프로그램 9.4: 리스트 *a*와 *y*를 조사할 때 발견되는 최소 트리 *p*를 처리하는 코드

9.3.6 분석

정의: 차수가 *k*인 이항 트리(binomial tree) B_k는, *k* = 0이면 하나의 노드만 가지고 있고 *k* > 0이면 서브트리 $B_0, B_1, \cdots, B_{k-1}$을 갖는 차수 *k*인 루트로 구성된 트리이다. □

그림 9.6의 최소 트리는 각각 B_1, B_2, B_3이다. 일반적으로 B_k가 정확히 2^k개의 노드를 갖는다는 것은 증명할 수 있다. 공백 B-heap들의 집합에서 시작하여 삽입, 합병, 최소 삭제 연산만 한다면 각 B-heap의 최소 트리는 이항 트리가 된다. 이러한 사실로 삽입, 합병, 최소 삭제만 한다면 각 삽입과 합병 연산의 상환 비용은 $O(1)$, 최소 삭제 연산의 상환 비용은 $O(\log n)$이 되도록 비용을 상환할 수 있다는 것을 증명할 수 있다.

보조정리 9.3: a는 처음에 공백인 B-heap에서 시작하여 삽입, 합병, 최소 삭제 연산을 통해 얻어진 n개의 원소를 가진 B-heap라고 하자. a의 각 최소 트리는 차수가 $\log_2 n$보다 작거나 같다. 따라서 $maxDegree \leq \lfloor \log_2 n \rfloor$이며, 최소 삭제의 실제 비용은 $O(\log n + s)$이다.

증명: a의 각 최소 트리는 최대 n개의 노드를 갖는 이항 트리이므로 차수가 $\lfloor \log_2 n \rfloor$보다 큰 최소 트리는 없다. □

정리 9.1: 최초에 빈 B-heap에 대해 총 n개의 삽입, 합병, 최소 삭제 연산을 하면 각 삽입과 합병 연산의 상환된 시간 복잡도는 $O(1)$이 되고 최소 삭제 연산의 상환된 시간 복잡도는 $O(\log n)$이 되도록 비용을 상환할 수 있다.

증명: 각 B-heap에 대해 *#insert*와 *LastSize*의 값을 다음과 같이 정의한다. 빈 B-heap가 생성되거나 B-heap에 최소 삭제 연산이 수행되면 그 *#insert* 값은 0으로 설정된다. B-heap에 대해 삽입 연산이 수행될 때마다 *#insert* 값은 하나씩 증가한다. 두 B-heap가 합병되면, 합병된 두 B-heap의 *#insert* 값들을 합한 것이 결과 B-heap의 *#insert* 값이 된다. 따라서 *#insert*는 마지막 최소 삭제 연산 이후에 B-heap나 그것을 구성하는 B-heap들에 수행된 삽입 연산의 횟수를 셈하게 된다. 최초에 빈 B-heap가 생성될 때 그 *LastSize* 값은 0이다. B-heap에 대해 최소 삭제 연산이 수행될 때, *LastSize*는 이 연산 이후 B-heap에 포함되는 최소 트리의 수가 된다. 두 B-heap가 합병될 때는 합병되는 두 B-heap의 *LastSize* 값을 합한 것이 결과 B-heap의 *LastSize* 값이 된다. B-heap에서 최소 트리의 수는 항상 *#insert* + *LastSize* 라는 것을 증명할 수 있다.

일련의 연산 중에서 임의의 최소 삭제 연산을 생각해보자. 이것은 B-heap a에 대한 연산이라고 가정하자. 삽입만이 원소를 증가시키며 n개의 연산 중에는 최대 n번의 삽입이 있을 수 있기 때문에, 모든 B-heap의 총 원소 수는 n 이하가 된다. $u = a.min \to degree \leq \log_2 n$이라 하자.

보조정리 9.3으로부터 이 최소 삭제 연산의 실제 비용은 $O(\log n + s)$이다. $\log n$항은 *maxDegree*에 기인하는데, 배열 *tree*의 초기화에 걸리는 시간과 단계 4를 위한 시간을 나타낸다. s항은 리스트 *min*과 *y*를 조사해서 최대로 s−1회의 최소 트리 합병을 하는 데 걸리는 시간을 나타낸다. 따라서 s = #*insert* + *LastSize* + u−1이라는 것을 알 수 있다. #*insert*를 증가시키는 삽입 연산에 #*insert* 단위의 비용을 부과하고 *LastSize*를 증가시키는 최소 삭제 연산에 *LastSize* 단위의 비용을 부과하면(각 최소 삭제 연산은 이 연산 뒤에 남는 최소 트리의 수와 같은 단위 비용이 부과됨.), s 가운데 u−1만큼의 단위 비용이 남게 된다. $u \leq \log_2 n$이고 최소 삭제 직후에 B-heap의 최소 트리 개수는 $\log_2 n$이하이기 때문에 최소 삭제의 상환 비용은 $O(\log_2 n)$이 된다.

이상의 부과 방식에 의하면, 임의의 삽입 비용에 대해 최대 한 단위만 추가할 것이기 때문에 삽입 연산의 상환 비용은 O(1)이 된다. 여기서 사용한 상환 방식에서 합병 연산에 대해 추가로 부과하는 것은 어떤 것도 없다. 따라서 합병의 실제 비용과 상환 비용은 모두 O(1)이다. □

앞의 정리와 비용 상환의 정의에 따르면, 임의의 순서로 행해지는 *i*회 삽입, *c*회 합병, *dm*회 최소 삭제 연산의 실제 비용은 $O(i + c + dm \log i)$이 된다.

연습문제

1. *S*를 빈 스택이라 하자. *S*에 대해 두 종류의 연산, 즉 *add*(*x*)와 *deleteUntil*(*x*)를 수행하려 한다. 이 연산들은 다음과 같이 정의된다.

    (a) *add*(*x*): 스택 *S*의 상단에 원소 *x*를 삽입한다. 이 연산은 1번 호출될 때마다 O(1)만큼의 시간이 걸린다.

    (b) *deleteUntil*(*x*): 스택 *S*의 상단에서부터 첫 번째 원소 *x*까지 삭제한다. *p*개의 원소가 삭제된다면 O(*p*) 시간이 걸린다.

    *n*번의 임의의 스택 연산(*add*와 *deleteUntil* 연산)에 대해 어떻게 하면 *add*와 *deleteUntil* 연산의 비용을 상환하여 각 연산의 상환 비용이 O(1)이 되게 할 수 있는지 생각해보라. 또 이것으로부터 임의의 연산들을 수행하는 데 걸리는 시간이 O(*n*)이라는 것을 증명하라.

2. *x*가 *n*개의 원소로 된 정렬되지 않은 배열이라 하자. 함수 *search*(*x*, *n*, *i*, *y*)는 *x*에서 *y*를 검색하는 함수이며, 이때 *x*[*i*], *x*[*i* + 1], ⋯ 순으로 검색하여 *x*[*j*] = *y*인 최소의 *j* 값을 찾는다. 이런 *j*가 없으면 *j*는 *n* + 1이 된다. 끝날 때 *search*는 *i*를 *j*로 설정한다. *x*의 한 원소를 검사하는 데 걸리는 시간은 O(1)이라고 가정하라.

    (a) *search*의 최악의 경우 복잡도는 얼마인가?

(b) $i = 1$에서 시작하여 검색 연산을 m번 수행한다고 하자. 또 원소와 탐색 연산 모두에 비용을 부과하는 비용 상환 방식을 사용한다고 하자. 각 원소의 상환 비용이 $O(1)$이 되고 각 탐색의 상환 비용도 $O(1)$이 되도록 항상 비용을 상환할 수 있음을 보이라. 이것으로부터 m회의 검색 연산에 대한 비용이 $O(m + n)$임을 보이라.

3. (a) 공백 B-heap에 20, 10, 5, 18, 6, 12, 14, 4, 22 우선순위를 가진 원소를 순서대로 삽입하라. 마지막에 생성되는 B-heap를 보이라.
   (b) (a)에서 생성된 B-heap로부터 최소 원소를 삭제하고, 결과 B-heap를 보이라. 어떻게 이 B-heap가 만들어지는지도 보이라.

4. 이항 트리 B_k가 2^k개($k \geq 0$)의 노드를 갖는다는 것을 증명하라.

5. 이중 연결 원형 리스트가 아니라 단순 연결 원형 리스트를 사용해서도 B-heap의 모든 함수들이 동일한 시간에 수행될 수 있는가? 삭제를 할 때 다음 노드에서 데이타를 복사해오면, 노드 x가 아니라 그 다음 노드를 삭제할 수 있어서 단순 연결 원형 리스트의 임의의 노드 x로부터 삭제할 수 있다는 점에 유의하라.

6. 삽입과 최소 삭제 연산만 할 수 있다고 가정하고, 좌향 트리와 B-heap의 성능을 비교하라. 이를 위해 다음을 수행하라.
   (a) 원소 n개를 가진 임의 리스트를 만들고 삽입과 최소 삭제 연산을 임의로 m개 만들어라. 이때 최소 삭제와 삽입 횟수는 거의 같아야 한다. 최소 좌향 트리와 B-heap가 이 n개의 원소들을 포함하도록 초기화하라. 이 최소 좌향 트리와 B-heap에 대해 m개의 연산을 순차적으로 수행했을 때 걸리는 시간을 측정하라. 각 연산당 평균 시간을 얻기 위해 이 시간을 m으로 나누어라. 이것을 n = 100, 500, 1000, 2000, ···, 5000에 대해 측정해보아라. m은 5000이라 하자. 이때 계산 시간을 도표로 작성하라.
   (b) 두 자료 구조의 장점이 각각 무엇인지, 이 실험을 근거로 서술하라.

7. n개의 원소를 가진 이항 힙에서 모든 트리의 높이가 $O(\log n)$인가? 그렇지 않다면 최악의 경우에 높이를 n에 대한 함수로 표현해보라.

9.4 피보나치 힙

9.4.1 정의

피보나치 힙(Fibonacci heap)에는 최소와 최대 두 가지 변형이 있다. 최소 피보나치 힙(min Fibonacci heap)는 최소 트리의 집합이고, 최대 피보나치 힙(max Fibonacci heap)는 최대 트리의 집합이다. 여기서는 최소 피보나치 힙에 대해서만 살펴보기로 한다(이제부터 최소 피보나치 히프를 F-heap라고 하겠다.). B-heaps는 F-heap의 특수한 경우이다. 따라서 앞 절의 B-heap의 모든 예는 F-heap의 예가 되므로, 이 절에서 그것들을 F-heap의 예로 사용하겠다.

F-heap는 3개의 이항 히프 연산(삽입, 최소 또는 최대 삭제, 합병)뿐만 아니라 다음 연산도 지원하는 자료 구조이다.

(1) 삭제(delete): 명세된 노드에서 원소를 삭제한다. 이 삭제를 임의 삭제(arbitrary delete)라 한다.
(2) 키-감소(decreaseKey): 명세된 노드에서 주어진 양의(positive) 수만큼 키를 감소한다.

F-heap가 사용될 때 *delete* 연산은 O(log n)의 상환 시간이, *decreaseKey*는 O(1)의 상환 시간이 걸린다. B-heap 연산은 B-heap에서 사용한 것처럼 F-heap를 사용하면 같은 점근적 시간에 수행될 수 있다.

F-heap를 표현하기 위해 B-heap의 각 노드에 2개의 필드, 즉 *parent*와 *childCut*를 추가한다. *parent* 필드는 그 노드의 부모를(만일 있다면) 가리킨다. *childCut* 필드에 대해서는 나중에 설명할 것이다.

F-heap에서 B-heap 연산인 *insert*, *deleteMin*, *meld*는 정확히 B-heap의 경우와 같이 수행된다. 따라서 나머지 두 연산에 대해서 살펴보자.

9.4.2 F-heap에서의 삭제

F-heap *a*에서 임의의 노드 *b*를 삭제하려면 다음과 같이 하면 된다.

(1) *a* = *b*이면 최소 삭제를 한다. 그렇지 않으면 다음 단계 2, 3, 4를 다음과 같이 수행한다.
(2) *b*가 속한 이중 연결 리스트에서 *b*를 삭제한다.
(3) *b*의 자식의 이중 연결 리스트와 *a*가 가리키는 이중 연결 리스트를 합병하여 하나의 이중 연결 리스트를 만든다. 차수가 같은 트리는 최소 삭제에서처럼 조인하지 않는다.
(4) 노드 *b*를 없앤다.

예를 들어, 그림 9.6의 F-heap에서 12가 들어 있는 노드를 삭제하면 그림 9.11과 같이 된다. 최소 원소가 삭제되지 않는 한, 임의 삭제에 대한 실제 비용은 O(1)이다. 이 경우에 삭제 시간은 최소 삭제 연산 시간이 된다.

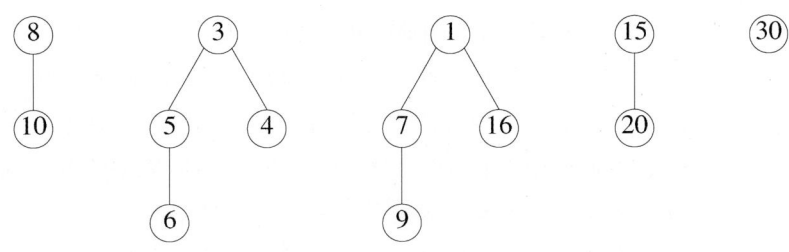

그림 9.11 12를 삭제한 뒤의 그림 9.6의 F-heap

9.4.3 키-감소

노드 b의 키를 감소시키기 위해서는 다음과 같이 한다.

(1) b의 키 값을 감소시킨다.
(2) b가 최소 트리 루트가 아니고 그 키가 부모의 키보다 작으면, b를 이중 연결 리스트에서 삭제하고 최소 트리 루트의 이중 연결 리스트에 삽입한다.
(3) b의 키가 a의 키보다 작으면 a가 b를 가리키도록 변경한다.

가령 그림 9.6의 F-heap에서 키 15를 4만큼 감소하면 그 결과는 그림 9.12와 같이 된다. 키-감소의 실행 비용은 $O(1)$이다.

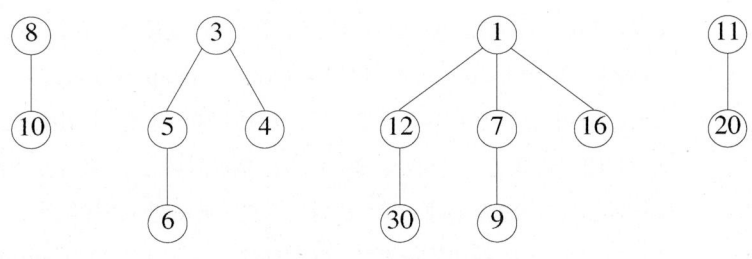

그림 9.12 그림 9.6의 F-heap에서 키 15를 4만큼 감소시킨 결과

9.4.4 연쇄 분리

삭제와 키-감소 연산의 추가로, F-heap의 최소 트리가 반드시 이항 트리가 될 필요는 없다. 사실 $k + 1$개의 노드를 가진 차수 k인 최소 트리도 있을 수 있다. 결국 정리 9.1의 분

석이 더 이상 유효하지 않다. 정리 9.1의 분석에서는 차수가 k인 각 최소 트리의 노드 수를 k의 지수 함수로 나타낸다고 하였다. 그런데 앞에서와 같이 키-감소와 삭제 연산을 수행한다면 이것은 맞지 않게 된다. 임의의 $c(c > 1)$에 대해 차수 k인 각 최소 트리가 적어도 c^k개의 노드를 가지려면 각 삭제 및 키-감소 연산 다음에 반드시 연쇄 분리(cascading cut) 단계가 있어야 한다. 이를 위해 각 노드에 불리언 필드 *childCut*를 추가하였다. 이 필드의 값은 최소 트리 루트가 아닌 노드에서 유용하다. 이 경우에, 노드 x의 *childCut* 필드가 *TRUE* 값을 가지기 위한 필요충분조건은 x가 가장 최근에 현재 부모의 자식으로 된 이후 x의 자식 중 하나가 삭제되는 것이다. 이것은 최소 삭제 연산에서 두 최소 트리가 조인될 때마다 더 큰 키를 가진 루트의 *childCut* 필드가 *FALSE*로 설정되어야 한다는 것을 의미한다. 그리고 삭제나 키-감소 연산에서 최소 트리 루트가 아닌 노드 q를 이중 연결 리스트에서 삭제할 때마다(삭제와 키-감소에서 단계 2), 연쇄 분리 단계가 호출된다. 이때 삭제된 노드 q의 부모 p에서부터 시작하여 *childCut = FALSE*인 가장 가까운 조상에 이르는 경로에 대해 검사한다. 그런 조상이 없으면 경로는 p에서부터 p가 속한 최소 트리의 루트까지가 된다. 이 경로상에 있는 *childCut* 필드가 *TRUE*이면서 루트가 아닌 모든 노드들은 각각의 이중 연결 리스트에서 삭제되고, F-heap의 최소 트리 루트 노드의 이중 연결 리스트에 삽입된다. 이 경로상에서 *childCut* 필드가 *FALSE*인 노드는 그 값을 *TRUE*로 바꾼다.

그림 9.13은 연쇄 분리의 예를 보여주고 있다. 그림 9.13(a)는 키 14를 가진 최소 트리로서, 키 값을 4만큼 감소하기 이전 상태이다. 14의 부모에서 *childCut = FALSE*인 가장 가까운 조상에 이르는 경로상에 있는 노드들에 대해서만 *childCut* 필드를 표시하였다. *childCut = TRUE*인 노드는 어둡게 칠해진 노드로 나타냈고, 그렇지 않은 노드는 모두 *childCut = FALSE*인 노드이다. 키-감소 연산을 하면서 14를 루트로 하는 최소 트리가 그림 9.13(a)의 최소 트리에서 삭제되고 F-heap의 최소 트리가 된다. 이 루트는 이제 키 값이 10이 된다. 이것이 바로 그림 9.13(b)의 첫 번째 최소 트리이다. 연쇄 분리가 수행되면서 12, 10, 8, 6을 루트로 하는 최소 트리들이 2를 루트로 하는 최소 트리에서 분리된다. 따라서 그림 9.13(a)에 있는 하나의 최소 트리가 6개의 최소 트리로 구성된 F-heap로 된다. 이로써 4의 *childCut* 값은 *TRUE*가 되고, 다른 모든 *childCut* 값은 바뀌지 않는다.

9.4.5 분석

보조정리 9.4: 처음에 공백인 F-heap에 대해 일련의 삽입, 합병, 최소 삭제, 삭제, 키-감소 연산을 수행하여 n개의 원소를 가진 F-heap a가 되었다고 하자.

(a) b는 a의 한 최소 트리에 있는 임의의 노드라고 하자. b의 차수는 $\log_\phi m$ 이하이다.

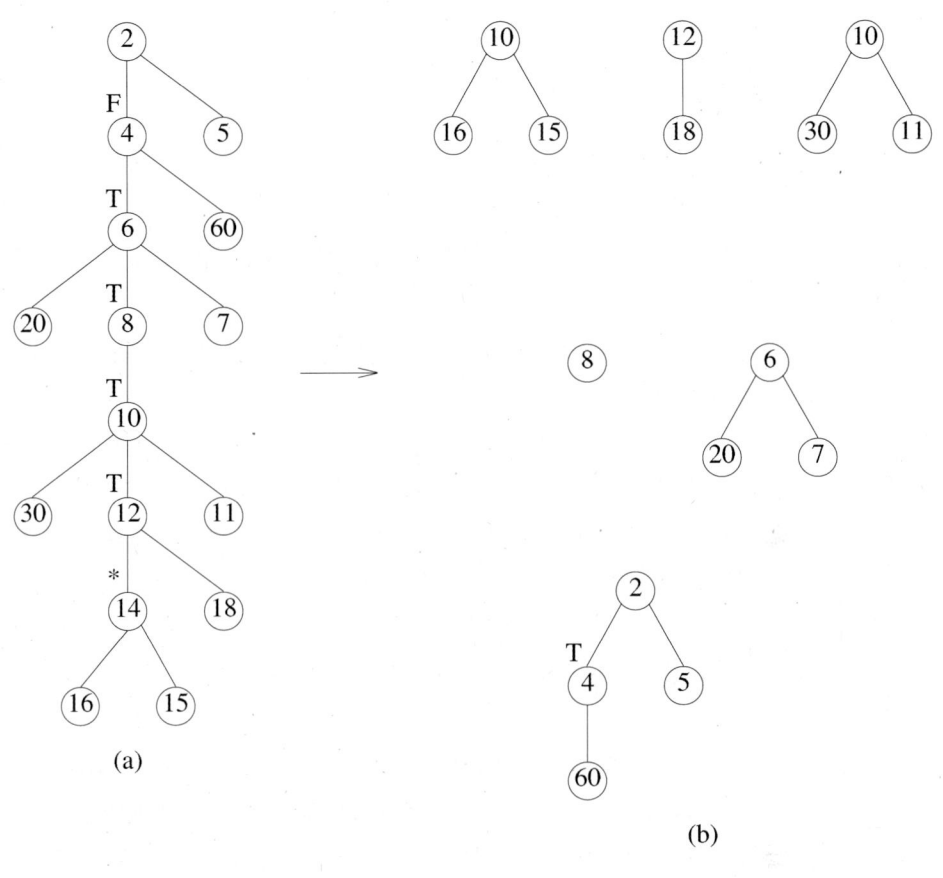

그림 9.13 키 14를 4 감소시킨 후 연쇄 분리

여기서 $\phi = (1+\sqrt{5})/2$ 이고 m은 b를 루트로 하는 서브트리의 원소의 개수이다.

(b) $MAX\_DEGREE \leq \lfloor \log_\phi n \rfloor$이며 최소 삭제의 실제 비용은 $O(\log n + s)$이다.

증명: (a)는 b의 차수에 대해 귀납적으로 증명할 수 있다. b의 차수가 i일 때 b를 루트로 하는 서브트리의 원소 개수의 최소 값을 N_i라 하자. $N_0 = 1$이고 $N_1 = 2$이다. 따라서 차수 0과 1에 대해서 (a)의 부등식이 성립한다. $i > 1$일 때 $c_1, \cdots, c_i$를 b의 i개의 자식이라 하자. $c_j + 1(j < i)$ 이전에 c_j가 b의 자식이 되었다고 가정한다. 그러면 $c_k(k \leq i)$가 b의 자식이 될 때 b의 차수는 적어도 $k-1$이다. 한 노드를 다른 노드의 자식으로 만드는 유일한 F-heap 연산은 최소 삭제이다. 여기서 최소 트리 조인 단계 동안에 한 최소 트리는 같은 차수를 가진 다른 최소 트리의 서브트리가 된다. 따라서 조인 시에 c_k의 차수는 b의

차수와 같아야 할 것이다. 조인 이후에는 삭제나 키-감소 연산에 의해 차수가 감소할 수 있다. 그러나 c_k의 두 번째 자식을 분리하려면 c_k에서 연쇄 분리가 일어나게 되므로 그런 조인 이후에는 c_k의 차수가 최대 하나만 감소할 수 있다. 그런 분리로 인해 c_k가 F-heap 의 최소 트리의 루트가 된다. 따라서 c_k의 차수 d_k는 적어도 $\max\{0, k-2\}$이며, c_k의 원소 수는 적어도 N_{d_k}이다. 이것은 다음을 의미한다.

$$N_i = N_0 + \sum_{k=0}^{i-2} N_k + 1 = \sum_{k=0}^{i-2} N_k + 2$$

피보나치 수는 다음 등식을 만족시킴을 증명할 수 있다.(연습문제 참조)

$$F_h = \sum_{k=0}^{h-2} F_k + 1, h > 1, F_0 = 0, \text{ and } F_1 = 1$$

이에 따라 등식 $N_i = F_{i+2}(i \geq 0)$을 얻을 수 있다. 또한 $F_{i+2} \geq \phi^i$이므로 $N_i \geq \phi^i$이다. 따라서 $i \leq \log_\phi m$이다.

(b)는 (a)의 직접적인 결과이다. □

정리 9.2: 처음에 공백인 F-heap에 대해 n번의 삽입, 합병, 최소 삭제, 삭제, 키-감소 연산을 수행하면 각 삽입, 합병, 키-감소 연산의 상환 시간 복잡도가 $O(1)$이 되고, 각 최소 삭제와 삭제 연산의 상환 시간 복잡도는 $O(\log n)$이 되도록 비용을 상환할 수 있다. 전체 연산의 총 시간 복잡도는 개별 연산의 상환 시간 복잡도의 합이다.

증명: 정리 9.1과 유사한 방법으로 증명할 수 있다. #insert 는 똑같이 정의된다. 그러나 LastSize 의 정의는 조금 수정하여 각 삭제와 최소 삭제 이후에 F-heap의 최소 트리 수의 실제 변화만큼 LastSize가 변경되도록 한다(그림 9.13의 예에서 LastSize는 5 증가한다.). 이렇게 수정하면 최소 삭제 연산 시에 s = #insert + LastSize + $u-1$ 이 된다는 것을 알 수 있다. 여기에 영향을 미치는 삽입 연산에는 #insert 단위 비용이 부과되며 최소 삭제, 삭제, 키-감소 연산에는 LastSize 단위 비용이 부과된다. 이로 인해 해당 최소 삭제 및 삭제 연산에 대해 최대 $\log_\phi n$이 더 부과되고, 해당 키-감소 연산에는 1이 더 부과된다. 결국 최소 삭제의 상환 비용은 $O(\log n)$이 된다.

총 연쇄 분리 수는 총 삭제 및 키-감소 연산(이 연산들만 childCut를 TRUE로 설정한다) 수에 의해 한정되므로 삭제와 키-감소 연산에 대해 그 상환 비용에 1을 더함으로써 분리 비용을 상환할 수 있다. 최소 원소 이외의 원소를 삭제하는 상환 비용은 실제 비용이 O(1)이기 때문에 O(log n)이 된다(이때 수행될지도 모르는 연쇄 분리 비용은 제외한다.). 여기에는 모든 연쇄 분리의 상환으로부터 최대 한 단위 비용이 부과되고 최소 삭제로부터 최대 $\log_\phi n$ 단위 비용이 부과된다.

키-감소 연산의 상환 비용은 실제 비용이 O(1)이기 때문에 O(1)이 된다(뒤따르는 연쇄 분리 비용은 제외한다). 여기에는 모든 연쇄 분리의 상환으로부터 최대 한 단위 비용이 부과되고, 최소 삭제로부터 최대 한 단위 비용이 부과된다.

삽입의 상환 비용은 그 실제 비용이 1이기 때문에 O(1)이다. 그리고 여기에는 최소 삭제로부터 최대 한 단위 비용이 부과된다. 상환 방법은 합병에 대해서는 비용을 부과하지 않기 때문에, 합병의 실제 비용과 상환 비용은 모두 같고 그 비용은 O(1)이 된다. □

앞의 정리에서 임의의 일련의 F-heap 연산 복잡도는 $O(i + c + dk + (dm + d)\log i)$이다. 여기서 i, c, dk, dm, d는 각각 삽입, 합병, 키-감소, 최소 삭제, 삭제 연산의 횟수이다.

9.4.6 최단 경로 문제에 응용

6장에서 나온 하나의 출발점에서 모든 목표점에 대한 최단 경로 알고리즘에 이 F-heap를 응용하는 것을 생각해보고 이 절을 마무리하고자 한다. 최단 경로가 찾은 정점들의 집합을 S라 하고, 출발 정점으로부터 S에 있는 정점들만을 통해서 정점 $i(i \in \bar{S})$로 가는 최단 경로의 길이를 $dist(i)$라 하자. 최단 경로 알고리즘을 매번 반복하면서 $dist(i)$가 최소가 되는 $i(i \in \bar{S})$를 선정하여 S에 첨가해야 한다. 이것은 $\bar{S}$에 대한 최소 삭제 연산에 해당한다. 또한 $\bar{S}$에 남아 있는 정점의 $dist$ 값이 작아질 수 있는데, 이것은 해당 정점에 대한 키-감소 연산에 해당한다. 총 키-감소 연산 횟수는 그래프의 간선 수로 한정되며, 최소 삭제 연산 수는 $n-2$이다. $\bar{S}$는 $n-1$개의 정점에서 시작한다. $dist$를 키로 하는 F-heap로 $\bar{S}$를 구현한다면, F-heap를 초기화하기 위해 $n-1$번의 삽입이 필요하다. 그리고 $n-2$번의 최소 삭제 연산과 최대 e번의 키-감소 연산이 필요하다. 이 연산들의 총 시간은 각각에 대한 상환 비용의 합과 같다. 즉 $O(n \log n + e)$이다. 알고리즘의 나머지 부분은 $O(n)$ 시간이 걸린다. 따라서 F-heap로 $\bar{S}$를 표현한다면 최단 경로 알고리즘의 복잡도는 $O(n \log n + e)$가 된다. 그래프가 $\Omega(n^2)$개의 간선을 갖지 않는 한, 이것은 6장의 구현을 점근적으로 개선한 것이 된다. 이 하나의 출발점 알고리즘이 n번 사용된다면(그래프의 n개의 정점 각각을 하나의 출발지로 사용한다.) 각 정점 간의 최단 경로를 $O(n^2 \log n + ne)$ 시간에 찾을 수 있다. 이것 역시 $\Omega(n^2)$개의 간선을 갖지 않는 그래프에 대해 6장의 $O(n^3)$ 시간이 걸리는 동적 프로그래밍 알고리즘을 근사적으로 개선한 것이다. $O(n \log n + e)$는 6장의 하나의 출발점 알고리즘에 대한 가장 좋은 구현 시간이라는 사실에 주목할 필요가 있다. 이 알고리즘은 각 간선을 검사해야 하고, n개의 숫자를 정렬하는 데 사용될 수도 있기 때문이

다.[$O(n \log n)$ 시간이 걸린다.]

연습문제

1. 공백 F-heap에서 시작하여 삽입, 합병, 최소 삭제 연산만을 수행한다면 F-heap의 모든 최소 트리가 이항 트리가 됨을 증명하라.

2. 이중 연결 원형 리스트 대신 단일 연결 원형 리스트를 사용할 때도 F-heap에 대한 모든 함수들이 같은 시간에 수행될 수 있는가?(단일 연결 원형 리스트의 임의의 노드 x에서 삭제할 때, 다음 노드에 데이타를 복사한 후 x 대신 다음 노드를 삭제할 수도 있다는 점에 유의하라.)

3. 공백 F-heap에서 시작하여 연쇄 분리를 하지 않고도 일련의 F-heap 연산으로 $k + 1(k \geq 1)$개의 노드만을 갖는 차수 k인 최소 트리들을 얻을 수 있음을 증명하라.

4. n개의 원소를 가진 피보나치 히프에서 모든 트리의 높이가 $O(\log n)$인가? 그렇지 않다면 최악의 경우 높이를 n에 대한 함수로 표현해보라.

5. 연쇄 분리 규칙을 수정하여 두 번째 자식이 아니라 세 번째 자식이 삭제되는 노드에 대해서만 그런 분리가 일어난다고 가정하자. *childCut* 필드의 값은 0, 1, 2가 될 수 있다. 어떤 노드가 새로운 부모를 얻을 때 그 *childCut* 필드는 1로 설정된다. 노드의 자식이 분리될 때마다 그 *childCut* 필드는 1 증가한다(이미 2가 아닌 이상). *childCut* 필드의 값이 2라면 연쇄 분리가 수행된다.

    (a) 차수가 i인 최소 트리의 노드 수의 최소 값 N_i에 대한 순환식을 세워라. 공백인 F-heap에서 시작하여 이 책에 설명된 모든 연산(연쇄 분리는 제외)을 수행한다고 가정한다. 연쇄 분리는 위의 설명과 같이 수행한다.

    (b) (a)의 순환식을 풀어서 N_i의 하한을 구하라.

    (c) 여기서 사용되는 연쇄 분리 규칙에 따르면, 차수가 i인 임의의 최소 트리가 가지는 노드 수의 최소 값이 반드시 i의 지수 함수가 되는가?

    (d) 새로운 연쇄 분리 규칙에 대해 원래의 규칙과 같은 상환 복잡도를 얻을 수 있는가? 그 답의 타당성을 증명하라.

    (e) 노드의 k 자식이 분리된 뒤에라야 연쇄 분리가 수행된다고 가정하고, (c)와 (d)에 대해 답하라. 여기서 k는 상수이다(본문에서 사용된 규칙에서는 $k = 2$이고, 이 연습문제 앞부분에 사용된 규칙에서는 $k = 3$이다).

    (f) k 값이 커짐에 따라[(e)를 보라.]. F-heap의 성능이 어떻게 될 것 같은가?

6. 다음을 수행하는 C 함수를 작성하라.

    (a) 공백 F-heap 생성

(b) F-heap에 원소 x를 삽입
(c) F-heap에서 최소 삭제를 수행. 삭제된 원소는 호출 함수로 반환.
(d) F-heap a의 노드 b로부터 원소 삭제. 삭제된 원소는 호출 함수로 반환.
(e) F-heap a의 노드 b에 있는 키를 양의 수 c만큼 감소.

이 모든 연산이 수행된 뒤에도 적절한 F-heap 구조가 되어야 한다. (d)와 (e)를 위한 함수는 연쇄 분리를 수행해야 한다. 적절한 테스트 데이타로 실행하여 작성한 함수들의 정확성을 검사하라.

7. 피보나치 수 F_k와 보조정리 9.4의 N_i에 대해 다음을 증명하라.

   (a) $F_h = \sum_{k=0}^{h-2} F_k + 1, h > 1$

   (b) (a)를 사용하여 $N_i = F_{i+2}(i \geq 0)$임을 증명하라.

   (c) 부등식 $F_k = \frac{1}{\sqrt{5}}(\frac{1+\sqrt{5}}{2})^k - \frac{1}{\sqrt{5}}(\frac{1-\sqrt{5}}{2})^k, (k \geq 0)$을 이용하여 $F_{k+2} \geq \phi^k (k \geq 0)$임을 증명하라. 이때 $\phi = (1 + \sqrt{5})/2$이다.

8. 하나의 출발점 최단 경로 알고리즘에 대해 6장에서 배운 자료 구조와 F-heap를 사용하여 구현해보라. 단 인접 행렬 대신 인접 리스트를 사용하라. $n = 100, 200, \cdots, 500$인 경우 각각에 대해 서로 다른 간선 밀도(즉 10%, 20%, $\cdots$, 최대 100%)를 가진 무방향 연결 그래프 10개를 생성하라. 이때 각 간선에 대해 임의의 비용을 할당하라([1, 1000] 범위에서 균일 난수 발생기를 사용하라). 또 최단 경로 알고리즘의 두 가지 구현에 대해 실행 시간을 측정하고 각 n에 대해 평균 시간을 도시하라.

9.5 페어링 히프

9.5.1 정의

페어링 히프(pairing heap)는 피보나치 히프에서의 연산과 똑같은 연산을 지원한다. 페어링 히프에는 최소 페어링 히프, 최대 페어링 히프 두 가지 종류가 있다. 최소 페어링 히프는 최소 우선순위 큐를 표현하고자 할 때 사용되고, 최대 페어링 히프는 최대 우선순위 큐를 표현하고자 할 때 사용된다. 피보나치 히프에 대해서도 계속 설명하면서, 최소 페어링 히프에 대해서만 논의할 것이다. 최대 페어링 히프도 유사한 개념이다. 그림 9.14는 피보나치 히프와 페어링 히프 연산의 실제 복잡도와 상환 복잡도를 비교한 것이다.

그림 9.14의 페어링 히프 연산에서 주어진 상환 복잡도가 정확하게 알려지지는 않

Operation	Fibonacci Heap		Pairing Heap	
	Actual	Amortized	Actual	Amortized
getMin	O(1)	O(1)	O(1)	O(1)
insert	O(1)	O(1)	O(1)	O(1)
deleteMin	O(n)	O(log n)	O(n)	O(log n)
meld	O(1)	O(1)	O(1)	O(log n)
delete	O(n)	O(log n)	O(n)	O(log n)
decreaseKey	O(n)	O(1)	O(1)	O(log n)

그림 9.14 피보나치 히프와 페어링 히프 연산들의 복잡도

았지만(즉, 키-감소 연산의 횟수와 관련하여 일련의 연산의 실제 실행 시간이 로그 함수를 따라 증가하는지는 알 수 없다.), 키-감소 연산의 상환 복잡도가 $\Omega(\log \log n)$이라고는 알려져 있다.(이 장 끝의 참고문헌 참조)

상환 복잡도는 페어링 히프보다 피보나치 히프를 사용할 때 더 우수하지만, 이 두 구조를 이용해 Dijkstra의 최단 경로 알고리즘(6.4.1절)과 Prim의 최소 비용 신장 트리 알고리즘(6.3.2절)을 구현한 종합적 실험 연구에서는 페어링 히프가 피보나치 히프보다 실제로 더 우수한 것으로 나타났다.

정의: 최소 페어링 히프(min pairing heap)는 조금 뒤에 설명되는 방법으로, 연산이 수행되는 최소 트리이다.

그림 9.15는 4개의 최소 페어링 히프의 예를 보여준다. 여기서 페어링 히프는 반드시 이진 트리일 필요가 없는 하나의 트리임을 유의하라. 최소 원소는 이 트리의 루트에 있으므로, 이 원소는 O(1) 시간 내 찾을 수 있다.

9.5.2 합병과 삽입

2개의 최소 페어링 히프는 *compare-link* 연산을 수행함으로써 한 개의 최소 페어링 히프로 합병할 수 있다. *compare-link* 연산에서는 두 최소 트리의 루트를 비교하여 더 큰 루트를 가진 최소 트리가 다른 트리의 가장 왼쪽 서브트리로 만들어진다.(연결은 임의로 한다.)

그림 9.15(a)와 그림 9.15(b)의 최소 트리를 합병하기 위해 2개의 *root*를 비교한다. (a)의 트리가 더 큰 *root*를 가지고 있기 때문에 이 트리는 (b)의 트리의 가장 왼쪽 서브트

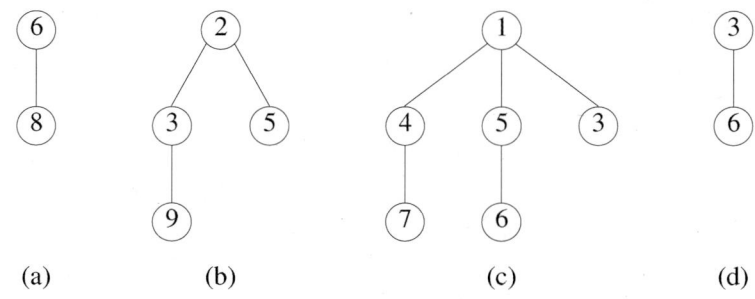

그림 9.15 최소 페어링 히프의 예

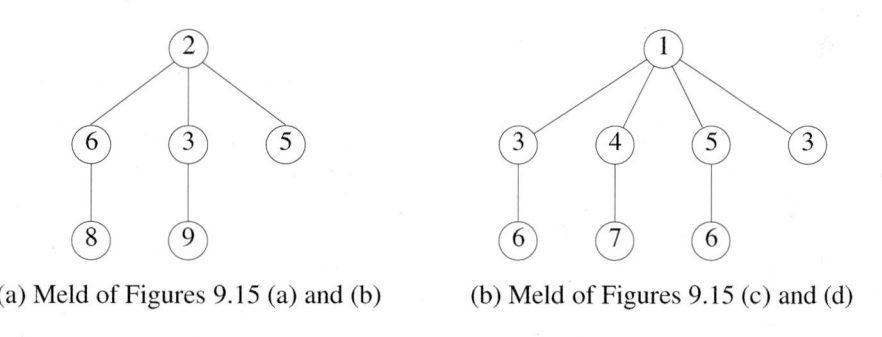

그림 9.16 페어링 히프의 합병

리가 된다. 그림 9.16(a)는 결과 페어링 히프를 보여주고 있고, 그림 9.16(b)는 그림 9.15(c)와 그림 9.15(d)의 페어링 히프 합병 결과를 보여준다. 그림 9.16(a)와 그림 9.16(b)의 페어링 히프를 합병한 결과는 그림 9. 17의 페어링 히프이다.

원소 x를 페어링 히프 p에 삽입하려면 먼저 원소 x를 가진 페어링 히프 q를 만든 후 두 페어링 히프 p와 q를 합병시키면 된다.

9.5.3 키-감소

노드 N에서 원소의 키/우선순위를 감소시켜 보자. N이 루트이거나, N의 감소시킨 키가 부모 노드의 키보다 크거나 같다면 추가적인 작업이 필요하지 않다. 하지만 변경된 키가 부모 노드의 키보다 작다면 최소 트리의 성질에 위배되고 이를 맞게 수정해야 한다. 예를 들어 그림 9.15(c)에서 루트의 키가 1에서 0으로 감소하거나, 루트의 가장 왼쪽 자식의

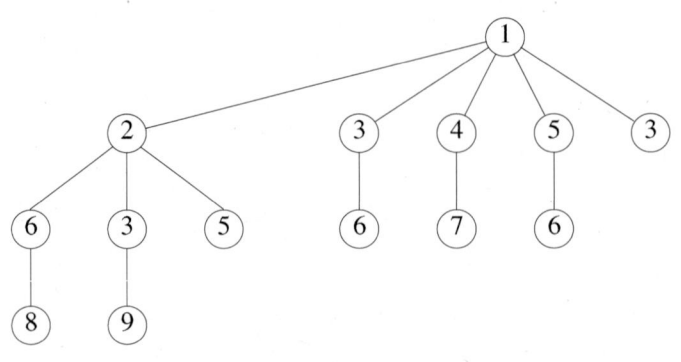

그림 9.17 그림 9.16(a)와 그림 9.16(b)의 합병

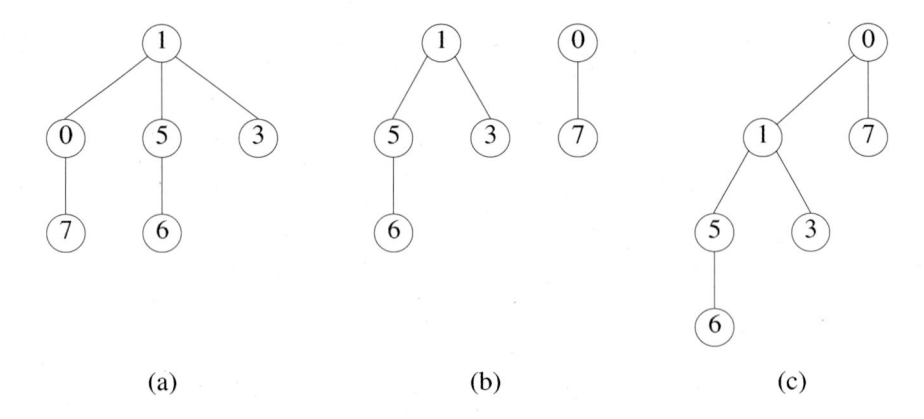

그림 9.18 키의 감소

키가 4에서 2로 감소할 때는 추가적인 작업이 필요하지 않다. 하지만 그림 9.15(c)에서처럼 루트의 가장 왼쪽 자식의 키가 4에서 0으로 감소할 때는 이 변경된 값이 루트의 키 값보다 작게 되므로[그림 9.18(a)를 참조] 수정 작업이 필요하다.

페어링 히프는 일반적으로 부모에 대한 포인터 없이 구현되므로 키-감소에 따라 수정 작업이 필요한지 아닌지를 결정하기 어렵다. 따라서 N이 트리의 루트인 경우를 제외하면 수정 작업은 필요 여부에 관계없이 발생한다. 이때 수정 작업은 다음 단계를 따른다.

단계 1: 트리에서 루트가 N인 서브트리를 떼어낸다. 그 결과 최소 트리가 2개 생긴다.
단계 2: 두 최소 트리를 합병한다.

그림 9.18(b)는 단계 1을 실행한 뒤에 생긴 두 최소 트리이고, 그림 9.18(c)는 단계 2를 실행한 뒤의 결과이다.

9.5.4 최소 삭제

최소 원소는 트리의 루트에 있다. 따라서 최소 원소를 삭제하기 위해서는 먼저 루트 노드를 삭제해야 한다. 루트를 삭제하고 나면 0개 이상의 최소 트리(삭제된 루트의 서브트리)들이 남는다. 남겨진 최소 트리의 수가 둘 이상일 때 이 최소 트리들을 하나의 최소 트리로 합병해야 한다. 2단계 페어링 히프(two pass pairing heap)에서 이 합병은 다음과 같이 수행된다.

단계 1: 왼쪽에서 오른쪽으로 진행하면서 트리 쌍들을 합병한다.
단계 2: 가장 오른쪽 트리에서 시작하여 1번에 하나씩 남아 있는 트리를 이 트리에 합병한다.(오른쪽에서 왼쪽으로)

그림 9.19(a)의 최소 페어링 히프를 생각해보자. 루트가 제거되었을 때, 그림 9.19(b)에서와 같이 6개의 최소 트리를 얻을 수 있다.

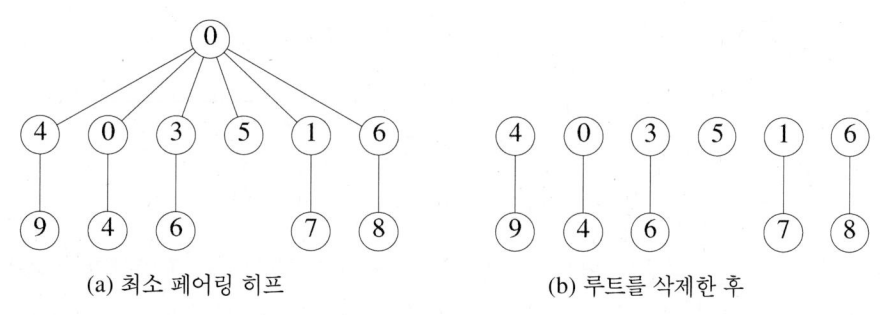

(a) 최소 페어링 히프   (b) 루트를 삭제한 후

그림 9.19 최소 원소 삭제

단계 1의 왼쪽에서 오른쪽으로 가는 과정에서 먼저 루트가 4와 0인 두 트리를 합병한다. 다음에 루트가 3과 5인 트리를 합병시킨다. 마지막으로 루트 1과 6을 가진 트리를 합병시킨다. 그림 9.20은 결과로 나온 3개의 최소 트리를 보여준다.

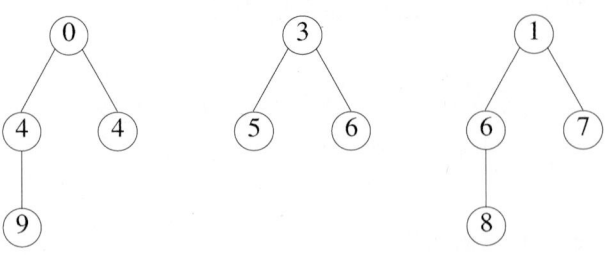

그림 9.20 단계 1을 거친 트리

단계 2(오른쪽에서 왼쪽으로 가는 과정)에서는 우선 그림 9.20의 가장 오른쪽에 있는 두 트리를 합병하여 그림 9.21(a)의 트리를 얻는다.

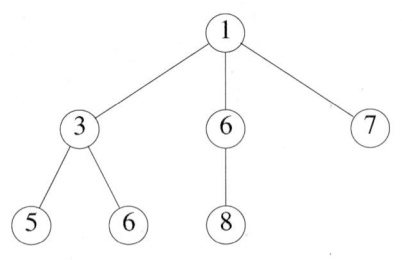

그림 9.21 단계 2의 첫 번째 과정

그러고 나서 루트가 0인 그림 9.20의 트리는 최종적인 최소 트리를 얻기 위해 그림 9.21의 트리와 합병한다. 그 결과는 그림 9.22와 같다.

만약 원래 페어링 히프가 8개의 서브트리를 가지고 있었다면, 왼쪽에서 오른쪽으로 가는 과정을 거친 후에는 4개의 최소 트리가 남겨졌을 것이다. 오른쪽에서 왼쪽으로 가는 과정에서는 먼저 트리 3과 4를 합병하여 트리 5를 얻은 후, 트리 2와 5를 합병하여 트리 6을 얻을 것이고, 마지막으로 트리 1과 6을 합병할 것이다.

다단계 패스 페어링 히프(multi pass pairing heap)에서 루트 삭제 후 남아 있는 최소 트리들은 다음과 같이 하나의 최소 트리로 합병된다.

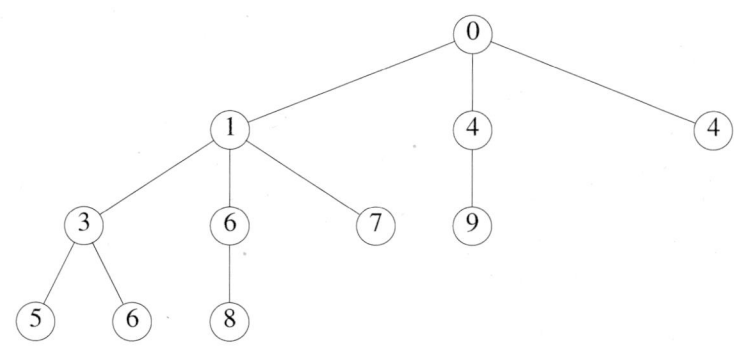

그림 9.22 최소 삭제 후 최종적인 최소 페어링 히프

단계 1: FIFO 큐에 최소 트리들을 삽입한다.
단계 2: 큐 앞쪽 끝에서부터 2개의 트리를 뽑아 합병하고, 큐 뒤쪽 끝에 합병된 트리를 삽입한다. 단 하나의 트리가 남을 때까지 이 단계를 반복한다.

그림 9.19(a)의 루트가 삭제되었을 때 그 결과로 나온 그림 9.19(b)의 6개 트리를 생각해보자. 첫 번째로 루트가 4와 0인 트리들을 합병하고, 그 결과 최소 트리를 큐의 뒤쪽 끝에 삽입한다. 다음으로 루트가 3과 5인 트리를 합병하고 결과 최소 트리를 큐 뒤쪽 끝에 삽입한다. 그 뒤에 루트 1과 6을 가진 트리를 합병하고 결과 최소 트리를 큐 뒤쪽 끝에 추가한다. 큐는 이제 그림 9.20에서처럼 3개의 최소 트리를 포함하고 있다. 다음으로 루트 0과 3을 가진 최소 트리를 합병하고 그 결과를 큐 뒤쪽 끝에 삽입한다. 이제 그림 9.23에서 보여주는 것과 같이 2개의 최소 트리만 남겨진다.

마지막으로 그림 9.23의 2개의 최소 트리를 합병하여 그림 9.24의 최소 트리가 얻어진다.

9.5.5 임의 삭제

임의의 노드 N으로부터의 삭제는, N이 페어링 히프의 루트일 때 최소 삭제 연산으로 처리된다. N이 트리의 루트가 아닐 때는 다음과 같이 삭제한다.

단계 1: 트리에서 루트가 N인 서브트리를 분리한다.
단계 2: 노드 N을 삭제하고 그 서브트리들을, 2단계 페어링 히프를 구현하였다면 2단

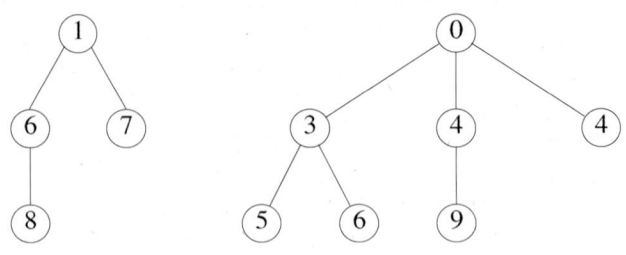

그림 9.23 다단계 삭제에서의 마지막 두 번째 모양

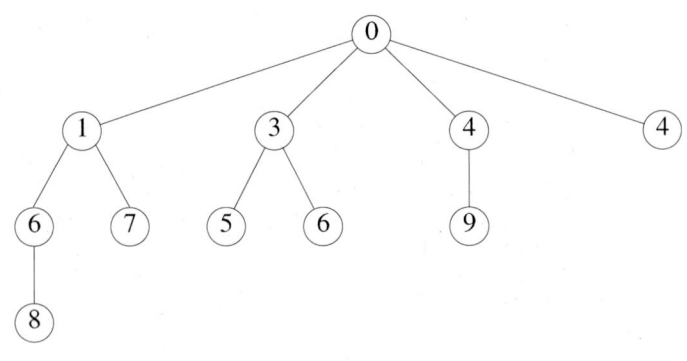

그림 9.24 다단계 최소 삭제의 결과

계 기법을 사용하여 하나의 최소 트리로 합병하고, 다단계 페어링 히프를 구현하였다면 다단계 기법을 사용하여 하나의 최소 트리로 합병한다.

단계 3: 단계 1과 단계 2로부터 나온 최소 트리들을 하나의 최소 트리로 합병한다.

9.5.6 구현 고려 사항

다양한 수의 자식 필드를 가진 노드들을 이용하여 페어링 히프를 구현할 수도 있지만, 그러한 구현은 자식 필드의 수를 필요할 때마다 동적으로 증가시켜야 되기 때문에 비용이 많이 든다. 효과적으로 구현하는 방법은 트리를 이진 트리로 표현하는 것이다(5.1.2.2절 참조). 원래 최소 트리에서의 형제 노드들은 이중 연결 리스트로 연결되어 있다. 각 노드는 *data* 필드뿐만 아니라 3개의 포인터 필드 *previous*, *next*, *child*를 가지고 있다. 형제 노드들의 이중 연결 리스트에서 가장 왼쪽에 있는 노드는 *previous* 포인터를 사용해 그 부모 노드를 가리킨다. 가장 왼쪽 자식은 $x \to previous \to child = x$이라는 성질을 만족한다. 이중 연결 리스트는 임의 원소(*delete* 및 *decreaseKey* 연산에서 요구하는 하는 것과 같은)를 $O(1)$ 시간에 삭제할 수 있도록 한다.

9.5.7 복잡도

앞에서 기술된 이진 트리 표현을 사용하여 모든 페어링 히프 연산들(삭제와 최소 삭제는 제외)이 $O(1)$ 시간 내 이루어질 수 있음을 확인할 수 있다. 삭제, 최소 삭제 연산의 복잡도는 $O(n)$인데, 그 이유는 노드 삭제 후 합병되어야 하는 서브트리의 수가 $O(n)$이기 때문이다.

페어링 히프 연산의 상환 복잡도는 참고문헌에 인용한 Fredman의 논문에서 규명되었다. Stasko와 Vitter(참고문헌 참조)는 연구 실험에서 2단계 페어링 히프가 다단계 페어링 히프보다 성능이 좋다는 것을 입증하였다.

연습문제

1. (a) 공백인 2단계 최소 페어링 히프에 20, 10, 5, 18, 6, 12, 14, 9, 8, 22 우선순위를 가진 원소를 삽입하라(이 순서대로). 각 삽입 후 최소 페어링 히프를 보이라.
   (b) (a)의 최종적인 최소 페어링 히프에서 최소 원소를 삭제하고 결과 페어링 히프를 보이라.
2. (a) 공백인 다단계 최소 페어링 히프에 20, 10, 5, 18, 6, 12, 14, 9, 8, 22 우선순위를 가진 원소를 삽입하라(이 순서대로). 각 삽입 후 최소 페어링 히프를 보이라.
   (b) (a)의 최종적인 최소 페어링 히프에서 최소 원소를 삭제하고 결과 페어링 히프를 보이라.
3. 다단계 최소 페어링 히프를 구현하는 *multiPassPairingHeap*를 완전한 프로그램으로 작성하고 검사하라. 함수는 *getMin*, *insert*, *deleteMin*, *meld*, *delete*, *decreaseKey* 함수를 포함해야 한다. 함수 *insert*는 새 원소가 삽입된 노드를 반환해야 한다. 이 반환된 정보는 나중에 *delete*와 *decreaseKey*의 입력으로 사용될 수 있다.
4. n개의 원소를 가진 페어링 히프의 최악의 경우 높이와 차수는 어떻게 되는가? 어떻게 답을 찾았는지를 보이라.
5. 단계 1(왼쪽에서 오른쪽으로 이동하며 트리 쌍들을 합병하는)을 제거한 2단계 페어링 히프를 이용하여 1단계 페어링 히프를 정의하라. 삽입 또는 최소 삭제의 상환 비용이 $\Theta(n)$이 되는 것을 증명하라.

9.6 대칭 최소-최대 히프

9.6.1 정의와 성질

양쪽 끝 우선순위 큐(DEPQ)는 대칭 최소-최대 히프(SMMH, symmetric min-max heap)를 사용하여 표현할 수 있다. 대칭 최소-최대 히프는 루트를 제외한 각 노드들이 정확히 하나의 원소만 갖는 완전 이진 트리이다. SMMH(이후부터 대칭 최소-최대 히프를 SMMH로 표기한다)의 루트는 공백이고, n은 원소들의 수일 때 SMMH에 있는 노드들의 총 수는 $n + 1$이다. N을 SMMH의 임의의 노드라고 하자. N에 있는 원소(존재한다면)를 제외하고 N을 루트로 하는 서브트리에 있는 원소들을 $elements(N)$이라 하자. $elements(N) \neq \phi$라고 가정했을 때 N은 다음 성질을 만족한다.

Q1: N의 왼쪽 자식은 $elements(N)$에 있는 최소 원소를 갖는다.
Q2: N의 오른쪽 자식(존재한다면)은 $elements(N)$에 있는 최대 원소를 갖는다.

그림 9.25는 12개의 원소를 갖는 SMMH의 예를 보여준다. N이 80을 가진 노드를 나타낼 때, $elements(N) = \{6, 14, 30, 40\}$이다. N의 왼쪽 자식은 $elements(N)$의 최소 원소 6을 가지며, N의 오른쪽 자식은 $elements(N)$의 최대 원소 40을 갖는다. 이 SMMH의 모든 노드 N은 Q1과 Q2 성질을 만족함을 검증할 수 있을 것이다.

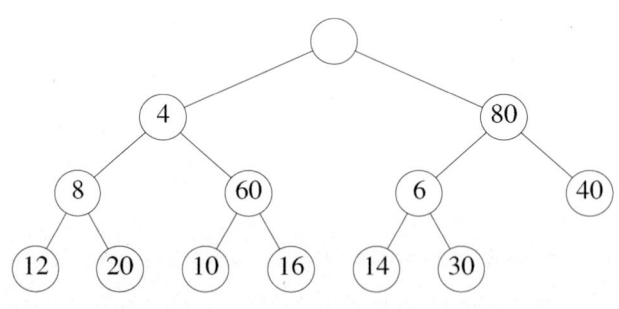

그림 9.25 대칭 최소 최대 히프

다음 사항들이 참이면 루트가 공백이고 다른 모든 노드들에는 하나의 원소만 있으며 노드 수가 $n + 1$개인 완전 이진 트리는 SMMH이며, 그 역도 성립한다는 것을 쉽게 알 수 있다.

P1: 각 노드의 원소는 오른쪽 형제(존재한다면)에 있는 원소보다 작거나 같다.
P2: 조부모를 가진 모든 노드 N에 대하여 조부모의 왼쪽 자식에 있는 원소는 N에 있는 원소보다 작거나 같다.
P3: 조부모를 가진 모든 노드 N에 대하여 조부모의 오른쪽 자식에 있는 원소는 N에 있는 원소보다 크거나 같다.

성질 P2와 P3은 각각, 각 노드 M의 손자들에 있는 원소들이 M의 왼쪽 자식에 있는 원소보다 크거나 같고, M의 오른쪽 자식에 있는 원소보다 작거나 같다는 것을 설명한 것이다. 그러므로 P2와 P3은 각각 Q1과 Q2로부터 나온 것이다. 성질 P1이 만족되면 P2와 P3 중 하나가 임의의 노드 N에서 위배될 수도 있다는 사실에 주목하라. 성질 P1부터 P3까지를 이용하여, 원소를 삽입하고 삭제하는 간단한 알고리즘을 도출할 수 있다. 이 알고리즘들은 히프에서의 해당 알고리즘들을 간단히 적용시킨 것이다.

프로그램 9.1의 표준 DEPQ 연산들은 SMMH를 사용하여 효율적으로 이루어질 수 있음을 알 수 있다.

9.6.2 SMMH 표현

SMMH는 완전 이진 트리이므로, 완전 이진 트리를 배열로 표준 사상하는 방법을 이용하여(5.2.3.1절) 1차원 배열(h라 부르자)로 효율적으로 표현할 수 있다. h의 위치 0은 사용되지 않고, 완전 이진 트리의 루트를 표현하는 위치 1은 비어 있다. SMMH의 원소를 저장하기 위해 사용된 배열 h의 제일 오른쪽 위치를 나타내기 위해 변수 *last*를 사용한다. 그러므로 SMMH의 크기(즉, 원소들의 수)는 $last-1$이다. 변수 *arrayLength*는 배열 h에 있는 위치들의 현재 수를 저장한다.

$n=1$일 때 최소와 최대 원소는 동일하고, 이 둘은 SMMH의 루트의 왼쪽 자식에 있다. $n>1$일 때 최소 원소는 루트의 왼쪽 자식에 있고, 최대 원소는 루트의 오른쪽 자식에 있다. 그러므로 최소 원소와 최대 원소는 각각 $O(1)$ 시간에 찾을 수 있다.

9.6.3 SMMH에서의 삽입

SMMH에 삽입하는 알고리즘은 3단계로 구성된다.

단계 1: 완전 이진 트리의 크기를 1만큼 확장하고, 삽입될 원소 x를 위하여 새로운 노드 E를 생성한다. 완전 이진 트리에서 새로이 생성된 이 노드는 새로운 원소 x를 삽입할 후보 노드가 된다.

단계 2: E 로 x 를 삽입한 결과가 성질 P1 에 위배되는지를 검증한다. E 가 그 부모의 오른쪽 자식이고 x 가 E 의 형제에 있는 원소보다 클 경우에 한하여 위배된다는 점에 유의하라. 성질 P1 에 위배되는 경우, E 의 형제에 있는 원소는 E 로 이동되고 E 는 이제 공백인 형제 노드를 가지도록 갱신된다.

단계 3: E 로부터 트리 위쪽으로 성질 P2 와 P3 을 검증하면서 bubble-up 패스를 수행한다. bubble-up 패스를 할 때마다 E 는 한 레벨씩 트리 위로 이동한다. x 를 E 로 삽입해도 P2 와 P3 을 위배하지 않게 되는 곳에 E 가 위치했을 때, x 를 E 에 삽입한다.

그림 9.25 의 SMMH 에 2 를 삽입해보자. SMMH 가 완전 이진 트리이므로, 그림 9.26 에 나타낸 위치에서 SMMH 에 새로운 노드를 추가해야만 한다. 이 새로운 노드를 E 라고 하면, 이 예에서 E 는 공백 노드를 나타낸 것이다.

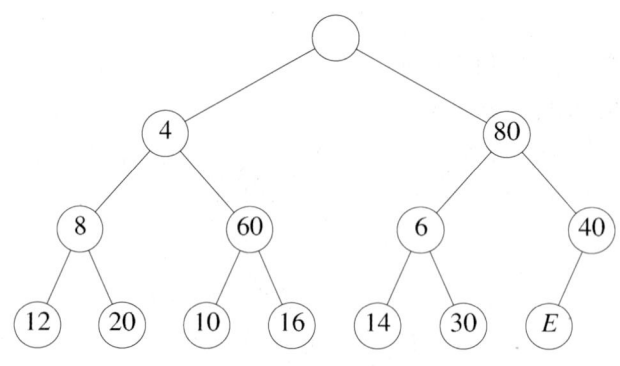

그림 9.26 노드 하나가 추가된 그림 9.25 의 SMMH

새로운 원소 2 가 노드 E 에 위치한다면 E 의 조부모의 왼쪽 자식이 6 을 가지게 되므로 성질 P2 에 위배된다. 그러므로 그림 9.27 의 형태를 얻기 위해 6 을 아래로 이동시켜 E 에 저장하고, E 는 한 단계 위로 이동시킨다.

이제 노드 E 에 2 를 삽입해도 괜찮은지를 결정한다. 우선 이전의 노드 E 에 있던 원소가 2 보다 컸으므로 이러한 삽입이 성질 P1 에 위배되지 않는다는 점에 주목한다. 성질 P2 와 P3 을 위해 $N = E$ 라 하자. N 의 값에 대해 이 노드의 이전 원소가 2 보다 컸으므로 P3 은 위배되지 않는다. 그러므로 오직 P2 만이 위배될 수 있다. $N = E$ 라 하고 P2 를 검사

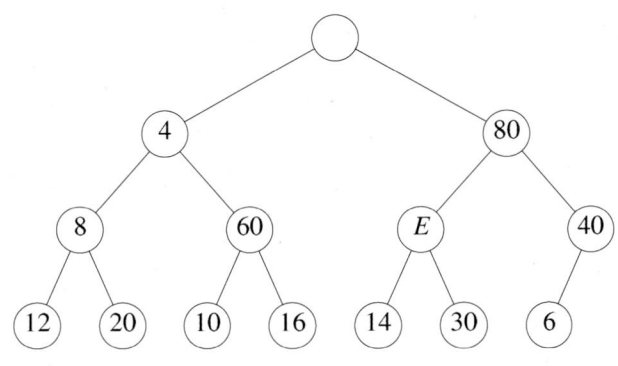

그림 9.27 6을 아래로 이동시킨 그림 9.26의 SMMH

하면, E의 조부모의 왼쪽 자식이 원소 4를 가지므로 E에 $x = 2$를 삽입한다면 P2에 위배될 것이라는 사실을 알게 된다. 따라서 4를 아래로 이동시켜 E에 저장하고 E를 한 레벨 위로 이동시켜 이전에 4를 포함하고 있던 노드에 저장한다. 그림 9.28은 이 결과 형태를 보여준다.

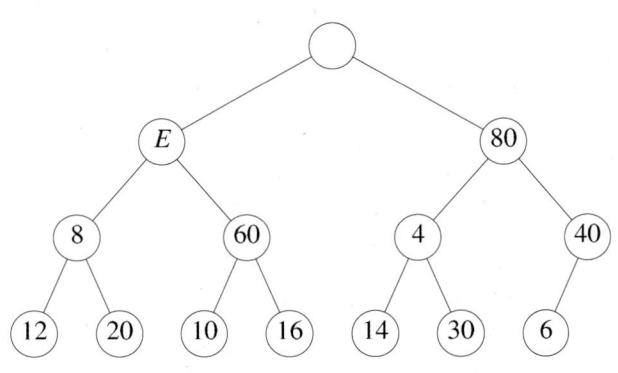

그림 9.28 4를 아래로 이동시킨 그림 9.27의 SMMH

그림 9.28에서 2를 노드 E에 저장하는 것은 노드 E의 이전 원소가 2보다 컸기 때문에 성질 P1에 위배되지 않는다. 또한 노드 E는 조부모를 갖고 있지 않으므로 성질 P2

와 P3을 위배하지 않는다. 그러므로 노드 E에 2를 삽입하면 그 결과는 그림 9.29와 같이 된다.

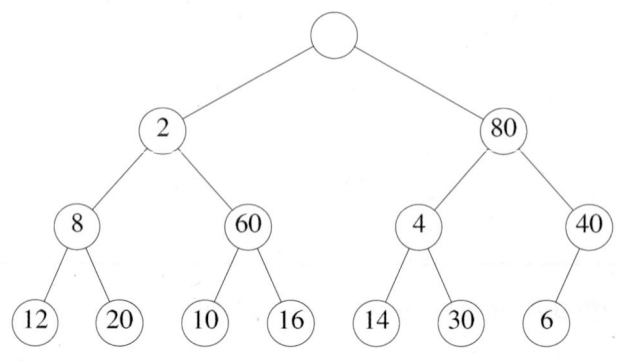

그림 9.29 2를 삽입한 그림 9.28의 SMMH

이제 그림 9.29의 SMMH에 50을 삽입하자. SMMH는 완전 이진 트리이므로, 그림 9.30에서와 같이 새로운 노드가 반드시 위치해야 한다.

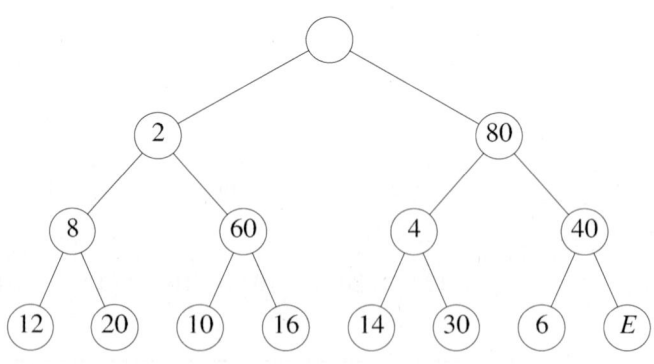

그림 9.30 노드를 하나 추가시킨 그림 9.29의 SMMH

E가 그 부모의 오른쪽 자식이므로 우선 노드 E에서 P1을 검사한다. 새로운 원소(이

경우 50)가 E의 왼쪽 형제 원소보다 작다면 새로운 원소와 왼쪽 형제에 있는 원소를 교환한다. 이 경우에는 아무런 교환도 이루어지지 않는다. 그 다음 P2 와 P3 을 검사한다. 50 을 E에 위치시키는 것이 P3 에 위배되는 것임을 알 수 있다. 그러므로 E의 조부모의 오른쪽 자식에 있는 원소 40 을 아래로 이동시켜 노드 E에 위치시킨다. 그림 9.31 은 이 결과를 보여준다. 그림 9.31 의 노드 E에 50 을 위치시키는 것은 노드 E의 이전 원소가 더 작았기 때문에 P1 에 위배되지 않는다. 또한 P2 에도 위배되지 않는다. 따라서 E에서 오직 P3 만 검사된다. E에서 P3 에 위배되지 않으므로 50 은 E에 위치하게 된다.

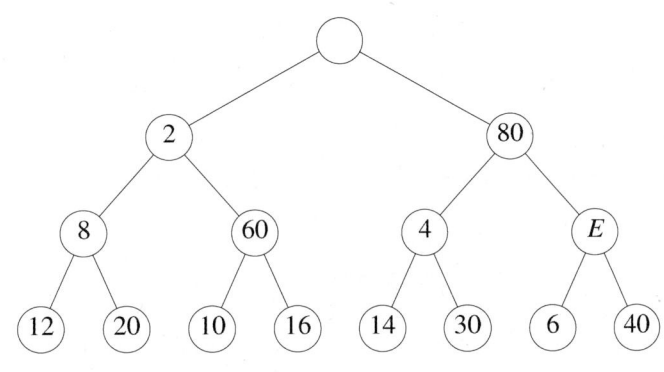

그림 9.31 40 을 아래로 이동시킨 그림 9.30 의 SMMH

프로그램 9.5 는 삽입 연산에 대한 C 코드를 보여주고 있다. 변수 *currentNode* 는 앞의 예의 공백 노드 E를 나타낸다. 이 코드는 SMMH 상태 변수 *h*, *arrayLength*, *last* 가 전역 변수라는 것을 가정하고 있다. 단순성을 위해 SMMH의 데이타 타입은 **int** 라고 가정한다. 완전 이진 트리의 높이는 $O(\log n)$이고 프로그램 9.5 는 SMMH의 각 레벨에서 $O(1)$ 시간에 작업을 수행하므로, 삽입 함수의 복잡도는 $O(\log n)$이다.

9.6.4. SMMH에서의 삭제

최소 또는 최대 원소를 삭제하는 알고리즘은 최소 또는 최대 힙에서 원소를 삭제하는 trickle-down 알고리즘을 적용시킨 것이다. 여기서는 최소 원소를 삭제하는 경우만 생각한다. 만약 SMMH가 공백이면 삭제는 수행될 수 없으므로 공백이 아닌 SMMH를 가정한다. 최소 원소는 $h[2]$에 있다. 만약 *last* = 2 이면 삭제한 뒤 SMMH 는 공백이 된다. *last* ≠ 2 라고 가정하고 $x = h[last]$라 하면 *last* 를 1 만큼 감소시킨다. 삭제를 완료하려면 $h[2]$

```
void insert(int x)
{/* insert x into the SMMH */
   int currentNode, done, gp, lcgp, rcgp;

   /* increase array length if necessary */
   if (last == arrayLength - 1)
   {/* double array length */
      REALLOC(h, 2 * arrayLength *sizeof(*h));
      arrayLength *= 2;
   }
   /* find place for x */
   /* currentNode starts at new leaf and moves up tree */
   currentNode = ++last;
   if (last % 2 == 1 && x < h[last - 1])
   {/* left sibling must be smaller, P1 */
      h[last] = h[last - 1]; currentNode--;
   }
   done = FALSE;
   while (!done && currentNode >= 4)
   {/* currentNode has a grandparent */
      gp = currentNode / 4;      /* grandparent */
      lcgp = 2 * gp;             /* left child of gp */
      rcgp = lcgp + 1;           /* right child of gp */
      if (x < h[lcgp])
      {/* P2 is violated */
         h[currentNode] = h[lcgp]; currentNode = lcgp;
      }
      else if (x > h[rcgp])
            {/* P3 is violated */
               h[currentNode] = h[rcgp];
               currentNode = rcgp;
            }
            else done = TRUE; /* neither P2 nor P3 violated */
   }
   h[currentNode] = x;
}
```

프로그램 9.5: 대칭 최소 최대 히프에서의 삽입

노드가 공백인 SMMH에 x를 재삽입해야 한다. E를 공백 노드라고 하자. 최소 또는 최대 히프의 삭제 알고리즘과 같이 P1과 P2 성질들을 확인하면서 x를 삽입할 수 있는 적당한 노드에 도달할 때까지 E부터 트리 아래쪽으로 경로를 따라간다. 최소 삭제 연산인 경우 trickle-down 프로세스는 P3에 위배될 수 없다. 따라서 P3을 명시적으로 확인하지

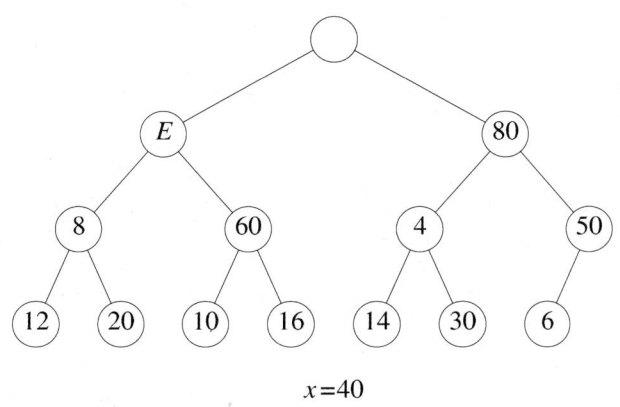

그림 9.32 2를 삭제한 그림 9.31의 SMMH

는 않는다.

그림 9.31의 SMMH에서 E라고 표시되어 있는 노드의 원소가 50인 경우를 살펴보자. 최소 삭제는 SMMH에서 루트의 왼쪽 자식(즉, $h[2]$)으로부터 2를 삭제하고 마지막 노드(즉, 원소가 40인 노드)를 삭제하도록 한다. 따라서 $x = 40$이고 그림 9.32와 같은 구조를 얻는다. $h[3]$이 최대 원소를 갖고 있으므로 E에서 P1은 위배되지 않는다. 더욱이 E는 그 부모의 왼쪽 자식이므로 E에 x를 삽입하는 것은 P3에 위배되지 않는다. 따라서 P2에 위배되는지만 고려하면 된다. 이를 알아보기 위해서 E의 왼쪽 자식과 E의 오른쪽 형제 노드의 왼쪽 자식에서 각각 가장 작은 원소를 찾아본다. 이 예에서는 8과 4가 가장 작은 원소로 결정된다. 이 중 더 작은 원소인 4는 SMMH의 정의에 따라 SMMH에서의 가장 작은 원소이다. $4 < x = 40$이므로 E에 x를 삽입하는 것이 P2에 위배될 수 있다. 이를 피하기 위하여 4를 노드 E로 이동시키고 4가 있었던 노드가 E가 된다(그림 9.33 참조). $4 \geq x$이면 E에 x를 삽입한 결과, 제대로 된 구조의 SMMH이 만들어진다.

이제 새로운 E는 x를 삽입하기 위한 후보 노드가 된다. 이러한 삽입으로 P1에 위배될 수 있는지 먼저 검사한다. $x = 40 < 50$이므로 P1에 위배되지 않는다. 이제 P2에 대해서 검사한다. E의 왼쪽 자식과 그 형제 노드는 14와 6이다. 더 작은 자식인 6은 x보다 작다. 따라서 x는 E에 삽입될 수 없다. 대신 E와 6을 교환하면 그림 9.34가 된다.

그러면 이제 새로운 E에서 P1에 대해 검사한다. E가 오른쪽 형제 노드를 갖고 있지 않으므로 P1에 위배되지 않는다. E가 자식을 갖고 있지 않으므로 P2에도 위배되지 않는다. 따라서 E에 x가 삽입된다. 또 다른 최소 삭제 연산을 살펴보자. 이번에는 그림 9.34의 SMMH에서 최소인 원소를 삭제한다(E로 표시된 노드는 40을 갖고 있다는 것

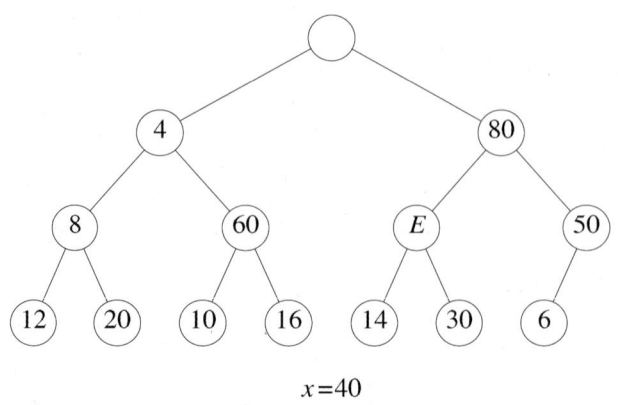

그림 9.33 E와 4가 서로 교환된 그림 9.32의 SMMH

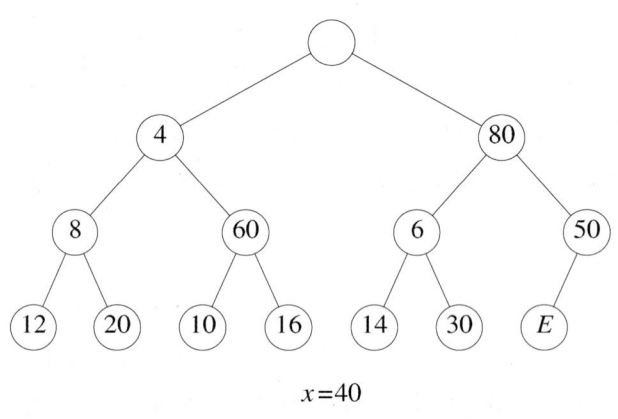

그림 9.34 E와 6이 서로 교환된 그림 9.33의 SMMH

을 상기하라.). 최소 원소 4는 $h[2]$에서 삭제되고 마지막 원소 40은 SMMH에서 삭제되며 x에 저장된다. 그림 9.35는 그 결과를 나타내고 있다.

앞에서와 마찬가지로 $h[2]$에서는 P1에 위배되지 않는다. E의 왼쪽 자식과 형제 노드 중에서 작은 원소는 6이다. $6 < x = 40$이므로 6과 E를 서로 교환해서 그림 9.36을 얻는다.

다음으로 새로운 E에서 일어날 수 있는 P1의 위배 여부를 검사한다. E의 형제 노드가 50이고 $x = 40 \leq 50$이므로 P1에 위배되지 않는다. E의 가장 작은 왼쪽 자식과 형제

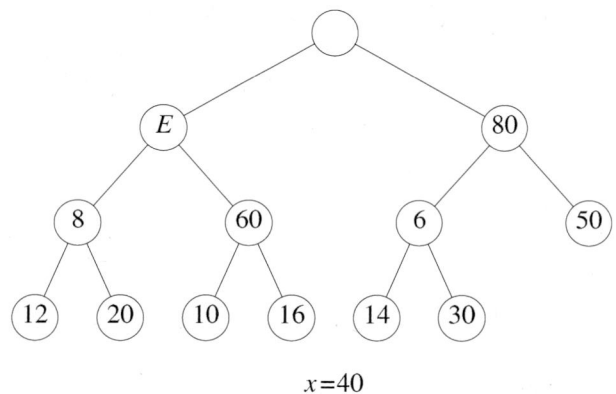

그림 9.35 또 다른 최소 삭제의 첫 단계

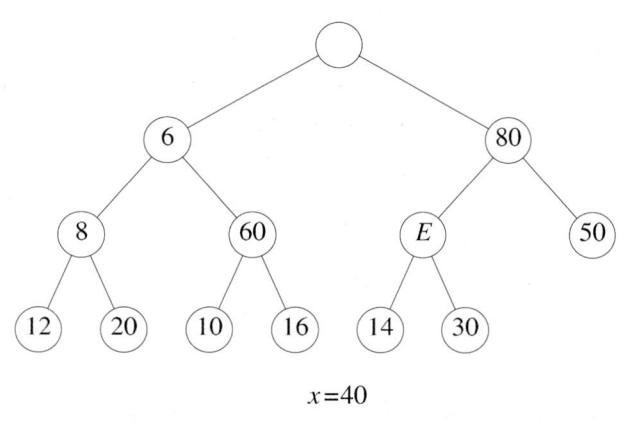

그림 9.36 E와 6이 서로 교환된 그림 9.35의 SMMH

노드는 x보다 작은 14이다(실제로는 형제 노드는 왼쪽 자식을 갖고 있지 않다. 따라서 E의 왼쪽 자식만 사용한다.). 그러므로 E와 14를 교환해서 그림 9.37을 얻는다.

새로운 E에서는 P1에 위배되므로 x와 30을 교환해서 그림 9.38을 얻고, 새로운 E에서 P2 위배 여부를 검사한다. 여기서는 P2에 위배되지 않으므로 E에 $x = 30$이 삽입된다.

삭제 연산 프로그램 작성은 연습문제로 남겨둔다. 그렇지만 이 연산들이 trickle-down pass에서 레벨당 O(1)의 시간이 걸린다는 것에 주의해야 한다. 따라서 복잡도는 O(log n)이다.

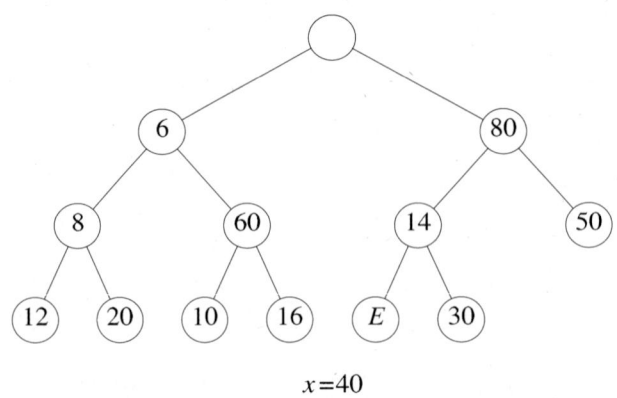

그림 9.37 E와 14가 서로 교환된 그림 9.36의 SMMH

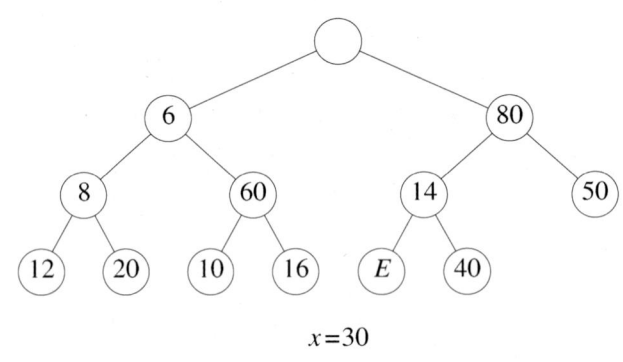

그림 9.38 x와 30이 서로 교환된 그림 9.37의 SMMH

연습문제

1. 만약 P1에서 P3까지 참이면 공백인 루트와 다른 모든 노드에 1개의 원소를 가진 모든 완전 이진 트리가 SMMH이고, 그 역도 성립함을 증명하라.
2. 공백인 SMMH에 이 장에서 설명한 삽입 알고리즘을 이용해서 20, 10, 40, 3, 2, 7, 60, 1, 80인 원소들을 삽입하라(이 순서대로). 삽입할 때마다 SMMH를 그려라.
3. 그림 9.38의 노드 E가 30인 SMMH에서 3번의 최소 삭제 연산을 수행하라. 이 장에서 설명한 최소 삭제 방법을 이용하여라. 각 최소 삭제 후에 SMMH를 그려라.

4. 그림 9.38의 노드 E가 30인 SMMH에서 4번의 최대 삭제 연산을 수행하라. 이 장에서 설명한 최소 삭제 방법을 최대 삭제 연산에 적용하라. 각 최대 삭제 연산 후에 SMMH를 그려라.
5. 모든 SMMH 연산에 대한 코드를 작성하라. 자신의 테스트 데이타를 이용해서 모든 함수들을 검사해보라.

9.7 구간 히프

9.7.1 정의와 성질

SMMH(대칭 최소-최대 히프)처럼 구간 히프는 DEPQ를 표현하기 위해 사용될 수 있는 자료 구조에서 영감을 얻은 히프이다. 구간 히프(interval heap)는, 마지막 노드(완전 이진 트리의 노드들을 레벨 순서 순회를 사용하여 순서화했을 때)는 제외될 수 있지만, 각 노드가 2개의 원소를 포함하고 있는 완전 이진 트리이다. 노드에 있는 2개의 원소를 a와 b라고 하자. 이때 $a \leq b$이다. 이 노드는 닫힌 구간 $[a, b]$를 표현한다고 말한다. 즉, a는 노드 구간의 왼쪽 끝 점이고 b는 오른쪽 끝 점이다.

$a \leq c \leq d \leq b$이면 구간 $[c, d]$는 구간 $[a, b]$에 포함된다고 하고, 그 역도 성립한다. 구간 히프에서 각 노드 P의 왼쪽과 오른쪽 자식(존재한다면)이 표시하고 있는 구간들은 P가 표시하고 있는 구간에 포함된다. 마지막 노드가 단일 원소 c를 포함한다면, $[a, b]$가 마지막 노드의 부모(존재한다면)의 구간일 때 $a \leq c \leq b$이다.

그림 9.39는 26개의 원소를 가지고 있는 구간 히프를 나타낸다. 노드 P의 자식들이 표시하고 있는 구간들은 P의 구간에 포함된다는 것을 확인할 수 있다.

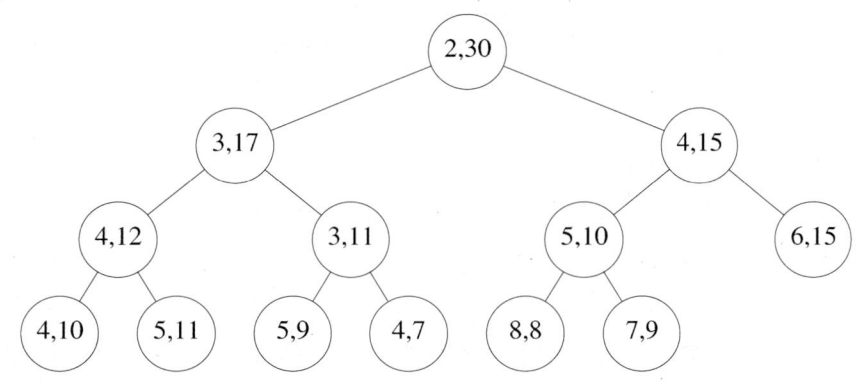

그림 9.39 구간 히프

다음의 사실들은 바로 알 수 있을 것이다.

(1) 노드 구간의 왼쪽 끝 점들은 최소 히프를 정의하고 오른쪽 끝 점들은 최대 히프를 정의한다. 원소의 수가 홀수인 경우, 마지막 노드는 최소 또는 최대 히프의 구성 원소라고 생각될 수 있는 단일 원소를 갖는다. 그림 9.40은 그림 9.39의 구간 히프에 의해 정의된 최소와 최대 히프를 보여준다.
(2) 루트가 2개의 원소를 가질 때 루트의 왼쪽 끝 점은 구간 히프에서 최소 원소이고 오른쪽 끝 점은 최대 원소이다. 루트가 오직 하나의 원소를 가질 때 구간 히프는 단지 하나의 원소를 포함한다. 이 원소는 최소이자 최대 원소이다.
(3) 구간 히프는 일반적인 히프에서처럼 배열에 사상시키는 방식으로 간결하게 표현될 수 있다. 그러나 각 배열 요소는 2개의 원소를 위한 공간이 있어야 한다.
(4) n개의 원소를 가지는 구간 히프의 높이는 $\Theta(\log n)$이다.

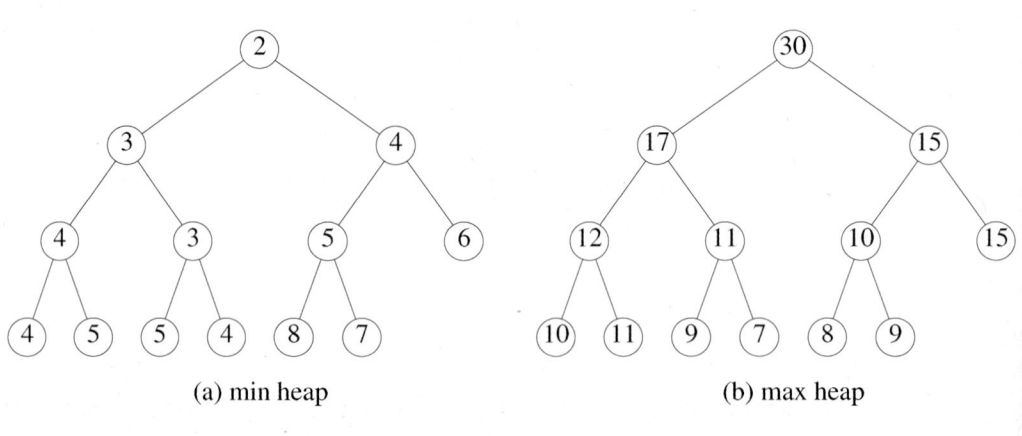

그림 9.40 그림 9.39에 삽입되어 있는 최소와 최대 히프

9.7.2 구간 히프에서의 삽입

그림 9.39의 구간 히프에 원소를 삽입한다고 가정하자. 이 히프는 현재 짝수개의 원소를 가지고 있으므로, 삽입 후의 히프는 그림 9.41에서와 같이 추가적인 노드 A를 가질 것이다.

새로운 노드 A의 부모를 위한 구간은 [6, 15]이다. 그러므로 새로운 원소가 6과 15 사이에 있다면 새로운 원소는 노드 A에 삽입될 것이다. 새로운 원소가 부모 구간의 왼쪽 끝 점인 6보다 작다면 그 새로운 원소는 구간 히프에 포함되어 있는 최소 히프에 삽입된

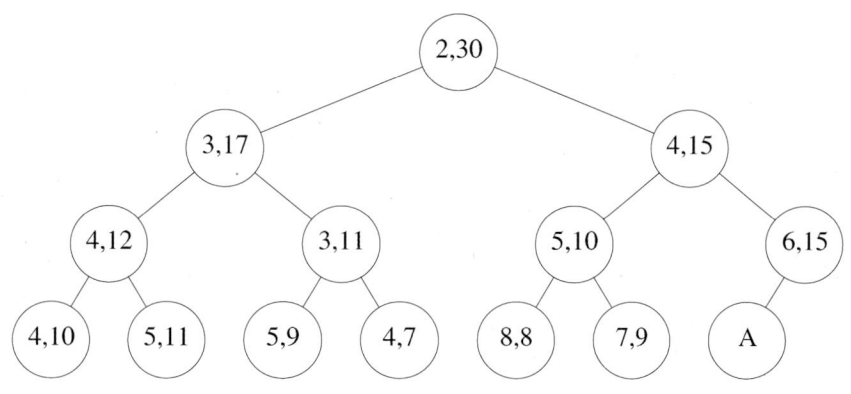

그림 9.41 노드가 하나 추가된 후의 그림 9.39의 구간 히프

다. 이 삽입은 노드 A에서 시작하는 최소 히프 삽입 과정을 통해 이루어진다. 새로운 원소가 부모 구간의 오른쪽 끝 점인 15보다 크다면, 그 새로운 원소는 구간 히프에 포함되어 있는 최대 히프에 삽입된다. 이 삽입은 노드 A에서 시작하는 최대 히프 삽입 과정을 통해 이루어진다.

만약 그림 9.39의 구간 히프에 원소 10을 삽입한다면 이 원소는 그림 9.41의 노드 A에 들어간다. 원소 3을 삽입하려면 노드 A에서 루트로 향하는 경로를 따라가면서 루트를 통과하거나, 왼쪽 끝 점이 3보다 작거나 같은 노드에 도달할 때까지 왼쪽 끝 점을 아래로 이동시킨다. 이제 새로운 원소는 왼쪽 끝 점이 없는 노드에 삽입된다. 그림 9.42는 이 구간 히프의 결과를 보여준다.

그림 9.39의 구간 히프에 원소 40을 삽입하기 위해서 노드 A(그림 9.41 참조)로부터 루트로 향하는 경로를 따라가면서 루트를 통과하거나, 오른쪽 끝 점이 40보다 크거나 같은 노드에 도달할 때까지 오른쪽 끝 점을 아래로 이동시킨다. 이제 새로운 원소는 오른쪽 끝 점이 없는 노드에 삽입된다. 그림 9.43은 이 구간 히프의 결과를 보여준다.

이제 9.43의 구간 히프에 원소를 삽입한다고 하자. 이 구간 히프는 홀수의 원소를 가지므로 새로운 원소의 삽입은 노드 수를 증가시키지 않는다. 삽입 과정은 초기에 짝수의 원소를 가졌을 때의 경우와 동일하다. A가 히프에서 마지막 노드를 나타낸다고 하자. 만일 이 새로운 원소가 A의 부모의 구간 [6, 15]에 있으면, 이 새로운 원소는 노드 A에 삽입된다(새로운 원소는 그것이 현재 A에 있는 원소보다 작다면 A의 왼쪽 끝 점이 된다.). 만약 새로운 원소가 A의 부모의 왼쪽 끝 점인 6보다 작다면 새로운 원소는 삽입되어 있는 최소 히프에 삽입된다. 그렇지 않다면 새로운 원소는 삽입되어 있는 최대 히프에 삽입

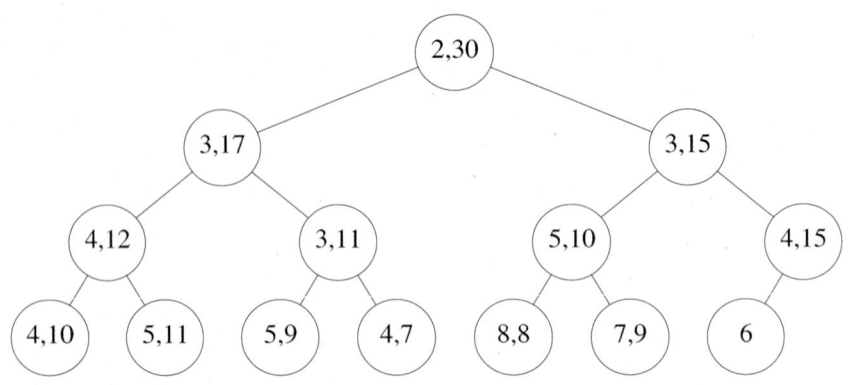

그림 9.42 3을 삽입한 그림 9.39의 구간 히프

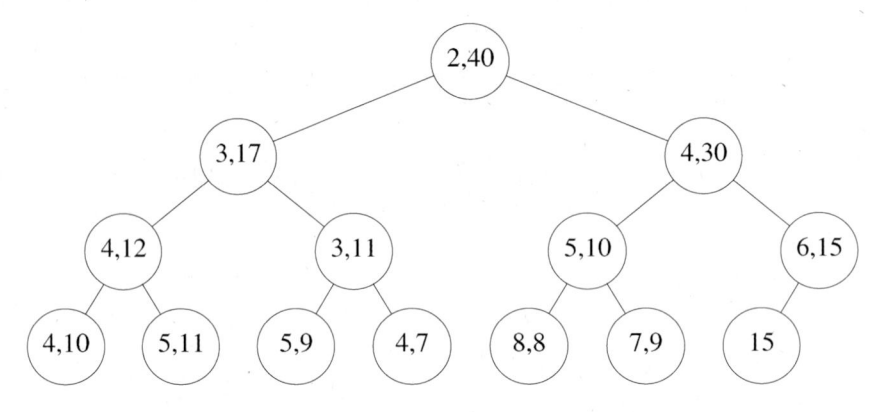

그림 9.43 40을 삽입한 그림 9.39의 구간 히프

된다. 그림 9.44는 그림 9.43의 구간 히프에 원소 32를 삽입한 결과를 보여준다.

9.7.3 최소 원소 삭제

최소 원소의 삭제는 다음과 같이 경우에 따라 다르게 처리된다.

(1) 구간 히프가 비어 있으면 최소 삭제 연산은 실패한다.
(2) 구간 히프가 오직 하나의 원소를 가질 때, 이 원소는 반환되는 원소이다. 이후 공백

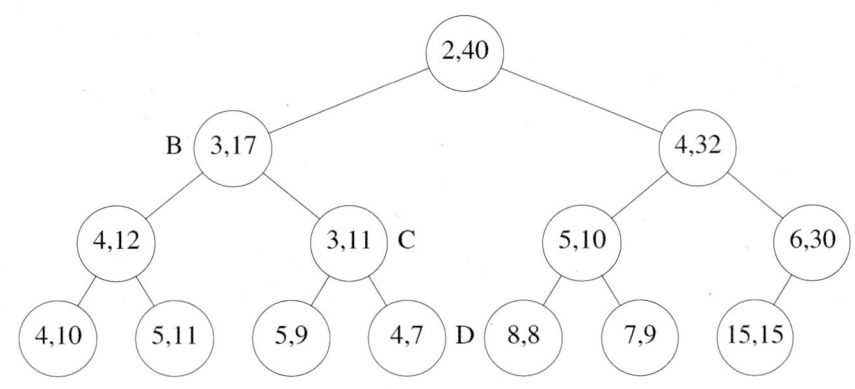

그림 9.44 32를 삽입한 그림 9.43의 구간 히프

구간 히프가 남는다.

(3) 둘 이상의 원소가 있다면 루트의 왼쪽 끝 점이 반환된다. 이 점은 루트로부터 제거된다. 루트가 구간 히프의 마지막 노드라면 더 이상 할 일은 없다. 마지막 노드가 루트 노드가 아닐 때는 마지막 노드로부터 왼쪽 점 p를 제거한다. 이로 인해 마지막 노드가 공백이 된다면, 마지막 노드는 더 이상 히프의 부분이 아니다. 마지막 노드로부터 제거된 점 p는 루트에서 시작하여 삽입되어 있는 최소 히프에 재삽입된다. 아래로 이동할 때, $p \geq r$을 확인하기 위해 현재의 p와 검사되고 있는 노드의 오른쪽 끝 점 r을 교환해야 할 수도 있다. 재삽입은 일반적인 히프에 재삽입하기 위해 사용되었던 방식으로 이루어진다.

그림 9.44의 구간 히프로부터 최소 원소를 제거해보자. 우선 루트로부터 원소 2가 제거된다. 다음으로 마지막 노드로부터 왼쪽 끝 점 15가 제거되고 루트에서 재삽입 과정을 시작한다. 루트의 자식들인 최소 히프 원소들 중 가장 작은 것은 3이다. 이 원소는 15보다 작기 때문에 3을 루트로 이동시키고(3이 루트의 왼쪽 끝 점이 된다.) 루트의 왼쪽 자식 B를 살펴본다. $15 \leq 17$이므로, B의 오른쪽 끝 점과 현재 $p = 15$를 교환하지 않는다. B의 자식들의 왼쪽 끝 점들 중 가장 작은 것은 3이다. 그 3은 그 왼쪽 끝 점으로서 노드 C로부터 노드 B로 이동되고, 이제 노드 C를 살펴본다. $p = 15 > 11$이므로, 이 둘을 교환하여 15가 노드 C의 오른쪽 끝 점이 된다. C의 자식들의 왼쪽 끝 점 중 가장 작은 것은 4이다. 이것은 현재의 $p = 11$보다 더 작기 때문에 노드의 왼쪽 끝 점으로서 노드 C로 이동된다. 이제 노드 D를 살펴보자. 먼저 $p = 11$과 D의 오른쪽 끝 점을 교환하자. 이

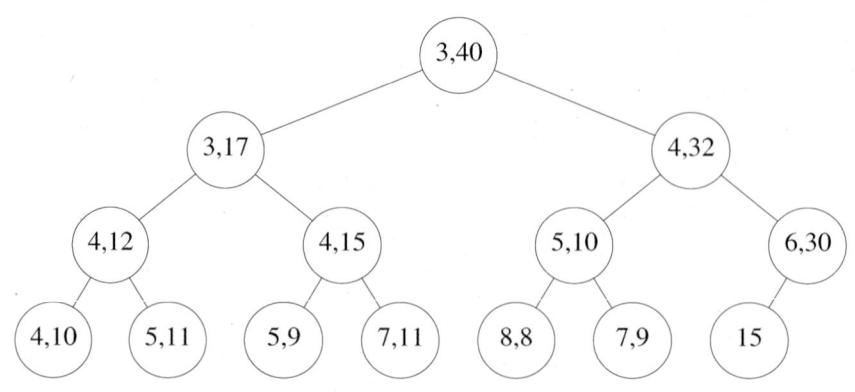

그림 9.45 최소 원소가 제거된 그림 9.44의 구간 히프

제 D는 자식이 없으므로 현재 $p = 7$은 노드 D의 왼쪽 끝 점으로서 노드 D에 삽입된다. 그림 9.45는 이 결과를 보여주고 있다.

최대 원소도 이와 유사한 과정으로 삭제될 수 있다.

9.7.4 구간 히프의 초기화

구간 히프는 일반적인 히프를 초기화할 때와 비슷한 방법으로 초기화될 수 있다. 각 서브트리가 구간 히프인지 확인하면서 히프의 제일 밑에서부터 루트까지 살펴본다. 각 서브트리에 대해, 먼저 루트에 있는 원소들을 순서화한다. 그 후 최소 삭제 연산에 사용되었던 재삽입 방법을 이용하여 이 서브트리의 루트의 왼쪽 끝 점을 재삽입한다. 그 뒤에 최대 삭제 연산에 사용되었던 방법을 이용하여 이 서브트리의 루트의 오른쪽 끝 점을 재삽입한다.

9.7.5 구간 히프 연산의 복잡도

최소와 최대 원소를 찾는 데는 각각 $O(1)$ 시간이 걸린다. 또 최소와 최대 원소를 삭제하는 데에는 각각 $O(\log n)$ 시간이 걸린다. 그리고 n개의 원소를 갖는 구간 히프를 초기화하는 데에는 $\Theta(n)$ 시간이 걸린다.

9.7.6 보완적 범위 탐색 문제

보완적 범위 탐색(complementary range search) 문제에서, 1차원 점들의 동적인 모임이 주어졌을 때(즉, 점들은 시간이 흐르는 동안 모임에 추가되고 모임으로부터 삭제된다.)

다음과 같은 질의에 답해보자. 구간 [a, b]의 밖에 있는 점들은 무엇인가? 예를 들어 점들의 집합이 3, 4, 5, 6, 8, 12 라고 할 때 범위 [5, 7]의 밖에 있는 점들은 3, 4, 8, 12이다.

구간 히프가 점들의 모임을 표현하기 위해 사용되고 모임에 속한 점들의 수가 n개일 때, $O(\log n)$ 시간 내에 새로운 점이 삽입되기도 하고 기존의 점이 삭제되기도 한다. 구간 히프에서 임의의 원소의 위치가 주어졌을 때, 이 원소는 히프로부터 임의의 원소를 삭제하기 위해 사용된 것과 비슷한 알고리즘을 이용하여 $O(\log n)$ 시간 내에 구간 히프로부터 삭제될 수 있음을 유념하라.

보완적 범위 질의는 $\Theta(k)$ 시간 내에 답을 얻을 수 있다. 여기서 k는 범위 [a, b]의 밖에 있는 점들의 수이다. 이것은 다음의 순환적인 과정을 이용하여 이루어진다.

단계 1: 구간 히프가 비어 있다면 **복귀한다**.
단계 2: 루트 구간이 [a, b]에 포함된다면, 모든 점들은 범위 안에 있고(그러므로 답이 되는 점들은 없다.) **복귀한다**.
단계 3: 범위 [a, b]에 없는 루트 구간의 끝 점들이 답이 된다.
단계 4: 범위 [a, b]에 없는 추가적인 점들을 위해 루트의 왼쪽 서브트리를 순환적으로 탐색한다.
단계 5: 범위 [a, b]에 없는 추가적인 점들을 위해 루트의 오른쪽 서브트리를 순환적으로 탐색한다.
단계 6: **복귀한다**.

이 과정을 그림 9.44의 구간 히프에서 시도해보자. 질의 구간은 [4, 32]이다. 루트에서 시작하되, 루트 구간이 질의 구간에 포함되지 않으므로 단계 3으로 간다. 단계 3으로 갈 때에는 반드시 루트 구간의 끝 점들 중 최소 하나는 질의 구간의 밖에 존재한다는 것이 보장되어야 한다. 그러므로 단계 3에 갈 때마다 최소 하나의 점이 답이 된다. 이 예제에서, 점 2와 40 모두 질의 구간의 밖에 있어서 둘 다 답이 된다. 그 다음 추가적인 점들을 위해 루트의 왼쪽과 오른쪽 서브트리를 탐색한다. 왼쪽 서브트리가 탐색될 때, 다시 그 루트 구간이 질의 구간에 포함되지 않는지를 결정한다. 여기서는 루트 구간 점들 중 오직 하나(즉 3)가 질의 구간의 밖에 있다. 이 점은 보고되고, 질의 구간의 바깥에 있는 추가적인 점들을 위해 B의 왼쪽과 오른쪽 서브트리에 대한 탐색을 진행한다. B의 왼쪽 자식의 구간이 질의 구간에 포함되므로, B의 왼쪽 서브트리는 질의 구간 밖의 점을 포함하지 않는다. 더 이상 B의 왼쪽 서브트리는 탐색되지 않으며, B의 오른쪽 서브트리가 탐색된다. 이때 노드 C의 왼쪽 끝 점 3을 보고하고 C의 왼쪽과 오른쪽 서브트리에 대한 탐색을 진행한다. 이들 서브트리의 각 루트들의 구간이 질의 구간에 포함되므로, 이들 서브트리는 더 이상 탐색되지 않는다. 마지막으로, 전체 트리 루트의 오른쪽 서브트리의 루트가 구간 [4, 32]에 있는 노드인지를 검사한다. 이 노드의 구간이 질의 구간에 포함되므로, 전체 트리의 오른쪽 서브트리는 더 이상 탐색하지 않는다.

단계 2에서 노드의 구간이 검사되면 그 노드를 방문했다고 한다. 이 정의에 의해, 앞서의 6단계 과정의 복잡도가 Θ(방문된 노드의 수)임을 알 수 있다. 앞의 예에서 방문된 노드는 루트와 루트의 두 자식들, 노드 B의 두 자식들, 그리고 노드 C의 두 자식들이다. 그러므로 7개의 노드가 방문되었고 총 4개의 점들이 답이 된다.

방문된 구간 히프 노드들의 총 수는 최대 $3k+1$임을 알 수 있다. 이때 k는 답이 되는 점들의 수이다. 방문된 노드가 하나나 2개의 점들을 답으로 한다면, 그 노드의 계수에 1을 더하라. 방문된 노드가 아무런 점들도 답으로 내지 않는다면, 그 노드의 계수는 0으로 하고 그 부모의 계수에 1을 더하라(그 노드가 루트여서 부모가 없는 경우가 아니라면). 계수가 0이 아닌 노드의 수는 최대 k이다. 계수가 4 이상인 노드는 없으므로 계수들의 합은 최대 $3k$이다. 루트가 아무런 노드도 답으로 하지 않을 수도 있는데, 이를 확인하기 위해 방문된 노드들의 수는 최대 $3k+1$이 됨을 알 수 있다. 그러므로 탐색의 복잡도는 $\Theta(k)$이다. k개의 점들을 답으로 내는 모든 알고리즘은 반드시 답이 되는 점마다 최소 $\Theta(1)$ 시간을 소요하므로, 복잡도는 점근적으로 최적이다.

상기 예의 탐색에서는 루트가 2의 계수를 얻었고(1은 그것이 방문되며 최소 하나의 점을 답으로 냈기 때문이고, 다른 1은 어떤 점도 답으로 내진 않았지만 그것의 오른쪽 자식이 방문되었기 때문이다.), 노드 B는 2의 계수를 얻었으며(1은 그것이 방문되며 최소 하나의 점을 답으로 냈기 때문이고, 다른 1은 어떤 점도 답이 되진 않았지만 그것의 왼쪽 자식이 방문되었기 때문이다.), 노드 C는 3의 계수를 얻었다(1은 그것이 방문되며 최소 하나의 점을 답으로 냈기 때문이고, 다른 2는 둘 다 어떤 점도 답이 되진 않았지만 그것의 왼쪽과 오른쪽 자식들이 방문되었기 때문이다.). 구간 히프에 있는 나머지 노드들 각각의 계수는 0이다.

연습문제

1. 공백 구간 히프에서 시작하여 이 절에 나온 삽입 알고리즘을 사용하여 원소 20, 10, 40, 3, 2, 7, 60, 1, 80을 이 순서대로 삽입하라. 각 삽입 후의 구간 히프를 그려라.

2. 그림 9.45의 구간 히프에서 3번의 최소 삭제 연산을 수행하라. 이 절에서 기술한 최소 삭제 방법을 사용하라. 각 최소 삭제 연산 후의 구간 히프를 그려라.

3. 그림 9.45의 구간 히프에서 4번의 최대 삭제 연산을 수행하라. 최대 삭제 연산을 위해 이 절에서 기술한 최소 삭제 방법을 응용하라. 각 최대 삭제 연산 후의 구간

히프를 그려라.

4. 구간 히프의 모든 함수를 프로그램으로 작성하라. 초기화 함수와 보완적 범위 탐색 연산을 위한 함수도 작성해야 한다. 테스트 데이타를 사용하여 모든 함수를 테스트 하라.

5. 최소-최대 히프는 DEPQ의 표현을 위한 자료 구조에서 영감을 얻은 또 다른 히프로서, 최소-최대 히프는 각 노드가 정확히 하나의 원소를 갖는 완전 이진 트리이다. 이 트리의 레벨을 교대로 바꾼다는 것은 최소 레벨(min level)과 최대 레벨(max level)이 각각 번갈아 나타난다는 뜻이다. 루트는 최소 레벨상에 있고 x를 최소-최대 히프에 있는 임의의 노드라 하자. x가 최소(최대) 레벨에 있을 때 x의 원소는 루트 x가 있는 서브트리의 모든 원소들 사이에서 최소(최대) 우선순위를 가진다. 최소(최대) 레벨상의 노드를 최소(최대) 노드라고 한다. 그림 9.46은 12개의 원소를 가진 최소-최대 히프의 예를 보여주고 있다. 최대 노드를 위해 어둡게 칠해진 원을, 최소 노드를 위해 칠해지지 않은 원을 사용한다.

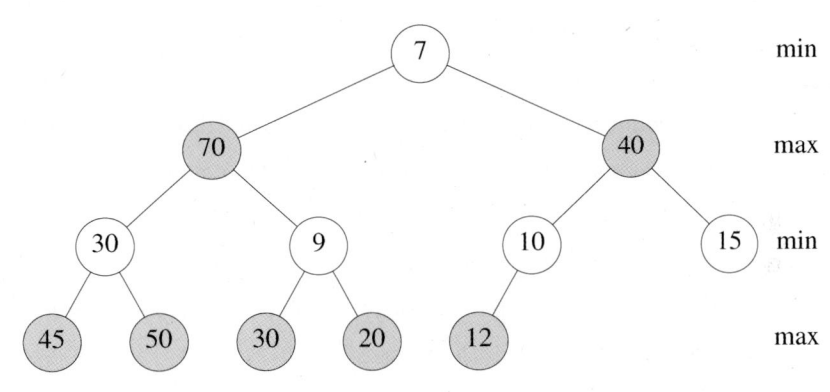

그림 9.46 12개의 원소를 가진 최소-최대 히프

완전 이진 트리의 배열 표현을 이용하여 저장된 최소-최대 히프를 사용하여 양쪽 끝 우선순위 큐를 완전한 코드로 작성하고 검사하라. 최소와 최대 원소를 반환하는 함수의 복잡도는 $O(1)$이 되어야 하고 나머지 DEPQ 함수들의 복잡도도 $O(\log n)$이 되어야 한다.

9.8 참고문헌

높이 편향 좌향 트리는 C. Crane에 의해 창안되었다. "Linear Lists and Priority Queues as balanced binary trees"(Technical report CS-72-259, Computer Science Dept., Stanford University, Palo Alto, CA, 1972)를 참조하라. 가중치 편향 좌향 트리는 "Weight biased leftist trees and modified skip lists"(S. Cho와 S. Sahni, *ACM Jr. on Experimental Algorithms*, Article 2, 1998)에 제안되어 있다.

지연 삭제에 대한 연습문제는 "Finding minimum spanning trees"(D. Cheriton and R. Tarjan, *SIAM Journal on Computing*, 5, 1976, pp.724-742)에서 찾아볼 수 있다.

B-heap와 F-heap는 M. Fredman과 R. Tarjan이 개발하였다. "Fibonacci heaps and their uses in improved network optimization algorithms"(*JACM*, 34, 3, 1987, pp.596-615)에서 이들에 대해 설명하였다. 이 논문에서는 여기서 설명한 기본적인 F-heap의 몇 가지 변형들에 대해서도 기술하고 있으며, 할당 문제와 최소 비용 신장 트리를 찾는 문제에 F-heap를 응용한 예도 보여준다. F-heap를 사용하면 $\beta(e, n) \geq \log^* n(e \geq n)$일 때 $O(e\beta(e, n))$ 시간 내에 최소 비용 신장 트리를 찾을 수 있다고 한다. 이때 $\log^* n = \min\{i \mid \log^{(i)} n \leq 1\}$이고 $\log^{(0)} n = n$, $\log^{(i)} n = \log(\log^{(i-1)} n)$이다. 최소 비용 신장 트리를 찾는 복잡도는 $O(e \log \beta(e, n))$까지 줄일 수 있다. "Efficient algorithms for finding minimum spanning trees in undirected and directed graphs"(H. Gabow, Z. Galil, T. Spencer and R. Tarjan, *Combinatorica*, vol.6, no.2, 1986, pp.109-122)를 참조하라.

페어링 히프는 논문 "The pairing heap: A new form of self-adjusting heap"에서 M. Fredman, R. Sedgewick, R. Sleator와 R. Tarjan에 의해 제안되었다. 이 논문은 "New upper bounds for pairing heaps"(J. Iacono, *Scandinavian Workshop on Algorithm Theory*, LNCS 1851, 2000, pp.35-42)와 함께 페어링 히프 연산의 상환 복잡도를 도출했다. 논문 "On the efficiency of pairing heaps and related data structures"(M. Fredman, *Jr. of the ACM*, 46, 1999, pp.473-501)는 페어링 히프를 위한 키-감소 연산의 상환 복잡도의 하한선이 $\Omega(\log \log n)$이라는 이론적인 증명을 제공한다.

Stasko와 Vitter의 실험적인 연구는 그들의 논문 "Pairing heaps: Experiments and analysis"(*Communications of the ACM*, 30, 3, 1987, 234-249)에서 다단계 페어링 히프보다 2단계 페어링 히프가 더 우수하다는 것을 확인하였다. 또한 이 논문은 2단계 페어링 히프보다 더 나은 성능을 보이는 다양한 페어링 히프('보조 2단계 페어링 히프'라고 불리는)를 제안한다. Moret과 Shapiro는 "An empirical analysis of algorithms for constructing a minimum cost spanning tree"(*Second Workshop on Algorithms and Data Structures*, 1991, pp.400-411)에서 페어링 히프가 Prim의 최소 신장 트리 알고리

즘을 구현할 때 피보나치 히프보다 우수하다는 것을 보였다.

5.6절의 기초적인 히프에 의해 영감을 받은 수많은 자료 구조들이 DEPQ의 표현을 위해 개발되어 왔다. 대칭 최소-최대 히프는 "Symmetric min-max heap: A simpler data structure for double-ended priority queue"(A. Arvind and C. Pandu Rangan, *Information Processing Letters*, 69, 1999, 197-199)에서 제안되었다.

Williams의 트윈 히프(twin heaps), Olariu et al.의 최소-최대 페어 히프(min-max pair heaps), Ding과 Weiss, van Leeuwen의 구간 히프, Chang과 Du의 다이아몬드 덱(diamond deques)은 실질적으로는 거의 동일한 자료 구조이다. 관련한 논문은 다음과 같다. "Diamond deque: A simple data structure for priority deques"(S. Chang and M. Du, *information Processing Letters*, 46, 231-237, 1993), "On the Complexity of Building an interval Heap"(Y. Ding and M. Weiss, *Information Processing Letters*, 50, 143-144, 1994), "Interval heaps"(J. van Leeuwen and D. Wood, *The Computer Journal*, 36, 3, 209-216, 1993), "A mergeable double-ended priority queue"(S. Olariu, C. Overstreet, and Z. Wen, *The Computer journal*, 34, 5, pp.423-427, 1991), "Algorithm 232"(J. Williams, *Communications of the ACM*, 7, pp.347-348, 1964).

최소-최대 히프와 디프는 DEPQ를 위해 추가적으로 영감을 받은 구조이다. 이들 자료 구조는 "Min-max-heaps and generalized priority queues"(M. Atkinson, J. Sack, N. Santoro, and T. Strothotte, *Communications of the ACM*, vol.29, no.10, 1986, pp.996-1000)와 "The deap: A double-ended heap to implement double-ended priority queues"(S. Carlsson, *Information Processing Letters*, 26, 1987, pp.33-36)에서 각각 제안되었다.

합병성 DEPQ를 위한 자료 구조들은 "The relaxed min-max heap: A mergeable double-ended priority queue"(Y. Ding and M. Weiss, *Acta informatica*, 30, 215-231, 1993)와 "Fast meldable priority queues"(G. Brodal, *Workshop on Algorithms and Data Structures*, 1995)와 "Mergeable double ended priority queue"(S. Cho and S. Sahni, *International Journal on Foundation of Computer Sciences*, 10, 1, 1999, pp.1-18)에서 제안되었다.

한쪽 끝 우선순위 큐에 대해 하나로부터 DEPQ를 위한 자료 구조들에 도달하기 위한 일반적인 기술들은 "Correspondence based data structures for double ended priority queues"(K. Chong and S. Sahni, *ACM Jr. on Experimental Algorithmics*, Volume 5, 2000, Article 2)에서 제안되었다.

우선순위 큐에 대해 더 많은 정보를 얻고 싶다면 D. Mehta와 S. Sahni가 쓴 "Handbook of data structures and applications"(Chapman & Hall/CRC, Boca Raton, 2005)를 참조하라.

10 효율적인 이원 탐색 트리

10.1 최적 이원 탐색 트리

이원 탐색 트리는 5장에서 소개하였다. 이 절에서는 정적 원소들의 집합에 대한 이원 탐색 트리의 구조에 대해 살펴보겠다. 즉, 이 원소들의 집합에 대해 삽입이나 삭제는 하지 않고 탐색만을 수행한다.

정렬된 리스트는 이원 탐색을 이용하여 탐색할 수 있다. 이러한 탐색을 위해 이원 탐색 트리를 구성할 수 있는데, 함수 *iterSearch*(프로그램 5.16)를 이용하여 이 트리를 탐색하는 것은 정렬된 리스트를 이원 탐색하는 것과 같다. 예를 들어 원소들이 정렬된 리스트 (5, 10, 15)에 대한 이원 탐색은 그림 10.1의 이원 탐색 트리에 대해 *iterSearch* 함수를 적용하는 것에 해당된다[편의상 이 장에 나오는 모든 예제에서는 하나의 완전 원소(complete element)보다는 원소의 키(element's key)만 표시한다.]. 이 트리가 포화 이진 트리이기는 하지만, 서로 다른 원소들이 탐색되는 확률이 같지 않을 경우 최적의 이원 탐

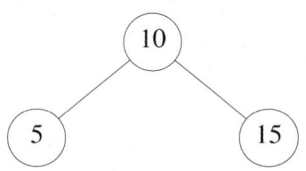

그림 10.1 리스트 (5, 10, 15)에서의 이원 탐색에 해당되는 이원 탐색 트리

색 트리는 아닐 수도 있다.

주어진 원소들에 대한 최적 이원 탐색 트리(optimal binary search tree)를 찾기 위해서는 먼저 탐색 트리의 비용 측정 방법을 정해야 한다. 이원 탐색 트리의 l 레벨에 있는 원소를 탐색할 때 *iterSearch*는 **while** 루프를 l번 반복한다. 이 **while** 루프가 탐색의 비용을 결정하므로, 노드의 레벨 수를 그 노드의 비용으로 이용하는 것이 적절하다.

예제 10.1: 그림 10.2의 두 탐색 트리를 생각해보자. 두 번째 트리에서는 찾고자 하는 원소가 트리에 있는지를 결정하기 위해 최대 3번의 비교가 필요하다. 첫 번째 이진 트리에서는 $10 < k < 20$ 범위 내 키 k를 탐색하는 경우 4개의 노드를 검사해야 되므로 4번의 비교가 필요하다. 그러므로 최악의 경우 탐색 시간으로 따진다면, 두 번째 이진 트리가 첫 번째 트리보다 좋다. 첫 번째 트리에서 원소를 탐색하려면, 10을 탐색하기 위해서는 1번, 5와 25를 탐색하기 위해서는 각각 2번, 20을 탐색하려면 3번, 15를 탐색하려면 4번의 비교가 필요하다. 만약 모든 노드가 똑같은 확률로 탐색된다고 가정하면 성공적인 탐색에 필요한 평균 비교 횟수는 2.4번이 된다. 반면에 두 번째 트리의 평균 비교 횟수는 2.2번이 되므로, 평균 성능 역시 두 번째 트리가 더 좋다.

5, 10, 15, 20, 25가 각각 0.3, 0.3, 0.05, 0.05, 0.3의 확률로 탐색된다고 가정하면, 그림 10.2의 (a)와 (b)의 트리에서 성공적인 탐색을 하기 위한 평균 비교 횟수는 각각 1.85, 2.05이다. 따라서 이때는 첫 번째 트리가 두 번째 트리보다 평균 성능이 더 좋다. □

이원 탐색 트리를 평가할 때 널 링크가 있는 곳에 특별한 '사각형' 노드(square

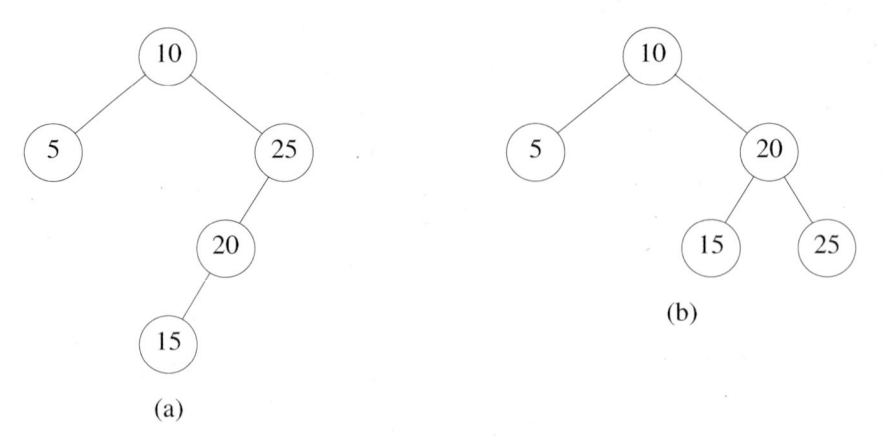

그림 10.2 두 이원 탐색 트리

node)를 추가하면 유용하다. 그림 10.2의 트리에 사각형 노드를 붙이면 그림 10.3의 트리가 생성된다. n개의 노드를 가진 이진 트리는 $n+1$개의 널 링크를 가지므로 $n+1$개의 사각형 노드가 필요하다. 이러한 노드들은 원래 트리의 일부가 아니기 때문에 외부 노드(external node)라 하고, 원래부터 있는 노드들은 내부 노드(internal node)라고 한다. 이원 탐색 트리에 없는 식별자를 탐색할 경우에는 외부 노드에서 탐색은 끝난다. 이러한 탐색은 성공하지 못한 탐색이므로 외부 노드를 실패 노드(failure node)라고도 한다. 외부 노드를 가진 이진 트리를 확장 이진 트리(extended binary tree)라고 부른다. 확장 이진 트리의 개념은 9장에서 좌향 트리와 관련하여 정의한 바 있다. 그림 10.3은 그림 10.2의 탐색 트리에 해당하는 확장 이진 트리이다.

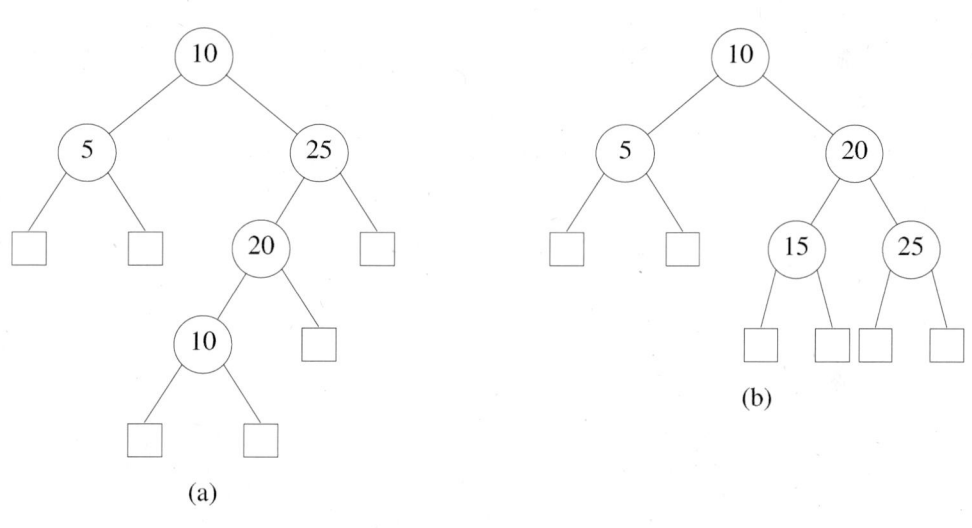

그림 10.3 그림 10.2의 탐색 트리에 해당하는 확장 이진 트리

이진 트리의 외부 경로 길이(external path length)는 모든 외부 노드에 대해서 루트로부터 각 외부 노드까지의 경로 길이를 모두 합한 것이다. 마찬가지로 내부 경로 길이(internal path length)는 루트로부터 각 내부 노드까지의 경로 길이를 모두 합한 것이다. 예를 들어 그림 10.3(a)의 트리에서 내부 경로 길이

$$I = 0 + 1 + 1 + 2 + 3 = 7$$

이고, 외부 경로 길이

$$E = 2 + 2 + 4 + 4 + 3 + 2 = 17$$

이다.

    이 절의 연습문제 1은 n개의 내부 노드를 가진 이진 트리의 내부 및 외부 경로 길이 사이에 $E = I + 2n$의 관계가 있음을 보여주고 있다. 그러므로 E가 최대인 이진 트리에서는 I도 최대가 된다. 이진 트리가 n개의 내부 노드를 가질 때 I의 최대 값과 최소 값은 어떻게 되겠는가? 분명히 최악의 경우는 트리가 편향될 때, 즉 트리의 깊이가 n일 경우이다. 이때는

$$I = \sum_{i=0}^{n-1} i = n(n-1)/2$$

가 된다.

    I가 최소가 되는 트리를 얻기 위해서는 가능한 한 많은 내부 노드들이 루트에 근접해 있어야 한다. 그러나 거리 1을 갖는 노드는 많아야 2개, 거리 2를 갖는 노드는 4개이므로 일반적으로 I의 최소 값은

$$0 + 2*1 + 4*2 + 8*3 + \cdots +$$

이다.

    내부 경로 길이가 최소인 트리는 5.2절에서 정의된 완전 이진 트리이다. 만약 5.2절에서처럼 완전 이진 트리의 노드에 번호를 매긴다면 루트로부터 노드 i까지의 거리는 $\lfloor \log_2 i \rfloor$가 된다. 그러므로 I의 최소 값은

$$\sum_{1 \leq i \leq n} \lfloor \log_2 i \rfloor = O(n \log_2 n)$$

이다.

    이제 본래 문제로 돌아가 정적 원소 집합을 이원 탐색 트리로 표현하는 문제를 생각해보자. 만약 이원 탐색 트리가 $a_1 < a_2 < \cdots < a_n$을 만족하는 원소 $a_1, a_2, \cdots, a_n$을 포함하고 각 a_i를 탐색할 확률이 p_i라고 하면, 임의의 이원 탐색 트리의 총 비용은

$$\sum_{1 \leq i \leq n} p_i \cdot \text{level}(a_i)$$

가 된다. 단, 이것은 탐색이 성공적일 때에만 해당한다. 성공하지 못한 탐색(즉, 테이블 내에 있지 않은 원소에 대한 탐색)도 이루어지기 때문에 이에 대한 비용도 총 비용에 포함시켜야 한다. 이런 성공하지 못한 탐색은 *iterSearch* 알고리즘(프로그램 5.16)에서 0 포

인터를 반환하면서 끝나게 된다. 공백 서브트리를 가진 모든 노드는 이러한 종료가 일어날 수 있는 지점을 정할 수 있다. 모든 공백 서브트리를 실패 노드로 대체하자. 이원 탐색 트리에 있지 않은 키들은 $n+1$개의 부류 $E_i(0 \leq i \leq n)$로 분류할 수 있다. E_0는 $X < a_1$인 모든 원소 X를 포함한다. E_i는 $a_i < X < a_{i+1}(1 \leq i < n)$인 모든 원소 X를 포함하며, E_n은 $X > a_n$을 만족하는 모든 원소 X를 포함한다. 임의의 부류 E_i에 있는 모든 원소에 대한 탐색은 같은 실패 노드에서 종료함을 쉽게 알 수 있다. 즉, 상이한 부류에 있는 원소는 상이한 실패 노드에서 종료한다. 실패 노드에 대해 0부터 n까지의 번호를 붙인다면 부류 $E_i(0 \leq i \leq n)$의 실패 노드에 대해 번호 i를 붙일 수 있다. 탐색 중인 원소가 E_i에 있을 확률이 q_i라면 실패 노드의 비용은

$$\sum_{0 \leq i \leq n} q_i \cdot (\text{level(failure node } i) - 1)$$

이 된다. 그러므로 이원 탐색 트리의 총 비용은

$$\sum_{1 \leq i \leq n} p_i \cdot \text{level}(a_i) + \sum_{0 \leq i \leq n} q_i \cdot (\text{level (failure node } i) - 1) \tag{10.1}$$

이 된다.

$a_1, \cdots, a_n$에 대한 최적 이원 탐색 트리는 이 키 집합에 대해 가능한 모든 이원 탐색 트리 중에서 식 (10.1)의 값이 최소가 되는 것이다. 모든 탐색은 성공이나 실패로 종료되어야 하기 때문에 다음과 같은 식이 성립한다.

$$\sum_{1 \leq i \leq n} p_i + \sum_{0 \leq i \leq n} q_i = 1$$

예제 10.2: 그림 10.4는 키 집합 $(a_1, a_2, a_3) = (5, 10, 15)$의 이원 탐색 트리를 보여주고 있다. 만약 모든 i와 j에 대해 똑같은 확률 $p_i = q_j = 1/7$로 키를 탐색한다면 다음과 같은 식이 성립한다.

cost (tree a) = 15/7; cost (tree b) = 13/7
cost (tree c) = 15/7; cost (tree d) = 15/7
cost (tree e) = 15/7

예상했던 것처럼 트리 b가 최적이다. 하지만 $p_1 = 0.5, p_2 = 0.1, p_3 = 0.05, q_0 = 0.15, q_1 = 0.1, q_2 = 0.05, q_3 = 0.05$ 라고 하면 다음과 같이 된다.

cost (tree a) = 2.65; cost (tree b) = 1.9
cost (tree c) = 1.5; cost (tree d) = 2.05
cost (tree e) = 1.6

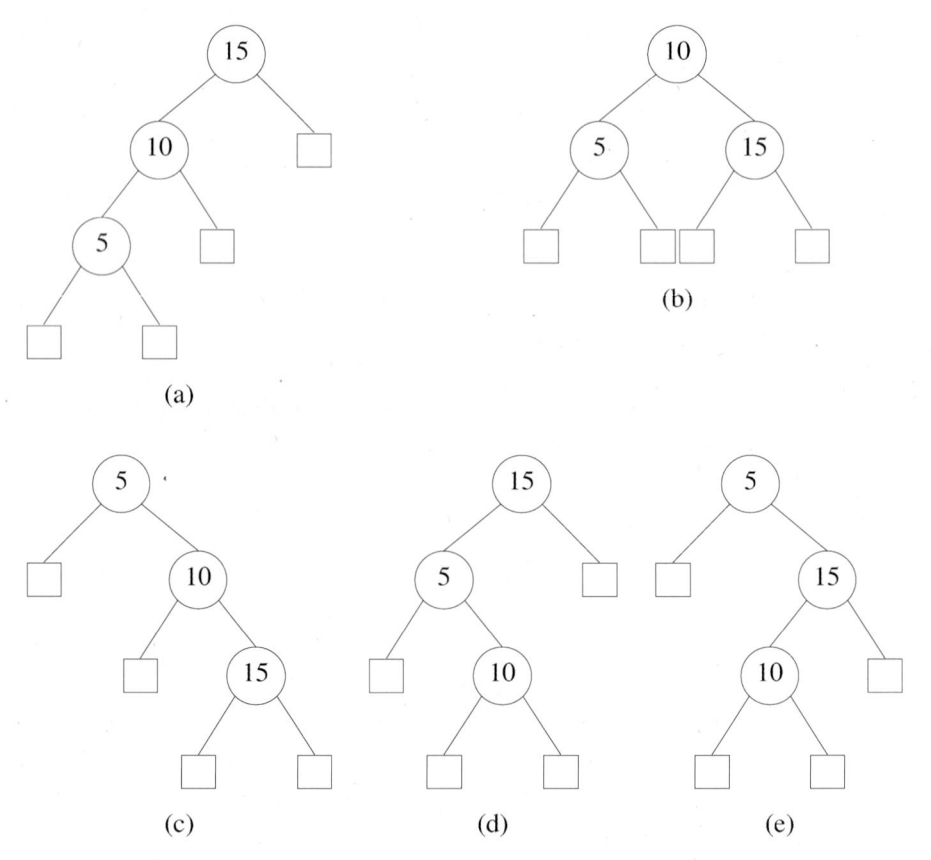

그림 10.4 3개의 원소를 가진 이원 탐색 트리

따라서 이번 p와 q의 값들에 대해서 트리 c가 최적이다. □

그러면 어떻게 최적 이원 탐색 트리를 결정할 수 있을까? 예제 10.2에서처럼 모든 가능한 이원 탐색 트리를 생성하고 각 트리의 비용을 계산하여 최소 비용을 갖는 트리를 최적 이원 탐색 트리로 결정할 수도 있을 것이다. n개의 노드를 가진 이원 탐색 트리에 대해 $O(n)$ 시간에 이원 탐색 트리의 비용을 결정할 수 있다. 따라서 n개의 원소를 가진 상이한 이원 탐색 트리의 총 수가 $N(n)$이라고 하면, 최적 이원 탐색 트리 알고리즘의 복잡도는 $O(nN(n))$이 된다. 5.11절로부터 $N(n) = O(4^n/n^{3/2})$이라는 것을 알 수 있으므로, 이 비상식적인 알고리즘은 n의 값이 클 때 실현 불가능하다는 것을 알 수 있다. 하지만 최적 이원 탐색 트리의 성질에 대해 살펴본다면 상당히 효율적인 알고리즘을 발견할 수

있다.

$a_1 < a_2 < \cdots < a_n$을 이원 탐색 트리에 표현된 n개의 키라고 하고 T_{ij}가 $a_{i+1}, \cdots, a_j (i < j)$를 만족하는 최적 이원 탐색 트리라고 하자. 관습적으로 T_{ii}는 $0 \leq i \leq n$에 대해 공백 트리이며 T_{ij}는 $i > j$에 대해서는 정의되지 않는다. c_{ij}는 탐색 트리 T_{ij}의 비용을 의미한다고 하자. 정의에 의해 c_{ii}는 0이다. r_{ij}가 T_{ij}의 루트라고 하고

$$w_{ij} = q_i + \sum_{k=i+1}^{j} (q_k + p_k)$$

는 T_{ij}의 가중치라고 하자. 정의에 의해 $r_{ii} = 0$이고 $w_{ii} = q_i (0 \leq i \leq n)$이다. T_{0n}은 $a_1, \cdots, a_n$에 대한 최적 이원 탐색 트리이다. 이것의 비용은 c_{0n}이고, 가중치는 w_{0n}이며 루트는 r_{0n}이다.

만약 T_{ij}가 $a_{i+1}, \cdots, a_j$와 $r_{ij} = k$에 대한 최적 이원 탐색 트리라면 k는 부등식 $i < k \leq j$를 만족한다. T_{ij}는 2개의 서브트리 L과 R을 가진다. L은 왼쪽 서브트리로서 키 $a_{i+1}, \cdots, a_{k-1}$를 포함하고 R은 오른쪽 서브트리로서 원소 $a_{k+1}, \cdots, a_j$를 포함한다(그림 10.5). T_{ij}의 비용 c_{ij}는

$$c_{ij} = p_k + \text{cost}(L) + \text{cost}(R) + \text{weight}(L) + \text{weight}(R) \qquad (10.2)$$

이다. 여기서 weight(L) = weight($T_{i, k-1}$) = $w_{i, k-1}$이고 weight(R) = weight(T_{kj}) = w_{kj}이다.

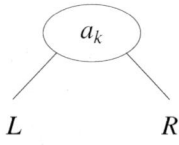

그림 10.5 최적 이원 탐색 트리 T_{ij}

식 (10.2)로부터 c_{ij}가 최소 값을 가질 때 cost(L) = $c_{i, k-1}$이고 cost(R) = c_{kj}임은 명백하다. 그렇지 않다면 L이나 R을 더 낮은 비용의 서브트리로 대체할 수 있으므로 c_{ij}보다 더 적은 비용을 가진 $a_{i+1}, \cdots, a_j$의 이원 탐색 트리를 얻을 수 있을 것이고, 이것은 T_{ij}가 최적이라는 가정에 위배된다. 따라서 식 (10.2)는

$$c_{ij} = p_k + c_{i,k-1} + c_{kj} + w_{i,k-1} + w_{kj}$$
$$= w_{ij} + c_{i,k-1} + c_{kj} \quad (10.3)$$

가 된다. T_{ij}는 최적이기 때문에 $r_{ij} = k$일 때 식 (10.3)으로부터 다음과 같은 식을 얻을 수 있다.

$$w_{ij} + c_{i,k-1} + c_{kj} = \min_{i<l\leq j}\{w_{ij} + c_{i,l-1} + c_{lj}\}$$

또는

$$c_{i,k-1} + c_{kj} = \min_{i<l\leq j}\{c_{i,l-1} + c_{lj}\} \quad (10.4)$$

식 (10.4)는 $T_{ii} = \phi$와 $c_{ii} = 0$이라는 사실로부터 T_{0n}과 c_{0n}을 어떻게 구할 수 있는지를 보여준다.

예제 10.3: $n = 4$이고 $(a_1, a_2, a_3, a_4) = (10, 15, 20, 25)$라고 하자. $(p_1, p_2, p_3, p_4) = (3, 3, 1, 1)$이고 $(q_0, q_1, q_2, q_3, q_4) = (2, 3, 1, 1, 1)$이라고 하자. 편의상 원래의 p와 q 값에 16을 곱했다. 먼저 $w_{ii} = q_i$, $c_{ii} = 0$, $r_{ii} = 0 (0 \leq i \leq 4)$이다. 식 (10.3)과 식 (10.4)를 사용하여 다음을 구할 수 있다.

$$
\begin{aligned}
w_{01} &= p_1 + w_{00} + w_{11} = p_1 + q_1 + w_{00} = 8 \\
c_{01} &= w_{01} + \min\{c_{00} + c_{11}\} = 8 \\
r_{01} &= 1 \\
w_{12} &= p_2 + w_{11} + w_{22} = p_2 + q_2 + w_{11} = 7 \\
c_{12} &= w_{12} + \min\{c_{11} + c_{22}\} = 7 \\
r_{12} &= 2 \\
w_{23} &= p_3 + w_{22} + w_{33} = p_3 + q_3 + w_{22} = 3 \\
c_{23} &= w_{23} + \min\{c_{22} + c_{33}\} = 3 \\
r_{23} &= 3 \\
w_{34} &= p_4 + w_{33} + w_{44} = p_4 + q_4 + w_{33} = 3 \\
c_{34} &= w_{34} + \min\{c_{33} + c_{44}\} = 3 \\
r_{34} &= 4
\end{aligned}
$$

$w_{i, i+1}$과 $c_{i, i+1}(0 \leq i < 4)$를 알 수 있으므로 $w_{i, i+2}$과 $c_{i, i+2}$, $r_{i, i+2}(0 \leq i < 3)$를 구하기 위해 식 (10.3)과 (10.4)를 다시 적용할 수 있다. w_{04}, c_{04}, r_{04}를 얻을 때까지 이러한 과정을 반복할 것이다. 그림 10.6의 테이블은 이러한 계산 결과를 보여준다. 테이블로부터

	0	1	2	3	4
0	$w_{00}=2$ $c_{00}=0$ $r_{00}=0$	$w_{11}=3$ $c_{11}=0$ $r_{11}=0$	$w_{22}=1$ $c_{22}=0$ $r_{22}=0$	$w_{33}=1$ $c_{33}=0$ $r_{33}=0$	$w_{44}=1$ $c_{44}=0$ $r_{44}=0$
1	$w_{01}=8$ $c_{01}=8$ $r_{01}=1$	$w_{12}=7$ $c_{12}=7$ $r_{12}=2$	$w_{23}=3$ $c_{23}=3$ $r_{23}=3$	$w_{34}=3$ $c_{34}=3$ $r_{34}=4$	
2	$w_{02}=12$ $c_{02}=19$ $r_{02}=1$	$w_{13}=9$ $c_{13}=12$ $r_{13}=2$	$w_{24}=5$ $c_{24}=8$ $r_{24}=3$		
3	$w_{03}=14$ $c_{03}=25$ $r_{03}=2$	$w_{14}=11$ $c_{14}=19$ $r_{14}=2$			
4	$w_{04}=16$ $c_{04}=32$ $r_{04}=2$				

그림 10.6 c_{04}와 r_{04}의 계산. 계산은 0행부터 4행까지 행 순서로 수행됨

$c_{04}=32$가 a_1에서 a_4까지의 이원 탐색 트리의 최소 비용임을 알 수 있다. 트리 T_{04}의 루트는 a_2이다. 그러므로 왼쪽 서브트리는 T_{01}이고 오른쪽 서브트리는 T_{24}이다. T_{01}은 루트 a_1을 가지며 서브트리 T_{00}과 T_{11}을 갖는다. T_{24}는 루트 a_3를 가지므로, 왼쪽 서브트리는 T_{22}이며 오른쪽 서브트리는 T_{34}이다. 테이블에 있는 데이타로부터 그림 10.7과 같이 T_{04}를 재구성할 수 있다. □

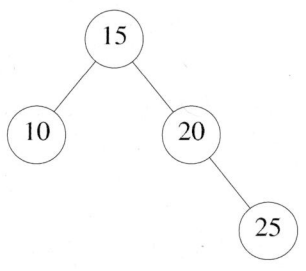

그림 10.7 예제 10.3에 대한 최적 이원 탐색 트리

예제 10.3은 c와 r을 구하기 위해 식 (10.4)를 이용하는 방법과 r에 대한 정보가 있을 때 T_{0n}을 재구성하는 방법을 보여준다. c와 r의 값을 구하는 함수의 복잡도를 계산해 보자. 예제 10.3에서 기술한 계산 함수에서 c_{ij}는 $(j-i) = 1, 2, \cdots, n$에 대해 이 순서대로 계산되어야 한다. $j-i = m$일 때 $n-m+1$개의 c_{ij}를 계산해야 한다. 이러한 c_{ij}를 각각 계산하기 위해서는 m개 중에서 최소 값을 찾아야 한다[식 (10.4) 참조]. 따라서 $O(m)$ 시간에 c_{ij}를 계산할 수 있다. 그러므로 $j-i = m$인 모든 c_{ij}의 총 연산 시간은 $O(nm-m^2)$이다. 또한 c_{ij}와 r_{ij}를 계산하기 위한 총 연산 시간은

$$\sum_{1 \leq m \leq n} (nm - m^2) = O(n^3)$$

이 된다.

실제로는 D. E. Knuth에 의해 구해진 결과를 이용하면 이보다 더 좋은 결과를 얻을 수 있다. 그에 의하면 탐색 범위를 $r_{i,j-1} \leq l \leq r_{i+1,j}$로 제한함으로써 식 (10.4)에서 최적 값 l을 찾을 수 있다고 한다. 이 경우 계산 시간은 $O(n^2)$이 된다(연습문제 3 참조). 함수 obst(프로그램 10.1)는 이 결과를 이용하여 $O(n^2)$ 시간에 w_{ij}, r_{ij}와 $c_{ij}(0 \leq i \leq j \leq n)$의 값을 구한다. $O(n)$ 시간에 r_{ij}의 값으로부터 실제 트리 T_{0n}을 구성할 수 있으며, 이것은 연습문제로 남겨둔다.

함수 obst(프로그램 10.1)는 키 $a_{i+1}, \cdots, a_j$에 대한 최적 이원 탐색 트리 T_{ij}의 비용 $c[i][j] = c_{ij}$를 계산한다. 또한 T_{ij}의 루트인 $r[i][j] = r_{ij}$와 T_{ij}의 가중치인 $w[i][j] = w_{ij}$도 계산한다. 2차원 배열 c, r, w는 정수 타입의 전역 배열이다. 함수의 입력으로는 성공과 실패 확률 배열인 p[ ]와 q[ ], 그리고 키의 수를 나타내는 n이 주어진다. 배열 원소 p[0], a[0]는 사용되지 않는다.

```
void obst(double *p, double *q, int n)
{
    int i, j, k, m;
    for(i = 0; i < n; i++) { /* 초기화 */
        /* 0 노드 트리 */
        w[ i][ i] = q[ i];   r[ i][ i] = c[ i][ i] = 0;
        /* 1 노드 */
        w[ i][ i+1] = q[ i] + q[ i+1] + p[ i+1];
        r[ i][ i+1] = i + 1;
        c[ i][ i+1] = w[ i][ i+1];
```

```
        }
        w[n][n] = q[n];   r[n][n] = c[n][n] = 0;

        /* m > 1 노드를 갖는 최적 트리 탐색 */
        for(m = 2; m < = n; m++)
           for(i = 0; i < = n-m; i++)
           {
             j = i + m;
             w[i][j] = w[i][j-1] + p[j] + q[j];
             k = KnuthMin(i, j);
             /* KnuthMin은 범위[r[i, j-1], r[i+1, j]] 사이의 값 k를 반
                환한다. 이때 c[i, k-1] + c[k, j]는 최소가 된다. */
             c[i][j] = w[i][j] + c[i][k-1] + c[k][j];
                                              /* 식 (10.3) */
             r[i][j] = k;
           }
}
```

프로그램 10.1: 최적 이원 탐색 트리를 찾는 함수

연습문제

1. (a) T가 n개의 내부 노드를 가진 이진 트리일 때, 내부 경로의 길이가 I이고 외부 경로의 길이가 E이면 $E = I + 2n(n \geq 0)$임을 귀납적 방법으로 증명하라.
   (b) (a)의 결과를 이용하여 성공적인 탐색 시 평균 비교 횟수 s와 실패한 탐색의 평균 비교 횟수 u 사이에는 다음 관계가 성립함을 증명하라.

$$s = (1 + 1/n)u - 1, n \geq 1$$

2. 함수 obst(프로그램 10.1)를 이용하여 키 집합이 $(a_1, a_2, a_3, a_4) = (5, 10, 15, 20)$이고 $p_1 = 1/20, p_2 = 1/5, p_3 = 1/10, p_4 = 1/20, q_0 = 1/5, q_1 = 1/10, q_2 = 1/5, q_3 = 1/20, q_4 = 1/20$일 때 w_{ij}, r_{ij} 및 $c_{ij}(0 \leq i < j \leq 4)$를 구하라. r_{ij}를 이용하여 최적 이원 탐색 트리도 구성하라.

3. (a) 함수 KnuthMin의 코드를 작성하여 함수 obst를 완성하라.

(b) *obst*의 연산 시간 복잡도가 $O(n^2)$임을 보이라.

(c) 루트 $r_{ij}(0 \leq i < j \leq n)$가 주어졌을 때 최적 이원 탐색 트리 T_{0n}을 구성하기 위한 C 함수를 작성하라. 이것은 $O(n)$ 시간에 수행될 수 있음을 보이라.

4. *p*와 *q*의 근사 값만 아는 경우가 많으므로 최적에 가까운 이원 탐색 트리, 즉 주어진 *p*와 *q*에 대해 그 비용[식 (10.1)]이 거의 최소가 되는 이원 탐색 트리를 찾는 것은 의미 있는 일이다. 이 연습문제는 거의 최적에 가까운 이원 탐색 트리를 $O(n \log n)$ 시간에 찾는 알고리즘에 대해 살펴보는 것이다. 탐색 트리에 대한 휴리스틱(heuristic)은 다음과 같다.

$|w_{0,k-1} - w_{k,n}|$이 가능한 한 작도록 루트 a_k를 선택하라. 이 과정을 반복하여 a_k의 왼쪽 서브트리와 오른쪽 서브트리를 찾아라.

(a) 이 휴리스틱을 이용하여 연습문제 2의 데이터에 대한 이원 탐색 트리 결과를 구하라. 그 비용은 얼마인가?

(b) 이 휴리스틱을 구현하는 C 함수를 작성하라. 함수의 시간 복잡도는 $O(n \log n)$이어야 한다.

이 휴리스틱의 성능 분석은 Mehlhorn의 논문(참고문헌 참조)에서 찾아볼 수 있다.

10.2 AVL 트리

동적 원소들의 집합도 이원 탐색 트리로 관리할 수 있다. 5장에서는 이원 탐색 트리에 원소를 삽입하고 삭제하는 방법에 대하여 살펴보았다. 그림 10.8은 프로그램 5.21의 *insert* 함수를 사용하여 공백 이원 탐색 트리에 JANUARY(1월)부터 DECEMBER(12월)까지를 순서대로 삽입하여 얻어진 이원 탐색 트리를 나타낸다.

그림 10.8의 트리에서 어떤 원소를 찾기 위해 필요한 최대 비교 횟수는, NOVEMBER의 경우로 6번이다. 평균 비교 횟수는 (JANUARY에 1번 + FEBRUARY와 MARCH에 각각 2번 + APRIL, JUNE과 MAY에 3번 + ⋯ + NOVEMBER에 6번)/12 = 42/12 = 3.5번이다. 만약 JULY, FEBRUARY, MAY, AUGUST, DECEMBER, MARCH, OCTOBER, APRIL, JANUARY, JUNE, SEPTEMBER, NOVEMBER의 순으로 달을 삽입한다면, 그림 10.9의 트리가 만들어진다.

그림 10.9의 트리는 균형을 잘 이루고 있으며 리프 노드까지의 경로 길이들이 비슷한 반면, 그림 10.8의 트리에서는 루트에서 NOVEMBER까지의 경로에 6개의 노드가 있지만 루트에서 APRIL까지의 경로에는 3개의 노드만이 있다. 또한 그림 10.9의 트리

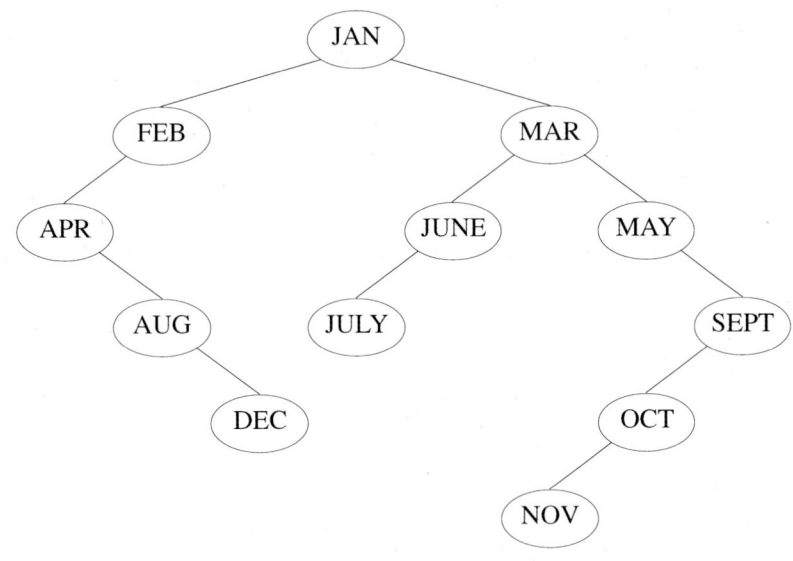

그림 10.8 1년 12달에 대한 이원 탐색 트리

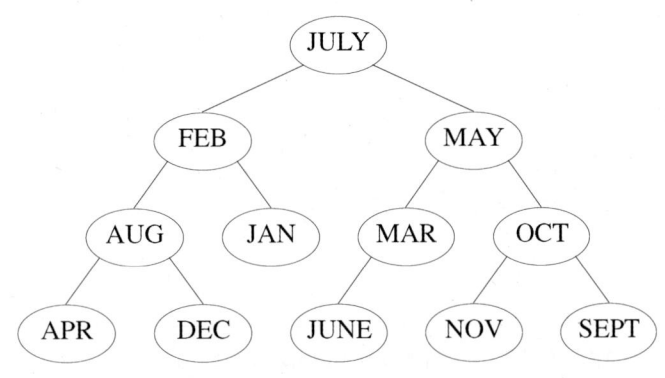

그림 10.9 1년 12달에 대한 균형 트리

가 구성되는 동안 만들어진 모든 중간 결과 트리 또한 균형을 이룬다. 어떤 원소를 찾는 데 필요한 최대 비교 횟수는 4번이고 평균 비교 횟수는 37/12 ≈ 3.1번이 된다. 공백 트리에 12달을 사전 순서로 삽입한다면 그림 10.10과 같이 체인 모양의 성능이 저하된 트

리가 만들어진다. 이 경우 최대 탐색시간에는 12번의 원소 비교가 필요하며, 평균 탐색 시간에는 6.5번의 비교가 필요하다. 따라서 최악의 경우, 이원 탐색 트리는 정렬된 선형 리스트에서 순차 탐색하는 것과 같게 된다. 그러나 원소를 무작위로 삽입하는 경우 트리는 그림 10.9처럼 균형을 이루기 쉽다. 만약 모든 순열의 확률이 같다면 n개 노드를 가진 이원 탐색 트리에 대해 평균 탐색 시간과 삽입 시간은 $O(\log n)$이 된다.

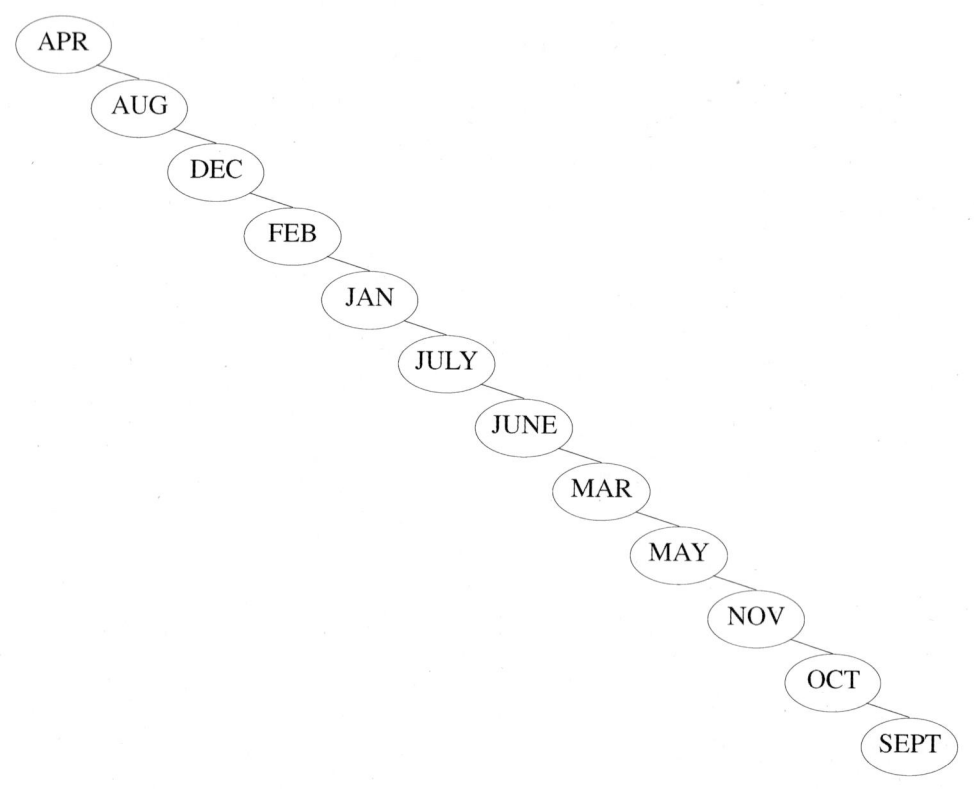

그림 10.10 성능이 저하된 이원 탐색 트리

앞에서 살펴본 바에 의하면, 이원 탐색 트리가 항상 완전 이진 트리로 유지되면 평균 탐색 시간과 최대 탐색 시간이 최소로 된다. 그러나 동적인 환경을 취급해야 되므로 새로운 원소를 삽입하는 데 많은 시간이 걸리는 것을 감수하지 않고서는 완전 이진 트리를 유지하기 어렵다. 왜냐하면 새로운 엔트리를 삽입하면서 완전 이진 트리를 유지하기 위해서 때로는 트리 전체를 재구성해야 되기 때문이다. 그러나 n개의 노드에 대해 평균과 최악의 경우에서의 탐색 시간을 O(log n)으로 하면서 균형 트리를 유지할 수 있다. 이 절에서는 균형 이진 트리를 확장시키는 방법에 대해 살펴보겠는데, 이 방법은 만족할 만한 탐색·삽입·삭제 시간을 제공한다. 균형 탐색 트리를 유지하는 다른 방법은 다음 절에서 살펴보기로 한다.

1962년에 Adelson-Velskii와 Landis는 서브트리들의 높이가 균형을 이루는 이진 트리 구조를 제안하였다. 이 균형 트리로 인해 n개의 노드를 가진 트리에 대해 동적 검색을 O(log n) 시간 내에 할 수 있고, 새로운 키를 O(log n) 시간 내에 삽입하거나 삭제할 수도 있다. 이렇게 해서 만들어진 트리의 높이 역시 균형을 이룬다. 이러한 구조의 트리를 *AVL* 트리(AVL tree)라고 한다. 이진 트리의 경우와 같이 AVL 트리도 순환적으로 정의할 수 있다.

정의: 공백 트리(empty tree)는 높이 균형을 이룬다. T가 왼쪽과 오른쪽 서브트리인 T_L과 T_R을 가진 공백이 아닌 이진 트리라고 할 때, 아래 조건을 만족하면 T는 높이 균형을 이루며 그 역도 성립한다.

(1) T_L과 T_R이 높이 균형을 이룬다.
(2) $|h_L - h_R| \leq 1$ (h_L과 h_R은 각각 T_L과 T_R의 높이) □

높이 균형 이진 트리(height-balanced binary tree)의 정의로부터 모든 서브트리도 높이 균형이 이루어져야 된다는 것을 알 수 있다. 그림 10.8의 이진 트리에서 APRIL 노드를 루트로 하는 왼쪽 서브트리의 높이는 0인 반면, 오른쪽 서브트리의 높이는 2이기 때문에 높이 균형을 이루지 못하고 있다. 그림 10.9의 트리는 높이 균형을 이루는 반면, 그림 10.10에서는 그렇지 않다. 높이 균형 이원 탐색 트리를 유지하는 과정을 보기 위해 12달의 이름을 포함한 트리를 만들어보자. 여기서 삽입은 MARCH, MAY, NOVEMBER, AUGUST, APRIL, JANUARY, DECEMBER, JULY, FEBRUARY, JUNE, OCTOBER, SEPTEMBER의 순으로 진행한다. 그림 10.11은 트리가 확장되는 과정과 트리의 균형이 유지될 수 있도록 재구성하는 과정을 보여준다. 각 노드의 숫자는 그 노드의 왼쪽과 오른쪽 서브트리 사이의 높이 차를 나타내는데, 이 숫자를 그 노드의 균형 인수(balance factor)라고 한다.

정의: 이진 트리에서 노드 T의 균형 인수(balance factor) $BF(T)$는 $h_L - h_R$로서 정의한다. h_L과 h_R은 각각 노드 T의 왼쪽과 오른쪽 서브트리의 높이이다. AVL 트리의 어떠한 노드 T에 대해서도 $BF(T) = -1, 0$ 또는 1이 된다. □

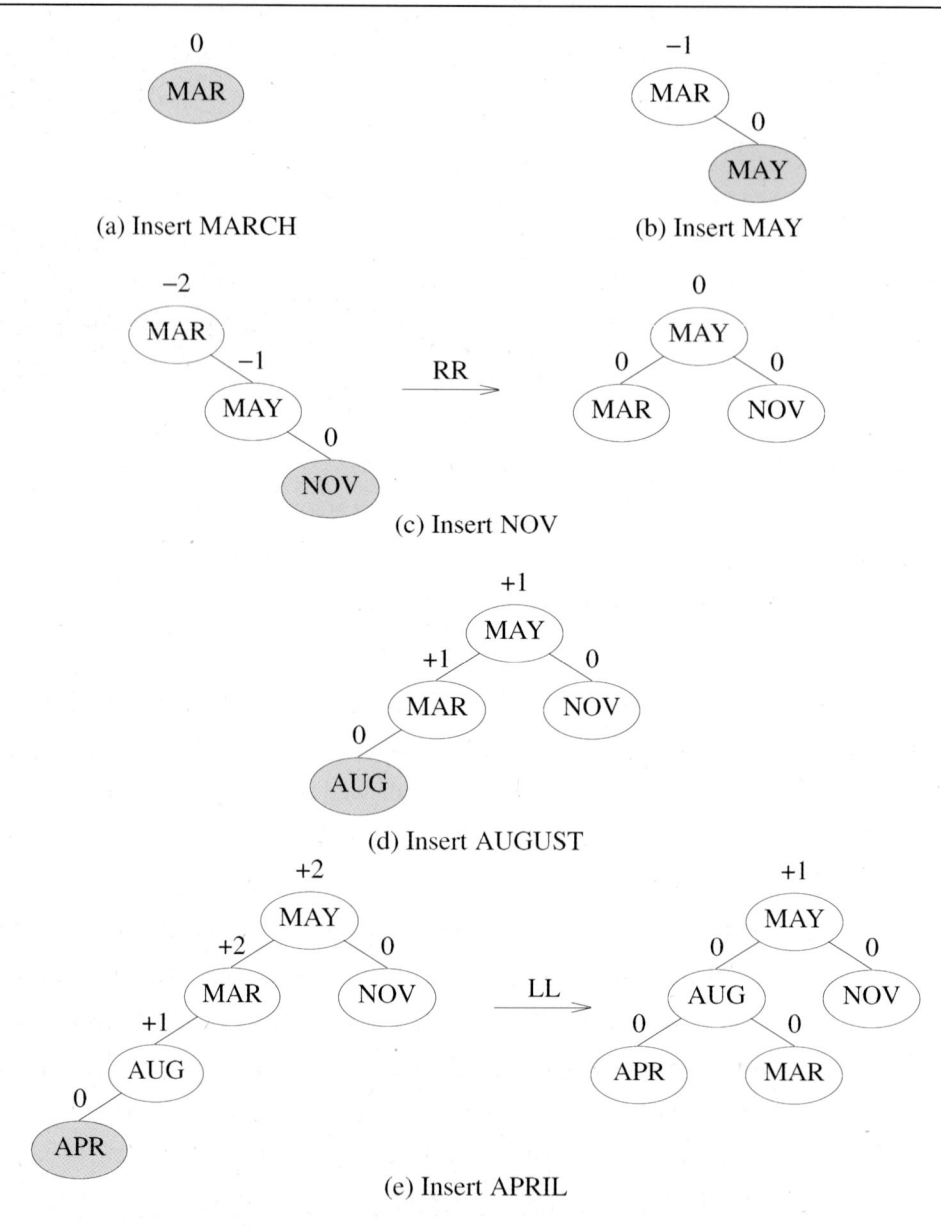

그림 10.11 1년 12달을 삽입하여 얻어진 균형 트리(계속)

　　MARCH와 MAY를 삽입하면 그림 10.11의 (a)와 (b)가 된다. NOVEMBER를 삽입할 경우, MARCH의 오른쪽 서브트리의 높이는 2가 되고 왼쪽 서브트리의 높이는 0이 되므로 트리가 균형을 이루지 못한다. 균형을 이루기 위해서는 1번의 회전(rotation)

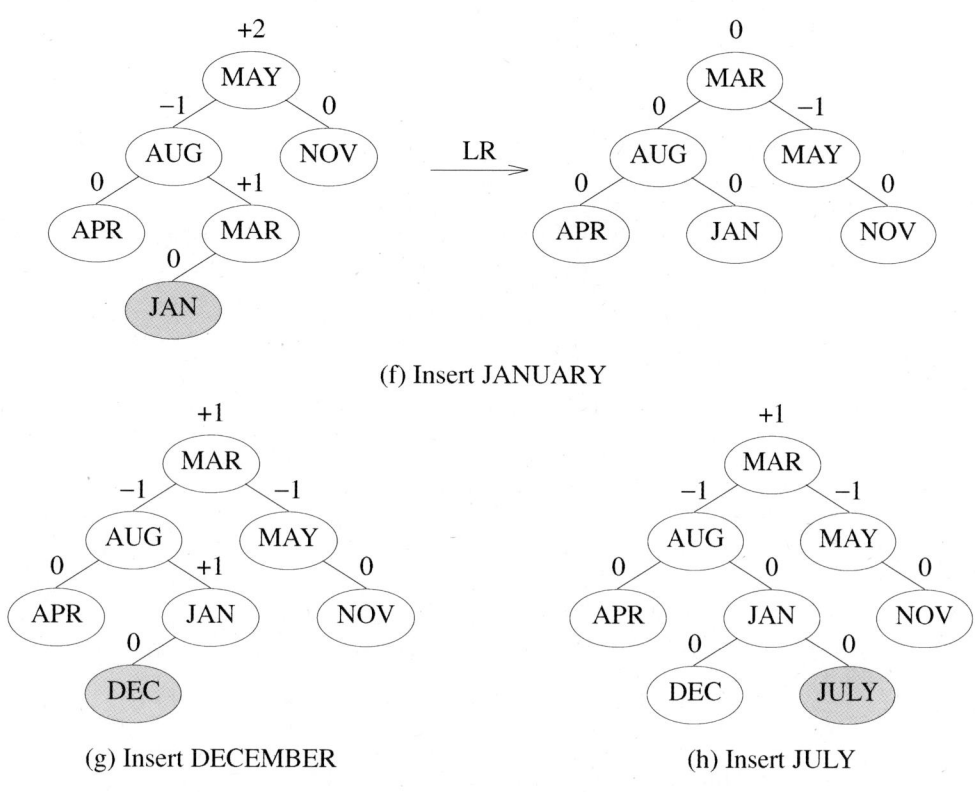

(f) Insert JANUARY

(g) Insert DECEMBER

(h) Insert JULY

그림 10.11 1년 12달을 삽입하여 얻어진 균형 트리(계속)

이 수행된다. MARCH는 MAY의 왼쪽 자식으로 되고 MAY는 루트 노드가 된다[그림 10.11(c)]. AUGUST를 삽입해도 트리는 균형을 이룬다[그림 10.11(d)].

다음에 APRIL의 삽입으로 트리는 다시 균형을 잃게 된다. 균형을 이루기 위해서 또 다른 회전을 수행해야 한다. 이번엔 시계 방향으로 회전시킨다. MARCH는 AUGUST의 오른쪽 자식이 되고 AUGUST는 그 서브트리의 루트가 된다[그림 10.11(e)]. 앞의 두 회전은 새로 삽입된 노드로부터 균형 인수 ±2를 가지면서 가장 가까이에 있는 조상 노드에 대해 수행되었음을 유의하라. JANUARY의 삽입으로 트리는 균형을 잃게 되는데 이번에는 이전 경우보다 회전이 다소 복잡해진다. 하지만 이 경우도 균형 인수 ±2를 가지면서 JANUARY에서 가장 가까이 있는 조상 노드에 대해 회전이 수행된다. 즉, MARCH는 새로운 루트가 되고 AUGUST와 그 왼쪽 서브트리는 MARCH의 왼쪽 서브트리가 된다. MARCH의 기존 왼쪽 트리는 AUGUST의 오른쪽 트리가 된다. MARCH보다 더 큰 원소를 가지는 MAY와 그 오른쪽 서브트리는 MARCH의 오른쪽

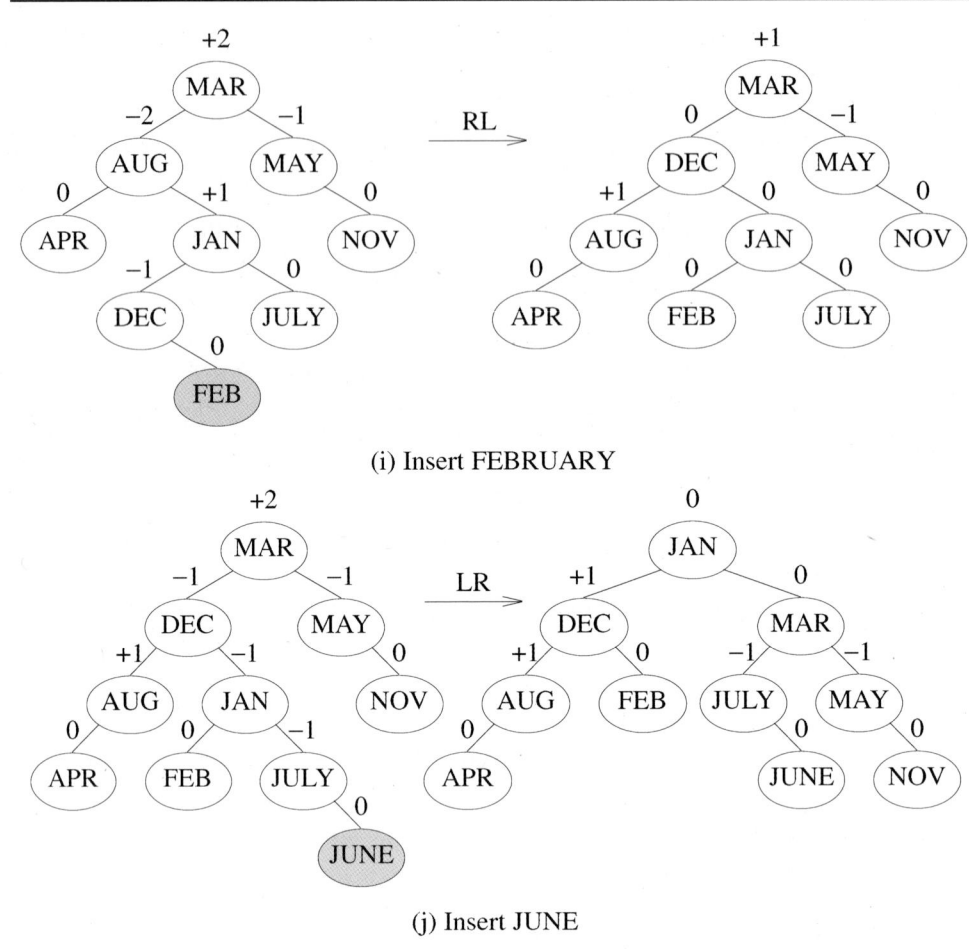

(i) Insert FEBRUARY

(j) Insert JUNE

그림 10.11 1년 12달을 삽입하여 얻어진 균형 트리(계속)

서브트리가 된다.(만일 MARCH의 오른쪽 서브트리가 공백이 아니라면 그 서브트리에 있는 모든 원소들은 MAY보다 작기 때문에 MAY의 왼쪽 서브트리가 될 것이다.)

DECEMBER와 JULY를 삽입할 때는 재균형시킬 필요가 없다. 하지만 FEBRUARY가 삽입될 때 트리는 다시 균형을 잃게 된다. 재균형 과정은 JANUARY가 삽입된 후의 회전 과정과 유사하다. 균형 인수 ±2를 가지면서 가장 가까이 있는 조상 노드는 AUGUST이다. DECEMBER는 그 서브트리의 새로운 루트가 되고, AUGUST는 그의 왼쪽 서브트리와 함께 DECEMBER의 왼쪽 서브트리가 된다. JANUARY와 그의 오른쪽 서브트리는 DECEMBER의 오른쪽 서브트리가 되고, FEBRUARY는

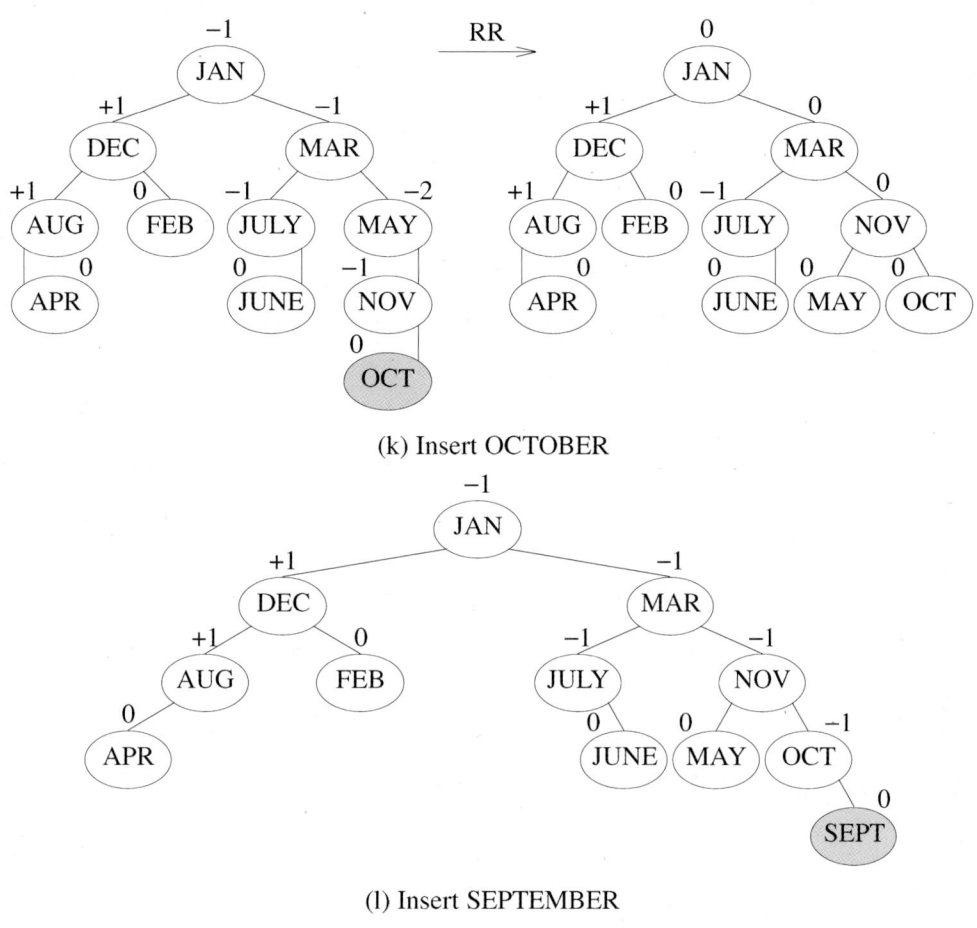

그림 10.11 1년 12달을 삽입하여 얻어진 균형 트리

JANUARY의 왼쪽 서브트리가 된다. 만약 DECEMBER가 왼쪽 서브트리를 가지고 있었다면, 그 트리는 AUGUST의 오른쪽 서브트리가 되었을 것이다. JUNE을 삽입하면 그림 10.11(f)의 경우와 똑같은 재균형 과정이 필요하다. OCTOBER를 삽입할 때도 재균형이 필요한데, 트리에 NOVEMBER를 삽입한 뒤에 사용했던 회전과 똑같은 회전이 수행되어야 한다. SEPTEMBER의 삽입은 균형에 영향을 주지 않는다.

앞의 예에서 균형을 이룬 이원 탐색 트리에 노드를 삽입하면 그 트리의 균형이 깨질 수도 있다는 것을 알았다. 그리고 재균형 시 그림 10.11의 (e), (c), (f), (i)과 같이 LL, RR, LR, RL과 같은 네 가지 종류의 회전 방법이 사용되었다. LL과 RR 그리고 LR과 RL은 서로 대칭이다. 이러한 회전은 삽입된 노드 *Y*에 가장 가까우면서 균형 인수가 ±2

인 조상 노드 A에 의해 결정된다. 각 회전의 성질은 아래와 같다.

LL: 새 노드 Y는 A의 왼쪽 서브트리의 왼쪽 서브트리에 삽입된다.
LR: Y는 A의 왼쪽 서브트리의 오른쪽 서브트리에 삽입된다.
RR: Y는 A의 오른쪽 서브트리의 오른쪽 서브트리에 삽입된다.
RL: Y는 A의 오른쪽 서브트리의 왼쪽 서브트리에 삽입된다.

    높이 균형 이진 트리가 삽입으로 인해 균형이 깨질 경우, 재균형을 위해 네 가지 종류의 가능한 회전 방법이 있음을 쉽게 알 수 있다. 그림 10.12와 그림 10.13은 LL, LR 회전들을 추상적인 이진 트리를 사용하여 나타내고 있다. RR과 RL 회전들은 이와 대칭적이다. 그림에서 각 트리의 루트 노드는 삽입한 결과 균형 인수가 ± 2가 된 가장 가까운 조상 노드를 나타낸다. 그림 10.11의 예와 그림 10.12, 그림 10.13의 회전을 보면, 회전에 포함된 서브트리의 높이는 재균형시킨 후의 높이와 같을 뿐만 아니라 삽입이 일어나기 전의 높이와도 같다. 이는 균형을 잃은 서브트리를 일단 재균형시킨 후에는 나머지 트리는 검사해볼 필요가 없음을 의미한다. 균형 인수가 변하는 노드들은 회전되는 서브트리에 포함된 노드들뿐이다.

    LL과 RR 불균형을 바로잡는 변환은 단일 회전(single rotation)이라고 하며, LR과 RL 불균형을 바로잡는 변환은 이중 회전(double rotation)이라고 한다. LR 불균형을 바로잡기 위한 변환은 RR 회전 후 LL 회전하는 것으로 볼 수 있으며, RL 불균형을 바로잡

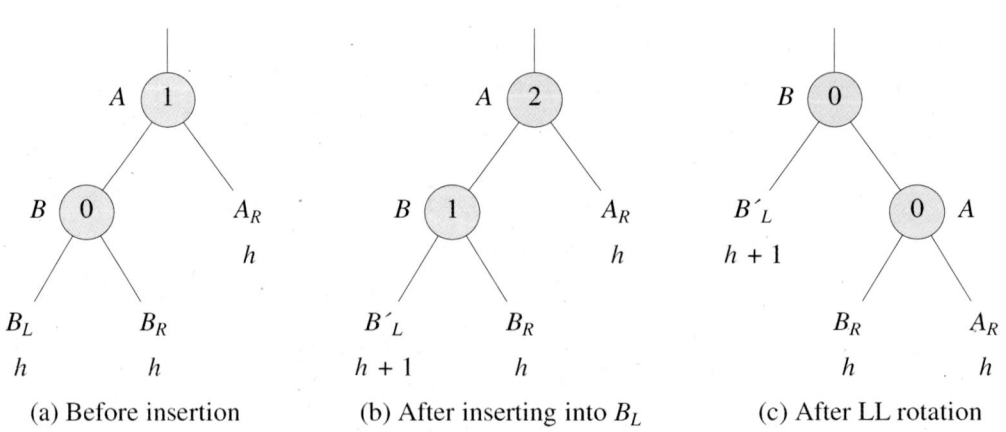

(a) Before insertion   (b) After inserting into B_L (c) After LL rotation

Balance factors are inside nodes
Subtree heights are below subtree names

그림 10.12 LL 회전

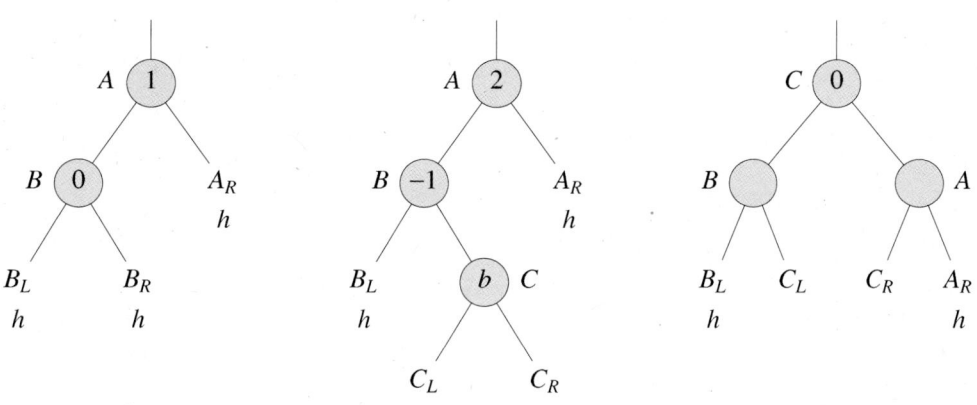

(a) Before insertion (b) After inserting into B_R (c) After LR rotation

$b=0 \Rightarrow bf(B)=bf(A)=0$ after rotation
$b=1 \Rightarrow bf(B)=0$ and $bf(A)=-1$ after rotation
$b=-1 \Rightarrow bf(B)=1$ and $bf(A)=0$ after rotation

그림 10.13 LR 회전

기 위한 변환은 LL 회전 후 RR 회전하는 것으로 볼 수 있다.

그림 10.12와 그림 10.13의 회전을 수행하기 위해서는 회전이 수행되어야 할 노드 A를 찾아야 한다. 이것은 앞서 언급한 것과 같이 균형 인수가 ±2이면서 새로 삽입된 노드에 가장 가까운 조상 노드이다. 한 노드의 균형 인수가 ±2가 되려면 이 노드가 삽입되기 전에 그 노드의 균형 인수가 ±1이어야 한다. 따라서 삽입이 있기 전에 노드 A로부터 새 삽입 위치로 가는 모든 노드들의 균형 인수는 0이어야 한다. 이 정보로 인하여, 삽입이 있기 전에 노드 A는 균형 인수 ±1을 가지고 있으면서 새 노드의 가장 가까운 조상으로 바로 결정된다. 회전을 완성하기 위해 A의 부모, F의 주소도 필요하다. 관련 노드들의 균형 인수의 변화는 그림 10.12와 그림 10.13이 보여주고 있다. F와 A를 알고 있음으로써 이 변화는 쉽게 이루어진다.

하나의 노드를 삽입했을 때 트리가 불균형[그림 10.11의 (a), (b), (d), (g), (h), (l) 참조]이 된다면 어떻게 되겠는가? 비록 트리의 재구성은 필요하지 않겠지만 여러 노드의 균형 인수가 변하게 된다. 노드 A는 삽입하기 전 균형 인수가 ±1이면서 새 노드에 가장 가까운 조상 노드라고 하자. 노드의 삽입 후 어떤 경로 길이가 설사 1씩 증가되더라도 트리의 균형이 깨어지지 않았다면, A의 새로운 균형 인수는 0이어야 한다. 그림 10.11의 (a), (b), (d), (g), (l)과 같이 균형 인수가 ±1인 조상 노드 A가 없는 경우에는 A를 루트로 정하자. 그러면 A와 새로운 노드의 부모 사이에 있는 노드들의 균형 인수는 ±1로 변한다[그림 10.11 (h)에서 A = JANUARY인 것을 참조]. 두 경우 모두 A를 결정하는 과정은 재균형이 필요한 때와 똑같다. 삽입-재균형 과정의 나머지 자세한 내용은 함수 *avlInsert*(프로그램 10.2)에 기술되어 있다. 함수 *leftRotation*(프로그램 10.3)은 LL과 LR 회전에 대한 코드를 보여주고 있다. RR과 RL 회전에 대한 코드는 대칭인데, 연습문제로 남겨두었다. 사용된 타입 정의는 다음과 같다.

```
typedef struct {
        int key;
        } element;
typedef struct treeNode *treePointer;
        struct treeNode {
                treePointer leftChild;
                element     data;
                short int   bf;
                treePointer rightChild;
                };
```

트리 *root*에 대한 포인터는 *avlInsert*를 처음 호출하기 전에 NULL로 설정된다. 또한 *avlInsert*를 **매번 호출하기 전에** *unbalanced*를 FALSE로 설정한다. 함수 호출은 *avlInsert*(&*root*, *x*, &*unbalanced*)가 된다.

삽입 알고리즘을 확실히 이해하기 위해서는 그림 10.11의 예에 이를 적용할 수 있어야 한다. 알고리즘을 분석해보면, 삽입하기 전 트리의 높이가 h라고 할 때, 새로운 원소를 삽입하는 데 걸리는 시간은 $O(h)$임을 알 수 있다. 이것은 알고리즘의 부하가 커졌음에도 불구하고, 불균형 이원 탐색 트리의 경우와 같은 것이다. 그렇지만 이원 탐색 트리의 경우 트리에 n개의 노드가 있을 때, 최악의 경우 그림 10.10과 같이 h는 n이 되고 삽입 시간은 $O(n)$이 된다. AVL 트리의 경우에 있어서 h는 최대 $O(\log n)$이므로 최악의 삽입 시간은 $O(\log n)$이 된다. 이 사실을 알아보기 위해서 N_h를 높이 h인 높이 균형 트리에 있는 최소 노드 수라고 하자. 최악의 경우에, 서브트리 중에 하나는 높이가 $h-1$이며 다른 서브트리의 높이는 $h-2$가 될 것이다. 이 두 서브트리 역시 높이 균형을 이루므로 $N_h = N_{h-1} + N_{h-2} + 1$이며 $N_0 = 0, N_1 = 1, N_2 = 2$가 된다. N_h의 순환적인 정의나 피보나치 수의 정의, 즉 $F_n = F_{n-1} + F_{n-2}(F_0 = 0, F_1 = 1)$ 사이에는 유사한 점이 있다. 사실 연습문제 3과 같이 $N_h = F_{h+2} - 1(h \geq 0)$이 됨을 증명할 수 있다. 피보나치 수의 이론에 따르면 $\phi = (1 + \sqrt{5}/2)$일 때 $F_h \approx \phi^h / \sqrt{5}$이므로 $N_h \approx \phi^{n+2}/\sqrt{5} - 1$이 된다. 이것은 n개의 노드가 트리에 있다면, 그 트리의 높이 h의 최대 값은 $\log_\phi(\sqrt{5}(n + 1)) - 2$이다. 따라서 n개의 노드를 가진 높이 균형 트리의 최대 삽입 시간은 $O(\log n)$이다.

```
void avlInsert(treePointer *parent, element x,
                                  int *unbalanced)
{
    if (!*parent) {/* insert element into null tree */
        *unbalanced = TRUE;
        MALLOC(*parent, sizeof(treeNode));
        (*parent)→leftChild =
                    (*parent)→rightChild = NULL;
        (*parent)→bf = 0; (*parent)→data = x;
    }
    else if (x.key < (*parent)→data.key) {
        avlInsert(&(*parent)→leftChild, x, unbalanced);
        if (*unbalanced)
        /* left branch has grown higher */
            switch ((*parent)→bf) {
                case -1: (*parent)→bf = 0;
                         *unbalanced = FALSE; break;
                case  0: (*parent)→bf = 1; break;
                case  1: leftRotation(parent,unbalanced);
            }
    }
      else if (x.key > (*parent)→data.key) {
          avlInsert(&(*parent)→rightChild, x, unbalanced);
          if (*unbalanced)
             /* right branch has grown higher */
             switch((*parent)→bf) {
                case  1 : (*parent)→bf = 0;
                          *unbalanced = FALSE; break;
                case  0 : (*parent)→bf = -1; break;
                case -1: rightRotation(parent, unbalanced);
             }
      }
      else {
          *unbalanced = FALSE;
          printf("The key is already in the tree");
      }
}
```

프로그램 10.2: AVL 트리에서의 삽입

연습문제에서 높이 균형 트리의 경우, 주어진 키를 가진 원소를 찾아 삭제하거나 k 번째 가장 작은 키를 가진 원소를 찾아 삭제하는 데 걸리는 시간이 $O(\log n)$임을 보여주고 있다. Karlton 등의 논문에서는 높이 균형 트리에서 삭제에 대한 실험적인 연구 결과

```c
void leftRotation(treePointer *parent, int *unbalanced)
{
    treePointer grandChild, child;
    child = (*parent)->leftChild;
    if (child->bf == 1) {
        /* LL rotation */
        (*parent)->leftChild = child->rightChild;
        child->rightChild = *parent;
        (*parent)->bf = 0;
        (*parent) = child;
    }
    else {
        /* LR rotation */
        grandChild = child->rightChild;
        child->rightChild = grandChild->leftChild;
        grandChild->leftChild = child;
        (*parent)->leftChild = grandChild->rightChild;
        grandChild->rightChild = *parent;
        switch(grandChild->bf) {
            case 1: (*parent)->bf = -1;
                    child->bf = 0;
                    break;
            case 0: (*parent)->bf = child->bf = 0;
                    break;
            case -1: (*parent)->bf = 0;
                     child->bf = 1;
        }
        *parent = grandChild;
    }
    (*parent)->bf = 0;
    *unbalanced = FALSE;
}
```

프로그램 10.3: 함수 *leftRotation*

를 보여주고 있는데(참고문헌 참조), 임의의 삽입 시 재균형이 필요하지 않을 확률과 LL 타입 혹은 RR 타입의 재균형 회전이 필요할 확률, 그리고 LR 타입과 RL 타입의 재균형 회전이 필요할 확률은 각각 0.5349, 0.2327, 0.2324이다. 그림 10.14는 순서대로 정렬된 순차 리스트와 정렬된 연결 리스트 그리고 AVL 트리에 대해 최악의 연산 시간을 비교한 것이다.

Operation	Sequential list	Linked list	AVL tree
Search for element with key k	$O(\log n)$	$O(n)$	$O(\log n)$
Search for jth item	$O(1)$	$O(j)$	$O(\log n)$
Delete element with key k	$O(n)$	$O(1)$[1]	$O(\log n)$
Delete jth element	$O(n-j)$	$O(j)$	$O(\log n)$
Insert	$O(n)$	$O(1)$[2]	$O(\log n)$
Output in order	$O(n)$	$O(n)$	$O(n)$

1. k의 위치가 알려진 이중 연결 리스트
2. 삽입할 위치가 알려진 경우

그림 10.14 여러 구조들의 비교

연습문제

1. (a) 높이 균형 이진 트리에 새로운 노드를 삽입한 결과로 일어날 수 있는 가능한 모든 불균형의 상황이, 대칭적인 회전인 RR과 RL 회전의 상황과 함께 그림 10.12와 그림 10.13에서 모두 고려되었음을 확인해보라. 만일 그렇지 않다면 이 그림으로 충족되지 않는 예를 보이라.
   (b) RR과 RL 타입 회전의 변환을 그려보라.
2. 그림 10.13의 LR 회전이 RR 회전 후 LL 회전을 하는 것과 동일하다는 것과, RL 회전이 LL 회전 후 RR 회전을 하는 것과 동일하다는 것을 모두 증명하라.
3. 귀납적 방법으로 높이 h인 AVL 트리에서 최소 노드 수 $N_h = F_{h+2} - 1 (h \geq 0)$임을 증명하라.
4. 트리가 오른쪽 불균형이 되었을 때, 트리의 재구성에 필요한 코드를 추가하여 *avlInsert*(프로그램 10.2)를 완성하라.
5. 공백 AVL 트리에서 시작하여 아래와 같은 순서로 삽입을 수행하라.

   DECEMBER, JANUARY, APRIL, MARCH, JULY, AUGUST, OCTOBER, FEBRUARY, NOVEMBER, MAY, JUNE

   이 삽입을 위해서는 *avlInsert*의 방법을 사용하라. 각 삽입을 수행한 뒤에는 AVL 트리를 그리고, 삽입에 의해 회전이 발생할 경우 회전의 유형을 기술하라.
6. AVL 트리에 있는 각 노드에 *lsize* 필드가 있다고 가정하자. 임의의 노드 a에 대해 $a \rightarrow lsize$는 왼쪽 서브트리에 있는 노드의 수+1 이다. 트리에서 k 번째로 작은 키를

찾는 C 함수를 작성하라. 트리에 n개의 노드가 있다면 이 탐색 작업은 $O(\log n)$ 시간 내에 수행될 수 있음을 증명하라.

7. 연습문제 6과 같이 각 노드에 *lsize* 필드가 있다고 가정할 때 *avlInsert*를 다시 작성해 보라. 삽입 시간은 전과 마찬가지로 $O(\log n)$임을 증명하라.

8. AVL 트리의 원소들을 키 값에 따라 오름차순으로 나열하는 C 함수를 작성하라. 트리에 n개의 노드가 있을 때, 이 알고리즘의 수행 시간은 $O(n)$ 이내임을 증명하라.

9. AVL 트리에서 키가 k인 원소를 가진 노드를 삭제하는 알고리즘을 작성하라. 필요하면 삭제 후 트리를 재구성하여야 한다. 트리에 n개의 노드가 있을 때 $O(\log n)$ 시간이 필요함을 증명하라.[힌트; 만약 k가 리프에 있지 않다면, k를 왼쪽 서브트리에서 가장 큰 값이나 오른쪽 서브트리에서 가장 작은 값으로 대체한다. 삭제가 리프 노드에까지 전달되도록 계속한다. 리프로부터의 삭제는 삽입 시 사용된 변환과 역의 과정으로 처리될 수 있다.]

10. 각 노드에 *lsize* 데이타 멤버가 있고, k 번째로 작은 원소를 삭제하려 할 때 연습문제 9를 다시 풀어보라.

11. 해싱에 대한 열을 추가시켜 그림 10.14를 완성하라.

12. 고정된 $k(k \geq 1)$에 대해 높이 균형 트리 $HB(k)$는 아래와 같이 정의한다.

    정의: 공백 이진 트리(empty binary tree)는 $HB(k)$ 트리이다. T가 T_L과 T_R을 왼쪽과 오른쪽 서브트리로 갖는 공백이 아닌 트리일 때, (a) T_L과 T_R은 $HB(k)$이고, (b) $|h_L - h_R| \leq k$(h_L과 h_R은 각각 T_L과 T_R의 높이)이면 T는 $HB(k)$이다. 그리고 그 역도 성립한다. □

    (a) $HB(2)$ 트리의 경우 재균형 과정을 기술하라.
    (b) $HB(2)$ 트리에 대한 삽입 알고리즘을 작성하라.

10.3 레드-블랙 트리

10.3.1 정의

레드-블랙 트리(red-black tree)는 모든 노드의 컬러(color)가 레드 또는 블랙인 이원 탐색 트리이다. 레드-블랙 트리는 확장 이진 트리의 기존 성질들을 만족한다. 9.2절에서 일반적인 이진 트리의 모든 널 포인터를 외부 노드로 대체한 것을 확장 이진 트리라고 하였다. 추가적인 성질은 다음과 같다.

RB1. 루트와 모든 외부 노드들은 컬러가 블랙이다.
RB2. 루트에서 외부 노드로의 경로는 2개의 연속적인 레드 노드를 가질 수 없다.
RB3. 루트에서 외부 노드로의 모든 경로들에 있는 블랙 노드의 수는 동일하다.

노드와 그 자식 사이의 포인터에 컬러를 할당함으로써 동일한 정의를 얻을 수 있다. 부모에서 블랙인 자식을 가리키는 포인터는 블랙 포인터가 되고, 레드인 자식을 가리키는 포인터는 레드 포인터가 된다. 성질을 더 추가하면 다음과 같다.

RB1′. 내부 노드로부터 외부 노드로의 포인터는 블랙이다.
RB2′. 루트에서 외부 노드로의 경로는 2개의 연속적인 레드 포인터를 가질 수 없다.
RB3′. 루트에서 외부 노드로의 모든 경로들에 있는 블랙 포인터의 수는 동일하다.

포인터의 컬러를 안다면 노드의 컬러도 추론할 수 있으며, 그 역도 가능하다. 그림 10.15의 레드-블랙 트리에서 외부 노드는 회색 사각형으로, 블랙 노드는 회색 원으로, 레드 노드는 흰색 원으로, 블랙 포인터는 굵은 선으로, 레드 포인터는 얇은 선으로 표현되어 있다. 루트로부터 외부 노드로의 모든 경로는 정확히 2개의 블랙 포인터와 3개의 블랙 노드(루트와 외부 노드를 포함하여)를 갖는다는 것을 알 수 있다. 2개의 연속적인 레드 노드와 포인터를 갖는 경로는 없다.

레드-블랙 트리에서 한 노드로부터 서브트리에 있는 어떠한 외부 노드 사이의 경로 상에 있는 블랙 포인터의 수(블랙 노드의 수에서 하나를 뺀 것과 동일)를 그 노드의 **랭크 (rank)**라고 하자. 외부 노드의 랭크는 0이다. 그림 10.15에서 루트의 랭크는 2이고, 왼쪽 자식의 랭크는 2, 오른쪽 자식의 랭크는 1이다.

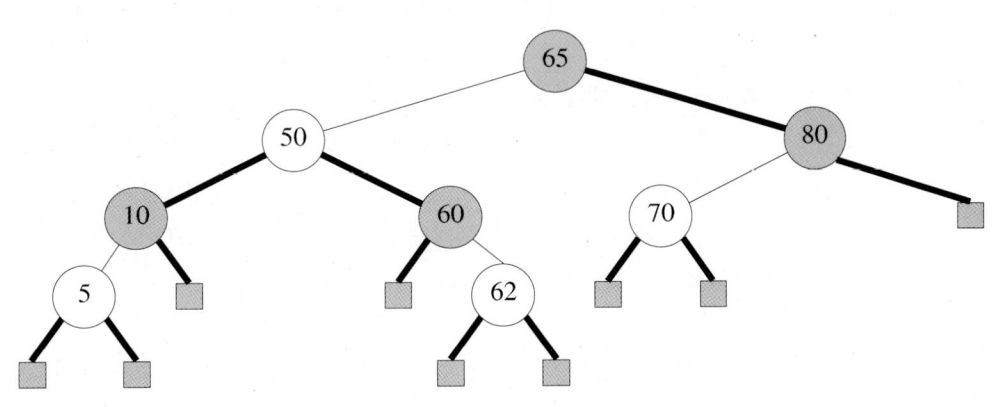

그림 10.15 레드-블랙 트리

보조정리 10.1: 루트로부터 외부 노드로의 경로의 길이를 경로상의 포인터의 수로 정하자. 레드-블랙 트리에서 루트로부터 외부 노드로의 2개의 경로 P, Q가 있을 때, $length(P) \leq 2length(Q)$이다.

증명: 임의의 레드-블랙 트리에서 루트의 랭크를 r이라고 하자. $RB1'$로부터 루트에서 외부 노드로의 경로상에 있는 마지막 포인터는 블랙이다. $RB2'$로부터 2개의 연속적인 레드 포인터를 갖는 경로는 존재하지 않는다. 그러므로 각 레드 포인터의 뒤에는 블랙 포인터가 오게 된다. 결과적으로 루트에서 외부 노드로의 각 경로는 r과 $2r$ 사이의 포인터를 갖게 되므로 $length(P) \leq 2length(Q)$이다. 상한선이 존재할 수 있는지 알아보기 위해 그림 10.15의 레드-블랙 트리를 보자. 루트로부터 5의 왼쪽 자식까지의 경로는 길이가 4인 반면, 80의 오른쪽 자식까지의 경로의 길이는 2이다. □

보조정리 10.2: 레드-블랙 트리(외부 노드를 포함하지 않는)의 높이를 h라고 하자. 트리의 내부 노드의 수를 n이라 하고 루트의 랭크를 r이라 하면, 다음이 성립한다.

(a) $h \leq 2r$
(b) $n \geq 2^r - 1$
(c) $h \leq 2\log_2(n+1)$

증명: 보조정리 10.1의 증명으로부터 루트에서 외부 노드로의 경로가 $length > 2r$을 만족하는 것은 존재하지 않음을 알 수 있다. 그러므로 $h \leq 2r$이다.(제거된 외부 노드들과 함께 그림 10.15의 레드-블랙 트리의 높이는 $2r = 4$이다.)

루트의 랭크는 r이므로 레벨 1에서 r까지에는 외부 노드가 없고, 이러한 레벨들에는 $2^r - 1$개의 내부 노드들이 있다. 따라서 이것은 내부 노드 총 수의 최소한의 수가 된다.(그림 10.15의 레드-블랙 트리에서 레벨 1과 2는 $3 = 2^2 - 1$의 내부 노드를 가진다. 레벨 3과 4에는 내부 노드들이 더 있다.)

(b)로부터 $r \leq \log_2(n+1)$이다. 이 부등식과 (a)로부터 (c)가 산출된다. □

레드-블랙 트리의 높이는 최대 $2\log_2(n+1)$이므로 $O(h)$ 시간 내에 수행되는 탐색·삽입·삭제 알고리즘은 $O(\log n)$의 복잡도를 갖는다.

레드-블랙 트리의 최악의 경우 높이는 동일한 (내부) 노드 수를 갖는 AVL 트리의 최악의 경우 높이[대략 $1.44 \log_2(n+2)$] 이상이라는 점에 주목하라.

10.3.2 레드-블랙 트리의 표현

레드-블랙 트리를 정의할 때는 외부 노드들을 포함시키는 것이 더 편리하지만, 구현에 있어서는 외부 노드를 표현하기 위해 물리적인 노드보다는 널 포인터를 이용한다. 또한 포인터와 노드의 컬러는 밀접한 연관이 있으므로 각 노드와 함께 그 노드의 컬러만을 저장하거나, 그 자식을 가리키는 두 포인터의 컬러를 저장할 필요가 있다. 노드의 컬러를 저장하기 위해서는 노드당 추가적인 1비트가 필요하며, 포인터의 컬러를 저장하기 위해서는 노드당 2비트가 필요하다. 두 전략 모두 거의 비슷한 양의 공간이 요구되므로, 레드-블랙 트리 알고리즘을 실행시킨 결과로 나온 실제 실행 시간을 기반으로 둘 중 하나를 선택하면 된다.

여기서는 삽입과 삭제 연산에 관한 노드에 관해서만 컬러가 어떻게 변하는지를 명백히 언급할 것이다. 해당되는 포인터의 컬러가 어떻게 변하는지는 추론할 수 있다.

10.3.3 레드-블랙 트리에서의 탐색

레드-블랙 트리는 일반적인 이원 탐색 트리의 탐색에서 사용하는 알고리즘(프로그램 5.15)을 이용하여 탐색할 수 있다. 이 알고리즘은 $O(h)$의 복잡도를 가지므로 레드-블랙 트리에서는 $O(\log n)$의 복잡도를 가진다. 일반적인 이원 탐색 트리와 AVL 트리, 그리고 레드-블랙 트리에 동일한 탐색 알고리즘을 사용하고 AVL 트리의 최악의 경우 높이가 최소이므로, 탐색이 주가 되는 응용 프로그램에서는 AVL 트리가 최악의 경우에 최고의 성능을 보일 것이라고 기대한다.

10.3.4 레드-블랙 트리에서의 삽입

원소들은 일반적인 이진 트리에서 사용된 방법(프로그램 5.17)을 이용하여 삽입될 수 있다. 레드-블랙 트리에 새로운 노드가 붙었을 때, 그 노드에 컬러를 지정해줄 필요가 있다. 삽입 전에 트리가 비어 있었다면, 새로운 노드는 루트가 되고 그 컬러는 블랙이 될 것이다(성질 RB1 참조). 삽입 전에 트리가 비어 있지 않았다고 하자. 새로운 노드의 컬러가 블랙으로 주어진다면, 루트에서 새로운 노드의 자식인 외부 노드까지의 경로상에 별도의 블랙 노드를 갖게 될 것이다. 반면에 새로운 노드의 컬러가 레드로 지정된다면 2개의 연속적인 레드 노드를 가지게 될지도 모른다. 새로운 노드를 블랙으로 만드는 것은 성질 RB3을 위배되지만, 새로운 노드를 레드로 만드는 것은 성질 RB2에 위배될 수도 있고 위배되지 않을 수도 있다. 여기서는 새로운 노드를 레드로 만들 것이다.

새로운 노드를 레드로 만드는 것이 성질 RB2에 대해 위배될 경우 그 트리는 불균형하게 될 것이다. 새로운 노드 u, 그 노드의 부모 pu, 그리고 u의 조부모인 gu를 검사하여 불균형의 특징을 분류한다. 성질 RB2가 위배되었으므로 2개의 연속적인 레드 노드가 있다는 것을 주목하라. 이러한 레드 노드들 중 하나는 u이고 다른 하나는 반드시 그 부모가 될 것이므로 pu는 존재한다. pu는 레드이므로 루트가 될 수 없다(성질 RB1에 의해 루트는 블랙이어야 하므로). 그러므로 u는 반드시 블랙인 조부모 gu를 가져야 한다(성질 RB2). pu가 gu의 왼쪽 자식일 때, u가 pu의 왼쪽 자식이고 gu의 다른 자식은 블랙인 경우(이 경우는 gu의 다른 자식이 외부 노드일 경우도 포함한다), 이런 불균형의 타입을 LLb라 한다. 다른 불균형 타입들에는 LLr (pu가 gu의 왼쪽 자식이고 u는 pu의 왼쪽 자식이며 gu의 다른 자식이 레드인 경우), LRb(pu는 gu의 왼쪽 자식이고 u는 pu의 오른쪽 자식이며 gu의 다른 자식이 블랙인 경우), LRr, RRb, RRr, RLb, RLr이 있다.

불균형 타입 XYr(X와 Y는 L 또는 R이 된다.)은 컬러의 변경에 의해 처리되지만, XYb 타입의 불균형은 회전이 필요하다. 컬러를 변경시킬 때, RB2 위배가 트리의 두 단계 위까지 전파될 수도 있다. 이 경우 기존의 gu를 새로운 u로 하여 다시 변환을 적용함으로써, 새로운 레벨에서 재분류가 필요하게 된다. 회전이 끝나고 나면 RB2 위배는 해결되며, 더 이상 해야 할 일은 없다.

그림 10.16은 LLr과 LRr 불균형을 해결하기 위해 컬러를 변경하는 것을 보여준다. 이러한 컬러 변경은 모두 동일하다. 블랙 노드들은 회색으로 표현되었고 레드 노드들은 흰색으로 표현되어 있다. 예를 들어 그림 10.16(a)에서 gu는 블랙이고 pu와 u는 레드이다. 또 gu로부터 왼쪽과 오른쪽 자식으로 가는 포인터는 레드이다. gu_R은 gu의 오른쪽 서브트리이고, pu_R은 pu의 오른쪽 서브트리이다. LLr과 LRr 모두 pu의 컬러와 gu의 오른쪽 자식의 컬러를 레드에서 블랙으로 변경해야 한다. 또한 gu가 루트가 아니라면 gu의 컬러를 블랙에서 레드로 바꾼다. gu가 루트일 경우 이러한 컬러 변경은 할 수 없으므로, gu가 레드-블랙 트리의 루트일 때는 루트에서 외부 노드까지의 모든 경로상에 있는 블랙 노드의 수를 하나씩 증가시킨다.

만약 gu의 컬러를 레드로 변경시킨 것이 불균형을 초래한다면, gu는 새로운 노드 u가 되고 그 부모는 새로운 pu가 되며 그 조부모는 새로운 gu가 되어 재균형 작업을 계속한다. gu가 루트이거나 컬러 변경이 gu에서 RB2 위배를 일으키지 않는다면, 재균형 작업은 다 끝난다.

그림 10.17은 LLb와 LRb 불균형을 처리하는 회전을 보여주고 있다. 그림 10.17(a)와 (b)에서 u는 pu_L의 루트이다. AVL 트리에서 삽입 후 발생하는 불균형을 처리하기 위해 사용된 LL(그림 10.12 참조), LR(그림 10.13 참조) 회전들과 이 회전들 사이의 유사점에 주목하라. 포인터 변경은 동일하다. 예를 들어 LLb 회전의 경우, 포인터 변경과 더불어 gu의 컬러를 블랙에서 레드로 바꾸고 pu의 컬러를 레드에서 블랙으로 바꾸는 것이 필요하다.

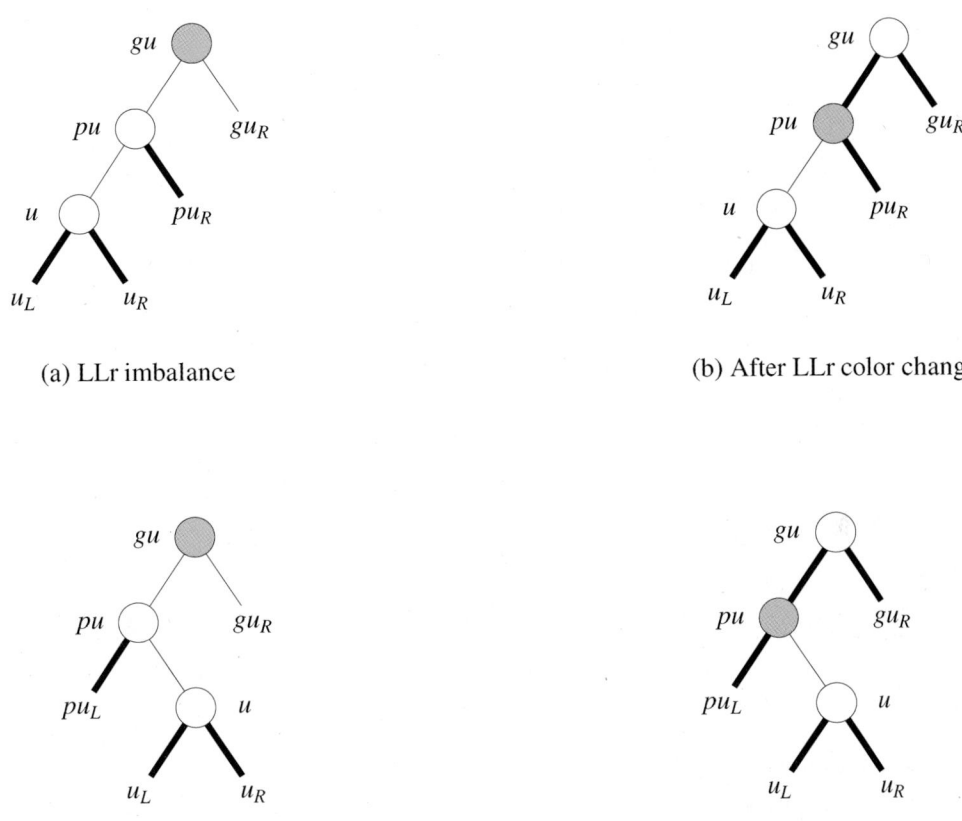

(a) LLr imbalance (b) After LLr color change

(c) LRr imbalance (d) After LRr color change

그림 10.16 LLr과 LRr 컬러 변경

그림 10.17의 회전 후에 노드(또는 포인터)의 컬러를 검사함으로써, 루트에서 외부 노드로 가는 모든 경로상에 있는 블랙 노드(또는 포인터)의 수가 변하지 않았음을 알 수 있다. 또한 연관된 서브트리의 루트(회전 전의 *gu*와 회전 후의 *pu*)가 회전 후에 블랙이므로, 트리의 루트에서 새로운 *pu*까지의 경로상에 2개의 연속적인 레드 노드가 존재할 수 없다. 결과적으로, 추가적인 재균형 작업은 없게 된다. 단일 회전(single rotation)[$O(logn)$ 컬러 변경이 선행될 수 있는]으로 충분히 삽입 후에 균형을 회복시킬 수 있다!

예제 10.4: 그림 10.18(a)의 레드-블랙 트리를 생각해보자. 편의상 외부 노드를 나타내었다. 실제 구현에서는 외부 노드로의 블랙 포인터는 단순히 널 포인터이고 외부 노드는

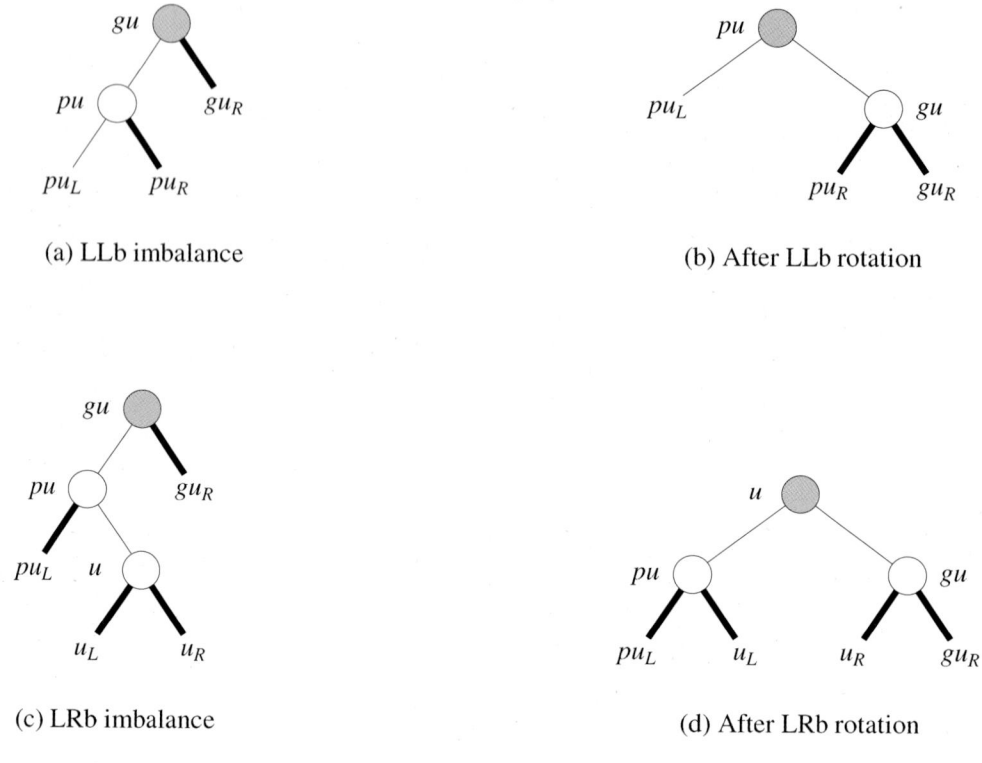

그림 10.17 레드-블랙 삽입에 대한 LLb과 LRb 회전

표현하지 않는다. 루트에서 외부 노드로의 모든 경로들은 3개의 블랙 노드(외부 노드를 포함하여)와 2개의 블랙 포인터를 가진다는 점에 유의하라.

이 레드-블랙 트리에 70을 삽입하기 위해서, 프로그램 5.17의 알고리즘을 사용한다. 새로운 노드는 80의 왼쪽 자식으로 삽입된다. 비어 있지 않은 트리에 삽입되었으므로 새로운 노드에는 레드 컬러를 할당한다. 또 그 부모(80)에서 그 노드로의 포인터 역시 레드이다. 이 삽입이 성질 RB2에 위배되지 않는다면 더 이상의 보충 작업은 필요 없다. 루트에서 외부 노드로의 모든 경로상에 있는 블랙 포인터 수가 삽입 전과 동일함을 주목하라.

다음으로 그림 10.18(b)의 트리에 60을 삽입한다. 프로그램 5.18의 알고리즘은 새로운 노드를 70의 왼쪽 자식으로 붙이는데, 이것은 그림 10.18(c)에 나타난다. 새로운 노드는 레드이고, 그 노드로의 포인터 역시 레드이다. 새로운 노드는 u 노드이고 그 부모(70)는 pu, 그 노드의 조부모(80)는 gu이다. pu와 u가 레드이므로 불균형하게 된다. 이 불균형은 LLr 불균형(pu는 gu의 왼쪽 자식이고 u는 pu의 왼쪽 자식이며 gu의 다른 자

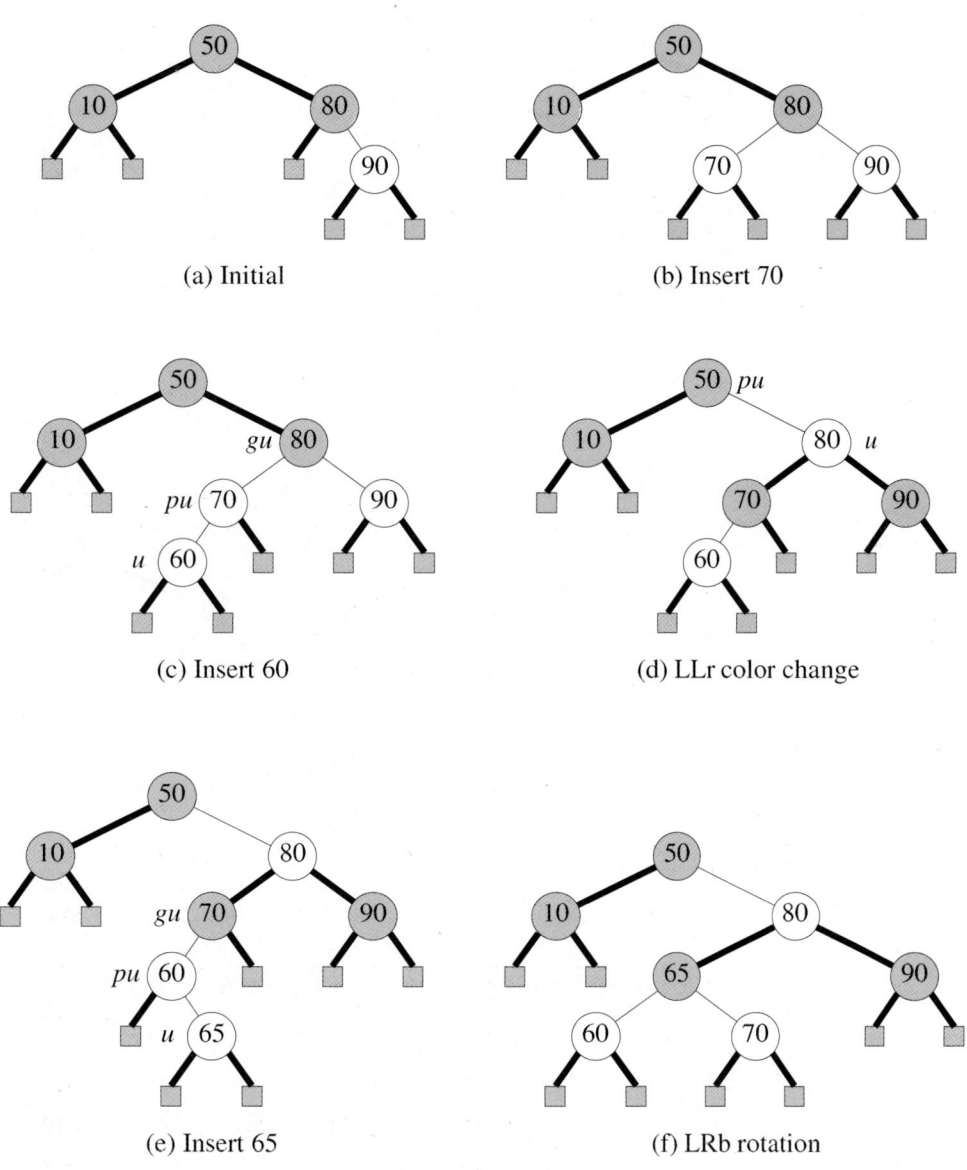

그림 10.18 레드-블랙 트리에 삽입(다음 페이지에 계속)

식은 레드이므로)으로 분류된다. 그림 10.16의 (a)와 (b)의 LLr 컬러 변경이 수행되면 그림 10.18(d)의 트리가 얻어진다. 이제 u, pu, 그리고 gu는 각각 트리에서 두 레벨 위로 이동된다. 80을 가진 노드가 새로운 u 노드가 되며 루트는 pu가 되고 gu는 **NULL**이 된

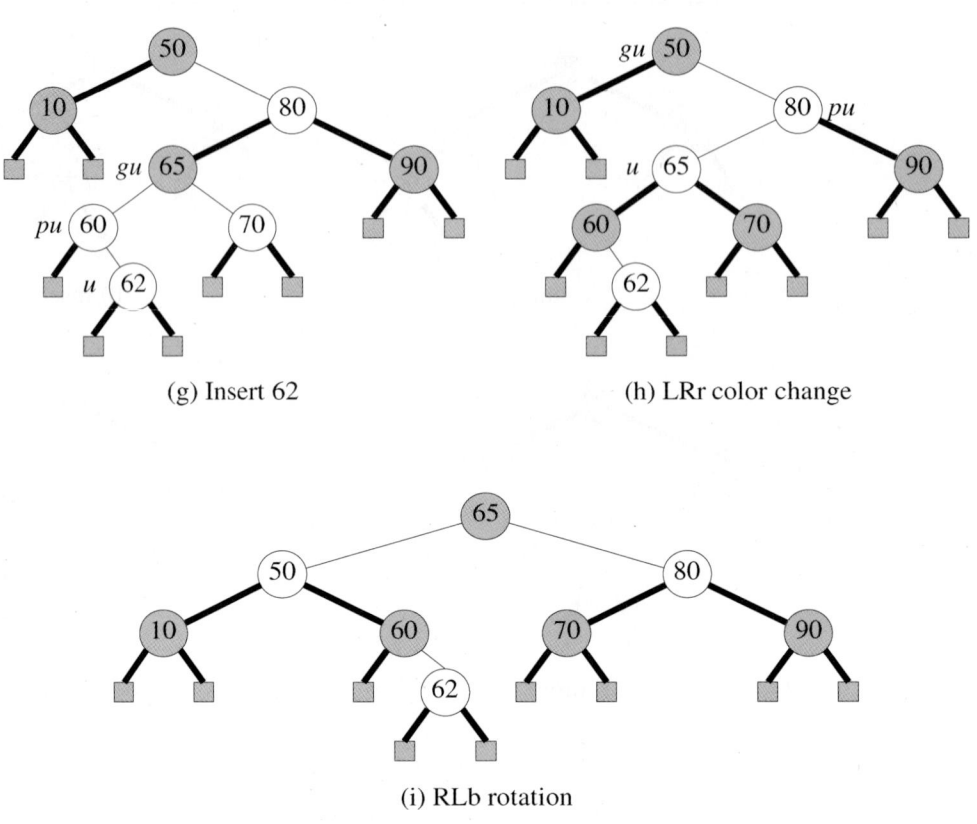

그림 10.18 레드-블랙 트리에 삽입

다. *gu* 노드가 없기 때문에 이 회전에서 RB2 불균형이 성립할 수 없어 완료된다. 루트에서 외부 노드로의 모든 경로는 정확히 2개의 블랙 포인터를 갖는다.

이제 그림 10.18(d)의 트리에 65를 삽입해보자. 결과는 그림 10.18(e)에 나타나 있다. 새로운 노드는 *u* 노드이다. 그 부모와 조부모는 각각 *pu*와 *gu* 노드이다. 그림 10.17의 (c)와 (d)의 회전을 수행해야 하는 LRb 불균형이 발생한다. 회전 결과 그림 10.18(f)의 트리를 얻게 된다.

마지막으로, 그림 10.18(g)의 트리를 얻기 위해 62를 삽입한다. 컬러 변경이 요구되는 LRr 불균형이 발생한다. 그 결과 트리와 새로운 *u*, *pu*, *gu* 노드들은 그림 10.18(h)에 나와 있다. 수행된 컬러 변경은 두 레벨 위까지 RLb 불균형을 초래하므로 이제 RLb 회전을 해야 한다. 그 회전 결과는 그림 10.18(i)의 트리에 나타나 있다. 회전 후에는 더 이상 추가 작업 없이 완료된다. □

10.3.5 레드-블랙 트리에서의 삭제
삭제 변환은 연습문제로 남겨두었다.

10.3.6 레드-블랙 트리의 조인
5.7.5절에서 *threeWayJoin*, *twoWayJoin*, *split* 과 같은 이원 탐색 트리의 연산을 정의하였다. 이 연산들은 레드-블랙 트리에서 log 시간 내에 수행될 수 있다. 연산 *threeWayJoin* (A, x, B: A 는 small 에 대응하고 x 는 mid, B 는 big 에 대응)는 다음과 같이 수행될 수 있다.

경우 1: A 와 B 가 같은 랭크를 갖는다면 x, leftChild A, rightChild B 의 쌍을 갖는 새로운 루트를 생성함으로써 C 가 만들어진다고 하자. 두 링크는 블랙으로 만들어진다. C 의 랭크는 A 와 B 의 랭크보다 하나 높다.

경우 2: 만일 $rank(A) > rank(B)$ 일 때 A 에서부터 $rank(B)$ 와 같은 랭크를 갖는 첫 번째 노드 Y 까지 rightChild 포인터를 따라간다면, 성질 RB1 에서 RB3 까지를 통해 이 노드가 존재함을 보장할 수 있다. $p(Y)$ 가 Y 의 부모라고 하자. Y 의 정의로부터 $rank(p(Y)) = rank(Y) + 1$ 이 된다. 그 결과, $p(Y)$ 에서 Y 로의 포인터는 블랙 포인터이다. x, leftChild Y, rightChild B 의 쌍을 갖는 새로운 노드 Z 를 생성한다(즉, 노드 Y 와 Y 의 서브트리는 Z 의 왼쪽 서브트리가 된다). Z 는 $p(Y)$ 의 오른쪽 자식으로 만들어지고, $p(Y)$ 에서 Z 로의 링크는 레드이다. 이 변환은 루트에서 외부 노드까지의 경로상에 있는 블랙 포인터의 수를 변화시키지 않음에 주목하라. 그러나 이 변환은 루트에서 Z 까지의 경로 내에 2개의 연속적인 레드 포인터를 포함시키도록 할 수는 있다. 이러한 경우, 상향식 삽입에서 사용되었던 변환을 사용한다. 이런 변환들은 트리의 랭크를 하나씩 증가시킬 수 있다.

경우 3: 만일 $rank(A) < rank(B)$ 이면, 경우 2 와 비슷하다.

***threeWayJoin* 의 분석**: 기술된 함수가 정확한지에 대해서는 쉽게 알 수 있다. 경우 1 은 $O(1)$ 시간이 걸리고, 나머지 두 가지 경우는 각 레드-블랙 트리의 랭크가 우선한다는 가정 하에서 조인을 수행하는 데 $O(|rank(A)-rank(B)|)$ 시간이 걸린다. 따라서 3-원 조인은 $O(\log n)$ 의 시간에 수행될 수 있는데, 이때 n 은 조인되고 있는 두 트리의 노드 수를 의미한다. 2-원 조인도 비슷한 방법으로 수행될 수 있다. 조인에 필요한 부모들은 루트에서 노드 Y 까지 움직이는 만큼 스택에 저장될 수 있기 때문에, 조인을 수행하는 데 있어 노드에 부모 데이타 멤버를 추가할 필요는 없다. □

twoWayJoin 도 같은 방법으로 수행된다.

10.3.7 레드-블랙 트리의 분할

이제 분할(split) 연산에 대해 알아보자. 간단히 설명하기 위해서 분할 키 i는 실제로 레드-블랙 트리 A에 있다고 가정하자. 이 가정 하에 분할 연산 $split(A, i, B, x, C)$(5.7.5절 참조. A는 $theTree$, i는 k, B는 $small$, x는 mid, C는 big에 대응)는 프로그램 10.4와 같이 수행될 수 있다.

단계 1: 키 값이 i인 원소를 포함하고 있는 노드 P를 찾기 위해 A를 탐색한다. 이 원소를 매개변수 mid에 복사한다. B와 C를 각각 P의 왼쪽과 오른쪽 서브트리가 되도록 초기화한다.

단계 2:
```
for (Q = parent(P); Q; P = Q, Q = parent(Q)) {
    if (P == Q→leftChild)
        C = threeWayJoin(C, Q→data, Q→rightChild)
    else  B = threeWayJoin(Q→leftChild, Q→data, B);
}
```

프로그램 10.4: 레드-블랙 트리의 분할

먼저 레드-블랙 트리에서 분할하는 원소 x를 찾는다. P가 이 원소를 포함하는 노드라고 하자. P의 왼쪽 서브트리는 i보다 작은 키 값의 원소들을 포함하고 있다. B는 이 서브트리가 되도록 초기화된다. P의 오른쪽 서브트리에 있는 모든 원소들은 i보다 큰 키 값을 갖는다. 그리고 C는 이 서브트리가 되도록 초기화된다. 단계 2에서는 P에서부터 레드-블랙 트리 A의 루트까지 경로를 추적한다. 추적하는 동안 두 종류의 서브트리를 만나게 되는데, 그 중 하나는 C에 있는 모든 키뿐만 아니라 i보다 더 큰 키를 가진 원소들을 포함한 서브트리이다. 이는 노드의 왼쪽 자식으로부터 그 부모로 추적할 때 일어난다. 다른 종류의 서브트리는 B에 있는 모든 키보다 더 작은 키뿐만 아니라 i보다 더 작은 키를 가진 원소들을 포함한 서브트리이다. 이것은 오른쪽 자식으로부터 부모로 이동할 때 일어난다. 전자의 경우에는 C와 3-원 조인이 수행되어지고, 후자의 경우에는 B와 3-원 조인이 수행된다. 여기에 기술한 두 단계 과정은 i가 트리 A에 있는 한 레코드의 키 값일 때 분할 연산을 확실히 이행하고 있음을 검증할 수 있다. 이것은 트리 A가 키 i를 가진 레코드를 포함하지 않을 때의 경우를 처리할 수 있도록 쉽게 확장될 수 있다.

***split*의 분석:** 부모로부터 노드에 대한 포인터가 레드라면 그 노드를 레드라고 하자. 그 부모로부터 블랙 포인터를 갖는 루트와 모든 노드들은 블랙이다. 분할되지 않은 트리에

서 노드 X의 랭크를 $r(X)$라고 하자. 분할하는 동안 P가 분할되지 않은 트리에서 블랙 노드이고 $Q \neq 0$ 이라면, 다음과 같다.

$$r(Q) \geq \max\{r(B), r(C)\}$$

여기에서 P, Q, B, C는 단계 2에서 **for** 루프의 시작 부분에 정의되어 있다.

랭크의 정의로부터 **for** 루프의 첫 번째 반복이 시작될 때 P의 컬러와는 상관없이 부등식은 성립된다. P가 초기에 레드였다면 그 부모 Q는 존재하고 블랙이다. q'가 Q의 부모라고 하자. $q' = 0$이라면 부등식이 위반된 곳에서 Q는 존재하지 않는다. 그렇다면 $q' \neq 0$라고 가정하자. 랭크의 정의와 Q가 블랙이라는 정의로부터 $r(q') = r(Q) + 1$이 된다. 단계 2의 3-원 조인 후의 트리 B와 C가 각각 B'와 C'라고 하자. $r(B') \leq r(B) + 1$이고 $r(C') \leq r(C) + 1$이므로 $r(q') = r(Q) + 1 \geq \max\{r(B), r(C)\} + 1 \geq \max\{r(B'), r(C')\}$가 된다. 따라서 부등식은 처음으로 Q가 블랙 자식 P를 가진 노드를 가리킬 때(즉, $Q = q'$일 때 **for** 루프의 두 번째 반복 시작점에서) 성립한다.

이렇게 귀납적 가정을 세운 후 Q가 블랙 자식 P를 가진 노드를 가리킬 때, 차후의 모든 반복에 대해서 부등식은 계속 성립된다는 것을 증명할 수 있다. Q가 현재 블랙 자식 $P = p$를 가진 노드 q를 가리키고 있다고 가정하자. 또한 부등식이 성립한다고 가정하자. Q가 블랙 P를 가진 노드에 있을 때 이 부등식이 다시 성립한다는 것을 증명해야 한다. 그런 경우에 대해서는 q의 부모인 q'가 반드시 존재해야만 한다. q가 블랙이라면 그 증명은 귀납법에 의해 블랙 Q와 레드 P에 대해 증명했던 것과 비슷하다.

q가 레드라면 q'는 블랙이다. 더 나아가 Q가 블랙 P를 가진 노드에 있는 경우 q는 조부모 q''를 가져야만 한다. 왜냐하면 Q가 q'로 이동하고 P가 q로 이동할 때 $Q = q'$는 레드 자식 $P = q$를 갖기 때문이다. B'와 C'는 $P = p$와 $Q = q$에서 시작하여 반복하는 B와 C 트리를 나타낸다고 하자. 이와 유사하게 B''와 C''는 $P = q$와 $Q = q'$에서 시작하여 반복하는 이 트리를 나타낸다고 하자.

C가 C'를 생성하기 위해 q와 그 오른쪽 서브트리 R과 결합된다고 가정하자. $r(C) = r(R)$이면 $r(C') = r(C) + 1$이고 C'는 2개의 블랙 자식을 갖는다(랭크가 하나씩 증가할 때 루트는 두 블랙 자식을 갖는다는 것을 생각해보라). $C'' = C'$라면 $B = B'$는 B''를 생성하기 위해 q'와 그 왼쪽 서브트리 L'와 결합된다. $r(L') \leq r(q')$, $r(B'') \leq \max\{r(B), r(L')\} + 1$이고 $r(q'') = r(q') + 1 = r(q) + 1$이므로 $r(B'') \leq r(q'')$이다. 또한 $r(C'') = r(C') = r(C) + 1 \leq r(q) + 1 \leq r(q'')$이다. 그러므로 $Q = q''$일 때 부등식이 성립된다. $C'' \neq C'$라면 C'는 q'와 그의 오른쪽 서브트리 R'와 조인하여 C''가 된다. 만약 $r(R') \geq r(C')$라면 $r(C'') \leq r(R') + 1 \leq r\{(q') + 1 = r(q'')$이다. $r(R') < r(C')$라면 $r(C'') = r(C')$이고 C는 두 블랙 자식을 갖는다. 또한 C', q', R'의 조인은 랭크를 증가시키지 않는다. 다시 말

하면 $r(C'') \leq r(q'')$이고, $Q = q''$일 때 부등식이 성립한다.

만약 $r(C) > r(R)$이고 $r(C') = r(C)$라면 $r(q'') = r(q) + 1 \geq \max\{r(B), r(C)\} + 1 \geq \max\{r(B''), r(C'')\}$이다. $r(C') = r(C) + 1$이면 C는 두 블랙 자식을 가지며, $r(C'') \leq r(q) + 1 = r(q'')$이고 $r(B'') \leq r(q'')$이다. 따라서 $Q = q''$일 때 부등식이 성립한다. $r(C) < r(R)$의 경우도 비슷하다.

B가 q와 그 왼쪽 서브트리 L과 함께 조인되는 경우는 앞서의 상황과 대칭적이다.

방금 만든 랭크 부등식을 이용하면, Q가 블랙 자식을 가진 한 노드를 가리킬 때마다 시작부터 Q가 이 노드에 도달할 때까지 분할 알고리즘의 단계 2에서 수행되는 모든 작업이 $O(r(B) + r(C) + r(Q))$라는 것을 보일 수 있다. 여기에서 B와 C는 각각 분할하는 값보다 작거나 큰 값을 가진 현재의 레드-블랙 트리이다. $r(Q) \geq \max\{r(B), r(C)\}$이기 때문에 단계 2에서 이루어진 모든 작업은 $O(r(Q))$이다. 이로부터 분할을 수행하는 데 요구되는 시간은 $O(\log n)$임을 알 수 있다. 여기서 n은 분할되는 트리의 노드 수를 의미한다. □

연습문제

1. 공백 레드-블랙 트리에서 시작하여 아래와 같은 순서로 키들을 삽입하라.

    15, 14, 13, 12, 11, 10, 9, 8, 7, 6, 5, 4, 3, 2, 1

    각 삽입이 일어난 직후의 트리를 그림 10.18과 비슷한 방식으로 그려보고, 삽입에 의해 재균형을 위한 회전이 발생하거나 컬러에 변화가 생긴 경우 이를 나타내라. 모든 노드에 컬러를 표시하고 수행된 회전(회전이 발생한다면)의 유형을 밝혀라.

2. 트리에 삽입될 키들의 순서가 다음과 같을 때 연습문제 1을 풀어보라.

    1, 2, 3, 4, 5, 6, 7, 8, 9, 10, 11, 12, 13, 14, 15

3. 트리에 삽입될 키들의 순서가 다음과 같을 때 연습문제 1을 풀어보라.

    20, 10, 5, 30, 40, 57, 3, 2, 4, 35, 25, 18, 22, 21

4. 트리에 삽입될 키들의 순서가 다음과 같을 때 연습문제 1을 풀어보라.

    40, 50, 70, 30, 42, 15, 20, 25, 27, 26, 60, 55

5. 그림 10.16의 LLr과 LRr의 변경에 대응하는 RRr과 RLr 컬러 변경을 그려라.
6. 그림 10.17의 LLb와 LRb의 변화에 대응하는 RRb와 RLb 회전을 그려라.

7. T를 랭크가 r인 레드–블랙 트리라 하자. 트리에 있는 각 노드의 랭크를 계산하는 함수를 작성하라. 이 함수의 시간 복잡도는 그 트리에 있는 노드 수에 선형적이어야 하는데, 그렇다는 것을 보이라.

8. n 노드를 가진 레드–블랙 트리와, 같은 수의 노드를 가진 AVL 트리에 대해 최악의 경우 높이를 비교하라.

9. 레드–블랙 트리에서의 삭제 변환을 나타내보라. 레드-블랙 트리에서 삭제는 최대 1번의 회전이 필요함을 보이라.

10. (a) 이 절에서 기술된 전략을 이용하여 3-원 조인 연산을 위한 C 함수를 작성하라. 노드 X로의 트리 포인터가 두 연속적인 레드 포인터 중 두 번째 것이라면, 필요한 변환을 수행하는 함수 *rebalance* (X)가 존재한다고 가정하라. 이 함수의 복잡도는 O($level (X)$)가 될 것이다.
    (b) 함수의 정확성을 증명하라.
    (c) 함수의 시간 복잡도는 얼마인가?

11. 레드-블랙 트리에서 2-원 조인을 수행하는 함수를 작성하라. 탐색·삽입·삭제·3-원 조인을 수행하는 함수가 있다고 가정하는 것이 좋다. 작성한 2-원 조인 함수의 시간 복잡도는 얼마인가?

12. 프로그램 10.4에서 제시된 방법을 사용하여 레드-블랙 트리 T에서 분할 연산을 수행하는 C 함수를 작성하라. 알고리즘의 복잡도는 O($height (T)$)일 것이다. 작성한 함수는 분할하는 키 i가 T에 있을 때나 없을 때나 모두 동작해야만 한다.

13. Q가 블랙 자식을 가질 때마다 시작부터 Q가 현 노드에 도달하는 시간까지 분할 알고리즘의 단계 2에서 수행된 모든 작업이 O($r (Q)$)라는 것을 보임으로써 분할 연산에 대한 복잡도 증명을 완성하라.

14. AVL 트리와 레드–블랙 트리에 대한 탐색·삽입·삭제 연산을 위한 프로그램을 작성하라.
    (a) 작성된 프로그램의 정확성을 검사하라.
    (b) 삽입할 n개의 서로 다른 값들을 임의의 순서로 만들어라. 각 자료 구조를 초기화하는 데 이 순서를 사용하라. 그 다음 탐색·삽입·삭제 연산을 임의 순서로 만들어라. 이 순서에서 탐색 확률은 0.5, 삽입은 0.25, 삭제는 0.25의 확률이어야 한다. 순서의 길이는 m이다. 앞의 자료 구조를 이용해서 이 순서에 m번의 연산을 수행하는 데 필요한 시간을 계산하라.
    (c) n = 100, 1000, 10,000, 100,000, 그리고 $m = n, 2n, 4n$에 대해 (b)를 반복하라.
    (d) 이 자료 구조의 상대적인 성능에 대해 무엇을 설명할 수 있는가?

10.4 스플레이 트리

지금까지 살펴본 이원 탐색 트리는 삽입, 삭제, 탐색, 조인, 분할과 같은 연산들을 최악의 경우 O(log n) 시간으로 수행할 수 있다. 우선순위 큐의 경우에서 최악의 복잡도보다 상환 복잡도(amortized complexity)가 더 중요할 때는 보다 간단한 구조가 사용될 수 있음을 알았다. 이것은 탐색 트리의 경우에도 마찬가지이다. 스플레이 트리(splay tree)를 사용하면 각 연산은 O(log n)의 상환 시간에 수행할 수 있다. 이 절에서는 두 종류의 스플레이 트리, 즉 상향식 스플레이 트리와 하향식 스플레이 트리에 대해서 알아본다. 두 스플레이 트리 모두 각 연산의 상환 복잡도가 O(log n)이지만, 실험적으로 상수 인수 내에서 하향식 스플레이 트리가 상향식 스플레이 트리보다 빠른 것으로 나타난다.

10.4.1 상향식 스플레이 트리

상향식 스플레이 트리(*bottom-up splay tree*)는 이원 탐색 트리이다. 보통의 이원 탐색 트리(5장 참조)에서와 같은 방식으로 탐색, 삽입, 삭제, 그리고 조인 연산이 이루어지되, 다른 점은 각 연산이 수행된 후에는 스플레이(splay)가 실행된다는 것이다. 그러나 분할에서는 먼저 스플레이를 수행한다. 이것은 분할을 매우 쉽게 수행할 수 있게 한다. 스플레이는 일련의 회전으로 구성된다. 설명을 간단히 하기 위해 각각의 연산들은 항상 성공적이라고 가정하자. 실패는 별개의 성공적 연산으로 모델링할 수 있다. 예를 들면 성공하지 못한 탐색의 경우 탐색 시 마지막으로 방문한 노드 내의 원소에 대한 탐색으로 모델화하고, 성공하지 못한 삽입은 성공적인 탐색으로 모델화할 수 있다. 이러한 가정 하에서 스플레이를 위한 시작 노드는 다음과 같이 결정할 수 있다.

(1)   *search*: 스플레이는 찾고자 하는 원소를 포함하고 있는 노드에서 시작한다.
(2)   *insert*: 스플레이에 대한 시작 노드는 새로 삽입된 노드이다.
(3)   *delete*: 물리적으로 삭제된 노드의 부모 노드가 스플레이의 시작 노드로 된다. 만일 이 노드가 루트이면 스플레이는 발생하지 않는다.
(4)   *threeWayJoin*: 어떤 스플레이도 발생하지 않는다.
(5)   *split*: 가령 실제 트리에 있는 키 i에 대해 분할을 한다고 가정하자. 그러면 키 i를 포함하고 있는 노드에 대해 먼저 스플레이를 수행한 뒤에 트리를 분할한다. 스플레이 후에 분할시키는 것은 매우 단순하다.

스플레이 회전은 이원 탐색 트리의 시작 노드부터 루트까지의 경로를 따라 수행된다. 이러한 회전은 AVL 트리와 레드-블랙 트리에 대해 수행한 회전과 비슷하다. q를 스플레이가 수행되고 있는 노드라 가정하자. 초기에 q는 스플레이가 시작하는 노드이다.

스플레이는 다음 단계들로 정의된다.

(1) 만일 q가 0이거나 루트이면 스플레이는 종료된다.
(2) 만일 q가 부모 p는 있지만 조부모는 없는 경우, 그림 10.19의 회전이 수행되고 스플레이가 종료된다.

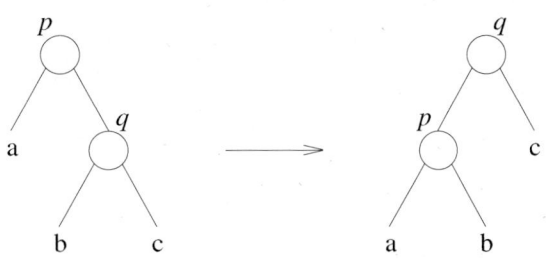

a, b, and c are subtrees

그림 10.19 q가 오른쪽 자식이고 조부모가 없을 때의 회전

(3) 만일 q가 부모 p와 조부모 gp를 갖고 있다면, 회전은 LL(p는 gp의 왼쪽 자식이고, q는 p의 왼쪽 자식이다), LR(p는 gp의 왼쪽 자식이고 q는 p의 오른쪽 자식이다), RR 또는 RL로 분류된다. 그림 10.20은 RR과 RL 회전을 나타내고 있으며, LL과 LR 회전은 이와 대칭된다. 스플레이는 q의 새로운 위치에서 반복된다.

    모든 회전은 q를 트리 위쪽으로 이동시키고 스플레이 다음에는 q가 탐색 트리의 새로운 루트가 되는 점에 유의하라. 결과적으로 키 i에 대한 트리의 분할은 i에서 스플레이를 수행하고 난 다음에 루트에서 분할이 일어남으로써 간단히 이루어진다. 그림 10.21은 회색 노드에서 스플레이를 수행시키기 전, 수행하는 중, 수행한 이후의 이원 탐색 트리 예를 각각 보여주고 있다.

    피보나치 히프(Fibonacci heap)의 경우에는 상호 부담 부과 기법을 통해 연산에 대한 상환 복잡도를 계산하였다. 스플레이 트리에 대한 분석에서는 전위(potential) 기법을 사용한다. P_0를 탐색 트리의 초기 전위라 하고 P_i를 일련의 m개 연산들 가운데 i 번째 연산을 수행한 후의 전위라 하자. i 번째 연산에 대한 상환 시간은 다음과 같이 정의할 수 있다.

$$(i \text{ 번째 연산에 대한 실제 시간}) + P_i - P_{i-1}$$

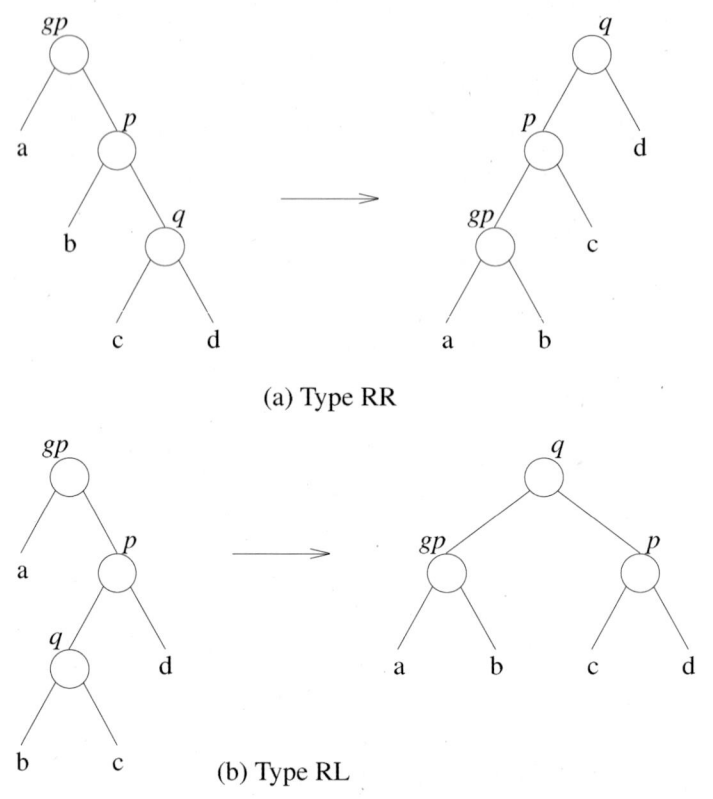

그림 10.20 RR과 RL 회전

즉 상환 시간은 실제 시간에다 전위에서의 변경을 합한 값이다. 식을 다시 정리하면 i 번째 연산에 대한 실제 시간은 다음과 같음을 알 수 있다.

$$(i \text{ 번째 연산에 대한 상환 시간}) + P_{i-1} - P_i$$

따라서 일련의 m개 연산을 수행하는 데 필요한 실제 시간은 다음과 같다.

$$\sum_i (i \text{ 번째 연산에 대한 상환 시간}) + P_0 - P_m$$

조인 연산을 제외한 각 연산의 실제 복잡도는 전체 연산의 복잡도 차수와 같고 조인 연산도 $O(1)$의 시간 복잡도를 갖기 때문에, 스플레이를 실행하는 데 소요되는 시간만을 고려하면 충분하다.

각 스플레이는 여러 개의 회전으로 구성된다. 각 회전에 대한 비용을 일정한 단위 시

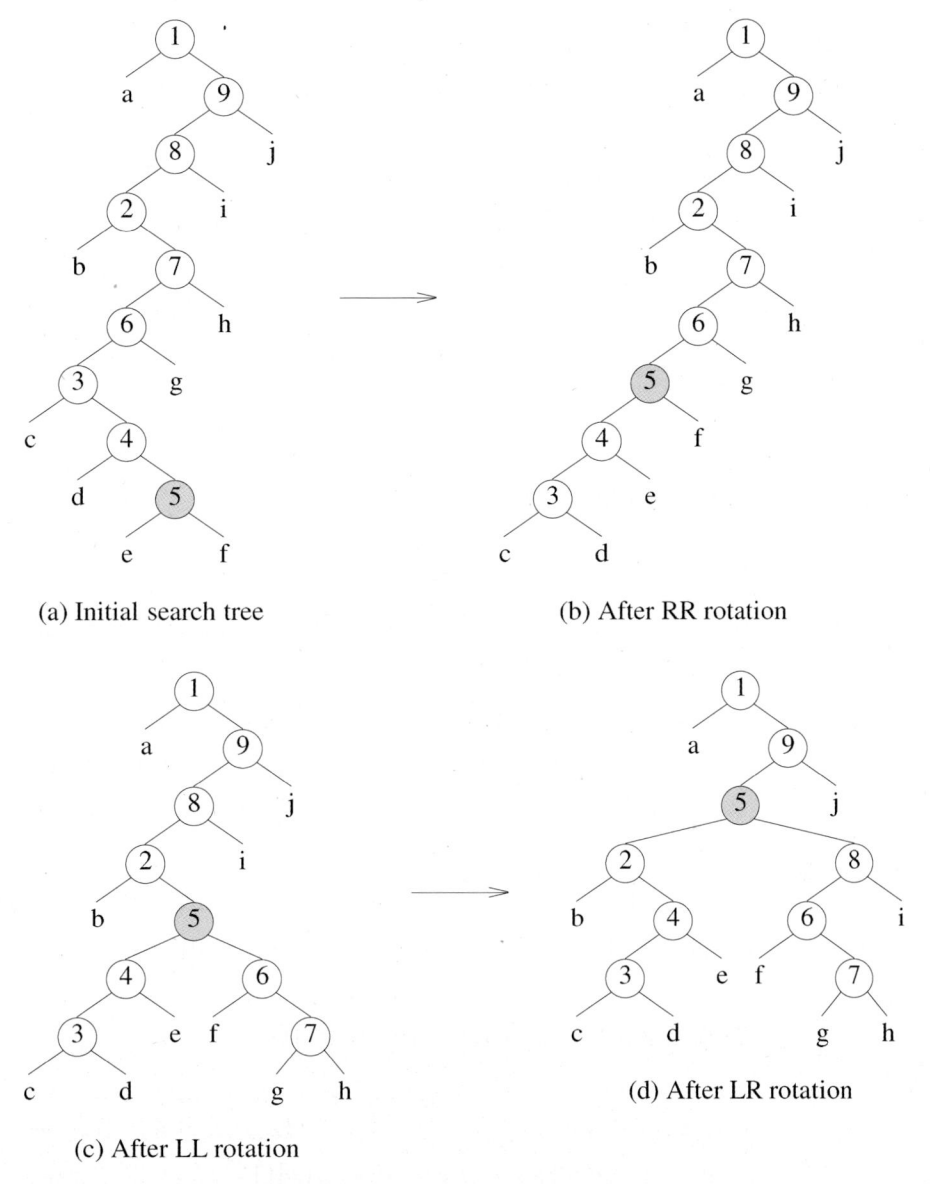

(a) Initial search tree
(b) After RR rotation
(c) After LL rotation
(d) After LR rotation

그림 10.21 회색 노드에서 시작하는 스플레이의 회전(계속)

간 하나로 할당한다. 전위 함수는 어느 정도 임의로 선택할 수 있다. 그 목적은 가능한 한 시간 복잡도의 한계를 적게 만드는 전위 함수를 사용하는 것이다. 여기서 사용하려는 전위 함수는 다음과 같이 정의한다. 루트가 i인 서브트리의 크기 $s(i)$는 서브트리의 총 노드

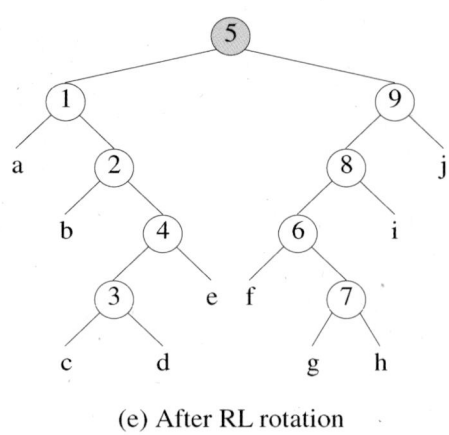

(e) After RL rotation

그림 10.21 회색 노드에서 시작하는 스플레이의 회전

수라 하자. 노드 i의 랭크 $r(i)$는 $\lfloor \log_2 s(i) \rfloor$이고, 트리의 전위는 $\sum_i r(i)$이다. 공백 트리의 전위는 0으로 정의된다.

그림 10.21(a)의 트리에서 서브트리 a, b, ⋯, j는 모두 공백이라 가정하자. 그러면 $(s(1), \cdots, s(9)) = (9, 6, 3, 2, 1, 4, 5, 7, 8)$이고 $r(3) = r(4) = 1$, $r(5) = 0$, $r(9) = 3$이다. 다음의 보조정리 10.3에서 r과 r'는 각각 회전 전과 후의 랭크를 나타낸다.

보조정리 10.3: 노드당 n개의 원소를 갖는 이원 탐색 트리를 고려해보자. 노드 q에서 시작하는 스플레이 연산의 상환 비용은 최대 $3(\lfloor \log_2 n \rfloor - r(q)) + 1$이다.

증명: 스플레이 정의에 있는 3단계를 고려한다.

(1) 이 경우 q는 0이거나 루트이다. 이 단계는 트리의 전위를 바꾸지 않으므로, 상환 비용과 실제 비용은 같다. 이 비용은 1이다.

(2) 이 단계에서는 그림 10.19의 회전(또는 q가 p의 왼쪽 자식인 경우에 대한 대칭 회전)이 수행된다. p와 q의 랭크만이 영향을 받기 때문에 전위 변경 ΔP는 $r'(p)+r'(q)-r(p)-r(q)$이다. 또한 $r'(p) \leq r(p)$이므로 $\Delta P \leq r'(q)-r(q)$이다. 그러므로 이 단계의 상환 비용(실제 비용 + 전위 변경)은 $r'(q)-r(q) + 1$ 이하이다.

(3) 이 단계에서는 q, p, gp의 랭크만이 변경된다. 따라서 $\Delta P = r'(q) + r'(p) + r'(gp) - r(q) - r(p) - r(gp)$이다. $r(gp) = \,'r(q)$이므로 다음과 같은 식을 얻을 수 있다.

$$\Delta P = r'(p) + r'(gp) - r(q) - r(p) \text{ -- (1)}$$

RR 회전을 고려해보자. 그림 10.20(a)에서 $r'(p) \leq r'(q)$, $r'(gp) \leq r'(q)$, $r(q) \leq r(p)$임을 알 수 있다. 따라서 $\Delta P \leq 2(r'(q)-r(q))$이다. 만약 $r'(q) > r(q)$라면 $\Delta P \leq 3(r'(q)-r(q))-1$ 이고, $r'(q) = r(q)$라면 $r'(q) = r(q) = r(p) = r(gp)$이다. 이때 $s'(q) > s(q) + s'(gp)$이다. 따라서 $r'(gp) < r'(q)$이다. 이를 확인하기 위해 $r'(gp) = r'(q)$라면 $s'(q) > 2r(q) + 2r'(gp) = 2r(q) + 1$ 임을 주목해야 된다. 이는 랭크의 정의에 위배되는 것이다. 따라서 (1)로부터 $\Delta P \leq 2(r'(q)-r(q))-1 = 3(r'(q)-r(q))-1$ 임을 알 수 있다. 그러므로 RR 회전의 상환 비용은 최대 $1 + 3(r'(q)-r(q))-1 = 3(r'(q)-r(q))$가 된다.

이러한 한계는 LL, LR 그리고 RL 회전에 대해서도 유사한 방법으로 얻어질 수 있다.

앞서의 보조정리는 단계 1과 단계 2가 상호 배제적이고 최대 1번 발생하는 것을 알 때 성립된다. 단계 3은 0번 또는 그 이상 발생한다. 단계 1 또는 단계 2의 발생 1번, 그리고 단계 3의 모든 발생 횟수의 상환 비용을 합하면 이 보조정리의 한계를 얻을 수 있다. □

정리 10.1: 초기의 공백 스플레이 트리에 대해 m번의 탐색·삽입·삭제·조인·분할 연산을 순차적으로 수행시키는 데 필요한 총 시간은 $O(m \log n)$이다. 여기서 $n(n > 0)$은 일련의 연산들 중 삽입 연산의 횟수이다.

증명: 어떤 스플레이 트리도 n개 이상의 노드를 가질 수 없기 때문에 어떠한 노드도 $\lfloor \log_2 n \rfloor$ 보다 큰 랭크를 가질 수 없다. 탐색(스플레이를 제외한)은 어떤 노드의 랭크도 변경시키지 않으므로 관련 스플레이 트리의 전위에 영향을 주지 않는다. 삽입(스플레이를 제외)은 루트로부터 최근에 삽입된 노드까지의 경로상에 있는 모든 노드의 크기를 하나씩 증가시킨다. 이것은 크기 $2^k - 1$ 을 가진 노드의 랭크를 변경시키게 한다. 그러므로 삽입 경로상에는 기껏해야 $\lfloor \log_2 n \rfloor + 1$ 개의 노드들이 있다. 즉, 각 삽입(스플레이를 제외)은 전위를 기껏해야 이 정도만 증가시킨다. 각 조인은 모든 스플레이 트리들의 총 전위를 최대 $\lfloor \log_2 n \rfloor$ 만큼 증가시킨다. 삭제는 스플레이 단계에서 발생하는 것을 제외하면 관련 스플레이 트리의 전위를 증가시키지 않는다. 분할 연산(스플레이 단계를 제외)은 분할하기 바로 직전의 트리의 랭크만큼 전체 전위를 감소시킨다(그러나 스플레이 후에는 초과한다). 따라서 m개 연산에 해당하는 전위 증가량 PI(스플레이 단계에 해당하는 것은 제외)는 $O(m \log n)$이다.

스플레이 연산에 대한 상환 비용의 정의로부터 일련의 연산을 위한 시간은 스플레이들의 상환 비용들, 전위 변경 $P_0 - P_m$, PI의 합이라는 것이 성립된다. 보조정리 10.3에서 상환 비용의 합은 $O(m \log n)$이다. 초기 전위 P_0은 0이고 최종 전위 P_m은 0보다 크거나 같다. 따라서 전체 시간은 $O(m \log n)$이다. □

10.4.2 하향식 스플레이 트리

상향식 스플레이 트리의 경우에서처럼 하향식 스플레이 트리(top-down splay tree)에서도 *threeWayJoin*은 5.7.5절과 동일하게 구현된다. 나머지 연산들에 대하여, 스플레이 노드를 상향식 스플레이 트리에서 정의된 것과 같이 정하자. 5.7.5절에서와 같이 각 연산에 대해서는 루트에서 스플레이 노드까지의 경로를 따른다. 그러나 이 경로를 따르면, 이진 트리가 3개의 구성 요소, 즉 스플레이 노드에 있는 원소의 키보다 더 작은 값의 키를 가진 원소들로 이루어진 이원 탐색 트리 *small*, 스플레이 노드에 있는 원소의 키보다 더 큰 값의 키를 가진 원소들로 이루어진 이원 탐색 트리 *big*, 스플레이 노드로 분할된다. 루트에서 스플레이 노드로 가는 경로를 아래쪽으로 순회할 때 스플레이 노드에 도달하기 전까지는 어떤 노드가 스플레이 노드인지를 알지 못한다는 점에 주의하라. 그러므로 아래쪽으로의 순회는 현재 수행되고 있는 연산과 관련된 키 k를 사용하여 수행된다.

분할을 위해, 2개의 공백 이원 탐색 트리인 *small*과 *big*으로 시작해보자. 편의를 위해 마지막에 제거되는 헤더 노드를 이들 트리에 첨가하도록 하자. s와 b는 각각 *small*과 *big*의 헤더 노드로 초기화시킨다. 스플레이 노드를 향한 아래 방향 순회는 루트에서 시작된다. x가 현재 노드를 나타내도록 하고, 트리 루트인 x에서 시작한다. 다음의 일곱 가지 경우를 고려해야 한다.

경우 0: x는 스플레이 노드인 경우.
               분할 과정을 종료한다.

경우 L: 스플레이 노드가 x의 왼쪽 자식인 경우.
               이 경우, x와 그 오른쪽 서브트리는 스플레이 노드의 키보다 더 큰 키를 포함한다. 그러므로 x를 b의 왼쪽 자식으로 만들고($b \rightarrow leftChild = x$), $b = x$, $x = x \rightarrow leftChild$로 설정한다. x의 오른쪽 서브트리에 *big*이 자동적으로 위치함을 유의해서 보길 바란다. 그림 10.22는 이런 경우를 도식적으로 나타낸다.

경우 R: 스플레이 노드가 x의 오른쪽 자식인 경우.
               이 경우는 '경우 L'과 대칭적이다. 이제 x와 그 왼쪽 서브트리는 스플레이 노드의 키보다 더 작은 키를 포함한다. 그러므로 x를 s의 오른쪽 자식으로 만들고 ($s \rightarrow rightChild = x$), $s = x$, $x = x \rightarrow rightChild$로 설정한다. x의 왼쪽 서브트리에 *small*이 자동적으로 위치함을 주목하라.

경우 LR: 스플레이 노드가 x의 왼쪽 자식의 오른쪽 서브트리에 있는 경우.

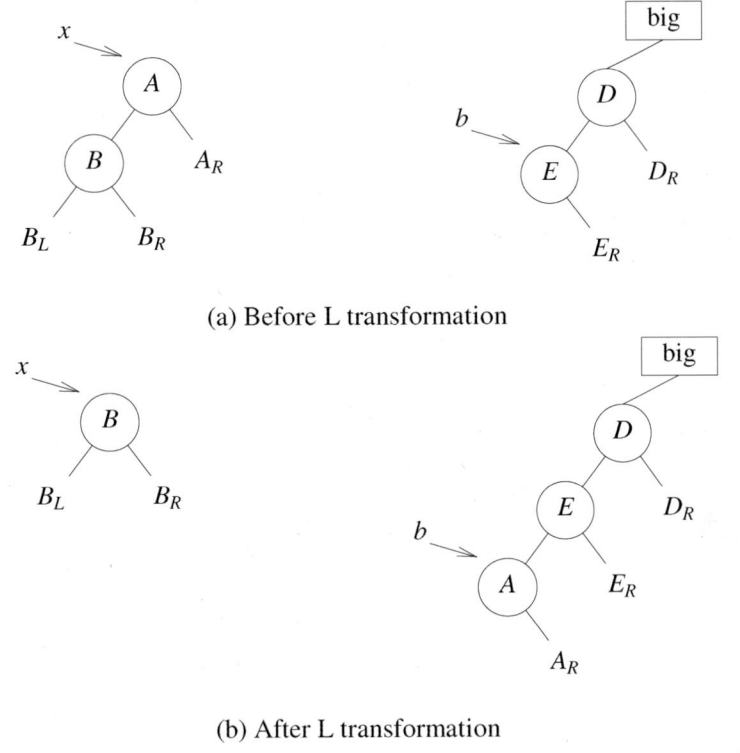

(a) Before L transformation

(b) After L transformation

그림 10.22 하향식 스플레이 트리에서의 '경우 L'

이 경우는 '경우 L'을 처리한 후 '경우 R'을 처리하는 것과 같이 처리한다.

경우 RL: 스플레이 노드가 x의 오른쪽 자식의 왼쪽 서브트리에 있는 경우.

이 경우는 '경우 R'을 처리한 후 '경우 L'을 처리하는 것과 같이 처리한다.

경우 LL: 스플레이 노드가 x의 왼쪽 자식의 왼쪽 서브트리에 있는 경우.

이 경우는 '경우 L'을 2번 적용하는 것처럼 처리하면 안 된다. 대신 x 주변으로 LL 회전을 수행한다. 그림 10.23은 이런 경우를 도식적으로 나타내고 있다. 이러한 변환은 다음과 같은 코드로 처리된다.

```
b→leftChild  = x→leftChild;
b = b→leftChild;
x→leftChild = b→rightChild;
b→rightChild = x;
x   = b→leftChild;
```

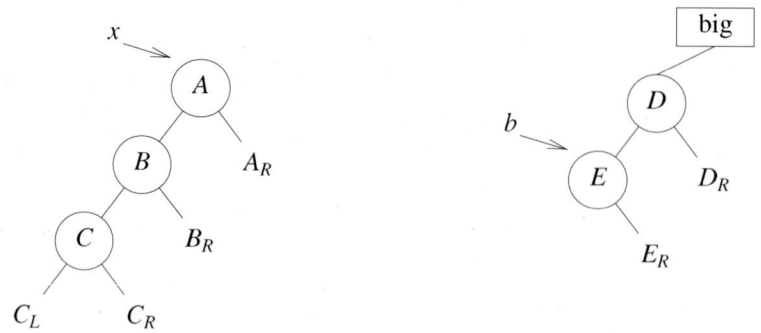

(a) Before LL transformation

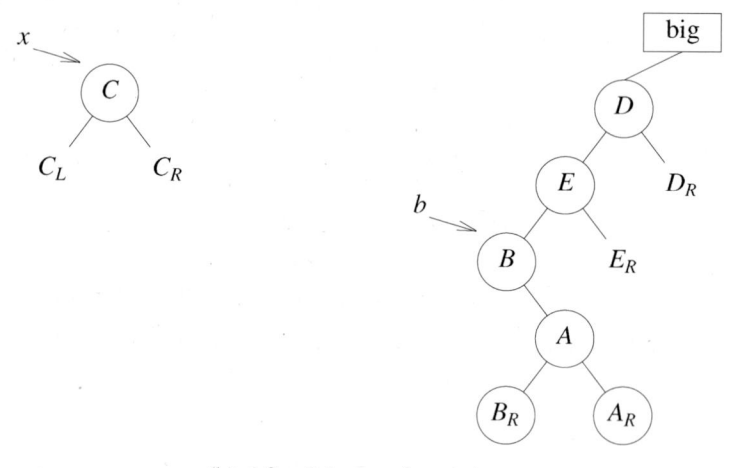

(b) After LL transformation

그림 10.23 하향식 스플레이 트리에서의 '경우 LL'

경우 RR: 스플레이 노드가 x의 오른쪽 자식의 오른쪽 서브트리에 있는 경우. 이 경우는 '경우 LL'과 대칭적이다.

이 변환들은 '경우 0'을 적용하여 종료될 때까지 반복해서 적용된다. 종료 후 x는 스플레이 노드가 된다. 이제 x의 왼쪽 서브트리는 s의 오른쪽 서브트리로 만들고, x의 오른쪽 서브트리는 b의 왼쪽 서브트리로 만든다. 마지막으로 small과 big 트리의 헤더 노드는 삭제된다.

분할 연산을 수행할 때 x가 분할 키를 포함할 경우, 분할의 결과로 small, $x \rightarrow data$, *big*을 반환한다. 탐색, 삽입, 삭제 연산을 위해 *small*과 *big*을 각각 x의 왼쪽과 오른쪽 서브트리로 하고 x를 루트로 갖는 새로운 이원 탐색 트리를 만든다.(스플레이 노드에 대한 아래 방향으로 수행하는 탐색에 있어서 탐색, 삽입, 삭제 연산과 관련하여 남아 있는 작업들은 완료되었다고 가정한다.)

예제 10.5: 그림 10.21(a)의 하향식 스플레이 트리에서 키 5를 찾는다고 가정하자. 현재는 이것을 알 수 없지만, 스플레이 노드는 회색 노드이다. 루트로부터 스플레이 노드로의 경로는 탐색 키 5와 현재 노드의 키를 비교함으로써 결정된다. 루트에 있는 현재 노드 포인터 x와 2개의 공백 스플레이 트리인 *small*과 *big*을 가지고 시작한다. 이들 공백 스플레이 트리들은 헤더 노드를 갖는다. 변수 s와 b는 각각 이들 헤더 노드들을 가리킨다. 스플레이 노드는 x의 오른쪽 자식의 왼쪽 서브트리에 있으므로 RL 변환이 필요하다. 그림 10.24(a)에는 RL 변환 후의 *small*과 *big* 트리뿐만 아니라 탐색 트리도 나타나 있다.

이제 스플레이 노드가 새로운 x의 왼쪽 자식의 오른쪽 서브트리에 있으므로 LR 변환이 이루어져 그림 10.24(b)의 형태를 얻는다. 다음으로 LL 변환[그림 10.24(c)]과 RR 변환[그림 10.24(d)]을 수행한다. 이제 x는 스플레이 노드에 있다. x의 왼쪽 서브트리를 s의 오른쪽 서브트리로 만들고, x의 오른쪽 서브트리는 b의 왼쪽 서브트리로 만든다[그림 10.24(e)]. 마지막으로, 그림 10.24(f)에 나타나 있는 것처럼, 헤더 노드들을 삭제하고 *small*과 *big* 트리를 x의 서브트리로 만든다. □

연습문제

1. 대칭적인 상향식 스플레이 트리 회전에 대해 그림 10.19와 그림 10.20에 대응하는 그림을 그려라.
2. 초기에 공백인 스플레이 트리에 대해 n번의 삽입으로 생성되는 상향식 스플레이 트리의 최대 높이는 얼마인가? 이러한 높이의 스플레이 트리를 생성하는 일련의 삽입 예를 보이라.
3. RL 회전에 대한 증명을 제시하는 것으로 보조정리 10.3의 증명을 완성하라. 회전은 대칭적이므로 LL과 LR 회전에 대한 증명이 각각 RR과 RL 회전의 증명과 유사함에 유의하라.
4. 각 스플레이 트리 연산에 대한 상환 비용이 $O(\log n)$이 되기 위해, 상향식 스플레이 트리에서 실행되어야 할 2-원 조인 방법을 설명하라.
5. 키 i가 스플레이 트리에 존재하지 않을 때, 키 i에 대한 분할을 수행하기 위한 방법을 설명하라. 각 상향식 스플레이 트리 연산에 대한 상환 비용은 $O(\log n)$이 되어야 한다.

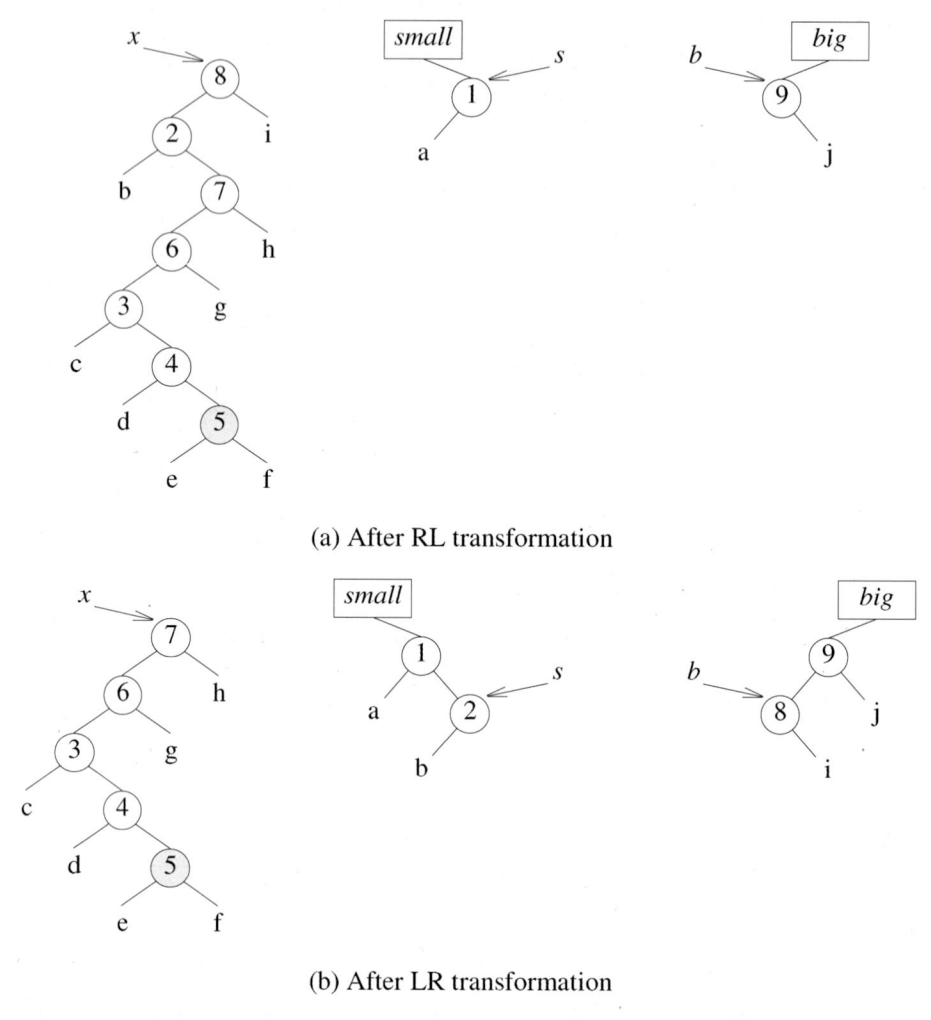

(a) After RL transformation

(b) After LR transformation

그림 10.24 하향식 스플레이 트리의 예(계속)

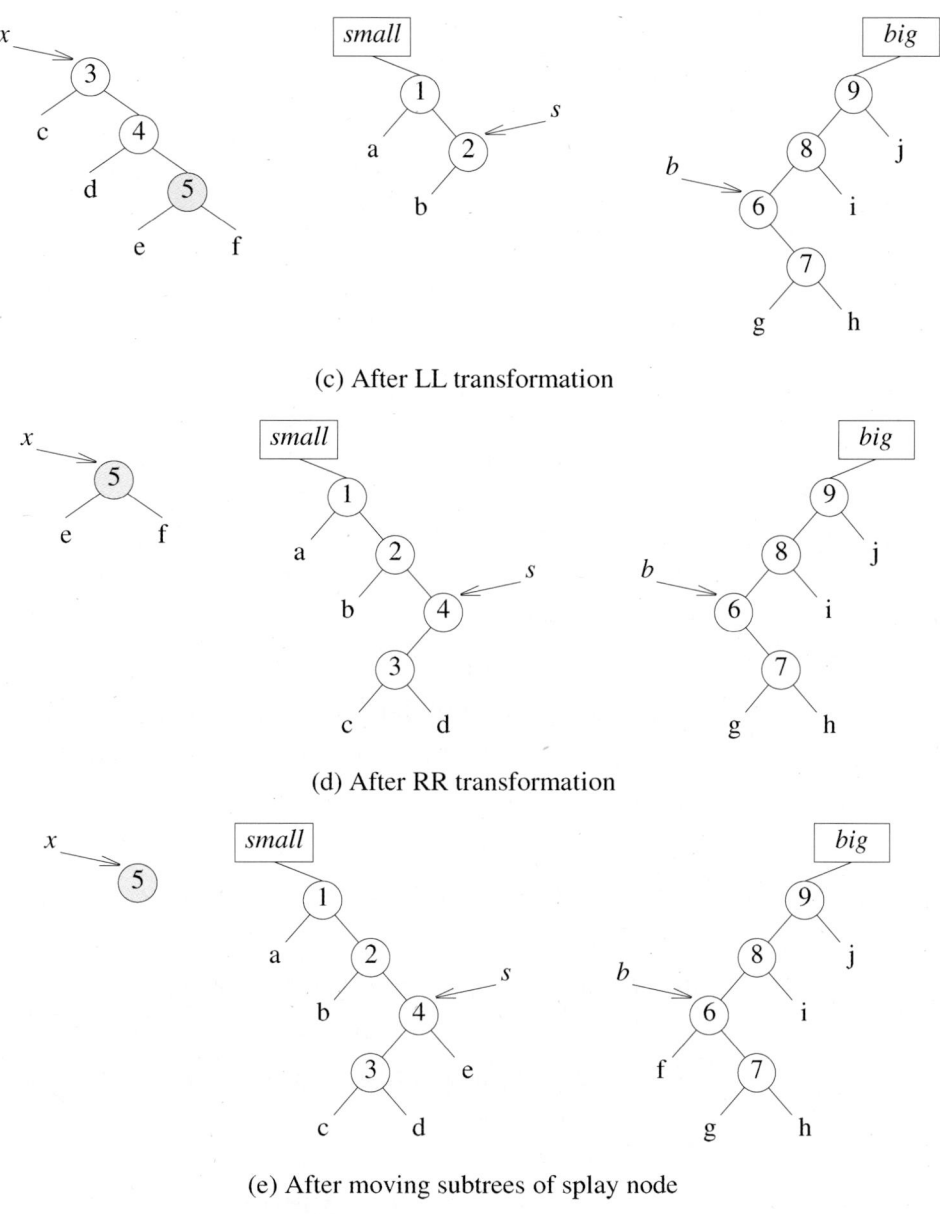

그림 10.24 하향식 스플레이 트리의 예(계속)

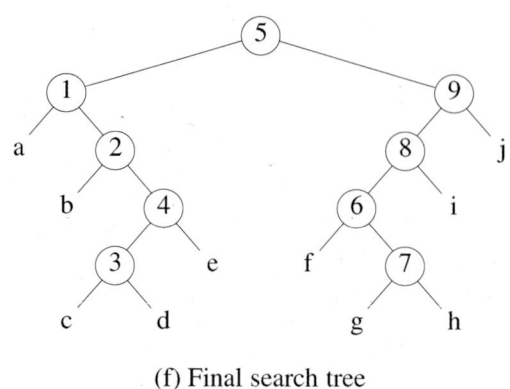

(f) Final search tree

그림 10.24 하향식 스플레이 트리의 예

6. 상향식 스플레이 트리 자료구조를 구현하라. 또한 테스트 데이타를 사용하여 모든 함수를 검사해보라.

7. [*Sleator and Tarjan*] 상향식 스플레이 트리의 복잡도 분석과 관련하여 사용된 $s(i)$의 정의를 변경한다고 가정하자. 각 노드 i는 양수의 가중치 $p(i)$를 갖는다고 하자. $s(i)$는 루트가 i인 서브트리 내 모든 노드의 가중치의 합이다. 이 서브트리의 랭크는 $\log_2 s(i)$이다.

   (a) t를 스플레이 트리의 루트라 하자. 노드 q에서 시작하는 스플레이의 상환 비용은 최대 $3(r(t)-r(q))+1$임을 보이라. 여기서 r은 스플레이 바로 직전의 랭크이다.

   (b) S를 n번의 삽입과 m번의 탐색으로 된 일련의 연산이라 하자. n번의 삽입은 각각 스플레이 트리에 하나의 새로운 원소를 더하는 것이고, 모든 탐색은 성공적이라고 가정하자. $p(i)(p(i) > 0)$는 원소 i를 탐색한 횟수라 하자. $p(i)$는 다음 등식을 만족한다.

$$\sum_{i=1}^{n} p(i) = m$$

이때 m번 탐색에 소요되는 전체 시간이 다음과 같음을 보이라.

$$O(m + \sum_{i=1}^{n} p(i) \log(m/p(i)))$$

여기에서 $\Omega(m + \sum_{i=1}^{n} p(i)\log(m/p(i)))$는 10.1절의 최적 이원 탐색 트리와 같은 정적 탐색 트리에서 탐색 시간에 대한 정보 이론적인 한계 값이기 때문에, 스플레이 트리는 원소를 정적 집합으로 표현하는 데 있어 상수 인수를 갖는 최적 트리이다.

8. 하향식 스플레이 트리를 위한 변환 R, RR, RL, LR에 대하여 그림 10.22와 그림 10.23에 대응하는 그림을 그려라.
9. 초기에 공백인 스플레이 트리에 대해 n번의 삽입으로 생성되는 하향식 스플레이 트리의 최대 높이는 얼마인가? 이러한 높이의 스플레이 트리를 생성하는 일련의 삽입 예를 보이라.
10. 하향식 스플레이 트리 자료 구조를 구현하라. 또한 테스트 데이타를 사용하여 모든 함수를 검사해보라.

10.5 참고문헌

복잡도가 $O(n^2)$인 최적 이원 탐색 트리 알고리즘은 논문 "Optimum binary search trees" (D. Knuth, Acta Informatica, vol.1, no.1, 1971, pp.14-25)에서 찾아볼 수 있다.

복잡도가 $O(n \log n)$인 시간 내 거의 최적인 이원 탐색 트리 알고리즘을 얻는 경험적 방법을 살펴보기 위해서는 논문 "Nearly optimal binary search trees"(K. Melhorn, *Acta Informatica*, 5, 1975, pp.287-295)와 "Binary search trees and file organization"(J. Nievergelt, *ACM Computing Surveys*, vol.6, no.3, 1974, pp.195-207)을 참조하라.

G. M. Adelson-Velskii와 E. M. Landis가 제안한 AVL 트리에 대한 원전 논문은 Dokl. Acad. Nauk.[SSR(soviet math), 3, 1962. pp. 1259-1263]에 나와 있다. AVL 트리를 다루는 또 다른 알고리즘은 2개의 논문 "Linear lists and priority queues as balanced binary trees"(C. Crane, STAN-CS-72-259, Computer Science Dept., Palo Alto, CA, 1972)와 "The Art of Computer Programming: Sorting and Searching"(D. Knuth, Addison-Wesley, Reading, MA, 1973)(6.2.3절 참조)에 있다.

높이 균형 트리를 실험한 연구 결과는 "Performance of Height-Balanced Trees"(P. L. Karlton, S. H. Fuller, R. E. Scroggs, E. B. Koehler, *CACM*, vol. 19, no.1, 1976, pp.23-28)에 있다.

스플레이 트리는 D. Sleator와 R. Tarjan에 의해 제안된 것으로, 그들의 논문 "Self-adjusting binary search trees"(*JACM*, vol.32, no.3, 1985, pp.652-686)는 이 책에서 논의한 다양한 형태의 기본적인 스플레이 기술뿐만 아니라 스플레이 트리에 대한 몇 개의 분석 자료도 보여주고 있다. 우리의 분석은 *Data structures and Network Algorithms*(R. Tarjan, SIAM Publications, Philadelphia, PA, 1983)을 모델로 하였다.

이밖의 이원 탐색 트리에 관해서는 "Handbook of data structures and applications" (D. Mehta and S. Sahni, Chapman & Hall/CRC, Boca Raton, 2005)의 10장부터 14장까지를 참조하라.

11 다원 탐색 트리

11.1 m-원 탐색 트리

11.1.1 정의와 성질

AVL 트리나 레드-블랙 트리와 같은 균형 이원 탐색 트리는 원소의 개수가 n이라 할 때, $O(\log n)$ 시간 내에 탐색·삽입·삭제가 가능하다. 이는 주목할 만한 성과라 할 수 있다. 한편, 현대 컴퓨터에서의 메모리 접근(메인 메모리나 디스크)이 산술이나 논리 연산을 수행하는 것보다 훨씬 더 많은 시간이 걸린다는 점을 이용하면 탐색 구조의 성능을 향상시킬 수도 있다. 메인 메모리 접근은 산술 연산보다 대략 100배 정도 시간이 더 걸리고, 디스크 접근은 산술 연산보다 대략 10,000배 더 걸린다. 프로세서 속도와 메모리 접근 시간 간의 이러한 큰 차이 때문에 데이타는 메인 메모리에서 캐시라는 빠른 저장장치로 캐시-라인 크기 단위로(약 수백 바이트 정도) 옮겨지며, 디스크에서 메인 메모리로는 블록 단위로(수 킬로 바이트 정도) 옮겨진다. 디스크의 균일성을 위해, 메인 메모리는 하나의 캐시 라인과 크기가 같은 블록들로 구성된다. AVL 트리와 레드-블랙 트리에서는 노드 크기가 일반적으로 몇 바이트 밖에 되지 않기 때문에, 메인 메모리나 디스크와 같이 느린 저장장치에서 캐시나 메인 메모리와 같이 더 빠른 저장장치로 데이타를 옮길 때처럼 블록과 같은 큰 단위를 이용할 수 없다. 1,000,000개의 원소를 가진 AVL 트리를 생각해보자. 트리의 높이는 $\lfloor 1.44\log_2(n + 2) \rfloor = 28$ 정도가 될 것이다. 이 트리에서 특정 키를 가진 원소를 찾으려면, 루트에서부터 원하는 원소가 있는 노드까지의 탐색 경로에 있는 노드들에 접근해야 한다. 이 경로는 28개의 노드를 포함할 수도 있고, 28개의 노드가 각각 다른 메모리 블록에 위치해 있다면 최악의 경우 총 28번의 메모리 접근과 28번의 비교가 이루어질 것이다. 탐색 시간 대부분이 메모리 접근에 쓰이는 것이다! 성능을 향상시키려면, 메모리 접근 횟수를 줄여야 한다. 메모리 접근 횟수를 반으로 줄이면 비교 횟수는 2배가 되지만 총 탐색 시간은 여전히 감소한다는 점에 주목해야 한다. 탐색 트리의 높이와 메모리 접근 횟수는 밀접한 상관관계가 있으므로 탐색 트리의 높이를 줄여야 한다. 이원 탐색 트리를 이용하면 트리 높이가 $\log_2(n + 1)$로 커지기 때문에 이를 개선하기 위해서 차수(degree)가 2보다 큰 탐색 트리를 이용해야 한다. 실제로는, 트리 노드들이 하나의 캐시 라인이나 디스크 블록을 채울 수 있는 가장 큰 차수를 사용하고 있다.

정의: m-원 탐색 트리(m-way search tree)는 공백이거나, 다음의 성질들을 만족한다.

(1) 루트는 최대 m개의 서브트리를 가지며, 다음의 구조로 이루어진다.

$$n, A_0, (E_1, A_1), (E_2, A_2), \cdots, (E_n, A_n)$$

여기서 $0 \leq i \leq n < m$에 대하여 A_i는 서브트리에 대한 포인터이고, $1 \leq i \leq n < m$에 대하여 E_i는 원소를 의미한다. 각 원소 E_i은 키 $E_i.K$를 가지고 있다.

(2) $E_i.K < E_{i+1}.K (1 \leq i < n)$이다.

(3) $E_0.K = -\infty$이고 $E_{n+1}.K = \infty$이다. $0 \leq i \leq n$에 대하여 서브트리 A_i의 모든 키는 $E_{i+1}.K$보다 작고 $E_i.K$보다 크다.

(4) 서브트리 $A_i(0 \leq i \leq n)$ 역시 m-원 탐색 트리이다. ☐

이원 탐색 트리가 2-원 탐색 트리인 것을 증명할 수도 있다. 3-원 탐색 트리는 그림 11.1에 제시되어 있다. 편의를 위해, 이 그림에서와 마찬가지로 이 장의 다른 그림에서도 키만 표시하기로 한다.

차수가 m이고 높이가 h인 트리에서, 최대 노드 수는 다음과 같다.

$$\sum_{0 \leq i \leq h-1} m^i = (m^h - 1)/(m - 1)$$

각 노드가 최대 $m-1$ 원소를 가지고 있으므로, 높이가 h인 m-원 트리에서 최대 원소의 수는 m^h-1이다. $h = 3$인 이진 트리에서 이 값은 7이다. $h = 3$인 200-원 트리에서는 최대 원소 수가 $m^h-1 = 8*10^6-1$이다.

주어진 원소의 수가 n개일 때 최적의 m-원 탐색 트리에 가까운 성능을 얻으려면, 탐색 트리가 반드시 균형이어야 한다. 여기서 다룰 균형 m-원 탐색 트리의 특별한 변형은 B-트리와 B+-트리이다.

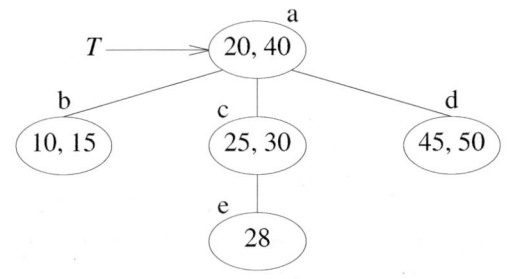

그림 11.1 3-원 탐색 트리의 예

11.1.2 m-원 탐색 트리에서의 탐색

m-원 탐색 트리에서 키 x를 가진 원소를 찾으려고 한다. 탐색은 트리의 루트부터 시작한다. 이 루트 노드는 m-원 탐색 트리의 정의에 따른 구조를 가지고 있다고 하자. 편의상 $E_0.K = -\infty$이고 $E_{n+1}.K = +\infty$라고 가정한다. 루트에 있는 키들을 검색하면서 $E_i.K \leq x < E_{i+1}.K$를 만족하는 i를 찾는다. $x = E_i.K$인 경우 탐색은 완료된다. $x \neq E_i.K$ 인 경우에는, x가 트리에 있다고 하면 m-원 탐색 트리 정의에 따라 서브트리 A_i에 있을 것이다. 그러므로 이 서브트리의 루트로 가서 탐색을 시작한다. 이 작업은 x를 찾거나 탐색이 공백 서브트리에서 종료되어 x가 트리에 없다는 것이 증명될 때까지 계속된다. 탐색 노드의 원소 수가 적으면, 순차적인 탐색을 사용한다. 원소 수가 많으면, 이원 탐색을 이용하기도 한다. m-원 탐색 트리에 대한 알고리즘은 프로그램 11.1 에 기술되어 있다.

/* m-원 탐색 트리에서 키가 x인 원소를 찾는다.
　　원소를 찾으면 그 원소를 반환한다. 그렇지 않으면 **NULL** 을 반환한다. */
$E_0.K = -$MAXKEY;
for(*$p = root;p;p = A_i$)
{
　　Let p have the format $n, A_0, (E_1, A_1), \cdots, (E_n, A_n)$;
　　$E_{n+1}.K = $ MAXKEY;
　　Determine i such that $E_i.K \leq x < E_{i+1}.K$;
　　if($x == E_i.K$) **return** E_i;
}
/* x는 트리에 없다. */

return NULL;

프로그램 11.1: 3-원 탐색 트리에서의 탐색

연습문제

1. 5-원 탐색 트리를 예로 들어 그려보라.
2. 높이가 h 인 m-원 탐색 트리에서 최소의 원소 수는 얼마인가?
3. m-원 탐색 트리에서 키가 x 인 원소를 삽입하는 알고리즘을 작성해보라. 알고리즘의 복잡도는 어떻게 되는가?
4. m-원 탐색 트리에서 키가 x 인 원소를 삭제하는 알고리즘을 작성해보라. 알고리즘의 복잡도는 어떻게 되는가?

11.2 B-트리

11.2.1 정의와 성질

데이터베이스 관리 시스템의 구현은 데이터베이스에 빠른 삽입·삭제·탐색을 하기 위해 B-트리나 B+-트리에 많이 의존하고 있다. 이러한 구조에 대한 지식은 상용 데이터베이스 관리 시스템이 어떻게 동작하는지를 이해하는 데 아주 중요하다. B-트리를 정의할 때, 외부 노드(external node)를 추가하여 m-원 트리를 확장하는 것으로 이해하면 쉽다. **NULL** 포인터가 있을 때마다 외부 노드가 추가되거나 검색 실패가 된다. 외부 노드는 탐색 중에 트리에서 찾고자 하는 원소를 검색하지 못했을 때만 도달할 수 있는 노드를 의미한다. 외부 노드가 아닌 노드는 내부 노드(internal node)라고 부른다.

정의: 차수가 m 인 B-트리(B-tree of order m)는 공백이거나, 다음 성질들을 만족하는 m-원 탐색 트리이다.

(1) 루트 노드는 적어도 2개의 자식을 갖는다.
(2) 루트 노드와 외부 노드를 제외한 모든 노드는 적어도 $\lceil m/2 \rceil$ 개의 자식을 갖는다.
(3) 모든 외부 노드들은 같은 레벨에 있다. □

유의할 점은 $m = 3$ 일 때 B-트리의 모든 내부 노드들은 차수가 2 또는 3이고, $m = 4$ 일 때 내부 노드들이 가질 수 있는 차수는 2, 3, 4이라는 것이다. 그러므로 차수가 3인 B-트리는 2-3 트리(2-3 tree)라고도 하고, 차수가 4인 B-트리는 2-3-4 트리(2-3-4 tree)라고도 한다. 한편, 차수가 5인 B-트리는 루트를 제외하면 차수 2인 노드를 가질 수 없으므

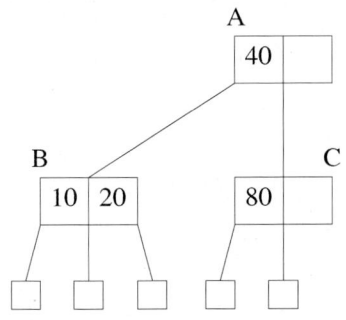

그림 11.2 2-3 트리의 예

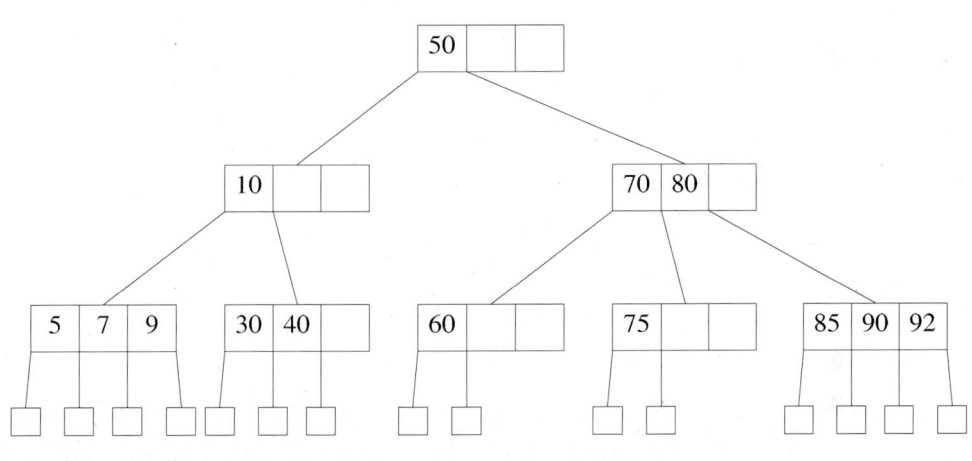

그림 11.3 2-3-4 트리의 예

로, 2-3-4-5 트리가 아니다. 또한 차수가 2인 모든 B-트리는 포화 이진 트리이다. 따라서 차수가 2인 B-트리는 키 값의 수가 어떤 k 값에 대해서 $2^k - 1$일 때만 존재한다. 그렇지만 모든 $n \geq 0$ 과 $m > 2$에 대해서 키가 n개이고 차수가 m인 B-트리는 항상 존재한다.

그림 11.2는 2-3 트리(즉, 차수가 3인 B-트리)를 보여주고 있고, 그림 11.3은 2-3-4 트리(즉, 차수가 4인 B-트리)를 보여주고 있다. 2-3 트리에서 내부 노드를 포함한 각 노드는 2개의 원소를 가질 수 있는 반면, 2-3-4 트리에서는 각 노드가 3개의 원소를 가질 수 있다는 점에 주의해야 한다. 그림에는 키만 나타내기로 한다. 그림 11.2와 그림 11.3에서는 외부 노드도 표현하고 있지만, 외부 노드는 B-트리를 쉽게 정의하고 설명할 수

있도록 도입했을 뿐 컴퓨터 내부에서는 물리적으로 표현되지 않는다. 정확히 말하면, 각 외부 노드의 부모 노드가 가지고 있는 자식 포인터는 **NULL**로 설정되어 있다.

11.2.2 B-트리의 원소 수

모든 외부 노드의 레벨이 $l+1$인 차수가 m인 B-트리는 최대 m^l-1개의 키를 갖는다. 이러한 B-트리에서 최소 원소 수 N은 얼마인가? B-트리의 정의로부터 $l>1$이면 루트 노드는 적어도 2개의 자식을 갖게 된다. 그러므로 레벨 2에서는 적어도 2개의 노드가 있다. 이 노드들은 최소 $\lceil m/2 \rceil$개의 자식을 갖는다. 마찬가지로 레벨 3에서는 적어도 $2\lceil m/2 \rceil$개의 노드가 있다. 레벨 4에서도 적어도 $2\lceil m/2 \rceil^2$개의 노드가 있어서, 이런 식으로 계속하면 $l>1$일 때 레벨 l에서의 노드 수는 적어도 $2\lceil m/2 \rceil^{l-2}$개가 됨을 알 수 있다. 이러한 노드들은 모두 내부 노드들이다. $K_i < K_{i+1} (1 \leq i < N)$일 때 만약 트리에 있는 키들을 $K_1, K_2, \cdots, K_N$이라 하면, 외부 노드의 수는 $N+1$이다. 검색 실패는 $K_i < x < K_i+1 (0 \leq i \leq N, K_0 = -\infty, K_{N+1} = +\infty)$일 때만 발생하기 때문이다. 이것은 B-트리에 없는 키 x를 찾고자 할 때 도달할 수 있는 서로 다른 $N+1$개의 노드를 의미한다. 그러므로,

$$N+1 = \text{외부 노드의 수}$$
$$= (l+1) \text{ 레벨에서의 노드 수}$$
$$\geq 2\lceil m/2 \rceil^{l-1}$$

이고, 따라서 $N \geq 2\lceil m/2 \rceil^{l-1}-1 (l \geq 1)$이다.

이것은 차수가 m인 B-트리에서 N개의 원소(키)가 있을 때, 모든 내부 노드들이 $l \leq \log_{\lceil m/2 \rceil}\{(N+1)/2\} + 1$을 만족하는 l보다 작거나 같은 레벨에 있음을 의미한다. B-트리의 한 노드를 1번의 메모리 접근으로 검사한다면, 탐색하기 위한 최대 접근 횟수는 l이다. 실제로 디스크에 상주하는 차수가 $m=200$인 B-트리를 이용하면, 원소 수가 $N \leq 2*10^6-2$일 때 $l \leq \log_{100}\{(N+1)/2\} + 1$이 될 것이다. l은 정수이므로 $l \leq 3$이 되고 $N \leq 2*10^8-2$일 경우, $l \leq 4$이다.

B-트리의 높이와 동일한 횟수의 메모리 접근을 통하여 B-트리를 탐색하려면, B-트리의 한 노드를 1번의 메모리 접근으로 검사할 수 있어야 한다. 이는 노드 하나의 크기가 메모리 블록 크기(즉, 캐시 라인이나 디스크 블록의 크기)를 넘으면 안 된다는 것을 의미한다. 메인 메모리에 상주하는 B-트리일 경우 실질적인 m의 값은 수십 정도이고 디스크 상주 B-트리일 경우에는 수백 정도가 현실적이다.

11.2.3 B-트리에서의 삽입

B-트리에 새로운 키를 삽입하는 알고리즘은 우선 새로운 키가 삽입될 리프 노드 p를 결

정하기 위해 탐색을 한다. 만약 새로운 키의 삽입으로 p가 m개의 키를 가지게 되었다면 p를 분할해야 한다. 그렇지 않으면 새로운 p가 디스크에 기록되고 삽입은 종료된다. 노드를 분할하기 위해서는, 새로운 원소의 삽입 후 p가 다음과 같은 형식을 갖는다고 가정한다.

$$m, A_0, (E_1, A_1), \cdots, (E_m, A_m), \text{ and } E_i < E_{i+1}, 1 \leq i < m$$

분할될 노드는 2개의 노드 p, q로 분할되고, 다음의 형식을 가진다.

$$\text{노드 } p: \lceil m/2 \rceil -1, A_0, (E_1 A_1), \cdots, (E_{\lceil m/2 \rceil -1}, A_{\lceil m/2 \rceil -1}) \tag{11.5}$$
$$\text{노드 } q: m - \lceil m/2 \rceil, A_{\lceil m/2 \rceil}, (E_{\lceil m/2 \rceil +1}, A_{\lceil m/2 \rceil +1}), \cdots, (E_m, A_m)$$

나머지 원소인 $E_{\lceil m/2 \rceil}$와 새로운 노드에 대한 포인터 q는 하나의 투플 $(E_{\lceil m/2 \rceil}, q)$를 형성한다. 이것을 p의 부모에 삽입하게 된다.

부모에 삽입하게 되면 부모가 다시 분할해야만 할 수도 있다. 이러한 분할 과정은 루트에 도달할 때까지 계속 발생할 수 있다. 루트가 분할되면 1개의 원소를 가진 새로운 루트가 생성되고 B-트리의 높이는 하나 증가한다. 디스크 상주 B-트리의 삽입 알고리즘은 프로그램 11.2에 기술되어 있다.

/* 디스크 상주 B-트리에 원소 x를 삽입하기 */
키 $x.K$를 가진 원소 E를 B-트리에서 탐색
if 이러한 E를 찾으면, E를 x로 바꾸고 **return**;
그렇지 않으면, p를 x가 삽입되는 리프라 하자.
q = **NULL**;
for ($e = x; p; p = p \rightarrow parent()$)
{/* p에 (e, q)가 삽입됨.*/
    노드 p의 적당한 위치에 (e, q)를 삽입한다.
    결과 노드의 형식은 다음과 같다: $n, A_0, (E_1, A_1), \cdots, (E_n, A_n)$
    if($n <= m-1$) { /* 결과 노드가 매우 크지 않다 */
        write node p to disk; **return**;
    }
    /* 노드 p가 분할되어야 한다. */
    p와 q는 식 (11.5)와 같이 정의하자.
    $e = E_{\lceil m/2 \rceil}$;
    write nodes p and q to the disk;

}
/* 새로운 노드가 생성 된다.*/
1, 루트, (e, q) 형식을 가진 새로운 노드 r을 생성한다.
$root = r$;
write *root* to disk;

프로그램 11.2: B-트리에서의 삽입

예제 11.1: 그림 11.2의 2-3 트리에 키 70을 가진 원소를 삽입해보자. 먼저 이 키를 탐색한다. 트리에 이미 키가 존재한다면, 이 키를 가진 원소는 새로운 원소로 대체된다. 그림 11.2의 2-3 트리에서는 70이 존재하지 않으므로 새로운 원소가 삽입되고 총 원소의 수는 하나 증가한다. 이때 70을 탐색하는 동안 도달한 리프 노드를 알고 있어야 한다. 2-3 트리에 존재하지 않는 키를 찾고자 할 때마다 탐색은 유일한 리프 노드에서 종료된다. 70을 탐색하는 동안 도달한 리프 노드는 키 80을 가진 노드 C이다. 이 노드는 1개의 원소만 가지고 있으므로, 새로운 원소는 여기에 삽입된다. 그림 11.4(a)는 삽입 후의 2-3 트리를 보여주고 있다.

　다음에는 키 30을 가진 원소를 삽입해보자. 이번에는 탐색이 리프 노드 B에서 종료된다. B는 완전히 찼기 때문에 B를 분할해야 한다. 순차적으로 10, 20, 30이 되게 하기 위해 상징적으로 B에 새로운 원소를 삽입한다. 이제 완전히 찬 노드는 식 (11.5)에 따라 분할된다. 분할 후 B에는 순차적으로 키 10이 있게 되고, 새로운 노드 D에는 30이 있게 된다. 키 값이 20이고 새로운 노드 D에 대한 포인터를 갖고 있는 중간 원소는, B의 부모 A에 삽입된다. 그림 11.4(b)는 2-3 트리에서의 삽입 결과를 보여준다.

　마지막으로 그림 11.4(b)의 2-3 트리에 키 60인 원소를 삽입해보자. 60을 탐색하는 동안 도달한 리프 노드는 노드 C이다. C가 완전히 차 있으므로 새로운 노드 E를 생성한다. 노드 E에는 제일 큰 키(80)인 원소가 있다. 노드 C에는 제일 작은 키(60)를 가진 원소가 있게 된다. 중간 값인 키(70)를 가진 원소와 새로운 노드 E에 대한 포인터는 C의 부모인 A에 삽입된다. 다시 A가 완전히 차게 되므로, {20, 40, 70} 중에 제일 큰 키를 가진 원소를 포함한 새로운 노드 F가 생성된다. 앞에서와 같이 A는 제일 작은 키를 가진 원소를 포함한다. B와 D는 각각 A의 왼쪽 자식 노드와 중간 자식 노드로 남게 되고, C와 E는 각각 F의 왼쪽 자식 노드와 중간 자식 노드가 된다. A가 부모를 가지고 있었다면, 중간 값인 키 40을 포함하는 원소와 새로운 노드 F에 대한 포인터는 A의 부모 노드에 삽입되었을 것이다. 그러나 A가 부모 노드를 가지고 있지 않으므로 2-3 트리에 새로운 루트 G를 생성한다. 노드 G는 키가 40인 원소와 자식 A와 F에 대한 포인터를 포함하고 있다. 새로운 2-3 트리는 그림 11.5에 나와 있다. □

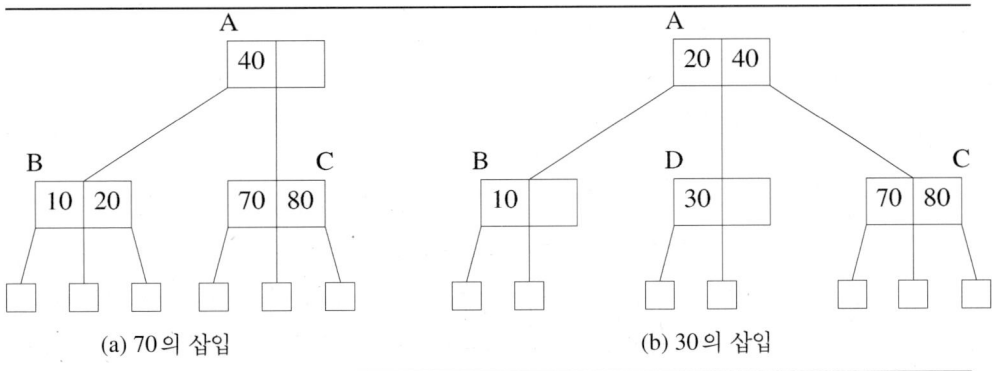

그림 11.4 그림 11.2의 2-3 트리에서의 삽입

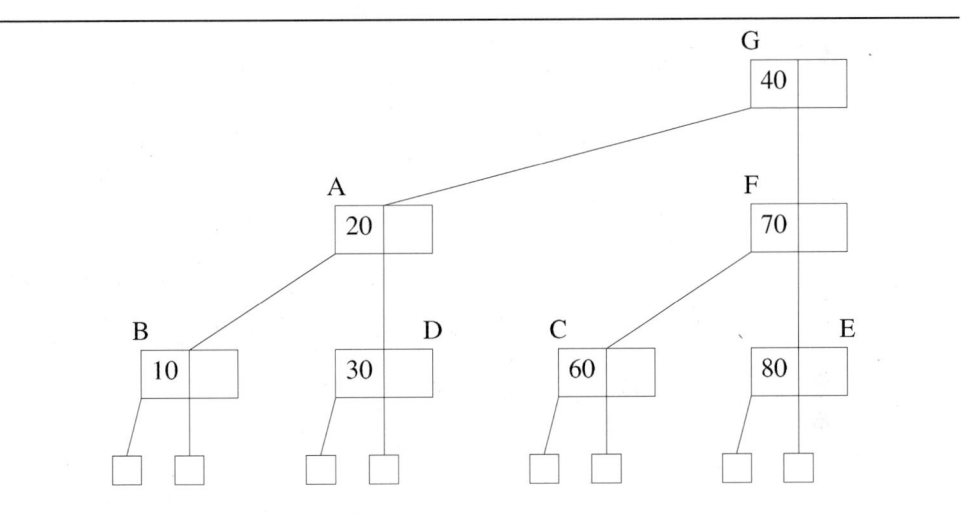

그림 11.5 그림 11.4(b)의 2-3 트리에 60을 삽입

B-트리 삽입의 분석: 편의상 B-트리가 디스크에 상주한다고 가정한다. B-트리의 높이를 h라 하면, 하향 탐색 동안에는 h번의 디스크 접근이 필요하다. 최악의 경우에는 접근된 모든 h개의 노드들이 상향 분할 과정 동안 계속 분할할 수도 있다. 분할되는 노드가 루트가 아니라면 2개의 노드를 디스크에 기록해야 하고, 루트가 분할되면 3개의 노드를 디스크에 기록해야 한다. 만약 하향 탐색 과정 동안 읽은 h개의 노드들이 메모리에 저장되어 상향 과정 동안 디스크에서 다시 가져올 필요가 없다고 가정하면, 삽입을 위한 디스크 접근 횟수는 최대 h(하향 과정) $+ 2(h-1)$(루트가 아닌 노드 분할) $+ 3$(루트 분할) $= 3h+1$

이 된다.

그러나 m이 매우 큰 값일 때, 평균 디스크 접근 횟수는 대략 $h+1$이다. 이것을 확인하기 위하여 공백 B-트리에서 시작하여 N개의 값을 삽입한다고 가정하자. 전체 노드 분할 횟수는 최대 $p-2$가 되는데, 여기서 p는 N개의 엔트리를 가진 최종 B-트리에 있는 내부 노드의 수이다. 이 $p-2$라는 상한은 하나의 노드 분할 때마다 적어도 하나의 추가적인 노드가 생성된다는 사실로부터 나온다. 루트가 분할될 때는 2개의 노드가 추가로 생성된다. 첫 번째 생성된 노드는 분할 없이 생기는데, B-트리가 둘 이상의 노드를 가지고 있다면 루트는 적어도 1번은 분할된다. 그림 11.6은 $p>2$일 때($p=2$인 B-트리는 없다는 사실에 유의하라), p개의 노드를 가진 B-트리를 만드는 데 필요한 노드 분할 횟수의 가장 타당한 상한이 $p-2$라는 것을 보여준다. p개의 노드를 가진 차수가 m인 B-트리는 루트가 적어도 하나의 키를 가지고 나머지 노드가 각각 적어도 $\lceil m/2 \rceil - 1$개의 키를 가지므로, 적어도 $1+(\lceil m/2 \rceil - 1)(p-1)$개의 키 값을 갖는다. 이제 평균 분할 횟수 s_{avg}는 다음과 같이 결정된다.

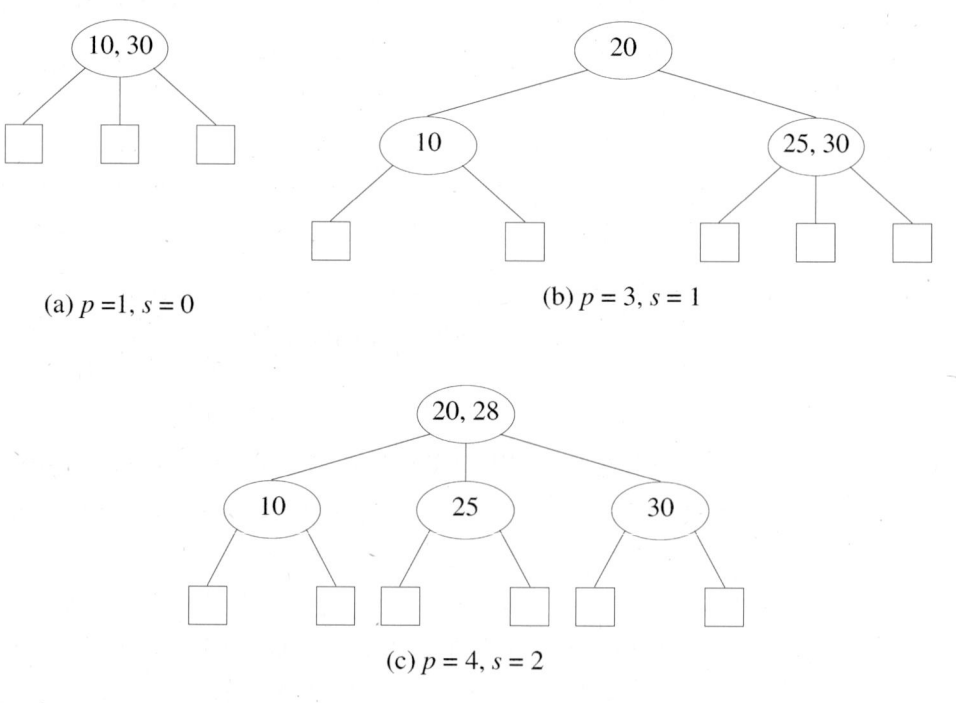

그림 11.6 차수 3인 B-트리

$$s_{avg} = (총\ 분할\ 횟수)/N$$
$$\leq (p-2)/\{1 + (\lceil m/2 \rceil - 1)(p-1)\}$$
$$< 1/(\lceil m/2 \rceil - 1)$$

$m = 200$에 대해서, 이것은 삽입된 키 하나에 평균 노드 분할 수가 1/99 보다 작다는 것을 의미한다. s를 삽입 동안에 분할되는 노드의 수라고 하면, 삽입 과정에 디스크 접근 수는 $h + 2s - 1$이 된다. 그러므로 평균 디스크 접근 수는 $h + 2s_{avg} + 1 < h + 101/99 \approx h + 1$이 된다. □

11.2.4 B-트리에서의 삭제

편의상 디스크 상주 B-트리에서 삭제를 수행한다고 가정하자. 이제 키가 x인 원소를 삭제하려고 한다. 먼저 이 키에 대해 탐색한다. x를 찾지 못하면, 삭제할 원소가 없는 것이다. x가 리프가 아닌 노드 z에서 발견되면 z에서 x가 차지하던 자리는 B-트리의 리프 노드로부터 적당한 키로 채워진다. x가 z의 i번째 키라고 하자(즉, $x = E_i.K$). 그러면 E_i는 서브트리 A_i 내의 가장 작은 키 또는 서브트리 A_{i-1} 내의 가장 큰 키로 대체될 수 있다. 이 두 원소는 모두 리프 노드에 위치하고 있다. 이런 방법으로 리프가 아닌 노드로부터의 삭제는 리프 노드로부터의 삭제로 변환된다. 예를 들면 그림 11.6(c)에서의 루트에 위치한 키 20인 원소를 삭제하려고 하면, 이 원소는 키 10인 원소나 키 25인 원소로 대체될 수 있다. 두 원소 모두 리프 노드에 위치하고 있다. 대체가 완료되면 리프 노드에서 10을 삭제하거나 25를 삭제하는 문제를 당면하게 된다.

리프 노드 p에서의 삭제에는 네 가지 경우가 있다. 첫 번째는 p 또한 루트인 경우이다. 삭제 후 루트에 적어도 하나의 원소가 남아 있다면, 변경된 루트가 디스크에 기록되고 작업은 완료된다. 그렇지 않으면 삭제 후 B-트리는 공백이 된다. 나머지 세 가지는 p가 루트가 아닌 경우이다. 두 번째 경우는 삭제 후 p가 적어도 $\lceil m/2 \rceil - 1$개의 원소를 가지고 있는 경우로서, 수정된 리프 노드가 디스크에 기록되고 작업은 완료된다.

세 번째 경우(회전)는 p가 $\lceil m/2 \rceil - 2$개의 원소를 가지며, 인접한 형제 노드 q가 적어도 $\lceil m/2 \rceil$개의 원소를 가진 경우이다. 이것을 알아내기 위해서는 p가 가질 수 있는 2개의 가장 가깝게 인접한 형제 노드 중 하나만을 검사한다. p에는 노드가 유지해야 될 최소한의 원소 개수보다 하나가 작은 수의 원소가 있으며, q에는 최소한의 수보다 많은 원소가 있다. 이제 회전이 수행된다. 이 회전은 q가 가진 원소 수를 하나 감소시키고 p의 원소 수를 하나 증가시킨다. 결과적으로 회전 후에 p와 q 어느 쪽에도 원소의 수가 부족하지 않게 된다. 회전의 결과로 B-트리는 유효하게 된다. r을 p와 q의 부모라 하자. 만약 q가 p의 가장 가까운 오른쪽 형제 노드라 하고 E_i를 r 내의 i번째 원소라고 하면, p의 모든

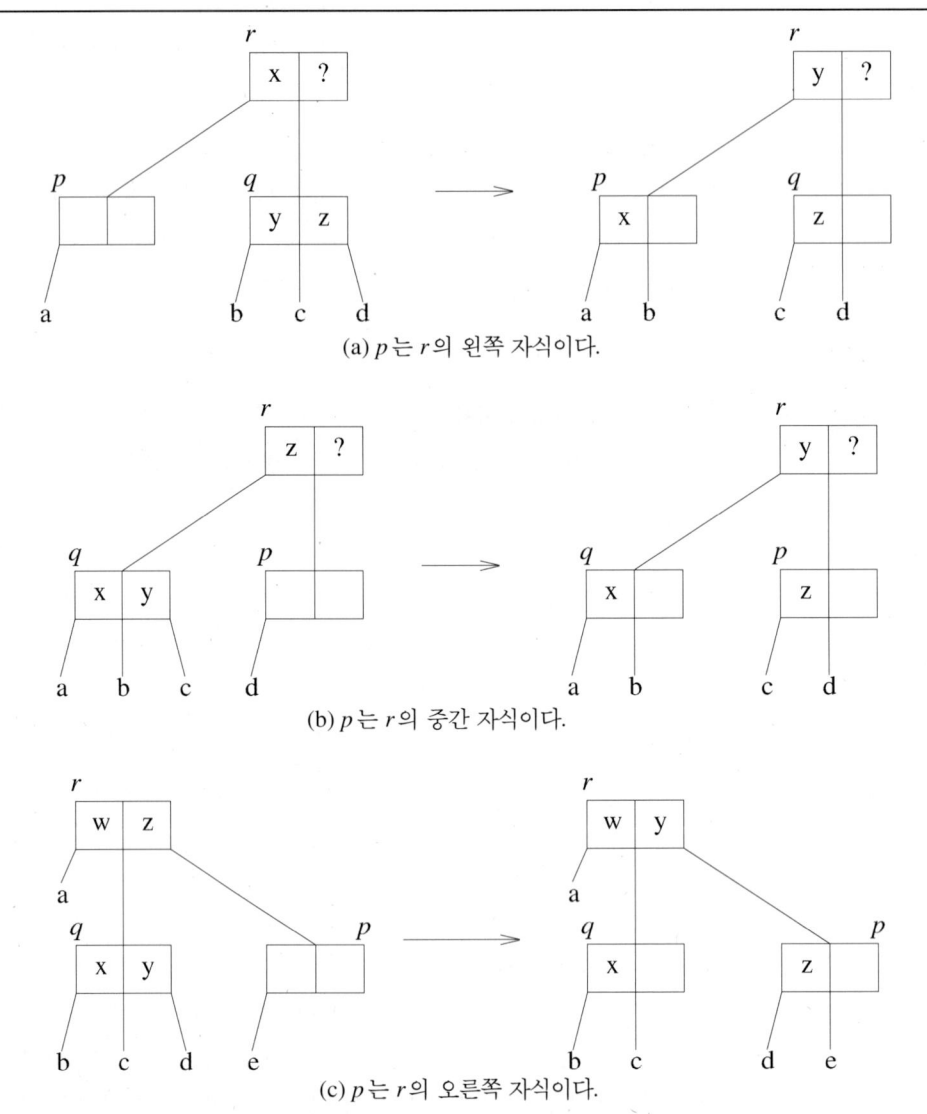

그림 11.7 2-3 트리 회전의 세 가지 경우

키는 $E_i.K$ 보다 작고 q 의 모든 키는 $E_i.K$ 보다 크다. 회전에 의해 E_i 는 q 의 첫 번째(즉, 가장 작은) 원소로 대체되며 p 에서는 가장 오른쪽 원소가 된다. 또 q 의 가장 왼쪽 서브트리는 p 의 가장 오른쪽 서브트리가 된다. 변경된 p, q 그리고 r 은 디스크에 기록되고 삭제는 완료된다. q 가 p 의 가장 가까운 왼쪽 형제 노드인 경우에도 이와 유사하다.

그림 11.7은 2-3 트리에서 회전하는 경우를 보여준다. "?"은 원소의 존재 유무가 중

요하지 않은 경우를 표시한다. a, b, c, d는 노드의 자식(즉, 서브트리의 루트)을 가리킨다.

삭제의 네 번째 경우(결합)는 p가 $\lceil m/2 \rceil - 2$개의 원소를 가지고 있고, 가장 가까운 형제 노드 q가 $\lceil m/2 \rceil - 1$개의 원소를 가지고 있는 경우이다. 즉, p는 원소가 부족한 상태이며 q는 루트가 아닌 노드가 가지고 있어야 될 최소한의 원소만을 가지고 있다. 이제 노드 p와 q 그리고 부모 노드 중간에 있는 원소 E_i를 하나의 노드로 결합시킨다. 결합된 노드는 $(\lceil m/2 \rceil - 2) + (\lceil m/2 \rceil - 1) + 1 = 2\lceil m/2 \rceil - 2 \leq m-1$ 원소를 갖게 되며, 이것은 기껏해야 그 노드를 가득 채우는 정도이다. 이 결합된 노드는 디스크에 기록된다. 이 결합 작업은 부모 노드 r의 키 수를 하나 감소시킨다. 만약 부모 노드의 원소가 부족하지 않게 되면(즉, 루트 노드일 경우에는 적어도 1개 원소를, 루트가 아닌 경우에는 적어도 $\lceil m/2 \rceil - 1$개의 원소를 가지고 있다), 변경된 부모 노드는 디스크에 기록되고 삭제는 완료된다. 그렇지 않고 부모 노드의 원소가 부족하게 되면, 부모 노드가 루트일 경우 원소가 없으므로 버려진다. 원소가 부족하게 된 부모 노드가 루트가 아닐 경우에는 정확히 $\lceil m/2 \rceil - 2$개의 원소를 갖는다. 이러한 원소의 부족 현상을 없애기 위해, 먼저 r의 가장 가까운 형제 노드 중의 하나로 회전을 시도한다. 만약 이것이 불가능하면 결합은 완료된 것이다. 이 결합 과정은 루트의 자식이 결합될 때까지만 B-트리를 따라 계속할 수 있다.

그림 11.8은 2-3 트리에서 p가 r의 왼쪽 자식일 경우 결합할 때의 두 가지 경우를 보여준다. p가 r의 중간 자식이거나 오른쪽 자식일 경우는 연습문제로 남겨둔다.

삭제 알고리즘의 상세한 내용은 프로그램 11.3에 있다.

/* 키 x를 가진 원소를 삭제한다.*/
키가 x인 원소를 포함하는 노드 p를 B-트리에서 탐색한다.;
if p가 없으면 **return** ; /* 삭제할 원소가 없다.*/
p가 다음과 같은 형식을 갖는다. $n, A_0, (E_1, A_1), \cdots, (E_n, A_n)$과 $E_i.K = x$;
if p가 리프가 아니면 {
    서브트리 A_i에서 제일 작은 키를 가진 원소와 E_i를 바꾼다.
    제일 작은 원소를 뺀 p가 A_i의 리프라고 가정한다.
    p가 다음과 같은 형식을 갖는다. $n, A_0, (E_1, A_1), \cdots, (E_n, A_n)$
    $i = 1$;
}
/* 리프인 노드 p에서 E_i를 삭제한다.*/
p에서 (E_i, A_i)를 삭제; n--;
while$((n < \lceil m/2 \rceil - 1)$ && $p\: != root)$
    if p와 가장 가까운 오른쪽 형제 노드 q가 있다면 {

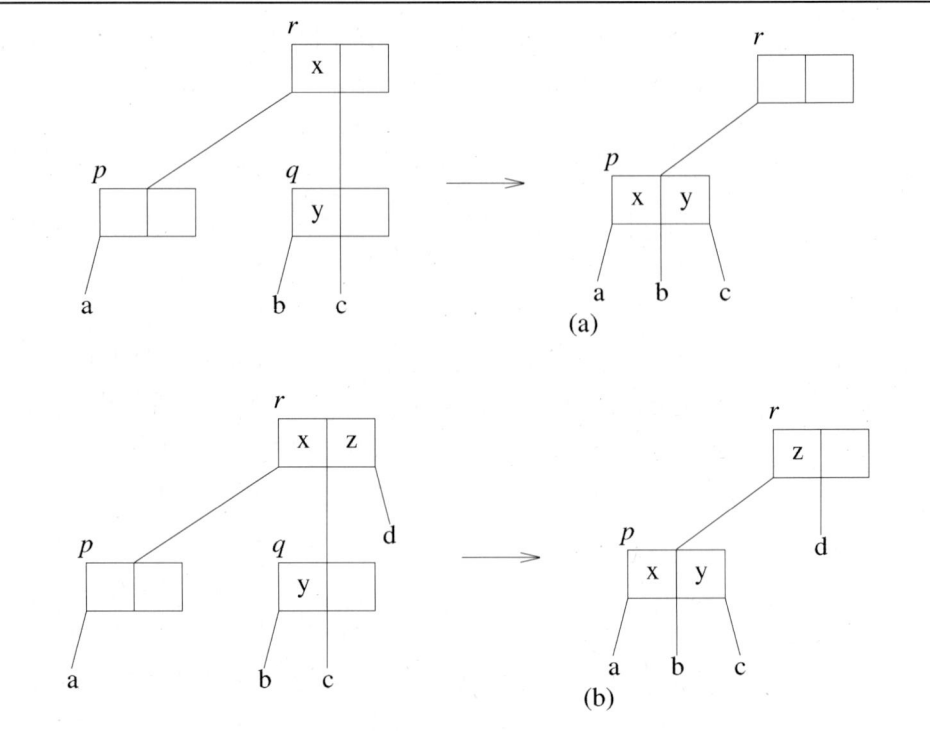

그림 11.8 2-3 트리에서 p가 r의 왼쪽 자식일 경우의 결합

q는 $n_q, A_0^q, (E_1^q, A_1^q), \cdots, (E_{n_q}^q, A_{n_q}^q)$의 형태로 가정;
r은 $n_r, A_0^r, (E_1^r, A_1^r), \cdots, (E_{n_r}^r, A_{n_r}^r)$의 형태로 가정;
$A_j^r = q$와 $A_{j-1}^r = p$라고 가정;
if$(n_q >= \lceil m/2 \rceil)\{$ /* 회전 */
    $((E_{n+1}, A_{n+1}) = (E_j^r, A_0^q); n = n + 1;$ /* 노드 p 업데이트 */
    $E_j^r = E_1^q;$ /* 노드 r 업데이트 */
    $(n_q, A_0^q, (E_1^q, A_1^q), \cdots) = (n_q - 1, A_1^q, (E_2^q, E_2^q), \cdots);$
            /* 노드 q 업데이트*/
   write nodes p, q and r to disk; **return**;
$\}$ /* 회전 종료 */
/* p, E_j^r와 q 결합 */
$s = 2*\lceil m/2 \rceil - 2;$
write $s, A_0, (E_1, A_1), \cdots, (E_n, A_n), (E_j^r, A_0^q), (E_1^q, A_1^q), \ldots, (E_{n_q}^q, A_{n_q}^q)$

```
                to disk as node p;
                /* 다음 회전을 위해 업데이트 */
                (n, A_0 ···) = (n_r-1, A_0^r, ···, (E_{j-1}^r, A_{j-1}^r), (E_{j+1}^r, A_{j+1}^r)···)
                p = r;
        } /* 가장 가까운 오른쪽 형제 노드가 있으면 if의 종료 */
        else { /* 노드 p는 왼쪽 형제 노드를 갖고 있어야 한다. */
                /* p가 오른쪽 형제 노드가 있는 경우와 대칭적이다.
                        왼쪽은 연습문제로 남겨두었다. */
        } /* if-else와 while의 종료 */
if(n) write p: (n, A_0, ···, (E_n, A_n))
else root = A_0; /* 새로운 루트*/
```

프로그램 11.3: 디스크에 상주하고 있는 B-트리에서의 삭제

예제 11.2: 그림 11.9(a)의 2-3 트리를 보자. 2-3 트리의 한 노드에 있는 두 원소 필드를 *dataL*과 *dataR*이라고 하자. 키 70인 원소를 삭제하려면 노드 C에서 이 원소를 삭제해야 한다. 결과는 그림 11.9(b)에 표현되어 있다. 그림 11.9(b)의 2-3 트리에서 키 10인 원소를 삭제하려면 노드 B에서 *dataR*을 *dataL*로 이동시켜야 한다. 결과는 그림 11.9(c)의 2-3 트리에 표현되어 있다.

다음에는 키 60인 원소를 삭제하려고 한다. 이 경우 노드 C의 원소가 부족하게 된다. C의 오른쪽 형제 노드 D가 3개의 원소를 가지고 있으므로, 앞의 네 가지 삭제 경우 중 세 번째 경우에 해당되어 회전을 시킨다. 이 회전에서는 C와 D의 부모인 A의 중간에 있는 원소(즉, 키 80인 원소)를 C의 *dataL* 위치로 옮기고, D의 제일 작은 원소(즉, 키 20인 원소)를 C와 D의 부모인 A의 중간 위치로 옮긴다(즉, A의 *dataR* 위치). 삭제 후의 2-3 트리는 그림 11.9(d)에 나타나 있다. 키 95인 원소가 삭제되면 노드 D의 원소가 부족하게 된다. 왼쪽 형제 노드 C는 차수 3인 B-트리에서 한 노드가 필요로 하는 최소한의 원소만 가지고 있으므로, 60이 삭제되었을 때 했던 회전은 더 이상 할 수 없다. 이는 앞의 네 가지 삭제 경우 중 네 번째 경우이고, 노드 C와 D, 그리고 C와 D의 부모 A에서 중간 원소(90)를 결합해야 한다. 이를 위해, 90을 왼쪽 형제 노드 C로 옮기고 노드 D를 삭제한다. 회전 시에는 노드가 삭제되지 않지만 결합 시에는 노드 하나가 삭제됨에 유의하라. 95를 삭제한 결과는 그림 11.9(e)의 2-3 트리에 표현되어 있고, 이 트리에서 90을 삭제한 결과는 그림 11.9(f)의 2-3 트리에 나와 있다. 그러면 이제 키 20을 가진 원소를 삭제해보자. 노드 B의 원소가 부족하게 된다. 이때 B의 오른쪽 형제 노드 C를 살펴보자. C가 여분의 원소를 가지고 있다면, 60을 삭제할 때와 마찬가지로 비슷한 회전을 수행하

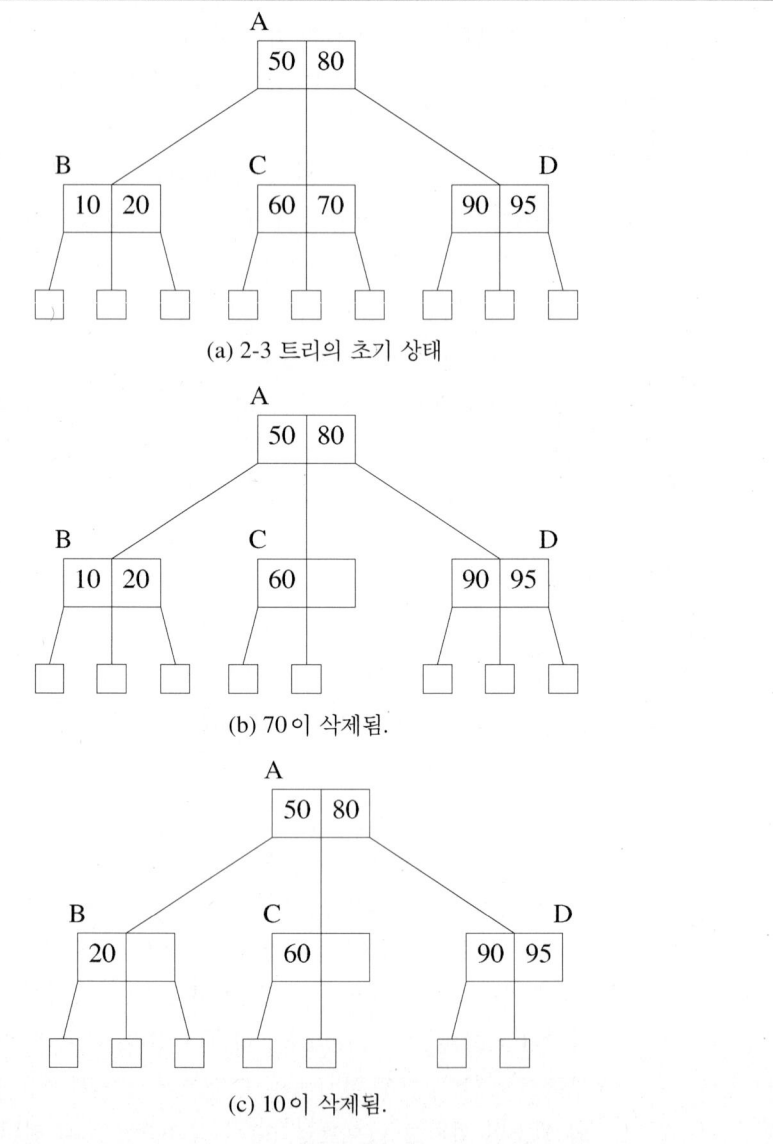

그림 11.9 2-3 트리에서의 삭제(계속)

면 된다. 그렇지 않으면 결합을 수행한다. C가 여분의 원소를 가지고 있지 않기 때문에 95를 삭제했을 때와 비슷한 방법으로 삭제하고 결합한다. 이번 경우에는 키 50과 80을 가진 원소를 B로 옮기고 노드 C를 삭제한다. 그렇지만 이것은 부모 노드 A의 원소가 부족하게 만든다. 부모가 루트가 아니었으면, 노드 C(60을 삭제)와 D(95를 삭제)가 공백

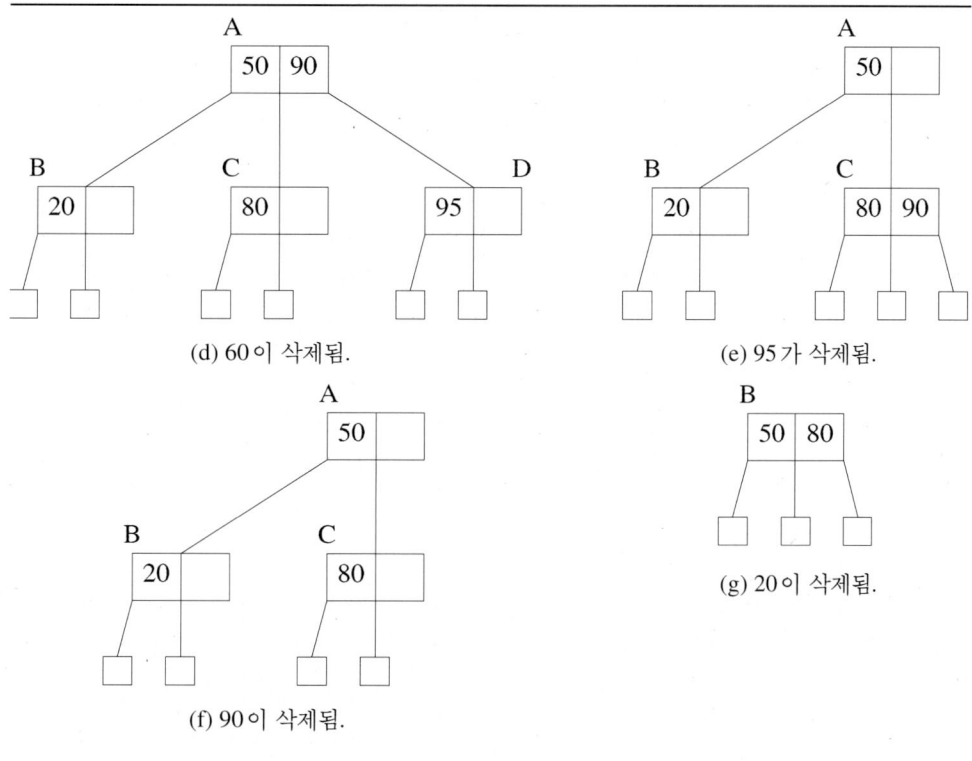

그림 11.9 2-3 트리에서의 삭제

이 되었을 때처럼 왼쪽 또는 오른쪽 형제 노드를 살펴보았을 것이다. A는 루트이므로 단순히 삭제되고, B가 새로운 루트가 된다[그림 11.9(g)]. 루트의 원소가 부족하다는 것은 루트가 원소를 가지고 있지 않다는 의미임을 상기하자. □

B-트리 삭제의 분석: B-트리는 디스크에 상주하고 하향 탐색 패스 동안 접근되는 노드는 메인 메모리의 스택에 저장될 수 있어서, 상향 경로 재구성 시에는 디스크로부터 재접근할 필요가 없다고 가정한다. 높이가 h인 B-트리에서 키가 삭제될 노드를 찾고, 그 삭제를 리프 노드에서의 삭제로 변환하기 위해서는 h번의 디스크 접근이 필요하다. 최악의 경우 결합은 루트에서 리프 노드에 이르는 경로 중 마지막 $h-2$ 노드들에서 각각 일어나고, 회전은 이 경로의 두 번째 노드에서 일어난다. $h-2$번의 결합은 각 노드에 대해 가장 가까운 형제 노드들을 읽기 위해 그만큼의 디스크 접근을 필요로 하고, 결합된 노드를 기록하기 위해 또 $h-2$번을 필요로 한다. 회전은 가장 가까운 형제 노드를 읽기 위해 1번의 접근이 필요하고, 변경된 3개의 노드를 기록하기 위해 3번의 접근이 필요하다. 따라서 삭

제를 위해서는 총 $3h$번의 디스크 접근이 필요하다.

디스크의 공간을 좀 더 사용하고 노드의 각 원소 E_i에 삭제 비트 F_i를 포함시켜 노드 크기를 조금 확장시킴으로써, 삭제 시간을 감소시킬 수 있다. 키 E_i가 삭제되지 않았으면 $F_i = 1$, 삭제되었으면 $F_i = 0$으로 설정할 수 있다. 물리적으로 삭제를 하지는 않는다. 이 경우 삭제 작업은 최대 $h + 1$번의 디스크 접근을 필요로 한다(삭제할 원소가 있는 노드를 찾기 위해 h번, 삭제 비트를 0으로 한 후 이 노드를 디스크에 기록하기 위해 1번의 접근을 포함). 이 방법을 따르면, 트리를 구성하는 노드의 수는 절대 감소하지 않는다. 그러나 삭제된 키가 사용했던 공간은 차후의 삽입 때 재사용할 수 있다(연습문제 참조). 결과적으로, 이 방법은 (m이 클 때 레벨 수는 상당히 느리게 증가하므로) 탐색과 삽입 시간에 거의 영향을 미치지 않는다. 삽입 시간은 삭제된 키의 영역을 재사용할 수 있기 때문에 오히려 조금 줄어들 수도 있다. 이러한 재사용은 노드를 분할할 필요가 없게 만든다. □

연습문제

1. 차수가 2인 B-트리는 모두 포화 이진 트리라는 것을 보이라.
2. 프로그램 11.2의 삽입 알고리즘을 이용하여 그림 11.9(a)의 2-3 트리에 키 40인 원소를 삽입하라. 결과로 나오는 2-3 트리를 그려보라.
3. 프로그램 11.2의 삽입 알고리즘을 이용하여 그림 11.3의 2-3-4 트리에 키 45, 95, 96, 97인 원소들을 순서대로 삽입하라. 원소를 하나씩 삽입할 때마다 결과로 나오는 2-3-4 트리를 그려보라.
4. 프로그램 11.3의 삭제 알고리즘을 이용해 그림 11.9(a)의 2-3 트리에 키 90, 95, 80, 70, 60, 50인 원소들을 순서대로 삭제하라. 원소를 하나씩 삭제할 때마다 결과로 나오는 2-3 트리를 그려보라.
5. 프로그램 11.3의 삭제 알고리즘을 이용해 그림 11.3의 2-3-4 트리에 키 85, 90, 92, 75, 60, 70인 원소들을 순서대로 삭제하라. 원소를 하나씩 삭제할 때마다 결과로 나오는 2-3-4 트리를 그려보라.
6. (a) 그림 11.10의 차수 5인 B-트리에 키 62, 5, 85, 75인 원소를 하나씩 삽입하라. 원소를 하나씩 삽입할 때마다 새로운 트리를 보이라. 이 책에 나오는 삽입 과정대로 삽입을 수행하라.
   (b) 트리가 디스크에 저장되어 있고 1번에 한 노드씩 검색된다고 가정했을 때, 각 삽입마다 필요한 디스크 접근 횟수는 얼마인가? 가정이 필요하다면 기술하라.
   (c) 그림 11.10의 차수 5인 트리에서 키 45, 40, 10, 25인 원소를 삭제하여라. 원소를 하나씩 삭제한 후의 트리를 그려보라. 이 책에 나오는 삭제 과정대로 삭

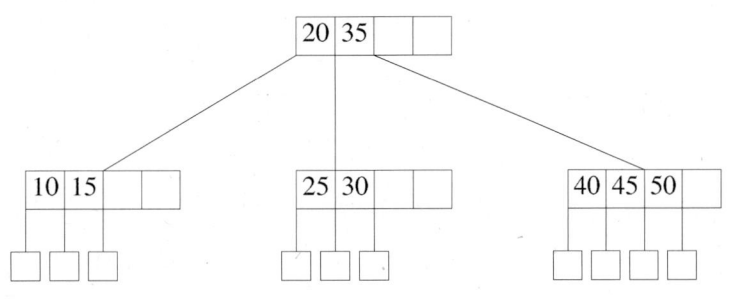

그림 11.10 차수 5인 B-트리

제를 수행하라.

(d) 1번 삭제할 때마다 필요한 디스크 접근 횟수는 얼마인가?

7. p가 부모의 중간, 오른쪽 자식일 경우의 그림을 추가하면서 그림 11.8을 완성해보라.

8. 프로그램 11.3의 대칭인 경우를 완성해보라.

9. 탐색, 삽입, 삭제를 위한 2-3 트리 함수를 개발하라. 자신의 테스트 데이타로 함수를 테스트해보라.

10. 탐색, 삽입, 삭제를 위한 2-3-4 트리 함수를 개발하라. 자신의 테스트 데이타로 함수를 테스트해보라.

11. B-트리에서의 삽입과 삭제 알고리즘을 작성하라. 각 원소는 추가적인 데이타 정보로 *deleted*를 갖고 있고, 상응하는 원소가 삭제되지 않았다면 *deleted* = **FALSE** 이다. 삭제는 *deleted* = **FALSE**로 설정함으로써 수행해야 하고, 삽입은 트리를 재구성하지 않고 삭제된 공간을 최대한 사용해야 한다.

12. B-트리에서 위치로 키를 탐색하고 삭제하는 알고리즘을 작성하라. 즉, $get(k)$은 k 번째 작은 키를 탐색하고 $delete(k)$는 트리 내에서 k 번째 작은 키를 삭제한다[이를 효율적으로 수행하려면 각 노드에 추가적인 정보가 있어야 한다. 각 (E_i, A_i) 쌍마다 서브트리 $A_i + 1$의 원소 수인 $N_i = \sum_{j=0}^{i-1}$ 을 저장하라.]. 작성한 알고리즘의 최악의 경우 계산 시간은 얼마인가?

13. 이 책에서는 노드 구조가 순차적이라고 가정했다. 그렇지만 B-트리 노드에 대한 탐색, 삽입, 삭제, 조인, 분할과 같은 함수들을 수행해야 한다.

(a) B-트리에서 탐색, 삽입, 삭제 연산을 수행 시, 각각의 함수들이 중요한 이유를 설명하라.

(b) 각 노드를 표현하기 위해서 어떻게 레드-블랙 트리를 사용할 수 있을지 설명하라. 정수 타입의 포인터가 필요할 것이며, 배열에 각 레드-블랙 트리를 끼워 놓은 것처럼 여겨야 할 것이다.

(c) 각 노드에 대해 순차적인 구조 대신 레드-블랙 트리를 사용하면 어떠한 종류의 이익/손실을 예상할 수 있는가?

14. 프로그램 11.2를 다음과 같이 변경시켜라. 노드 p가 m개의 원소를 가지고 있을 때, p의 가장 가까운 왼쪽 형제 노드나 가장 가까운 오른쪽 형제 노드가 $m-1$개의 원소보다 더 적은 원소의 수를 가지고 있는지 검사한다. 만약 그렇다면, p는 분할되지 않는다. 그 대신, p의 제일 작거나 제일 큰 원소를 부모로 옮기면서 회전이 수행된다. 부모 노드에 있는 상응하는 원소는 서브트리와 함께 빈 공간이 있는 p의 형제 노드로 옮겨지게 된다.

15. [*Bayer and McCreight*] 삽입 후에 노드 p가 꽉 차버렸다고 가정하자(즉, 현재 m개의 원소를 포함하고 있다). 또한 p에 가장 가까운 오른쪽 형제 노드 q도 이미 만원인 상태라고 가정하자(즉, $m-1$개의 원소를 포함하고 있다.). 그래서 p와 q의 원소들과 함께 p와 q의 부모에 있는 중간 원소들을 합치면 $2m$개의 원소가 된다. 이러한 $2m$개의 원소는 2개의 중간 원소(하나는 p와 q에 대한 것이고 또 다른 하나는 q와 r에 대한 것임.)와 함께, 각각 $\lfloor(2m-2)/3\rfloor$, $\lfloor(2m-1)/3\rfloor$, $\lfloor 2m/3\rfloor$개의 원소를 갖는 p, q, r 3개의 노드로 분배될 수 있다. 그러므로 p와 q를 거의 $2/3$가 채워진 p, q, r 3개의 노드로 분할하고 p와 q의 중간 원소를 새로운 것으로 교체한 후, q와 r의 중간 원소를 새로운 노드 r에 대한 포인터와 함께 p와 q의 부모에 삽입한다. q가 p의 가장 가까운 왼쪽 형제 노드일 경우에도 이와 유사하다.

프로그램 11.2를 재작성하여 여기에서 언급한 대로 노드 분할이 일어나도록 만들어라.

16. 차수가 m인 B*-트리(B*-tree of order m)는 공백이거나, 다음 조건들을 만족하는 탐색 트리이다.
    (a) 루트 노드는 최소 2개, 최대 $2\lfloor(2m-2)/3\rfloor + 1$개의 자식 노드를 갖는다.
    (b) 나머지 내부 노드들은 각각 최대 m개, 최소 $\lceil(2m-1)/3\rceil$개의 자식 노드를 갖는다.
    (c) 모든 리프 노드는 같은 레벨에 있다.

N개의 원소를 갖는 차수가 m인 B*-트리에 대하여 $x = \lceil(2m-1)/3\rceil$이라고 가정할 때, 다음을 증명하라.

(a) B*-트리의 높이 h는 $h \leq 1 + \log_x\{(N+1)/2\}$를 만족한다.

(b) B*-트리의 노드의 수 p는 $p \leq 1 + (N-1)/(x-1)$을 만족한다.

만일 B*-트리가 공백 B*-트리에서부터 구축된다고 가정할 때, 매 삽입마다 필요한 B*-트리의 평균 분할 횟수는 얼마인가?

17. 연습문제 15에서의 분할 방법을 이용하여 차수가 m인 B*-트리에 새로운 원소 x를 삽입하는 알고리즘을 작성하라. 최악의 경우 디스크 접근 횟수와 평균 디스크 접근 횟수는 얼마인가? 이 B*-트리는 처음에 깊이가 l이고 디스크에 저장되어 있다고 가정하라. 매 접근 시 하나의 노드가 읽혀지거나 기록된다.

18. 차수가 m인 B*-트리에서 키 x를 가진 원소를 삭제하는 알고리즘을 작성하라. 깊이 l의 B*-트리에서 원소를 삭제하기 위해 필요한 최대 접근 횟수는 얼마인가? 연습문제 17과 똑같이 가정하라.

11.3 B⁺-트리

11.3.1 정의

B⁺-트리(B⁺-tree)는 B-트리와 비슷한 계통의 트리이다. 근본적인 차이는 다음과 같다.

(1) B⁺-트리에는 두 가지 종류의 노드가 있는데, 바로 인덱스 노드(index node)와 데이타 노드(data node)이다. B⁺-트리의 인덱스 노드는 B-트리의 내부 노드와 일치하고 데이타 노드는 외부 노드와 일치한다. 인덱스 노드는 키(원소는 저장 안 함.)와 포인터를 저장하고, 데이타 노드는 키와 함께 원소를 저장한다(그러나 포인터는 저장 안 함.).

(2) 데이타 노드는 왼쪽부터 오른쪽 순서대로 서로 링크되어 있고, 이중 연결 리스트를 형성한다.

그림 11.11은 차수 3인 B⁺-트리의 예를 보여주고 있다. 그림에서 데이타 노드는 회색으로 칠해져 있고, 인덱스 노드는 아무 색도 칠해져 있지 않다. 인덱스 노드들은 높이 2인 2-3 트리를 형성하고 있다는 사실에 주목하라. 데이타 노드 하나의 크기는 인덱스 노드 하나의 크기와 똑같지 않아도 된다. 그림 11.11에서 각 데이타 노드는 3개의 원소를 포함할 수 있는 반면, 인덱스 노드는 2개의 키를 포함할 수 있다.

정의: 차수 m인 B⁺-트리(B⁺-tree of order m)는 공백이거나, 다음의 성질들을 만족하는 트리이다.

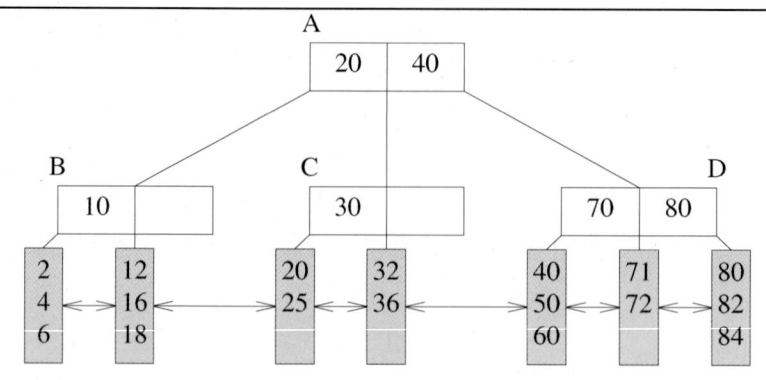

그림 11.11 차수 3인 B^+-트리

(1) 모든 데이타 노드는 같은 레벨에 위치해 있고 리프 노드이다. 데이타 노드는 원소만 포함한다.

(2) 인덱스 노드는 차수 m인 B-트리를 정의한다. 각 인덱스 노드는 키를 갖고 있지만, 원소를 갖고 있지는 않다.

(3) A_i $(0 \leq i \leq n < m)$가 서브트리에 대한 포인터이고, K_i $(1 \leq i \leq n < m)$는 키일 때, $n, A_0, (K_1, A_1), (K_2, A_2), \cdots, (K_n, A_n)$은 인덱스 노드의 형식이다. $K_0 = -\infty$, $K_{n+1} = \infty$이다. 서브트리 A_i의 모든 원소는 $0 \leq i \leq n$일 때 K_{i+1}보다 작고 K_i보다 크거나 같은 키를 가지고 있다. □

11.3.2 B^+-트리에서의 탐색

B^+-트리는 두 가지 종류의 탐색을 지원한다. 즉, 정확히 일치하는 값에 대한 검색과 범위 검색이 가능하다. 그림 11.11의 트리에서 키 32를 가진 원소를 탐색하려면 인덱스 노드인 루트 A부터 시작한다. B^+-트리의 정의에 의해 A의 왼쪽 서브트리(즉, B가 루트인 서브트리)에 있는 모든 원소는 20보다 작은 키를 가지고 있고, 루트가 C인 서브트리에 있는 원소들은 20보다 크거나 같고 40보다 작은 키를 가지고 있다. 또 루트가 D인 서브트리에 있는 원소들은 40보다 크거나 같은 키를 가지고 있다. 그러므로 인덱스 노드 C로 이동한다. 탐색 키가 30보다 크거나 같으므로 C에서 키 32와 36을 포함하는 데이타 노드로 이동한다. 이 데이타 노드가 탐색되고 찾고자 했던 원소가 검색된다. 프로그램 11.4에 B^+-트리에서의 탐색 알고리즘이 상세히 설명되어 있다.

/* B^+-트리에서 키 x를 가지고 있는 원소를 탐색한다. */

찾으면 원소를 반환한다. 그렇지 않으면 **NULL**을 반환한다. */
if the tree is empty **return NULL**;
$K_0 = -\text{MAXKEY}$;
for(*p = root; p is an index node; p = A_i$)
{
    p가 다음과 같은 형식을 갖고 있다. $n, A_0, (K_1, A_1), (K_2, A_2), \cdots, (K_n, A_n)$;
    $K_{n+1} = \text{MAXKEY}$;
    $K_i \leq x < K_{i+1}$인 i를 결정한다.
}
/* p 데이타 노드를 탐색한다. */
x인 키를 가지고 있는 원소 E에 대한 p를 탐색한다.;
if 이러한 원소를 찾으면 E를 **return**
else return NULL;

프로그램 11.4: B$^+$-트리에서의 탐색

    범위 [16, 70]에 있는 모든 키에 대한 원소를 찾으려면 범위 시작점인 16과 정확히 일치하는 값을 찾는 것과 같은 탐색을 시작한다. 즉, 그림 11.11의 두 번째 데이타 노드로 이동한다. 여기서부터 탐색 범위의 끝점인 70보다 큰 키를 가진 원소의 데이타 노드에 도달할 때까지(아니면 리스트의 끝에 도달할 때까지), 오른쪽 아래 방향으로 데이타 노드들의 이중 연결 리스트를 지나면서 탐색한다. 이 예에서는 4개의 추가적인 데이타 노드가 검사된다. 첫 번째와 마지막을 제외한 검사된 데이타 노드들은 탐색 범위 안에 있는 원소를 적어도 하나 이상 포함하고 있다.

11.3.3 B$^+$-트리에서의 삽입

B-트리에서의 삽입과 B$^+$-트리에서의 삽입은 분할된 데이타 노드를 어떻게 처리하는가에 중요한 차이가 있다. 데이타 노드가 완전히 차게 되면 원소의 절반(가장 큰 키들을 가지고 있는 원소들)을 새로운 노드로 옮기고, 이 중 가장 작은 원소의 키를 새로 생성된 데이타 노드에 대한 포인터와 같이 B-트리 삽입 과정을 따라 부모 인덱스 노드에 삽입한다. 인덱스 노드 분할은 B-트리에서의 내부 노드 분할과 같다.

    27인 키를 가진 원소를 그림 11.11의 B$^+$-트리에 삽입해보자. 우선 이 키를 탐색한다. 탐색 결과 C의 왼쪽 자식인 데이타 노드에 도달하게 된다. 이 데이타 노드가 키 27인 원소를 갖고 있지 않고 꽉 차 있지도 않으므로, 이 데이타 노드에서 세 번째 원소로 새로운 원소를 삽입한다. 다음에는 키 14인 원소를 삽입해보자. 14를 탐색한 결과, 꽉 찬 두

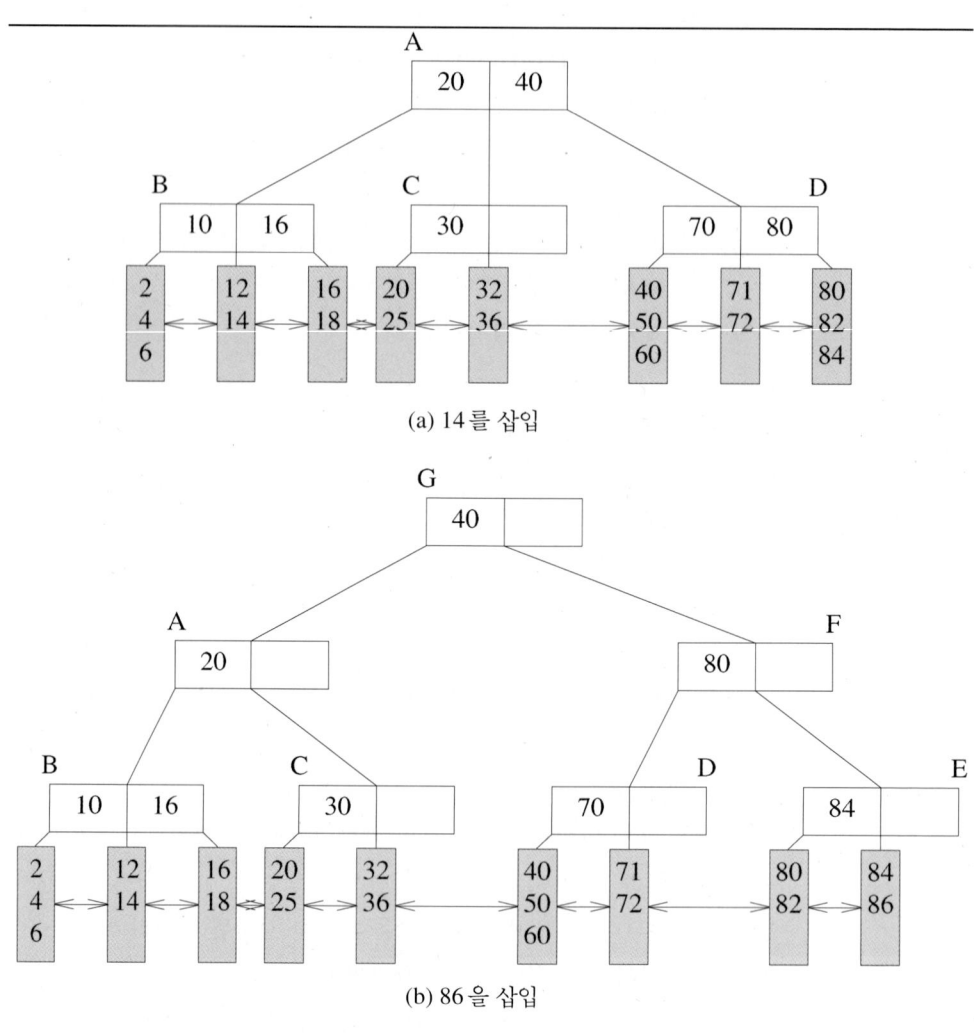

그림 11.12 그림 11.11의 B+-트리에서의 삽입

번째 데이타 노드에 도달하게 된다. 이 꽉 찬 노드에 상징적으로 새로운 원소를 삽입하면, 이 노드는 오버플로되고 그 키 순서는 12, 14, 16, 18이 된다. 오버플로된 노드에서 값이 제일 큰 절반의 원소들(키가 16, 18인 원소들)을 새로운 데이타 노드로 옮겨 2개의 노드로 분할하고, 이 새로운 데이타 노드를 이중 연결 리스트에 삽입한다. 그리고 이 데이타 노드에 있는 제일 작은 키 16은 새로운 데이타 노드에 대한 포인터와 함께 부모 인덱스 노드 B에 삽입되어, 그림 11.12(a)와 같은 구조를 갖게 된다.

마지막으로 그림 11.12(a)의 B+-트리에 키 86을 가진 원소를 삽입해보자. 86을 탐색한 결과 꽉 찬 가장 오른쪽 데이터 노드에 도달한다. 상징적으로 이 노드에 새로운 원소를 삽입한다고 하면, 결과적으로 80, 82, 84, 86의 키 순서를 가진 노드가 된다. 오버플로된 데이터 노드를 분할하면 키가 84, 86인 원소를 가진 새로운 데이터 노드가 생성된다. 그리고 키 84와 이 새로운 노드에 대한 포인터를 부모 인덱스 노드 D에 삽입하게 되는데, 이번에는 D가 오버플로된다. 오버플로된 D는 식 11.5에 따라 분할한다. 84와 오버플로된 D의 4개의 서브트리 중에서 2개는 새로운 인덱스 노드 E로 옮겨지고 80과 E에 대한 포인터는 D의 부모인 A에 삽입된다. 이제 A가 오버플로된다. 오버플로된 A는 다시 식 (11.5)에 따라 분할하고, 키 80과 오버플로된 A의 4개의 서브트리 중 2개를 가지고 있는 새로운 인덱스 노드 F를 생성한다. 키 40은 A와 F에 대한 포인터들과 함께 B^+-트리의 새로운 루트를 형성한다.[그림 11.12(b) 참조]

11.3.4 B^+-트리에서의 삭제

원소들은 B^+-트리 리프에만 저장되므로 리프에서의 삭제만 주의하면 된다(B-트리에서 삭제할 경우, 리프가 아닌 노드에서의 삭제에서 리프 노드에서의 삭제로 변경시켜 수행한다는 점을 상기하라. B^+-트리에서는 그렇지 않다.). B^+-트리의 인덱스 노드들은 B-트리를 형성하므로 루트가 아닌 인덱스 노드는 $\lceil m/2 \rceil - 1$개보다 키가 적으면 최소 원소 수가 부족하게 되고, 루트 인덱스 노드는 키를 갖고 있지 않으면 최소 원소 수가 부족하게 된다. 데이터 노드는 언제 최소 원소 수가 부족하게 되는가? B^+-트리를 정의할 때 데이터 노드에 대한 최소 원소 수는 명시하지 않는다. 그렇지만 원소의 삽입 알고리즘에서 보듯이 주의해야 한다. 오버플로된 데이터 노드가 분할한 뒤에는 원래의 데이터 노드와 새로운 노드는 각각 적어도 $\lceil c/2 \rceil$개의 원소를 갖게 된다. 여기서 c는 데이터 노드가 가질 수 있는 원소 수이다. 따라서 데이터 노드가 B^+-트리의 루트인 경우를 제외하면 데이터 노드가 가질 수 있는 원소 수는 적어도 $\lceil c/2 \rceil$이다. 루트가 아닌 데이터 노드는 원소 수가 $\lceil c/2 \rceil$보다 적으면 최소 원소 수가 부족하다고 하고, 루트 노드는 공백이면 최소 원소 수가 부족하다고 한다.

예를 통해 삭제 과정을 살펴보도록 하자. 그림 11.11의 B^+-트리를 살펴보자. 데이터 노드 하나가 가질 수 있는 원소 수 c는 3이다. 따라서 원소 수가 2개보다 적으면 루트가 아닌 데이터 노드는 최소 원소 수가 부족하다. 키가 40인 원소를 삭제하려면 일단 삭제할 원소를 탐색해야 한다. 이 원소는 인덱스 노드 D의 왼쪽 자식인 데이터 노드에 있다. 키가 40인 원소를 삭제한 후 이 데이터 노드의 원소 수는 2가 된다. 그러므로 이 데이터 노드는 삭제 후에도 원소가 부족하지 않게 된다. 이제 변경된 데이터 노드를 디스크에 기록한다(B^+-트리가 디스크에 상주한다고 가정한다.). 원소를 삭제한 후 데이터 노드의 최소 원소 수가 부족하지 않으면 인덱스 노드는 변경되지 않는다는 점에 유의하라.

다음은 그림 11.11의 B⁺-트리에서 키 71인 원소를 삭제해보자. 이 원소는 D의 중간 자식에서 찾을 수 있다. 삭제한 후에 D의 중간 자식 노드는 최소 원소 수가 부족해진다. 가장 가까운 오른쪽 또는 왼쪽 형제 노드를 검사하여, 이 형제 노드가 최소 원소 수 ($\lceil c/2 \rceil$)보다 많은 원소를 갖고 있는지 알아본다. 가장 가까운 오른쪽 형제 노드를 검사한다고 가정하자. 여기서 키 순서는 80, 82, 84이다. 이 노드가 충분한 수의 원소를 가지고 있으므로 제일 작은 것을 빌려오고, 부모 D의 중간 키 80을 오른쪽 형제 노드에 남은 가장 작은 원소로 변경한다. 그림 11.13(a)가 이 결과를 보여주고 있다. B⁺-트리가 디스크에 상주하는 경우, 이 삭제로 인해 변경된 인덱스 노드 하나(D)와 변경된 데이타 노드 2개를 기록해야 한다. 더 큰 용량을 가진 데이타 노드인 경우 데이타 노드의 원소가 부족하면, 원소의 수가 충분한 가장 가까운 형제 노드로부터 원소를 여러 개 빌릴 수도 있다. 예를 들어 $c = 10$일 때 원소가 부족한 데이타 노드에는 4개의 원소가 있고, 가장 가까운

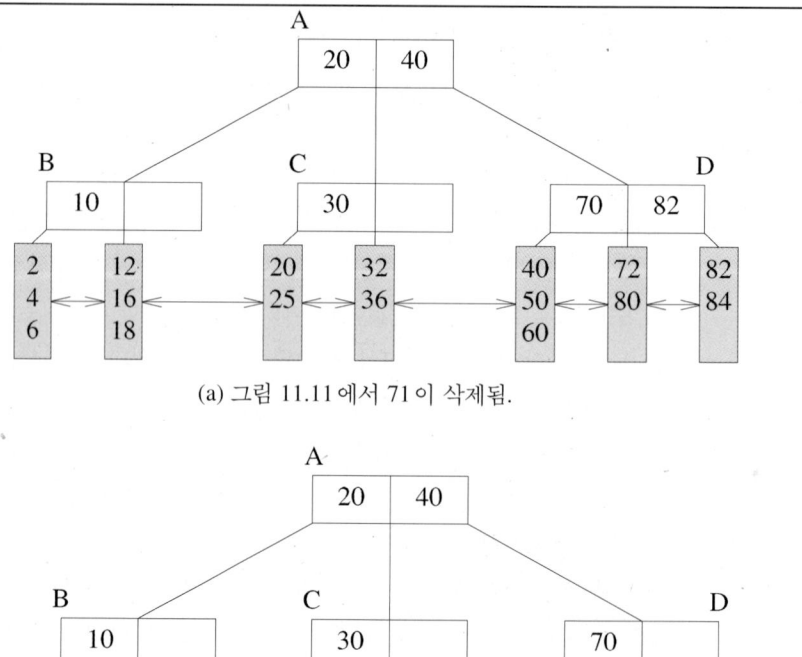

그림 11.13 B⁺-트리에서의 삭제

형제 노드는 10개의 원소를 가지고 있다고 하자. 가장 가까운 형제 노드로부터 3개의 원소를 빌려서 양쪽의 데이타 노드의 점유율을 7로 하면 균형을 맞출 수 있다. 이렇게 균형을 맞추면 성능 향상을 기대할 수 있다.

그림 11.13(a)의 B^+-트리에서 키 80인 원소를 삭제하면 D의 중간 자식 노드는 원소가 부족해진다. 가장 가까운 오른쪽 형제 노드를 검사해도 이 형제 노드에는 원소가 $\lceil c/2 \rceil$개밖에 없다. 따라서 2개의 데이타 노드들이 하나로 결합되고, 부모 인덱스 노드인 D에 있는 중간 키 82는 삭제된다. 그림 11.13(b)에 결과 B^+-트리가 나와 있다. 2개의 데이타 노드가 결합할 경우 이중 연결 리스트에 있는 하나의 데이타 노드가 삭제되어야 하는 것에 유의하라. 또한 디스크 상주 B^+-트리일 경우에는 방금 수행한 삭제로 인해 변경된 데이타 노드 하나(D의 중간 자식 노드)와 변경된 인덱스 노드 하나(D)를 기록해야 한다는 점도 유의하라.

또 다른 예로 그림 11.12(b)의 B^+-트리에서 키 32인 원소를 삭제해보자. 이 원소는 C의 중간 자식에 위치해 있다. 삭제를 하게 되면 중간 자식의 원소는 부족해진다. 가장 가까운 형제 노드도 $\lceil c/2 \rceil$개의 원소밖에 갖고 있지 않아서 원소를 빌릴 수 없다. 그 대신 2개의 데이타 노드를 결합시키고 이중 연결 리스트에서 1개의 데이타 노드를 삭제한 후 부모에 있는 중간 키(30)를 삭제한다. 그림 11.14(a)에 그 결과가 나와 있다. 여기서 볼 수 있듯이, 이제 인덱스 노드 C의 원소가 부족해졌다. 인덱스 노드의 원소가 부족해지면 가장 가까운 형제 노드를 살펴본다. 가장 가까운 형제 노드의 키의 수가 충분하면 두 인덱스 노드의 원소 수의 균형을 맞춘다. 이 작업은 부모에서 중간 키를 바꾸는 작업뿐만 아니라 여러 개의 키를 그와 관련된 서브트리와 함께 이동시키는 작업도 포함한다. 이 예에서 중간 키 20은 A에서부터 C로 옮겨지고 B의 가장 오른쪽에 위치한 키 16은 A로 옮겨지며 B의 오른쪽 서브트리는 C로 옮겨진다. 그림 11.14(b)가 이 결과 B^+-트리를 보여준다.

마지막 예로서 그림 11.12(b)의 B^+-트리에서 키 86인 원소를 삭제해보자. E의 중간 자식 노드는 원소가 부족해지므로 형제 노드와 결합된다. 데이타 노드들의 이중 연결 리스트에서 데이타 노드가 하나 삭제되고, 부모에 있는 중간 키 84 역시 삭제된다. 그 결과, 인덱스 노드 E의 원소가 부족해져서 그림 11.15(a)와 같은 구조가 된다. 원소가 부족한 인덱스 노드 E는 형제 인덱스 노드 D 및 중간 키 80과 결합되어 그림 11.15(b)와 같은 구조가 된다. 마지막으로 원소가 부족한 인덱스 노드 F는 형제 노드 A와 부모 G의 중간 키 40과 결합한다. 이로 인해 루트인 부모 G의 원소가 부족하게 된다. 원소가 부족한 루트는 삭제되어 그림 11.12(a)와 같은 B^+-트리가 된다. 디스크 상주 B^+-트리일 경우 86을 삭제하면 변경된 데이타 노드 하나와 변경된 인덱스 노드 2개(A와 D)를 기록해야 한다.

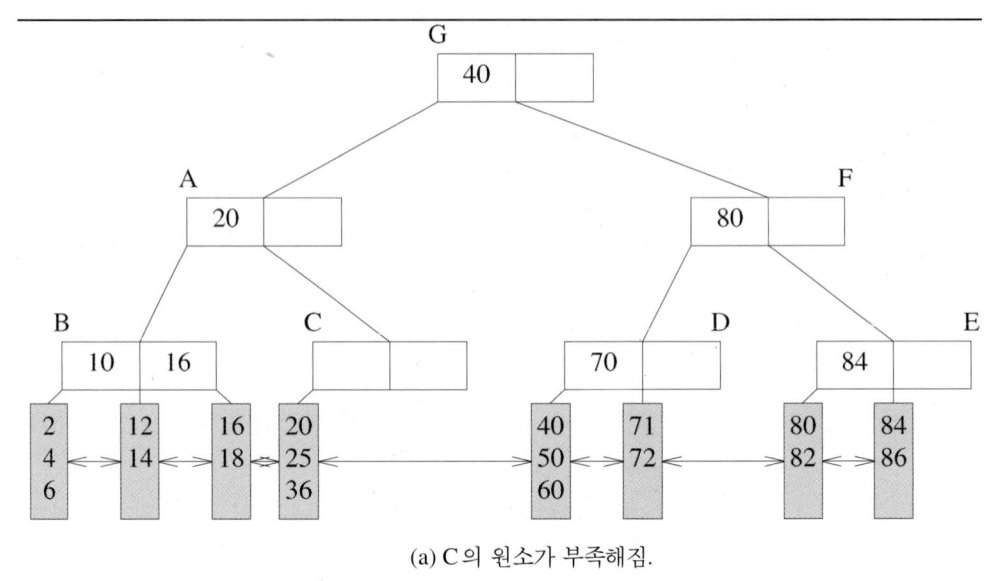

(a) C의 원소가 부족해짐.

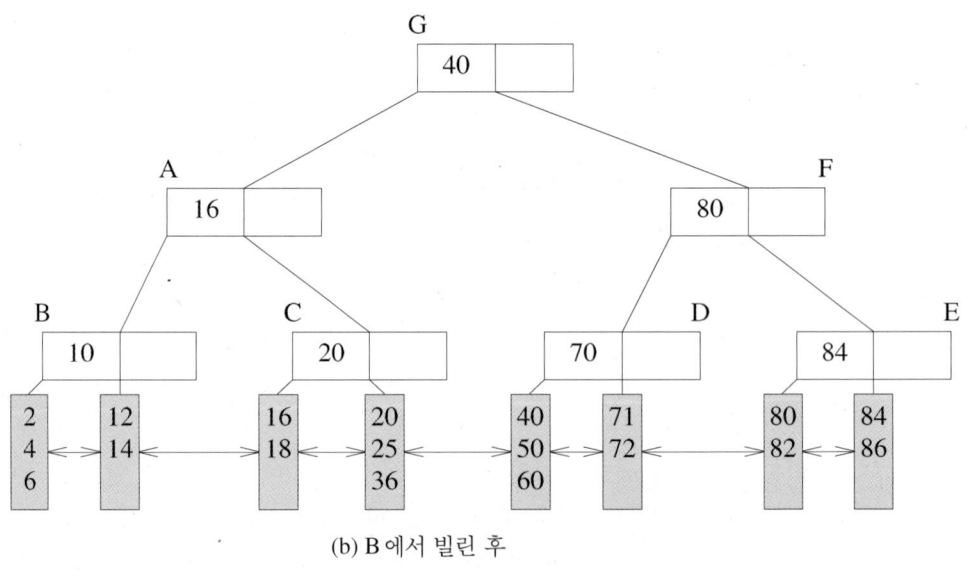

(b) B에서 빌린 후

그림 11.14 그림 11.12(b)의 B$^+$-트리에서 32를 삭제하는 단계

연습문제

1. 그림 11.11의 B$^+$-트리에 키 5, 38, 45, 11, 81인 원소들을 순서대로 삽입하되, 이 책에서 설명한 삽입 방법을 사용하라. 한 번 삽입할 때마다 B$^+$-트리를 그려보라.

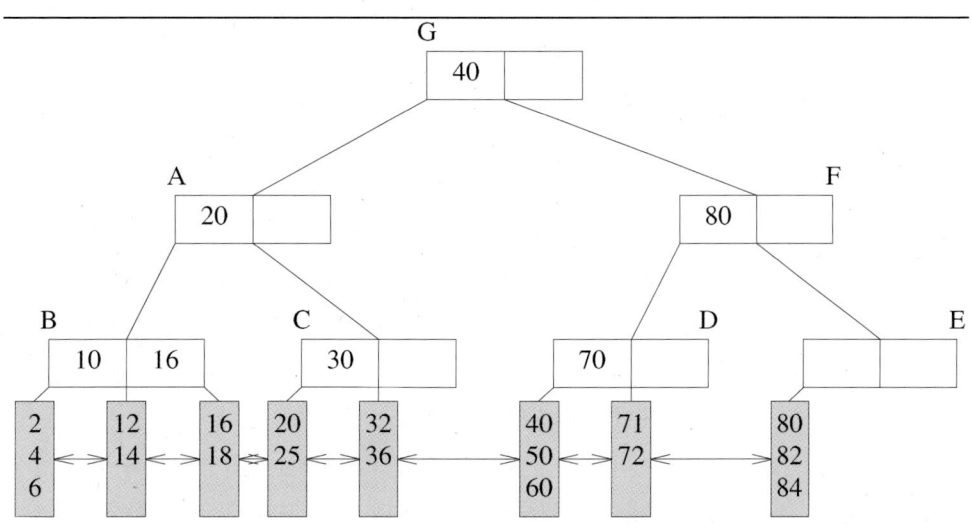

(a) E의 원소가 부족해짐.

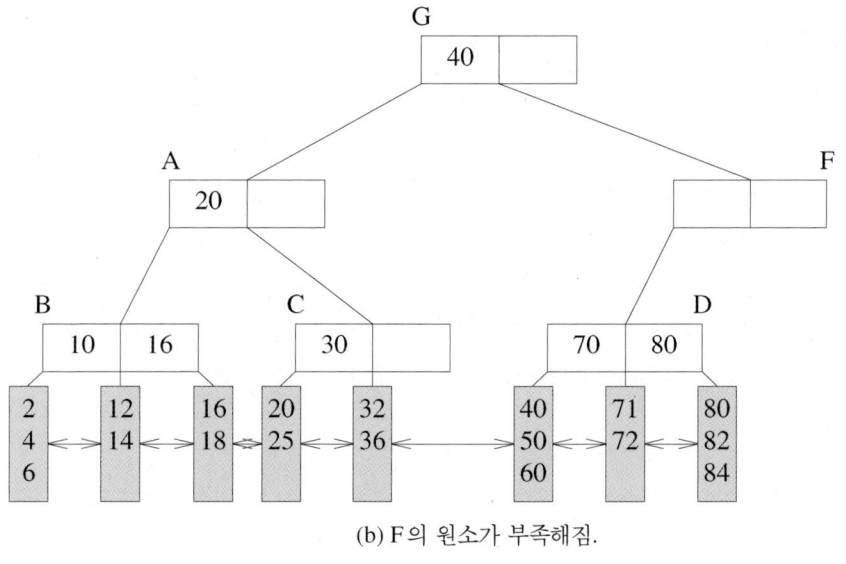

(b) F의 원소가 부족해짐.

그림 11.15 그림 11.12(b)의 B⁺-트리에서 86을 삭제하는 단계

2. B⁺-트리에 삽입하는 알고리즘을 프로그램 11.4와 유사하게 기술하라.
3. 높이가 h인 B⁺-트리가 디스크에 상주한다고 가정하라. 최악의 경우 새로운 원소를 삽입하기 위해 디스크 접근 횟수가 몇 번 필요한가? 각 노드를 1번의 접근으로 읽거나 기록하고 탐색하는 과정에서, 접근한 h개의 노드를 저장할 메모리가 충분하

여 상향 노드 분할하는 단계에서 다시 읽을 필요가 없음을 가정하라.
4. 그림 11.12(b)의 B^+-트리에서 키 6, 71, 14, 18, 16, 2인 원소들을 순서대로 삭제하라. 이 책에서 설명한 삭제 방법을 사용하라. 1번 삭제할 때마다 B^+-트리를 그려보라.
5. B^+-트리에서 삭제하는 알고리즘을 프로그램 11.4와 유사하게 기술하라.
6. 높이가 h인 B^+-트리가 디스크에 상주한다고 가정하라. 최악의 경우 1개의 원소를 삭제하기 위해 디스크 접근 횟수는 몇 번 필요한가? 각 노드를 1번의 접근으로 읽거나 기록하고 탐색 과정에서, 접근한 h개의 노드를 저장할 메모리가 충분하여 이러한 노드들을 상향 분할하고 결합하는 단계에서 다시 읽을 필요가 없음을 가정하라.
7. B^+-트리에서 데이터 노드들의 이중 연결 리스트를 단일 연결 리스트로 바꿀 경우 장점과 단점에 대해 논해보라.
8. 삽입과 삭제뿐만 아니라 정확히 일치하는 값의 탐색과 범위 탐색을 위한 B^+-트리 함수들을 구현해보라. 자신의 테스트 데이타로 모든 함수들을 테스트해보라.

11.4 참고문헌

B^+-트리는 Bayer 와 McCreight 에 의해 개발되었다. B^+-트리와 다른 변형들에 대한 더 많은 정보를 찾고 싶으면 다음 저서들을 참고하라. "Organization and maintenance of large ordered indices"(R. Bayer and E. McCreight, *Acta Informatica*, 1972), *The art of computer programming*(vol.3, Sorting and Searching, Second Edition, by D. Knuth, Addison Wesley, 1997), "The ubiquitous B-tree"(D. Comer, *ACM Computing Surveys*, 1979), "B trees"(D. Zhang, in *Handbook of data structures and applications*, D. Mehta, S. Sahni editors, Chapman & Hall/CRC, 2005.).

12
디지털 탐색 구조

12.1 디지털 탐색 트리

12.1.1 정의

디지털 탐색 트리(*digital search tree*)는 각 노드가 하나의 원소만을 갖는 이진 트리이다. 각 원소를 노드에 지정하는 것은 원소 키의 이진 표현에 의해 결정된다. 가령 키의 이진 표현에서 각 비트에 왼쪽에서 오른쪽으로 1부터 번호를 부여한다고 가정하자. 그러면 1000의 처음 비트는 1이고 두 번째, 세 번째, 네 번째 비트는 0이다. 레벨 i에서 노드의 왼쪽 서브트리에 있는 모든 키들은 i번째 비트가 0인 반면, 오른쪽 서브트리에 있는 모든 키들은 i번째 비트가 1이다. 그림 12.1(a)는 디지털 탐색 트리의 예를 보여주고 있다. 이 트리는 키 1000, 0010, 1001, 0001, 1100, 0000을 포함하고 있다.

12.1.2 탐색, 삽입, 삭제

그림 12.1(a)의 트리에서 키 $k = 0011$에 대한 탐색을 고려해보자. 우선 k를 루트의 키와 비교한다. k는 루트의 키와 다르고 k의 처음 비트가 0이기 때문에 루트의 왼쪽 자식 b로 이동한다. k는 노드 b의 키와 다르고 k의 두 번째 비트가 0이기 때문에 b의 왼쪽 자식 d로 이동한다. k는 노드 d의 키와 다르고 k의 세 번째 비트가 1이므로 d의 오른쪽 자식으로 이동한다. 이때 d의 오른쪽 자식이 없다. 그러므로 $k = 0011$은 탐색 트리 내 없다는 결론을 얻는다. 만일 이 트리에 k를 삽입하려고 한다면 d의 오른쪽 자식으로 삽입되게 될 것이다. 이렇게 하면 그림 12.1(b)와 같은 디지털 탐색 트리가 만들어진다.

탐색과 삽입을 위한 디지털 탐색 트리 함수들은 이원 탐색 트리에 대한 함수들과 매

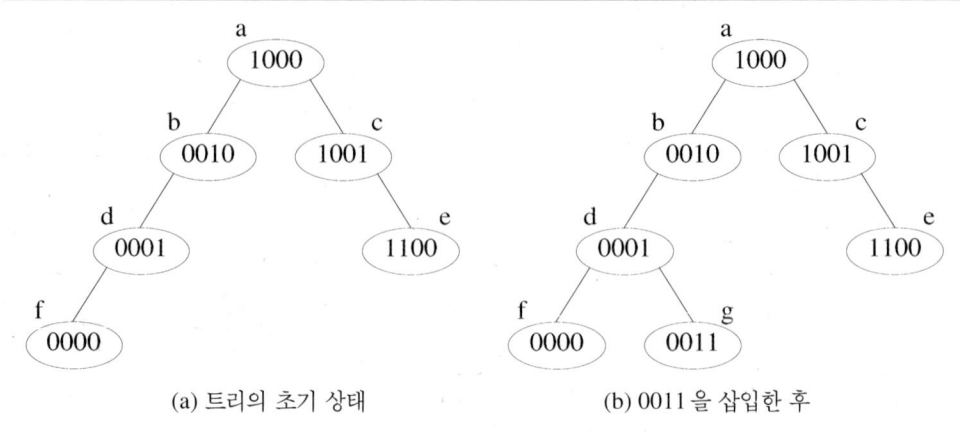

그림 12.1 디지털 탐색 트리

우 유사하다. 근본적인 차이는 이동할 서브트리가 현재 노드의 키와 탐색 키를 비교한 결과에 의해서라기보다, 탐색 키의 비트에 의해 결정된다는 것이다. 리프 노드에 있는 한 항목의 삭제는 리프 노드를 제거하는 것이 된다. 리프가 아닌 다른 노드로부터 삭제하기 위해서는, 삭제할 항목을 서브트리에 있는 임의의 리프 노드 값으로 대체하고 그 리프 노드를 제거한다.

이러한 각각의 연산은 O(h) 시간 내에 수행된다. 여기서 h는 디지털 탐색 트리의 높이이다. 디지털 탐색 트리에서 각 키가 $keySize$ 비트를 갖는다면, 디지털 탐색 트리의 높이는 최대 $keySize + 1$이 된다.

연습문제

1. 그림 12.1(a)와 같은 키의 집합을 가진 다른 형태의 디지털 탐색 트리를 그려보라.
2. 탐색, 삽입, 삭제 연산을 하기 위한 디지털 탐색 트리 함수를 작성하라. 각 키의 크기는 $keySize$ 비트이고 함수 $bit(k, i)$는 키 k에서 i 번째(왼쪽부터) 비트를 반환한다고 가정하라. 각 함수가 O(h)의 복잡도를 가진다는 것을 증명하라. 단, h는 디지털 탐색 트리의 높이이다.

12.2 이진 트라이와 패트리샤

키의 길이가 아주 길 경우에는 키를 비교하는 데에 많은 비용이 든다. 디지털 탐색 트리에서 탐색은 키에 대한 많은 비교가 요구되므로, 디지털 탐색 트리는(이진과 다원 탐색 트리도) 키가 아주 긴 경우 비효율적인 탐색 구조(search structure)이다. 만일 패트리샤 (*Patricia, Practical algorithm to retrieve information coded in alphanumeric*)라고 하는 구조를 사용하면, 키 비교의 횟수를 1번으로 줄일 수 있다. 이 구조는 다음과 같은 3단계로 생성할 수 있다. 첫째, 이진 트라이(binary trie)라는 구조를 도입한다. 둘째, 이진 트라이를 압축 이진 트라이(compressed binary trie)로 변환한다. 마지막으로 압축 이진 트라이로부터 패트리샤(Patricia)를 얻는다. 이진 트라이와 압축 이진 트라이는 단지 패트리샤를 유도하기 위한 수단으로 도입되었기 때문에, 이러한 구조들의 조작 방법에 관해서는 자세히 설명하지 않겠다. 이진 트라이보다 일반적인 버전인 트라이(trie)에 대해서는 다음 절에서 논의하겠다.

12.2.1 이진 트라이

이진 트라이(binary trie)는 두 종류의 노드, 즉 분기 노드(branch node)와 원소 노드(element node)를 갖는 이진 트리이다. 분기 노드는 *leftChild*와 *rightChild*의 2개의 데이타 멤버를 가지고 있다. *data* 데이타 멤버는 가지고 있지 않다. 원소 노드는 하나의 *data* 데이타 멤버만을 가지고 있다. 분기 노드는 디지털 탐색 트리 구조와 유사한 이진 트리 탐색 구조를 만들기 위해 사용된다. 이러한 탐색 구조는 원소 노드로 연결된다.

그림 12.2는 6개 원소로 구성된 이진 트라이를 보여주고 있다. 원소 노드는 회색으로 표현되어 있다. 키 k를 가진 원소를 탐색하기 위해 k의 비트들로 결정되는 분기 패턴을 사용한다. k의 i번째 비트는 레벨 i에서 사용한다. 그것이 만일 0이면 탐색은 왼쪽 서브트리로 이동하고, 그렇지 않으면 오른쪽 서브트리로 이동한다. 0010을 탐색하려면 먼저 왼쪽 자식을 따라가고 다시 왼쪽 자식을 따라가서 마지막에는 오른쪽 자식을 따라간다.

이진 트라이에서의 성공적인 탐색은 항상 원소 노드에서 끝난다. 일단 원소 노드에 이르면 이 노드의 키를 찾고자 하는 키와 비교한다. 키 비교는 단지 이것뿐이다. 성공적이지 못한 탐색은 원소 노드 또는 0 포인터에서 종료된다.

12.2.2 압축 이진 트라이

그림 12.2의 이진 트라이는 차수가 1인 분기 노드를 포함하고 있다. 만일 각 분기 노드에 또 다른 데이타 멤버 *bitNumber*를 추가시키면 차수 1인 모든 분기 노드를 트라이로부터 제거할 수 있다. 분기 노드의 *bitNumber* 데이타 멤버는 이 노드에서 사용되는 키의 비트 번호를 나타낸다. 그림 12.3은 그림 12.2의 이진 트라이로부터 차수 1인 분기 노드를 제거했을 때 만들어지는 이진 트라이이다. 노드 밖에 번호는 *bitNumber*를 나타낸다. 차수 1인 분기 노드를 포함하지 않기 위해 이런 방식으로 수정된 이진 트라이를 압축 이

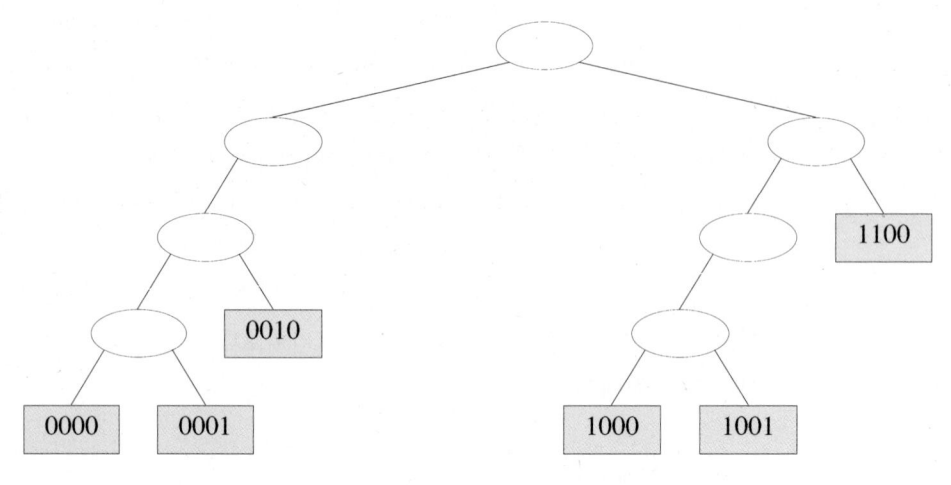

그림 12.2 이진 트라이의 예

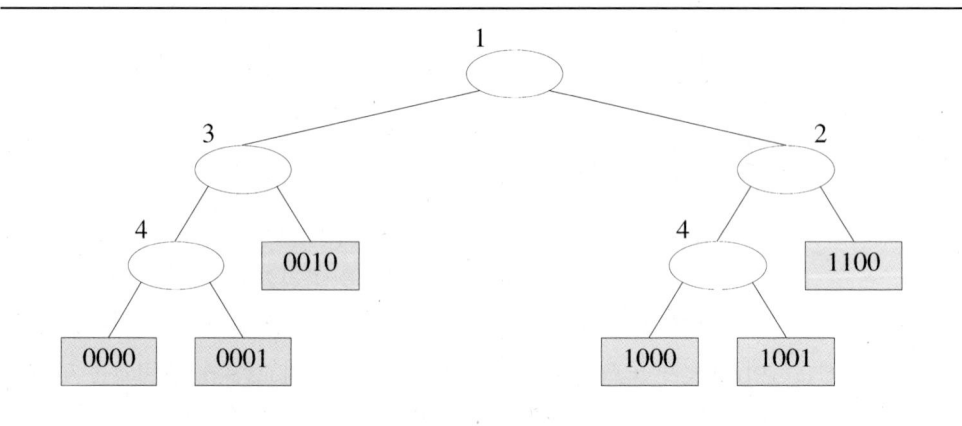

그림 12.3 그림 12.2의 이진 트라이에서 차수가 1인 노드를 제거한 압축 이진 트라이

진 트라이(compressed binary trie)라 한다.

12.2.3 패트리샤

압축 이진 트라이는 한 가지 타입의 노드들로 표현될 수 있다. 부가 분기 노드(augmented branch node)라는 새로운 노드는 원래의 분기 노드에 *data*라는 데이타 멤버를 추가한 노드이다. 이렇게 만들어진 구조를 패트리샤(Patricia)라 하는데, 압축 이진 트라이로부터 다음과 같은 방법으로 얻을 수 있다.

(1) 각 분기 노드를 부가 분기 노드로 대체한다.
(2) 원소 노드들을 제거한다.
(3) 이전 원소 노드에 있었던 데이터를 부가 분기 노드의 *data* 데이터 멤버에 저장한다. 공백이 아닌 모든 압축 이진 트라이는 원소 노드보다 하나 적은 분기 노드를 갖기 때문에 부가 분기 노드 하나를 추가시켜야 한다. 이러한 노드를 헤더 노드(header node)라 한다. 나머지 구조는 헤더 노드의 왼쪽 서브트리이다. 헤더 노드의 *bitNumber*는 0이다. 그의 오른쪽 자식 데이터 멤버는 사용되지 않는다. 부가 분기 노드 내에 데이터를 할당하는 것은, 부가 분기 노드의 *bitNumber*가 이 데이터를 포함하고 있던 원소 노드의 부모 노드에 있는 *bitNumber*와 같거나 더 작게 하는 방식으로 행해진다.
(4) 원소 노드에 대한 원래 포인터를 해당되는 부가 분기 노드에 대한 포인터로 대체시킨다.

이러한 변환을 그림 12.3의 압축 트라이에 대해 수행하면 그림 12.4의 구조가 된다. *root*를 패트리샤의 루트라 하자. 패트리샤가 공백이면 *root*는 0이다. 하나의 원소를 갖는 패트리샤는 왼쪽 자식 데이터 멤버가 그 자신을 가리키는 헤더 노드로 표현된다[그림 12.5(a)]. 패트리샤에서는 원래 분기 노드를 가리키는 포인터와 원소 노드를 가리키는 포인터를 구분할 수 있는데, 전자는 원래 포인터가 시작된 노드의 *bitNumber*보다 더 큰 값을 가진 노드를 가리키게 하고 후자는 *bitNumber*가 같거나 작은 값을 가진 노드를 가리

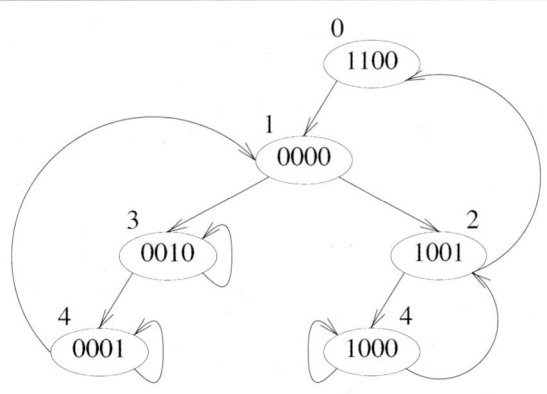

그림 12.4 패트리샤의 예

키게 한다.

12.2.3.1 패트리샤에서의 탐색

키 k를 가진 원소를 탐색하기 위해서는 헤더 노드에서 시작하여 k가 가지고 있는 비트들에 의해 결정되는 경로를 따라간다. 원소 포인터를 따라가서 만나게 된 그 노드의 키와 k를 비교한다. 키 비교는 단지 이것뿐이다. 더 이상의 비교 연산은 필요 없다. 예를 들어 k = 0000을 그림 12.4의 패트리샤 인스턴스에서 찾는다고 가정하자. 헤더 노드에서 시작하여 0000을 가진 노드를 가리키는 왼쪽 자식 포인터를 따라간다. 이 노드의 비트-번호 데이타 멤버는 1이다. k의 첫 번째 비트는 0이므로 왼쪽 자식 포인터를 따라 0010을 가진 노드로 이동한다. 이제 k의 세 번째 비트가 사용된다. 이 비트가 0이기 때문에 탐색은 0001을 가진 노드로 이동한다. 이 노드의 비트-번호 데이타 멤버는 4이고 k의 4번째 비트는 0이므로, 왼쪽 자식 포인터를 따라간다. 이것은 이동하기 전 노드의 비트-번호 데이타 멤버보다 더 작은 비트 번호 값을 가진 노드로 오게 된다. 이렇게 되면 원소 포인터가 사용된다. 이 노드의 키와 k를 비교해보면 일치하므로 탐색은 성공하게 된다.

다음으로, k = 1011을 탐색한다고 가정하자. 헤더 노드에서 시작하여 0000, 1001, 1000, 1001을 가진 노드로 차례로 이동한다. k와 1001을 비교해보면 서로 다르기 때문에 이 키를 가진 원소가 없다고 결론짓는다.

패트리샤 트리 t를 탐색하는 함수가 프로그램 12.1에 제시되어 있다. 이 함수는 탐색의 제일 마지막 노드에 대한 포인터를 반환한다. 만일 이 노드의 키가 k이면 탐색은 성공이다. 그렇지 않으면 t는 키 k를 가진 원소를 가지고 있지 않다. 함수 $bit(i, j)$는 i의 j번째 비트(가장 왼쪽 비트가 첫 번째 비트임)를 반환한다. 패트리샤 트리를 정의하기 위해 사용된 C 선언은 다음과 같다.

```
typedef struct patriciaTree *patricia;
    struct patriciaTree {
        int bitNumber;
        element data;
        patricia leftChild, rightChild;
        };
patricia root;
```

12.2.3.2 패트리샤에서의 삽입

이제 새로운 원소를 어떻게 삽입하는가에 대해 알아보자. 처음에 공백 인스턴스로 시작하여 키 1000을 가진 원소를 삽입한다고 하자. 결과는 키 1000을 가진 헤더 노드만으로 된 인스턴스가 된다[그림 12.5(a)]. 다음에 키 k = 0010을 가진 원소의 삽입을 생각해보

```
patricia search(patricia t, unsigned k)
{/* search the Patricia tree t; return the last node
   encountered; if k is the key in this last node, the
   search is successful */
   patricia currentNode, nextNode;
   if (!t) return NULL; /* empty tree */
   nextNode = t→leftChild;
   currentNode = t;
   while (nextNode→bitNumber > currentNode→bitNumber) {
      currentNode = nextNode;
      nextNode = (bit(k, nextNode→bitNumber)) ?
         nextNode→rightChild : nextNode→leftChild;
   }
   return nextNode;
}
```

프로그램 12.1: 패트리샤에서의 탐색

자. 먼저 함수 *search*(프로그램 12.1)를 사용하여 이 키를 찾는다. 탐색은 헤더 노드에서 종결된다. 키 0010은 이 노드의 키 q = 1000과 같지 않기 때문에, 0010은 패트리샤 인스턴스 내에 현재 없다. 따라서 이 원소가 삽입될 수 있음을 알 수 있다. 이를 위해 키 k와 q를 비교하여 이들이 처음으로 달라지는 첫 번째(즉, 제일 왼쪽) 비트를 찾는다. 이것은 1번 비트이다. 키가 k인 원소를 가진 새로운 노드는 헤더 노드의 왼쪽 자식으로 삽입된다. k의 1번 비트가 0이기 때문에, 새로운 노드의 왼쪽 자식 데이타 멤버는 그 자신을 가리키고 그의 오른쪽 자식 데이타 멤버는 헤더 노드를 가리킨다. 비트-번호 데이타 멤버는 1로 설정된다. 이 결과 패트리샤 인스턴스는 그림 12.5(b)와 같다.

다음에 삽입될 원소가 k = 1001을 가지고 있다고 하자. 이 키의 탐색은 q = 1000을 가진 노드에서 끝난다. k와 q가 서로 다른 첫 번째 비트는 비트 번호 j = 4이다. 이제 단지 k의 처음 $j-1$ = 3의 비트를 이용하여 그림 12.5(b)의 인스턴스를 탐색한다. 마지막으로 이동하는 것은 0010을 가진 노드에서 1000을 가진 노드로 이동하는 것이다. 이것은 오른쪽 자식으로 이동하는 것이기 때문에 키 k를 가진 원소를 가진 새로운 노드는 0010의 오른쪽 자식으로 삽입되게 된다. 이 노드의 비트-번호 데이타 멤버는 j = 4로 설정된다. k의 네 번째 비트가 1이므로, 새로운 노드의 오른쪽 자식 데이타 멤버는 그 자신을 가리키고 그의 왼쪽 자식 데이타 멤버는 q를 가진 노드를 가리키게 된다. 그림 12.5(c)는 이 결과 구조를 보여주고 있다.

그림 12.5(c)에 k = 1100을 삽입하기 위해서는 먼저 이 키를 찾는다. 다시 1번 q = 1000이며 k와 q가 달라지는 첫 번째 비트는 j = 2이다. 처음 $j-1$의 비트만을 사용한 탐

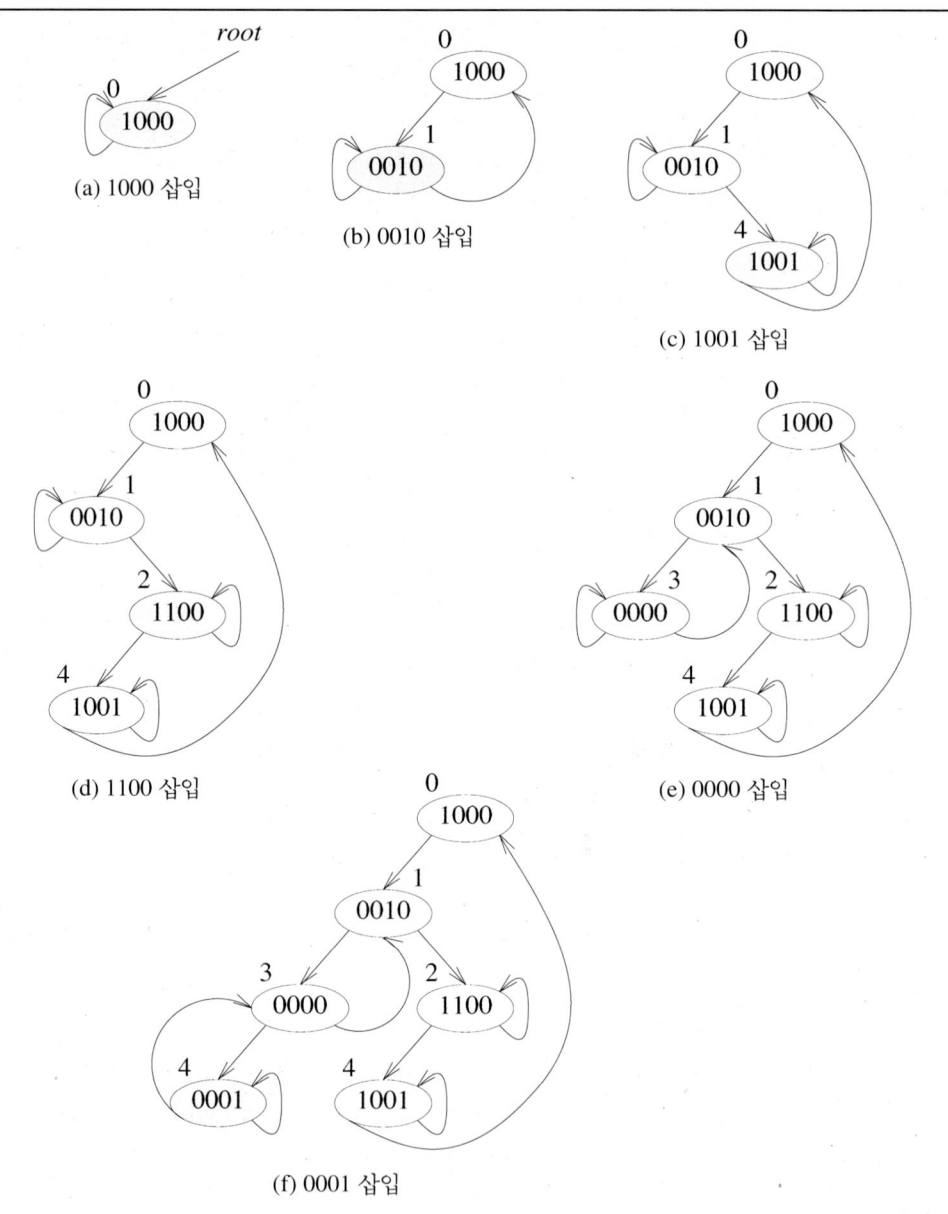

그림 12.5 패트리샤에서의 삽입

색은 1001을 가진 노드에서 끝난다. 마지막 이동은 0010으로부터 오른쪽 자식으로 이동하는 것이다. 키 k와 비트-번호 데이타 멤버 $j = 2$를 가진 원소를 가진 새로운 노드는 0010의 오른쪽 자식으로 삽입된다. k의 j 비트가 1이기 때문에 이 새로운 노드의 오른쪽

```c
void insert(patricia *t, element theElement)
{/* insert theElement into the Patricia tree *t */
   patricia current, parent, lastNode, newNode;
   int i;
   if (!(*t)) {/* empty tree */
      MALLOC(*t, sizeof(patriciaTree));
      (*t)->bitNumber = 0; (*t)->data = theElement;
      (*t)->leftChild = *t;
   }
   lastNode = search(*t,theElement.key);
   if (theElement.key == lastNode->data.key) {
      fprintf(stderr, "The key is in the tree. Insertion
                   fails.\n");
      exit(EXIT_FAILURE);
   }
   /* find the first bit where theElement.key and
      lastNode->data.key differ */
   for (i = 1; bit(theElement.key,i) ==
            bit(lastNode->data.key,i); i++);

   /* search tree using the first i-1 bits */
   current = (*t)->leftChild; parent = *t;
   while (current->bitNumber > parent->bitNumber &&
                     current->bitNumber < i) {
      parent = current;
      current = (bit(theElement.key, current->bitNumber)) ?
               current->rightChild : current->leftChild;
   }

   /* insert theElement as a child of parent */
   MALLOC(newNode, sizeof(patriciaTree));
   newNode->data = theElement; newNode->bitNumber = i;
   newNode->leftChild = (bit(theElement.key,i)) ?
                  current: newNode;
   newNode->rightChild = (bit(theElement.key,i)) ?
                  newNode : current;
   if (current == parent->leftChild)
      parent->leftChild = newNode;
   else parent->rightChild = newNode;
}
```

프로그램 12.2: 패트리샤에서의 삽입

자식 데이타 멤버는 그 자신을 가리킨다. 그의 왼쪽 자식 데이타 멤버는 1001(이것은 전에 0010의 오른쪽 자식이었음.)을 갖는 노드를 가리킨다. 이 새로운 패트리샤 인스턴스를 표현한 것이 그림 12.5(d)이다. 그림 12.5(e)는 키 0000을 삽입한 결과를 보여주고, 그림 12.5(f)는 0001을 삽입한 후의 패트리샤 인스턴스를 보여주고 있다.

이제까지의 설명을 정리한 것이 프로그램 12.2의 삽입 함수 *insert*이다. 이것의 복잡도는 $O(h)$인데 여기서 h는 패트리샤의 높이이다. h는 min$\{keySize + 1, n\}$만큼 클 수 있는데, 여기서 $keySize$는 키의 비트 수이고 n은 원소 수이다. 키들이 균등하게 분포되어 있을 때 높이는 $O(\log n)$이다. 삭제 함수의 작성은 연습문제로 남겨두었다.

연습문제

1. 탐색, 삽입, 삭제 연산에 대한 이진 트라이 함수들을 작성해보라. 각 키는 $keySize$ 비트를 가지고 있고 함수 $bit(k, i)$는 키 k의 (왼쪽으로부터) i 번째 비트를 반환한다. 작성된 각 함수의 복잡도가 $O(h)$임을 보이라. 여기서 h는 디지털 탐색 트리의 높이이다.

2. 탐색, 삽입, 삭제 연산에 대한 압축 이진 트라이 함수들을 작성해보라. 각 키는 $keySize$ 비트를 가지고 있고 함수 $bit(k, i)$는 키 k의 (왼쪽으로부터) i 번째 비트를 반환한다. 작성된 각 함수의 복잡도가 $O(h)$임을 보이라. 여기서 h는 이진 트라이의 높이이다.

3. 패트리샤로부터 키 k를 가진 원소를 삭제하는 함수를 작성해보라. 이 함수의 복잡도는 $O(h)$가 되어야 한다. 여기서 h는 패트리샤의 높이이다. 이 함수의 복잡도가 $O(h)$라는 것을 증명하라.

12.3 다원 트라이

12.3.1 정의

다원 트라이[multiway trie, 또는 단순히 '트라이(trie)'라고 한다.]는 키 값이 가변 길이일 때 특히 유용한 구조이다. 이 자료 구조는 앞 절에서 논의했던 이진 트라이를 일반화한 것이다.

트라이는 모든 레벨의 분기가 키 값 전체에 의해서가 아니라 그 일부에 의해서 결정되는 차수 $m \geq 2$인 트리이다. 예를 들어 키가 영어 알파벳의 소문자들로 구성된 그림 12.6의 트라이를 생각해보자. 트라이는 두 종류의 노드 타입을 갖는데, 하나는 원소(element)이고 다른 하나는 분기(branch)이다. 그림 12.6에서 원소 노드는 어둡게 칠해

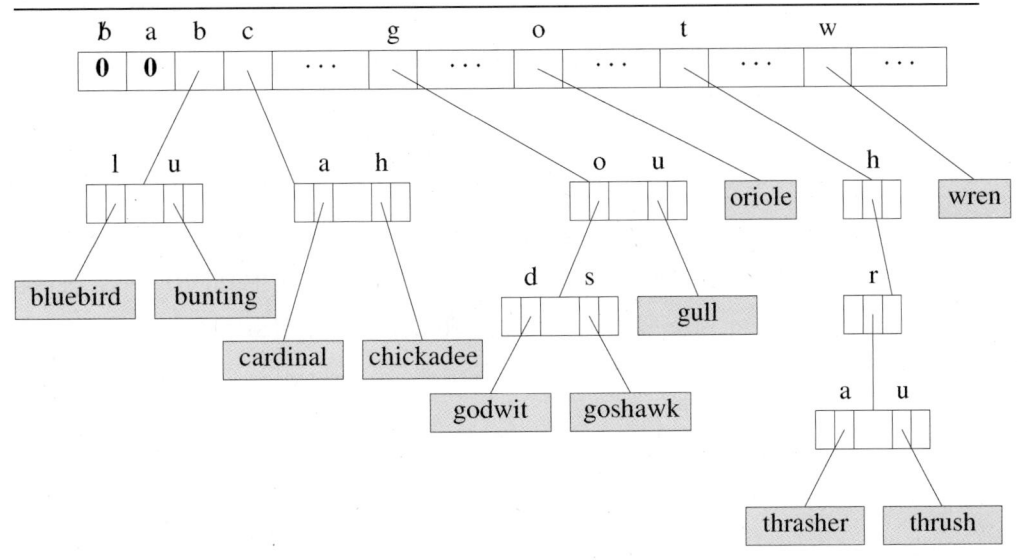

그림 12.6 왼쪽에서 오른쪽으로 1번에 하나씩 키 값의 문자를 이용하여 생성한 트라이

져 있고 분기 노드는 칠해져 있지 않다. 원소 노드는 하나의 *data* 필드만을 가지고 있으며, 분기 노드는 서브트리에 대한 포인터들을 포함하고 있다. 그림 12.6에서 각 분기 노드는 27개의 포인터 필드를 가지고 있다. 여분의 포인터 필드는 공백 문자(b로 표시)를 위해 사용된다. 트라이는 어떤 키도 다른 키의 접두사가 되는 것을 허용하지 않기 때문에 이 공백 문자는 모든 키들을 종료시키는 데 사용된다.(그림 12.7 참조)

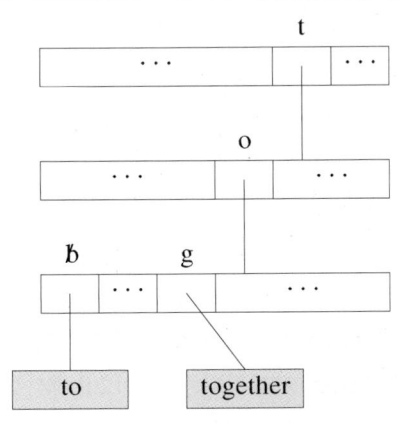

그림 12.7 종료 문자의 필요성을 보여주는 트라이(이 경우에는 공백 문자)

첫 번째 레벨에서 모든 키 값들은 그 첫 번째 문자에 따라 서로 다른 부류로 나뉜다. 따라서 $root \rightarrow child[i]$는 i 번째 문자로 시작하는 모든 키 값들을 포함하는 서브트라이(subtrie)를 가리킨다. j 번째 레벨에서의 분기는 j 번째 문자에 의해 결정된다. 서브트라이가 단 하나의 키 값만을 가질 경우, 이 서브트라이는 원소 타입의 노드로 대체된다. 이 노드는 키 값과 이 키 값을 가진 레코드의 주소 같은 기타 관련 정보를 포함한다.

트라이의 다른 예로 학생 이름, 전공, 생일, 사회보장번호(SS#) 등의 필드를 갖는 학생 레코드들이 있다고 가정해보자. 키 필드는 9자리의 10진수로 표현된 사회보장번호이다. 이 예를 쉽게 설명하기 위해서, 총 5개의 원소를 갖고 있다고 생각해보자. 그림 12.8은 이 5개의 원소의 이름과 SS# 필드를 나타낸다.

Name	SS#
Jack	951-94-1654
Jill	562-44-2169
Bill	271-16-3624
Kathy	278-49-1515
April	951-23-7625

그림 12.8 5개의 원소(학생 레코드)

이 5개 원소를 트라이로 표현하기 위해서는 우선 각 키를 한 숫자씩 분해하는 데 사용될 기수(radix)를 선택한다. 만약 10진수를 사용한다면, 분해된 숫자는 그림 12.8에 나타난 10진수이다. 키 필드의 숫자는 왼쪽에서 오른쪽으로 검사할 것이다. 이제 SS#의 첫 번째 숫자를 사용해서 SS#가 2로 시작하는 원소(Bill과 Kathy), 5로 시작하는 원소(Jill), 9로 시작하는 원소(April과 Jack)처럼 원소를 3개 그룹으로 나눈다. 둘 이상의 원소를 가진 그룹은 키에서의 그 다음 숫자에 따라 분할된다. 이 분할 과정은 모든 그룹이 정확히 한 원소만 가질 때까지 계속된다.

이러한 분할 과정의 결과는 그림 12.9와 같이 10개로 분기되는 트리 구조가 된다. 이 트리에는 두 종류의 노드, 즉 분기 노드와 원소 노드가 있다. 각 분기 노드는 10개의 자식(또는 포인터) 필드를 갖는다. 이 필드들 $child[0:9]$는 그림 12.9의 루트 노드에 0, 1, $\cdots$, 9로 표시되어 있다. $root.child[i]$는 첫 숫자가 i인 모든 원소들을 포함하고 있는 서브트라이의 루트를 가리킨다. 그림 12.9에서 노드 A, B, D, E, F, I는 분기 노드이다. 나머지 노드들 C, G, H, J, K는 원소 노드이다. 각 원소 노드는 정확히 하나의 원소를 포함하고 있다. 그림 12.9에서 원소 노드는 각 원소의 키 필드만 나타나고 있다.

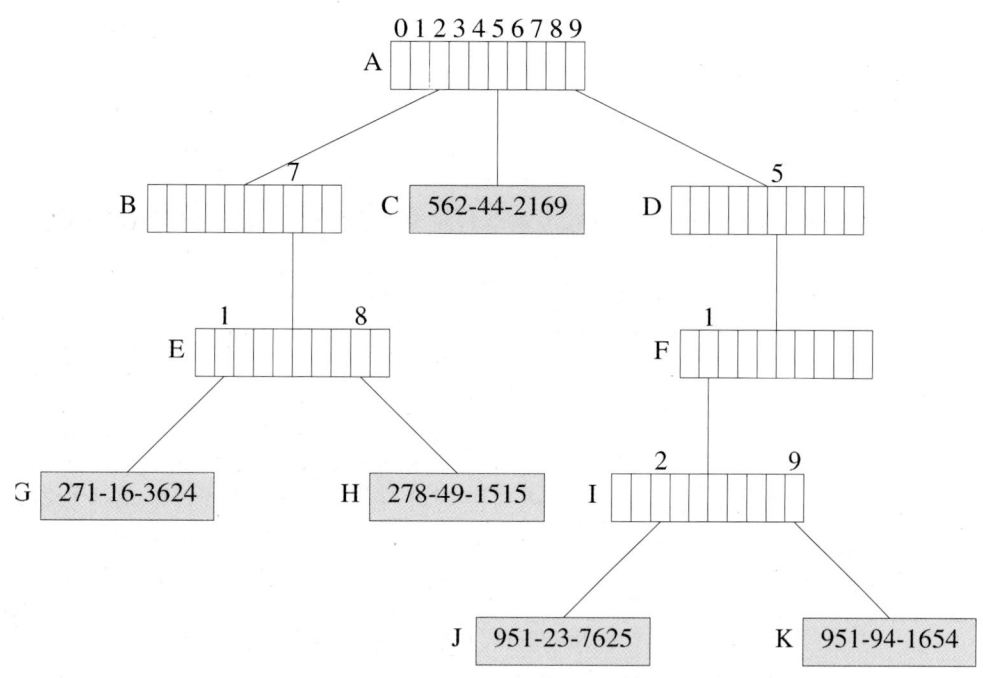

그림 12.9 그림 12.8의 원소들에 대한 트라이

12.3.2 트라이에서의 탐색

어떤 키 값 x를 트라이에서 찾기 위해서는 x를 구성 문자들로 분해하여 이 문자들에 의하여 결정되는 분기를 따라 나가면 된다. 함수 search(프로그램 12.3)는 p가 원소 노드일 때 $p \to u.key$가 노드 p에 있는 키라 가정하고, 공백 문자는 호출 전에 탐색 키에 추가되었다고 가정한다. 함수는 search(t, key, 1)과 같이 호출되며 수행 중에 함수 search는 키의 i 번째 레벨을 샘플링하는 함수 getIndex(key, i)를 사용한다. 왼쪽에서 오른쪽으로 한 문자씩 샘플링하는 경우 이 함수는 키의 i 번째 문자를 추출하고 그것을 정수 인덱스로 바꾸어, 분기 노드의 어떤 포인터 필드가 사용될지를 나타낸다.

```
triePointer search(triePointer t, char *key, int i)
{ /*트라이 t를 탐색. 이 키를 가진 원소가 없으면 NULL을 반환, 아니면 매칭되는
    원소를 가지 노드에 대한 포인터를 반환 */
    if (!t) return NULL; /* not found */
    if (t→tag == data)
```

```
        return ((strcmp (t→key, key)) ? NULL : t);
    return search(t→child[ getIndex(key, i)], key, i+1);
}
```

프로그램 12.3: 트라이에서의 탐색

***search* 의 분석:** *search* 함수는 매우 간단하다. 트라이의 레벨을 l이라고 할 때(분기 노드와 원소 노드를 모두 포함하여) 탐색 시간은 최악의 경우 $O(l)$임을 쉽게 증명할 수 있다. □

12.3.3 샘플링 전략

인덱스로 표현할 키 값들이 주어졌을 때 트라이가 가지는 레벨 수는, 각 레벨에서 분기 방식을 결정하는 데 사용되는 전략 또는 키 샘플링 방식에 따라 달라진다. 키 샘플링 방식은 샘플링 함수 $sample(x, i)$를 통해 정의할 수 있는데, 이 함수는 i 번째 레벨에서의 분기를 위해 키 x를 적절히 샘플링한다. 그림 12.6의 트라이와 프로그램 12.3의 탐색 함수에서 샘플링 함수 $sample(x, i)$는 x의 i 번째 문자를 반환한다. 이 함수에 대한 또 다른 선택은 다음과 같다. 여기서 $x = x_1, x_2 \cdots, x_n$이다.

(1)　　$sample(x, i) = x_{n-i+1}$

(2)　　$sample(x, i) = x_{r(x, i)}$　　　단, $r(x, i)$는 난수 함수

(3)　　$sample(x, i) = \begin{cases} x_{i/2} & (i\text{가 짝수일 때}) \\ x_{n-1(i-i)/2} & (i\text{가 짝수일 때}) \end{cases}$

　　이러한 함수 각각에 대해 최적의 함수가 될 수 있는 키 집합, 즉 가장 작은 레벨 수를 갖는 트라이를 생성시킬 수 있는 키 집합을 쉽게 생성할 수 있다. 그림 12.6의 트라이는 레벨이 5이다. 같은 키 값들에 대해 함수 (1)을 사용한다면 3개의 레벨만을 갖는 그림 12.10과 같은 트라이를 얻을 수 있다. 이 데이터 집합에 대한 최적의 샘플링 함수는 그림 12.11과 같이 2개의 레벨만을 갖는 트라이를 생성하는 것이다. 그러나 어떤 특정 키 값들이 주어질 때마다 그것들에 대한 최적 샘플링 함수를 선택하는 것은 매우 어렵다. 삽입과 삭제가 일어나는 동적 상황에서는 평균 성능을 최적화해야 한다. 키 값에 대한 정보가 더 이상 없는 경우 최적 샘플링 함수는 아마 함수 (2)가 될 것이다.

　　지금까지의 샘플링 예들은 단일 문자 샘플링에 대해서만 취급하였지만, 샘플링을 이렇게 한 문자로 국한시킬 필요는 없다. 키 값은 임의의 기수를 사용한 숫자로 해석할 수 있다. 즉 27^2을 기수로 하여 사용하면 두 문자 샘플링이 된다. 기수가 다르면 샘플링의

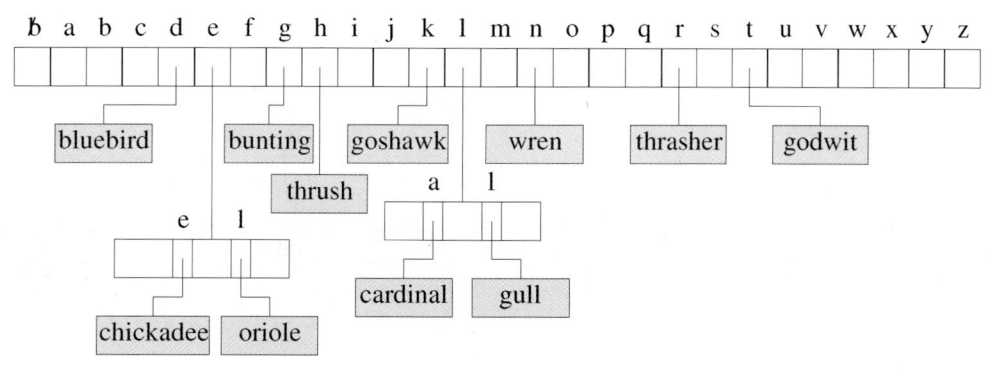

그림 12.10 그림 12.6의 데이터에 대해서 오른쪽에서 왼쪽으로 1번에 한 문자씩 샘플링하여 구성한 트라이

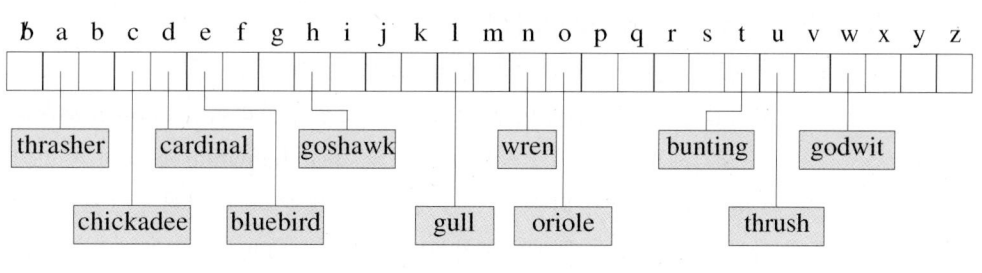

그림 12.11 그림 12.6의 데이타에 대해 키 값의 네 번째 문자를 사용하여 첫 레벨에서 샘플링한 최적 트라이

결과도 달라진다.

    원소 노드들에 대해 상이한 전략을 취하면 트라이의 최대 레벨 수를 줄일 수 있다. 이런 노드들은 하나 이상의 키 값을 유지하도록 설계될 수 있다. 만약 최대 레벨 수를 l 로 하면, 레벨 $l-1$ 까지의 동거자인 키 값들은 모두 같은 원소 노드에 저장된다. 이때 샘플링 함수를 올바로 선택하면 각 원소 노드에는 적은 수의 동거자만 있게 된다. 그래서 원소 노드는 작아지게 되고 메모리 안에서 처리될 수 있다. 그림 12.12는 그림 12.6의 트라이에 $l=3$ 으로 해서 이 방식을 적용한 결과를 보여준 것이다. 앞으로의 논의에서 사용하는 키 샘플링 함수는 $sample(x, i) = x$의 i 번째 문자이며, 트라이의 레벨 수에는 제한이 없다고 가정한다.

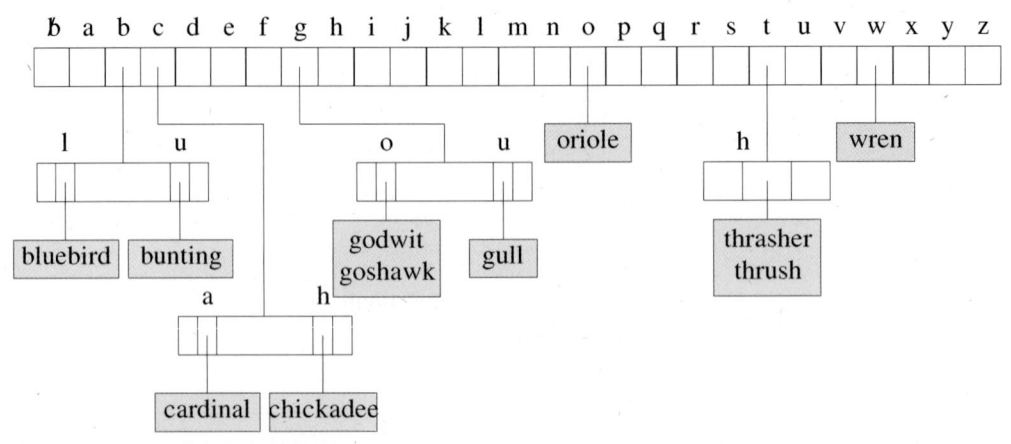

그림 12.12 레벨 수가 3으로 제한되어 있을 때, 그림 12.6의 데이터에 대해 키가 왼쪽에서 오른쪽으로 1번에 한 문자씩 샘플링하여 얻어진 트라이

12.3.4 트라이에서의 삽입

트라이에 삽입하는 동작은 간단하므로, 두 예를 사용하여 그 과정을 보이고 구체적인 알고리즘은 연습문제로 미루겠다. 그림 12.6의 트라이에 bobwhite 와 bluejay 를 삽입한다고 생각해보자. 먼저 x = bobwhite 로 하고 bobwhite 에 대한 트라이 탐색을 시도하면 $\sigma.link[\text{'o'}] = 0$ 이 되는 노드 σ 에 도달하게 된다. 따라서 x 는 트라이에 없으므로 여기에 삽입할 수 있다(그림 12.13 참조). 그 다음 x = bluejay 로 하고 탐색하면 bluebird 를 포함하는 원소 노드에 도달하게 된다. 이때 2개의 키가 서로 다를 때까지 bluebird 와 bluejay 를 샘플링하는데, 두 키의 5번째 문자를 비교할 때에 이르게 된다. 그림 12.13 은 2개의 키가 삽입된 후의 트라이를 보여주고 있다.

12.3.5 트라이에서의 삭제

삭제에 관해서도 자세한 알고리즘은 기술하지 않고, 두 가지 예를 보임으로써 트라이에서 엔트리를 제거할 때 고려해야 할 몇 가지 개념만 살펴보겠다. 그림 12.13에서 우선 bobwhite 를 삭제해보자. $\sigma.link[\text{'o'}] = 0$ 으로 지정하면 다른 변경은 필요하지 않다. 다음 bluejay 를 삭제해보자. 이 삭제는 서브트라이 δ_3 에 단 하나의 키 값만을 남긴다. 이것은 노드 δ_3 를 제거하여 ρ 를 한 레벨 위로 올릴 수 있다는 것을 의미한다. 노드 δ_1 이나 δ_2 에 대해서도 같은 작업을 수행할 수 있다. 결국 노드 σ 에 도달하게 된다. σ 를 루트로 하는 서브트라이는 하나 이상의 키 값을 가지므로 ρ 는 더 이상 올라가지 못하고 $\sigma.link[\text{'l'}] = \rho$ 로 지정한다. 트라이에 대한 삭제를 용이하게 하기 위하여 각 분기 노드에 계수(count)

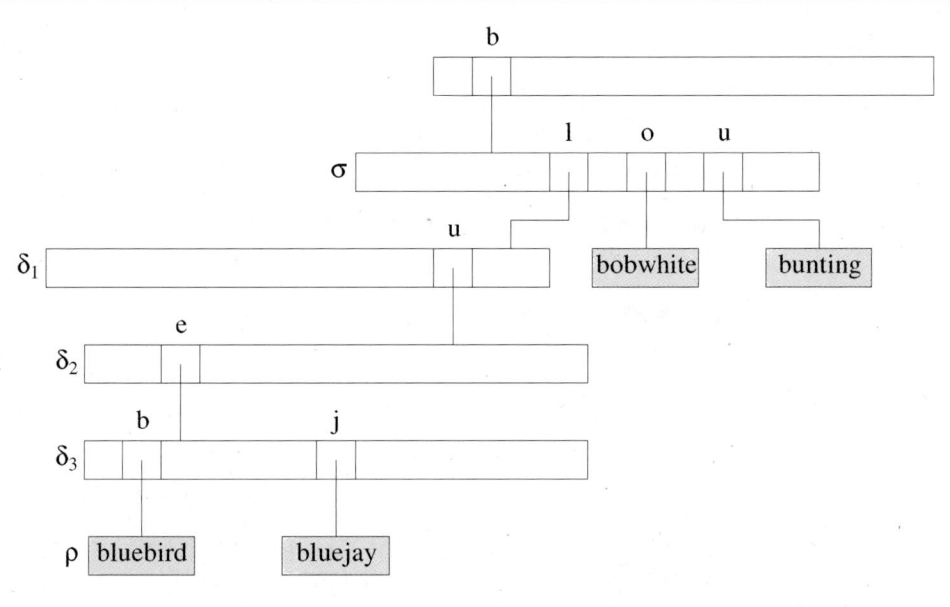

그림 12.13 bobwhite와 bluejay를 삽입한 후 변경된 그림 12.6의 트라이 일부

데이타 멤버를 만들어주면 효과적이다. 이 데이타 멤버는 그 노드가 가지고 있는 자식 노드 수를 나타낸다.

이진 트리의 경우에서처럼, 각 분기 노드가 적어도 2개의 자식 노드를 갖는 압축 트라이를 정의할 수 있다. 이 경우에 각 분기 노드는 *skip* 데이타 멤버를 추가하여 제거된 분기의 레벨 수를 가지도록 확장된다.(또 다른 방법은, 사용할 샘플링 레벨을 가리키는 *sample* 데이타 멤버를 추가하는 것이다.)

12.3.6 상이한 길이의 키

앞에서 언급한 대로 트라이에서는 어떤 키도 다른 키의 접두사이면 안 된다. 그림 12.9의 SS#처럼 모든 키들의 길이가 같을 때 이 특성은 보장된다. 그러나 그림 12.6의 키들처럼 키들의 길이가 다를 때 한 키가 다른 키의 접두사일 가능성도 있다. 그런 키들을 다루는 쉬운 방법은 어떤 키에서도 나타나지 않는 공백이나 # 같은 특수 문자를 각 키의 끝에 첨가하는 것이다. 이로써 (뒤에 특수 문자가 첨가된) 수정된 키는 다른 키의 접두사가 아니어야 한다는 특성을 만족한다.

각 키의 끝에 특수 문자를 첨가하는 방법 대신, 그 키가 모두 끝나는 노드마다 원소를 저장하기 위한 *data* 필드를 두는 방법을 쓸 수 있다. 예를 들면 키가 27인 원소는 그림 12.9의 노드 E에 저장할 수 있다. 이 방법을 사용하면 탐색 키의 마지막 숫자까지 탐색했을 때 도달한 노드의 *data* 필드를 검사하도록 탐색 전략이 변경된다. 만약 이 *data* 필드가 비어 있다면 탐색 키와 같은 키를 가진 원소가 없다는 의미이다. 그렇지 않으면 원하는 원소는 이 *data* 필드 안에 있을 것이다.

유념할 점은 어떤 키도 다른 키의 접두사가 아니라는 특성을 가지면서, 키의 길이가 다른 응용에서는 지금 언급한 전략들이 모두 불필요하다는 것이다.

12.3.7 트라이의 높이

최악의 경우는 루트 노드에서 원소 노드까지의 경로가 키의 각 숫자마다 분기 노드를 갖는 것이다. 이렇게 되면 트라이의 높이는 최대 *numberofdigits* + 1이 된다.

사회보장번호를 저장하는 트라이의 높이는 최대 10이다. 트라이의 한 레벨을 내려가는 데 이원 탐색 트리의 한 레벨을 내려가는 것과 같은 시간이 걸린다고 하면, 최대 10번 이동해서 사회보장번호를 찾을 수 있다. 10번 이동해서는 최대 $2^{10}-1 = 1023$개의 원소를 가진 이원 탐색 트리를 탐색할 수 있다. 즉 학생 레코드의 수가 1023개 이상일 때는 이원 탐색 트리보다 트라이에서 검색하는 것이 더 빠르다는 것이다. 대개 실생활에서의 원소들로는 포화 이진 트리나 완전 이진 트리를 만들 수 없기 때문에, 실제 손익 분기점은 1023보다 적다.

SS#이 아홉 숫자이기 때문에 사회보장번호를 위한 트라이는 10^9개의 원소를 가질 수 있다. 10^9개의 원소를 갖는 AVL 트리의 높이는 약 $1.44 \log_2(10^9 + 2) = 44$가 된다. 그러므로 학생 레코드 집합에서 원소를 찾을 때 AVL 트리를 사용하면 트라이를 사용한 것보다 4배의 시간이 더 걸릴 수 있다.

12.3.8 필요 공간과 또 다른 노드 구조

분기 노드에 기수만큼(키들의 길이가 다를 때는 기수 + 1) 자식 필드를 두면 빠르게 탐색할 수 있다. 그러나 많은 자식 필드들이 **NULL**이기 때문에 이 노드 구조는 공간을 낭비하게 된다. n이 트라이에 들어있는 원소의 수라고 할 때, d 숫자(digit) 키를 위한 기수가 r인 트라이는 $O(rdn)$개의 자식 필드를 필요로 한다. n개의 원소 노드가 있는 d 숫자 트라이에서 각 원소 노드는 분기 노드인 조상 노드를 최대 d개 가질 것이다. 그러므로 분기 노드는 최대 dn개가 된다.(원소 노드가 루트 노드처럼 조상을 공유하기 때문에 실제로는 이렇게 많은 분기 노드가 있지 않다.)

노드 구조를 변경함으로써 탐색 시간을 늘리는 대신에 필요 공간을 줄일 수 있다. 트라이의 분기 노드를 위한 가능한 대안 구조는 다음에 제시되어 있다.

노드 체인

체인의 각 노드는 *digitValue*, *child*, *next* 의 세 필드로 구성된다. 예를 들면, 그림 12.9의 노드 E는 그림 12.14와 같은 체인으로 대체될 수 있다.

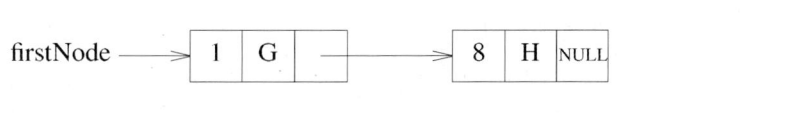

그림 12.14 그림 12.9의 노드 E에 대한 체인

한 분기 노드가 필요로 하는 공간은 r개의 자식/포인터 필드를 위한 공간에서 $2p$개의 포인터 필드와 p 숫자 값 필드를 위한 공간으로 바뀐다. 여기서 p는 분기 노드에 있는 **NULL**이 아닌 자식 필드의 수이다. 포인터 필드와 숫자 값 필드의 길이가 같다고 하면, 분기 노드에 2/3 이상의 자식 필드가 **NULL**일 때 공간이 줄어든다는 것을 알 수 있다. 거의 모든 분기 노드가 **NULL**이 아닌 필드를 하나씩만 갖고 있는 최악의 경우에는 공간을 약 $(1-3/r)*100\%$ 줄일 수 있다.

(균형) 이원 탐색 트리

이원 탐색 트리의 각 노드는 숫자 값과 그 숫자 값을 위한 서브트라이를 가리키는 포인터를 갖는다. 그림 12.15는 그림 12.9의 노드 E에 대한 이원 탐색 트리를 나타내고 있다.

그림 12.15 그림 12.9의 노드 E에 대한 이원 탐색 트리

숫자 값과 포인터가 똑같은 크기의 공간을 차지한다고 할 때, 이원 탐색 트리 표현은 각 분기 노드마다 $4p$개의 필드를 위한 공간이 필요하다. 왜냐하면 각 탐색 트리 노드는

숫자 값, 서브트라이에 대한 포인터, 왼쪽 자식 포인터, 오른쪽 자식 포인터를 가지고 있기 때문이다. 분기 노드에 있는 자식 필드 중 3/4개 이상이 **NULL**일 때 분기 노드를 이원 탐색 트리로 표현하면 공간을 절약할 수 있다. 그러나 r이 클 때는 이 체인보다 이원 탐색 트리의 탐색 속도가 더 빠르다는 것에 유의해야 한다.

이진 트라이

그림 12.16은 그림 12.9의 노드 E를 이진 트라이로 나타낸 것이다. 이진 트라이로 표현된 분기 노드에 필요한 공간은 최대 $(2*\lceil \log_2 r \rceil + 1)p$이다.

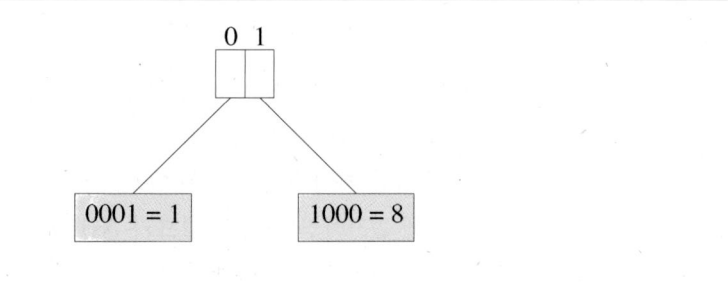

그림 12.16 그림 12.9의 노드 E에 대한 이진 트라이

해시 테이블

해시 테이블의 적재 밀도가 충분히 작을 때, 기대되는 시간 성능은 그림 12.9에 사용된 노드 구조를 사용했을 때와 같다. 분기 노드에서 자식 필드가 **NULL**인 부분은 노드마다 다양하고 트라이에서 아래로 내려갈수록 늘어날 것이므로, 모든 분기 노드를 하나의 해시 테이블로 통합하면 공간 효율을 최대로 할 수 있다. 최대의 공간 효율을 얻기 위해서 트라이에 있는 각 노드에 번호를 매기고, 부모에서 자식으로 가는 포인터들은 3-원소 쌍 (*currentNode, digitValue, childNode*)로 대체한다. 노드에 번호를 매기는 방식은 분기 노드와 원소 노드를 쉽게 구분할 수 있는 것으로 선정한다. 예를 들어, 트라이에는 최대 100개의 원소가 있으면 0~99는 원소 노드에, 100 이상은 분기 노드에 부여한다. 원소 노드들은 배열 element[100]에 표현된다.[또 다른 방법은, 자식이 분기 노드일 때만 *childNodeIsBranchNode* = **true**가 되는 투플, (*currentNode, digitValue, childNode, childNodeIsBranchNode*)로 포인터를 표현하는 것이다.]

그림 12.9의 트라이의 노드가 그림 12.17과 같이 번호를 부여받았다고 하자. 그림 12.17은 트라이가 10개 이상의 원소를 갖지 않는다고 가정하고 번호를 부여한 것이다.

노드	A	B	C	D	E	F	G	H	I	J	K
번호	10	11	0	12	13	14	1	2	15	3	4

그림 12.17 그림 12.9의 트라이의 노드에 부여1번호

노드 *A*에 있는 포인터들은 (10, 2, 11), (10, 5, 0), (10, 9, 12)로 표현된다. 노드 *E*에 있는 포인터들은 (13, 1,1), (13, 8, 2)로 표현된다.

이러한 포인터 3-원소 쌍은 처음 두 필드(즉 *currentNode*, *digitValue*)를 사용해서 해시 테이블에 저장된다. 이를 위해서, 식 *currentNode* ∗ *r* + *digitValue*를 사용하여 두 포인터를 정수로 변환할 수 있다. 여기서 *r*은 트라이의 기수이고, 이 정수 키를 홈 버켓(home bucket)으로 해시하기 위해서는 제산 함수 방식을 사용한다. 현재 원소 노드 *i*에 있는 데이타는 *element*[*i*]에 저장된다.

그림 12.9의 트라이를 해시 테이블 방식을 이용해서 만든다고 가정하자. 키가 278-49-1515인 원소를 찾는다고 생각해보자. 우선 루트 노드에는 10이 할당되어 있다고 하자. 탐색 키의 첫 숫자가 2이므로 테이블에서 키가 (10, 2)인 3-원소 쌍을 찾으면 (10, 2, 11)을 찾을 수 있다. 이 3-원소 쌍의 *childNode*는 11인데, 모든 원소 노드는 9보다 작거나 같은 번호를 갖고 있으므로 이 자식 노드는 분기 노드이다. 분기 노드 11로 이동한다. 트라이의 다음 레벨로 가기 위해서는 키의 두 번째 숫자 7을 이용해서 (11, 7)을 가지고 해시 테이블을 탐색한다. 그러면 (11, 7, 13)을 찾을 수 있다. 그 다음에 해시 테이블에서 (13, 8)을 탐색하고 (13, 8, 2)를 얻는다. *childNode* = 2 < 10이므로 이 포인터는 원소 노드라는 것을 알 수 있다. *element*[2]의 키와 탐색 키를 비교한다. 키가 같으므로 원하는 원소를 찾은 것이다.

키가 322-16-8976인 원소를 찾을 때 첫 번째 질의는 키 (10, 3)을 가진 3-원소 쌍을 찾는 것이다. 해시 테이블에는 이런 키를 가진 포인터 3-원소 쌍이 없으므로, 탐색 키와 같은 키를 가진 원소가 트라이에 없다는 결론에 이르게 된다.

각 3-원소 쌍에 필요한 공간은 3-원소 쌍 노드를 체인으로 표현했을 때 각 노드에 필요한 공간과 거의 같다. 그러므로 적재 밀도가 α인 선형 개방 주소 해시 테이블(linear open addressed hash table)을 사용한다면 해시 테이블은 체인 방식을 사용했을 때보다 약 $(1/\alpha - 1) * 100\%$의 공간이 더 필요하다. 그러나 체인 방식으로는 $O(r)$ 시간 안에 포인터를 찾지만 해시 테이블 방식을 사용하면 $O(1)$ 시간 안에 찾을 수 있다. 또 (균형) 이원 탐색 트리나 이진 트라이 방식을 사용하면 포인터를 찾는 데 $O(\log r)$의 시간이 걸린다. 기수가 클 때 해시 테이블 방식은 그림 12.9의 방식보다 탐색을 수행하는 데 필요한 시

간은 약간 더 걸리나, 상당히 많은 공간을 절약하게 해준다.

그림 12.9의 노드 구조가 사용되었을 때는 각각 새로운 분기 노드를 초기화하는 데 $O(r)$의 시간을 소비해야 하기 때문에(삽입 연산 아래쪽에 있는 설명 참조), 해시 테이블 방식은 실제로 트라이에 원소를 삽입하는 데 걸리는 기대 시간을 줄여준다. 그러나 해시 테이블이 사용되면 삽입 시간은 트라이의 기수와는 상관없다.

해시 테이블로 표현한 트라이에서 원소를 삭제하기 위해서 원소 노드를 재사용해야만 한다. 현재 사용되고 있지 않은 원소 노드들의 사용 가능한 리스트들을 설정해줌으로써 재사용이 가능하다.

12.3.9 접두 탐색과 응용

트라이를 탐색하기 위해 키 전부가 필요한 것은 아니다. 대부분의 경우 키의 처음 몇 숫자만이 필요하다. 예를 들어 그림 12.9의 트라이에서 키가 951-23-7625인 원소를 찾을 때 키의 첫 네 숫자만이 사용되었다. 트라이를 접두 탐색(prefix search)할 수 있도록 하는 기능은 키의 접두사만 알려져 있거나 사용자에게 접두사만 제공하기를 원하는 곳에서 사용될 수 있다. 이런 응용들의 몇 가지가 다음에 제시되어 있다.

범죄학: 만약 당신이 범죄 현장에 있고, 도주하는 차의 번호판에서 처음의 *CRX*라는 문자밖에 보지 못했다고 해보자. 만약 자동차 번호판에 대한 트라이가 있다면 *CRX*로 시작하는 자동차 번호를 포함한 서브트라이에 도달할 수 있다. 그러면 이 서브트리에 있는 원소들 중 어떤 차가 목격된 다른 특성들과 같은지 확인할 수 있다.

명령어 자동 완성: Unix나 Windows(명령어 프롬프트) 같은 운영 체제를 사용할 때, 어떤 작업을 수행하기 위해 시스템에 명령어를 친다. 예를 들어 UNIX와 DOS 명령어 *cd*는 현재 디렉터리를 변경하는 데 사용될 것이다. 그림 12.18은 접두사로 *ps*를 가진 명령어들의 목록이다.(이 리스트는 UNIX 시스템에서 *ls/usr/local/bin/ps** 명령을 수행해서 얻은 것이다.)

ps2ascii	ps2pdf	psbook	psmandup	psselect
ps2epsi	ps2pk	pscal	psmerge	pstopnm
ps2frag	ps2ps	psidtopgm	psnup	pstops
ps2gif	psbb	pslatex	psresize	pstruct

그림 12.18 "ps"로 시작하는 명령어들

사용자가 명령어를 유일하게 식별할 수 있는 길이의 접두사를 입력하면 명령어의 뒷부분이 자동으로 입력되는 명령어 완성 기능을 제공함으로써 명령어 입력 작업을 단순화할 수 있다. 예를 들어 일단 *psi*가 입력되면, *psi*로 시작하는 명령어가 오직 하나뿐이므로, 입력하려는 명령어는 *psidtopgm*이 될 것이라는 것을 알 수 있다. 이 경우, 9글자를 모두 입력하지 않고 앞의 3글자만 입력하면 된다.

명령어 자동 완성 시스템은 명령어들이 ASCII 문자를 숫자로 사용해서 트라이에 저장되었다면 쉽게 구현될 수 있다. 사용자가 왼쪽에서 오른쪽으로 명령어의 문자를 입력할 때마다 트라이를 따라 내려가면 된다. 명령은 원소 노드에 도착하자마자 끝날 것이다. 만약 수행 도중에 트라이를 벗어난다면, 사용자가 입력한 접두사로 시작한 명령어가 없다는 것을 알려줄 수 있다.

비록 운영 체제의 관점에서 명령어 완성을 설명했지만, 이 기능은 다음과 같은 여러 다른 환경에서도 유용하게 사용된다.

(1) 웹 브라우저는 방문했던 사이트의 URL의 기록을 유지한다. 이 기록들을 트라이로 구성함으로써, 사용자가 이전에 사용했던 URL의 앞부분만 입력하면 브라우저가 URL을 완성할 수 있다.

(2) 워드 프로세서는 단어들의 모음을 유지하고 사용자가 본문을 입력할 때 단어를 완성할 수 있다. 사용자가 단어를 유일하게 식별하기 위한 길이만큼 접두사를 입력하자마자 단어가 완성될 수 있다.

(3) 자동 다이얼 장치(automatic phone dialler)는 자주 거는 전화 번호 목록을 트라이에 유지할 수 있다. 일단 유일하게 식별하기 위한 길이만큼 전화 번호를 누르면 자동 다이얼 장치가 전화를 걸 수 있다.

12.3.10 압축 트라이

그림 12.9의 트라이를 자세하게 살펴보자. 이 트라이에는 노드 *B*, *D*, *F*처럼 원소를 2개 이상의 서브트라이로 나누지 않는 몇 개의 분기 노드가 있다. 단 하나의 자식만 가진 모든 분기 노드들을 제거함으로써 트라이의 시간·공간 성능을 향상시킬 수 있다. 이런 트라이를 압축 트라이(compressed trie)라고 한다.

하나의 자식을 가진 분기 노드를 트라이에서 삭제할 때, 트라이 연산이 올바로 수행되게 하기 위해서는 추가 정보를 유지해야 한다. 세 가지 압축 트라이 구조에 저장되는 추가 정보는 다음과 같다.

12.3.10.1 숫자 번호를 가진 압축 트라이

숫자 번호를 가진 압축 트라이(compressed tries with digit number)에서 각 분기 노드는,

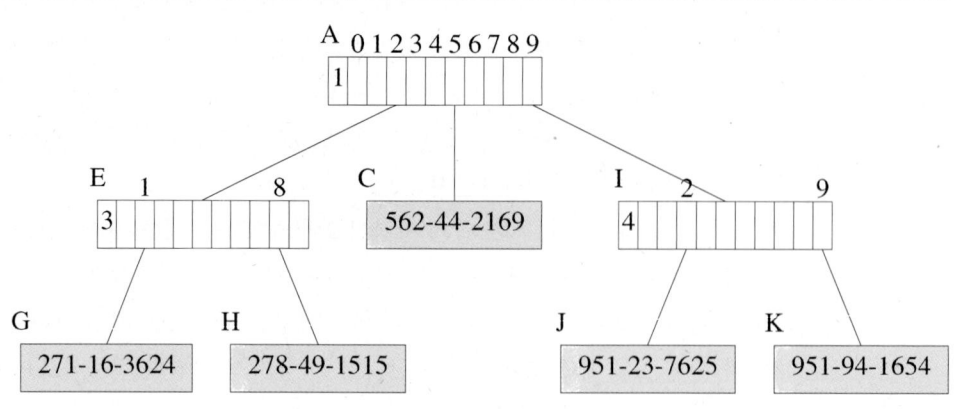

그림 12.19 숫자 번호를 가진 압축 트라이

키의 숫자 번호(digit number)가 그 노드에서 분기하는 데 사용되는 *digitNumber* 필드를 추가로 갖고 있다. 그림 12.19는 그림 12.9의 트라이에 해당하는 숫자 번호를 가진 압축 트라이를 나타낸 것이다. 그림 12.19에서 각 분기 노드의 가장 왼쪽 필드는 *digitNumber* 필드이다.

12.3.10.2 숫자 번호를 가진 압축 트라이에서의 탐색

숫자 번호가 있는 압축 트라이는 루트에서부터 경로를 따라서 탐색될 것이다. 각 분기 노드에서 *digitNumber* 필드에 주어진 숫자 번호와 탐색 키의 숫자로 어떤 서브트라이로 이동해야 하는지를 결정한다. 예를 들어, 그림 12.19에서 키가 951-23-7625인 원소를 찾는다고 할 때 트라이의 루트에서부터 시작한다. 루트 노드는 *digitNumber* = 1인 분기 노드이므로, 어떤 서브트라이로 이동할지 정하기 위해 키의 첫 번째 숫자인 9를 사용한다. 노드 *A.child*[9] = *I*로 이동한다. *I.digitNumber* = 4이므로 탐색 키의 네 번째 숫자인 2가 어느 서브트라이로 가야 할지를 알려준다. 이제는 노드 *I.child*[2] = *J*로 이동한다. 이제 원소 노드에 도달했으므로 노드 *J*에 있는 원소의 키와 탐색 키를 비교한다. 이 두 키가 같으므로 원하던 원소를 찾은 것이다.

키가 913-23-7625인 원소를 찾을 때에도 노드 *J*에서 끝나지만, 탐색 키와 노드 *J*에 있는 원소의 키가 같지 않으므로 트라이에 키가 913-23-7625인 원소는 없다는 결론을 얻는다.

12.3.10.3 숫자 번호를 가진 압축 트라이에서의 삽입

그림 12.19의 트라이에 키가 987-26-1615인 원소를 넣기 위해 우선 이 키를 가지고 원소를 탐색한다. 탐색은 노드 J에서 끝난다. 탐색 키와 이 노드에 들어 있는 원소의 키 951-23-7625는 같지 않으므로 탐색키와 같은 키를 가진 원소가 없다는 결론을 내릴 수 있다. 새로운 원소를 삽입하기 위해 탐색 키가 노드 J에 있는 키와 달라지는 첫 번째 숫자 번호를 찾고 이 숫자 번호를 위한 분기 노드를 만든다. 탐색 키 987-26-1615와 원소의 키 951-23-7625가 달라지는 첫 번째 숫자는 두 번째 숫자이므로, 분기 노드를 만들고 *digitNumber* = 2로 설정한다. 트라이에서 아래로 내려갈수록 숫자 번호는 증가하므로, 새 분기 노드를 삽입할 적당한 장소는 루트에서 노드 J까지의 경로를 다시 따라가다가 2보다 큰 숫자 번호를 가진 노드 또는 노드 J에 도달했을 때 결정된다. 그림 12.19의 트라이에서 이 경로 재추적은 노드 I에서 멈춘다. 새로운 분기 노드는 노드 I의 부모가 되고 그림 12.20의 트라이가 된다.

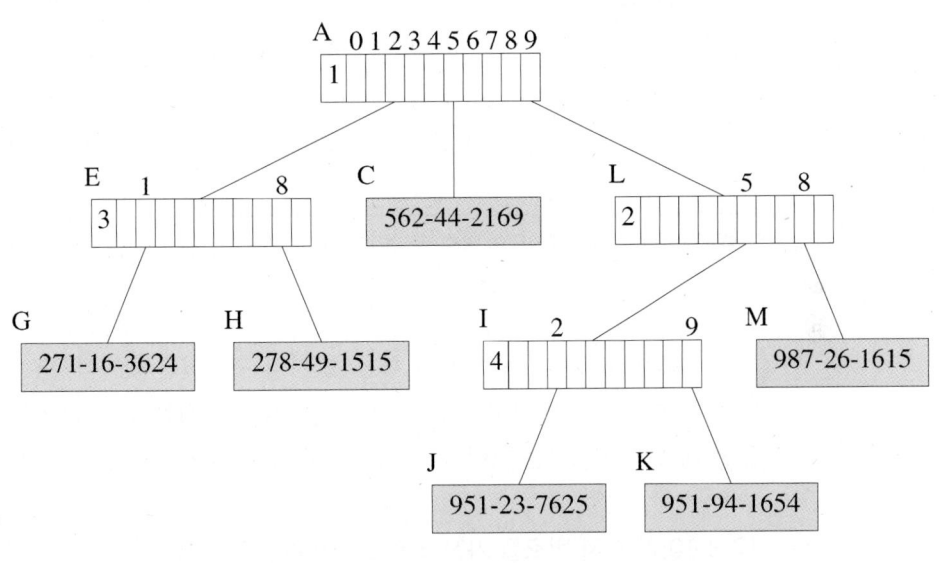

그림 12.20 그림 12.19의 압축 트라이에 987-26-1615를 삽입한 후의 압축 트라이

키가 958-36-4194인 원소를 그림 12.19의 트라이에 삽입한다고 해보자. 이 키를 가진 원소를 찾기 위한 탐색은 포인터 *I.child*[3] = **NULL**을 따라가서 트라이를 벗어나게 될 때 끝난다. 삽입을 마치기 위해서 우선 노드 I를 루트로 하는 서브트라이에서 한 원소를 찾아야 한다. 이 원소는 노드 I에서부터 경로를 따라 내려가면서 만나게 되는 각 분기

노드에서 처음으로 **NULL**이 아닌 링크를 따라감으로써 발견할 수 있다. 이렇게 하면 그림 12.19의 압축 트라이에서 노드 J에 도달하게 된다. 원소 노드에 도착하면 원소의 키와 탐색 키가 처음으로 달라지는 숫자 번호를 찾고, 앞의 예에서 한 것처럼 삽입을 마친다. 그림 12.21은 이러한 삽입 결과를 나타낸 압축 트라이이다.

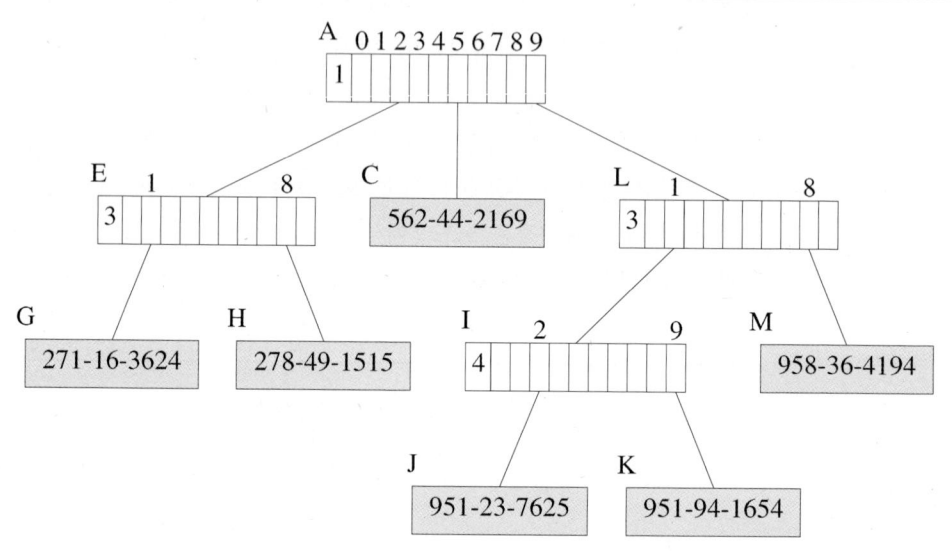

그림 12.21 그림 12.19의 압축 트라이에 958-36-4194를 삽입한 후의 압축 트라이

각 분기 노드마다 **NULL**이 아닌 첫 자식 포인터를 찾아야 할 수도 있기 때문에, 숫자 번호를 가진 압축 트라이에 하나의 원소를 삽입하는 데는 $O(rd)$의 시간이 걸린다.(r은 트라이의 기수, d는 키에 있는 가장 많은 숫자 번호)

12.3.10.4 숫자 번호를 가진 압축 트라이에서의 삭제

키가 k인 원소를 삭제하는 방법은 다음과 같다

(1) 키가 k인 원소를 포함한 원소 노드 X를 찾는다.
(2) 노드 X를 제거한다.
(3) X의 부모가 하나의 자식만 가지게 된다면 부모 노드도 제거한다. X의 부모가 제거될 때 X의 부모의 단 하나 남은 자식은 X의 조부모(만약 있다면)의 자식이 된다.

그림 12.21의 그림에서 키가 951-94-1654인 원소를 삭제하기 위해서는 우선 삭제할 원

소를 포함하고 있는 노드 K를 찾는다. 이 노드가 삭제되면 K의 부모인 I는 하나의 자식만을 갖게 된다. 결과적으로 노드 I도 제거되고, 노드 I의 유일한 자식인 J는 K의 조부모의 자식이 된다. 그림 12.22는 이 결과를 나타낸 압축 트라이이다.

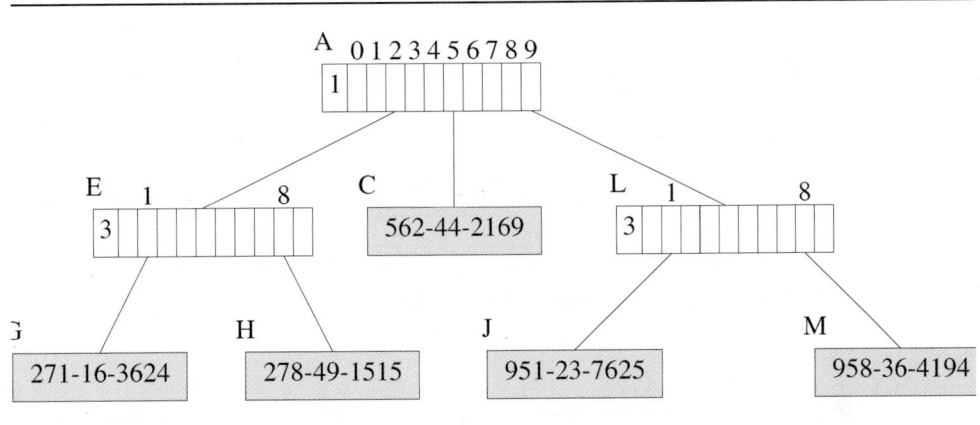

그림 12.22 그림 12.21의 압축 트라이에서 951-94-1654를 삭제한 후의 압축 트라이

삭제 시에는 분기 노드가 둘 이상의 자식을 가지고 있는지 아닌지 결정할 필요가 있기 때문에, 기수가 r인 트라이에서 d 숫자를 삭제하는 데는 $O(d + r)$의 시간이 걸린다.

12.3.11 생략 필드를 가진 압축 트라이

생략 필드를 가진 압축 트라이(compressed trie with skip)에서의 각 분기 노드는 현재 분기 노드와 그 부모 사이에 원래 존재했던 분기 노드의 수를 나타내는 *skip*이라는 필드를 추가로 가지고 있다. 그림 12.23에 그림 12.9의 트라이에 해당하는 생략 필드를 가진 압축 트라이(compressed trie)가 있다. 그림 12.23의 각 분기 노드의 가장 왼쪽에 있는 필드는 생략 필드이다.

탐색, 삽입, 삭제를 위한 알고리즘은 숫자 번호를 가진 압축 트라이와 매우 유사하다.

12.3.12 레이블 간선을 가진 압축 트라이

레이블 간선을 가진 압축 트라이(compressed trie with labeled edge)에서의 각 분기 노드는 다음과 같은 두 가지 추가적인 정보를 담고 있다. 하나는 서브트라이의 한 원소(혹은 원소 노드)를 가리키는 포인터/참조 변수인 *element*이고 다른 하나는 이 분기 노드와 부모 노드 사이에서 제거된 분기 노드의 수를 나타내는 정수 *skip*이다. 그림 12.24는 그림

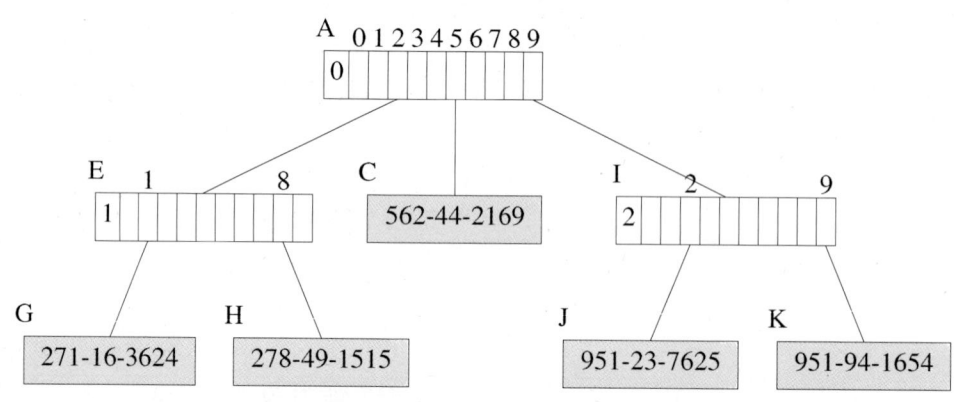

그림 12.23 생략 필드를 가진 압축 트라이

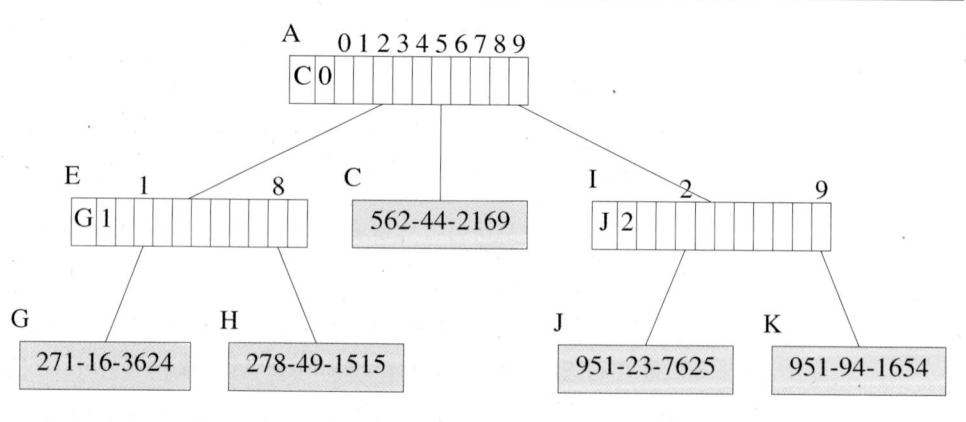

그림 12.24 레이블 간선을 가진 압축 트라이

12.9의 트라이를 레이블 간선을 가진 압축 트라이로 나타낸 것이다. 각 분기 노드의 첫 번째 필드는 *element* 필드이고 두 번째 필드는 *skip* 필드이다.

비록 '레이블(label)'을 분기 노드들과 함께 저장하지만, 이 정보를 부모에서 분기 노드로 들어오는 간선과 관련된 것으로 생각하면 편리하다(분기 노드가 루트가 아닐 때). 트라이를 따라 내려갈 때 간선이 있으면 간선을 따라간다. 간선 정보의 *skip* 필드를 통해 주어진 숫자의 수만큼 생략한다. 생략된 숫자의 값은 *element* 필드를 이용해서 알 수 있다.

그림 12.24의 레이블 간선을 가진 압축 트라이에서 노드 *A* 부터 노드 *I* 로 이동할 때,

A의 자식 노드를 결정하기 위해서 키의 첫 번째 숫자를 이용한다. I를 루트로 하는 서브트라이에서 원소의 키의 다음 두 숫자, 즉 두 번째와 세 번째 숫자를 생략한다. 서브트라이 I에 있는 모든 원소는 생략된 숫자에 대해 똑같은 값을 갖고 있으므로 서브트라이에 있는 원소로부터 생략된 숫자들의 값을 결정할 수 있다. 간선 레이블의 *element* 필드를 사용해서 원소 노드 J에 접근하고 생략된 숫자들이 5와 1이라는 것을 결정한다.

12.3.12.1 레이블 간선을 가진 압축 트라이에서의 탐색

레이블 간선을 가진 압축 트라이를 탐색할 때, 원소 노드에 도달하거나 트라이를 벗어나기 전에 실패 탐색을 종료하기 위해 간선 레이블을 사용할 수 있다. 다른 압축 트라이들처럼 루트부터 경로를 따라가면서 탐색한다. 그림 12.24의 압축 트라이에서 921-23-1234를 가진 원소를 탐색한다고 하자. 루트 노드의 *skip* 값이 0이므로 어느 서브트라이로 이동해야 할지를 결정하기 위해 탐색 키의 첫 자리인 9를 사용한다. 노드 $A.child[9] = I$로 이동한다. 노드 I에 저장된 간선 레이블을 보고 노드 A에서 노드 I로 이동할 때 5와 1이 생략되었다는 것을 결정한다. 이 두 숫자는 탐색 키의 다음 두 숫자와 같지 않으므로, 트라이에는 탐색 키와 동일한 키를 가진 원소가 없다는 결론을 내리고 종료한다.

12.3.12.2 레이블 간선을 가진 압축 트라이에서의 삽입

그림 12.24의 압축 트라이에 키가 987-26-1615인 원소를 삽입하기 위해서는 우선 이 키를 가지고 탐색을 한다. 노드 A에서 I로 이동할 때 생략된 숫자와 탐색 키의 해당 숫자가 일치하지 않기 때문에 탐색은 실패로 끝난다. 처음으로 달라지는 숫자는 생략된 숫자 중의 첫 번째 숫자이다. 그러므로 분기 노드 L을 노드 A와 I 사이에 삽입한다. 이 분기 노드의 *skip* 값은 0이고, *element* 필드는 새로 삽입된 원소의 원소 노드를 가리키게 한다. 또 I의 *skip* 값을 1로 바꾸어야 한다. 그림 12.25는 삽입된 후의 압축 트라이를 나타내고 있다.

그림 12.24의 압축 트라이에 키가 958-36-4194인 원소를 삽입한다고 하자. 이 키를 가진 원소에 대한 탐색은, 생략된 숫자의 값과 탐색 키의 해당 숫자가 다르므로 노드 I로 이동할 때 종료된다. 새로운 분기 노드가 노드 A와 I 사이에 삽입되고 그림 12.26과 같은 압축 트라이가 된다.

기수가 r인 레이블 간선을 가진 압축 트라이에 d 숫자 원소를 삽입하는 데는 $O(r + d)$의 시간이 걸린다.

12.3.12.3 레이블 간선을 가진 압축 트라이에서의 삭제

레이블 간선을 가진 압축 트라이에서의 삭제는, *element* 필드가 삭제된 원소를 가리키는

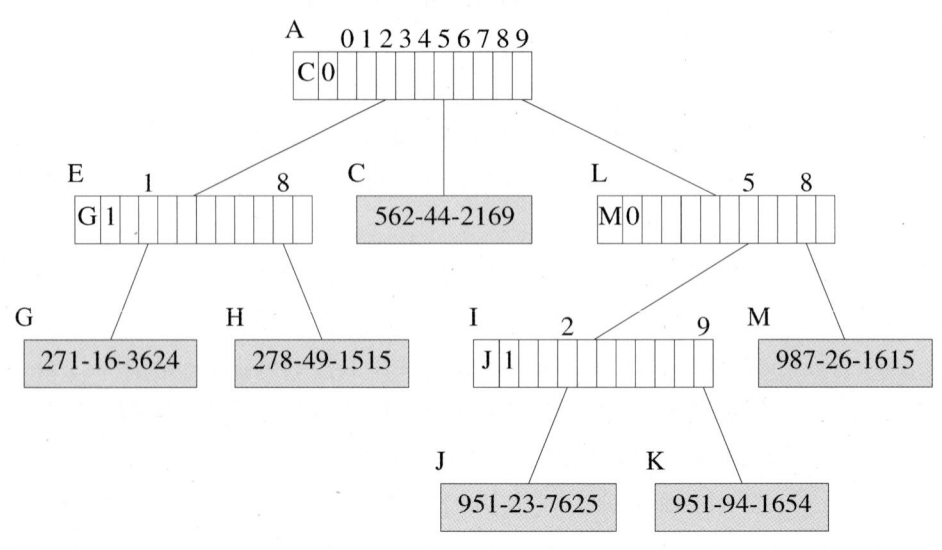

그림 12.25 그림 12.24의 압축 트라이에 987-26-1615를 삽입한 후의 압축 트라이

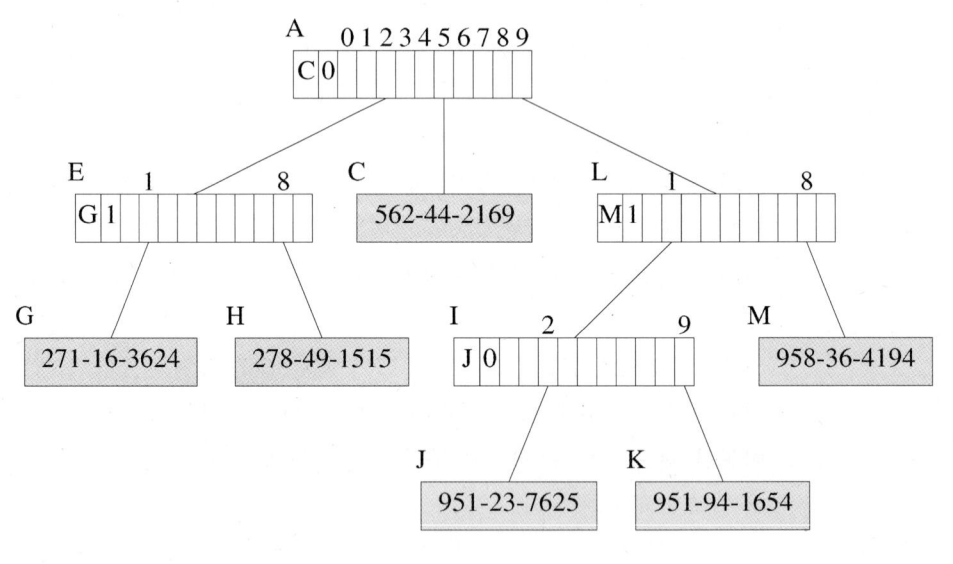

그림 12.26 그림 12.24의 압축 트라이에 958-36-4194를 삽입한 후의 압축 트라이

분기 노드의 *element* 필드를 갱신해야 한다는 것을 제외하고는 숫자 번호를 가진 압축 트라이에서의 삭제와 같다.

12.3.13 압축 트라이의 필요 공간

각 분기 노드는 서브트라이에 있는 원소들을 2개 이상의 비어 있지 않은 그룹으로 나누므로, n개의 원소를 가진 압축 트라이는 최대 $n-1$개의 분기 노드를 갖는다. 그러므로 다양한 압축 트라이들에 의해 요구되는 공간은 각각 $O(nr)$이 된다. 여기서 r은 트라이의 기수이다.

압축 트라이가 해시 테이블로 표현될 때에는, 분기 노드의 포인터가 아닌 필드를 저장하기 위한 자료 구조가 추가적으로 필요하다. 이를 위해서 배열을 사용할 수도 있다.

연습문제

1. (a) 다음 데이타로 얻어지는 트라이를 그려라.

   AMIOT, AVENGER, AVRO, HEINKEL, HELLDIVER, MACCHI,
   MARAUDER, MUSTANG, SPITFIRE, SYKHOI

   키는 왼쪽에서 오른쪽으로 1번에 한 글자씩 샘플링한다.
   (b) 이들 데이타에 대해 단일 문자 샘플링을 이용하여 가장 작은 수의 레벨을 갖는 트라이를 구하라.
2. 맞춤법 검사기를 구현하기 위해서 트라이가 어떻게 사용될 수 있는지를 설명하라.
3. 자동 명령어 완성 프로그램을 구현하기 위해 트라이가 어떻게 사용될 수 있는지를 설명하라. 그런 프로그램은 유효 명령어들의 라이브러리를 유지할 것이다. 프로그램은 키보드로부터 한 글자씩 사용자 명령을 받아들인다. 명령을 유일하게 식별할 수 있는 충분한 수의 문자가 받아들여졌을 때, 컴퓨터 모니터에는 완전한 명령이 표시될 것이다.
4. 키가 왼쪽에서 오른쪽으로 1번에 한 문자씩 샘플링된 트라이에 키 값 x를 삽입하는 알고리즘을 작성하라.
5. 트라이의 레벨은 6 이하라고 가정하고 연습문제 4를 풀어라. 동의어들은 같은 원소 노드에 삽입된다.
6. 연습문제 4의 가정 하에 트라이에서 x를 삭제하는 알고리즘을 작성하라. 각 분기 노드는 자기가 루트인 서브트라이에 있는 원소 노드의 수를 유지하는 *count* 데이타 멤버를 가지고 있다고 가정한다.

7. 연습문제 5의 트라이에 대해 연습문제 6을 다시 풀어보라.

8. 그림 12.13의 트라이에서 노드 δ_1과 δ_2는 각각 하나의 자식 노드만을 가지고 있다. 각 노드에 *skip* 데이터 멤버를 두면 하나의 자식 노드만을 가진 분기 노드를 트라이로부터 제거할 수 있다. 이 데이터 멤버의 값은 샘플링될 다음 문자를 얻기까지 건너뛰어야 하는 문자의 수가 된다. 따라서 이 경우 $skip[\delta_3] = 2$로 함으로써 δ_1과 δ_2를 삭제할 수 있다. 분기 노드가 이와 같은 *skip* 데이터 멤버를 가질 때의 탐색, 삽입 및 삭제 알고리즘을 작성하라.

9. 압축 트라이의 분기 노드는 각 노드마다 해시 테이블을 사용하여 표현된다고 가정하자. 각각의 해시 테이블은 앞에서 설명한 것처럼 *count*와 *skip* 값이 추가된다. 이런 노드 구조의 변경이 트라이 자료 구조의 시간과 공간 복잡도에 얼마나 영향을 미치는지 설명하라.

10. 각 분기 노드가 2개의 데이터 멤버, 즉 *pointer*와 *link*를 가진 체인으로 표현되었을 경우에 대해 앞의 연습문제를 반복하라. 여기서 *pointer*는 서브트라이를 가리키고 *link*는 체인에서 다음 노드를 가리킨다. 임의의 분기 노드에서 체인의 노드 수는 그 노드에 있는 0이 아닌 포인터 수와 같다. 각 체인에는 *skip* 값이 추가된다. 그림 12.6의 트라이의 압축된 형태에 대한 체인 표현을 그려보라.

12.4 접미 트리

12.4.1 이 스트링을 본 적이 있는가

기존의 서브스트링 탐색(substring search) 문제에서는 스트링 S와 패턴 P가 주어지면 P가 S 안에 있는지 아닌지를 보고한다. 예를 들면 패턴 $P = cat$는 스트링 $S1 = $ *The big cat ate the small catfish* 내에 (두 번) 나타나지만 스트링 $S2 = $ *Dogs for sale*에는 나타나지 않는다.

또 다른 예를 들면 인체 게놈 프로젝트에 참여하고 있는 연구원들은 계속해서 수만 개의 유전자를 갖고 있는 유전자 데이타 뱅크에서 서브스트링/패턴을 찾고 있다. 각 유전자는 알파벳 A, C, G, T로 구성된 스트링으로 표현된다. 데이타 뱅크에 있는 대부분의 스트링은 약 2000 문자 길이이지만, 일부는 수만 문자 길이가 되기도 한다. 유전자 데이타 뱅크의 크기와 서브스트링을 검색하는 빈도 때문에, 데이타 뱅크에서 주어진 서브스트링을 포함한 스트링을 찾기 위해서 가능한 한 빠른 알고리즘은 필수적이다.

프로그램 2.16을 사용해서 스트링 S에 있는 패턴 P를 찾을 수 있다. 이런 탐색의 복잡도는 $O(|P| + |S|)$이다. 여기서 $|P|$는 P의 문자 수(숫자도 포함)와 같은 길이를 나타낸다. 패턴 P가 스트링 S에서 어디든지 나타날 수 있는 경우를 고려한다면, 이 복잡도는 꽤

좋은 것 같다. 따라서 스트링에 탐색 패턴이 나타나지 않는다는 결론을 내리려면 스트링의 모든 문자를 검사해야 한다. 게다가 스트링에 탐색 패턴이 나타난다는 결론을 내리려면 패턴의 모든 문자를 검사해야 한다. 그러므로 모든 패턴 검색 알고리즘은 패턴과 탐색되는 스트링의 길이에 선형적인 시간이 걸린다.

기존의 패턴 매치 알고리즘을 사용하면 P_i를 찾는 데는 $O(|P_i| + |S|)$가 걸리므로, 스트링 S에서 패턴 $P_1, P_2, \cdots, P_k$를 찾을 때는 $O(|P_1| + |P_2| + \cdots + |P_k| + k|S|)$의 시간이 걸린다. 앞으로 배울 접미 트리 자료 구조는 이 복잡도를 $O(|P_1| + |P_2| + \cdots + |P_k| + |S|)$로 줄인다. 여기서 스트링 S의 접미 트리를 만드는 데 쓰이는 시간은 $O(|S|)$이고, S의 접미 트리가 만들어진 후에 각 패턴들을 탐색하는 데는 단지 $O(|P_i|)$가 걸린다. 그러므로 일단 S의 접미 트리를 만들어 두면 패턴을 탐색하는 데 걸리는 시간은 패턴의 길이에만 영향받게 된다.

12.4.2 접미 트리 자료 구조

S의 접미 트리(suffix tree)는 스트링 S의 공백이 아닌 접두사에 대한 압축 트라이이다. 접미 트리는 압축 트라이이므로, 종종 이 트리를 '트라이'라고 하거나 서브트리를 '서브트라이'라고 하기도 한다.

스트링 S = peeper의 공백이 아닌 접미사는 peeper, eeper, eper, per, er, r이다. 그러므로 스트링 peeper의 접미 트리는 원소 peeper, eeper, eper, per, er, r을 포함한 압축 트라이이다. 스트링 peeper의 알파벳은 e, p, r이다. 그러므로 압축 트라이의 기수는 3이다. 필요하다면 스트링의 문자를 숫자로 바꾸기 위해 $e \rightarrow 0, p \rightarrow 1, r \rightarrow 2$로 사상할 수도 있다. 이러한 변환은 각 노드가 자식 포인터의 배열을 갖고 있는 노드 구조를 사용할 때만 필요하다. 그림 12.27은 peeper의 접미사에 대한 압축 트라이(레이블 간선을 가진)를 나타낸다. 이 압축 트라이는 스트링 peeper를 위한 접미 트리이기도 하다.

원소 노드 D~I에 있는 데이타는 peeper의 접미사이므로, 각각의 원소 노드는 그 원소 노드가 포함한 접미사의 시작 인덱스만 유지하면 된다. peeper 안에 있는 문자들에 대해 왼쪽에서 오른쪽으로 1부터 인덱스가 붙을 때 원소 노드 D~I는 각각 인덱스 6, 2, 3, 5, 1, 4만 유지하면 된다. 즉, 원소 노드에 저장된 인덱스를 사용해서 스트링 S의 접미사에 접근할 수 있다. 그림 12.28은 그림 12.27의 각 원소 노드가 접미 인덱스를 포함하는 접미 트리를 나타낸다.

각 분기 노드의 첫 구성 요소는 그 서브트라이에 있는 원소에 대한 참조 변수이다. 원소에 대한 참조 변수를 참조된 원소의 첫 숫자의 인덱스로 대체할 수도 있다. 그림 12.29는 그러한 압축 트라이를 나타난다. 이 변경된 형식을 접미 트리를 나타내는 데 사용하도록 하자.

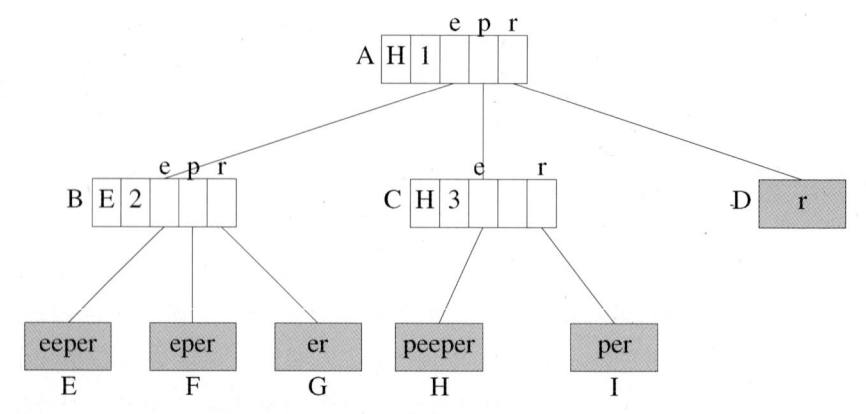

그림 12.27 *peeper*의 접미사에 대한 압축 트라이

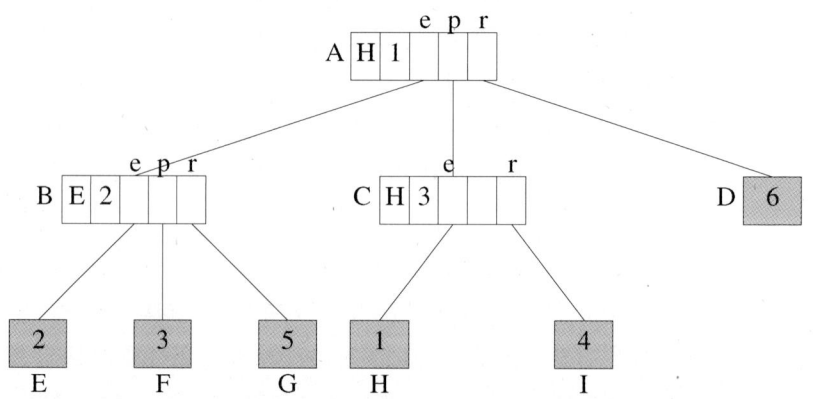

그림 12.28 *peeper*의 접미사에 대한 변경된 압축 트라이

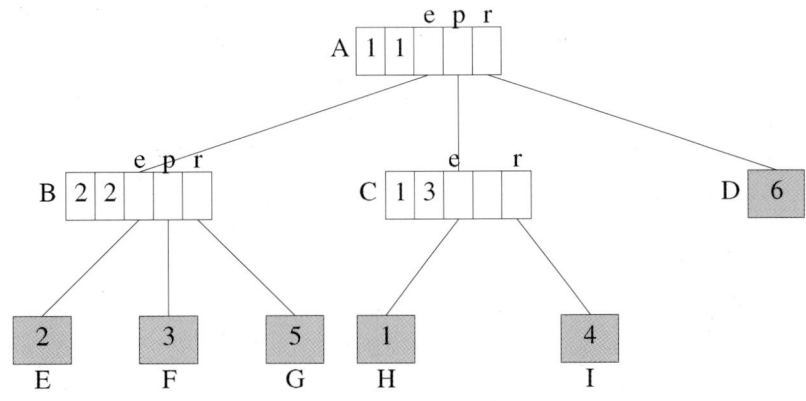

그림 12.29 *peeper*에 대한 접미 트리

    접미 트리의 탐색과 생성 알고리즘을 설명하는 데에 있어, 분기 노드에서 자식 노드로 이동할 때의 사용되는 숫자를 간선의 레이블로 표시하는 접미 트리를 그려보는 것이 더 쉽다. 레이블의 첫 번째 숫자는 어느 자식으로 이동할지 정하는 데 사용되는 숫자이고, 레이블의 나머지 숫자들은 생략되는 숫자를 나타낸다. 그림 12.30은 그림 12.29를 이런 방식으로 나타낸 것이다.

    친인간적 접미 트리를 그릴 때, 어떤 루트에서 원소 노드로 가는 경로의 간선에 붙은 레이블은 원소 노드에 의해 표현된 접미사를 구분하여 철자한다. 루트의 숫자 번호가 1이 아닐 때 친인간적 접미 트리는 이전 루트로의 간선을 가진 헤더 노드를 포함한다. 이 간선은 생략된 문자들로 레이블이 붙여진다.

    접미 트리의 노드로 **재표현된** 스트링은 루트에서 그 노드로 가는 경로에 있는 레이블로 만들어지는 스트링이다. 그림 12.30의 노드 *A* 는 공백 스트링 ε를 나타내고 노드 *C* 는 스트링 *pe*, 노드 *F* 는 스트링 *eper*를 나타낸다.

    접미 트리에서 키의 길이는 상이하므로 어떤 키도 다른 키의 접미사가 아님을 보장해야 한다. 스트링 *S* 의 마지막 숫자가 *S* 에서 단 1번만 나타날 때에는 언제나 *S* 의 어떤

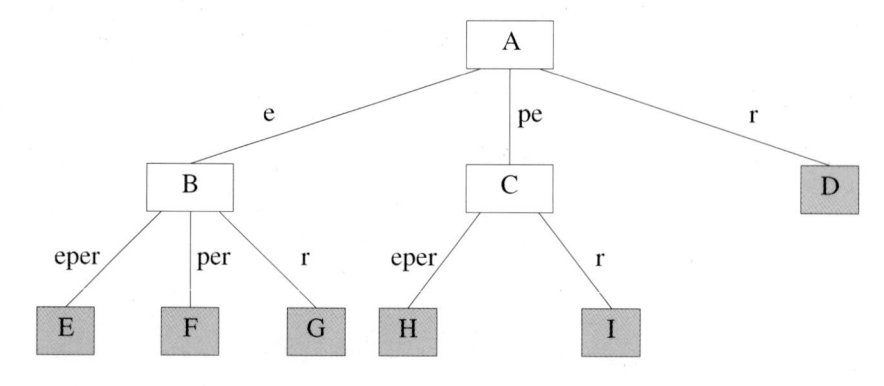

그림 12.30 친인간적으로 그린 접미 트리

접미사도 S의 또 다른 접미사의 적합한 접두사가 될 수 없다. 스트링 *peeper*에서 마지막 숫자는 r이고 이 숫자는 단 1번만 나타나므로 *peeper*의 어떤 접미사도 또 다른 접미사의 접두사가 될 수 없다. *data*의 마지막 숫자는 a인데, 이 숫자는 *data*에서 2번 나타난다. 그러므로 *data*는 a로 시작하는 *ata*와 a의 두 접미사를 갖고 있다. 접미사 a는 접미사 *ata*의 적합한 접두사가 된다.

 스트링 S의 마지막 숫자가 S에서 2번 이상 나타나는 경우, 어떤 접미사도 다른 접미사의 접두사가 되지 않게 하기 위해 S의 접미사에 새로운 숫자(예로, #)를 첨가해야 한다. S에 새로운 문자를 붙여서 $S\#$을 얻은 후에 $S\#$의 접미 트리를 만들 수도 있다. 이 방법이 사용되면 S의 접미사에 #을 첨가해서 얻은 트리보다 접미사(#)가 하나 더 많다.

12.4.3 서브스트링 탐색(접미 트리 탐색)

용어

$n = |S|$는 접미 트리를 만들려는 스트링의 길이를 나타낸다. 숫자 1부터 시작해서 왼쪽에서 오른쪽으로 S의 각 숫자에 번호를 매긴다. $S[i]$는 S의 i번째 숫자를 나타내고, *suffix*(i)는 $1 \leq i \leq n$일 때 i번째 숫자에서 시작하는 접미사 $S[i] \cdots S[n]$을 나타낸다.

탐색

스트링 S에서 패턴 P를 찾을 때 사용되는 기본 지식은, P가 S에 있으면(즉, P가 S의 서브스트링이면) P가 S의 어떤 접미사의 접두사이고 그 역도 성립한다는 것이다.

$P = P[1] \cdots P[k] = S[i] \cdots S[i + k-1]$이라고 하면, P는 $suffix(i)$의 접두사이다. $suffix(i)$는 압축 트라이에 있으므로, 압축 트라이에서 키의 접두사를 찾는 방법을 사용해서 P를 찾을 수 있다.

스트링 $S = peeper$에서 패턴 $P = per$를 찾아보자. 그림 12.30처럼 $peeper$를 위한 접미 트리는 이미 만들어져 있다고 가정한다. 루트 노드 A에서부터 탐색을 시작한다. $P[1] = p$이므로 p로 시작하는 레이블을 가진 간선을 따라간다. 이 간선을 따라갈 때, P의 다음 숫자와 간선 레이블의 나머지 숫자를 비교한다. 이 나머지 레이블 숫자와 패턴의 숫자가 같으므로 노드 C에 도달하게 된다. 노드 C에 도달할 때 패턴의 첫 두 숫자를 사용한 것이 된다. 패턴의 세 번째 숫자는 r이므로 노드 C에서 레이블이 r로 시작하는 간선을 따라간다. 이 간선은 레이블에 숫자가 더 없으므로 추가로 숫자 비교는 하지 않고 원소 노드 I에 도달하게 된다. 이때, 패턴에 있는 숫자는 소진되고 패턴이 스트링 안에 있다는 결론에 이르게 된다. 원소 노드에 도달했으므로 패턴이 실제로 스트링 $peeper$의 접미사라는 결론을 얻는다. 친인간적이 아닌 실제 접미 트리 표현에서 원소 노드 I는 패턴 $P = per$이 $peeper$의 네 번째 숫자에서 시작한다는 것을 알려주는 인덱스 4를 포함하고 있다. 게다가 1번 이상 나타나는 패턴을 찾을 때는 원소 노드가 아니라 분기 노드에서 탐색이 끝나므로, $peeper$에는 per가 단 1번만 나온다는 것도 알 수 있다.

이번에는 패턴 $P = eeee$를 찾아보자. 다시 루트에서 시작한다. 패턴의 첫 숫자가 e이므로 레이블이 e로 시작하는 간선을 따라가서 노드 B에 도달하게 된다. 패턴의 다음 숫자도 e이므로 노드 B에서 e로 시작하는 레이블을 가진 간선을 따라간다. 이 간선을 따라갈 때, 간선 레이블의 나머지 숫자 per와 패턴의 나머지 숫자 ee를 비교해야 한다. 첫 번째 쌍 (p, e)를 비교할 때 다르다는 것을 발견하고, 그 패턴은 $peeper$에 나타나지 않는다는 결론을 내릴 수 있다.

패턴 $P = p$를 찾는다고 하자. 루트에서 레이블이 p로 시작하는 간선을 따라간다. 이 간선을 따라가면서 간선 레이블에 남아 있는 숫자 e와 패턴의 다음 숫자를 비교한다. 이 간선을 따라가는 동안 모든 숫자가 소진되었으므로, 이 패턴은 노드 C를 루트로 하는 서브트라이에 있는 모든 키의 접두사라는 것을 알 수 있다. C를 루트로 하는 서브트라이를 순회하고 이 서브트라이의 정보 노드들을 방문해서 모든 패턴을 찾을 수 있다. 만약 패턴이 발생하는 단 하나의 지점만을 원한다면, 분기 노드 C의 첫 구성 요소에 저장된 인덱스를 사용할 수 있다(그림 12.29 참조). 노드 X로의 간선을 따라가는 동안 패턴이 소진되면 노드 X에 도달한 것으로 하고 노드 X에서 탐색이 끝난다.

패턴 $P = rope$를 탐색하려면 P의 첫 숫자 r을 사용해서 원소 노드 D에 도달한다. 패턴이 소진되지 않았으므로 패턴의 나머지 숫자들과 D에 있는 키를 확인해야 한다. 그러면 그 패턴은 D에 있는 키의 접미사가 아니라는 것이 나타나고 패턴이 $peeper$에 없다는 것을 알 수 있다.

마지막으로 패턴 $P = pepe$에 대한 탐색을 해보자. 그림 12.30의 루트에서 시작해서 레이블이 p로 시작하는 간선으로 이동하고 C에 도달한다. 탐색 패턴 중에 검사하지 않은 다음 숫자는 p이므로 노드 C에서 p로 시작하는 레이블을 가진 간선을 따라가야 할 것이다. 그러나 이런 요구 사항을 만족하는 간선이 없으므로 $pepe$는 $peeper$에 나타나지 않는다는 결론에 이르게 된다.

12.4.4 접미 트리의 응용

일단 스트링 S의 접미 트리를 만들어두면 스트링 S가 패턴 P를 포함하고 있는지 아닌지를 $O(|P|)$ 시간에 알 수 있다. 셰익스피어의 희곡 <로미오와 줄리엣>의 본문에 대한 접미 트리를 갖고 있다면, 'wherefore art thou' 라는 어구가 이 희곡 안에 나타나는지 아닌지를 빠르게 결정할 수 있다. 실제로 18문자/숫자(탐색 패턴의 길이)를 비교하는 데 필요한 시간만 걸릴 것이다. 탐색 시간은 희곡의 길이와는 상관없다.

이제, 빠른 속도로 할 수 있는 다른 재미있는 응용들이 소개되고 있다.

패턴 P의 출현을 모두 탐색

이것은 P의 접미 트리를 탐색함으로써 수행할 수 있다. 만약 P가 최소 1번 나타난다면 탐색은 원소 노드에서든지 분기 노드에서든지 성공적으로 끝난다. 탐색이 원소 노드에서 끝나면 패턴은 단 1번만 나타나는 것이다. 분기 노드 X에서 끝나면 패턴이 발생하는 모든 곳은 X를 루트로 하는 서브트라이에 있는 원소 노드를 방문함으로써 찾을 수 있다. 이 방문은 다음과 같은 경우 패턴 출현 수에 대한 선형 시간에 수행될 수 있다.

(a) 접미 트리에 있는 모든 원소 노드를 체인으로 연결하는데, 표현된 접두사의 사전 순서, 즉 원소 노드를 왼쪽에서 오른쪽으로 훑을 때 만나는 원소 노드의 순서로 연결한다. 그림 12.30의 원소 노드는 E, F, G, H, I, D의 순서로 연결될 것이다.

(b) 각 분기 노드에서 그 분기 노드를 루트로 하는 서브트라이에 있는 처음과 마지막 원소 노드에 대한 참조 정보를 유지한다. 그림 12.30의 노드 A, B, C는 각각 (E, D), (E, G), (H, I)를 유지한다. *firstInformationNode*로 시작하고 *lastInformationNode*로 끝나는 원소 노드 체인을 순회하는 데 (*firstInformationNode*, *lastInformationNode*) 쌍을 사용한다. 이 순회는 루트에서 분기 노드로 가는 간선 레이블에 쓰여 있는 스트링으로 시작하는 모든 패턴이 출현하게 한다. (*firstInformationNode*, *lastInformationNode*) 쌍이 분기 노드에 유지될 때는 서브트라이에 있는 원소에 대한 참조 정보를 유지하는 필드, 즉 *element* 필드를 분기 노드에서 제거할 수 있다.

패턴 P 를 포함하는 모든 스트링 탐색

스트링 $S_1, S_2, \cdots, S_k$ 가 있고 질의 패턴 P 를 포함하는 모든 스트링을 찾고 싶다고 하자. 예를 들어 유전자 데이터 뱅크가 수만 개의 스트링을 포함하고 있고 연구원이 질의 스트링을 제출했을 때, 이 질의 스트링을 포함한 모든 데이터 뱅크 스트링을 찾을 것이다. 이런 유형의 질의를 효율적으로 수행하기 위해서 스트링 $S1\$S2\$ \cdots \$Sk\#$ 의 접미사를 포함하는 압축 트라이[다중 스트링 접미 트리(multiple string suffix tree)]를 만든다. 여기서 $\$$ 와 $\#$ 는 $S1, S2, \cdots, Sk$ 에서 나타나지 않는 2개의 다른 숫자이다. 접미 트리의 각 노드에는 모든 스트링 S_i 의 리스트를 유지하는데, 각 S_i 는 서브트라이에 있는 원소 노드로 표현된 접미사의 시작점이다.

최소 $m > 1$ 번 나타나는 S 의 가장 긴 서브스트링 탐색

이 질의는 다음과 같은 방법으로 $O(|S|)$ 시간 안에 수행될 수 있다.

(a) 루트에서부터 레이블 길이의 합과 서브트라이에 있는 정보 노드의 숫자를 분기 노드에 표시하면서 접미 트리를 순회한다.

(b) 원소 노드의 계수 $\geq m$ 인 분기 노드를 방문하면서 접미 트리를 순회한다. 방문한 분기 노드를 가장 긴 레이블 길이로 정한다.

단계 (a)는 1번만 수행되면 된다는 점에 유의하라. 다음에 원하는 m 의 값만큼 단계 (b)를 수행할 수 있다. 또한 $m = 2$ 이면 서브트라이에 있는 원소 노드의 수를 결정하지 않아도 된다는 점을 유의하라. 압축 트라이에서 분기 노드를 루트로 하는 모든 서브트라이는 최소 2개의 원소 노드를 가지고 있다.

스트링 S 와 T 의 가장 긴 공통 서브스트링 탐색

이것은 아래와 같이 $O(|S| + |T|)$ 시간 안에 수행될 수 있다.

(a) S 와 T 를 위한 다중 스트링 접미 트리, 즉 $S\$T\#$ 을 위한 접미 트리를 만든다.

(b) 루트에서부터의 경로에 있는 레이블의 길이의 합이 가장 크고, S 와 T 에서 시작하는 접미사를 표현하는 정보 노드를 서브트라이가 각각 최소 하나씩 가지고 있는 분기 노드를 식별하기 위해 접미 트리를 순회한다.

연습문제

1. $S = ababab\#$ 인 접미 트리를 그려보라.

2. $S = aaaaaa\#$인 접미 트리를 그려보라.
3. $S1 = abba$, $S2 = bbbb$, $S3 = aaaa$인 다중 스트링 접미 트리를 그려보라.

12.5 트라이와 인터넷 패킷 전송

12.5.1 IP 라우팅

인터넷에서 데이타 패킷(data packet)은 여러 라우터(router)들을 거쳐 송신지에서 수신지까지 전송된다. 예를 들어 뉴욕에서 만들어져서 로스앤젤레스로 가는 패킷은 먼저 뉴욕에 있는 라우터에 의해 처리될 것이다. 이 라우터는 그 패킷을 시카고에 있는 라우터로 보낼 것이고, 다음에는 덴버에 있는 라우터로 보낼 것이다. 마침내 덴버에 있는 라우터는 로스앤젤레스로 패킷을 보낼 것이다. 각 라우터는 패킷을 수신지와 가까운 장소로 한 단계씩 옮긴다. 라우터는 경로를 정할 패킷의 헤더에 있는 수신지 주소를 검사함으로써 이 작업을 수행한다. 수신지 주소와 라우터에 저장된 전송 규칙들을 이용해서 라우터는 패킷을 어디로 보낼지 결정한다.

인터넷 라우터 테이블은 (P, NH) 형식의 규칙의 모임이다. 여기서 P는 접두사이고 NH는 다음 홉(hop)을 의미한다. NH는 수신지 주소에 접두사 P를 가진 패킷의 다음 홉이다. 예를 들면 규칙 $(01^*, a)$은 수신지 주소가 01로 시작하는 패킷의 다음 홉은 a라는 것을 나타낸다. IPv4(인터넷 프로토콜 버전 4)에서 수신지 주소는 32비트이다. 그러므로 P는 32비트까지 될 수 있다. IPv6에서는 수신지 주소는 128비트이므로 P의 길이는 128비트까지 될 수 있다.

상용 라우터 테이블에서 수신지 주소가 둘 이상의 규칙에 정확히 일치하는 경우는 보기 드물다. 이런 경우, 다음 홉은 일치하는 가장 긴 접두사에 의해 결정된다. 예를 들면 수신지 주소가 비트 순서로 0100로 시작하는 패킷과 일치하는 라우터 테이블의 규칙이 $(01^*, a)$와 $(0100^*, b)$뿐이라고 할 때 이 패킷의 다음 홉은 b이다. 즉, 인터넷에서의 패킷 전송은 일치되는 가장 긴 접두사를 결정함으로써 수행된다.

비록 실제로는 인터넷 라우터 테이블이 동적일지라도(라우터가 연결되고 끊김에 따라 규칙이 추가되고 삭제되는 등 규칙이 계속 변한다.), 인터넷 라우터 테이블의 자료 구조는 수신지 주소가 주어졌을 때 일치되는 가장 긴 접두사를 위한 다음 홉을 결정하는 탐색 연산에 대해 최적화되어 있다.

12.5.2 1-비트 트라이

1-비트 트라이는 이진 트라이와 매우 비슷하다. 각 노드가 왼쪽 자식, 왼쪽 데이타, 오른쪽 자식, 오른쪽 데이타 필드를 가지고 있다. 트라이의 레벨 l에 있는 노드는 길이가 l인

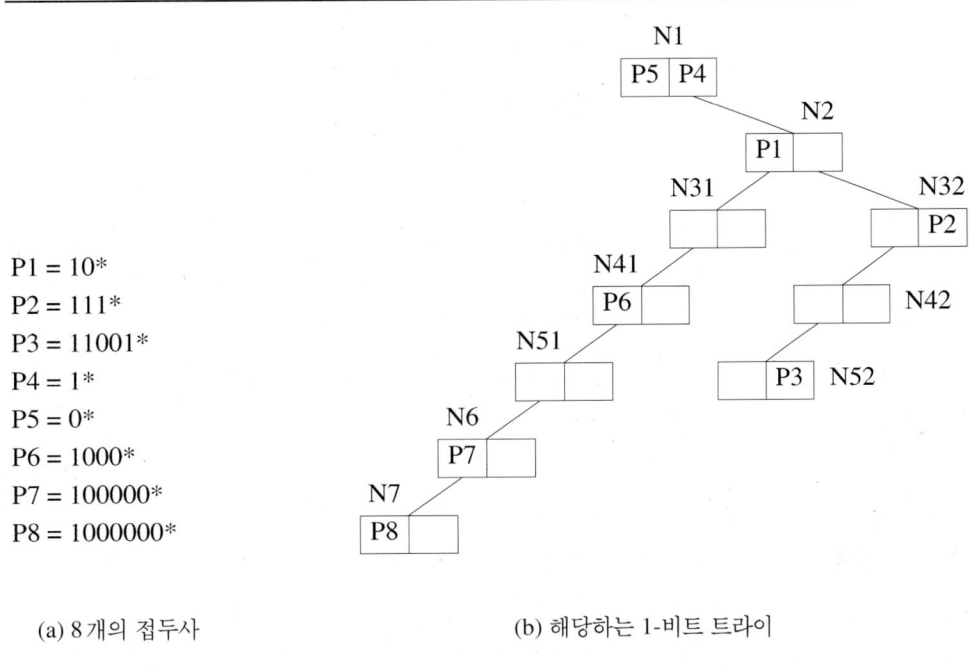

그림 12.31 접두사와 그에 해당하는 1-비트 트라이

접두사를 저장한다. 길이가 l인 접두사의 가장 오른쪽 비트가 0이면 그 접두사는 레벨 l에 있는 노드의 왼쪽 데이타 필드에 저장된다. 1인 경우에는 접두사가 레벨 l에 있는 노드의 오른쪽 데이타 필드에 저장된다. 트라이의 레벨 i에서는 접두사나 수신지 주소의 비트 i(비트들은 왼쪽에서 오른쪽으로 1부터 시작해서 비트 번호가 매겨진다.)를 검사해서 분기를 한다. 비트 i가 0이면 왼쪽 서브트리로 이동하고 비트가 1이면 오른쪽 서브트리로 이동한다. 그림 12.31(a)는 8개의 접두사 집합을 나타내고, 그림 12.31(b)는 그에 해당하는 1-비트 트라이를 나타낸다. 1-비트 트라이의 높이는 $O(W)$인데, 여기서 W는 라우터 테이블에서 가장 긴 접두사의 길이이다. IPv4 테이블에서 $W \leq 32$이고 IPv6 테이블에서는 $W \leq 128$이다. 1-비트 트라이에서는 길이가 0인 접두사 *를 저장하는 장소가 없다는 것에 유의하라. 이렇게 해도 이 접두사는 모든 수신지 주소와 일치하므로 어렵지 않게 된다. 1-비트 트라이 탐색이 일치된 접두사를 찾는 데 실패하는 경우, *와 연관된 다음 홉이 사용된다.

어떤 수신지 주소 d에 대해 d와 일치하는 모든 접두사들은 d의 비트에 의해 결정되는 탐색 경로 위에 있다. 이 탐색 경로를 따라감으로써 $O(W)$ 시간에 일치하는 가장 긴 접두사를 정할 수 있을 것이다. 게다가 접두사는 $O(W)$ 시간에 삽입/삭제될 것이다. 1-비트 트라이에 필요한 메모리는 O(nW)인데, n은 라우터 테이블에 있는 규칙의 수이다.

비록 1-비트 트라이에서의 탐색, 삽입, 삭제 알고리즘은 단순하고 겉으로 보기에 복잡도가 O(W)로 낮지만, 1-비트 트라이로 인터넷 수요를 만족시키는 것은 비현실적이다. 트리 같은 구조를 사용해서 다음 홉을 찾는 데 걸리는 대부분의 시간은 메모리 접근이다. 그러므로 라우터 테이블을 위한 트라이 자료 구조의 복잡도를 분석할 때 메모리 접근의 횟수에 주목해야 한다. 1-비트 트라이가 사용되면 패킷의 다음 홉을 결정하기 위해 최대 W번 메모리에 접근할 것이다. IPv4에서는 $W \leq 32$이고 IPv6에서는 $W \leq 128$인 점을 상기하라. 인터넷 연산을 원활히 수행하기 위해서는 W보다 적은 수의 메모리 접근으로 각 패킷의 다음 홉을 결정하여야 한다. 실제로는 최대 (말하자면) 6번의 메모리 접근으로 다음 홉을 정해야 한다.

12.5.3 고정 스트라이드 트라이

그림 12.31(b)의 트라이는 높이가 7이므로, 이 트라이에 대한 탐색에는 루트에서 레벨 7에 있는 노드까지의 경로에 있는 각 노드마다 1번씩 최대 7번의 메모리 접근이 발생할 것이다. 그림 12.31(b)의 1-비트 트라이에는 총 20개의 메모리 유닛이 필요하다[각 노드가 2개, (child, data) 필드마다 1개]. 각 노드에서의 분기 인자(branching factor)를 늘림으로써, 즉 다원 트라이(multiway trie)를 사용함으로써 필요한 메모리는 늘리되 라우터 테이블 트라이의 높이는 줄일 수 있다. 노드의 스트라이드(stride)는 어느 쪽으로 분기할지를 결정하기 위해 그 노드에서 사용된 비트의 수로 정의된다. 스트라이드가 s인 노드는 s 비트로 가능한 값의 수인 2^s개의 자식 필드와 2^s개의 데이타 필드를 갖는다. 그런 노드는 2^s개의 메모리 유닛을 요구한다. 고정 스트라이드 트라이(FST, fixed-stride trie)에서 같은 레벨에 있는 모든 노드들은 같은 스트라이드를 가지고 있고, 서로 다른 레벨에 있는 노드들은 서로 다른 스트라이드를 가지고 있다.

그림 12.31(a)의 접두사들은 레벨이 3인 FST로 표현한다고 하자. 이때 스트라이드는 2, 3, 2라고 가정한다. 트라이의 루트는 길이가 2인 접두사를 저장하고 레벨 2의 노드들은 길이가 5(2 + 3)인 노드들을 저장하며 레벨 3의 노드들은 길이가 7(2 + 3 + 2)인 노드들을 저장한다. 그림 12.31(a)의 예에서 P5가 1인 것처럼, 일부 접두사들의 길이가 저장할 수 있는 길이와 다르기 때문에 이 방법에는 문제가 있다. 이 문제를 해결하기 위해서 허용될 수 없는 길이를 가진 접두사는 그 다음으로 허용되는 길이로 확장된다. 예를 들어 P5 = 0*은 P5a = 00*와 P5b = 01*로 확장된다. 만약 새로 생성된 접두사가 중복된다면 하나만 남기고 모두 제거한다. 예를 들어 P4 = 1*이 P4a = 10*과 P4b = 11*로 확장되지만 P4보다 P1 = 10*이 더 길기 때문에 P4a = 10*보다는 P1 = 10*을 남기고 P4a는 제거한다. 확장된 접두사 집합에서 중복된 접두사를 제거하기 때문에 모든 접두

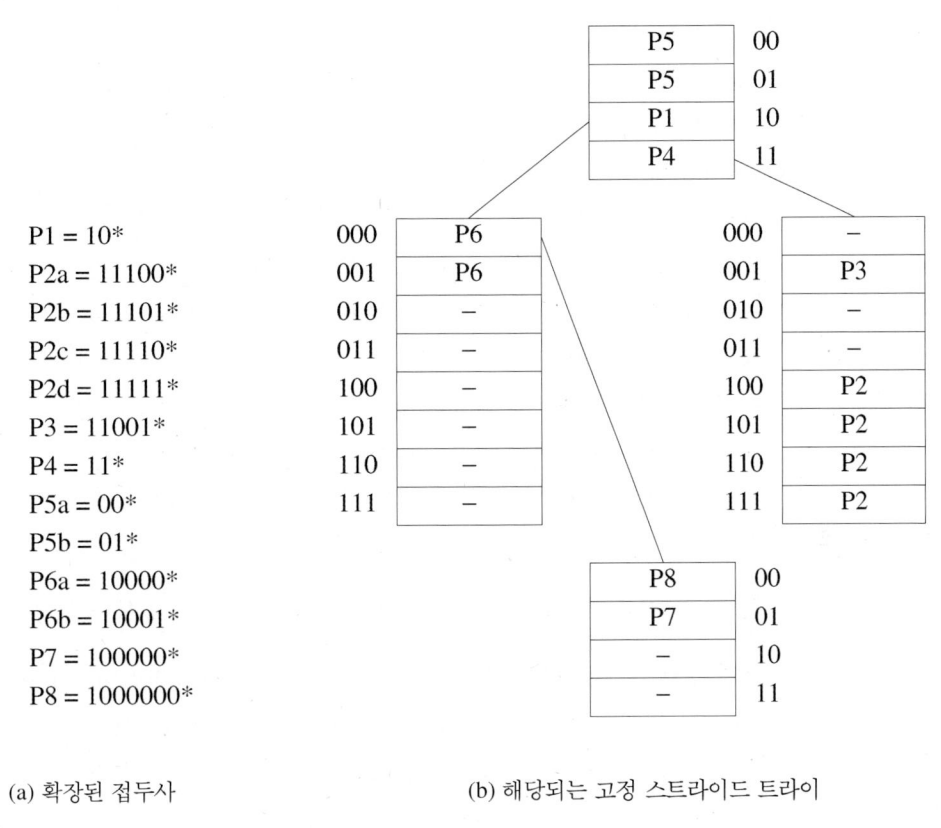

(a) 확장된 접두사   (b) 해당되는 고정 스트라이드 트라이

그림 12.32 접두사 확장과 고정 스트라이드 트라이

사들은 유일하다. 그림 12.32(a)는 그림 12.31의 접두사를 길이 2, 5, 7로 확장한 결과이다. 그림 12.32(b)는 높이가 3이고 스트라이드가 2, 3, 2인 FST를 보여주고 있다.

그림 12.32(b)의 트라이는 최대 3번의 메모리 접근으로 탐색될 수 있으므로, 최대 7번 메모리에 접근하는 그림 12.31(b)의 1-비트 트라이보다 시간 면에서 향상된 성능을 보인다. 그러나 그림 12.32(b)의 FST에 필요한 공간은 1-비트 트라이보다 많다. FST의 루트에는 8개의 필드 또는 4개의 유닛이 필요하고 레벨 2의 노드 2개에는 각각 8개의 유닛씩 필요하며 레벨 3의 노드는 4개의 유닛이 필요하므로, 총 24개의 메모리 유닛이 필요하다.

루트의 스트라이드가 7인 1-레벨 트라이를 사용해서 그림 12.31(a)의 접두사를 표현할 수 있다. 이런 트라이를 사용하면 1번의 메모리 접근으로 탐색을 수행할 수 있다. 하지만 이 트라이는 $2^7 = 128$개의 메모리 유닛을 필요로 할 것이다.

고정 스트라이드 트라이 최적화(FSTO; fixed-stride trie optimization) 문제에서는 접두사 집합 P와 정수 k가 주어진다. 주어진 접두사들을 가지고 가장 적은 양의 메모리를 사용하는 k-레벨 FST의 스트라이드를 정하려면 다음과 같은 방법으로 한다.

어떤 P에 대해서 k-레벨 FST는 $(k-1)$-레벨 FST보다 많은 공간을 요구할 수도 있다. 예를 들어 $P = \{00*, 01*, 10*, 11*\}$일 때 P에 대한 유일한 1-레벨 FST는 메모리 유닛 4개를 필요로 하는 반면, 유일한 2-레벨 FST는 메모리 유닛 6개를 필요로 한다. $(k-1)$-레벨 FST의 탐색 시간이 k-레벨 트리의 탐색 시간보다 적기 때문에, k-레벨 FST보다 적거나 같은 메모리를 요구하는 $(k-1)$-레벨 FST가 더 좋을 것이다. 그러므로 실제로는 정확히 k-레벨이기보다는 최대 k-레벨을 사용하는 최적 FST를 결정하는 것이 좋다. 수정된 FSTO(MFSTO, modified FSTO) 문제는 접두사 집합 P가 주어졌을 때 최대 k-레벨을 사용하는 최적 FST를 결정하는 것이다.

O는 주어진 접두사 집합에 대한 1-비트 트라이이고 F는 이 접두사 집합에 대한 어떤 k-레벨 FST라고 하자. 이때 $s_1, \cdots, s_k$는 F의 스트라이드라고 하고, $a = \sum_{1}^{j-1} s_q + 1$이고 $b = \sum_{1}^{j} s_q$일 때 F의 레벨 $j(1 \leq j \leq k)$는 O의 레벨 $a, \cdots, b$를 덮는다(cover)고 하자. 그러므로 그림 12.32(b)의 FST의 레벨 1은 그림 12.31(b)의 1-비트 트라이의 레벨 1과 2를 덮고, 이 FST의 레벨 2는 그림 12.31(b)의 1-비트 트라이의 레벨 3, 4, 5를 덮으며, 이 FST의 레벨 3은 1-비트 트라이의 레벨 6과 7을 덮는다. 레벨 $e_u = \sum_{1}^{u} s_q (1 \leq u \leq k)$를 O의 확장 레벨이라 하면, 그림 12.32(b)에 정의된 확장 레벨은 1, 3, 6이다.

$nodes(i)$는 1-비트 트라이 O의 레벨 i에 있는 노드 수라고 하자. 그림 12.31(a)의 1-비트 트라이에 대해 $nodes(1:7) = [1, 1, 2, 2, 2, 1, 1]$이다. F에 필요한 메모리는 $\sum_{1}^{k} nodes(e_q) * 2^{s_q}$이다. 예를 들어 그림 12.32(b)의 FST에 필요한 메모리는 $nodes(1)*2^2 + nodes(3)*2^3 + nodes(6)*2^2 = 24$이다.

$T(j, r)$이 최대 r 확장 레벨을 사용하고 1-비트 트라이 O의 $1 \sim j$ 레벨을 덮는 최적 FST라고 하고, $C(j, r)$은 $T(j, r)$의 메모리 비용이라 하자. 그러면 $T(W, k)$는 최대 k 확장 레벨을 사용하는 O의 최적 FST이고 $C(W, k)$는 이 FST의 비용이 된다. $T(j, r)$에서 마지막 확장 레벨이 $0 \sim j-1$ 사이에 있는 어떤 m에 대해서 O의 $m+1 \sim j$ 레벨을 덮는다는 것과, 이 최적 FST의 남은 레벨들이 $T(m, r-1)$을 정의한다는 것을 발견할 수 있다. 따라서

$$C(j,r) = \min_{0 \leq m < j} \{C(m, r-1) + nodes(m+1)*2^{j-m+1}\}, j \geq 1, r > 1 \qquad (12.1)$$

$$C(0,r) = 0 \text{ and } C(j, 1) = 2^j, j \geq 1 \qquad (12.2)$$

이다.

$M(j, r)$, $r > 1$이 식 (12.1)에서 $C(m, r-1) + \text{nodes}(m + 1)*2^{j-m+1}$을 최소화하는 가장 작은 m이라 하자. 식 (12.1)과 식 (12.2)는 $C(W, k)$를 계산하는 알고리즘이 $O(kW^2)$가 되게 한다. $M(j, r)$은 $C(j, r)$을 계산하는 것과 같은 시간이 걸릴 것이다. 계산된 M 값을 사용하면 최대 k 확장 레벨을 사용하는 최적 FST의 스트라이드는 추가적으로 $O(k)$ 시간에 결정될 것이다.

12.5.4 가변 스트라이드 트라이

가변 스트라이드 트라이(VST, variable-stride trie)에서는 같은 레벨에 있는 노드들이 다른 스트라이드를 가질 수도 있다. 그림 12.33은 그림 12.31의 1-비트 트라이에 대한 2-

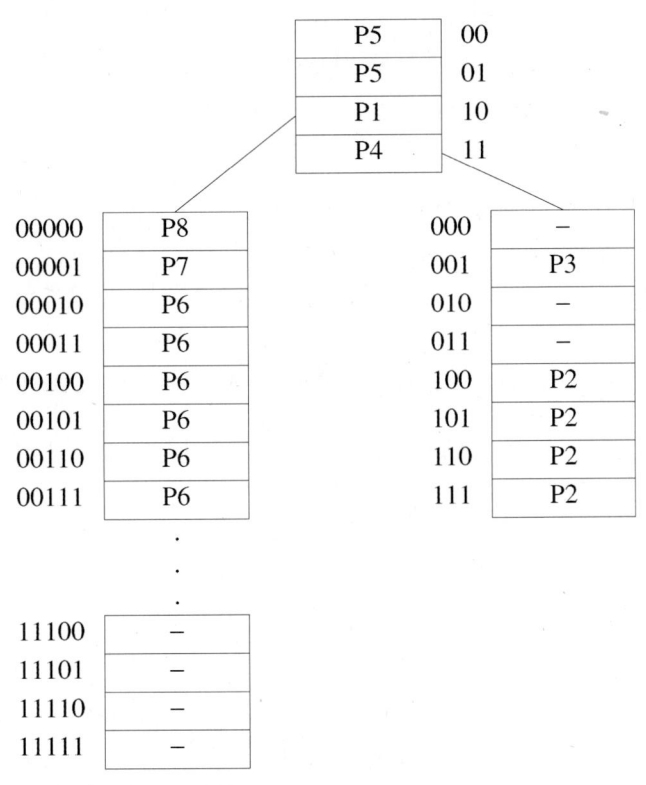

그림 12.33 그림 12.31(a)의 접두사에 대한 2-레벨 VST

레벨 VST를 나타내고 있다. 루트의 스트라이드는 2이고 루트의 왼쪽 자식의 스트라이드는 5, 오른쪽 자식의 스트라이드는 3이다. 이 VST에 필요한 메모리는 4(루트) + 32(루트의 왼쪽 자식) + 8(루트의 오른쪽 자식) = 44이다.

FST는 VST의 특수한 경우이므로, 주어진 접두사 집합 P에 대한 최적 VST에 필요한 메모리와 확장 레벨 k의 수는 같은 P와 k에 대한 최적 FST에 필요한 것보다 작거나 같다.

r-VST를 최대 r 레벨을 갖는 VST라고 하고, $Opt(N, r)$을 루트가 N인 1-비트 트라이의 최적 r-VST의 메모리 비용이라고 하자. 이 최적 VST의 루트는 1~$height(N)$ 사이에 있는 어떤 s에 대해 O의 1~s 레벨을 덮는다. 그리고 이 루트의 서브트라이는 N을 루트로 하는 서브트리의 레벨 $s+1$에 있는 N의 자손들에 대한 최적 $(r-1)$-VST이어야 한다. 따라서 $D_s(N)$이 N의 레벨 s에 있는 모든 N의 자손들의 집합이라고 할 때,

$$Opt(N,r) = \min_{1 \le s \le height(N)} \{2^s + \sum_{M \in D_{s+1}(N)} Opt(M, r-1)\}, \quad r > 1 \tag{12.3}$$

이다. 예를 들어 $D_2(N)$은 N의 자식들의 집합이고, $D_3(N)$은 N의 손자들의 집합이다. $height(N)$은 N을 루트로 하는 트라이가 노드를 가진 최대 레벨이다. 예를 들어 그림 12.31(b)에서 N1을 루트로 하는 트라이의 높이는 7이다. $r = 1$일 때,

$$Opt(N, 1) = 2^{height(N)} \tag{12.4}$$

이 된다.

$$(N, s, r) = \sum_{M \in D_s(N)} Opt(M, r), \quad s > 1, \, r > 1$$

이라 하고, $Opt(N, 1, r) = Opt(N, r)$이라 하자. 식 (12.3)과 식 (12.4)로부터

$$Opt(N, 1, r) = \min_{1 \le s \le height(N)} \{2^s + Opt(N, s+1, r-1)\}, \quad r > 1 \tag{12.5}$$

$$Opt(N, 1, 1) = 2^{height(N)} \tag{12.6}$$

을 얻을 수 있다.

$s > 1$과 $r > 1$에 대해

$$\begin{aligned} Opt(N, s, r) &= \sum_{M \in D_s(N)} Opt(M, r) \\ &= Opt(LeftChild(N), s-1, r) \\ &\quad + Opt(RightChild(N), s-1, r) \end{aligned} \tag{12.7}$$

을 얻을 수 있다.

식 (12.7)에 대해 다음과 같은 초기 조건이 필요하다.

$$Opt(null, *, *) = 0 \qquad (12.8)$$

n개의 규칙이 있는 라우터 테이블에 대해 1-비트 트라이 O는 $O(nW)$의 노드를 가지고 있다. 따라서 $Opt(*, *, *)$ 값의 수는 $O(nW^2k)$이다. 각 $Opt(*, s, *)(s > 1)$의 값은 Opt 값이 후위 순으로 계산되기만 하면, 식 (12.7)과 식 (12.8)을 사용해서 $O(1)$ 시간에 계산될 수 있다. 그러면 $Opt(*, 1, *)$ 값은 각각 식 (12.5)와 식 (12.6)을 사용해서 $O(W)$ 시간에 계산된다. 그러므로 R이 O의 루트일 때 $Opt(R, k) = Opt(R, 1, k)$를 $O(nW^2k)$ 시간에 계산할 수 있다. 만일 각 $(N, 4)$마다 식 (12.5)의 오른쪽을 최소화하는 s를 유지한다면 최적 k-VST에서의 모든 노드의 스트라이드는 추가로 $O(nW)$ 시간이라고 할 수 있다.

연습문제

1. (a) 식 (12.1)과 식 (12.2)를 사용해서 $0 \leq j \leq W$와 $1 \leq r \leq k$에 대한 $C(j, r)$을 계산하는 C 함수를 작성하라. 이 함수는 $M(j, r)$도 계산해야 한다. 함수의 복잡도는 $O(kW^2)$이어야 한다.
   (b) 최대 k 레벨을 갖는 최적 FST에서 모든 레벨의 스트라이드를 결정하는 C 함수를 작성하라. 이 함수는 (a)에서 계산된 M 값을 사용해야 하고, 함수의 복잡도는 $O(k)$이어야 한다. 작성한 함수의 복잡도를 증명하라.
2. (a) $1 \leq s \leq W$이고 $1 \leq r \leq k$일 때 $Opt(N, s, r)$와 1-비트 트라이 O의 모든 노드 N을 계산하는 C 함수를 작성하라. 식 (12.5)~식 (12.8)을 사용해야 한다. 이 함수는 $S(N, r)$을 계산해야 하고, 식 (12.5)의 오른쪽을 최소화하는 s 값도 계산해야 한다. 이 함수의 복잡도는 n이 라우터 테이블에 있는 규칙의 수일 때 $O(nW^2k)$이어야 한다.
   (b) O의 최적 k-VST에 있는 모든 노드의 스트라이드를 결정하는 C 함수를 작성하라. 이 함수는 (a)에서 계산된 S 값을 사용해야 하고, 이 함수의 복잡도는 $O(nW)$이어야 한다.

12.6 참고문헌

디지털 탐색 트리는 E. Coffman과 J. Eve에 의해 CACM(13, 1970, pp.427-432)에 처음으로 제안되었다. 패트리샤 구조는 D. Morrison에 의해 제안되었다. 디지털 검색 트리,

트라이, 패트리샤는 책 *The art of Computer Programming: Sorting and Searching*(Second Edition, D. Knuth, Addison-Wesley, Reading, MA, 1998)에 분석되어 있다.

다음 웹 사이트들에서 게놈 프로젝트와 패턴 매칭의 게놈 응용에 대해 배울 수 있다.

- http://www.nhgri.nih.gov/HGP/(인간 게놈 프로젝트를 위한 NIH의 웹 사이트)
- http://www.ornl.gov/TechResources/Human_Genome/home.html(인간 게놈 프로젝트를 위한 환경부의 웹 사이트)
- http://merlin.mbcr.bcm.tmc.edu:800l/bcd/Curric/welcome.html(바이오컴퓨팅 하이퍼텍스트 교과서)

주어진 스트링에서 한 패턴을 찾는 선형 시간 알고리즘은 대부분의 알고리즘 책에서 볼 수 있다. 예를 들어 *Computer Algorithms*(E. Horowitz, S. Sahni, S. Rajasekeran, Computer Science Press, New York, 1998)과 *Introduction to Algorithms*(Second Edition, T. Cormen, C. Leiserson, R. Rivest, C. Stein, McGraw-Hill Book Company, New York, 2002)에서 찾아볼 수 있다.

접미 트리 구조에 대한 자료는 "A space economical suffix tree construction algorithm"(E. McCreight, *Journal of the ACM*, 23, 2, 1976, 262-272)과 "Fast string searching with suffix trees"(M. Nelson, *Dr. Dobb's Journal*, August 1996)와 "Suffix trees and suffix arrays"(S. Aluru, in *Handbook of data structures and applications*, D. Mehta and S. Sahni, editors, Chpman & Hall/CRC, 2005)에서 찾아볼 수 있다.

http://www.ddj.com/ftp/1996/1996.08/suffix.zip에서 접미 트리를 생성하는 코드를 다운받을 수 있다.

IP 라우터 테이블을 위한 고정 스트라이드 트라이와 가변 스트라이드 트라이의 사용은 "Faster IP lookups using controlled prefix expansion"(V. Srinivasan and G. Varghese, *ACM Transactions on Computer Systems*, Feb., 1999)에서 처음 제안되었다. 고정 스트라이드 트라이와 가변 스트라이드 트라이를 위한 동적 프로그래밍 공식은 "Efficient construction of multibit tries for IP lookup"(S. Sahni and K. kim, *IEEE/ACM Transactions on Networking*, 2003)에 나와 있다. IP 라우터 테이블과 패킷 분류를 위한 자료 구조에 대한 자료는 "IP router table"(S. Sahni, K. Kim and H. Lu)과 "Multi-dimensional packet classification"(P. Gupta, in *Handbook of data structures and applications*, D. Mehta and S. Sahni, editors, Chapman & Hall/CRC, 2005)에서 찾아볼 수 있다.

찾아보기

[기호]

1-비트 트라이 626
1차원 배열 59
2단계 페어링 히프(two pass pairing heap) 475
2차원 배열 60
3원 대각 행렬(tridiagonal matrix) 106
ADT *Dictionary* 245
ADT *Binary_Tree* 212
ADT *Graph* 288
ADT *MaxPriorityQueue* 238
ADT *NaturalNumber* 22
ADT *Polynomial* 70
ADT *Queue* 121
ADT *Stack* 115
ADT *SparseMatrix* 78
AOE(activity on edge) 네트워크 338
AOV 네트워크 331
AVL 트리(AVL tree) 517
B*-트리(B*-tree) 576
B+-트리(B+-tree) 577
B-heaps 464
B-트리(B-tree) 560
C 언어에서의 배열 56
C에서의 스트링 93
F-heap 464
IP 라우팅 626
k-원 합병 399
Kruskal 알고리즘 308
m-원 탐색 트리(m-way search tree) 558
Prim 알고리즘 312
Sollin 알고리즘 313

[가]

가변 스트라이드 트라이(VST, variable-stride trie) 631
가용 공간 리스트(available space list) 177
가장 늦은 사건 시간(latest event time) 340
가장 늦은 시간(latest time) 339
가장 이른 사건 시간(earliest event time) 340
가장 이른 시간(earliest time) 339

찾아보기

가장 이른 시작 시간(earliest start time) 339
가중 규칙(weighting rule) 266
가중치 간선(weighted edge) 292
가중치 외부 경로 길이(weighted external path length) 410
가중치 편향 좌향 트리(WBLT, weight-biased leftist tree) 446, 452
간접 순환 14
갈망법(greedy method) 308
강력 연결 요소(strongly connected component) 286
개방 주소법(open addressing) 420
검증(verification) 3
결정 트리(decision tree) 362
경계 접지(folding at the boundaries) 419
경로(path) 285
경로 분할(path splitting) 273
경로 이등분(path halving) 273
경로의 길이(length) 285
고정 스트라이드 트라이(FST, fixed-stride trie) 628
고정 스트라이드 트라이 최적화(FSTO; fixed-stride trie optimization) 630
공간 복잡도(space complexity) 24
공백 이진 트리(empty binary tree) 528
관찰자(observers) 21
구간 히프(interval heap) 491
구성자(constructor) 21
구조(structure) 63
구조 멤버(structure member) 160
균일 해시 함수(uniform hash function) 418
균형 분기점(break even point) 37
균형 인수(balance factor) 517
균형 탐색 트리(balanced search tree) 253

그래프 281
기본 주소(base address) 57
기수 정렬(radix sort) 355, 376
깊이 우선 신장 트리(depth first spanning tree) 300
깊이 우선 탐색(depth first search) 295

[ㄴ]

난수 생성기(random generator) 429
내부 경로 길이(internal path length) 505
내부 노드(internal node) 410, 446, 505
내부 정렬 389
너비 우선 신장 트리(breath first spanning tree) 300
너비 우선 탐색(breath first search) 295, 297
네트워크(network) 292
노드(node) 207
높이 규칙(height rule) 273
높이 균형 이진 트리(height-balanced binary tree) 517
높이 편향 좌향 트리(HBLT, height biased leftist tree) 446

[ㄷ]

다단계 패스 페어링 히프(multi pass pairing heap) 476
다원 트라이(multiway trie) 596
다이그래프(digraph) 287
다중그래프(multigraph) 284
다중 스택(multiple stack) 146
다중 큐(multiple queue) 146
다차원 배열 90
다항식 69
단말 노드(terminal node) 207
단순 경로(simple path) 285

단순 방향 경로(simple directed path) 285
단순 연결 리스트(singly linked list) 155, 157
단일 회전(single rotation) 522
단절 점(articulation point) 302
대칭적(symmetric) 185
대칭 최소-최대 히프(SMMH, symmetric min-max heap) 480
데이터 추상화 19
데이터 타입(data type) 20
데이터 패킷(data packet) 626
데크(deque, double-ended queue) 127
동거자(synonym) 416
동료 정점(companion vertex) 313
동적 메모리 할당 6
동적 배열 118
동적 해싱(dynamic hashing) 431
동치 관계(equivalence relation) 185
동치 부류(equivalence class) 186, 271
동치 쌍(equivalence pairs) 186, 271
디렉터리(directory) 431
디렉터리 깊이(directory depth) 432
디렉터리가 없는 동적 해싱 434
디지털 탐색 트리(digital search tree) 587

[라]

라우터(router) 626
랭크(rank) 529
런(run) 255
런 생성 407
레드-블랙 트리(red-black tree) 528
레벨(level) 208
레벨 순서 순회(level order traversal) 224
레이블 간선을 가진 압축 트라이(compressed trie with labeled edge) 613
리스트 정렬 385
리프(leaf) 207

[마]

마스터 인덱스(master index) 437
마스터 화일(master file) 437
만족성(satisfiability) 228
모든 쌍의 최단 경로 324
무방향 그래프(undirected graph) 283
미로(maze) 129
밀집 인덱스(dense index) 437

[바]

반복 합병 정렬(iterative merge sort) 365
반사 이행적 폐쇄(reflexive transitive closure) 327
반사적(reflexive) 185
방향 그래프(directed graph) 283
배열 55
밴드 행렬(band matrix) 107
버블 정렬(bubble sort) 394
버퍼링 알고리즘 403
변질 트리(degenerate tree) 265
변환자(transformer) 21
보간법(interpolation) 352
보완적 범위 탐색(complementary range search) 496
복소수 행렬(complex-valued matrix) 107
복잡도 이론(complexity theory) 24
부가 분기 노드(augmented branch node) 590
부분그래프(subgraph) 285
부분 순서(partial order) 333
부속 행렬(incidence matrix) 348

분기 노드(branch node) 589
분리 집합 262
분석(analysis) 2
붕괴 규칙(collapsing rule) 269
브리지(bridge) 307
블록(block) 395
블룸 필터(bloom filter) 437, 439
비단말 노드(non-terminal node) 207
비사이클 그래프(acyclic graph) 333
비용 상환(cost amortization) 455
비용 인접 행렬(cost adjacency matrix) 317
비트리 간선(nontree edge) 300
빅오(Big-oh) 37
빈 정렬(bin sort) 375
빈도수(frequency) 32

[ㅅ]

사이클(cycle) 286
사전(dictionary) 245
삼각 행렬(triangular matrix) 105
삽입 정렬(insertion sort) 355
상향식 스플레이 트리(bottom-up splay tree) 542
상향식 접근 방법 2
생략 필드를 가진 압축 트라이(compressed trie with skip) 613
생성자(creater) 21
생성 함수(generating function) 278
서브스트링 탐색(substring search) 618
서브트라이(subtrie) 598
서브트리(subtree) 206
선택 정렬(selection sort) 9
선택 트리(selection tree) 255
선행자(predecessor) 333

선형 개방 주소법(linear open addressing) 420
선형 개방 주소 해시 테이블(linear open addressed hash table) 607
선형 조사법(linear probing) 420, 422
설계(design) 2
성능 분석(performance analysis) 24
성능 측정(performance measurement) 24, 47
세타(Theta) 39
수식 135
수정된 FSTO(MFSTO, modified FSTO) 630
순서 리스트(ordered list) 113
순열 16
순차 탐색(sequential search) 351
순환 알고리즘 14
순환 합병 정렬 367
숫자 번호를 가진 압축 트라이(compressed tries with digit number) 609
숫자 분석 함수 419
스레드(thread) 232
스택(stack) 113
스택킹(stacking) 142
스트라이드(stride) 628
스트링(string) 92
스플레이(splay) 542
스플레이 트리(splay tree) 542
승자 트리(winner tree) 255
시간 복잡도 27
시간 측정 47
시뮬레이션(simulation) 108
시스템 생명 주기(system life cycle) 1
신장 트리(spanning tree) 300
실패 노드(failure node) 505
실패 함수(failure function) 101

[아]

안장점(saddle point) 105
안정적(stable) 354
알고리즘(algorithm) 9
압축 이진 트라이(compressed binary trie) 589
압축 트라이(compressed trie) 609
양쪽 끝 우선순위 큐(DEPQ, double-ended priority queue) 444
언스택킹(unstacking) 142
역 인접 리스트(inverse adjacency list) 291
연결 삽입 정렬 358
연결 요소(connected component) 286, 299
연쇄 분리(cascading cut) 466
열 우선 순서(column major order) 90
오류 제거(error removal) 4
오메가(Omega) 38
오버플로(overflow) 416
오버플로 버킷(overflow bucket) 435
오일러 행로(Eulerian walk) 282
완전 그래프(complete graph) 284
완전 이진 트리(complete binary tree) 216
외부 경로 길이(external path length) 505
외부 노드(external node) 410, 446, 505
외부 정렬 395
요구사항(requirement) 2
우선순위(priority) 443
우선순위 큐(priority queue) 237, 443
원형 리스트(circular list) 177
위상 순서(topological order) 333, 334
유니언(union) 66
이동 접지(shift folding) 419
이분할 그래프(bipartite graph) 307, 347
이원 삽입 정렬 358
이원 탐색(binary search) 11, 14, 15
이원 탐색 트리(binary search tree) 246
이중결합 그래프(biconnected graph) 302
이중결합 요소(biconnected component) 301, 303
이중 연결 리스트(doubly linked list) 199
이중 연결 원형 리스트(doubly linked circular list) 200
이중 회전(double rotation) 522
이진 트라이(binary trie) 589
이진 트리(binary tree) 210, 212
이차 조사법(quadratic probing) 420, 424
이항 트리(binomial tree) 460
이항 히프(binomial heap) 444, 455
이행적(transitive) 185
이행적 폐쇄(transitive closure) 327
인접 다중리스트(adjacency multilists) 287, 292
인접 리스트(adjacency list) 287, 289
인접 행렬(adjacency matrix) 287
임계 경로(critical path) 339
임계도 343
임계 작업(critical activity) 339
임의 조사법(random probing) 420

[자]

자기 간선(self edge) 284
자기 루프(self loop) 284
자기 참조 구조(self-referential structure) 67, 159
자연 합병 정렬(natural merge sort) 370
작업 스케줄링 123
재해싱(rehashing) 420, 425
적재 밀도(loading density) 416
적재 인수(loading factor) 416
전송 시간(transmission time) 395

전위 순열(preorder permutation) 276
전위 순회(preorder traversal) 220, 222
점근 표기법 36
접두 탐색(prefix search) 608
접미 트리(suffix tree) 619
접지 함수 419
정방 밴드 행렬(square band matrix) 106
정방 행렬(square matrix) 105
정적 해싱(static hashing) 415
정점(vertice) 283
정제(refinement) 3
정확성 증명(correctness proof) 3
제로 다항식(zero polynomial) 178
제산(division) 함수 418
좌향 트리(leftist tree) 444, 445, 447
중간 제곱 함수(mid-square function) 419
중위 선행자(inorder predecessor) 232
중위 순열(inorder permutation) 276
중위 순회(inorder traversal) 220, 221
중위 표기법(infix notation) 136
중위 후속자(inorder successor) 232
직속 선행자(immediate predecessor) 333
직속 후속자(immediate successor) 333
직접 순환 14
진입 차수(in-degree) 286
진출 차수(out-degree) 286

[ㅊ]

차등 인덱스(differential index) 439
차등 화일(differential file) 437
차수(degree) 207
체인(chain) 157
체인법(chainning) 420, 425

최대 삭제(DeleteMax) 444
최대 연결 부분그래프(maximal connected subgraph) 286
최대 유효 숫자 우선(MSD, most-significant-digit-first) 375
최대 이중결합 부분그래프(maximal biconnected subgraph) 303
최대 이항 히프(max binomial heap) 456
최대 피보나치 히프(max Fibonacci heap) 463
최대 히프(max heap) 239
최대(최소) 트리[max(min) tree] 239
최소 부분그래프(minimal subgraph) 301
최소 비용 신장 트리(minimum cost spanning tree) 308
최소 삭제(DeleteMin) 444
최소 유효 숫자 우선(LSD, least-significant-digit-first) 375
최소 이항 히프(min binomial heap) 456
최소 좌향 트리(최대 좌향 트리) 448
최소 트리 조인(min-tree joining) 458
최소 페어링 히프(min pairing heap) 472
최소 피보나치 히프(min Fibonacci heap) 463
최소 히프(min heap) 239, 310
최장 경로(longest path) 339
최적 이원 탐색 트리(optimal binary search tree) 504
추상 데이타 타입(ADT, abstract data type) 20, 55
충돌(collision) 416

[ㅋ]

코딩(coding) 3
퀵 정렬(quick sort) 355, 358
큐(queue) 120

키 밀도(key density) 416

[타]

타입 변환(type cast) 8
탐구 시간(seek time) 395
테스트(testing) 4
테이블 정렬 388
트랜잭션 로그(transaction log) 437
트리(tree) 205, 206
트리 간선(tree edge) 300
트리 순회(tree traversal) 220
트리의 반지름 347
트리의 지름 347
트리의 차수(degree of a tree) 207

[파]

패자 트리(loser tree) 255, 257
패턴 매칭(pattern matching) 98
패트리샤(Patricia) 589, 591
페어링 히프(pairing heap) 471
편향 히프(skew heap) 454
포리스트(forest) 259
포리스트 전위(forest preorder) 260
포리스트 후위(forest postorer) 261
포인터(pointers) 4
포화 이진 트리(full binary tree) 216
프로그램 단계(program step) 28
피벗(pivot) 358
피보나치 히프(Fibonacci heap) 463
필터 오류(filter error) 440

[하]

하노이의 탑(Toweers of Hanoi) 19

하향식 스플레이 트리(top-down splay tree) 548
하향식 접근 방법 2
합병 단계(pass) 366
합병성(한쪽 끝) 우선순위 큐[meldable (single-ended) priority queue] 443
합병 정렬(merge sort) 355, 364
합병 트리(merge tree) 410
해독 트리(decode tree) 410
해시 테이블(hash table) 415
해시 함수(hash function) 416, 417
해싱(hashing) 415
행 우선 순서(row major order) 90
행렬 곱셈 84
행렬의 전치 80
헤더 노드(header node) 178
홈 버켓(home bucket) 416, 607
홈 주소(home address) 416
확장성 해싱(extendible hashing) 431
확장 이진 트리(extended binary tree) 445, 505
회문(palindrome) 170
회전(rotation) 518
회전지연 시간(latency time) 395
후위 순회(postorder traversal) 220, 223
후위(postorder) 순회 220
후위 표기법(postfix notation) 137
후입선출(LIFO, Last-In-First-Out) 113
희소 그래프(sparse graph) 289
희소 행렬(sparse matrix) 77, 190
히프 정렬(heap sort) 355, 371